INFORME MUNDIAL
SOBRE LA DISCAPACIDAD

Catalogación por la Biblioteca de la OMS:

Informe mundial sobre la discapacidad 2011.

1.Personas incapacitadas - estadística. 2.Personas incapacitadas - rehabilitación. 3.Prestación de atención de salud. 4.Niños incapacitados. 5.Educación especial. 6.Empleos subvencionados 7.Política de salud. I.Organización Mundial de la Salud.

ISBN 978 92 4 356418 0 (print)   (Clasificación NLM: HV 1553)
ISBN 978 92 4 068823 0 (PDF)
ISBN 978 92 4 068824 7 (Daisy)
ISBN 978 92 4 068825 4 (ePub)

© Organización Mundial de la Salud, 2011

Se reservan todos los derechos. Las publicaciones de la Organización Mundial de la Salud están disponibles en el sitio web de la OMS (www.who.int) o pueden comprarse a Ediciones de la OMS, Organización Mundial de la Salud, 20 Avenue Appia, 1211 Ginebra 27, Suiza (tel.: +41 22 791 3264; fax: +41 22 791 4857; correo electrónico: bookorders@who.int). Las solicitudes de autorización para reproducir o traducir las publicaciones de la OMS - ya sea para la venta o para la distribución sin fines comerciales - deben dirigirse a Ediciones de la OMS a través del sitio web de la OMS (http://www.who.int/about/licensing/copyright_form/en/index.html).

Las denominaciones empleadas en esta publicación y la forma en que aparecen presentados los datos que contiene no implican, por parte de la Organización Mundial de la Salud, juicio alguno sobre la condición jurídica de países, territorios, ciudades o zonas, o de sus autoridades, ni respecto del trazado de sus fronteras o límites. Las líneas discontinuas en los mapas representan de manera aproximada fronteras respecto de las cuales puede que no haya pleno acuerdo.

La mención de determinadas sociedades mercantiles o de nombres comerciales de ciertos productos no implica que la Organización Mundial de la Salud los apruebe o recomiende con preferencia a otros análogos. Salvo error u omisión, las denominaciones de productos patentados llevan letra inicial mayúscula.

La Organización Mundial de la Salud ha adoptado todas las precauciones razonables para verificar la información que figura en la presente publicación, no obstante lo cual, el material publicado se distribuye sin garantía de ningún tipo, ni explícita ni implícita. El lector es responsable de la interpretación y el uso que haga de ese material, y en ningún caso la Organización Mundial de la Salud podrá ser considerada responsable de daño alguno causado por su utilización.

Impreso en Malta

Indice

Prólogo	x
Prefacio	xii
Agradecimientos	xiv
Colaboradores	xvi
Introducción	xxii
1. Comprender la discapacidad	**1**
¿Qué es la discapacidad?	**4**
El ambiente	4
La diversidad de la discapacidad	7
Prevención	9
La discapacidad y los derechos humanos	**10**
Discapacidad y desarrollo	**11**
2. La situación mundial en materia de discapacidad	**21**
Medición de la discapacidad	**23**
Prevalencia de la discapacidad y dificultades de funcionamiento	**27**
Prevalencia de la discapacidad declarada por cada país	27
Estimaciones de la prevalencia de la discapacidad en el ámbito mundial	28
Condiciones de salud	**35**
Tendencias en las condiciones de salud asociadas a la discapacidad	36
Aspectos demográficos	**39**
Adultos mayores	39
Niños	40
El ambiente	**41**
Los factores ambientales inciden en las condiciones de salud	41
Discapacidad y pobreza	**42**
Países desarrollados	44
Países en desarrollo	44

Necesidades de servicios y asistencia	**46**
Los costos de la discapacidad	**47**
Costos directos de la discapacidad	48
Costos indirectos	49
Conclusiones y recomendaciones	**50**
Adoptar la CIF	51
Mejorar las estadísticas nacionales sobre discapacidad	51
Mejorar la comparabilidad de los datos	52
Elaborar instrumentos apropiados y cubrir los déficits de investigación	53

3. Atención de la salud en general — 61

Comprender la salud de las personas con discapacidad	**63**
Condiciones de salud primarias	64
Riesgo de desarrollar condiciones secundarias	65
Riesgo de desarrollar condiciones concurrentes	65
Mayor vulnerabilidad a condiciones relacionadas con la edad	65
Tasas más altas de comportamientos de riesgo	65
Mayor riesgo de exposición a la violencia	66
Mayor riesgo de sufrir lesiones no intencionales	66
Mayor riesgo de muerte prematura	66
Necesidades y necesidades no satisfechas	66
Cómo abordar las barreras que obstan a la atención de la salud	**69**
Reformar las políticas y la legislación	70
Eliminar las barreras que obstan al financiamiento y la asequibilidad	74
Eliminar las barreras que obstan a la prestación de servicios	80
Eliminar las barreras de los recursos humanos	87
Salvar la falta de datos e investigación	90
Conclusiones y recomendaciones	**92**
Políticas y legislación	92
Financiamiento y asequibilidad económica	93
Prestación de servicios	93
Recursos humanos	93
Datos e investigación	94

4. Rehabilitación — 105

Comprender la rehabilitación	**109**
Medidas y resultados de la rehabilitación	109
Medicina de rehabilitación	111
Terapia	111
Ayudas técnicas	111
Contextos de la rehabilitación	114
Necesidades y necesidades no satisfechas	114
Abordar los obstáculos a la rehabilitación	**116**
Reforma de políticas, leyes y sistemas de prestación de servicios	**117**
Planes nacionales de rehabilitación y mejora de la colaboración	118

Establecimiento de mecanismos de financiamiento para la rehabilitación	**120**
Aumento de los recursos humanos para rehabilitación	**122**
Ampliación de la educación y la capacitación	124
Capacitación del personal sanitario existente en rehabilitación	126
Fortalecimiento de la capacidad de formación	126
Contenido de los programas de estudios	126
Contratación y retención del personal de rehabilitación	127
Ampliación y descentralización de la prestación de servicios	**128**
Rehabilitación multidisciplinaria coordinada	130
Servicios prestados por la comunidad	130
Aumento del uso y la asequibilidad de la tecnología	**132**
Dispositivos asistenciales	132
Telerrehabilitación	133
Ampliar las prácticas inspiradas en la investigación y de base empírica	**134**
Información y orientaciones sobre prácticas recomendadas	135
Investigación, datos e información	136
Conclusiones y recomendaciones	**137**
Políticas y mecanismos reglamentarios	137
Financiamiento	137
Recursos humanos	138
Prestación de servicios	138
Tecnología	138
Prácticas inspiradas en las investigaciones y de base empírica	139
5. Asistencia y apoyo	**151**
Significado de la asistencia y el apoyo	**154**
¿Cuándo hay necesidad de asistencia y apoyo?	154
Necesidades y necesidades no satisfechas	156
Factores sociales y demográficos que repercuten en la oferta y la demanda	157
Consecuencias de la necesidad no satisfecha de servicios de apoyo formal para los cuidadores	158
Prestación de asistencia y apoyo	159
Barreras que obstan a la asistencia y el apoyo	**161**
Falta de financiamiento	161
Escasez de recursos humanos	162
Políticas y marcos institucionales inadecuados	162
Servicios insuficientes y poco flexibles	164
Poca coordinación de los servicios	164
Accesibilidad, actitudes y abusos	164
Eliminar las barreras que obstan a la asistencia y el apoyo	**165**
Una desinstitucionalización eficaz	165
Financiamiento de los servicios	168
Evaluación de las necesidades individuales	169
Reglamentación de los proveedores	169
Apoyo a los servicios públicos, privados y voluntarios	170
Coordinación de sistemas flexibles de prestación de servicios	171

Fortalecimiento de la capacidad de los cuidadores y usuarios de los servicios	174
Fomento de la RBC y la atención comunitaria en el hogar	175
Inclusión de la asistencia y el apoyo en las políticas y los planes de acción sobre discapacidad	176

Conclusiones y recomendaciones — 176
- Ayudar a las personas a vivir y participar en la comunidad — 177
- Fomentar el desarrollo de la infraestructura de servicios de apoyo — 177
- Garantizar al consumidor la máxima capacidad de elección y control — 177
- Ayudar a las familias en cuanto proveedoras de asistencia y apoyo — 178
- Fomentar la capacitación y el fortalecimiento de la capacidad — 178
- Mejorar la calidad de los servicios — 178

6. Ambientes favorables — 187
Comprender el acceso a los ambientes físicos y la información — 190
Las barreras en edificios y calles — 193
- Formular políticas eficaces — 193
- Mejorar las normas — 194
- Cumplimiento de leyes y reglamentos — 196
- El organismo principal — 196
- Seguimiento — 196
- Educación y campañas — 198
- Adopción del diseño universal — 198

Las barreras en el transporte público — 198
- Mejorar las políticas — 201
- Servicios de transporte especial y taxis accesibles — 201
- Diseño universal y eliminación de barreras físicas — 202
- Garantizar la continuidad en la cadena de transporte — 204
- Mejorar la educación y la capacitación — 205

Las barreras a la información y la comunicación — 206
- Inaccesibilidad — 207
- Ausencia de reglamentación — 208
- Costo — 209
- La velocidad de los cambios tecnológicos — 209

Las barreras a la información y la tecnología — 209
- Legislación y acción legal — 210
- Normas — 211
- Políticas y programas — 214
- Adquisiciones — 215
- Diseño universal — 215
- Las medidas, según la industria — 216
- Función de las ONG — 217

Conclusiones y recomendaciones — 218
- Las distintas esferas del ambiente — 218
- Servicios públicos: Edificios y calles — 219
- Transporte — 219
- Información y comunicación accesibles — 220

7. Educación — 229
La participación en la educación y los niños con discapacidad — 232
Comprensión de la educación y la discapacidad — 235
- Enfoques para educar a niños con discapacidad — 237
- Resultados — 238

Barreras que impiden la educación de los niños con discapacidad — 241
- Problemas sistémicos — 241
- Problemas basados en la escuela — 242

Eliminar las barreras que impiden la educación — 244
- Intervenciones sistémicas — 244
- Intervenciones en las escuelas — 248
- La función de la comunidad, la familia, y las personas y los niños con discapacidad — 253

Conclusiones y recomendaciones — 255
- Formular políticas claras y mejorar los datos y la información — 255
- Adoptar estrategias para promover la inclusión — 256
- En caso de ser necesario, prestar servicios especializados — 256
- Respaldar la participación — 257

8. Trabajo y empleo — 263
El mercado laboral — 266
- Participación en el mercado laboral — 266
- Tasas de ocupación — 267
- Tipos de empleo — 269
- Salarios — 269

Barreras para ingresar al mercado laboral — 270
- Falta de acceso — 270
- Conceptos erróneos acerca de la discapacidad — 270
- Discriminación — 270
- Protección excesiva en la legislación laboral — 271

Eliminar las barreras que obstan al trabajo y el empleo — 271
- Leyes y reglamentos — 271
- Intervenciones específicas — 272
- Rehabilitación y formación profesional — 276
- Empleo por cuenta propia y microfinanciamiento — 278
- Protección social — 280
- Fomento de un cambio de actitud — 282

Conclusiones y recomendaciones — 282
- Gobiernos — 283
- Empleadores — 284
- Otras organizaciones: ONG, tales como organizaciones de personas con discapacidad, instituciones de microfinanciamiento y asociaciones gremiales — 285

9. De cara al futuro: Recomendaciones — 293

Discapacidad: Una preocupación mundial — 295
¿Qué sabemos sobre las personas con discapacidad? — 295
¿Qué son las barreras discapacitantes? — 296
¿Cómo se ve afectada la vida de las personas con discapacidad? — 297

Recomendaciones — 298
Recomendación 1: Permitir el acceso a todos los sistemas, las políticas y los servicios generales — 298
Recomendación 2: Invertir en programas y servicios específicos para personas con discapacidad — 298
Recomendación 3: Adoptar una estrategia y un plan de acción nacionales en materia de discapacidad — 299
Recomendación 4: Involucrar a las personas con discapacidad — 300
Recomendación 5: Mejorar la capacidad de los recursos humanos — 300
Recomendación 6: Suministrar financiamiento suficiente y mejorar la asequibilidad económica — 301
Recomendación 7: Sensibilizar más al público y mejorar su comprensión de la discapacidad — 301
Recomendación 8: Mejorar la recopilación de datos sobre discapacidad — 302
Recomendación 9: Reforzar y respaldar la investigación sobre discapacidad — 302

Conclusiones — 303
Llevar las recomendaciones a la práctica — 303

Apéndice técnico A — 307

Apéndice técnico B — 317

Apéndice técnico C — 323

Apéndice técnico D — 333

Apéndice técnico E — 337

Indice alfabético — 349

Prólogo

La discapacidad no debería ser un obstáculo para el éxito. Yo mismo he sufrido una neuropatía motora durante la práctica totalidad de mi vida adulta, y no por ello he dejado de desarrollar una destacada carrera profesional como astrofísico y de tener una feliz vida familiar.

Al leer el *Informe mundial sobre la discapacidad*, muchos aspectos me han evocado mi propia experiencia. Yo he podido beneficiarme de un acceso a atención médica de primera clase, y dependo de un equipo de asistentes personales que hacen posible que viva y trabaje con comodidad y dignidad. Mi casa y mi lugar de trabajo han sido adaptados para que me resulten accesibles. Expertos en computación me han apoyado con un sistema de comunicación asistida y un sintetizador de habla, lo cual me permite preparar conferencias e informes y comunicarme con audiencias diversas.

Pero soy consciente de que he tenido mucha suerte, de muy diversos modos. Mi éxito en la física teórica me ha asegurado el apoyo necesario para vivir una vida digna de ser vivida. Está claro que la mayoría de las personas con discapacidad tienen enormes dificultades para sobrevivir cotidianamente, no digamos ya para encontrar un empleo productivo o para realizarse personalmente.

Acojo con satisfacción este primer *Informe mundial sobre la discapacidad*, que contribuirá grandemente a nuestro conocimiento de la discapacidad y de su impacto en las personas y la sociedad. En él se destacan los diferentes obstáculos que afrontan las personas con discapacidad (en las actitudes y obstáculos físicos y financieros). Superar esos obstáculos está a nuestro alcance.

De hecho, tenemos el deber moral de eliminar los obstáculos a la participación y de invertir fondos y conocimientos suficientes para liberar el inmenso potencial de las personas con discapacidad. Los gobiernos del mundo no pueden seguir pasando por alto a los cientos de millones de personas con discapacidad a quienes se les niega el acceso a la salud, la rehabilitación, el apoyo, la educación y el empleo, y a los que nunca se les ofrece la oportunidad de brillar.

En el informe se formulan recomendaciones para la adopción de medidas a escala local, nacional e internacional. Por consiguiente, será una herramienta inestimable para las instancias normativas, los investigadores, practicantes, defensores de los derechos y los voluntarios relacionados con la discapacidad. Mi esperanza es que, a partir de la *Convención sobre los Derechos de las Personas con Discapacidad*, y ahora con la publicación del *Informe mundial sobre la discapacidad*, este siglo marque un giro hacia la inclusión de las personas con discapacidad en las vidas de sus sociedades.

Profesor Stephen W. Hawking

Prefacio

Más de mil millones de personas viven en todo el mundo con alguna forma de discapacidad; de ellas, casi 200 millones experimentan dificultades considerables en su funcionamiento. En los años futuros, la discapacidad será un motivo de preocupación aún mayor, pues su prevalencia está aumentando. Ello se debe a que la población está envejeciendo y el riesgo de discapacidad es superior entre los adultos mayores, y también al aumento mundial de enfermedades crónicas tales como la diabetes, las enfermedades cardiovasculares, el cáncer y los trastornos de la salud mental.

En todo el mundo, las personas con discapacidad tienen peores resultados sanitarios, peores resultados académicos, una menor participación económica y unas tasas de pobreza más altas que las personas sin discapacidad. En parte, ello es consecuencia de los obstáculos que entorpecen el acceso de las personas con discapacidad a servicios que muchos de nosotros consideramos obvios, en particular la salud, la educación, el empleo, el transporte, o la información. Esas dificultades se exacerban en las comunidades menos favorecidas.

Para lograr las perspectivas de desarrollo, mejores y más duraderas, que están en el corazón de los Objetivos de Desarrollo del Milenio para el 2015 y más allá, debemos emancipar a las personas que viven con alguna discapacidad y suprimir los obstáculos que les impiden participar en las comunidades, recibir una educación de calidad, encontrar un trabajo digno y lograr que sus voces sean escuchadas.

En consecuencia, la Organización Mundial de la Salud y el Grupo del Banco Mundial han producido conjuntamente este *Informe mundial sobre la discapacidad,* para proporcionar datos destinados a la formulación de políticas y programas innovadores que mejoren las vidas de las personas con discapacidades y faciliten la aplicación de la Convención de Naciones Unidas sobre los Derechos de las Personas con Discapacidad, que entró en vigor en mayo de 2008. Este histórico tratado internacional reforzó nuestra convicción de que la discapacidad es una prioridad en materia de derechos humanos y de desarrollo.

El *Informe mundial sobre la discapacidad* propone medidas para todas las partes interesadas –incluidos los gobiernos, las organizaciones de la sociedad civil y las organizaciones de personas con discapacidad– para crear entornos favorables, promover la rehabilitación y los servicios de apoyo, asegurar una adecuada protección social, crear políticas y programas inclusivos, y aplicar normas y legislaciones, nuevas o existentes, en beneficio de las personas con discapacidad y la comunidad en general. Las personas con discapacidad deberán ocupar un lugar central en esos esfuerzos.

La visión que nos impulsa es la de un mundo inclusivo en el que todos podamos vivir una vida de salud, comodidad y dignidad. Les invitamos a que utilicen los datos de este informe para contribuir a hacer realidad esa visión.

Dra. Margaret Chan
Directora General
Organización Mundial de la Salud

Sr. Robert B. Zoellick
Presidente
Grupo del Banco Mundial

Agradecimientos

La Organización Mundial de la Salud (OMS) y el Banco Mundial quisieran agradecer a los más de 370 redactores, colaboradores, participantes en las consultas regionales y expertos evaluadores de 74 países de todo el mundo que contribuyeron al presente informe. Vaya también nuestro agradecimiento por el apoyo y la orientación que nos proporcionaron los asesores y editores del informe, los asesores regionales de la OMS y el personal del Banco Mundial y la OMS, sin cuya dedicación, ayuda y experiencia este informe no habría sido posible.

El informe también se benefició de los aportes de muchas otras personas, en particular, de Tony Kahane y Bruce Ross-Larson, quienes editaron el texto del informe principal; Angela Burton, que redactó el texto alternativo y ayudó con las referencias; Natalie Jessup, Alana Officer, Sashka Posarac y Tom Shakespeare, quienes prepararon el texto definitivo del resumen, y Bruce Ross-Larson, que lo editó.

También damos las gracias a Jerome Bickenbach, Noriko Saito Fort, Szilvia Geyh, Katherine Marcello, Karen Peffley, Catherine Sykes y Bliss Temple por su apoyo técnico para la elaboración del informe; a Somnath Chatterji, Nirmala Naidoo, Brandon Vick y Emese Verdes por su análisis e interpretación de la Encuesta Mundial de Salud; a Colin Mathers y René Levallée por su análisis del estudio sobre la carga mundial de la morbilidad, y a Nenad Kostanjsek y Rosalba Lembo por la recopilación y presentación de los datos sobre discapacidad notificados por los países. El informe se benefició de la labor de Chris Black, Jean-Marc Glinz, Steven Lauwers, Jazz Shaban, Laura Sminkey y Jelica Vesic, encargados de los medios de difusión y las comunicaciones; James Rainbird, que se ocupó de la corrección de pruebas, y Liza Furnival, que estuvo a cargo de la indización; Sophie Guetaneh Aguettant y Susan Hobbs, responsables del diseño gráfico; Omar Vulpinari, Alizée Freudenthal y Gustavo Millon, de Fabrica, que tuvieron a su cargo la dirección creativa y de arte, las fotografías del diseño de la portada y las imágenes de las portadas de los capítulos; Pascale Broisin y Frédérique Robin-Wahlin, coordinadores de la impresión; Tushita Bosonet, que prestó asistencia con la portada; Maryanne Diamond, Lex Grandia y Penny Hartin, quienes suministraron información sobre la accesibilidad del informe; Melanie Lauckner, que preparó el informe en distintos formatos, y Rachel McLeod-Mackenzie, que prestó apoyo administrativo y coordinó el proceso de producción.

Por su asistencia en la búsqueda de personas que aportaran sus historias a esta publicación, va nuestro reconocimiento al Belize Council for the Visually Impaired, Shanta Everington, Fiona Hale, Sally Hartley, Julian Hughes, Tarik Jasarevic, Natalie Jessup, Sofija Korac, Ingrid Lewis, Hamad Lubwama, Rosamond Madden, Margie Peden, Diane Richler, Denise Roza, Noriko Saito Fort y Moosa Salie.

La OMS y el Banco Mundial desean agradecer, asimismo, el generoso apoyo financiero brindado para la elaboración, traducción y publicación de este informe por los Gobiernos de Australia, Finlandia, Italia, Noruega, Nueva Zelandia, Suecia y el Reino Unido de Gran Bretaña e Irlanda del Norte; CBM International; el Organismo Japonés de Cooperación Internacional, y el fondo fiduciario de múltiples donantes, la Alianza Mundial para la Discapacidad y el Desarrollo.

Colaboradores

Orientación editorial

Comité de redacción
Sally Hartley, Venus Ilagan, Rosamond Madden, Alana Officer, Aleksandra Posarac, Katherine Seelman, Tom Shakespeare, Sándor Sipos, Mark Swanson, Maya Thomas, Zhuoying Qiu.

Jefes de redacción
Alana Officer (OMS), Aleksandra Posarac (Banco Mundial).

Redactores técnicos
Tony Kahane, Bruce Ross-Larson.

Comité Consultivo
Presidente del Comité Consultivo: Ala Din Abdul Sahib Alwan.
Comité Consultivo: Amadaou Bagayoko, Arup Banerji, Philip Craven, Mariam Doumiba, Ariel Fiszbein, Sepp Heim, Etienne Krug, Joy Sebenzile Matsebula, Brenda Myers, Kicki Nordström, Mired bin Raad, Diane Richler, José Manuel Salazar-Xirinachs, Kit Sinclair, Urbano Stenta, Gerold Stucki, Qian Tang, Edwin Trevathan, Johannes Trimmel, Tang Xiaoquan, Sha Zukang.

Colaboradores de los distintos capítulos

Introducción
Colaboradores: Alana Officer, Tom Shakespeare.

Capítulo 1: Comprender la discapacidad
Colaboradores: Jerome Bickenbach, Theresia Degener, John Melvin, Gerard Quinn, Aleksandra Posarac, Marianne Schulze, Tom Shakespeare, Nicholas Watson.
Cuadros: Jerome Bickenbach (1.1), Alana Officer (1.2), Aleksandra Posarac, Tom Shakespeare (1.3), Marianne Schulze (1.4), Natalie Jessup, Chapal Khasnabis (1.5).

Capítulo 2: La situación mundial en materia de discapacidad
Colaboradores: Gary Albrecht, Kidist Bartolomeos, Somnath Chatterji, Maryanne Diamond, Eric Emerson, Glen Fujiura, Oye Gureje, Soewarta Kosen,

Nenad Kostanjsek, Mitchell Loeb, Jennifer Madans, Rosamond Madden, Maria Martinho, Colin Mathers, Sophie Mitra, Daniel Mont, Alana Officer, Trevor Parmenter, Margie Peden, Aleksandra Posarac, Michael Powers, Patricia Soliz, Tami Toroyan, Bedirhan Üstün, Brandon Vick, Xingyang Wen.
Cuadros: Gerry Brady, Gillian Roche (2.1), Mitchell Loeb, Jennifer Madans (2.2), Thomas Calvot, Jean Pierre Delomier (2.3), Matilde Leonardi, Jose Luis Ayuso-Mateos (2.4), Xingyang Wen, Rosamond Madden (2.5).

Capítulo 3: Atención de la salud en general

Colaboradores: Fabricio Balcazar, Karl Blanchet, Alarcos Cieza, Eva Esteban, Michele Foster, Lisa Iezzoni, Jennifer Jelsma, Natalie Jessup, Robert Kohn, Nicholas Lennox, Sue Lukersmith, Michael Marge, Suzanne McDermott, Silvia Neubert, Alana Officer, Mark Swanson, Miriam Taylor, Bliss Temple, Margaret Turk, Brandon Vick.
Cuadros: Sue Lukersmith (3.1), Liz Sayce (3.2), Jodi Morris, Taghi Yasamy, Natalie Drew (3.3), Paola Ayora, Nora Groce, Lawrence Kaplan (3.4), Sunil Deepak, Bliss Temple (3.5), Tom Shakespeare (3.6).

Capítulo 4: Rehabilitación

Colaboradores: Paul Ackerman, Shaya Asindua, Maurice Blouin, Debra Cameron, Kylie Clode, Lynn Cockburn, Antonio Eduardo DiNanno, Timothy Elliott, Harry Finkenflugel, Neeru Gupta, Sally Hartley, Pamela Henry, Kate Hopman, Natalie Jessup, Alan Jette, Michel Landry, Chris Lavy, Sue Lukersmith, Mary Matteliano, John Melvin, Vibhuti Nandoskar, Alana Officer, Rhoda Okin, Penny Parnes, Wesley Pryor, Geoffrey Reed, Jorge Santiago Rosetto, Grisel Roulet, Marcia Scherer, William Spaulding, John Stone, Catherine Sykes, Bliss Temple, Travis Threats, Maluta Tshivhase, Daniel Wong, Lucy Wong, Karen Yoshida.
Cuadros: Alana Officer (4.1), Janet Njelesani (4.2), Frances Heywood (4.3), Donata Vivanti (4.4), Heinz Trebbin (4.5), Julia D'Andrea Greve (4.6), Alana Officer (4.7).

Capítulo 5: Asistencia y apoyo

Colaboradores: Michael Bach, Diana Chiriacescu, Alexandre Cote, Vladimir Cuk, Patrick Devlieger, Karen Fisher, Tamar Heller, Martin Knapp, Sarah Parker, Gerard Quinn, Aleksandra Posarac, Marguerite Schneider, Tom Shakespeare, Patricia Noonan Walsh.
Cuadros: Tina Minkowitz, Maths Jesperson (5.1), Robert Nkwangu (5.2), Disability Rights International (5.3).

Capítulo 6: Ambientes favorables

Colaboradores: Judy Brewer, Alexandra Enders, Larry Goldberg, Linda Hartman, Jordana Maisel, Charlotte McClain-Nhlapo, Marco Nicoli, Karen Peffley, Katherine Seelman, Tom Shakespeare, Edward Steinfeld, Jim Tobias, Daihua Yu
Cuadros: Edward Steinfeld (6.1), Tom Shakespeare (6.2), Asiah Abdul Rahim, Samantha Whybrow (6.3), Binoy Acharya, Geeta Sharma, Deepa Sonpal (6.4), Edward Steinfeld (6.5), Katherine Seelman (6.6), Hiroshi Kawamura (6.7).

Capítulo 7: Educación
Colaboradores: Peter Evans, Giampiero Griffo, Seamus Hegarty, Glenda Hernandez, Susan Hirshberg, Natalie Jessup, Elizabeth Kozleski, Margaret McLaughlin, Susie Miles, Daniel Mont, Diane Richler, Thomas Sabella.
Cuadros: Susan Hirshberg (7.1), Margaret McLaughlin (7.2), Kylie Bates, Rob Regent (7.3), Hazel Bines, Bliss Temple, R.A. Villa (7.4), Ingrid Lewis (7.5).

Capítulo 8: Trabajo y empleo
Colaboradores: Susanne Bruyère, Sophie Mitra, Sara VanLooy, Tom Shakespeare, Ilene Zeitzer.
Cuadros: Susanne Bruyère (8.1), Anne Hawker, Alana Officer, Catherine Sykes (8.2), Peter Coleridge (8.3), Cherry Thompson-Senior (8.4), Susan Scott Parker (8.5).

Capítulo 9: De cara al futuro: recomendaciones
Colaboradores: Sally Hartley, Natalie Jessup, Rosamond Madden, Alana Officer, Sashka Posarac, Tom Shakespeare.
Cuadros: Kirsten Pratt (9.1).

Apéndices técnicos
Colaboradores: Somnath Chatterji, Marleen De Smedt, Haishan Fu, Nenad Kostanjsek, Rosalba Lembo, Mitchell Loeb, Jennifer Madans, Rosamond Madden, Colin Mathers, Andres Montes, Nirmala Naidoo, Alana Officer, Emese Verdes, Brandon Vick.

Autores de los testimonios
En el informe se recogen testimonios de experiencias personales de personas con discapacidad. Si bien se recibieron numerosos relatos, no todos ellos han podido incluirse en el trabajo. Los testimonios que constan en el documento provienen de Australia, Bangladesh, Barbados, Belice, Camboya, el Canadá, China, Egipto, la Federación de Rusia, Filipinas, Haití, la India, el Japón, Jordania, Kenya, los Países Bajos, Panamá, el Reino Unido de Gran Bretaña e Irlanda del Norte, Uganda, Zambia, y las zonas que se encuentran bajo el dominio del Gobierno autónomo palestino. Por razones de confidencialidad, solo se ha incluido en cada caso el nombre de pila del autor del testimonio.

Expertos evaluadores
Kathy Al Ju'beh, Dele Amosun, Yerker Anderson, Francesc Aragal, Julie Babindard, Elizabeth Badley, Ken Black, Johannes Borg, Vesna Bosnjak, Ron Brouillette, Mahesh Chandrasekar, Mukesh Chawla, Diana Chiriacescu, Ching Choi, Peter Coleridge, Ajit Dalal, Victoria de Menil, Marleen De Smedt, Shelley Deegan, Sunil Deepak, Maryanne Diamond, Steve Edwards, Arne Eide, James Elder-Woodward, Eric Emerson, Alexandra Enders, John Eriksen, Haishan Fu, Marcus Fuhrer, Michelle Funk, Ann Goerdt, Larry Goldberg, Lex Grandia, Pascal Granier, Wilfredo Guzman, Manal Hamzeh, Sumi Helal, Xiang Hiuyun, Judith Hollenweger, Mosharraf Hossain, Venus Ilagan, Deborah Iyute, Karen Jacobs, Olivier Jadin, Khandaker Jarulul Alam, Jennifer Jelsma, Steen Jensen, Nawaf Kabbara, Lissa Kauppinen, Hiroshi Kawamura, Peter Kercher, Chapal Khasnabis,

Ivo Kocur, Johannes Koettl, Kalle Könköllä, Gloria Krahn, Arvo Kuddo, Gaetan Lafortune, Michel Landry, Stig Larsen, Connie Lauren-Bowie, Silvia Lavagnoli, Axel Leblois, Matilde Leonardi, Clayton Lewis, Anna Lindström, Gwynnyth Lleweyllyn, Mitchell Loeb, Michael Lokshin, Clare MacDonald, Jennifer Madans, Richard Madden, Thandi Magagula, Dipendra Manocha, Charlotte McClain-Nhlapo, John Melvin, Cem Mete, Susie Miles, Janice Miller, Marilyn Moffat, Federico Montero, Andres Montes, Asenath Mpatwa, Ashish Mukerjee, Barbara Murray, David Newhouse, Penny Norgrove, Helena Nygren Krug, Japheth Ogamba Makana, Thomas Ongolo, Tanya Packer, Trevor Parmenter, Donatella Pascolini, Charlotte Pearson, Karen Peffley, Debra Perry, Poul Erik Petersen, Immaculada Placencia-Porrero, Adolf Ratzka, Suzanne Reier, Diane Richler, Wachara Riewpaiboon, Tom Rikert, Alan Roulstone, Amanda Rozani, Moosa Salie, Mohammad Sattar Dulal, Duranee Savapan, Shekhar Saxena, Walton Schlick, Marguerite Schneider, Marianne Schultz, Kinnon Scott, Tom Seekins, Samantha Shann, Owen Smith, Nirmala Srinivisan, Beryl Steeden, Catherine Sykes, Jim Tobias, Stefan Trömel, Chris Underhill, Wim Van Brakel, Derek Wade, Nicholas Watson, Ruth Watson, Mark Wheatley, Taghi Yasamy, Nevio Zagaria, Ilene Zeitzer, Ruth Zemke, Dahong Zhuo.

Otros colaboradores
Consultores regionales
Región de África/Región del Mediterráneo Oriental de la OMS
Alice Nganwa Baingana, Betty Babirye Kwagala, Moussa Charafeddine, Kudakwashe Dube, Sally Hartley, Syed Jaffar Hussain, Deborah Oyuu Iyute, Donatilla Kanimba, Razi Khan, Olive Chifefe Kobusingye, Phitalis Were Masakhwe, Niang Masse, Quincy Mwya, Charlotte McClain-Nhlapo, Catherine Naughton, William Rowland, Hala Sakr, Moosa Salie, Alaa I. Sebeh, Alaa Shukrallah, Sándor Sipos, Joe Ubiedo.

Región de las Américas de la OMS
Georgina Armstrong, Haydee Beckles, Aaron Bruma, Jean-Claude Jalbert, Sandy Layton, Leanne Madsen, Paulette McGinnis, Tim Surbey, Corey Willet, Valerie Wolbert, Gary L. Albrecht, Ricardo Restrepo Arbelaez, Martha Aristizabal, Susanne Bruyère, Nixon Contreras, Roberto Del Águila, Susan Hirshberg, Federico Montero, Claudia Sánchez, Katherine Seelman, Sándor Sipos, Edward Steinfeld, Beatriz Vallejo, Armando Vásquez, Ruth Warick, Lisbeth Barrantes, José Luís Di Fabio, Juan Manuel Guzmán, John Stone.

Región de Asia sudoriental/Región del Pacífico Occidental de la OMS
Tumenbayar Batdulam, Amy Bolinas, Kylie Clode, David Corner, Dahong Zhuo, Michael Davies, Bulantrisna Djelantik, Mohammad Abdus Sattar Dulal, Betty Dy-Mancao, Fumio Eto, Anne Hawker, Susan Hirshberg, Xiaolin Huang, Venus Ilagan, Yoko Isobe, Emmanuel Jimenez, Kenji Kuno, Leonard Li, Rosmond Madden, Charlotte McClain-Nhlapo, Anuradha Mohit, Akiie Ninomiya, Hisashi Ogawa, Philip O'Keefe, Grant Preston, Wachara Riewpaiboon, Noriko Saito, Chamaiparn Santikarn, Mary Scott, Sándor Sipos, Catherine Sykes, Maya Thomas, Mohammad Jashim Uddin, Zhuoying Qiu, Filipinas Ganchoon, Geetika Mathur, Miriam Taylor, John Andrew Sánchez.

Colaboradores

Oficina Regional para Europa de la OMS

Viveca Arrhenius, Jerome Bickenbach, Christine Boldt, Matthias Braubach, Fabrizio Cassia, Diana Chiriacescu, Marleen De Smedt, Patrick Devlieger, Fabrizio Fea, Federica Francescone, Manuela Gallitto, Denise Giacomini, Donato Greco, Giampiero Griffo, Gunnar Grimby, Ahiya Kamara, Etienne Krug, Fiammetta Landoni, Maria G. Lecce, Anna Lindström, Marcelino López, Isabella Menichini, Cem Mete, Daniel Mont, Elisa Patera, Francesca Racioppi, Adolf Ratzka, Maria Pia Rizzo, Alan Roulstone, Tom Shakespeare, Sándor Sipos, Urbano Stenta, Raffaele Tangorra, Damjan Tatic, Donata Vivanti, Mark Wheatley.

Ninguno de los expertos que participaron en la elaboración de este informe declaró tener conflictos de intereses.

Introducción

Muchas personas con discapacidad carecen de igual acceso a la atención de salud, la educación y las oportunidades laborales que las demás personas; no reciben los servicios que necesitan de acuerdo con su discapacidad, y se hallan excluidos de actividades de la vida cotidiana. Desde la entrada en vigor de la Convención de las Naciones Unidas sobre los Derechos de las Personas con Discapacidad (CDPD), la discapacidad se considera, en medida creciente, una cuestión de derechos humanos. También constituye un problema importante desde el punto de vista del desarrollo: hay un conjunto creciente de evidencia que demuestra que las personas con discapacidad se encuentran en peor situación socioeconómica y sufren más pobreza que las personas sin discapacidad.

Pese a la magnitud del tema, no hay conciencia ni información científica suficientes acerca de la discapacidad. No se ha llegado a un acuerdo sobre definiciones y se dispone de escasa información comparable internacionalmente sobre la incidencia, la distribución y las tendencias de la discapacidad. Hay pocos documentos donde se recopilen y analicen las formas en que los países han elaborado políticas y soluciones para abordar las necesidades de la personas con discapacidad.

Ante esta situación, la Asamblea Mundial de la Salud (resolución 58.23, Discapacidad, incluidos la prevención, el tratamiento y la rehabilitación) pidió a la Directora General de la OMS que preparara un informe mundial sobre discapacidad basado en la mejor evidencia científica disponible. El resultado fue el *Informe mundial sobre la discapacidad*, que se realizó junto con el Banco Mundial, ya que la experiencia demuestra que la colaboración entre organismos es beneficiosa para potenciar la sensibilización, la voluntad política y la acción entre los distintos sectores.

El *Informe mundial sobre la discapacidad* está dirigido a responsables de políticas públicas, especialistas, investigadores, académicos, organismos de desarrollo y la sociedad civil.

Objetivos

Los objetivos generales del informe son los siguientes:
- proporcionar a los Gobiernos y la sociedad civil una descripción completa de la importancia de la discapacidad y un análisis de las respuestas suministradas, sobre la base de la mejor información científica disponible;
- a partir de este análisis, formular recomendaciones para la adopción de medidas a escala nacional e internacional.

Alcance del informe

El informe se centra en medidas destinadas a mejorar la accesibilidad y la igualdad de oportunidades; fomentar la participación y la inclusión, y reforzar el respeto a la autonomía y dignidad de las personas con discapacidad. En el capítulo 1 se definen términos tales como «discapacidad»; se analizan la prevención y sus consideraciones éticas; se presentan la Clasificación Internacional del Funcionamiento, de la Discapacidad y de la Salud (CIF), y la CDPD, y se abordan los temas de discapacidad y derechos humanos, y discapacidad y desarrollo. En el capítulo 2 se pasa revista a los datos sobre la prevalencia de la discapacidad y la situación de las personas con discapacidad a nivel mundial. En el capítulo 3 se estudia el acceso de las personas con discapacidad a los servicios generales de atención de salud. En el capítulo 4 se trata el tema de la rehabilitación, con inclusión de las terapias y los dispositivos asistenciales. En el capítulo 5 se investigan los servicios de apoyo y asistencia. En el capítulo 6 se analizan los ambientes inclusivos, tanto en términos de acceso físico a los edificios y el transporte, por ejemplo, como de acceso a los entornos virtuales de la tecnología de la información y las comunicaciones. En el capítulo 7 se aborda la educación y en el capítulo 8, el empleo de personas con discapacidad. Cada capítulo incluye recomendaciones, que se recopilan en el capítulo 9 para formular consideraciones generales sobre políticas y prácticas.

Proceso de preparación

Un comité asesor y una junta editorial dirigieron la preparación de este informe, que llevó más de tres años. La OMS y el Banco Mundial prestaron servicios de secretaría durante todo este proceso. Cada capítulo fue escrito por un número reducido de autores, que se basaron en los lineamientos generales proporcionados por la Junta Editorial y trabajaron con un grupo más amplio de expertos de todo el mundo. Cuando fue posible, se convocó como autores y especialistas a personas con discapacidad. Casi 380 colaboradores de distintos sectores y de todas las regiones del mundo escribieron textos para el informe.

Los borradores de cada capítulo se repasaron a la luz de la información surgida de las consultas regionales organizadas por las Oficinas Regionales de la OMS, en las que participaron académicos, autoridades normativas, especialistas y personas con discapacidad. Durante estas consultas, los expertos tuvieron la oportunidad de formular recomendaciones generales (véase el capítulo 9). Una vez concluidos, los capítulos fueron objeto de examen por editores, que se basaron en las normas de derechos humanos y la mejor evidencia disponible, y por homólogos externos, entre los que se contaron representantes de organizaciones de personas con discapacidad. El texto fue sometido a la revisión final del Banco Mundial y la OMS.

Se prevé que las recomendaciones presentadas en el informe mantendrán su validez hasta el año 2021, cuando el Departamento de Prevención de la Violencia y los Traumatismos y Discapacidad, de la sede de la OMS, ubicada en Ginebra, iniciará un examen del documento.

De cara al futuro

En el *Informe mundial sobre la discapacidad* se describen las medidas necesarias para mejorar la participación y la inclusión de las personas con discapacidad. La OMS, el Banco Mundial y todos los autores y editores del presente informe aspiran a que esta publicación contribuya a la adopción de medidas concretas en todos los niveles y sectores, y ayude así a promover el desarrollo social y económico y los derechos humanos de las personas con discapacidad del mundo entero.

Capítulo 1

Comprender la discapacidad

«Soy una mujer negra y tengo una discapacidad. Algunas personas me miran con mala cara y no me incluyen. La gente no me trata bien cuando me ve la cara, pero cuando hablo con ellos, a veces es mejor. Antes de tomar una decisión sobre alguien que tiene una discapacidad, deberían hablar con esa persona.»

Haydeé

«¿Puedes imaginar lo que es levantarte a la mañana con un dolor tan grande que incluso te impide salir de la cama? ¿Puedes imaginarte con un dolor tal que requiera que te tengan que ayudar para hacer las actividades cotidianas más simples? ¿Puedes imaginar lo que es que te despidan de tu trabajo porque no eres capaz de cumplir con requisitos laborales simples? Y, por último, ¿puedes imaginar lo que es que tu hijito llore porque quiere un abrazo y no puedas abrazarlo debido al dolor que sientes en los huesos y las articulaciones?»

Nael

«Mi vida gira en torno a mis dos hermosos hijos. Para ellos yo soy 'mami', y no una persona en silla de ruedas; no me juzgan como persona ni juzgan la vida que tenemos. Pero ahora eso está cambiando, ya que mis esfuerzos por ser parte de sus vidas se ven limitados por las dificultades en el acceso físico a las escuelas, los parques y las tiendas; las actitudes de otros padres y el hecho de que necesito apoyo ocho horas al día para mi atención personal… No puedo entrar a las casas de los amigos de mis hijos y debo esperar afuera a que terminen de jugar. No puedo entrar a todas las aulas de la escuela, por lo cual no he podido conocer a muchos de los demás padres. No puedo acercarme a la zona de los juegos que está en el medio del parque ni ayudar en las jornadas deportivas en que mis hijos desean participar. Los demás padres me ven como una persona diferente, e incluso hubo una madre que no quiso que mi hijo jugara con su hijo porque yo no podía colaborar en la supervisión de los niños en su casa, que me resultaba inaccesible.»

Samantha

«Me subo al autobús cerca del lugar donde comienza el recorrido. Soy una de las primeras pasajeras en subir. Las personas continúan subiendo al autobús, buscan asiento, miran mis prótesis auditivas, luego desvían rápidamente la mirada y continúan caminando. Solo cuando las personas con discapacidad sean verdaderamente parte de la sociedad, reciban instrucción en todos los jardines de infancia y escuelas con asistencia personal, vivan en la comunidad y no en instituciones diferentes, trabajen en todos los lugares y en cualquier puesto con medios accesibles y cuenten con total accesibilidad en la esfera pública, recién entonces la gente se sentirá lo suficientemente cómoda como para sentarse a nuestro lado en el autobús.»

Ahiya

1
Comprender la discapacidad

La discapacidad es parte de la condición humana. Casi todas las personas tendrán una discapacidad temporal o permanente en algún momento de sus vidas, y los que sobrevivan y lleguen a la vejez experimentarán cada vez más dificultades de funcionamiento. La mayoría de los grupos familiares tienen algún integrante discapacitado, y muchas personas que no lo son asumen la responsabilidad de apoyar y cuidar a sus parientes y amigos con discapacidad (*1-3*). En cada época se ha enfrentado la cuestión moral y política de encontrar la mejor forma de incluir y apoyar a las personas con discapacidad. Este problema se agudizará a medida que cambien las características demográficas de las sociedades y aumente la cantidad de personas que llegan a la vejez (*4*).

Las respuestas a la discapacidad se han modificado desde la década de 1970, motivadas principalmente por la propia organización de las personas con discapacidad (*5*, *6*) y la creciente tendencia a considerar la discapacidad como una cuestión de derechos humanos (*7*). Históricamente se había tratado a las personas con discapacidad con soluciones que las segregaban, como las instituciones residenciales y escuelas especiales (*8*). Pero, en la actualidad, la política ha cambiado y se ha optado por la inclusión en la comunidad y en la educación, y las soluciones orientadas al componente médico han dado lugar a enfoques más interactivos que reconocen que la discapacidad en las personas se origina tanto en los factores ambientales como en el cuerpo. Las iniciativas nacionales e internacionales, como las Normas Uniformes sobre la Igualdad de Oportunidades para las Personas con Discapacidad de las Naciones Unidas (*9*), han incorporado los derechos humanos de las personas con discapacidad, lo cual culminó con la aprobación de la Convención de las Naciones Unidas sobre los Derechos de las Personas con Discapacidad (CDPD) en el año 2006.

El presente *Informe mundial sobre la discapacidad* proporciona elementos para facilitar la puesta en práctica de la CDPD. Asimismo, documenta las circunstancias de personas con discapacidad de todo el mundo y analiza medidas para fomentar su participación social, que van desde la salud y la rehabilitación hasta la educación y el empleo. Este primer capítulo proporciona una orientación general sobre la discapacidad e introduce conceptos clave —como el enfoque de derechos humanos ante la discapacidad, la intersección entre discapacidad y desarrollo, y la Clasificación

Internacional del Funcionamiento, de la Discapacidad y de la Salud (CIF)— y analiza las barreras que colocan en desventaja a las personas con discapacidad.

¿Qué es la discapacidad?

La discapacidad es compleja, dinámica, multidimensional y objeto de discrepancia. En las últimas décadas, el movimiento de las personas con discapacidad (*6*, *10*), junto con numerosos investigadores de las ciencias sociales y de la salud (*11*, *12*), han identificado la función de las barreras sociales y físicas presentes en la discapacidad. La transición que implicó pasar de una perspectiva individual y médica a una perspectiva estructural y social ha sido descrita como el viraje desde un «modelo médico» a un «modelo social», en el cual las personas son consideradas discapacitadas por la sociedad más que por sus cuerpos (*13*).

El modelo médico y el modelo social a menudo se presentan como dicotómicos, pero la discapacidad debería verse como algo que no es ni puramente médico ni puramente social: las personas con discapacidad a menudo pueden experimentar problemas que derivan de su condición de salud (*14*). Se necesita un enfoque equilibrado que le dé el peso adecuado a los distintos aspectos de la discapacidad (*15*, *16*).

La CIF, considerada el marco conceptual de este informe, entiende el funcionamiento y la discapacidad como una interacción dinámica entre las condiciones de salud y los factores contextuales, tanto personales como ambientales (véase el cuadro 1.1) (*17*). La promoción de un «modelo bio-psicosocial» representa un equilibrio viable entre los modelos médico y social. El término genérico «discapacidad» abarca todas las deficiencias, las limitaciones para realizar actividades y las restricciones de participación, y se refiere a los aspectos negativos de la interacción entre una persona (que tiene una condición de salud) y los factores contextuales de esa persona (factores ambientales y personales) (*19*).

En el preámbulo de la CDPD se reconoce que la discapacidad es un «concepto que evoluciona», pero también destaca que la discapacidad «resulta de la interacción entre las personas con deficiencias y las barreras debidas a la actitud y el entorno que evitan su participación plena y efectiva en la sociedad en igualdad de condiciones con los demás». Si se define la discapacidad como una interacción, ello significa que la «discapacidad» no es un atributo de la persona. Se pueden lograr avances para mejorar la participación social abordando las barreras que impiden a las personas con discapacidad desenvolverse en su vida cotidiana.

El ambiente

El ambiente en que vive una persona tiene una enorme repercusión sobre la experiencia y el grado de la discapacidad. Los ambientes inaccesibles crean discapacidad al generar barreras que impiden la participación y la inclusión. A continuación se citan algunos ejemplos de la posible repercusión negativa del ambiente:

- una persona sorda que carece de un intérprete de lengua de señas;
- una persona que utiliza una silla de ruedas en un edificio que carece de un retrete o ascensor accesible;
- una persona ciega que utiliza una computadora que carece de software para lectura de pantalla.

La salud también se ve afectada por los factores ambientales, como agua potable y saneamiento, nutrición, pobreza, condiciones laborales, clima o acceso a la atención médica. Tal como ha sostenido la Comisión sobre Determinantes Sociales de la Salud de la Organización Mundial de la Salud (OMS), la desigualdad es una de las principales causas de mala salud y, en consecuencia, de discapacidad (*20*).

Cuadro 1.1. Mayor hincapié en los factores ambientales

La CIF (*17*) logró avances a la hora de comprender y medir la discapacidad. Se creó a través de un largo proceso en el que participaron académicos, clínicos y, lo más importante, personas con discapacidad (*18*). La CIF hace hincapié en el rol de los factores ambientales en la creación de la discapacidad, y esa es la principal diferencia entre esta nueva clasificación y la anterior *Clasificación Internacional de Deficiencias, Discapacidades y Minusvalías*. En la CIF, los problemas del funcionamiento humano se agrupan en tres categorías vinculadas entre sí:

- **Deficiencias:** Son problemas en la función corporal o alteraciones en la estructura corporal; por ejemplo, parálisis o ceguera.
- **Limitaciones de la actividad:** Son dificultades para realizar actividades; por ejemplo, caminar o comer.
- **Restricciones de participación:** Son problemas para participar en cualquier ámbito de la vida; por ejemplo, ser objeto de discriminación a la hora de conseguir empleo o transporte.

La **discapacidad** se refiere a las dificultades que se presentan en cualquiera de las tres áreas de funcionamiento. La CIF también puede utilizarse para comprender y medir los aspectos positivos del funcionamiento, como las actividades y funciones corporales, la participación y la facilitación del entorno. La CIF emplea un lenguaje neutro y no hace distinciones entre el tipo y la causa de la discapacidad; por ejemplo, entre salud «física» y «mental». Las **condiciones de salud** son las enfermedades, lesiones y trastornos, mientras que las **deficiencias** son las disminuciones específicas en las funciones y estructuras corporales, a menudo identificadas como síntomas o señales de condiciones de salud.

La **discapacidad** surge de la interacción entre las condiciones de salud y los factores contextuales: factores ambientales y personales, tal como se muestra en el gráfico que figura a continuación.

Representación de la Clasificación Internacional del Funcionamiento, de la Discapacidad y de la Salud

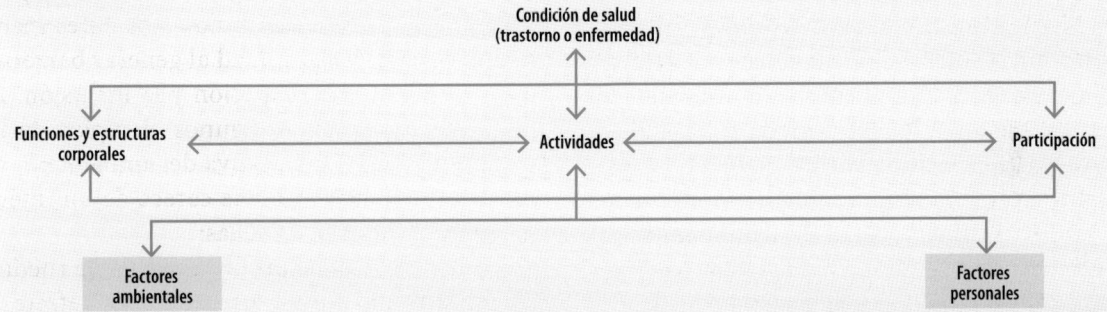

En la CIF se incluye una clasificación de los **factores ambientales** que describen el mundo en el cual deben vivir y actuar las personas con diferentes niveles de funcionamiento. Estos factores pueden actuar como facilitadores o como barreras. Entre los factores ambientales se incluyen: productos y tecnología; el ambiente natural y el entorno construido por el hombre; apoyo y relaciones; actitudes, y servicios, sistemas y políticas.

En la CIF también se reconocen los **factores personales**, como la motivación y la autoestima, que pueden influir en el grado en que una persona participa en la sociedad. No obstante, aún no se han conceptualizado ni clasificado estos factores. Asimismo, la clasificación distingue entre las **capacidades** de una persona para llevar a cabo sus actos y el **desempeño** en sí de esos actos en la vida real, diferencia sutil que contribuye a arrojar luz sobre la repercusión del ambiente y el modo en que se puede mejorar el desempeño al modificar el ambiente.

La CIF es universal debido a que cubre todos los aspectos del funcionamiento humano y trata la discapacidad como un todo, en vez de categorizar a las personas con discapacidad en un grupo separado: la discapacidad es cuestión de más o menos, no de sí o no. No obstante, la formulación de políticas y la prestación de servicios podrían requerir que se emplearan umbrales para determinar la gravedad de las deficiencias, las limitaciones de la actividad o las restricciones de participación.

La clasificación es útil para una gama de propósitos —investigación, supervisión y presentación de informes—, todos ellos vinculados a la descripción y la medición de la salud y la discapacidad, y abarca los siguientes puntos: la evaluación del funcionamiento individual, el establecimiento de metas, el tratamiento y el seguimiento; la medición de resultados y la evaluación de servicios; la determinación de la admisibilidad para obtener beneficios de seguridad social, y la realización de encuestas de salud y discapacidad.

Se puede modificar el ambiente para mejorar las condiciones de salud, prevenir las deficiencias y mejorar los resultados para las personas con discapacidad. Tales cambios pueden ser el resultado de la promulgación de leyes, modificaciones en las políticas, fortalecimiento de capacidades o avances tecnológicos que permitan contar, entre otros, con los siguientes elementos:

- diseño accesible en el ambiente construido por el hombre y el transporte;
- señalización que ayude a las personas con deficiencias sensoriales;
- servicios de salud, rehabilitación, educación y apoyo más accesibles;
- más oportunidades laborales y de empleo para las personas con discapacidad.

Los factores ambientales abarcan un conjunto más amplio de cuestiones que van más allá del mero acceso físico y la información. Las políticas y los sistemas de prestación de servicios, incluidas las normas que regulan la prestación de servicios, también pueden ser obstáculos (*21*). Por ejemplo, el análisis del financiamiento de los servicios de salud pública en Australia permitió concluir que los reembolsos que efectuaban los proveedores de servicios de salud no contemplaban el tiempo adicional que a menudo se requería para prestar servicios a las personas con discapacidad; en consecuencia, los hospitales que trataban a los pacientes discapacitados quedaban en desventaja, pues el sistema de financiamiento les reembolsaba un monto fijo por paciente (*22*).

Tras analizar el acceso a los servicios de atención médica en Europa, se llegó a la conclusión de que había barreras organizativas, como listas de espera, falta de un sistema de reservas para concertar las consultas y complejos sistemas de derivación a otros profesionales que resultan más complicados para las personas con discapacidad, pues quizás para ellas sea más difícil llegar temprano o esperar el día entero, o quizás no puedan manejar sistemas complejos (*23, 24*). Si bien no hay una intención de discriminar, el sistema indirectamente excluye a las personas con discapacidad al no tomar en cuenta sus necesidades.

Las instituciones y organizaciones también necesitan cambiar, además de las personas y el ambiente, a efectos de evitar excluir a las personas con discapacidad. La Ley contra la Discriminación por Discapacidad de 2005 del Reino Unido de Gran Bretaña e Irlanda del Norte indicó a las organizaciones del sector público que fomentaran la igualdad para las personas con discapacidad, por ejemplo, al instaurar una estrategia empresarial de igualdad en caso de discapacidad, y al evaluar la potencial repercusión que tendrían las políticas y actividades propuestas sobre las personas con discapacidad (*25*).

El conocimiento y las actitudes son factores ambientales importantes que afectan a todas las esferas de la prestación de servicios y la vida social. Sensibilizar y erradicar las actitudes negativas son, a menudo, los primeros pasos para crear ambientes más accesibles para las personas con discapacidad. El uso de imágenes y lenguaje negativos, los estereotipos y los estigmas con profundas raíces históricas persisten para las personas con discapacidad de todo el mundo (*26-28*). Generalmente se equipara a la discapacidad con la incapacidad. Un análisis de los estigmas vinculados a la salud permitió concluir que la repercusión era sorprendentemente similar en países distintos y con diferentes condiciones de salud (*29*). Tras realizarse un estudio en 10 países, se llegó a la conclusión de que el público en general no comprende las capacidades de las personas con deficiencias intelectuales (*30*). Los problemas de salud mental están especialmente estigmatizados y poseen elementos comunes en los distintos ámbitos (*31*). Las personas con problemas de salud mental son objeto de discriminación, incluso en los ámbitos de atención de salud (*24, 32*).

Las actitudes negativas hacia la discapacidad pueden llevar a que se trate a las personas con discapacidad en forma negativa, por ejemplo:
- niños que acosan a otros niños con discapacidad en las escuelas;
- conductores de autobuses que no satisfacen las necesidades de acceso de los pasajeros con discapacidad;
- empresas que discriminan a las personas con discapacidad;
- extraños que se burlan de las personas con discapacidad.

Las actitudes y conductas negativas repercuten negativamente sobre los niños y adultos con discapacidad, y generan consecuencias negativas, como baja autoestima y menor grado de participación (*32*). Las personas que se sienten acosadas por su discapacidad a menudo evitan acudir a otros lugares, cambiar sus rutinas o incluso salir de sus hogares (*33*).

Se puede combatir los estigmas y la discriminación, por ejemplo, a través del contacto personal directo y las campañas de difusión social (véase el cuadro 1.2) (*37-40*). Las campañas que ha realizado la Asociación Mundial de Psiquiatría contra la estigmatización de la esquizofrenia a lo largo de 10 años en 18 países han demostrado la importancia de las intervenciones a largo plazo, la amplia participación multisectorial y la inclusión de los afectados por dicha condición (*41*). Los datos obtenidos en Noruega demostraron que los conocimientos que la población general tenía sobre la psicosis mejoraron luego de un año de realizar campañas de información y que la duración de la psicosis sin tratar disminuyó desde 114 semanas en 1997 a 20 semanas en 1999 debido a un mayor reconocimiento y a la intervención temprana con los pacientes (*42*).

Los programas de rehabilitación basada en la comunidad (RBC) pueden poner a prueba las actitudes negativas en las comunidades rurales y así generar mayor visibilidad y participación de las personas con discapacidad. Un proyecto de tres años de duración realizado en una comunidad desfavorecida cerca de Allahabad (India) logró que los niños con discapacidad concurrieran a la escuela por primera vez, que aumentara la participación de las personas con discapacidad en los foros comunitarios y que se incrementara la cantidad de personas que llevaban a sus hijos discapacitados a centros de vacunación y sesiones de rehabilitación (*43*).

La diversidad de la discapacidad

La experiencia de la discapacidad que resulta de la interacción entre las condiciones de salud, los factores personales y los factores ambientales varía enormemente. Las personas con discapacidad son diversas y heterogéneas, pese a que hay visiones estereotipadas de la discapacidad que identifican a las personas en sillas de ruedas y a algunos otros grupos «clásicos» como las personas ciegas o sordas (*44*). La discapacidad abarca desde el niño que nace con un problema congénito como puede ser la parálisis cerebral, y el soldado joven que pierde una pierna por la detonación de una mina terrestre, hasta la mujer de mediana edad con artritis severa o el adulto mayor con demencia, entre otros. Las condiciones de salud pueden ser visibles o invisibles; temporales o de largo plazo; estáticas, episódicas o degenerativas; dolorosas o sin consecuencias. Cabe advertir que muchas personas con discapacidad no se consideran a sí mismas como personas con mala salud (*45*). Por ejemplo, el 40% de las personas con una discapacidad severa o profunda que respondió a la Encuesta Nacional de Salud 2007-2008 realizada en Australia calificó su salud como buena, muy buena o excelente (*46*).

Las generalizaciones acerca de la «discapacidad» o «las personas con discapacidad» pueden ser engañosas. Las personas con discapacidad poseen una diversidad de factores personales con diferencias de género, edad, condición socioeconómica, sexualidad, origen étnico o legado cultural. Cada persona tiene

Cuadro 1.2. Eliminar la lepra y mejorar la vida de las personas

El diagnóstico y tratamiento de la lepra es sencillo y eficaz. La mejor forma de prevenir las discapacidades vinculadas a la lepra y evitar su posterior contagio radica en la existencia de un diagnóstico y tratamiento precoz. Desde 1983, la enfermedad puede curarse mediante una terapia de polifármacos y, desde 1985, la OMS ha puesto esta terapia a disposición del público en forma gratuita en todo el mundo. La OMS estima que, gracias a la detección y el tratamiento precoz con una terapia de polifármacos, se ha impedido que alrededor de 4 millones de personas quedaran discapacitadas (*34*).

Para eliminar la enfermedad es crucial el acceso a la información, el diagnóstico y el tratamiento con terapia de polifármacos (*34*). Las mayores barreras que obstan a la eliminación de la enfermedad son la ignorancia y la estigmatización. Las campañas informativas sobre la lepra en las zonas endémicas son de extrema importancia, para que las personas afectadas por dicha enfermedad y sus familias, que históricamente quedaban aisladas de sus comunidades, den un paso adelante y reciban tratamiento. La reducción del estigma también mejora la calidad de vida de las personas afectadas por lepra y sus familias, al mejorar la movilidad de las personas, las relaciones interpersonales, el empleo, y las actividades recreativas y sociales (*35*).

En India, país que alberga a dos tercios de la población mundial afectada por lepra, la organización de beneficencia internacional BBC World Service Trust —en asociación con dos emisoras indias, Doordarshan TV y All-India Radio— lanzó una campaña de 16 meses de duración para combatir la lepra en 1999 (*36*). La campaña hacía hincapié en que la lepra tiene cura, que los fármacos que la curan se pueden obtener en forma gratuita a lo largo de la India, y que las personas afectadas por lepra no deberían quedar excluidas de la sociedad. Los mensajes centrales de la campaña eran los siguientes:

- La lepra no es hereditaria.
- La lepra no es provocada por los malos actos de una vida anterior.
- La lepra no se contagia por el contacto de la piel.

La campaña utilizó 50 programas de televisión y 213 programas de radio en 20 idiomas, además de 85 000 afiches con información. Se realizaron más de 1700 dramatizaciones en vivo, se exhibieron 2746 vídeos en pantallas itinerantes y se efectuaron 3670 demostraciones o competencias en público en las zonas más remotas del país. Las encuestas de mercado independientes que se realizaron antes, en el curso y después de la campaña llegaron a las siguientes conclusiones:

- **Alcance de la campaña en los medios.** Los comerciales que se difundieron por radio y televisión fueron vistos por el 59% de las personas que respondieron a la encuesta, lo que equivale a 275 millones de personas.
- **Transmisibilidad y posibilidad de cura.** La proporción de personas que creían que la lepra se transmitía por contacto de la piel disminuyó del 52% al 27%. La proporción de personas que creían que los afectados por lepra que reciben tratamiento con polifármacos aún pueden contagiar se redujo del 25% al 12%. La cantidad de personas que saben que la lepra tiene cura aumentó del 84% al 91%.
- **Síntomas.** La cantidad de personas que tomaron conciencia de que la pérdida de sensibilidad podría ser un síntoma de lepra aumentó del 65% al 80%. La cantidad de personas que saben que la presencia de manchas cutáneas de color rosa podría ser un síntoma siguió siendo la misma (86%). Sin embargo, aumentó del 37% al 55% la cantidad de personas que saben que el hecho de tener manchas en la piel que no presenten picazón puede ser un posible síntoma.
- **Terapias.** En las aldeas de control (las que no quedaron expuestas a la cobertura de la campaña), la cantidad de personas conscientes de que la terapia con polifármacos cura la lepra fue de solamente el 56%, pero en las aldeas donde se habían exhibido dramatizaciones en vivo llegó al 82%. En las zonas rurales que estuvieron expuestas a la campaña de afiches, el 89% de la población estaba al tanto de que el tratamiento era gratuito, en comparación con el 20% en el caso de las personas que no estuvieron expuestas a dicha campaña.
- **Estigmatización.** La proporción de personas que afirman que estarían dispuestas a sentarse junto a una persona que tiene lepra aumentó un 10% en las aldeas donde se habían empleado dramatizaciones, en comparación con las aldeas donde no se habían efectuado dichas dramatizaciones. En forma similar, la proporción de personas que afirman estar dispuestas a ingerir alimentos servidos por una persona que tiene lepra fue del 50% en las aldeas que formaron parte de la cobertura de la campaña, contra un 32% en las aldeas que no formaron parte de ella.

Fuentes: (*34-36*).

sus preferencias y respuestas personales ante la discapacidad (*47*). Asimismo, aunque la discapacidad se correlaciona con la desventaja, no todas las personas con discapacidad tienen las mismas desventajas. Las mujeres con discapacidad sufren una combinación de desventajas que se vinculan al género y la discapacidad, y es menos probable que contraigan matrimonio que las mujeres que no tienen ninguna discapacidad (*48*, *49*). Las personas que sufren problemas de salud mental o deficiencias intelectuales parecen ser las que presentan las mayores desventajas en muchos ámbitos, en comparación con las que poseen deficiencias físicas o sensoriales (*50*). Las personas con deficiencias más severas a menudo experimentan mayores desventajas, tal como se ha constatado en diversos ámbitos que van desde el sector rural de Guatemala (*51*) a los datos de empleo de Europa (*52*). Por el contrario, el poder económico y el estatus pueden contribuir a vencer las limitaciones para realizar actividades y las restricciones de la participación (*52*).

Prevención

La prevención de las condiciones de salud vinculadas a la discapacidad es una cuestión de desarrollo. La atención a los factores ambientales –entre ellos, la nutrición, enfermedades prevenibles, agua potable y saneamiento, seguridad vial y laboral– puede reducir muchísimo la incidencia de las condiciones de salud que generan discapacidad (*53*).

El enfoque de salud pública distingue las siguientes categorías:

- **Prevención primaria:** Se trata de medidas para evitar o eliminar la causa de un problema de salud en una persona o población antes de que surja; incluye el fomento de la salud y su protección específica (por ejemplo, educación en materia de VIH) (*54*).
- **Prevención secundaria:** Son medidas destinadas a detectar un problema de salud en una etapa temprana en una persona o población, de manera que se facilite su cura o se reduzca o impida su propagación, o se reduzcan o impidan sus efectos a largo plazo (por ejemplo, apoyar a la mujer con discapacidad intelectual para que tenga acceso a los estudios para detectar el cáncer de seno) (*55*).
- **Prevención terciaria:** Comprende medidas destinadas a disminuir el impacto de una enfermedad ya instalada restaurando la función y disminuyendo las complicaciones vinculadas a dicha enfermedad (por ejemplo, sesiones de rehabilitación para los niños con deficiencias musculoesqueléticas) (*56*).

El artículo 25 de la CDPD especifica que el acceso a la salud es un derecho explícito de las personas con discapacidad, pero la prevención primaria de las condiciones de salud no se encuentra dentro del alcance de la mencionada norma. En ese sentido, este informe considera la prevención primaria solo en lo relativo al hecho de que las personas con discapacidad requieren igualdad de acceso al fomento de la salud y a las oportunidades de realizarse estudios. Los asuntos relativos a la prevención primaria ya han sido ampliamente tratados en otras publicaciones de la OMS y el Banco Mundial, y ambos organismos consideran que la prevención primaria es crucial para mejorar la salud general de las poblaciones de los países.

El análisis de la discapacidad como una cuestión de derechos humanos no es incompatible con la prevención de las condiciones de salud, siempre y cuando la prevención respete los derechos y la dignidad de las personas con discapacidad (por ejemplo, en el uso del lenguaje y las imágenes) (*57*, *58*). La prevención de la discapacidad debería considerarse una estrategia multidimensional que incluya la prevención de las barreras que provocan discapacidad y la prevención y el tratamiento de las condiciones de salud subyacentes (*59*).

La discapacidad y los derechos humanos

La discapacidad es una cuestión de derechos humanos (*7*) debido a las siguientes razones:
- Las personas con discapacidad sufren de desigualdad; por ejemplo, cuando se les niega igualdad de acceso a la atención de salud, empleo, educación o participación política a causa de su discapacidad.
- Las personas con discapacidad están sujetas a que se viole su dignidad; por ejemplo, cuando son objeto de violencia, abuso, prejuicios o falta de respeto a causa de su discapacidad.
- A algunas personas con discapacidad se les niega la autonomía; por ejemplo, cuando se las somete a una esterilización involuntaria, cuando se las interna en instituciones contra su voluntad, o cuando se las considera incapaces desde el punto de vista legal a causa de su discapacidad.

Hay una serie de documentos internacionales que ha resaltado que la discapacidad es una cuestión de derechos humanos, entre los cuales se incluyen el Programa de Acción Mundial para las Personas con Discapacidad (1982), la Convención sobre los Derechos del Niño (1989), y las Normas Uniformes sobre la Igualdad de Oportunidades para las Personas con Discapacidad (1993). Más de 40 países sancionaron leyes contra la discriminación por discapacidad en la década de 1990 (*60*). La CDPD, la mayor y más reciente instancia de reconocimiento de los derechos humanos de las personas con discapacidad, enumera los derechos civiles, culturales, políticos, sociales y económicos de las personas con discapacidad (*61*). El objetivo de dicha convención es «promover, proteger y asegurar el goce pleno y en condiciones de igualdad de todos los derechos humanos y libertades fundamentales por todas las personas con discapacidad, y promover el respeto de su dignidad inherente».

La CDPD aplica el enfoque de derechos humanos a la discapacidad, con lo cual convierte los derechos humanos generales en específicos para las personas con discapacidad (*62*), y aclara la legislación internacional existente referente a la discapacidad. Incluso aunque un Estado no ratifique la CDPD, contribuye a interpretar otras convenciones sobre derechos humanos de las cuales dicho Estado forma parte.

El artículo 3 de la CDPD esboza los siguientes principios generales:
1. el respeto de la dignidad inherente, la autonomía individual, incluida la libertad de tomar las propias decisiones, y la independencia de las personas;
2. la no discriminación;
3. la participación e inclusión plenas y efectivas en la sociedad;
4. el respeto por la diferencia y la aceptación de las personas con discapacidad como parte de la diversidad y la condición humanas;
5. la igualdad de oportunidades;
6. la accesibilidad;
7. la igualdad entre el hombre y la mujer;
8. el respeto a la evolución de las facultades de los niños y las niñas con discapacidad y de su derecho a preservar su identidad.

Los Estados que ratificaron la CDPD tienen una gama de obligaciones generales. Entre otras cosas, se comprometen a lo siguiente:
- sancionar leyes y demás medidas administrativas adecuadas en los casos en que sea necesario;
- modificar o derogar leyes, costumbres o prácticas que directa o indirectamente generen discriminación;
- incluir la discapacidad en todas las políticas y los programas pertinentes;
- abstenerse de cometer todo acto o práctica que no esté en consonancia con la CDPD;
- tomar todas las medidas adecuadas para eliminar la discriminación de las personas con discapacidad por parte de cualquier persona, organización o empresa privada.

Los Estados deberán consultar con las personas con discapacidad y sus respectivas organizaciones a la hora de crear leyes, políticas y programas para poner en práctica la CDPD. Dicha Convención también requiere que los entes públicos y privados efectúen los «ajustes razonables» del caso para contemplar la situación de las personas con discapacidad. Asimismo, se acompaña de un protocolo optativo que, en caso de ratificarse, prevé la existencia de un procedimiento para la presentación de quejas y consultas, que podrá operar dentro del comité que supervise el cumplimiento del tratado.

La CDPD promueve la reforma legal sobre discapacidad, que involucra directamente a las personas con discapacidad y utiliza un marco basado en los derechos humanos. Su mensaje esencial es que las personas con discapacidad no deben ser consideradas «objetos» que se deban manejar, sino «sujetos» que merecen idéntico respeto y goce de los derechos humanos.

Discapacidad y desarrollo

La discapacidad es una cuestión de desarrollo, debido a que posee un vínculo bidireccional con la pobreza: la discapacidad puede aumentar el riesgo de pobreza, y la pobreza puede aumentar el riesgo de discapacidad (*63*). Un creciente conjunto de datos empíricos de todo el mundo indica que es más probable que las personas con discapacidad y sus familias experimenten desventajas económicas y sociales que aquellas que no experimentan una discapacidad.

El surgimiento de una discapacidad puede generar el empeoramiento del bienestar social y económico y la pobreza a través de una multitud de canales que incluyen la repercusión negativa sobre la educación, el empleo, las ganancias y el aumento de los gastos vinculados a la discapacidad (*64*).

- Los niños con discapacidad tienen menos probabilidades de concurrir a la escuela, con lo cual tendrán oportunidades limitadas para la formación de capital humano, accederán a menos oportunidades laborales y tendrán una productividad inferior durante la etapa adulta (*65-67*).
- Las personas con discapacidad tienen más probabilidades de estar desempleadas y en general ganan menos, incluso cuando logran obtener un empleo (*67-72*). Los resultados relativos al empleo y los ingresos parecen empeorar con la gravedad de la discapacidad (*52*, *73*). Es más difícil que las personas con discapacidad se beneficien del desarrollo y escapen de la pobreza (*74*) debido a la discriminación en el empleo, el acceso limitado al transporte y la falta de acceso a los recursos para promover el autoempleo y las actividades de subsistencia (*71*).
- Las personas con discapacidad pueden tener que afrontar costos adicionales derivados de su discapacidad, como los costos vinculados a la atención médica o los dispositivos asistenciales que necesiten, o la necesidad de contar con apoyo y asistencia personales, con lo cual a menudo requieren de más recursos para lograr los mismos resultados que las personas que no poseen ninguna discapacidad. Es lo que Amartya Sen ha dado en llamar «minusvalía de conversión» (*75*). Debido a que afrontan costos más elevados, las personas con discapacidad y sus hogares tienen mayores probabilidades de ser pobres que las personas que perciben ingresos similares pero no tienen ninguna discapacidad (*75-77*).
- Los hogares que poseen un integrante con discapacidad tienen mayor probabilidad de experimentar dificultades materiales, que incluyen la inseguridad alimentaria, vivienda deficiente, falta de acceso al agua potable y saneamiento, y un acceso inadecuado a la atención de salud (*29*, *72*, *78-81*).

La pobreza puede aumentar el riesgo de discapacidad. Un estudio de 56 países en desarrollo permitió concluir que las personas pobres experimentaban una salud peor que aquellas que tenían una situación económica más holgada (*82*). La pobreza puede dar lugar al surgimiento de condiciones de salud vinculadas a la discapacidad, entre las que se incluyen: bajo peso al nacer, malnutrición (*83*, *84*), falta de agua potable o saneamiento adecuado, condiciones laborales o de vivienda inseguras, y lesiones (*20*, *85*-*87*). La pobreza puede aumentar las probabilidades de que una persona con un problema de salud previo quede discapacitada, por ejemplo, por estar en un entorno inaccesible o carecer de acceso a servicios de salud y rehabilitación adecuados (*88*) (véase el cuadro 1.3).

El enfoque de capacidades de Amartya Sen (*91*, *92*) ofrece una base teórica útil para comprender el desarrollo, que puede ser de especial valor para el campo de los derechos humanos en la discapacidad (*93*) y es compatible con la CIF (*94*) y el modelo social de discapacidad (*76*). Dicho enfoque va más allá de las medidas económicas tradicionales como el producto interno bruto (PIB) o los conceptos de utilidad y, en su lugar, destaca los derechos humanos y el «desarrollo como libertad» (*91*), y fomenta el concepto de que la pobreza de las personas con discapacidad, al igual que la de otras personas desfavorecidas, abarca la exclusión social y la privación de participación y no solo la falta de recursos materiales. Resalta, asimismo, la diversidad de aspiraciones y elecciones que las diferentes personas con discapacidad podrían tener en las diferentes culturas (*95*). También resuelve la paradoja por la cual muchas personas con discapacidad manifiestan que tienen una buena calidad de vida (*96*), quizás porque han logrado adaptarse a su situación. Según Sen, esto no significa que no sea necesario contemplar lo que objetivamente se puede evaluar como las necesidades insatisfechas de estas personas.

El enfoque de capacidades también ayuda a comprender las obligaciones que los Estados tienen frente a los individuos para garantizar que prosperen, se autogestionen y alcancen su potencial como seres humanos (*97*). La CDPD especifica estas obligaciones frente a las personas con discapacidad y hace hincapié en el desarrollo y las medidas para promover la participación y el bienestar de las personas con discapacidad de todo el mundo. Asimismo, la convención subraya la necesidad de abordar la discapacidad en todos los programas, en vez de tratarla como una cuestión temática aislada. Asimismo, el artículo 32 de la CDPD es el único artículo de un tratado internacional de derechos humanos que fomenta la adopción de medidas para la cooperación internacional que incluyan a las personas con discapacidad y sean accesibles a ellas.

Pese a la ampliamente reconocida interconexión entre discapacidad y pobreza, las iniciativas destinadas a fomentar el desarrollo y la disminución de la pobreza no siempre han incluido debidamente la discapacidad (*76*, *98*-*100*). La discapacidad no se menciona explícitamente en los Objetivos de Desarrollo del Milenio (ODM) ni en las 21 metas o los 60 indicadores para lograr dichos objetivos (véase el cuadro 1.4).

Las personas con discapacidad pueden beneficiarse de los proyectos de desarrollo; los ejemplos que se mencionan en este informe demuestran que puede mejorarse la situación de las personas con discapacidad en los países de ingreso bajo. Pero la discapacidad debe ser una prioridad mayor, se deben intensificar las iniciativas satisfactorias y se necesita lograr una respuesta más coherente. Asimismo, las personas con discapacidad deben formar parte de las iniciativas destinadas al desarrollo, tanto en calidad de beneficiarias como en el diseño, la puesta en práctica y la supervisión de las intervenciones (*104*). Pese a la función de los programas de RBC (véase el cuadro 1.5), y muchas otras iniciativas prometedoras de los gobiernos nacionales y las organizaciones no gubernamentales (ONG) nacionales e internacionales, no se han logrado la eliminación sistemática de las barreras ni el desarrollo social, y a menudo se sigue considerando la discapacidad como parte del componente médico del desarrollo (*104*).

Las respuestas a la discapacidad han sufrido un cambio radical en las décadas recientes: en la

Cuadro 1.3. Intervenciones de protección social para personas con discapacidad

La CDPD de las Naciones Unidas prevé que las personas con discapacidad posean los mismos derechos a protección social. Las redes de protección social constituyen un tipo de intervención de protección social que apunta a combatir la vulnerabilidad y la pobreza.

Muchos países proporcionan redes de protección social a las personas pobres con discapacidad y sus hogares, ya sea a través de programas específicos para personas con discapacidad o, más frecuentemente, a través de programas generales de asistencia social.

Si bien se carece de evidencia sistemática, la evidencia anecdótica sugiere que las personas con discapacidad pueden enfrentar barreras para acceder a las redes de protección social cuando, por ejemplo, la información es inadecuada o inaccesible, las oficinas de asistencia social están en lugares físicamente inaccesibles o las características estructurales de los programas no toman en cuenta las necesidades específicas de las personas con discapacidad. Por lo tanto, quizás se necesiten medidas especiales para garantizar que las redes de protección social incluyan a las personas con discapacidad. A continuación se citan algunos ejemplos:

- La información relativa a los programas debería ser de fácil acceso y llegar a los destinatarios del caso. Para ello podría ser necesaria una labor de extensión específica.
- Se deberá permitir que los representantes designados por las personas con discapacidad lleven a cabo muchos de los trámites necesarios para acceder a los programas.
- Las oficinas de asistencia social y el sistema de transporte deben ser de fácil acceso.
- Los criterios de admisibilidad de los programas quizás deban incluir la discapacidad en forma específica.
- Los mecanismos para determinar los medios económicos de los hogares quizás deban tener en cuenta los costos adicionales que implica una discapacidad.
- Las transferencias de efectivo podrían proporcionar pagos mayores a los beneficiarios con discapacidad, a efectos de contribuir a paliar los costos adicionales que implica vivir con una discapacidad.
- Quizás se deba ajustar las transferencias condicionadas de efectivo a las circunstancias específicas de los niños con discapacidad.
- Los programas de tipo asistencial pueden instaurar el uso de cuotas y ser sensibles a la discapacidad.
- Las medidas de activación laboral deberían ser sensibles a la discapacidad.

Algunos países —como Albania, Bangladesh, el Brasil, China, la Federación de Rusia y Rumania— también poseen programas específicos para las personas con discapacidad. El diseño de estos programas varía: en algunos casos otorgan cobertura a todas las personas con discapacidad, y en otros, quedan supeditados a los medios económicos del caso o se destinan a los niños con discapacidad.

La administración de las prestaciones por discapacidad requiere una evaluación de la discapacidad. Muchos de los procesos de evaluación formal aún utilizan criterios eminentemente médicos, pese a que ha habido iniciativas para adoptar un enfoque de evaluación más integral que se concentre en el funcionamiento y uso del marco de la CIF. Se necesita investigar más para poder comprender más acabadamente qué elementos funcionan mejor con respecto a la evaluación de discapacidad e identificar las prácticas óptimas.

La evidencia que se tiene acerca de la repercusión de las redes de protección social sobre las personas con discapacidad es limitada. Si bien dichas redes podrían mejorar la situación económica y el estado de salud, no queda del todo claro si también mejoraría el acceso a la educación. Para que las redes de protección social sean eficaces en la protección de las personas discapacitadas, se deberán instaurar muchos más programas públicos relativos al acceso a la salud, la rehabilitación, la educación, la capacitación, el entorno, etc. Es necesario investigar más para comprender mejor qué elementos resultan eficaces a la hora de proporcionar redes de protección social para las personas con discapacidad y sus hogares.

Fuente: (*89*, *90*).

> **Cuadro 1.4. Los Objetivos de Desarrollo del Milenio y la discapacidad**
>
> Los ODM, acordados por la comunidad internacional en el año 2000 y avalados por 189 países, son un conjunto unificado de objetivos de desarrollo que contemplan las necesidades de las personas más pobres y marginadas del mundo, cuyo cumplimiento se debería lograr antes del año 2015. Tales objetivos son:
>
> 1. erradicar la pobreza extrema y el hambre
> 2. lograr la enseñanza primaria universal
> 3. promover la igualdad entre los sexos y el empoderamiento de la mujer
> 4. reducir la mortalidad infantil
> 5. mejorar la salud materna
> 6. combatir el VIH/sida, el paludismo y otras enfermedades
> 7. garantizar la sostenibilidad del medio ambiente
> 8. fomentar una alianza mundial para el desarrollo.
>
> Los ODM son un pacto entre los países en desarrollo y los países desarrollados. Tales objetivos reconocen que son los propios países en desarrollo quienes deben tomar medidas, mientras que los países desarrollados deben hacer su aporte a través del comercio, la asistencia para el desarrollo, el alivio de la deuda, el acceso a medicamentos básicos y la transferencia de tecnología.
>
> A pesar de que algunos de los documentos de antecedentes mencionan explícitamente a las personas con discapacidad, los ODM no hacen referencia a ellas, ni tampoco los materiales generados como parte del proceso para lograrlos.
>
> El *Informe 2010 de los ODM* es el primero en mencionar las discapacidades, y hacer notar las limitadas oportunidades que tienen los niños con discapacidad y el vínculo entre la discapacidad y la marginación en la educación. La Declaración Ministerial de julio de 2010 reconoce la discapacidad como una cuestión transversal, esencial para el cumplimiento de los ODM, y destaca la necesidad de garantizar que las mujeres y las niñas con discapacidad no sean objeto de formas agravadas o múltiples de discriminación, ni queden excluidas de la participación en el cumplimiento de los ODM (*101*). La Asamblea General de las Naciones Unidas ha destacado la invisibilidad de las personas con discapacidad en las estadísticas oficiales (*102*).
>
> La Asamblea General concluyó su Reunión de Alto Nivel sobre los ODM en septiembre de 2010 con la aprobación de la resolución «Cumplir la promesa: Unidos para lograr los Objetivos de Desarrollo del Milenio», que reconoce que las «políticas y medidas deben también concentrarse en las personas con discapacidad, de forma tal que se beneficien de los avances en el cumplimiento de los ODM» (*103*).

actualidad se comprende cabalmente la importancia de las barreras ambientales y la discriminación como factores que contribuyen a la pobreza y exclusión, y la CDPD enumera las medidas necesarias para eliminar las barreras y fomentar la participación. La discapacidad es una cuestión de desarrollo, y será difícil mejorar la vida de la mayoría de las personas más desfavorecidas del mundo si no se contemplan las necesidades específicas de las personas con discapacidad.

El *Informe mundial sobre la discapacidad* brinda una guía para mejorar la salud y el bienestar de las personas con discapacidad. Asimismo, apunta a proporcionar conceptos claros y los datos más contundentes para resaltar los vacíos de conocimiento y hacer hincapié en la necesidad de ahondar en la investigación y la formulación de políticas. En el informe se relatan tanto los casos de éxito como los de fracaso y falta de atención. El gran objetivo del informe y la CDPD es permitir que todas las personas con discapacidad gocen de las opciones y oportunidades de vida de que actualmente dispone apenas una minoría, para lo cual busca reducir al mínimo los impactos adversos de las deficiencias y eliminar la discriminación y los prejuicios.

Cuadro 1.5. Rehabilitación basada en la comunidad

Desde la década de 1970, la RBC ha sido una estrategia importante para responder a las necesidades de las personas con discapacidad, especialmente en los países en desarrollo. Al principio, la RBC fomentó la prestación de servicios de rehabilitación en países con recursos limitados. Los manuales de campo, como la publicación *Training in the community for people with disabilities* (Capacitación comunitaria para personas con discapacidad) (*105*), proporcionaban a los integrantes de la familia y los trabajadores comunitarios información práctica sobre la forma de aplicar las intervenciones básicas de rehabilitación.

Más de 90 países de todo el mundo continúan creando y fortaleciendo sus programas de RBC. Gracias a un proceso de evolución constante, la RBC está cambiando y dejando atrás el enfoque centrado en el componente médico, y a menudo unisectorial, para adoptar una estrategia de rehabilitación, igualdad de oportunidades, disminución de la pobreza e inclusión social para las personas con discapacidad (*106*). Con mayor frecuencia, la RBC se pone en práctica a través del esfuerzo mancomunado de las personas con discapacidad, sus familias, las organizaciones y comunidades, y los servicios gubernamentales y no gubernamentales pertinentes (*106*).

En Chamarajnagar, uno de los distritos más pobres de Karnataka, India, muchos integrantes de la comunidad carecían de acceso a instalaciones con saneamiento básico, con lo cual ponían en peligro su salud. El Gobierno de la India ofreció donaciones a las familias que vivían en dichas zonas para que pudieran construir retretes. Se estimó que el costo total de construir un retrete ascendía a US$ 150, pero financiar el monto restante era difícil para la mayoría de las personas, especialmente aquellas con discapacidad. Una ONG local —Mobility India— colaboró con las personas con discapacidad y sus familias para construir retretes de fácil acceso. Por medio de las redes comunitarias y los grupos de autoayuda existentes, Mobility India organizó representaciones callejeras y pintadas de murales para generar mayor conciencia sobre la higiene y la importancia de contar con un saneamiento adecuado.

A medida que las personas se interesaron y se sintieron motivadas, Mobility India —gracias al apoyo financiero de MIBLOU, Suiza, y a las contribuciones locales— facilitó el acceso al saneamiento básico. Los integrantes del grupo seleccionaron los hogares pobres que contaban con familiares discapacitados y tenían mayor necesidad de un retrete, y coordinaron el trabajo de construcción en asociación con las familias y garantizaron que se les diera un uso adecuado a los fondos. Como consecuencia del proyecto piloto, se construyeron 50 retretes accesibles en un año. Muchas personas con discapacidad ya no necesitan arrastrarse ni que las carguen a lo largo de grandes distancias para poder hacer uso del retrete. Se han vuelto independientes y, lo que es más importante, han podido recuperar su dignidad. Asimismo, el riesgo de desarrollar condiciones de salud vinculadas a un escaso saneamiento también ha disminuido significativamente.

Los datos sobre la eficacia de la RBC varían, pero hay una creciente actividad de investigación y evaluación (*107-110*), y se incrementó el intercambio de información a través de redes regionales como las redes de RBC de África, de Asia y el Pacífico, y de las Américas y el Caribe.

La reciente publicación de las *CBR Guidelines* (Directrices sobre la RBC) (*111*) aúna los aspectos de desarrollo y derechos humanos de la discapacidad. Tales directrices cumplen con los siguientes cometidos:

- promover la necesidad de contar con un desarrollo inclusivo para las personas con discapacidad en los principales sectores sociales, de salud, educación, y empleo;
- resaltar la necesidad de promover la autonomía de las personas con discapacidad y sus familiares;
- a través de la presentación de sugerencias prácticas, posicionar a la RBC como una herramienta que los países pueden utilizar para aplicar la CDPD.

Las capacidades de las personas dependen de condiciones externas que pueden modificarse a través de la adopción de medidas gubernamentales. En consonancia con la CDPD, este informe muestra hasta qué punto se pueden ampliar las capacidades de las personas con discapacidad, mejorar su bienestar, gestión y libertad, y lograr el pleno ejercicio de sus derechos humanos.

Referencias

1. Zola IK. Toward the necessary universalizing of a disability policy. *The Milbank Quarterly*, 1989,67:Suppl 2 Pt 2401-428. doi:10.2307/3350151 PMID:2534158
2. Ferguson PM. Mapping the family: disability studies and the exploration of parental response to disability. In: Albrecht G, Seelman KD, Bury M, eds. *Handbook of Disability Studies*. Thousand Oaks, Sage, 2001:373–395.
3. Mishra AK, Gupta R. Disability index: a measure of deprivation among the disabled. *Economic and Political Weekly*, 2006,41:4026-4029.
4. Lee R. The demographic transition: three centuries of fundamental change. *The Journal of Economic Perspectives*, 2003,17:167-190. doi:10.1257/089533003772034943
5. Campbell J, Oliver M. *Disability politics: understanding our past, changing our future*. London, Routledge, 1996.
6. Charlton J. *Nothing about us without us: disability, oppression and empowerment*. Berkeley, University of California Press, 1998
7. Quinn G, Degener T. A survey of international, comparative and regional disability law reform. In: Breslin ML, Yee S, eds. *Disability rights law and policy - international and national perspectives*. Ardsley, Transnational, 2002a.
8. Parmenter TR. The present, past and future of the study of intellectual disability: challenges in developing countries. *Salud Pública de México*, 2008,50:Suppl 2s124-s131. PMID:18470339
9. *Standard rules on the equalization of opportunities of persons with disabilities*, New York, United Nations, 2003.
10. Driedger D. *The last civil rights movement*. London, Hurst, 1989.
11. Barnes C. *Disabled people in Britain and discrimination*. London, Hurst, 1991.
12. McConachie H et al. Participation of disabled children: how should it be characterised and measured? *Disability and Rehabilitation*, 2006,28:1157-1164. doi:10.1080/09638280500534507 PMID:16966237
13. Oliver M. *The politics of disablement*. Basingstoke, Macmillan and St Martin's Press, 1990.
14. Thomas C. *Female forms: experiencing and understanding disability*. Buckingham, Open University Press, 1999.
15. Shakespeare T. *Disability rights and wrongs*. London, Routledge, 2006.
16. Forsyth R et al. Participation of young severely disabled children is influenced by their intrinsic impairments and environment. *Developmental Medicine and Child Neurology*, 2007,49:345-349. doi:10.1111/j.1469-8749.2007.00345.x PMID:17489807
17. The International Classification of Functioning. *Disability and Health*. Geneva, World Health Organization, 2001.
18. Bickenbach JE, Chatterji S, Badley EM, Ustün TB. Models of disablement, universalism and the international classification of impairments, disabilities and handicaps. *Social science & medicine (1982)*, 1999,48:1173-1187. doi:10.1016/S0277-9536(98)00441-9 PMID:10220018
19. Leonardi M et al. MHADIE ConsortiumThe definition of disability: what is in a name? *Lancet*, 2006,368:1219-1221. doi:10.1016/S0140-6736(06)69498-1 PMID:17027711
20. Commission on Social Determinants of Health. *Closing the gap in a generation: Health equity through action on the social determinants of health*. Geneva, World Health Organization, 2008.
21. Miller P, Parker S, Gillinson S. *Disablism: how to tackle the last prejudice*. London, Demos, 2004.
22. Smith RD. Promoting the health of people with physical disabilities: a discussion of the financing and organization of public health services in Australia. *Health Promotion International*, 2000,15:79-86. doi:10.1093/heapro/15.1.79
23. Scheer JM, Kroll T, Neri MT, Beatty P. Access barriers for persons with disabilities: the consumers perspective. *Journal of Disability Policy Studies*, 2003,13:221-230. doi:10.1177/104420730301300404
24. *Quality in and equality of access to healthcare services*. Brussels, European Commission, Directorate General for Employment, Social Affairs and Equal Opportunities, 2008.
25. *Improving the life chances of disabled people: final report*. London, Prime Minister's Strategy Unit, 2005.
26. Ingstad B, Whyte SR, eds. *Disability and culture*. Berkley, University of California Press, 1995.
27. Yazbeck M, McVilly K, Parmenter TR. Attitudes towards people with intellectual disabilities: an Australian perspective. *Journal of Disability Policy Studies*, 2004,15:97-111. doi:10.1177/10442073040150020401
28. *People with disabilities in India: from commitments to outcomes*. Washington, World Bank, 2009.
29. Van Brakel WH. Measuring health-related stigma–a literature review. *Psychology, Health & Medicine*, 2006,11:307-334. doi:10.1080/13548500600595160 PMID:17130068
30. Siperstein GN, Norins J, Corbin S, Shriver T. *Multinational study of attitudes towards individuals with intellectual disabilities*. Washington, Special Olympics Inc, 2003.
31. Lauber C, Rössler W. Stigma towards people with mental illness in developing countries in Asia. *International Review of Psychiatry (Abingdon, England)*, 2007,19:157-178. PMID:17464793
32. Thornicroft G, Rose D, Kassam A. Discrimination in health care against people with mental illness. *International Review of Psychiatry (Abingdon, England)*, 2007,19:113-122. PMID:17464789

Capítulo 1 Comprender la discapacidad

33. *Hate crime against disabled people in Scotland: a survey report*, Edinburgh, Capability Scotland and Disability Rights Commission, 2004.
34. *Fact sheet: leprosy*. Geneva, World Health Organization, 2009 (http://www.who.int/mediacentre/factsheets/fs101/en/index.html, accessed 29 January 2009).
35. Wong ML. Guest editorial: designing programmes to address stigma in leprosy: issues and challenges. *Asia and Pacific Disability Rehabilitation Journal*, 2004,15:3-12.
36. *India: leprosy awareness*. London, BBC World Service Trust, n.d. (http://www.bbc.co.uk/worldservice/trust/news/story/2003/09/010509_leprosy.shtml accessed 1 February 2011).
37. Cross H. Interventions to address the stigma associated with leprosy: a perspective on the issues. *Psychology, Health & Medicine*, 2006,11:367-373. doi:10.1080/13548500600595384 PMID:17130073
38. Sartorius N, Schulze H. *Reducing the stigma of mental illness: a report from a global programme of the World Psychiatric Association*. Cambridge, Cambridge University Press, 2005.
39. Sartorius N. Lessons from a 10-year global programme against stigma and discrimination because of an illness. *Psychology, Health & Medicine*, 2006,11:383-388. doi:10.1080/13548500600595418 PMID:17130075
40. Thornicroft G, Brohan E, Kassam A, Lewis-Holmes E. Reducing stigma and discrimination: Candidate interventions. *International Journal of Mental Health Systems*, 2008,2:3- doi:10.1186/1752-4458-2-3 PMID:18405393
41. *International programme to fight stigma and discrimination because of schizophrenia*. Geneva, World Psychiatric Association., n.d. (www.openthedoors.com, accessed 14 October 2010).
42. Joa I et al. The key to reducing duration of untreated first psychosis: information campaigns. *Schizophrenia Bulletin*, 2007, , doi:10.1093/schbul/sbm095 doi:10.1093/schbul/sbm095
43. Dalal AK. Social interventions to moderate discriminatory attitudes: the case of the physically challenged in India. *Psychology, Health & Medicine*, 2006,11:374-382. doi:10.1080/13548500600595392 PMID:17130074
44. Park A et al. *British social attitudes survey 23rd report*. London, Sage, 2007.
45. Watson N. Well, I know this is going to sound very strange to you, but I don't see myself as a disabled person: identity and disability. *Disability & Society*, 2002,17:509-527. doi:10.1080/09687590220148496
46. *National Health Survey 2007–8: summary of results*. Canberra, Australian Bureau of Statistics, 2009.
47. *Learning lessons: defining, representing and measuring disability*. London, Disability Rights Commission, 2007.
48. Nagata KK. Gender and disability in the Arab region: the challenges in the new millennium. *Asia Pacific Disability Rehabilitation Journal*, 2003,14:10-17.
49. Rao I. *Equity to women with disabilities in India*. Bangalore, CBR Network, 2004 (http://v1.dpi.org/lang-en/resources/details.php?page=90, accessed 6 August 2010).
50. Roulstone A, Barnes C, eds. *Working futures? Disabled people, policy and social inclusion*. Bristol, Policy Press, 2005.
51. Grech S. Living with disability in rural Guatemala: exploring connections and impacts on poverty. *International Journal of Disability, Community and Rehabilitation*, 2008, 7(2) (http://www.ijdcr.ca/VOL07_02_CAN/articles/grech.shtml, accessed 4 August 2010).
52. Grammenos S. *Illness, disability and social inclusion*. Dublin, European Foundation for the Improvement of Living and Working Conditions, 2003 (http://www.eurofound.europa.eu/pubdocs/2003/35/en/1/ef0335en.pdf, accessed 6 August 2010).
53. Caulfield LE et al. Stunting, wasting and micronutrient deficiency disorders. In: Jamison DT et al., eds. *Disease control priorities in developing countries*. Washington, Oxford University Press and World Bank, 2006:551–567.
54. Maart S, Jelsma J. The sexual behaviour of physically disabled adolescents. *Disability and Rehabilitation*, 2010,32:438-443. doi:10.3109/09638280902846368 PMID:20113191
55. McIlfatrick S, Taggart L, Truesdale-Kennedy M. Supporting women with intellectual disabilities to access breast cancer screening: a healthcare professional perspective. *European Journal of Cancer Care*, 2011,20:412-20. doi:10.1111/j.1365-2354.2010.01221.x PMID:20825462
56. Atijosan O et al. The orthopaedic needs of children in Rwanda: results from a national survey and orthopaedic service implications. *Journal of Pediatric Orthopedics*, 2009,29:948-951. PMID:19934715
57. Wang CC. Portraying stigmatized conditions: disabling images in public health. *Journal of Health Communication*, 1998,3:149-159. doi:10.1080/108107398127436 PMID:10977251
58. Lollar DJ, Crews JE. Redefining the role of public health in disability. *Annual Review of Public Health*, 2003,24:195-208. doi:10.1146/annurev.publhealth.24.100901.140844 PMID:12668756
59. Coleridge P, Simonnot C, Steverlynck D. *Study of disability in EC Development Cooperation*. Brussels, European Commission, 2010.
60. Quinn G et al. The current use and future potential of United Nations human rights instruments in the context of disability. New York and Geneva, United Nations, 2002b (http://www.icrpd.net/ratification/documents/en/Extras/Quinn%20Degener%20study%20for%20OHCHR.pdf, accessed 21 Sept 2010).

61. *Convention on the Rights of Persons with Disabilities*. Geneva, United Nations, 2006 (http://www2.ohchr.org/english/law/disabilities-convention.htm, accessed 16 May 2009).
62. Megret F. The disabilities convention: human rights of persons with disabilities or disability rights? *Human Rights Quarterly*, 2008,30:494-516.
63. Sen A. *The idea of justice*. Cambridge, The Belknap Press of Harvard University Press, 2009.
64. Jenkins SP, Rigg JA. *Disability and disadvantage: selection, onset and duration effects*. London, London School of Economics, Centre for Analysis of Social Exclusion, 2003 (CASEpaper 74).
65. Filmer D. Disability, poverty and schooling in developing countries: results from 14 household surveys. *The World Bank Economic Review*, 2008,22:141-163. doi:10.1093/wber/lhm021
66. Mete C, ed. *Economic implications of chronic illness and disability in Eastern Europe and the Former Soviet Union*. Washington, World Bank, 2008.
67. Burchardt T. *The education and employment of disabled young people: frustrated ambition*. Bristol, Policy Press, 2005.
68. *Sickness, disability and work: breaking the barriers. A synthesis of findings across OECD countries*. Paris, Organisation for Economic Co-operation and Development, 2010.
69. Houtenville AJ, Stapleton DC, Weathers RR 2nd, Burkhauser RV, eds. *Counting working-age people with disabilities. What current data tell us and options for improvement*. Kalamazoo, WE Upjohn Institute for Employment Research, 2009.
70. Contreras DG, Ruiz-Tagle JV, Garcez P, Azocar I. *Socio-economic impact of disability in Latin America: Chile and Uruguay*. Santiago, Universidad de Chile, Departamento de Economía, 2006.
71. Coleridge P. Disabled people and 'employment' in the majority world: policies and realities. In: Roulstone A, Barnes C, eds. *Working futures? Disabled people, policy and social inclusion*. Bristol, Policy Press, 2005.
72. Mitra S, Posarac A, Vick B. *Disability and poverty in developing countries: a snapshot from the world health survey*. Washington, Human Development Network *Social Protection*, forthcoming.
73. Emmett T. Disability, poverty, gender and race. In: Watermeyer B et al., eds. *Disability and social change: a South African agenda*. Cape Town, HSRC Press, 2006.
74. Thomas P. *Disability, poverty and the Millennium Development Goals*. London, Disability Knowledge and Research, 2005 (www.disabilitykar.net/docs/policy_final.doc, accessed 20 July 2010).
75. Zaidi A, Burchardt T. Comparing incomes when needs differ: equivalization for the extra costs of disability in the UK. *Review of Income and Wealth*, 2005,51:89-114. doi:10.1111/j.1475-4991.2005.00146.x
76. Braithwaite J, Mont D. Disability and poverty: a survey of World Bank poverty assessments and implications. *ALTER – European Journal of Disability Research / Revue Européenne de Recherche sur le Handicap*, 2009,3:219-232. doi:10.1016/j.alter.2008.10.002
77. Cullinan J, Gannon B, Lyons S. Estimating the extra cost of living for people with disabilities. *Health Economics*, 2010, doi:10.1002/hec.1619 PMID:20535832
78. Beresford B, Rhodes D. *Housing and disabled children*. York, Joseph Rowntree Foundation, 2008.
79. Loeb M, Eide H. *Living conditions among people with activity limitations in Malawi: a national representative study*. Oslo, SINTEF, 2004 (http://www.safod.org/Images/LCMalawi.pdf).
80. Eide A, van Rooy G, Loeb M. *Living conditions among people with activity limitations in Namibia: a representative national survey*. Oslo, SINTEF, 2003 (http://www.safod.org/Images/LCNamibia.pdf, accessed 15 February 2011).
81. Eide A, Loeb M. *Living conditions among people with activity limitations in Zambia: a national representative study*. Oslo, SINTEF, 2006 (http://www.sintef.no/upload/Helse/Levek%C3%A5r%20og%20tjenester/ZambiaLCweb.pdf, accessed 15 February 2011).
82. Gwatkin DR et al. *Socioeconomic differences in health, nutrition, and population within developing countries*. Washington, World Bank, 2007 (Working Paper 30544).
83. Maternal and child undernutrition [special series]. *Lancet*, January 2008.
84. *Monitoring child disability in developing countries: results from the multiple indicator cluster surveys*. United Nations Children's Fund, Division of Policy and Practice, 2008.
85. Emerson E et al. Socio-economic position, household composition, health status and indicators of the well-being of mothers of children with and without intellectual disabilities. *Journal of Intellectual Disability Research: JIDR*, 2006,50:862-873. doi:10.1111/j.1365-2788.2006.00900.x PMID:17100947
86. Emerson E, Hatton C. The socio-economic circumstances of children at risk of disability in Britain. *Disability & Society*, 2007,22:563-580. doi:10.1080/09687590701560154
87. Rauh VA, Landrigan PJ, Claudio L. Housing and health: intersection of poverty and environmental exposures. *Annals of the New York Academy of Sciences*, 2008,1136:276-288. doi:10.1196/annals.1425.032 PMID:18579887
88. Peters DH et al. Poverty and access to health care in developing countries. *Annals of the New York Academy of Sciences*, 2008,1136:161-171. doi:10.1196/annals.1425.011 PMID:17954679

89. Grosh M, del Ninno C, Tesliuc E, Ouerghi A. *For protection and promotion: the design and implementation of effective safety nets*. Washington, World Bank, 2008.
90. Marriott A, Gooding K. *Social assistance and disability in developing countries*. Haywards Heath, Sightsavers International, 2007.
91. Sen A. *Development as freedom*. New York, Knopf, 1999.
92. Sen A. *Inequality reexamined*. New York and Cambridge, Russell Sage and Harvard University Press, 1992.
93. Dubois JL, Trani JF. Extending the capability paradigm to address the complexity of disability. *Alter*, 2009,3:192-218.
94. Mitra S. The capability approach and disability. *Journal of Disability Policy Studies*, 2006,16:236-247. doi:10.1177/10442073060160040501
95. Clark DA. The capability approach. In: Clark DA, ed. The Elgar companion to development studies. Cheltenham, Edward Elgar, 2006.
96. Albrecht GL, Devlieger PJ. The disability paradox: high quality of life against all odds. *Social Science & Medicine (1982)*, 1999,48:977-988. doi:10.1016/S0277-9536(98)00411-0 PMID:10390038
97. Stein MA, Stein PJS. Beyond disability civil rights. *The Hastings Law Journal*, 2007,58:1203-1240.
98. Fritz D et al. Making poverty reduction inclusive: experiences from Cambodia, Tanzania and Vietnam. *Journal of International Development*, 2009,21:673-684. doi:10.1002/jid.1595
99. Mwendwa TN, Murangira A, Lang R. Mainstreaming the rights of persons with disabilities in national development frameworks. *Journal of International Development*, 2009,21:662-672. doi:10.1002/jid.1594
100. Riddell RC. Poverty, disability and aid: international development cooperation. In Barron T, Ncube JM, eds. *Poverty and Disability*. London, Leonard Cheshire Disability, 2010.
101. Implementing the internationally agreed goals and commitments in regard to gender equality and empowerment of women. New York, United Nations, Economic and Social Council, 2010 (E/2010/L.8, OP 9).
102. Realizing the MDGs for persons with disabilities. New York, United Nations, General Assembly, 2010 (A/RES/64/131).
103. Draft outcome document of the high-level plenary meeting of the General Assembly on the Millennium Development Goals. New York, United Nations, General Assembly, 2010 (A/RES/64/299, OP 28).
104. Kett M, Lang R, Trani JF. Disability, development and the dawning of a new Convention: a cause for optimism? *Journal of International Development*, 2009,21:649-661. doi:10.1002/jid.1596
105. *Training in the community for people with disabilities*. Geneva, World Health Organization, 1989.
106. CBR. *a strategy for rehabilitation, equalization of opportunities, poverty reduction and social inclusion of people with disabilities: joint position paper*. Geneva, World Health Organization, 2004.
107. Mitchell R. The research base of community-based rehabilitation. *Disability and Rehabilitation*, 1999,21:459-468. doi:10.1080/096382899297251 PMID:10579666
108. Mannan H, Turnbull A. A review of community based rehabilitation evaluations: Quality of life as an outcome measure for future evaluations. *Asia Pacific Disability Rehabilitation Journal*, 2007,64:1231-1241.
109. Kuipers P, Wirz S, Hartley S. Systematic synthesis of community-based rehabilitation (CBR) project evaluation reports for evidence-based policy: a proof-of-concept study. *BMC International Health and Human Rights*, 2008,8:3- doi:10.1186/1472-698X-8-3 PMID:18325121
110. Finkenflügel H, Wolffers I, Huijsman R. The evidence base for community-based rehabilitation: a literature review. *International Journal of Rehabilitation Research. Internationale Zeitschrift fur Rehabilitationsforschung. Revue Internationale de Recherches de Réadaptation*, 2005,28:187-201. PMID:16046912
111. World Health Organization, United Nations Educational, Scientific and Cultural Organization, International Labour Organization, International Disability and Development Consortium. *Community-based rehabilitation: CBR guidelines*. Geneva, World Health Organization, 2010.

Capítulo 2

La situación mundial en materia de discapacidad

«Perdí una pierna debido a una mina terrestre cuando tenía cinco años. Mi madre y yo habíamos ido a juntar leña a un arrozal y tuve la mala suerte de pisar una mina. Después del accidente, como me falta una pierna, me ponía muy triste cada vez que veía a otros niños jugando o nadando en el río. Apoyada en mi muleta de madera, los observaba y soñaba con poder jugar libremente como ellos. Cuando iba caminando a la escuela, algunos niños me llamaban *kombot*, que significa 'discapacitada', y [la discriminación] me avergonzaba y lloraba y me sentía defraudada. Por eso quiero que todas las personas tengan los mismos derechos y no se discriminen unas a otras.»

Song

«Quedé sorda a los nueve años debido a un brote de meningitis. En 2002, me inscribí en el Programa de Orientación Psicológica y Análisis Voluntarios para la Detección del VIH. Los análisis arrojaron un resultado positivo. La noticia me afectó profundamente y perdí el deseo de vivir porque pensaba que ser VIH positivo era el fin del mundo para mí. Tiempo después, conocí a una persona con discapacidad que me alentó espiritualmente a aceptar mi situación. Ahora, tengo confianza y puedo hablar del VIH/sida con total libertad. Me han realizado numerosas entrevistas para la prensa y para medios electrónicos y me han invitado a hablar en reuniones públicas. Me dedico a difundir la importancia del Programa de Orientación Psicológica y Análisis Voluntarios para la Detección del VIH y aliento a las personas a conocer su situación. Mi trabajo está limitado por la falta de dinero. Las personas sordas que viven en zonas rurales no tienen información sobre el VIH/sida. Me gustaría visitarlas directamente en sus hogares para derribar las barreras que las aíslan del mundo.»

Susan

«No me siento incluida en esta escuela porque mis padres son pobres y no pueden comprarme todos los libros que necesito. Esto hace que mi vida en la escuela sea difícil. Tampoco me pueden comprar todo lo que se supone que debo tener, como ropa. Asistir a la escuela sin libros y lapiceras también hace que me sienta excluida, pues los maestros suelen enviarme fuera del aula porque no tengo dónde escribir.»

Jackline

2

La situación mundial en materia de discapacidad

Los datos sólidos permiten tomar decisiones acertadas en materia de políticas y programas sobre discapacidad. La información sobre el número de personas con discapacidad y sus circunstancias personales permite mejorar las medidas orientadas a eliminar las barreras discapacitantes y prestar servicios que promueven la participación de las personas con discapacidad. La recopilación de datos estadísticos y de investigación apropiados, tanto a nivel nacional como internacional, ayudará a las partes en la CDPD a formular y aplicar políticas que permitan alcanzar los objetivos de desarrollo concertados en el ámbito internacional (*1*).

Este capítulo contiene un panorama general de la discapacidad en el que se sustentarán los capítulos siguientes. Se han incluido estimaciones de la prevalencia de la discapacidad; los factores que inciden en las tendencias en materia de discapacidad (demográficos, sanitarios, ambientales); las circunstancias socioeconómicas de las personas con discapacidad; las necesidades satisfechas e insatisfechas, y los costos de la discapacidad. Además, se proponen medidas para mejorar los datos a nivel nacional e internacional.

Las pruebas presentadas en este capítulo se basan en conjuntos de datos nacionales (entre ellos, censos, encuestas de la población y registros de datos administrativos) e internacionales y en un gran número de estudios recientes. Cada fuente cumple un propósito y tiene virtudes y defectos. Los datos aquí incluidos, coinciden, en diverso grado, con la definición de «discapacidad» enunciada en el capítulo 1. Los apéndices técnicos (A, B, C y D) contienen datos adicionales y explicaciones metodológicas.

Medición de la discapacidad

La medición de la discapacidad constituye una experiencia pluridimensional compleja (véase el capítulo 1) y plantea varios desafíos. Los métodos para medir la discapacidad varían de un país a otro e inciden en los resultados. Las medidas operacionales de discapacidad varían según el objetivo y la aplicación de los datos, la manera en que se concibe la discapacidad, los aspectos de la discapacidad examinados (deficiencias, limitaciones de la actividad, restricciones de participación, condiciones de salud conexas, factores ambientales), las definiciones, el diseño de las preguntas, las fuentes de información, los métodos de recopilación de datos y las expectativas respecto del funcionamiento.

Los datos sobre deficiencias no son un sustituto adecuado de la información sobre la discapacidad. Las «agrupaciones» amplias de diversos «tipos de discapacidad» han pasado a formar parte de la terminología sobre el tema, y en algunas encuestas se procura determinar la prevalencia de diversos tipos de discapacidad sobre la base, tanto directa como indirecta, de evaluaciones y clasificaciones. Con frecuencia, los tipos de discapacidad se definen utilizando únicamente un aspecto de la discapacidad, como, por ejemplo, las deficiencias —sensoriales, físicas, mentales, intelectuales—, y otras veces se confunden condiciones de salud con discapacidad. Es posible que no se incluya en estas estimaciones a las personas con condiciones de salud crónicas, dificultades de comunicación y otras deficiencias, aunque afronten dificultades en su vida cotidiana.

Existe una suposición implícita de que cada tipo de discapacidad tiene necesidades específicas de índole social, educativa y de salud, rehabilitación y apoyo. Sin embargo, es posible que se requieran respuestas diferentes; por ejemplo, dos personas con la misma deficiencia pueden tener experiencias y necesidades muy diferentes. Si bien los países necesitan información sobre las deficiencias —por ejemplo, como base para diseñar servicios específicos o para detectar o prevenir la discriminación—, esos datos tienen poca utilidad pues las tasas de prevalencia resultantes no son indicativas de la total magnitud de la discapacidad.

Los datos sobre todos los aspectos de la discapacidad y los factores contextuales son importantes para elaborar un panorama completo de la discapacidad y el funcionamiento. Es muy difícil establecer la magnitud de la discapacidad cuando no se dispone de información sobre la manera en que las condiciones de salud concretas en interacción con las barreras y los facilitadores ambientales afectan a las personas en su vida cotidiana. Según el contexto, las personas con la misma deficiencia pueden experimentar tipos y grados de restricción muy diferentes. Las barreras ambientales que impiden la participación suelen diferir marcadamente de un país a otro y de una comunidad a otra. En Brasil, por ejemplo, muchos niños abandonan la escuela porque carecen de anteojos de lectura, que se encuentran al alcance del público en general en la mayoría de los países de ingreso alto (*2*). El estigma derivado de deficiencias tan diversas como la falta de extremidades y la ansiedad puede imponer límites similares a la participación laboral de una persona, como quedó demostrado en una comparación realizada recientemente entre dos encuestas en los Estados Unidos de América que se centraban en las limitaciones laborales de las personas y en el desempeño laboral efectivo (*3*).

La definición de «discapacidad» abarca desde pequeñas dificultades en el funcionamiento hasta grandes impactos en la vida de una persona. Cada vez es mayor el número de países que optan por un método continuo de medición, en el que las estimaciones de la prevalencia de la discapacidad —y el funcionamiento— se derivan de la evaluación de los niveles de discapacidad en múltiples dominios (*4-8*). Las estimaciones varían según el nivel en que se establezcan los umbrales en el continuo de discapacidad y la manera en que se tengan en cuenta las influencias ambientales. El desglose de estos datos por género, edad, ingresos u ocupación es importante para descubrir los patrones, las tendencias y otro tipo de información sobre los «subgrupos» de personas con discapacidad.

El método de recopilación de datos también influye en los resultados. En los censos y las encuestas se aplican diversos enfoques para medir la discapacidad y, con frecuencia, su uso para recabar datos en un mismo país revela tasas de discapacidad diferentes (véase el cuadro 2.1). Los censos abarcan a toda la población, se llevan a cabo a intervalos prolongados y, por su naturaleza, solo pueden incluir unas pocas preguntas relacionadas con la discapacidad. Aunque proporcionan numerosos datos socioeconómicos, como las tasas de empleo y el estado civil, los censos contienen poca información sobre la participación. Por otra parte, dado que se suelen realizar a intervalos regulares, solo proporcionan información sobre las tendencias a lo largo de un periodo determinado. Las encuestas permiten obtener información más exhaustiva a través de un gran número de preguntas que incluyen a la población institucionalizada. En los países desarrollados, por ejemplo, las encuestas incluyen preguntas sobre las personas con discapacidad que permiten identificar las deficiencias en las funciones y estructuras corporales y también —cada vez en mayor medida— las limitaciones de la actividad y la participación, y los factores ambientales. Algunas encuestas también proporcionan información sobre el origen de las deficiencias, el grado de asistencia proporcionado, la posibilidad de acceder a servicios y las necesidades no satisfechas.

Los países que declaran una baja tasa de prevalencia de la discapacidad —predominantemente, países en desarrollo— suelen recopilar los datos sobre discapacidad a través de censos o mediciones centradas exclusivamente en un pequeño espectro de deficiencias (*10-12*). Los países que declaran tasas más elevadas de prevalencia de la discapacidad suelen recopilar los datos a través de encuestas y aplican un método de medición que permite registrar, además de las deficiencias, las limitaciones de la actividad y las restricciones de participación. Si en las encuestas se incluye a la población institucionalizada, las tasas de prevalencia también serán más altas (*13*). Estos factores influyen en la comparación de datos, tanto a nivel nacional como internacional, y en la pertinencia de los datos para un conjunto más amplio de usuarios. Aunque se están realizando progresos —por ejemplo, en los estudios sobre las limitaciones de la actividad en Lesotho, Malawi, Mozambique, Zambia y Zimbabwe—, no se dispone de datos precisos sobre la discapacidad para la mayoría de los países en desarrollo.

El diseño de las preguntas y las fuentes de información pueden incidir en las estimaciones.

El objetivo básico de una encuesta —por ejemplo, una encuesta de salud o una encuesta general— incidirá en la respuesta de la gente (*14*). En varios estudios se comprobó que existían diferencias en la prevalencia entre los aspectos de la discapacidad que habían declarado las propias personas y aquellos que se habían medido (*15-18*). La discapacidad se interpreta en relación con lo que se considera un funcionamiento normal, que puede variar según el contexto, el grupo etario o incluso el grupo de ingresos (*2*). Por ejemplo, es posible que los adultos mayores no se identifiquen a sí mismos como personas con discapacidad, aunque tengan grandes dificultades de funcionamiento, porque consideran que su nivel de funcionamiento es adecuado para su edad.

En el caso de los niños, la cuestión es más compleja. Existe la posibilidad de que los padres o tutores —las personas que naturalmente los reemplazan a la hora de responder a las encuestas— no describan con precisión la experiencia del niño (*19*). Las preguntas de las encuestas elaboradas para adultos pero utilizadas para niños también pueden sesgar los resultados. Asimismo, el uso de palabras imprecisas o poco amables en las preguntas —por ejemplo, la utilización del término «discapacitado» cuando se pregunta acerca de dificultades para realizar una actividad (*20, 21*)— puede dar lugar a que se suministren datos incompletos (*2*).

Estos factores se deben tener en cuenta al realizar comparaciones entre poblaciones. En teoría, se deben realizar ajustes para tener en cuenta las diferencias en ciertos efectos metodológicos —como las entrevistas y las encuestas de examen—, cuando existan bases sólidas para realizar esos ajustes.

El principal objetivo que se persigue al recopilar datos de la población con discapacidad es identificar estrategias para mejorar su bienestar. La documentación amplia y sistemática de todos los aspectos del funcionamiento de la población es útil para respaldar el diseño y el seguimiento de las intervenciones. Por ejemplo, las autoridades normativas podrían utilizar esa información con el objeto de evaluar el beneficio potencial de los programas de asistencia

Cuadro 2.1. El censo en Irlanda y la encuesta sobre discapacidad realizada en 2006

En abril de 2006, la Oficina Central de Estadística de Irlanda llevó a cabo un censo de población que incluía dos preguntas sobre discapacidad relacionadas con la existencia de una condición de salud a largo plazo y el impacto de esa condición en el funcionamiento. El censo permitió establecer que había 393 785 personas con discapacidad —una tasa del 9,3%— en Irlanda. Unos meses después, la misma Oficina complementó esa información con los datos aportados por la Encuesta Nacional sobre Discapacidad, que incluyó una muestra de las personas que habían declarado una discapacidad en el censo, más un grupo de miembros de hogares familiares que no habían declarado ninguna discapacidad. En el marco de la encuesta se utilizó una definición de discapacidad más amplia que la del censo, y se incluyeron más dominios, entre ellos, el dolor y los problemas respiratorios, así como una escala de gravedad. Se recibieron cuestionarios completos de 14 518 personas que habían declarado tener una discapacidad en el censo y de 1551 personas que no habían declarado discapacidades.

Se registró un alto grado de congruencia entre las respuestas del censo y de la Encuesta Nacional sobre Discapacidad:

- El 88% de los miembros de hogares familiares que había declarado tener una discapacidad en el censo también lo declaró en la Encuesta Nacional sobre Discapacidad.
- El 97% de los miembros de hogares no familiares que había declarado tener una discapacidad en el censo también lo declaró en la Encuesta Nacional sobre Discapacidad.
- El 11,5% de los miembros de hogares familiares que no había declarado tener una discapacidad en el censo declaró tener una discapacidad en la Encuesta Nacional sobre Discapacidad.

Al extrapolar los resultados de la encuesta a toda la población, se obtuvo una tasa global de discapacidad a nivel nacional del 18,5%. Las diferencias en las tasas de discapacidad obtenidas a partir del censo y la encuesta podrían obedecer a las siguientes cuestiones:

- La Encuesta Nacional sobre Discapacidad se realizó a través de entrevistas personales, mientras que, en el censo, los encuestados completaron sus propios formularios.
- El censo incluyó un extenso cuestionario diseñado para un abanico de propósitos. La encuesta se centró solamente en la discapacidad definida como dificultades de funcionamiento en los siguientes dominios: la vista; el oído; el habla; la movilidad y la destreza; la capacidad de recordar y concentrarse; la capacidad intelectual y de aprendizaje; la salud emocional, psicológica y mental; el dolor, y los problemas respiratorios.
- La inclusión del dolor en la encuesta arrojó una tasa de discapacidad considerablemente mayor: el 46% de las personas que no había declarado tener una discapacidad en el censo declaró sufrir dolores en la encuesta.
- Las personas que solo habían declarado una discapacidad en la encuesta tenían un menor nivel de dificultad y, en la mayoría de los casos, experimentaban una única discapacidad, en lugar de tener discapacidades en varios dominios.
- El número de niños que declaró una discapacidad en la encuesta fue mayor que en el censo, probablemente porque las preguntas de la encuesta eran más detalladas.

Este ejemplo permite establecer que el número y el tipo de preguntas, la escala del nivel de dificultad, el espectro de discapacidades explícitas y la metodología de la encuesta inciden en las estimaciones de la prevalencia. Las diferencias entre las dos mediciones se deben principalmente a los dominios incluidos y al umbral de la definición de discapacidad. Si el dominio abarca un espectro muy pequeño (por ejemplo, si se excluye el dolor), es posible que muchas personas con dificultades de funcionamiento queden excluidas. Toda vez que los recursos lo permitan, se deberá llevar a cabo, además de censos, encuestas específicas sobre discapacidad, con una cobertura integral de dominios. Estas encuestas brindan información más exhaustiva sobre los diversos grupos etarios, que es útil para las políticas y los programas.

Nota: Las preguntas utilizadas en las dos encuestas se encuentran disponibles en los informes publicados.

Fuentes: (5, 9).

Capítulo 2   Situación mundial en materia de discapacidad

para ayudar a las personas con limitaciones motrices a llegar a su lugar de trabajo, o para evaluar intervenciones orientadas a reducir la depresión (*2*). Los datos sobre la prevalencia y las necesidades deberían basarse en la población y ser pertinentes para las políticas pero, al mismo tiempo, no deberían depender de las políticas, pues si lo hacen, la estimación de las tasas de prevalencia podría cambiar repentinamente si, por ejemplo, se modifica el sistema de prestaciones y se pasa de otorgar una prestación por desempleo a una prestación por discapacidad. Cuando se dispone de datos sobre la población y datos administrativos y sobre servicios que se basan en los mismos conceptos y marcos básicos, se puede elaborar una sólida base de datos de información integrada a nivel nacional.

Las normas internacionales sobre datos y los conjuntos de preguntas estandarizadas permiten mejorar la armonización entre los diversos métodos. En años recientes, se han realizado intentos para estandarizar las encuestas sobre discapacidad (véase el apéndice técnico B) (*22*, *23*), pero las diferencias entre las definiciones y las metodologías empleadas en los diversos países son tan amplias que todavía es difícil realizar comparaciones internacionales. Esta cuestión también plantea obstáculos para que las partes en la CDPD supervisen sus progresos en la implementación de dicha Convención sobre la base de un conjunto común de indicadores.

Los datos recabados deben ser pertinentes a nivel nacional y comparables a nivel mundial. Para lograr ambas cosas, es preciso basar el diseño en normas internacionales, como la CIF.

A este respecto, son importantes los marcos y los recursos internacionales.
- La CDPD contiene los marcos normativos y los principios concertados.
- La CIF establece las normas relativas a la información (*24*, *25*).
- Se están llevando a cabo actividades con el fin de armonizar y estandarizar los conjuntos de preguntas para evaluar la situación sanitaria y la discapacidad a nivel de la población (véase el apéndice técnico B para obtener información sobre el sistema estadístico europeo, el Grupo de Washington sobre Medición de la Discapacidad y la Comisión Económica y Social para Asia y el Pacífico [CESPAP], ambos pertenecientes a las Naciones Unidas, y la Oficina Regional de la OMS para las Américas/la Organización Panamericana de la Salud [OPS]/la Iniciativa de Budapest).
- La OMS y la CESPAP han preparado un manual de capacitación sobre estadísticas de la discapacidad que contiene orientaciones útiles para que los países puedan mejorar sus estadísticas nacionales (*26*).

Prevalencia de la discapacidad y dificultades de funcionamiento

Para examinar la prevalencia de la discapacidad en el mundo actual, en este informe se tienen en cuenta las estimaciones de la prevalencia de la discapacidad declaradas por cada país, así como estimaciones de la prevalencia basadas en dos grandes fuentes de datos: la Encuesta Mundial de Salud de la OMS para el periodo comprendido entre 2002 y 2004, que incluye 59 países, y la versión actualizada en 2004 del estudio de la OMS titulado «Carga Mundial de Morbilidad». Estas fuentes permiten examinar la prevalencia de la discapacidad pero no se pueden comparar directamente pues aplican métodos diferentes para estimarla y medirla.

Prevalencia de la discapacidad declarada por cada país

El número de países que recopila datos sobre la prevalencia de la discapacidad a través de censos y encuestas es cada vez mayor, y en muchos casos se ha comenzado a aplicar un planteamiento basado en las dificultades de funcionamiento, en lugar de un planteamiento basado en las deficiencias. Las estimaciones de las tasas de prevalencia varían ampliamente dentro de un mismo país y entre los países (*2*, *11*, *27*). En el cuadro 2.1 se señalan las variaciones entre dos fuentes de datos sobre la discapacidad en Irlanda. En el apéndice técnico A, se indican las variaciones de un país a otro en el marco conceptual, el método y la prevalencia —de una cifra inferior al 1% de la población a un porcentaje superior al 30%— y se describen las dificultades que plantea la comparación de los conjuntos de datos nacionales existentes. Como se señaló anteriormente, la mayoría de los países en desarrollo declaran tasas de prevalencia inferiores a las que declaran muchos países desarrollados, debido a que recopilan datos sobre un pequeño espectro de deficiencias, por lo cual se obtienen estimaciones más bajas de la prevalencia de la discapacidad.

Un creciente número de países está utilizando el marco de la CIF y las preguntas conexas en sus encuestas y censos nacionales (*5-8*, *28-30*). La experiencia recogida en el censo que se llevó a cabo en Zambia utilizando las seis preguntas establecidas por el Grupo de Washington se describe en el cuadro 2.2. Con el tiempo, los esfuerzos realizados por los países —junto con las iniciativas de alcance mundial y regional (para obtener más detalles, véanse los apéndices técnicos A y B)— permitirán obtener estimaciones de la prevalencia de la discapacidad a nivel nacional que tendrán un mayor grado de estandarización y, por lo tanto, podrán compararse con más facilidad.

Estimaciones de la prevalencia de la discapacidad en el ámbito mundial

En este informe se utilizan dos fuentes de información estadística para estimar la prevalencia de la discapacidad en el ámbito mundial —la Encuesta Mundial de Salud y el estudio Carga Mundial de Morbilidad—, y las dos tienen limitaciones en lo que respecta a la discapacidad. Por tanto, las estimaciones de la prevalencia incluidas en el presente informe no son definitivas y solo reflejan la información que se conoce actualmente y los datos disponibles.

Estimaciones basadas en la Encuesta Mundial de Salud de la OMS

La Encuesta Mundial de Salud, encuesta de hogares que se realizó en forma presencial en 2002-2004, es la mayor encuesta multinacional sobre salud y discapacidad que se haya realizado utilizando un único conjunto de preguntas y métodos coherentes para recopilar datos de salud comparables entre países. Para esta encuesta, se utilizaron los dominios relativos al funcionamiento y el marco conceptual de la CIF (*24*, *32*). El cuestionario abarcó varios aspectos de la salud de las personas, la capacidad de respuesta del sistema de salud, los gastos de los hogares y las condiciones de vida (*33*). La encuesta se llevó a cabo en 70 países, de los cuales 59 países, que representaban el 64% de la población mundial, poseían conjuntos de datos ponderados que se utilizaron para estimar la prevalencia de la discapacidad en la población mundial de adultos de 18 años o más (*33*). Los países que participaron en la encuesta se eligieron teniendo en cuenta varias cuestiones, a saber:

- la necesidad de llenar las lagunas de datos en regiones geográficas donde la información era más escasa, como, por ejemplo, África al sur del Sahara;
- un espectro de países que incluyera países de ingreso alto, mediano e ingreso bajo, con énfasis en estos dos últimos grupos;
- la inclusión de países con una gran población de adultos.

Las muestras se extrajeron del marco de muestreo que existía en cada país cuando se realizó la Encuesta Mundial de Salud, utilizando un muestreo estratificado por conglomerados y de etapas múltiples. En la encuesta se utilizó un marco conceptual coherente para identificar los dominios sujetos a medición.

La selección de los dominios que debían incluirse en la Encuesta Mundial de Salud se basó en el análisis del Estudio de Encuestas Multipaíses realizado por la OMS. Con el objeto de lograr el menor conjunto posible de dominios

Cuadro 2.2. Uso de las preguntas del Grupo de Washington para comprender la discapacidad en Zambia

El Grupo de Washington sobre Medición de la Discapacidad fue creado por la Comisión de Estadística de las Naciones Unidas en 2001 como grupo consultivo internacional de expertos para facilitar la medición de la discapacidad y la comparación de los datos sobre la discapacidad entre los países. El Grupo de Washington aplica un enfoque de la discapacidad basado en la CIF y se ajusta a los principios y las prácticas de los organismos de estadística nacionales, conforme los define la Comisión de Estadística de las Naciones Unidas. Sus preguntas abarcan seis dominios funcionales o acciones básicas: la vista, el oído, la movilidad, las funciones cognitivas, el autocuidado y la comunicación. A continuación se detallan las preguntas referidas a las dificultades para realizar ciertas actividades debido a una condición de salud.

1. ¿Tiene dificultad para ver, aun si utiliza lentes?
2. ¿Tiene dificultad para oír, aun si utiliza audífonos?
3. ¿Tiene dificultad para caminar o subir escalones?
4. ¿Tiene dificultad para recordar o concentrarse?
5. ¿Tiene dificultad para encargarse de su propio cuidado personal, por ejemplo, para lavarse o vestirse?
6. Al utilizar su lenguaje habitual, ¿tiene dificultad para comunicarse (por ejemplo, para entender o hacerse entender)?

Cada pregunta tiene cuatro tipos de respuestas, que se diseñaron para abarcar todo el espectro del funcionamiento, desde el problema más leve hasta el más grave: ninguna dificultad, cierta dificultad, mucha dificultad e imposibilidad de realizar la actividad.

Este conjunto de preguntas del Grupo de Washington se incluyó en una encuesta que se llevó a cabo en 2006 sobre la calidad de vida en Zambia. Se seleccionaron personas con condiciones que habían persistido o se preveía que persistirían durante seis meses o más. La prevalencia de la dificultad en cada uno de los seis dominios se estima sobre la base de las respuestas (véase la tabla que se halla a continuación).

Prevalencia de la discapacidad en Zambia, por dominio y grado de dificultad (2006)

Dominios principales	Grado de dificultad		
	Al menos cierta dificultad (%)	Al menos mucha dificultad (%)	Imposibilidad de realizar la actividad (%)
Vista	4,7	2,6	0,5
Oído	3,7	2,3	0,5
Movilidad	5,1	3,8	0,8
Funciones cognitivas	2,0	1,5	0,3
Autocuidado	2,0	1,3	0,4
Comunicación	2,1	1,4	0,5

Nota: *n* = 28 010; faltan 179.
Fuente: (*31*).

Dentro de cada grado de dificultad, los problemas de mayor prevalencia fueron los relativos a la movilidad, seguidos por los problemas de vista y oído. Los resultados que se muestran en el tabla no fueron excluyentes entre sí y muchas personas tenían una discapacidad que abarcaba más de un dominio.

La siguiente tabla contiene mediciones que reflejan el carácter pluridimensional de la discapacidad, elaboradas a partir de los resultados de las preguntas del Grupo de Washington.

continua ...

... continuación

Mediciones que reflejan el carácter pluridimensional de la discapacidad en Zambia (2006)

	Número	Porcentaje
La persona declaró tener «cierta dificultad» (o mayor) por lo menos en un dominio	4053	14,5
La persona declaró tener «mucha dificultad» (o mayor) por lo menos en un dominio (esta medición no incluye a las personas con los niveles más leves de dificultad)	2368	8,5
La persona declaró «imposibilidad de realizar la actividad» por lo menos en un dominio (esta medición se centra en los niveles más graves de dificultad)	673	2,4
La persona declaró tener «cierta dificultad» (o mayor) en más de un dominio (esta medición se centra en las dificultades para realizar varias actividades)	1718	6,1

Nota: *n* = 28 010.
Fuente: (*31*).

Tal como se describe en la primera tabla, las tasas más elevadas de prevalencia se relacionan con las definiciones de discapacidad que incluyen grados de discapacidad más leves o menores. Las tasas globales de prevalencia de la discapacidad relativamente bajas declaradas en muchos países de ingreso bajo (por ejemplo, la cifra del 2,7% en Zambia en 2000) podrían referirse estrictamente a las tasas de discapacidad grave en estos países.

que explicaran la mayor parte de la variación en la valoración de la salud y el funcionamiento, se incluyeron los siguientes dominios: factores emocionales, funciones cognitivas, relaciones interpersonales, movilidad, dolor, sueño y energía, autocuidado y vista. Aunque la pérdida de capacidad auditiva es la deficiencia sensorial más común y aumenta marcadamente con la edad, el dominio del oído no se incluyó en la Encuesta Mundial de Salud debido a sesgos en la información declarada en las encuestas de la población en general, el escaso respaldo de la población en general y el hecho de que este dominio no realizaba una contribución significativa para explicar la variación (*15*, *34*).

Los encuestados disponían de varias opciones para responder a las preguntas sobre las dificultades de funcionamiento, a saber: ninguna dificultad, dificultad leve, dificultad moderada, dificultad grave y dificultad extrema. Se asignaron puntajes a cada una y se calculó una puntuación compuesta de la discapacidad, en una escala de 0 a 100, en la que el 0 constituía «ninguna discapacidad» y el 100, «discapacidad total». Este proceso produjo una escala de puntuación continua. Para dividir a la población en grupos de «personas con discapacidad» y «personas sin discapacidad», fue necesario crear un valor umbral (límite). A fin de incluir en las estimaciones de la discapacidad a las personas que sufren graves dificultades en su vida cotidiana, se fijó como umbral un puntaje de 40 en la escala de 0 a 100. Para estimar la prevalencia de personas que experimentaban dificultades muy graves, el umbral se estableció en 50 puntos. El apéndice técnico C contiene una descripción completa del método de encuesta y del proceso para fijar el umbral.

En los 59 países, la tasa media de prevalencia en la población adulta de 18 años o más derivada de la Encuesta Mundial de Salud ascendió al 15,6% (unos 650 millones de personas del total estimado de 4200 millones de adultos de 18 años o más en 2004 (*35*); (véase la tabla 2.1) y osciló entre el 11,8% en los países de ingreso alto y el 18% en los de ingreso bajo. Estas cifras se refieren a los adultos que sufrían dificultades graves de funcionamiento en su vida cotidiana (véase el apéndice técnico C). La tasa media de prevalencia para adultos con dificultades muy graves se estimó en 2,2%, o alrededor de 92 millones de personas en 2004.

Tabla 2.1. Tasas de prevalencia de la discapacidad para los umbrales de 40 y 50 puntos derivadas de los niveles de funcionamiento en múltiples dominios en 59 países, por nivel de ingreso del país, género, edad, lugar de residencia y riqueza

Subgrupo de población	Umbral de 40 puntos			Umbral de 50 puntos		
	Países de ingreso alto (error estándar)	Países de ingreso bajo (error estándar)	Todos los países (error estándar)	Países de ingreso alto (error estándar)	Países de ingreso bajo (error estándar)	Todos los países (error estándar)
Género						
Hombres	9,1 (0,32)	13,8 (0,22)	12,0 (0,18)	1,0 (0,09)	1,7 (0,07)	1,4 (0,06)
Mujeres	14,4 (0,32)	22,1 (0,24)	19,2 (0,19)	1,8 (0,10)	3,3 (0,10)	2,7 (0,07)
Grupo etario						
18-49	6,4 (0,27)	10,4 (0,20)	8,9 (0,16)	0,5 (0,06)	0,8 (0,04)	0,7 (0,03)
50-59	15,9 (0,63)	23,4 (0,48)	20,6 (0,38)	1,7 (0,23)	2,7 (0,19)	2,4 (0,14)
60 años o más	29,5 (0,66)	43,4 (0,47)	38,1 (0,38)	4,4 (0,25)	9,1 (0,27)	7,4 (0,19)
Lugar de residencia						
Zona urbana	11,3 (0,29)	16,5 (0,25)	14,6 (0,19)	1,2 (0,08)	2,2 (0,09)	2,0 (0,07)
Zona rural	12,3 (0,34)	18,6 (0,24)	16,4 (0,19)	1,7 (0,13)	2,6 (0,08)	2,3 (0,07)
Quintil de riqueza						
Q1(más pobre)	17,6 (0,58)	22,4 (0,36)	20,7 (0,31)	2,4 (0,22)	3,6 (0,13)	3,2 (0,11)
Q2	13,2 (0,46)	19,7 (0,31)	17,4 (0,25)	1,8 (0,19)	2,5 (0,11)	2,3 (0,10)
Q3	11,6 (0,44)	18,3 (0,30)	15,9 (0,25)	1,1 (0,14)	2,1 (0,11)	1,8 (0,09)
Q4	8,8 (0,36)	16,2 (0,27)	13,6 (0,22)	0,8 (0,08)	2,3 (0,11)	1,7 (0,08)
Q5(más rico)	6,5 (0,35)	13,3 (0,25)	11,0 (0,20)	0,5 (0,07)	1,6 (0,09)	1,2 (0,07)
Total	11,8 (0,24)	18,0 (0,19)	15,6 (0,15)	2,0 (0,13)	2,3 (0,09)	2,2 (0,07)

Nota: Las tasas de prevalencia se han estandarizado según la edad y el género. Los países se dividen en países de ingreso bajo y países de ingreso alto, de acuerdo con su ingreso nacional bruto (INB) per cápita en 2004 (*36*). El punto de división es un INB de US$ 3 255.
Fuente: (*37*).

Cuando las cifras de la prevalencia se extrapolan a fin de abarcar a los adultos de 15 años o más, resulta que unos 720 millones de personas tienen dificultades de funcionamiento, de los cuales alrededor de 100 millones sufren dificultades muy graves.

Estas estimaciones no indican directamente la necesidad de servicios específicos. Para estimar la magnitud del grupo beneficiario de servicios, se requiere información más concreta acerca de los objetivos de los servicios y el dominio y la magnitud de la discapacidad.

En todos los países, los niveles más altos de prevalencia de la discapacidad se registraron en los grupos vulnerables, como las mujeres, los habitantes situados en el quintil de riqueza más pobre, y los adultos mayores, y para todos estos grupos, la tasa fue más elevada en los países en desarrollo. En los países de ingreso bajo, por ejemplo, la prevalencia de la discapacidad en las personas de 60 años o más ascendió al 43,4%, mientras que en los países de ingreso alto ascendió al 29,5%.

Es preciso señalar varias limitaciones o incertidumbres respecto de los datos de la

Encuesta Mundial de Salud, que se describen con mayor detalle en el apéndice técnico C, entre ellas: el debate válido respecto de la manera más adecuada de fijar el umbral para la discapacidad y las variaciones entre los países respecto de las dificultades de funcionamiento declaradas por las propias personas, respecto de las cuales aún no existe explicación, y la influencia de las diferencias culturales en las expectativas acerca de los requisitos funcionales y otros factores ambientales, que no se pudieron tener en cuenta en los métodos estadísticos.

Estimaciones basadas en el estudio Carga Mundial de Morbilidad de la OMS

El segundo conjunto de estimaciones de la prevalencia de la discapacidad a nivel mundial se deriva de la versión actualizada en 2004 del estudio Carga Mundial de Morbilidad. El primero de estos estudios se llevó a cabo en 1990, a pedido del Banco Mundial, para evaluar la carga relativa de la mortalidad prematura y la discapacidad ocasionada por diversas condiciones, lesiones y factores de riesgo (*38*, *39*).

El concepto de «años de vida ajustados en función de la discapacidad» (AVAD) incluido en el estudio original se desarrolló más exhaustivamente en respuesta a las críticas que se formularon al respecto (*10*, *40-42*); por ejemplo, se prefiere el uso de valoraciones del estado de salud basadas en la población en vez de opiniones de expertos, y se utilizan métodos más adecuados para la comparación transnacional de los datos de las encuestas sobre el estado de salud (*43*, *44*). En las ponderaciones de la discapacidad —los años de vida con discapacidad (AVD)— que se utilizan en los AVAD, se procura cuantificar el estado funcional de las personas en términos de sus capacidades y no se tienen en cuenta los factores ambientales. Los AVD abarcan un conjunto de dominios básicos de salud, entre ellos, movilidad, destreza, factores emocionales, dolor, funciones cognitivas, vista y oído.

En años recientes, la OMS ha revisado el estudio Carga Mundial de Morbilidad para el periodo 2000-2004, utilizando las fuentes de datos disponibles para elaborar estimaciones de la incidencia, la prevalencia, la gravedad, la duración y la mortalidad para más de 130 condiciones de salud en 17 subregiones del planeta (*45*, *46*). En el estudio, se parte de la prevalencia de las condiciones y las lesiones y la distribución de las limitaciones de funcionamiento —cuando están disponibles— en distintas regiones del mundo y luego se estima la gravedad de la discapacidad conexa (*46*).

El análisis de los datos correspondientes a 2004 incluidos en Carga Mundial de Morbilidad que se llevó a cabo para este informe permite estimar que el 15,3% de la población mundial (unos 978 millones de personas de la población total, estimada en 6400 millones en 2004 [*35*]) tenía una «discapacidad moderada o grave», mientras que el 2,9% (alrededor de 185 millones de personas) experimentaba una «discapacidad grave» (véase la tabla 2.2). En el grupo de 0 a 14 años, las cifras ascendieron al 5,1% y el 0,7%, o 93 millones y 13 millones de niños, respectivamente. Entre los adultos de 15 años o más, las cifras ascendieron al 19,4% y el 3,8% (892 millones y 175 millones de personas, respectivamente).

En el estudio se dedicó especial atención a la coherencia interna y la comparabilidad de las estimaciones entre las poblaciones en lo referente a enfermedades específicas y causas de lesiones, gravedad, y distribución de las limitaciones de funcionamiento. Sin embargo, el panorama global de la discapacidad no se puede inferir exclusivamente a partir de las condiciones de salud y las deficiencias. Se observa un alto grado de incertidumbre en las estimaciones del estudio Carga Mundial de Morbilidad —especialmente en las correspondientes a las regiones del planeta y las condiciones para las que los datos son escasos o de mala calidad— y en las evaluaciones de la gravedad media de la discapacidad conexa, tanto si se basan en estudios publicados como en la opinión de expertos (véase el apéndice técnico D).

Acerca de las estimaciones de la prevalencia

Los datos de las encuestas y los censos nacionales no se pueden comparar directamente con las

Capítulo 2 Situación mundial en materia de discapacidad

Tabla 2.2. Prevalencia estimada de la discapacidad moderada y grave, por región, género y edad, sobre la base de las estimaciones del estudio Carga Mundial de Morbilidad correspondientes a 2004

Género/ grupo etario	Porcentaje							
	A nivel mundial	Países de ingreso alto	Países de ingreso bajo y mediano, región de la OMS					
			África	Las Américas	Asia sudoriental	Europa	Mediterráneo oriental	Pacífico occidental
Discapacidad grave								
Hombres								
0-14 años	0,7	0,4	1,2	0,7	0,7	0,9	0,9	0,5
15-59 años	2,6	2,2	3,3	2,6	2,7	2,8	2,9	2,4
≥ 60 años	9,8	7,9	15,7	9,2	11,9	7,3	11,8	9,8
Mujeres								
0-14 años	0,7	0,4	1,2	0,6	0,7	0,8	0,8	0,5
15-59 años	2,8	2,5	3,3	2,6	3,1	2,7	3,0	2,4
≥ 60 años	10,5	9,0	17,9	9,2	13,2	7,2	13,0	10,3
Todas las personas								
0-14 años	0,7	0,4	1,2	0,6	0,7	0,8	0,9	0,5
15-59 años	2,7	2,3	3,3	2,6	2,9	2,7	3,0	2,4
≥ 60 años	10,2	8,5	16,9	9,2	12,6	7,2	12,4	10,0
≥ 15 años	3,8	3,8	4,5	3,4	4,0	3,6	3,9	3,4
Todas las edades	2,9	3,2	3,1	2,6	2,9	3,0	2,8	2,7
Discapacidad moderada y grave								
Hombres								
0-14 años	5,2	2,9	6,4	4,6	5,3	4,4	5,3	5,4
15-59 años	14,2	12,3	16,4	14,3	14,8	14,9	13,7	14,0
≥ 60 años	45,9	36,1	52,1	45,1	57,5	41,9	53,1	46,4
Mujeres								
0-14 años	5,0	2,8	6,5	4,3	5,2	4,0	5,2	5,2
15-59 años	15,7	12,6	21,6	14,9	18,0	13,7	17,3	13,3
≥ 60 años	46,3	37,4	54,3	43,6	60,1	41,1	54,4	47,0
Todas las personas								
0-14 años	5,1	2,8	6,4	4,5	5,2	4,2	5,2	5,3
15-59 años	14,9	12,4	19,1	14,6	16,3	14,3	15,5	13,7
≥ 60 años	46,1	36,8	53,3	44,3	58,8	41,4	53,7	46,7
≥ 15 años	19,4	18,3	22,0	18,3	21,1	19,5	19,1	18,1
Todas las edades	15,3	15,4	15,3	14,1	16,0	16,4	14,0	15,0

Nota: Los países de ingreso alto son aquellos cuyo INB per cápita fue de US$ 10 066 o más en 2004, según estimaciones del Banco Mundial. Los países de ingreso bajo e ingreso mediano se agrupan según la región de la OMS y son aquellos cuyo INB per cápita fue inferior a US$10 066 en 2004, según estimaciones del Banco Mundial. La discapacidad grave abarca los tipos VI y VII, mientras que la discapacidad moderada y grave abarca los tipos III y superiores.
Fuente: (36).

estimaciones de la Encuesta Mundial de Salud o el estudio Carga Mundial de Morbilidad porque los países no usan un método homogéneo para formular las definiciones de discapacidad y las preguntas de las encuestas.

En 2004, el último año respecto del que se dispone de datos provenientes de encuestas y estimaciones de la carga de morbilidad, los resultados de la Encuesta Mundial de Salud y el estudio Carga Mundial de Morbilidad, que se basan en métodos y supuestos de medición muy diferentes, incluyen estimaciones de la prevalencia mundial en la población adulta del 15,6% y el 19,4%, respectivamente. En la Encuesta Mundial de Salud, la prevalencia de adultos con dificultades muy significativas de funcionamiento se sitúa en el 2,2%, mientras que los datos del estudio Carga Mundial de Morbilidad indican que se estima que el 3,8% de la población adulta tiene una «discapacidad grave», el equivalente a la discapacidad asociada a condiciones tales como tetraplejía, depresión grave o ceguera.

Sobre la base de las estimaciones de la población de 2010 —6900 millones de habitantes, con 5040 millones de adultos de 15 años o más y 1860 millones de personas menores de 15 años— y las estimaciones de la prevalencia de la discapacidad de 2004 (Encuesta Mundial de Salud y Carga Mundial de Morbilidad), entre 785 millones (15,6%) y 975 millones (19,4%) de personas de 15 años o más viven con alguna discapacidad. De esa cifra, entre 110 millones (2,2%) y 190 millones (3,8%) sufren dificultades significativas de funcionamiento. Cuando se incluye a los niños, se estima que más de 1000 millones de personas (cerca del 15% de la población mundial) viven con una discapacidad.

Esta cifra es mayor que las estimaciones de la OMS en los años setenta, que indicaban una prevalencia mundial próxima al 10% (47). La estimación de la Encuesta Mundial de Salud incluyó a los encuestados que declararon tener dificultades significativas en su vida cotidiana. Por el contrario, las estimaciones del estudio Carga Mundial de Morbilidad se obtuvieron mediante la fijación de un límite basado en ponderaciones medias de la discapacidad que equivalen a las ponderaciones de la discapacidad para estados de salud típicos asociados a condiciones tales como la baja visión, la artritis y la angina de pecho. De estas dos fuentes, únicamente Carga Mundial de Morbilidad contiene datos sobre la prevalencia de la discapacidad en los niños (para un análisis más profundo sobre la discapacidad en la infancia, véase más adelante la sección sobre los factores que inciden en la prevalencia de la discapacidad).

Las tasas globales de prevalencia derivadas de los análisis incluidos tanto en la Encuesta Mundial de Salud como en el estudio Carga Mundial de Morbilidad están determinadas por los umbrales elegidos para la discapacidad. El uso de umbrales diferentes da por resultado tasas globales de prevalencia diferentes, inclusive cuando se usan métodos similares para fijar los umbrales. Al examinar estas nuevas estimaciones de la prevalencia mundial, es preciso tener presente este aspecto metodológico.

Los resultados de la Encuesta Mundial de Salud y el estudio Carga Mundial de Morbilidad parecen razonablemente similares en la figura 2.1, donde se observa la prevalencia media en los países, por banda de ingresos. Sin embargo, la relación entre hombres y mujeres con discapacidad indicada en la encuesta es marcadamente diferente a la que se incluye en el estudio (véanse la tabla 2.1 y la tabla 2.2). A nivel mundial, las estimaciones de la prevalencia de la discapacidad moderada y grave, incluidas en el estudio Carga Mundial de Morbilidad, son 11% más elevadas para las mujeres que para los hombres, lo que obedece a que las prevalencias específicas de la edad son levemente más elevadas en las mujeres y también a que el número de adultas mayores de la población es mayor que el de adultos mayores. No obstante, las estimaciones de la Encuesta Mundial de Salud indican que la prevalencia de enfermedad en las mujeres es casi 60% más alta que en los hombres. Es probable que la diferencia entre mujeres y hombres en el estudio sobre la Encuesta Mundial de Salud obedezca, en cierta medida, a las diferencias en el uso de las categorías de respuestas.

Figura 2.1. **Estimaciones de la prevalencia de la discapacidad a nivel mundial provenientes de diversas fuentes**

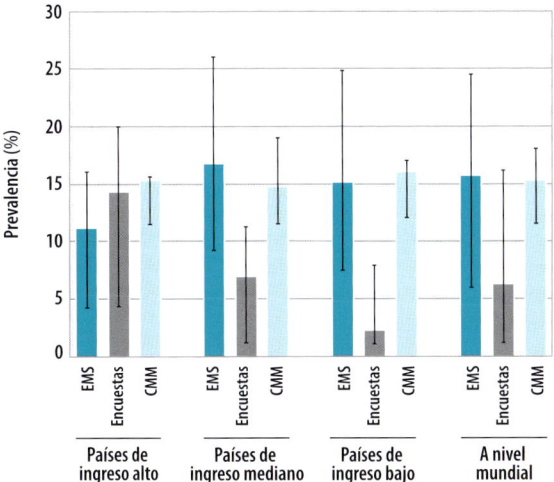

Nota: En esta figura se compara la prevalencia media de la discapacidad ponderada por la población correspondiente a países de ingreso alto, mediano y bajo, según datos de múltiples fuentes. Las barras grises indican la prevalencia media sobre la base de los datos disponibles, las líneas indican el 10.º percentil y el 90.º percentil para la prevalencia nacional disponible dentro de cada grupo de ingresos. La información que se utilizó en esta figura no está estandarizada por edades, por lo que no puede compararse de manera directa con las tablas 2.1 y 2.3. EMS = Encuesta Mundial de Salud; CMM = Carga Mundial de Morbilidad, versión actualizada en 2004; Encuestas = Apéndice técnico A. Fuentes: (*37*, *46*).

Las prevalencias medias derivadas de las encuestas y los censos nacionales, calculadas a partir de las prevalencias medias ponderadas por la población que se incluyen en el apéndice técnico A, son mucho menores en los países de ingreso bajo y mediano que en los países de ingreso alto, y muy inferiores a las prevalencias derivadas de la Encuesta Mundial de Salud o el estudio Carga Mundial de Morbilidad (véase la figura 2.1). Esto se debe, probablemente, a que la mayoría de los países en desarrollo suelen poner el acento en las preguntas de sus encuestas relacionadas con las deficiencias, mientras que, en algunas encuestas de países desarrollados, se dedica más atención a las esferas más amplias de participación y necesidad de servicios. En los resultados de la Encuesta Mundial de Salud se observan variaciones de un país a otro dentro de cada banda de ingresos, que posiblemente obedecen a diferencias entre los países y dentro de ellos en la interpretación de las categorías por personas con los mismos niveles de dificultad de funcionamiento. En el estudio Carga Mundial de Morbilidad, la variación en los resultados de un país a otro es más pequeña pero, en cierta medida, esto se debe a que se extrapolaron las estimaciones nacionales del análisis regional.

Aunque los datos sobre la prevalencia incluidos en este informe se basan en los mejores conjuntos de datos mundiales disponibles, no son estimaciones definitivas. Es imperioso recabar datos más sólidos, comparables y completos. En general, se requiere una base más adecuada de conocimientos sobre la prevalencia, la naturaleza y la magnitud de la discapacidad, tanto a nivel nacional, donde se formulan y aplican las políticas, como también en forma comparable a nivel mundial, con seguimiento de los cambios a lo largo del tiempo. En la búsqueda de datos nacionales e internacionales más integrales y confiables sobre la discapacidad, la CIF proporciona una plataforma común para la medición y la recopilación de datos. La CIF no es una herramienta de medición ni un instrumento de encuesta, sino una clasificación que puede proporcionar una norma para las estadísticas sobre salud y discapacidad y colaborar en la difícil tarea de armonizar los métodos para estimar la prevalencia de la discapacidad.

La prevalencia de la discapacidad es el resultado de una relación compleja y dinámica entre las condiciones de salud y los factores contextuales, tanto personales como ambientales.

Condiciones de salud

La relación entre las condiciones de salud y la discapacidad es compleja. La posibilidad de que una condición de salud, en interacción con factores contextuales, ocasione una discapacidad está determinada por factores interrelacionados.

Con frecuencia, la interacción de varias condiciones, en vez de una dolencia, contribuye a la relación entre las condiciones de salud y la discapacidad. La comorbilidad, asociada más con la discapacidad grave que con dolencias individuales, tiene consecuencias en materia de discapacidad. Además, la existencia de múltiples condiciones de salud puede dificultar la gestión de los servicios de atención de salud y rehabilitación (*48-50*). Con frecuencia, las condiciones de salud crónicas ocurren al unísono. Por ejemplo, una condición física crónica, como la artritis, aumenta marcadamente la probabilidad de que se produzcan otra condición física y problemas de salud mental (*51*, *52*). Por tanto, el aspecto de discapacidad que se declara como el factor primario asociado a una condición de salud con frecuencia podría estar relacionado con varias condiciones coexistentes.

No es posible elaborar estadísticas mundiales definitivas sobre la relación entre la discapacidad y las condiciones de salud. Los estudios que intenten correlacionar las condiciones de salud con la discapacidad sin tener en cuenta los efectos ambientales probablemente serán deficientes.

Las pruebas indican que los dos métodos principales para abordar la discapacidad y las condiciones de salud conexas generan resultados diferentes. A través de estos métodos:

- Se estima la discapacidad y después se analizan las condiciones de salud conexas, como en las encuestas de la población que se mencionan en la sección sobre enfermedades no transmisibles, que pueden contribuir a la elaboración de una base empírica.
- Se estima la prevalencia de las condiciones de salud y después se prorratea la discapacidad, como en las estimaciones sintéticas derivadas del estudio Carga Mundial de Morbilidad (véase el apéndice técnico D) (*46*).

Tendencias en las condiciones de salud asociadas a la discapacidad

Un creciente conjunto de pruebas estadísticas presenta un panorama complejo en el que los factores de riesgo varían según el grupo etario y socioeconómico, con un marcado aumento de la prevalencia de condiciones crónicas en la población general. A este respecto, se analizan las tendencias en tres categorías amplias de condiciones de salud: las enfermedades infecciosas, las condiciones crónicas y las lesiones.

Enfermedades infecciosas

Las enfermedades infecciosas se pueden definir en términos de deficiencias o pueden crearlas. Se estima que representan el 9% de los AVD en los países de ingreso bajo y mediano (*46*). Las más prominentes son la filariasis linfática, la tuberculosis, el VIH/sida y otras enfermedades de transmisión sexual. Las enfermedades que tienen consecuencias neurológicas, como la encefalitis (*53*, *54*), la meningitis (*55*, *56*) y las enfermedades infantiles contagiosas —entre ellas, el sarampión, la parotiditis y la poliomielitis (*57*)—, son menos prominentes.

Las siguientes son algunas de las tendencias en las enfermedades infecciosas significativas asociadas a la discapacidad:

- A fines de 2008, unos 33,4 millones de los habitantes del planeta —alrededor del 0,5% de la población mundial— vivían con VIH. Entre 2000 y 2008, el número de personas que vivían con VIH aumentó un 20%, pero se estima que la incidencia mundial anual del contagio de VIH ha disminuido un 17%. África al sur del Sahara es aún la región más afectada (*58*).
- El paludismo es endémico en 109 países, en comparación con 140 países en los años cincuenta. En siete de los 45 países o territorios de África con pequeñas poblaciones, los casos de paludismo y las defunciones ocasionadas por esta enfermedad se redujeron, como mínimo, un 50% entre 2000 y 2006. En 22 países de otras regiones, los casos de paludismo también se redujeron, como mínimo, un 50% (*59*).
- Los casos de poliomielitis se redujeron más del 99% en 18 años, de aproximadamente 350 000 casos en 1988 a 1604 en 2009 (*60*). En 2010, la poliomielitis aún es endémica tan solo en cuatro países

- (Afganistán, India, Nigeria y Pakistán), mientras que, en 1988, era endémica en más de 125 países (*60*, *61*).
- Para el año 2000, prácticamente se logró eliminar la lepra a nivel mundial, ya que se redujo a un caso por cada 10 000 habitantes. A principios de 2003, había alrededor de 530 000 enfermos de lepra en el mundo, según los informes de 106 países. El número de países con tasas de prevalencia superiores a un caso por cada 10 000 habitantes se redujo de 122 países en 1985 a 12 países en 2002. El Brasil, la India, Madagascar, Mozambique y Nepal son los países más endémicos (*62*).
- El tracoma, que en una época fue endémico en muchos países, está ahora confinado en gran medida a los grupos más pobres de la población en 40 países en desarrollo y afecta a unos 84 millones de personas, de las cuales 8 millones tienen una deficiencia visual (*63*). La prevalencia de la deficiencia visual relacionada con el tracoma se ha reducido considerablemente durante las últimas dos décadas gracias al desarrollo socioeconómico y a la adopción de medidas para combatir la enfermedad (*64*).

Enfermedades crónicas no transmisibles

El aumento de la diabetes, las enfermedades cardiovasculares (cardiopatías y accidentes cerebrovasculares), trastornos mentales, cáncer y enfermedades respiratorias, que se registra en todo el planeta, tendrá un profundo efecto en la discapacidad (*65-73*). Se estima que estas enfermedades representan el 66,5% de todos los AVD en los países de ingreso bajo y mediano (*46*).

Las encuestas nacionales proporcionan un panorama detallado de los tipos de condiciones de salud asociadas a discapacidades:

- En una encuesta de la población que se llevó a cabo en Australia, en 1998, respecto de las personas (de todas las edades) con discapacidad, las condiciones de salud relacionadas con discapacidades que se informaron con más frecuencia fueron la artritis, las dolencias de columna, los trastornos auditivos, la hipertensión, las cardiopatías, el asma y los trastornos visuales, seguidas por la pérdida de la capacidad auditiva causada por ruidos, las dificultades del habla, la diabetes, los accidentes cerebrovasculares, la depresión y la demencia (*74*). La distribución variaba según la edad y la magnitud de la discapacidad (*74*).
- En un estudio que se realizó en Canadá, en 2006, se estableció que, en el caso de los adultos de 15 años o más con discapacidad, las condiciones de salud más comunes relacionadas con discapacidades eran la artritis, las dolencias de columna y los trastornos auditivos. También existían cardiopatías, trastornos de los tejidos blandos, como la bursitis y la fibromialgia, trastornos emocionales, asma, trastornos visuales y diabetes. En el grupo de niños de 0 a 14 años de edad, muchas de las condiciones de salud más comunes estaban relacionadas con dificultades de aprendizaje e incluían problemas de esa índole, específicamente autismo y déficit de atención (con y sin hiperactividad), así como altos niveles de asma y trastornos auditivos. Los jóvenes también sufrían otras condiciones de salud, entre ellas, dificultades del habla, dislexia, parálisis cerebral, trastornos visuales y anomalías congénitas (*75*).
- En un estudio que la Organización para la Cooperación y el Desarrollo Económicos (OCDE) realizó en Estados Unidos, en 2001, sobre las 10 principales condiciones asociadas a discapacidades, se estableció que el reumatismo era la causa más importante entre los adultos mayores pues afectaba al 30% de los adultos de 65 años o más que declararon limitaciones en sus «actividades cotidianas». Las cardiopatías ocupaban el segundo lugar, con el 23%. Entre las demás condiciones discapacitantes, se incluían: hipertensión, dolencias de columna o cuello, diabetes, trastornos visuales, problemas pulmonares y respiratorios, fracturas, accidentes cerebrovasculares y trastornos auditivos (*76*).

Según las proyecciones, los AVD relacionados con enfermedades no transmisibles seguirán aumentado marcadamente en las regiones en rápido desarrollo (65, 77, 78). Los factores que contribuyen a explicar la tendencia ascendente son diversos: envejecimiento de la población, reducción de las dolencias infecciosas, disminución de la fecundidad, y cambios en el modo de vida relacionados con el tabaco, el alcohol, la alimentación y la actividad física (39, 65, 79, 80).

Lesiones

Se sabe desde hace mucho tiempo que las lesiones ocupacionales y las causadas por accidentes de tránsito, la violencia y las crisis humanitarias son factores que contribuyen a la discapacidad (véase el cuadro 2.3). No obstante, existen muy pocos datos sobre la magnitud de esa contribución. La vigilancia de las lesiones se suele concentrar exclusivamente en los resultados a corto plazo, como la mortalidad o los cuidados intensivos como consecuencia de una lesión (83). Por ejemplo, entre 1,2 millones y 1,4 millones de personas fallecen cada año como resultado de accidentes de tránsito. Además, entre 20 millones y 50 millones de personas sufren lesiones (84-86). El número de personas que quedan discapacitadas a raíz de estos accidentes no está bien documentado.

Un examen sistemático reciente del riesgo de discapacidad entre los conductores de automotores que habían sobrevivido a un accidente

---

Cuadro 2.3. Asistencia a personas con discapacidad en situaciones de conflicto

Los conflictos armados generan lesiones y traumatismos que pueden provocar una discapacidad. Con frecuencia, la situación de las personas que sufren esas lesiones se exacerba debido a que los cuidados sanitarios de emergencia tardan en llegar y no reciben oportunamente servicios de rehabilitación a largo plazo. En 2009, una evaluación realizada en Gaza puso de manifiesto los siguientes problemas (81):

- complicaciones y discapacidad a largo plazo ocasionadas por heridas traumáticas, por falta de seguimiento apropiado;
- complicaciones y mortalidad prematura en personas con enfermedades crónicas, como consecuencia de la suspensión del tratamiento y el retraso en el acceso a servicios de atención de salud;
- pérdida permanente de capacidad auditiva a causa de explosiones, por falta de evaluación temprana y tratamiento adecuado;
- problemas de salud mental a largo plazo, como resultado de la constante inseguridad y la falta de protección.

La mitad de los 5000 hombres, mujeres y niños que sufrieron lesiones durante las primeras tres semanas del conflicto podrían tener deficiencias permanentes, agravadas por el hecho de que los trabajadores de rehabilitación carecían de medios para realizar una intervención temprana (82).

En situaciones de conflicto, toda persona con discapacidad tiene derecho a recibir asistencia y protección. Las organizaciones humanitarias no siempre responden rápidamente a las necesidades de las personas con discapacidad, y en ocasiones resulta difícil acceder a las personas discapacitadas que se encuentran dispersas en las comunidades afectadas. El abanico de medidas para reducir la vulnerabilidad de dichas personas incluye lo siguiente:

- planes eficaces para atender las necesidades de las personas con discapacidad, elaborados por las organizaciones humanitarias antes de las crisis;
- evaluaciones de las necesidades específicas de las personas con discapacidad;
- suministro de servicios adecuados;
- servicios de derivación y seguimiento toda vez que sea necesario.

Estas medidas pueden llevarse a cabo de manera directa o a través de otras actividades. También deben tenerse en cuenta las necesidades de las familias y de los especialistas que brindan asistencia, tanto en la población desplazada como en las comunidades de acogida. En caso de emergencias vinculadas con conflictos, las medidas deben ser flexibles y acordes a la población afectada, y brindar la posibilidad de realizar ajustes rápidamente a medida que se producen cambios en la situación.

de tránsito estableció que existía una gran variabilidad en las estimaciones derivadas. Las estimaciones de la prevalencia de la discapacidad posterior a un accidente de tránsito oscilaban entre el 2% y el 87%, en gran medida como resultado de las dificultades metodológicas para medir las consecuencias no fatales después de la lesión (87). En Bélgica, un estudio en el que se utilizó la escala oficial de medición de la discapacidad del país (un instrumento que usan las compañías de seguros para determinar las tasas de discapacidad entre pacientes específicos) permitió establecer que el 11% de los trabajadores lesionados en un accidente de tránsito cuando se dirigían o regresaban de su trabajo sufría una discapacidad permanente (88). En Suecia, el 10% de todos los ocupantes de automóviles con un puntaje de 1 en la escala abreviada de lesiones (el puntaje más bajo asignado a una lesión) sufrieron una deficiencia permanente (89).

Se estima que las lesiones ocasionadas por accidentes de tránsito representan el 1,7% de todos los AVD, y la violencia y el conflicto representan otro 1,4% (46).

Aspectos demográficos

Adultos mayores

El envejecimiento de la población mundial ejerce una influencia muy importante en las tendencias de la discapacidad. En este caso, la relación es directa: el riesgo de discapacidad es más alto a una edad más avanzada, y las poblaciones nacionales están envejeciendo a un ritmo sin precedentes.

Las tasas de discapacidad más elevadas en los adultos mayores reflejan una acumulación de riesgos de salud a lo largo de la vida: enfermedades, lesiones y enfermedades crónicas (74). La prevalencia de la discapacidad en las personas de 45 años o más en los países de ingreso bajo es más alta que en los países de ingreso alto, y es más elevada en las mujeres que en los hombres.

Los adultos mayores están representados en forma desproporcionada en las poblaciones con discapacidad (véase la figura 2.2). En Australia, representan el 10,7% de la población general y el 35,2% de los australianos con discapacidad

Figura 2.2. **Prevalencia de la discapacidad específica de la edad, derivada de los niveles de funcionamiento en múltiples dominios en 59 países, por nivel de ingresos del país y por género**

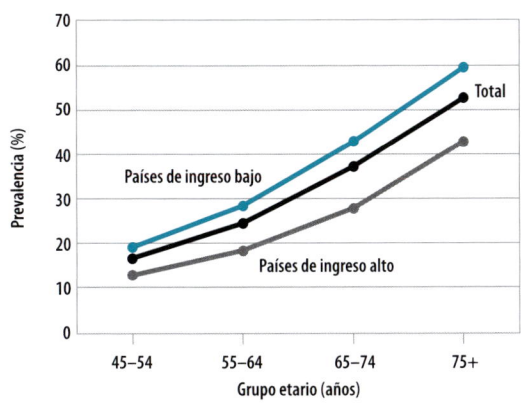
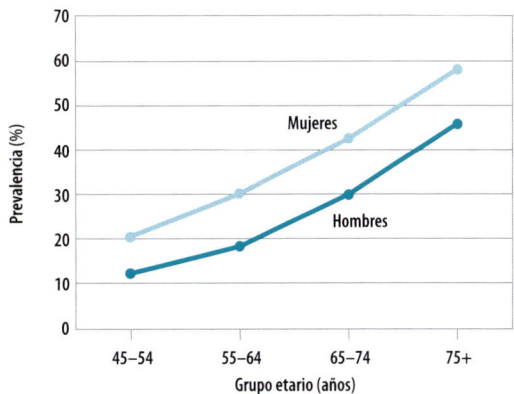

Fuente: (37).

(*29*). En Sri Lanka, el 6,6% de la población general tiene 65 años o más y representa el 22,5% de las personas con discapacidad. Las tasas de discapacidad son mucho más elevadas en los adultos de entre 80 y 89 años, la cohorte de edad que, con un aumento del 3,9% al año, crece con más rapidez a nivel mundial (*90*) y que se prevé representará el 20% de la población mundial de 60 años o más en 2050 (*91*). Véase la figura 2.3 para observar la contribución del envejecimiento a la prevalencia de la discapacidad en los países seleccionados.

En muchos países, el envejecimiento de la población está asociado al aumento de la tasa de supervivencia hasta una edad avanzada y a la reducción de la fecundidad (*99*). Si bien existen diferencias entre los países en desarrollo y los desarrollados, se prevé que las edades medias aumentarán notablemente en todos los países (*99*). Se trata de una transición demográfica importante a nivel histórico, que ya está en marcha en los países de ingreso alto, y se pronostica que será más marcada en todo el planeta a lo largo del siglo XXI (véase la tabla 2.3) (*90*, *99*, *100*).

Los estudios indican tendencias contradictorias en la prevalencia de la discapacidad entre los grupos de edad avanzada en algunos países. Sin embargo, el aumento de la proporción de personas mayores en las poblaciones nacionales y el incremento en el número de los «muy mayores», la mayoría en riesgo de discapacidad, están ampliamente documentados (*76*, *101*). La OCDE ha concluido que sería imprudente que las autoridades normativas esperen que la reducción de la discapacidad grave en los adultos mayores compense el aumento de las demandas de cuidados a largo plazo (*76*).

Niños

Las estimaciones de la prevalencia de niños con discapacidad varían considerablemente según la definición y la medida de discapacidad. Como se enunció anteriormente, según los resultados del estudio Carga Mundial de Morbilidad, hay 93 millones (5,1%) de niños de 0 a 14 años que experimentan una «discapacidad moderada o grave», de los cuales 13 millones (0,7%) sufren

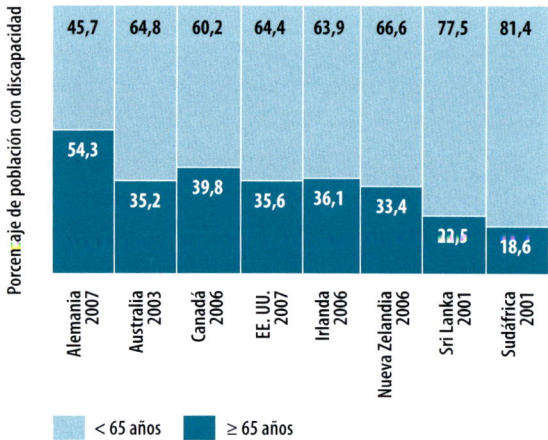

Figura 2.3. Distribución de edades en las poblaciones con discapacidad

Fuentes: (*5*, *92-98*).

Tabla 2.3. Tendencias de envejecimiento a nivel mundial: Edad mediana, por nivel de ingresos del país

Nivel de ingresos del país	Edad mediana (años)			
	1950	1975	2005	2050
Países de ingreso alto	29,0	31,1	38,6	45,7
Países de ingreso mediano	21,8	19,6	26,6	39,4
Países de ingreso bajo	19,5	17,6	19,0	27,9
A nivel mundial	23,9	22,4	28,0	38,1

Nota: Estimación media.
Fuente: (*91*).

dificultades graves (*46*). De acuerdo con las estimaciones de un estudio del Fondo de las Naciones Unidas para la Infancia (UNICEF) de 2005, el número de niños menores de 18 años con discapacidad ascendía a 150 millones (*102*). En un examen reciente del material publicado en países de ingreso bajo y mediano, se indica que la prevalencia de la discapacidad infantil oscila entre el 0,4% y el 12,7%, según el estudio y la herramienta de evaluación (*103*). Conforme a un estudio que se realizó en países de ingreso bajo, la falta de herramientas de evaluación orientadas específicamente a la cultura y el lenguaje ocasionaba problemas para identificar y tipificar la discapacidad (*104*). Esta cuestión puede explicar parcialmente las diferencias entre las cifras de prevalencia y sugiere que no se está identificando a los niños con discapacidad o que no reciben los servicios necesarios.

El funcionamiento de un niño no debe observarse de manera aislada, sino en el contexto de la familia y el entorno social. Los niños menores de cinco años que viven en países en desarrollo están expuestos a riesgos múltiples —pobreza, malnutrición, mala salud, entorno familiar sin estímulos— que pueden afectar el desarrollo cognitivo, motriz y socioemocional (*105*). En el caso de los niños que obtienen un resultado positivo en la evaluación para determinar si hay mayor riesgo de discapacidad, existe una menor probabilidad de que hayan sido amamantados o recibido suplementos de vitamina A. La proporción de niños que obtienen dicho resultado se incrementa a medida que aumenta la gravedad del retraso del crecimiento y el bajo peso (*106*). Alrededor de 200 millones de niños menores de cinco años no alcanzan su potencial de desarrollo cognitivo y socioemocional (*105*).

En las encuestas a base de indicadores múltiples, Unicef utilizó 10 preguntas en el caso de los niños de entre dos y nueve años para detectar a aquellos con riesgo de discapacidad (*106*). Se descubrió que estos estudios daban un gran número de falsos positivos, es decir, una estimación excesiva de la prevalencia de la discapacidad (*107*). Se requiere una evaluación clínica y un diagnóstico de los niños que obtienen resultados positivos, a fin de obtener datos más definitivos sobre la prevalencia de la discapacidad infantil. Las encuestas a base de indicadores múltiples se llevaron a cabo en 19 idiomas y en ellas participaron más de 200 000 niños de 20 países. En la mayoría de los países, entre el 14% y el 35% de los niños obtuvieron resultados positivos para el riesgo de discapacidad. Algunos autores sostienen que la evaluación no permitía identificar a los niños en riesgo de sufrir discapacidades relacionadas con problemas de salud mental (*108*, *109*). Además, los datos de los países seleccionados indicaron que los niños pertenecientes a grupos étnicos minoritarios tenían más probabilidades de obtener resultados positivos que otros niños. También se comprobó que existían variaciones regionales dentro de los países. Además, era probable que los niños que obtuvieron resultados positivos en la evaluación para determinar el mayor riesgo de discapacidad estuvieran más expuestos que otros niños a los siguientes factores:

- hogares más pobres;
- discriminación y acceso limitado a los servicios sociales, incluida la educación en la primera infancia;
- bajo peso y retraso del crecimiento;
- castigos físicos graves por parte de sus padres (*106*).

El ambiente

Los efectos de los factores ambientales en la discapacidad son complejos.

Los factores ambientales inciden en las condiciones de salud

En el caso de ciertos factores ambientales, como el bajo peso al nacer y la falta de sustancias nutritivas esenciales, como el yodo y el ácido fólico, su impacto en la incidencia y la prevalencia de las condiciones de salud asociadas a la discapacidad está ampliamente documentado en la literatura epidemiológica (*106*, *110*,

Tabla 2.4. Tendencias relativas a ciertos riesgos en países seleccionados

País	Acceso a servicios de saneamiento adecuados (%)		Hogares que consumen yodo (%)[a]		Niños con bajo peso al nacer (%)[a]		Niños de un año que recibieron la vacuna triple (DPT) (%)[b]	
	1990	2006	1992-1996	1998-2005	1990-1994	1998-2005	1997-1999	2005
Argentina	81	91	90	90[c]	7	8	86	90
Bangladesh	26	36	44	70	50	36	69	96
China	48	65	51	93	9	4	85	95
Egipto	50	66	0	78	10	12	94	98
Ghana	6	10	10	28	7	16	72	88
Irán	83	-	82	94	9	7[c]	100	97
México	56	81	87	91	8	8	87	99
Tailandia	78	96	50	63	13	9	97	99

a. Los datos se refieren al año más reciente disponible durante el periodo que se especifica en el encabezado de la columna.
b. DPT = difteria, tétanos y tos convulsa (pertussis).
c. Los datos se refieren a años o periodos distintos de los que se especifican en el encabezado de la columna, difieren de la definición estándar o hacen referencia solamente a una parte del país.
Fuentes: (*112-115*).

111). Pero el panorama es muy diverso debido a que la exposición a servicios de saneamiento deficientes, la malnutrición y la falta de acceso a servicios de atención de salud (por ejemplo, a inmunización) son factores sumamente variables en todo el mundo y, con frecuencia, están asociados a otros fenómenos sociales, como la pobreza, que también genera riesgos de discapacidad (véase la tabla 2.4) (*80*).

El ambiente en el que viven las personas tiene un profundo efecto en la prevalencia y magnitud de la discapacidad. Los cambios ambientales importantes, como los causados por catástrofes naturales o conflictos, también inciden en la prevalencia de la discapacidad, pues modifican las deficiencias y también crean barreras en el entorno físico. Por contraste, las campañas para modificar las actitudes negativas hacia las personas con discapacidad y los cambios en gran escala para mejorar la accesibilidad en los medios de transporte o en la infraestructura pública reducen las barreras que impiden que muchas personas con discapacidad realicen actividades y participen. Otros cambios ambientales incluyen la asistencia proporcionada por otra persona o una herramienta, dispositivo o vehículo adaptado o diseñado especialmente, o cualquier forma de modificación ambiental que se lleve a cabo en una habitación, el hogar o el lugar de trabajo.

La evaluación de estas interacciones puede proporcionar información útil para determinar si es necesario focalizar las medidas en la persona (proporcionándole un dispositivo asistencial), en la sociedad (mediante la implementación de leyes contra la discriminación) o en ambas (véase el cuadro 2.4) (*118*).

Discapacidad y pobreza

Las pruebas empíricas sobre la relación entre discapacidad y pobreza en sus diversas dimensiones (pobreza de ingresos y pobreza no vinculada a los ingresos) difieren considerablemente entre los países desarrollados y los países en desarrollo. Si bien la mayor parte de los datos proviene de los países desarrollados, los conjuntos de datos longitudinales para establecer la relación causal entre discapacidad y pobreza rara vez están disponibles, incluso en dichos países.

Cuadro 2.4. Medición del efecto del ambiente en la discapacidad

El modelo de discapacidad de la CIF es una herramienta para medir el efecto de los cambios ambientales en la prevalencia y la gravedad de la discapacidad. En su marco, se utilizan la capacidad y el desempeño para evaluar la influencia del ambiente en la discapacidad:

- La **capacidad** indica lo que una persona es capaz de hacer en un ambiente estandarizado, generalmente un centro de asistencia, sin las barreras o los facilitadores que existen en su entorno habitual.
- El **desempeño** indica lo que una persona hace en el ambiente actual o habitual, con todas las barreras y los facilitadores que existen en él.

El uso de estos conceptos brinda la posibilidad de identificar el efecto del ambiente y permite establecer cómo se puede mejorar el desempeño de una persona mediante la modificación del entorno.

Se recabaron datos de diversas fuentes (investigaciones, atención primaria, rehabilitación) en Alemania, Eslovenia, España, Italia, y la República Checa sobre 1200 personas con trastorno bipolar, depresión, lumbago, migraña, esclerosis múltiple, otros trastornos de las funciones musculoesqueléticas (incluidos el dolor generalizado crónico, la artritis reumatoide y la osteoartritis), osteoporosis, mal de Parkinson, accidentes cerebrovasculares o lesiones craneoencefálicas (*116*). Los entrevistadores usaron la lista de verificación de la CIF, que permite registrar el nivel de los problemas en todas las dimensiones, para calificar a los participantes en una escala de cinco puntos (*117*). Los elementos de actividad y participación se calificaron utilizando las nociones de capacidad y desempeño. Los datos se calificaron utilizando una escala de 0 a 100, en la que el puntaje más alto representa las dificultades más graves, y se creó una puntuación compuesta (véase la figura adjunta).

Puntaje medio e intervalo de confianza del 95% de la puntuación total de la capacidad y el desempeño en condiciones de salud seleccionadas

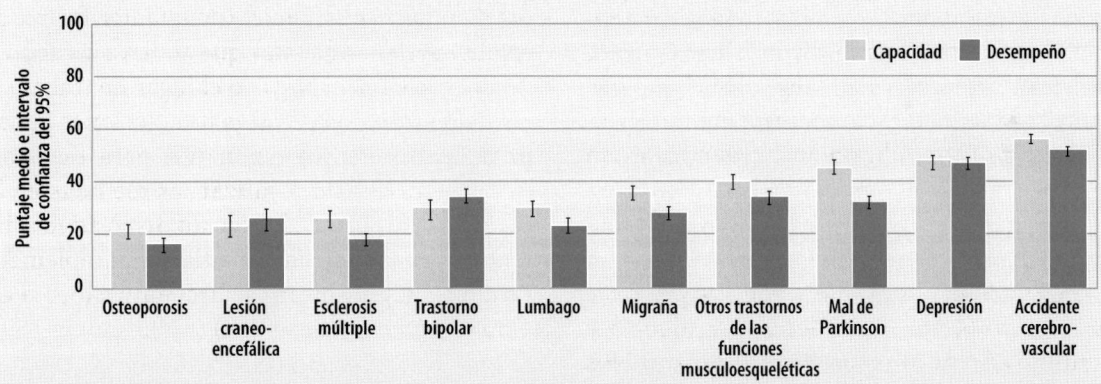

Nota: Puntaje 0 = ningún problema; puntaje 100 = máximo nivel de problemas. No se debe considerar que los datos incluidos en la figura que antecede son necesariamente representativos de estos problemas en general; son, por el contrario, un indicio de que en los centros de asistencia se puede aplicar un marco conceptual congruente a un amplio espectro de condiciones de salud.
Fuente: (*116*).

Los puntajes en el concepto de la capacidad fueron más pobres en el caso de las personas que habían sufrido un accidente cerebrovascular o que sufrían depresión y mal de Parkinson, mientras que las personas con osteoporosis tenían el menor número de limitaciones. En general, los puntajes en el concepto del desempeño fueron mejores que los correspondientes a la capacidad, salvo en el caso de las personas con trastorno bipolar o lesión craneoencefálica. Esto indicaría que la mayoría de las personas vivían en un ambiente propicio que las impulsaba a funcionar a un nivel igual o superior a su habilidad intrínseca, especialmente en el caso de las personas con esclerosis múltiple y mal de Parkinson. En el caso de las personas con trastorno bipolar o que habían sufrido una lesión craneoencefálica, los factores ambientales impedían el desempeño óptimo. Los datos indican que en un centro de asistencia es posible diferenciar entre los aspectos de la discapacidad que son propios de la persona (el puntaje de la capacidad) y los efectos del entorno físico de esa persona (la diferencia entre capacidad y desempeño).

Países desarrollados

Las personas con discapacidad obtienen resultados más pobres en el ámbito educativo y en el mercado laboral y tienen más probabilidades de ser pobres que las personas sin discapacidad (*119-129*). Un estudio de la OCDE de 2009 que abarcó 21 países de ingreso mediano-alto y alto arrojó tasas de pobreza más elevadas entre las personas en edad laboral con discapacidad que entre las personas en edad laboral sin discapacidad en todos los países menos en tres: Noruega, Eslovaquia y Suecia (*130*). El riesgo relativo de pobreza (la tasa de pobreza de las personas en edad laboral con discapacidad en comparación con aquella de las personas en edad laboral sin discapacidad) más elevado —más de dos veces más alto— correspondió a Australia, Irlanda y la República de Corea, y el más bajo —solo levemente superior al de las personas sin discapacidad— correspondió a Islandia, México y los Países Bajos. Se demostró que las personas en edad laboral con discapacidad tenían el doble de probabilidades de no tener empleo. En el caso de tenerlo, era más probable que trabajaran medio tiempo y, a menos que tuvieran un alto nivel de instrucción y un empleo, sus ingresos eran bajos.

En la mayoría de los estudios se proporciona una descripción general de los resultados en el mercado laboral y la situación de pobreza de las personas en edad laboral con discapacidad. Son pocos los estudios que contienen información sobre las circunstancias socioeconómicas de las personas antes del inicio de la discapacidad y su situación después de que esta se produjo. Un estudio en el que se utilizó la encuesta del British Household Panel para el periodo comprendido entre 1991 y 1998 indicó que tener menos educación o no contar con un empleo pago era un factor de «selección» para tener una discapacidad (*131*). El estudio también demostró que las tasas de empleo disminuían cuando comenzaba la discapacidad y seguían disminuyendo mientras esta duraba, lo que indica que las personas abandonan la población activa tempranamente si comienzan a experimentar una discapacidad. El ingreso promedio cayó de manera abrupta al inicio y luego se recuperó, aunque sin alcanzar los niveles anteriores a la discapacidad (*131*).

En algunos estudios se intentó estimar las tasas de pobreza en los hogares con discapacidad teniendo en cuenta el costo adicional de la vida con discapacidad. Un estudio que se llevó a cabo en el Reino Unido permitió establecer que, a fines de los años noventa, la tasa de pobreza de los hogares donde vivían personas con discapacidad ascendía, según los supuestos utilizados, a una cifra entre un 20% y un 44% más elevada, luego de compensar los costos adicionales de la discapacidad (utilizando un umbral de ingreso mediano del 60%) (*124*).

Países en desarrollo

Las investigaciones cuantitativas sobre la situación socioeconómica de las personas con discapacidad en los países en desarrollo, si bien escasas, han aumentado recientemente. Como en el caso de los países desarrollados, los datos descriptivos indican que las personas con discapacidad están en desventaja en cuanto al grado de instrucción y los resultados en el mercado laboral. Los datos son menos concluyentes en el caso de la situación de pobreza medida por los activos que se poseen, las condiciones de vida, el ingreso y los gastos de consumo.

Según la mayoría de los estudios, las tasas de empleo y el grado de instrucción de las personas con discapacidad son inferiores a los de las personas sin discapacidad (*31*, *132-143*). En Chile y el Uruguay, la situación es más favorable para los jóvenes con discapacidad que para las cohortes de mayor edad. Esto se debe a que es posible que las cohortes más jóvenes tengan mejor acceso a la educación gracias a la asignación de recursos adicionales (*133*). La mayoría de los datos transversales referidos a la educación indican que los niños con discapacidad suelen tener tasas de asistencia escolar más bajas (*30*, *31*, *133-136*, *139*, *142-146*).

Según un análisis de los datos de 15 países en desarrollo proporcionados por la Encuesta

Mundial de Salud, los hogares con miembros con discapacidad gastan relativamente más en servicios de atención de salud que los hogares sin discapacidad (para más detalles sobre los 51 países de la Encuesta Mundial de Salud, véase el capítulo 3 de este informe) (*132*). Tras un estudio en Sierra Leona, se demostró que el gasto en servicios de atención de salud de los hogares con personas con discapacidad grave o muy grave era, en promedio, 1,3 veces más alto que el de las personas encuestadas que no tenían una discapacidad (*147*). Si bien muchos estudios demuestran que los hogares con miembros con discapacidad generalmente poseen menos activos (*31*, *132*, *134*, *139*, *143*, *146*, *147*) y condiciones de vida más pobres que los hogares que no poseían miembros con discapacidad (*134*, *139*, *146*), algunos estudios indicaron la inexistencia de una diferencia significativa en los activos (*30*, *140*) o en las condiciones de vida (*30*, *31*).

Los datos sobre el ingreso y el gasto de consumo de los hogares son menos concluyentes. Por ejemplo, en Malawi y Namibia los hogares con discapacidad tienen ingresos más bajos (*139*, *146*), cosa que no sucede en Sierra Leona, Zambia y Zimbabwe (*30*, *31*, *147*). En Sudáfrica, las investigaciones indican que en la Provincia oriental del Cabo, los hogares con un miembro con discapacidad tienen ingresos más altos que los hogares que no tienen miembros con discapacidad, a raíz de que se otorgan subsidios por discapacidad (*136*).

Los datos sobre la pobreza medida por el gasto de consumo per cápita tampoco son uniformes. Un análisis de 14 encuestas de hogares en 13 países en desarrollo demostró que los adultos con discapacidad, como grupo, eran más pobres que los hogares promedio (*144*). No obstante, un estudio realizado en 15 países, en el que se utilizaron los datos de la Encuesta Mundial de Salud, demostró que los hogares con discapacidad eran más pobres en solo cinco de esos países, cuando la pobreza se medía por el gasto de consumo per cápita no relacionado con la salud (*132*).

Cuando se intenta establecer si el hecho de tener una discapacidad aumenta la probabilidad de ser pobre, los datos de los países en desarrollo no son uniformes. En el Uruguay, la discapacidad no tiene un efecto significativo en la probabilidad de ser pobre, salvo en los hogares encabezados por personas con una discapacidad grave. En Chile, por el contrario, se estableció que la discapacidad aumenta la probabilidad de ser pobre entre un 3% y un 4% (*133*). Un estudio comparado entre 13 países en desarrollo indicó que, en la mayoría, la discapacidad está asociada a una mayor probabilidad de ser pobre, cuando la pobreza se mide por el hecho de pertenecer a los dos quintiles más bajos del gasto de los hogares o la propiedad de activos. Sin embargo, esta asociación desaparece en la mayoría de los países cuando se incorporan ajustes para tener en cuenta los años de instrucción (*144*).

En un estudio se intentó tener en cuenta el costo adicional de la discapacidad en las estimaciones de la pobreza en dos países en desarrollo: Viet Nam y Bosnia y Herzegovina. Antes de los ajustes, la tasa de pobreza total en Viet Nam era del 13,5%, y la tasa de pobreza en los hogares con discapacidad era del 16,4%. Tras estimar que el costo adicional de la discapacidad ascendía al 9%, la tasa de pobreza en los hogares con discapacidad aumentó al 20,1%, y la tasa de pobreza total, al 15,7%. En Bosnia y Herzegovina, se estimó que la tasa de pobreza total era del 19,5%, y en los hogares con discapacidad, del 21,2%. Se estimó que el costo adicional de la discapacidad ascendía al 14%; en consecuencia, la tasa de pobreza en los hogares con discapacidad ascendió a un 30,8%, y la tasa de pobreza total, a un 22,4% (*148*).

En muy pocos estudios se analizó la prevalencia de la discapacidad en los pobres, en la distribución de un indicador de bienestar concreto (ingreso, consumo, activos) o en diversos niveles de educación. Según un estudio que abarcó 20 países, los niños de los hogares incluidos en los tres quintiles más pobres de la mayoría de los países están expuestos a un riesgo de discapacidad mayor que el que corren los otros niños (*106*). Un análisis de la discapacidad por quintiles de gastos y activos en 15 países en desarrollo, en el que se utilizaron varias medidas

> **Cuadro 2.5. Combinación de fuentes para comprender mejor las necesidades satisfechas e insatisfechas: El ejemplo de Australia**
>
> En el transcurso de una década reciente, se llevaron a cabo en Australia cuatro estudios especiales a nivel nacional sobre las necesidades insatisfechas de servicios de apoyo para discapacidades específicas (*154-157*). Estos estudios se basaron en una combinación de diversas fuentes de datos, en especial, las encuestas nacionales de población con discapacidad y la recopilación de datos administrativos sobre servicios para personas con discapacidad (*158*).
>
> El uso de la CIF fue fundamental para que estos estudios fueran exitosos. Primero, se usó para respaldar las normas de datos nacionales a fin de brindar el máximo nivel de comparación entre los diversos conjuntos de datos sobre discapacidad, y, segundo, para crear un marco para vincular los datos sobre las necesidades de apoyo (los datos de la «demanda» en las encuestas de población) y los datos sobre las necesidades de tipos de servicios específicos (los datos de la «oferta», también denominados «datos de registro», derivados de los servicios para personas con discapacidad).
>
> El análisis combinado de los datos de la demanda y la oferta permitió estimar las necesidades insatisfechas de servicios. Además, debido a que las nociones se mantenían estables a través del tiempo, fue posible actualizar las estimaciones de las necesidades insatisfechas. Por ejemplo, se estimó que las necesidades insatisfechas en materia de servicios de ajustes y relevo ascendían a 26 700 personas en 2003 y 23 800 personas en 2005, después de tener en cuenta el crecimiento de la población y el aumento de la oferta de servicios durante el periodo comprendido entre 2003 y 2005 (*157*). El número de usuarios de servicios de ajustes y relevo se incrementó un 7,5%, de 53 722 personas en 2003-2004 a 57 738 en 2004-2005.

de discapacidad, indica una prevalencia más elevada en los quintiles inferiores, aunque la diferencia solo es significativa desde el punto de vista estadístico en unos pocos países (*132*).

Necesidades de servicios y asistencia

Las personas con discapacidad suelen requerir un amplio espectro de servicios, desde intervenciones relativamente sencillas y baratas hasta intervenciones complejas y costosas. Los datos sobre las necesidades —tanto satisfechas como insatisfechas— son importantes para las políticas y los programas. Es posible que las necesidades de apoyo insatisfechas estén relacionadas con actividades cotidianas, como el cuidado personal, el acceso a la asistencia y el equipamiento, la participación en la educación, el empleo y las actividades sociales, y las modificaciones en el hogar o el lugar de trabajo.

En los países desarrollados, las estimaciones nacionales sobre las necesidades están relacionadas, en gran medida, con actividades cotidianas específicas más que con tipos de servicios (*92*, *149-152*). En Alemania, por ejemplo, se estima que el 2,9% de la población total de ocho años o más necesita servicios de apoyo. En Suecia, se estimó que esta cifra es del 8,1% únicamente en el grupo de entre 15 y 75 años (*153*). Para obtener los datos sobre Australia, véase también el cuadro 2.5.

Varios países en desarrollo han llevado a cabo estudios nacionales o encuestas representativas sobre las necesidades insatisfechas de las personas con discapacidad en categorías generales de servicios (*159-161*). Las estimaciones de las necesidades insatisfechas se incluyeron como un subcomponente en algunos estudios nacionales sobre personas con discapacidad en países de ingreso bajo y mediano. Con frecuencia, la estimación de las necesidades insatisfechas se basa en datos provenientes de una única encuesta y se relaciona con programas de servicios generales, como salud, bienestar, asistencia y equipamiento, educación y empleo. En la mayoría de los estudios, se utilizó el marco conceptual de la CIF en las definiciones de «discapacidad».

- En África, se llevaron a cabo, entre 2001 y 2006, estudios nacionales sobre las condiciones de vida de las personas con discapacidad en Malawi, Namibia, Zambia y Zimbabwe (*159*). En los cuatro países, el

Tabla 2.5. Necesidades de servicios, satisfechas e insatisfechas, declaradas por personas con discapacidad (países en desarrollo seleccionados)

Servicio	Namibia		Zimbabwe		Malawi		Zambia	
	Necesario[a] (%)	Recibido[b] (%)	Necesario[a] (%)	Recibido[b] (%)	Necesario[a] (%)	Recibido[b] (%)	Necesario[a] (%)	Recibido[b] (%)
Servicios de salud	90,5	72,9	93,7	92,0	83,4	61,0	76,7	79,3
Servicios de bienestar social	79,5	23,3	76,0	23,6	69,0	5,0	62,6	8,4
Apoyo psicológico para padres o familiares	67,4	41,7	49,2	45,4	50,5	19,5	47,3	21,9
Servicios de dispositivos asistenciales	67,0	17,3	56,6	36,6	65,1	17,9	57,3	18,4
Rehabilitación médica	64,6	26,3	68,2	54,8	59,6	23,8	63,2	37,5
Apoyo psicológico para la persona con discapacidad	64,6	15,2	52,1	40,8	52,7	10,7	51,2	14,3
Servicios educativos	58,1	27,4	43,4	51,2	43,9	20,3	47,0	17,8
Formación profesional	47,3	5,2	41,1	22,7	45,0	5,6	35,1	8,4
Curandero tradicional	33,1	46,8	48,9	90,1	57,7	59,7	32,3	62,9

a. Porcentaje del número total de personas con discapacidad que manifestaron necesitar el servicio.
b. Porcentaje del número total de personas con discapacidad que manifestaron necesitar el servicio y lo recibieron.
Fuentes: (*30*, *31*, *139*, *146*).

sector de atención de salud fue el único que satisfacía más del 50% de las necesidades informadas para las personas con discapacidad. Los estudios revelaron déficits importantes en el suministro de servicios para las personas con discapacidad y necesidades insatisfechas particularmente elevadas en el caso de las siguientes categorías: bienestar, dispositivos asistenciales, educación, formación profesional y servicios de orientación psicológica (véase la tabla 2.5).

- En 2006, se estimó la necesidad expresa de mejorar el acceso a varios servicios en un estudio nacional sobre discapacidad que se llevó a cabo en Marruecos (*160*). Las personas con discapacidad que participaron en el estudio expresaron una fuerte necesidad de contar con un mejor acceso a los servicios de atención de salud (55,3%), medicamentos (21,3%) y dispositivos técnicos (17,5%), y ayuda financiera para cubrir necesidades básicas (52,5%).
- En Tonga, un estudio sobre las necesidades insatisfechas realizado en 2006 indicó que el 41% de las personas con discapacidad necesitaba asesoramiento médico relacionado con su discapacidad; este porcentaje duplica con creces la proporción de personas que recibían dicho asesoramiento (*161*). También se señaló que alrededor del 20% de las personas con discapacidad necesitaba fisioterapia, pero solo el 6% la recibía.
- Según un estudio nacional sobre las necesidades de rehabilitación que se llevó a cabo en China en 2007, alrededor del 40% de las personas con discapacidad que necesitaban servicios y asistencia no recibía ninguna ayuda. La necesidad insatisfecha de servicios de rehabilitación era particularmente alta en el caso de la asistencia y el equipamiento, la terapia de rehabilitación y el apoyo financiero para las personas pobres (*162*).

Los costos de la discapacidad

Los costos económicos y sociales de la discapacidad son significativos pero difíciles de cuantificar. En ellos se incluyen los costos directos e indirectos, algunos sufragados por las personas con discapacidad y sus familias, amigos y empleadores, y otros, por la sociedad. Muchos de estos costos son consecuencia de ambientes inaccesibles y podrían reducirse en un marco más inclusivo. Conocer el costo de la discapacidad es importante no solo para exponer argumentos a favor de la inversión, sino también para diseñar programas públicos.

Las estimaciones globales del costo de la discapacidad son escasas y fragmentadas, incluso en los países desarrollados. Son muchas las razones que explican esta situación, entre ellas:

- Las definiciones de «discapacidad» varían con frecuencia según la disciplina, los diferentes instrumentos de recopilación de datos y los diferentes programas públicos sobre discapacidad, lo que dificulta la comparación de datos provenientes de diversas fuentes y, más aún, la compilación de estimaciones nacionales.
- Existen datos limitados sobre los componentes del costo de la discapacidad. Por ejemplo, para elaborar estimaciones confiables de la pérdida de productividad, se requieren datos sobre la participación en el mercado laboral y la productividad de las personas con discapacidad de diferentes géneros, edades y niveles de instrucción.
- No existen métodos concertados en forma generalizada para estimar los costos.

Es necesario mejorar los aspectos técnicos de la estimación del costo de la discapacidad y recabar datos más precisos, pues de esa manera se podrán realizar estimaciones nacionales de dicho costo que sean confiables, por ejemplo, el costo de las pérdidas de productividad ocasionadas por la discapacidad, el costo de la pérdida de impuestos a raíz del desempleo o el empleo reducido de las personas con discapacidad, el costo de los servicios de atención de salud, la protección social y los programas del mercado laboral, y el costo de los ajustes razonables. La situación es más favorable en el caso de los datos sobre el gasto público en beneficios por discapacidad en efectivo, tanto en régimen contributivo (prestaciones del seguro social) como en régimen no contributivo (beneficios de la asistencia social), especialmente en los países desarrollados (*130*). Sin embargo, los datos consolidados a nivel nacional son exiguos, incluso en el caso de estos programas.

Costos directos de la discapacidad

Los costos directos se dividen en dos categorías: los costos adicionales que tienen las personas con discapacidad y sus familias para lograr un nivel de vida razonable y los beneficios por discapacidad, en efectivo o en especie, sufragados por los gobiernos y otorgados por medio de diversos programas públicos.

Costos adicionales de la vida con discapacidad

Las personas con discapacidad y sus familias suelen incurrir en costos adicionales para lograr un nivel de vida equivalente al de las personas que no tienen ninguna discapacidad (*120*, *124*, *148*, *163*). Este gasto adicional se destina generalmente a servicios de atención de salud, dispositivos asistenciales, opciones de transporte más costosas, calefacción, servicios de lavandería, alimentación especial o asistencia personal. Con el objetivo de calcular estos costos, los investigadores solicitaron a personas con discapacidad que ellas mismas los estimaran asignando un precio a los bienes y servicios que declaraban necesitar; compararon los patrones de gastos efectivos de las personas con y sin discapacidad, y utilizaron técnicas econométricas (*120*, *124*, *164*).

Recientemente, se llevaron a cabo varios estudios para estimar el costo adicional de la discapacidad. En el Reino Unido, las estimaciones fluctúan entre el 11% y el 69% del ingreso (*124*). En Australia, los costos estimados —según la gravedad de la discapacidad— oscilan entre el 29% y el 37% del ingreso (*120*). En Irlanda, el costo estimado oscila entre el 20% y el 37% del ingreso semanal medio, según la duración y la gravedad de la discapacidad (*164*). En Viet Nam, los costos adicionales estimados ascendieron al

9%, y en Bosnia y Herzegovina, al 14% (*148*). Si bien en todos los estudios se concluyó que existen costos adicionales relacionados con la discapacidad, no se llegó a un acuerdo técnico sobre el método para medirlos y estimarlos (*163*).

Gasto público en programas sobre discapacidad

Casi todos los países cuentan con algún tipo de programa público destinado a las personas con discapacidad, pero en los países más pobres estos programas abarcan, con frecuencia, únicamente a las personas con las dificultades de funcionamiento más significativas (*165*). Incluyen servicios de salud y rehabilitación, programas de preparación para el mercado laboral, educación y capacitación vocacional, prestaciones del seguro social para personas con discapacidad (en régimen contributivo), beneficios de asistencia social en efectivo para personas con discapacidad (en régimen no contributivo), suministro de dispositivos asistenciales, subsidios para transporte y servicios públicos, y diversos servicios de apoyo, entre ellos, asistentes personales e intérpretes de lengua de señas, así como gastos administrativos generales.

El costo de todos los programas es muy elevado, pero no se dispone de estimaciones del costo total. En los países de la OCDE, se destina, en promedio, el 1,2% del PIB a prestaciones por discapacidad en régimen tanto contributivo como no contributivo, que, en 2007, cubrieron al 6% de la población en edad laboral (*130*). Los beneficios incluyen prestaciones por discapacidad total y parcial, así como planes de retiro anticipado específicos para personas con discapacidad o capacidad laboral reducida. La cifra llega al 2% del PIB cuando se incluyen las prestaciones por enfermedad, o casi 2,5 veces el gasto en prestaciones por desempleo. El gasto es especialmente elevado en los Países Bajos y Noruega (alrededor del 5% del PIB). El costo de la discapacidad gira en torno al 10% del gasto social público en todos los países de la OCDE (en algunos países llega al 25%). En 2007, la tasa de percepción de beneficios por discapacidad (6% de la población en edad laboral) fue similar a la tasa de desempleo. En algunos países este porcentaje se aproximó al 10%. En los últimos dos decenios, se ha registrado un aumento del número de beneficiarios y del gasto público, lo que ha generado gran preocupación respecto de la asequibilidad y sostenibilidad de los programas desde la perspectiva fiscal y ha impulsado a algunos países, entre ellos, los Países Bajos y Suecia, a adoptar medidas para reducir la dependencia de prestaciones por discapacidad y promover la inclusión de las personas con discapacidad en el mercado laboral (*166*).

Costos indirectos

Los costos económicos y no económicos indirectos ocasionados por la discapacidad pueden ser considerables y abarcar un amplio espectro de cuestiones. Los principales componentes del costo económico incluyen la pérdida de productividad derivada de la inversión insuficiente en la educación de niños con discapacidad, el abandono o la reducción de la actividad laboral al inicio de la discapacidad, y la pérdida de impuestos relacionada con la pérdida de productividad. Los costos no económicos incluyen el aislamiento social y el estrés, y son difíciles de cuantificar.

Un costo indirecto importante de la discapacidad está relacionado con la pérdida de la productividad laboral de las personas con discapacidad y la pérdida de impuestos conexa. Las pérdidas aumentan cuando los miembros de la familia dejan su empleo o reducen el número de horas de trabajo para atender a los familiares con discapacidad. La pérdida de productividad puede obedecer a una acumulación insuficiente de capital humano (subinversión en capital humano), a la falta de empleo o al subempleo.

La estimación de la pérdida de productividad e impuestos conexos relacionada con la discapacidad es compleja y requiere información estadística, que rara vez está disponible. Por ejemplo, es difícil establecer cuál sería la productividad de una persona que ha abandonado el mercado laboral debido a una discapacidad si esa persona siguiera trabajando. Por tanto, las estimaciones de la pérdida de productividad son escasas. Una de ellas es la que se realizó para el Canadá utilizando los datos obtenidos a través de la Encuesta Nacional de Salud de la Población de 1998, e incluye la discapacidad por tipo de deficiencia, edad y género, así como el número de días en cama o de poca actividad. El resultado indica que la pérdida de trabajo a raíz de discapacidades a corto plazo y largo plazo ascendió al 6,7% del PIB (*167*).

Conclusiones y recomendaciones

Mediante el uso de múltiples encuestas correspondientes a más de 100 países, en este capítulo se ha demostrado que la discapacidad es una experiencia universal con costos económicos y sociales para las personas, las familias, las comunidades y las naciones.

Sobre la base de las estimaciones de la población de 2010 (6900 millones de habitantes, con 1860 millones de menores de 15 años), entre 785 millones (15,6%, según la Encuesta Mundial de Salud) y 975 millones (19,4%, según el estudio Carga Mundial de Morbilidad) de personas de 15 años o más viven con alguna discapacidad. De esa cifra, en la Encuesta Mundial de Salud se estima que 110 millones (2,2%) sufren dificultades de funcionamiento muy significativas, mientras que en Carga Mundial de Morbilidad se estima que 190 millones (3,8%) de personas tienen una «discapacidad grave», el equivalente a la discapacidad asociada a condiciones tales como la tetraplejía, la depresión grave o la ceguera. Cuando se incluye a los niños, se estima que más de 1000 millones de personas (cerca del 15% de la población mundial) viven con discapacidad.

La discapacidad varía en consonancia con una compleja combinación de factores, entre ellos, la edad, el género, la etapa de la vida, la exposición a riesgos ambientales, la situación socioeconómica, la cultura y la disponibilidad de recursos, que en todos los casos difieren marcadamente de un lugar a otro. El aumento de las tasas de discapacidad, en muchos lugares, está asociado con el aumento de las condiciones de salud crónicas —diabetes, enfermedades cardiovasculares, trastornos mentales, cáncer y enfermedades respiratorias— y las lesiones. El envejecimiento de la población mundial también influye marcadamente en las tendencias de la discapacidad, debido a que el riesgo de discapacidad es más elevado en la tercera edad. El entorno tiene un gran efecto en la prevalencia y la magnitud de la discapacidad y en las desventajas que afrontan las personas con discapacidad. Los resultados sociales y económicos de las personas con discapacidad y los hogares con discapacidad son más pobres que los de personas sin discapacidad. En todas las situaciones, las personas con discapacidad y sus familias suelen incurrir en gastos adicionales para lograr un nivel de vida equivalente al de las personas sin discapacidad.

Debido a que la discapacidad se mide de acuerdo con una escala y varía según el ambiente, las tasas de prevalencia están relacionadas con los umbrales y el contexto. Los países que necesitan estimar el número de personas que requieren apoyo en términos de ingresos, asistencia diaria para sus actividades u otros servicios elaboran sus propias estimaciones teniendo en cuenta la política local.

Aunque los datos sobre la prevalencia incluidos en este informe se basan en los mejores conjuntos de datos disponibles a nivel mundial, no son estimaciones definitivas. Las autoridades de muchos países y los principales organismos internacionales están realizando esfuerzos importantes y dignos de mención para mejorar los datos sobre la discapacidad. No obstante, se requiere una mayor colaboración para mejorar la calidad de los datos y es imperioso recabar datos más sólidos, comparables y completos, especialmente en los países en desarrollo. Si bien el mejoramiento de los datos sobre discapacidad es una labor a largo plazo, se obtendrá información esencial para mejorar el funcionamiento de las personas, las comunidades y las naciones. En la búsqueda de datos sobre la discapacidad más integrales y confiables, tanto a nivel nacional como internacional, la CIF proporciona una plataforma común para la medición y la recopilación de datos. El mejoramiento de la calidad de la información nacional y mundial es fundamental para supervisar los avances en la aplicación de la CDPD y para alcanzar los objetivos de desarrollo concertados en el ámbito internacional.

Las siguientes recomendaciones son útiles para mejorar la disponibilidad y la calidad de los datos sobre la discapacidad.

Adoptar la CIF

El uso de la CIF como marco universal para la recopilación de datos sobre la discapacidad relacionados con los objetivos normativos de participación, inclusión y salud permitirá construir bases de datos más adecuadas y también garantizará una apropiada vinculación entre las diversas fuentes de datos. La CIF no es una herramienta de medición ni un instrumento de encuesta, sino una clasificación que puede proporcionar una norma para las estadísticas sobre salud y discapacidad y colaborar en la difícil tarea de armonizar los métodos aplicados en las diversas fuentes de datos. Para lograrlo, los países pueden adoptar las siguientes medidas:

- basar las definiciones y las normas de datos nacionales en la CIF;
- cerciorarse de que la recopilación de datos abarque el amplio espectro de dominios de la CIF (deficiencias, limitaciones de la actividad y restricciones de participación, condiciones de salud conexas, factores ambientales), aun cuando se seleccione un pequeño conjunto de partidas de datos.

Mejorar las estadísticas nacionales sobre discapacidad

A nivel nacional, la información acerca de las personas con discapacidad se deriva de censos, encuestas de la población y registros de datos administrativos. Las decisiones respecto de la manera y el momento en que se han de recopilar los datos dependen de los recursos disponibles. Las medidas que se pueden adoptar para mejorar los datos sobre la discapacidad, la prevalencia, las necesidades satisfechas e insatisfechas y las circunstancias socioeconómicas se describen a continuación. El desglose de los datos por género, edad, ingresos u ocupación proporcionará información sobre los subgrupos de personas con discapacidad, como, por ejemplo, los niños y los adultos mayores.

- Es preciso aplicar un planteamiento basado en las dificultades de funcionamiento —en vez de un planteamiento basado en las deficiencias— para determinar la prevalencia de la discapacidad, pues ello permitirá establecer la magnitud de la discapacidad de una manera más adecuada.
- Como primer paso, pueden recopilarse datos del censo nacional de población de acuerdo con las recomendaciones del Grupo de Washington sobre Medición de la Discapacidad y la Comisión de Estadística, ambos pertenecientes a las Naciones Unidas. Los datos del censo pueden proporcionar una estimación de la prevalencia, información sobre la situación socioeconómica y datos geográficos, y se pueden utilizar para identificar a los habitantes en situación de riesgo. También sirven para preseleccionar a encuestados a fin de llevar a cabo encuestas complementarias más detalladas.
- Un método eficaz en función de los costos y eficiente para obtener datos integrales sobre las personas con discapacidad

- consiste en incluir preguntas sobre discapacidad —o un módulo sobre discapacidad— en las encuestas por muestreo existentes, como la encuesta nacional de hogares, la encuesta nacional de salud, una encuesta social general o una encuesta de la fuerza de trabajo.
- Se pueden llevar a cabo encuestas específicas sobre discapacidad para obtener información exhaustiva sobre la discapacidad y el funcionamiento, como la prevalencia, las condiciones de salud asociadas a la discapacidad, el uso y la necesidad de servicios y otros factores ambientales, así como información sobre las personas que viven en instituciones y los niños.
- En las crisis humanitarias, también se pueden recopilar datos sobre las personas con discapacidad o las personas que corren un riesgo concreto de discapacidad, entre ellas, las personas desplazadas, a través de encuestas específicas.
- La recopilación de datos administrativos proporciona información sobre los usuarios y los tipos, la cantidad y el costo de los servicios. En la recopilación de datos administrativos básicos, se pueden incluir identificadores estándar de discapacidad para supervisar el acceso de las personas con discapacidad a los servicios.
- La vinculación estadística de diversos conjuntos de datos permite a los países reunir información sobre una persona en diferentes momentos, al mismo tiempo que se protege la confidencialidad de esa persona. Con frecuencia, estos estudios de vinculación se realizan rápidamente y a un costo relativamente bajo.
- Cuando se dispone de recursos, se pueden recopilar datos longitudinales que incluyan preguntas sobre la discapacidad. Los datos longitudinales —el estudio de cohortes de personas en su ambiente en el curso del tiempo— permiten a los investigadores y las autoridades normativas entender mejor la dinámica de la discapacidad. Esos análisis proporcionarían mejores indicios de la situación de las personas y los miembros de su hogar después del inicio de la discapacidad, la manera en que las políticas públicas orientadas a mejorar las circunstancias sociales y económicas de las personas con discapacidad inciden en su situación, la relación causal entre la pobreza y la discapacidad, y la manera y el momento de impulsar programas de prevención, modificar las intervenciones y realizar cambios ambientales.

Mejorar la comparabilidad de los datos

Es preciso que los datos recopilados en el ámbito nacional sean comparables a nivel internacional. Con ese fin, se recomienda:
- estandarizar los metadatos sobre la prevalencia de la discapacidad en el ámbito nacional —por ejemplo, mediante la definición de las medidas de discapacidad y el objetivo de la medición—, indicar qué aspectos de la discapacidad se han incluido, y establecer el límite en el continuo; de esta manera, la prevalencia de la discapacidad declarada por cada país se podrá compilar más fácilmente en depósitos de datos internacionales, como el Observatorio Mundial de la Salud de la OMS;
- perfeccionar los métodos para generar tasas de prevalencia utilizando una métrica continua que mida los niveles de funcionamiento en múltiples dominios; esto incluiría incrementar la labor en los diversos enfoques para establecer umbrales, así como análisis de sensibilidad de los distintos umbrales y de las consecuencias para los servicios y las políticas;
- elaborar definiciones comparables de la discapacidad, basadas en la CIF, y métodos uniformes para recopilar datos sobre personas con discapacidad; ensayarlos en diferentes culturas, y aplicarlos de manera

- coherente en encuestas, censos y datos administrativos;
- elaborar y ensayar mediciones ampliadas de la discapacidad que se puedan incorporar en las encuestas de la población, o usarse como complementos de las encuestas o como el punto central de una encuesta sobre discapacidad como la que realizaron el Grupo de Washington sobre Medición de la Discapacidad y la Iniciativa de Budapest;
- elaborar instrumentos adecuados para medir la discapacidad en la infancia;
- mejorar la colaboración y la coordinación entre diversas iniciativas para medir la prevalencia de la discapacidad a nivel mundial, regional y nacional (entre ellas, la Iniciativa de Budapest, la Comisión Europea de Estadística, la CESPAP de las Naciones Unidas, la Comisión de Estadística de las Naciones Unidas, el Grupo de Washington, la OMS, los Estados Unidos y el Canadá).

Elaborar instrumentos apropiados y cubrir los déficits de investigación

- Para mejorar la validez de las estimaciones, es preciso profundizar los estudios sobre diversos tipos de investigación, entre ellos, la declaración de datos propios y la evaluación profesional.
- Para entender con más claridad las circunstancias de las personas en su ambiente y sus interacciones, es necesario formular mediciones más adecuadas del entorno y sus impactos en los diversos aspectos de la discapacidad. Esto facilitará la identificación de intervenciones ambientales eficaces en función de los costos.
- Para entender las experiencias de vida de las personas con discapacidad, es preciso incrementar las investigaciones cualitativas. Las mediciones de la experiencia de vida con discapacidad se deben combinar con mediciones del bienestar y la calidad de vida de las personas con discapacidad.
- Para entender cabalmente las interrelaciones y formular una verdadera epidemiología de la discapacidad, es necesario realizar estudios que incorporen los aspectos de la discapacidad relacionados con condiciones de salud (incluida la comorbilidad) en un único conjunto de datos que contenga la descripción de la discapacidad y permita analizar las interacciones entre las condiciones de salud y la discapacidad y los factores ambientales.
- Para entender mejor los costos de la discapacidad, se requiere un acuerdo técnico respecto de las definiciones y los métodos para calcular los costos adicionales de la vida con discapacidad. Se necesitan datos sobre la participación en el mercado laboral y la pérdida de productividad ocasionada por la discapacidad, así como estimaciones del costo del gasto público en programas sobre discapacidad, lo que incluye análisis de costos y beneficios y de la eficacia en función de los costos.

Existe un amplio espectro de fuentes a las que se debe recurrir para obtener la información y los datos necesarios para sentar las bases de las políticas nacionales sobre discapacidad, incluidos los datos recopilados por organismos de estadística, los datos administrativos recopilados por organismos públicos, los informes de organismos gubernamentales, organizaciones internacionales, ONG y organizaciones de personas con discapacidad, además de las revistas académicas habituales. Es de vital importancia que esa información —incluida la información sobre prácticas recomendadas— se difunda a una red más amplia de países. De esta manera, se contribuirá a difundir las experiencias de los países en desarrollo, que con frecuencia son innovadoras y eficaces en función de los costos.

Referencias

1. *Convention on the Rights of Persons with Disabilities*. New York, United Nations, 2006 (http://www.un.org/disabilities/documents/convention/convoptprot-e.pdf, accessed 8 June 2009).
2. Mont D. *Measuring disability prevalence*. Washington, World Bank, 2007 (SP Discussion Paper No. 0706) (http://siteresources.worldbank.org/DISABILITY/Resources/Data/MontPrevalence.pdf, accessed 9 December 2009).
3. Burkhauser RV et al. Self-reported work-limitation data: what they can and cannot tell us. *Demography*, 2002,39:541-555. doi:10.1353/dem.2002.0025 PMID:12205757
4. *Disability and social participation in Europe*. Brussels, Eurostat, 2001.
5. *National Disability Survey 2006: first results*. Dublin, Stationery Office, 2008 (http://www.cso.ie/releasespublications/nationaldisabilitysurvey06first.htm, accessed 15 November 2009).
6. *First national study on disability*. Santiago, National Fund for Disability in Chile, 2005 (http://www.ine.cl/canales/chile_estadistico/encuestas_discapacidad/pdf/estudionacionaldeladiscapacidad(inglés).pdf, accessed 2 February 2010).
7. Encuesta nacional de evaluación del desempeño, 2003 [National performance evaluation survey, 2003]. In: *Programa nacional de salud 2007–2012 [National health programme, 2007–2012]*. México City, Secretaría de Salud, 2007.
8. Lerma RV. *Generating disability data in Mexico* [Estadística sobre personas con discapacidad en Centroamérica]. Managua, Inter-American Development Bank, 2004 (http://tinyurl.com/ylgft9x, accessed 3 February 2010).
9. *Census 2006, Volume 11: disability, carers and voluntary activities*. Dublin, Stationery Office, 2007 (http://www.cso.ie/census/census2006_volume_11.htm, accessed 15 November 2009).
10. Mont D. Measuring health and disability. [comment]*Lancet*, 2007,369:1658-1663. doi:10.1016/S0140-6736(07)60752-1 PMID:17499607
11. Barbotte E, Guillemin F, Chau N. Lorhandicap GroupPrevalence of impairments, disabilities, handicaps and quality of life in the general population: a review of recent literature. *Bulletin of the World Health Organization*, 2001,79:1047-1055. PMID:11731812
12. Me A, Mbogoni M. Review of practices in less developed countries on the collection of disability data. In: Barnatt SN, Altman BM, eds. *International views on disability measures: moving toward comparative measurement*. Oxford, Elesevier, 2006:63–87.
13. She P, Stapleton DC. *A review of disability data for the institutional population: research brief*. Ithaca, Rehabilitation Research and Training Center on Disability Demographics and Statistics, Cornell University, 2006.
14. Cambois E, Robine JM, Mormiche P. Une forte baisse de l'incapacité en France dans les années 1990? Discussion autour des questions de l'enquête santé. *Population*, 2007,62:363-386. doi:10.2307/20451015
15. Ikeda N, Murray CJL, Salomon JA. Tracking population health based on self-reported impairments: Trends in the prevalence of hearing loss in US adults, 1976–2006. *American Journal of Epidemiology*, 2009,170:80-87. doi:10.1093/aje/kwp097 PMID:19451176
16. Andresen EM et al. Reliability and validity of disability questions for US Census 2000. *American Journal of Public Health*, 2000,90:1297-1299. doi:10.2105/AJPH.90.8.1297 PMID:10937013
17. Doyle J, Wong LL. Mismatch between aspects of hearing impairment and hearing disability/handicap in adult/elderly Cantonese speakers: some hypotheses concerning cultural and linguistic influences. *Journal of the American Academy of Audiology*, 1996,7:442-446. PMID:8972445
18. Lane SD et al. Sociocultural aspects of blindness in an Egyptian delta hamlet: visual impairment vs. visual disability. *Medical Anthropology*, 1993,15:245-260. doi:10.1080/01459740.1993.9966093 PMID:8114621
19. Chamie M. Can childhood disability be ascertained simply in surveys? *Epidemiology (Cambridge, Mass.)*, 1994,5:273-275. PMID:7518696
20. Schneider M. The difference a word makes: responding to questions on 'disability' and 'difficulty' in South Africa. *Disability and Rehabilitation*, 2009,31:42-50. doi:10.1080/09638280802280338 PMID:19194809
21. Schneider M et al. Measuring disability in censuses: the case of South Africa. *European Journal of Disability Research*, 2009,3:245-265.
22. Altman B. The Washington Group: origin and purpose. In: Barnatt SN, Altman BM, eds. *International views on disability measures: moving toward comparative measurement*. Oxford, Elesevier, 2006:9–16.
23. *Report of the meeting of the group of experts on measurement of health status, of 14–16 November 2005*. New York, United Nations Economic and Social Council, 2006.
24. International Classification of Functioning. *Disability and Health (ICF)*. Geneva, World Health Organization, 2001.
25. *International Classification of Functioning, Disability and Health, Children and Youth Version (ICF-CY)*. Geneva, World Health Organization, 2007.
26. *Training manual on disability statistics*. Geneva, World Health Organization and Bangkok, United Nations Economic and Social Commission for Asia and the Pacific, 2008.

Capítulo 2 Situación mundial en materia de discapacidad

27. *United Nations demographic yearbook, special issue: population ageing and the situation of elderly persons*. New York, United Nations, 1993.
28. *Classifying and measuring functioning*. Washington, United States National Committee on Vital and Health Statistics, 2001.
29. *Testing a disability question for the census*. Canberra, Family and Community Statistics Section, Australian Bureau of Statistics, 2003.
30. Eide AH, van Rooy G, Loeb ME. *Living conditions among people with activity limitations in Namibia: a representative, national study*. Oslo, SINTEF, 2003 (http://www.safod.org/Images/LCNamibia.pdf, accessed 9 November 2009).
31. Eide AH, Loeb ME, eds. *Living conditions among people with activity limitations in Zambia: a national representative study*. Oslo, SINTEF, 2006 (http://www.sintef.no/upload/Helse/Levekår%20og%20tjenester/ZambiaLCweb.pdf, accessed 7 December 2009).
32. Üstün TB et al. WHO multi-country survey study on health and responsiveness 2000–2001. In: Murray CJL, Evans DB, eds. *Health systems performance assessment: debates, methods and empiricism*. Geneva, World Health Organization, 2003:761–796.
33. Üstün TB et al. The World Health Surveys. In: Murray CJL, Evans DB, eds. *Health systems performance assessment: debates, methods and empiricism*. Geneva, World Health Organization, 2003.
34. Mathers C, Smith A, Concha M. *Global burden of hearing loss in the year 2000*. Global Burden of Disease, 2000 (http://www.who.int/healthinfo/statistics/bod_hearingloss.pdf).
35. 2004 demographic yearbook- fifty-sixth issue department of Economic and Social Affairs, New York, United Nations, 2007 (http://unstats.un.org/unsd/demographic/products/dyb/dybsets/2004%20DYB.pdf, accessed??).
36. *Data and statistics: country groups*. Washington, World Bank, 2004 (http://go.worldbank.org/D7SN0B8YU0, accessed 4 January 2010).
37. *World Health Survey*. Geneva, World Health Organization, 2002–2004 (http://www.who.int/healthinfo/survey/en/, accessed 9 December 2009).
38. World Bank. *World Development Report 1993: investing in health*. New York, Oxford University Press, 1993.
39. Murray CJL, Lopez AD, eds. *The Global Burden of Disease: a comprehensive assessment of mortality and disability from diseases, injuries and risk factors in 1990 and projected to 2020*, 1st ed. Cambridge, MA, Harvard University Press, 1996.
40. Arnesen T, Nord E. The value of DALY life: problems with ethics and validity of disability adjusted life years. *BMJ (Clinical research ed.)*, 1999,319:1423-1425. PMID:10574867
41. Fox-Rushby JA. *Disability Adjusted Life Years (DALYS) for decision-making? An overview of the literature*. London, Office of Health Economics, 2002.
42. Reidpath DD et al. Measuring health in a vacuum: examining the disability weight of the DALY. *Health Policy and Planning*, 2003,18:351-356. doi:10.1093/heapol/czg043 PMID:14654511
43. Murray CJL et al. *Summary measures of population health: concepts, ethics, measurement and applications*. Geneva, World Health Organization, 2002.
44. Salomon J et al. Quantifying individual levels of health: definitions, concepts and measurement issues. In: Murray CJL, Evans D, eds. *Health systems performance assessment: debate, methods and empiricism*. Geneva, World Health Organization, 2003:301–318.
45. Mathers CD, Lopez AD, Murray CJL. The burden of disease and mortality by condition: data, methods and results for 2001. In: Lopez AD et al., eds. *Global burden of disease and risk factors*, 1st ed. Washington, Oxford University Press and World Bank, 2006:45–240.
46. *The global burden of disease: 2004 update*. Geneva, World Health Organization, 2008.
47. *Disability prevention and rehabilitation: report of the WHO expert committee on disability prevention and rehabilitation*. Geneva, World Health Organization, 1981 (Technical Report Series 668) (http://whqlibdoc.who.int/trs/WHO_TRS_668.pdf, accessed 9 December 2009).
48. Merikangas KR et al. The impact of comorbidity of mental and physical conditions on role disability in the US adult household population. *Archives of General Psychiatry*, 2007,64:1180-1188. doi:10.1001/archpsyc.64.10.1180 PMID:17909130
49. Moussavi S et al. Depression, chronic diseases, and decrements in health: results from the World Health Surveys. *Lancet*, 2007,370:851-858. doi:10.1016/S0140-6736(07)61415-9 PMID:17826170
50. Sousa RM et al. Contribution of chronic diseases to disability in elderly people in countries with low and middle incomes: a 10/66 Dementia Research Group population-based survey. *Lancet*, 2009,374:1821-1830. doi:10.1016/S0140-6736(09)61829-8 PMID:19944863
51. Croft P, Dunn KM, Von Korff M. Chronic pain syndromes: you can't have one without another. *Pain*, 2007,131:237-238. doi:10.1016/j.pain.2007.07.013 PMID:17728065
52. Gureje O et al. The relation between multiple pains and mental disorders: results from the World Mental Health Surveys. *Pain*, 2008,135:82-91. doi:10.1016/j.pain.2007.05.005 PMID:17570586
53. Kaiser R. The clinical and epidemiological profile of tick-borne encephalitis in southern Germany 1994–98: a prospective study of 656 patients. *Brain*, 1999,122:2067-2078. doi:10.1093/brain/122.11.2067 PMID:10545392

54. Lewis P, Glaser CA. Encephalitis. *Pediatrics in Review / American Academy of Pediatrics*, 2005,26:353-363.
55. Hodgson A et al. Survival and sequelae of meningococcal meningitis in Ghana. *International Journal of Epidemiology*, 2001,30:1440-1446. doi:10.1093/ije/30.6.1440 PMID:11821360
56. van de Beek D et al. Community-acquired bacterial meningitis in adults. *The New England Journal of Medicine*, 2006,354:44-53. doi:10.1056/NEJMra052116 PMID:16394301
57. Galazka AM, Robertson SE, Kraigher A. Mumps and mumps vaccine: a global review. *Bulletin of the World Health Organization*, 1999,77:3-14. PMID:10063655
58. *AIDS epidemic update, December 2009*. Geneva, Joint United Nations Programme on HIV/AIDS and World Health Organization, 2009.
59. *World malaria report 2008*. Geneva, World Health Organization, 2008.
60. *Poliomyelitis: fact sheet*. Geneva, World Health Organization, 2008d (http://www.who.int/mediacentre/factsheets/fs114/en/index.html, accessed 25 November 2009).
61. *Polio this week: wild polio virus list*. Geneva, The Global Polio Eradication Initiative, 2010 (http://www.polioeradication.org/casecount.asp, accessed 6 September 2010).
62. Daumerie D. Leprosy in the global epidemiology of infectious diseases. In: Murray C, Lopez A, Mathers C, eds. *The global epidemiology of infectious diseases [Global burden of disease and injury series, Volume IV]*. Geneva, World Health Organization, 2004.
63. *Priority eye diseases: fact sheet*. Geneva, World Health Organization, 2009 (http://www.who.int/blindness/causes/priority/en/print.html, accessed 14 December 2009).
64. Thylefors B et al. Trachoma-related visual loss. In: Murray C, Lopez A, Mathers C, eds. *The global epidemiology of infectious diseases [Global burden of disease and injury series, Volume IV]*. Geneva, World Health Organization, 2004.
65. *Preventing chronic diseases: a vital investment. WHO global report*. Geneva, World Health Organization, 2005.
66. Engelgau MM et al. The evolving diabetes burden in the United States. *Annals of Internal Medicine*, 2004,140:945-950. PMID:15172919
67. Jemal A et al. Trends in the leading causes of death in the United States, 1970–2002. *JAMA: the Journal of the American Medical Association*, 2005,294:1255-1259. doi:10.1001/jama.294.10.1255 PMID:16160134
68. Mannino DM et al. Surveillance for asthma–United States, 1980–1999. *MMWR. Surveillance summaries: Morbidity and mortality weekly report. Surveillance summaries / CDC*, 2002,51:1-13. PMID:12420904
69. Green A, Christian Hirsch N, Pramming SK. The changing world demography of type 2 diabetes. *Diabetes/Metabolism Research and Reviews*, 2003,19:3-7. doi:10.1002/dmrr.340 PMID:12592640
70. Perenboom RJM et al. Life expectancy without chronic morbidity: trends in gender and socioeconomic disparities. *Public health reports (Washington, DC: 1974)*, 2005,120:46-54. PMID:15736331
71. Sans S, Kesteloot H, Kromhout D. The burden of cardiovascular diseases mortality in Europe. *European Heart Journal*, 1997,18:1231-1248.
72. Wang L et al. Preventing chronic diseases in China. *Lancet*, 2005,366:1821-1824. doi:10.1016/S0140-6736(05)67344-8 PMID:16298221
73. *Mental health atlas*. Geneva, World Health Organization, 2005.
74. *Disability and its relationship to health conditions and other factors*. Canberra, Australian Institute of Health and Welfare, 2004 (http://www.aihw.gov.au/publications/dis/drhcf/drhcf.pdf, accessed 9 December 2009).
75. Custom tabulation of PALS 2006 data. Ottawa, Statistics Canada, 2006.
76. Lafortune G, Balestat G. *Trends in severe disability among elderly people: assessing the evidence in 12 OECD countries and the future implications* [OECD Health Working Papers No. 26]. Paris, Organisation for Economic Co-operation and Development, 2007 (http://www.oecd.org/dataoecd/13/8/38343783.pdf, accessed 9 December 2009).
77. Ezzati M et al. *Comparative quantification of health risks: global and regional burden of diseases attributable to selected major risk factors*. Geneva, World Health Organization, 2004.
78. Adeyi O, Smith O, Robles S. *Public policy and the challenge of chronic noncommunicable diseases*. Washington, International Bank for Reconstruction and Development, World Bank, 2007.
79. Lopez AD et al. *Global burden of disease and risk factors*, New York, Oxford University Press, 2006 (http://www.dcp2.org/pubs/GBD).
80. Mathers CD, Loncar D. Projections of global mortality and burden of disease from 2002 to 2030. *PLoS Medicine*, 2006,3:e442- doi:10.1371/journal.pmed.0030442 PMID:17132052
81. *Gaza Strip Health Cluster Bulletin No. 2*. Geneva, World Health Organization, 2009 (http://www.who.int/hac/crises/international/wbgs/sitreps/gaza_health_cluster_4feb2009/en/index.html, accessed 15 November 2009).
82. *Call for all agencies in Gaza to ensure rights for people with disabilities*. Bensheim, CBM, 2009 (http://www.cbm-nz.org.nz/NEWS/Archives/Call+for+all+agencies+in+Gaza+to+ensure+rights+for+people+with+disabilities.html, accessed 15 November 2009).

83. *Injury: a leading cause of the global burden of disease, 2000*. Geneva, World Health Organization, 2002.
84. *Global status report on road safety: time for action*. Geneva, World Health Organization, 2009 (http://www.who.int/violence_injury_prevention/road_safety_status/2009, accessed 5 January 2010).
85. *World report on road traffic injury prevention*. Geneva, World Health Organization, 2004 (http://whqlibdoc.who.int/publications/2004/9241562609.pdf, accessed 5 January 2010).
86. *World health statistics*. Geneva, World Health Organization, 2008.
87. Ameratunga SN et al. Risk of disability due to car crashes: a review of the literature and methodological issues. *Injury*, 2004,35:1116-1127. doi:10.1016/j.injury.2003.12.016 PMID:15488502
88. Levêque A, Coppieters Y, Lagasse R. Disabilities secondary to traffic accidents: what information is available in Belgium? *Injury Control and Safety Promotion*, 2002,9:113-120. doi:10.1076/icsp.9.2.113.8698 PMID:12461838
89. Malm S et al. Risk of permanent medical impairment (RPMI) in road traffic accidents. *Annals of advances in automotive medicine / Annual Scientific Conference ... Association for the Advancement of Automotive Medicine. . Scientific Conference*, 2008,52:93-100. PMID:19026226
90. Robine JM, Michel JP. Looking forward to a general theory on population aging. *The journals of gerontology. Series A, Biological sciences and medical sciences*, 2004,59:M590-597. PMID:15215269
91. *World population prospects: the 2006 revision*. New York, United Nations, Department of Economic and Social Affairs, Population Division, 2007.
92. *Disability, ageing and carers: summary of findings, 2003* (No. 4430.0). Canberra, Australian Bureau of Statistics, 2004 (http://tinyurl.com/ydr4pbh, accessed 9 December 2009).
93. *Participation and activity limitation survey 2006: tables*. Ottawa, Social and Aboriginal Statistics Division, Statistics Canada, 2007 (http://tinyurl.com/yftgvb5, accessed 9 December 2009).
94. *Statistics on severely handicapped persons*. Bonn, Federal Statistical Office, 2009 (http://www.gbe-bund.de/gbe10/abrechnung.prc_abr_test_logon?p_uid=gast&p_aid=4711&p_knoten=VR&p_sprache=E&p_suchstring=disability, accessed 15 December 2009).
95. *2006 disability survey*. Wellington, Statistics New Zealand, 2007 (http://www.stats.govt.nz/browse_for_stats/health/disabilities/disabilitysurvey2006_hotp06.aspx, accessed 18 November 2009).
96. *Prevalence of disability in South Africa census 2001*. Pretoria, Statistics South Africa, 2005.
97. *2001 Census of population and housing*. Colombo, Sri Lanka Department of Census and Statistics, 2001 (http://www.statistics.gov.lk/PopHouSat/index.asp, accessed 12 November 2009).
98. *2007 American community survey, 1-year estimates (S1801 disability characteristics)*. Washington, United States Census Bureau, 2007 (http://tinyurl.com/ydvqugn, accessed 18 November 2009).
99. Lee R. The demographic transition: three centuries of fundamental change. *The Journal of Economic Perspectives*, 2003,17:167-190. doi:10.1257/089533003772034943
100. *Why population aging matters: a global perspective*. Bethesda, National Institute on Aging, US National Institutes of Health, 2007.
101. Manton KG, Gu XL. Changes in the prevalence of chronic disability in the United States black and nonblack population above age 65 from 1982 to 1999. *Proceedings of the National Academy of Sciences of the United States of America*, 2001,98:6354-6359. doi:10.1073/pnas.111152298 PMID:11344275
102. *The state of the world's children 2006: excluded and invisible*. New York, United Nations Children's Fund, 2005.
103. Maulik PK, Darmstadt GL. Childhood disability in low- and middle-income countries: overview of screening, prevention, services, legislation, and epidemiology. *Pediatrics*, 2007,120:Suppl 1S1-S55. doi:10.1542/peds.2007-0043B PMID:17603094
104. Hartley S, Newton CRJC. Children with developmental disabilities in the majority of the world. In: Shevell M, ed. *Neurodevelopmental disabilities: clinical and scientific foundations*. London, Mac Keith Press, 2009.
105. Grantham-McGregor S et al. International Child Development Steering GroupDevelopmental potential in the first 5 years for children in developing countries. *Lancet*, 2007,369:60-70. doi:10.1016/S0140-6736(07)60032-4 PMID:17208643
106. United Nations Children's Fund, University of Wisconsin. *Monitoring child disability in developing countries: results from the multiple indicator cluster surveys*. New York, United Nations Children's Fund, 2008.
107. *Workshop on Millennium Development Goals Monitoring*. Geneva, United Nations Statistics Division, 8–11 November 2010 (http://unstats.un.org/unsd/mdg/Host.aspx?Content=Capacity/Geneva.htm).
108. Robson C, Evans P. *Educating children with disabilities in developing countries: the role of data sets*. Huddersfield, University of Huddersfield, 2005 (http://siteresources.worldbank.org/DISABILITY/Resources/280658-1172610312075/EducatingChildRobson.pdf, accessed 23 October 2009).
109. Robertson J, Hatton C, Emerson E. *The identification of children with or at significant risk of intellectual disabilities in low and middle income countries: a review*. Lancaster, Centre for Disability Research, Lancaster University, 2009.
110. Hack M, Klein NK, Taylor HG. Long-term developmental outcomes of low birth weight infants. *The Future of children/Center for the Future of Children, the David and Lucile Packard Foundation*, 1995,5:176-196. doi:10.2307/1602514 PMID:7543353

111. Wang J et al. A ten year review of the iodine deficiency disorders program of the People's Republic of China. *Journal of Public Health Policy*, 1997,18:219-241. doi:10.2307/3343436 PMID:9238845
112. *The state of the world's children 1998*. New York, United Nations Children's Fund, 1998.
113. *Progress on drinking water and sanitation: special focus on sanitation*. New York, United Nation's Children's Fund and Geneva, World Health Organization, 2008.
114. *The state of the world's children 2001*. New York, United Nations Children's Fund, 2001.
115. *The state of the world's children 2007: child survival*. New York, United Nations Children's Fund, 2007.
116. Leonardi M et al. *MHADIE background document on disability prevalence across different diseases and EU countries*. Milan, Measuring Health and Disability in Europe, 2009 (http://www.mhadie.it/publications.aspx, accessed 21 January 2010).
117. ICF checklist: version 2.1a, clinician form: for international classification of functioning, disability and health. Geneva, World Health Organization, 2003 (http://www.who.int/classifications/icf/training/icfchecklist.pdf).
118. Schneidert M et al. The role of environment in the International Classification of Functioning, Disability and Health (ICF). *Disability and Rehabilitation*, 2003,25:588-595. doi:10.1080/0963828031000137090 PMID:12959332
119. Buddelmeyer H, Verick S. Understanding the drivers of poverty dynamics in Australian households. *The Economic Record*, 2008,84:310-321. doi:10.1111/j.1475-4932.2008.00493.x
120. Saunders P. *The costs of disability and incidence of poverty*. Sydney, Social Policy Research Centre, University of New South Wales, 2006.
121. Gannon B, Nolan B. Disability and labour market participation in Ireland *The Economic and Social Review*, 2004,35:135-155.
122. Parodi G, Sciulli D. Disability in Italian households: income, poverty and labour market participation. *Applied Economics*, 2008,40:2615-2630. doi:10.1080/00036840600970211
123. Kuklys W. *Amartya Sen's capability approach: theoretical insights and empirical applications*. Cambridge, Cambridge University, 2004.
124. Zaidi A, Burchardt T. Comparing incomes when needs differ: equivalization for the extra costs of disability in the UK. *Review of Income and Wealth*, 2005,51:89-114. doi:10.1111/j.1475-4991.2005.00146.x
125. Meyer BD, Mok WKC. Disability, earnings, income and consumption. Working paper No. 06.10. Chicago, The Harris School of Public Policy Studies, The University of Chicago, 2008.
126. Mitra S, Findley PA, Sambamoorthi U. Health care expenditures of living with a disability: total expenditures, out-of-pocket expenses, and burden, 1996 to 2004. *Archives of Physical Medicine and Rehabilitation*, 2009,90:1532-1540. doi:10.1016/j.apmr.2009.02.020 PMID:19735781
127. She P, Livermore GA. Material hardship, poverty and disability among working-age adults. *Social Science Quarterly*, 2007,88:970-989. doi:10.1111/j.1540-6237.2007.00513.x
128. She P, Livermore GA. Long term poverty and disability among working-Age Adults. *Journal of Disability Policy Studies*, 2009,19.244-256.
129. Houtenville AJ et al., eds. *Counting working-age people with disabilities: what current data tell us and options for improvement*. Kalamazoo, WE Upjohn Institute for Employment Research, 2009.
130. *Sickness, Disability and Work: Keeping on Track in the Economic Downturn*. Paris, Organisation for Economic Co-operation and Development, 2009 (Background Paper).
131. Jenkins SP, Rigg JA. *Disability and disadvantage: selection, onset and duration effects*. London, Centre for Analysis of Social Exclusion, London School of Economics, 2003 (CASEpaper 74).
132. Mitra S, Posarac A, Vick B. *Disability and poverty in developing countries: a snapshot from the world health survey*. Washington, Human Development Network *Social Protection*, forthcoming
133. Contreras DG et al. *Socio-economic impact of disability in Latin America: Chile and Uruguay*. Santiago, Universidad de Chile, Departamento de Economía, 2006.
134. Eide AH, Kamaleri Y. *Living conditions among people with disabilities in Mozambique: a national representative study*. Oslo, SINTEF, 2009 (http://www.sintef.no/upload/Helse/Levekår%20og%20tjenester/LC%20Report%20Mozambique%20-%202nd%20revision.pdf, accessed 11 April 2011).
135. Mete C, ed. *Economic implications of chronic illness and disease in Eastern Europe and the former Soviet Union*. Washington, World Bank, 2008.
136. Loeb M et al. Poverty and disability in Eastern and Western Cape provinces, South Africa. *Disability & Society*, 2008,23:311-321. doi:10.1080/09687590802038803
137. Mitra S. The recent decline in the employment of persons with disabilities in South Africa, 1998–2006. *The South African Journal of Economics*, 2008,76:480-492. doi:10.1111/j.1813-6982.2008.00196.x
138. Mitra S, Sambamoorthi U. Disability and the rural labor market in India: evidence for males in Tamil Nadu. *World Development*, 2008,36:934-952. doi:10.1016/j.worlddev.2007.04.022

139. Loeb ME, Eide AH, eds. *Living conditions among people with activity limitations in Malawi: a national representative study*. Oslo, SINTEF, 2004 (http://www.safod.org/Images/LCMalawi.pdf, accessed 9 November 2009).
140. Trani J, Loeb M. Poverty and disability: a vicious circle? Evidence from Afghanistan and Zambia. *Journal of International Development*, 2010,n/a- doi:10.1002/jid.1709
141. Zambrano S. Trabajo y Discapacidad en el Perú: laboral, políticas públicas e inclusión social. Lima, Fondo Editorial del Congreso del Perú, 2006.
142. Rischewski D et al. Poverty and musculoskeletal impairment in Rwanda. *Transactions of the Royal Society of Tropical Medicine and Hygiene*, 2008,102:608-617. doi:10.1016/j.trstmh.2008.02.023 PMID:18430444
143. *People with disabilities in India: from commitments to outcomes*. Washington, World Bank, 2009.
144. Filmer D. Disability, poverty and schooling in developing countries: results from 14 household surveys. *The World Bank Economic Review*, 2008,22:141-163. doi:10.1093/wber/lhm021
145. Trani J, VanLeit B. *Increasing inclusion of persons with disabilities: reflections from disability research using the ICF in Afghanistan and Cambodia*. London, Leonard Cheshire International, 2010.
146. Eide AH et al. *Living conditions among people with activity limitations in Zimbabwe: a representative regional survey*. Oslo, SINTEF, 2003 (http://www.safod.org/Images/LCZimbabwe.pdf, accessed 9 November 2009).
147. Trani J et al. *Disability in and around urban areas of Sierra Leone*. London, Leonard Cheshire International, 2010.
148. Braithwaite J, Mont D. Disability and poverty: a survey of World Bank poverty assessments and implications. *ALTER – European Journal of Disability Research / Revue Européenne de Recherche sur le Handicap*, 2009, 3(3):219–232.
149. *Disability supports in Canada, 2001: participation and activity limitation survey*. Ottawa, Statistics Canada, 2003 (http://www.statcan.ca/english/freepub/89-580-XIE/help.htm, accessed 30 August 2007).
150. *Supports and services for adults and children aged 5–14 with disabilities in Canada: an analysis of data on needs and gaps*. Ottawa, Canadian Council on Social Development, 2004 (http://www.socialunion.ca/pwd/title.html, accessed 30 August 2007).
151. *Living with disability in New Zealand: a descriptive analysis of results from the 2001 Household Disability Survey and the 2001 Disability Survey of Residential Facilities*. Wellington, New Zealand Ministry of Health, 2004 (http://www.moh.govt.nz/moh.nsf/238fd5fb4fd051844c256669006aed57/8fd2a69286cd6715cc256f33007aade4?OpenDocument, accessed 30 August 2007).
152. Kennedy J. Unmet and under met need for activities of daily living and instrumental activities of daily living assistance among adults with disabilities: estimates from the 1994 and 1995 disability follow-back surveys. *Journal of Medical Care*, 2001,39:1305-1312. doi:10.1097/00005650-200112000-00006
153. Ratzka AD. *Independent living and attendant care in Sweden: a consumer perspective*. New York, World Rehabilitation Fund, 1986 (Monograph No. 34) (http://www.independentliving.org/docs1/ar1986spr.pdf, accessed 27 December 2007).
154. Madden R et al. *The demand for disability support services in Australia: a study to inform the Commonwealth/State Disability Agreement evaluation*. Canberra, Australian Institute of Health and Welfare, 1996.
155. *Demand for disability support services in Australia: size, cost and growth*. Canberra, Australian Institute of Health and Welfare, 1997.
156. *Unmet need for disability services: effectiveness of funding and remaining shortfall*. Canberra, Australian Institute of Health and Welfare, 2002.
157. *Current and future demand for specialist disability services*. Canberra, Australian Institute of Health and Welfare, 2007.
158. *Disability support services 2004–05: national data on services provided under the Commonwealth State/Territory Disability Agreement*. Canberra, Australian Institute of Health and Welfare, 2006.
159. Southern African Federation of the Disabled, Norwegian Federation of Disabled People, SINTEF. *Living conditions among people with activity limitation in Southern Africa: representative surveys on living conditions among people with activity limitations in Malawi, Namibia, Zambia, Zimbabwe and Mozambique*, Oslo, SINTEF, 2007.
160. *Childhood and disabled persons, Kingdom of Morocco. The national survey on disability: results synthesis, 2006*. Rabat, Secretariat of Family, Morocco, 2006.
161. *Tonga national disability identification survey*. Nuku'Alofa, Tonga Disability Action Committee, 2006.
162. Qiu ZY. *Rehabilitation need of people with disability in China: analysis and strategies* [in Chinese]. Beijing, Huaxia Press, 2007.
163. Tibble M. *Review of the existing research on the extra costs of disability*. London, Department for Work and Pensions, 2005 (Working Paper No. 21).
164. Cullinan J, Gannon B, Lyons S. Estimating the extra cost of living for people with disabilities. *Health Economics*, 2010,n/a- www.interscience.wiley.com doi:10.1002/hec.1619 PMID:20535832
165. Marriott A, Gooding K. *Social assistance and disability in developing countries*. Haywards Heath, Sightsavers International, 2007.
166. *Sickness, disability and work: breaking the barriers. A synthesis of findings across OECD countries*. Paris, Organisation for Economic Co-operation and Development, 2010.
167. *The economic burden of illness in Canada, 1998*. Ottawa, Health Canada, 2002.

Capítulo 3

Atención de la salud en general

«Mi médico es genial, porque además de ser mi médico, es mi amigo. También fue médico de mi padre. Cuando quiero verlo, siempre tiene tiempo para mí. Siempre me habla de esto y de aquello, antes de preguntarme qué problema tengo. Antes tomaba 60 miligramos del medicamento para tratar la hipertensión. Pero el médico me dijo que, para mejorar mi presión arterial, debía vivir más. No quería que me pasara los siete días de la semana mirando la televisión y nada más. Quería que me moviera y fuera activo. Me pareció una buena idea. Por eso decidí empezar a trabajar como voluntario. Ahora tengo amigos, hablo con gente todo el tiempo y solo necesito 20 miligramos del medicamento.»

Jean-Claude

««No puedes tener hijos.» Esas fueron las palabras del primer ginecólogo al que consulté unos meses después de casarme. Estaba muy confundida. ¿Por qué no podría tener hijos? Tengo una discapacidad física, pero no hay una razón médica que me impida tener un bebé. Tuve que enfrentar muchos obstáculos, por la mala actitud de los enfermeros y médicos que cuestionaban mi idoneidad para ser madre o por la inaccesibilidad de los centros médicos, ya sea por las entradas, los baños, las camillas, etc. Ahora soy madre de un niño de cinco años, que es una de las mejores cosas que me han pasado en la vida, pero me sigo preguntando por qué terminó siendo un lujo lo que en realidad es un derecho. ¿Por qué pude hacerlo solo cuando conseguí el dinero para acudir a un mejor sistema de atención médica?»

Rania

«Aunque, al atenderme en el centro médico, los médicos no me hablan de la promoción de la salud y ni siquiera tienen una balanza para pesarme, intento participar en actividades que puedan mejorar mi salud y bienestar. No es fácil, porque la mayoría de las instalaciones y los equipos para realizar actividad física no son accesibles. Todavía no he encontrado consejos nutricionales para personas con lesión medular ni un odontólogo cerca de donde vivo que cuente con instalaciones y equipos accesibles.»

Robert

3
Atención de la salud en general

La salud se puede definir como «un estado de completo bienestar físico, mental y social, y no solamente la ausencia de afecciones o enfermedades» (*1*). Gozar de buena salud es condición previa para poder participar en una gran variedad de actividades, entre las que se incluyen la educación y el empleo. En el artículo 25 de la CDPD se afirma el derecho de las personas con discapacidad a gozar del nivel más alto de atención de la salud, sin discriminación (*2*).

Existe un amplio espectro de factores que determinan el estado de salud de una persona, entre los que se encuentran los factores individuales; las condiciones de vida y de trabajo; las condiciones socioeconómicas, culturales y ambientales en general, y el acceso a los servicios de salud (*3*, *4*). En este informe se explica que muchas personas con discapacidad tienen condiciones socioeconómicas peores que las personas sin discapacidad: sufren mayores tasas de pobreza, presentan menores tasas de empleo y tienen un nivel educativo inferior. Asimismo, sufren desigualdad en el acceso a los servicios de salud y, por ese motivo, tienen necesidades sanitarias no satisfechas en comparación con la población en general (*5-8*).

En este capítulo se analiza qué se puede hacer desde el punto de vista de los sistemas de salud para solucionar las desigualdades que sufren las personas con discapacidad en ese ámbito. Se describe, a grandes rasgos, su estado de salud, se enumeran las principales barreras que obstan al acceso a los servicios de atención de la salud y se recomiendan maneras de superar esos obstáculos.

Comprender la salud de las personas con discapacidad

En esta sección se describe, a grandes rasgos, el estado de salud de las personas con discapacidad, según los distintos tipos de condiciones de salud y los diversos factores que pueden contribuir a ocasionar disparidades de salud en esta población (véase el cuadro 3.1). Cada vez más pruebas indican que las personas con discapacidad, como grupo, tienen niveles de salud más precarios que la población en general (*18*). Se suele decir que el margen de salud de las personas con discapacidad es más estrecho (*9*, *17*).

> **Cuadro 3.1. Terminología**
>
> **Condición de salud primaria**
>
> Una condición de salud primaria es el posible punto de partida de una deficiencia, una limitación de la actividad o una restricción de participación (9). Son ejemplos de dicha condición la depresión, la artritis, la enfermedad pulmonar obstructiva crónica, la cardiopatía isquémica, la parálisis cerebral, el trastorno bipolar, el glaucoma, la enfermedad cerebrovascular y el síndrome de Down. Una condición de salud primaria puede provocar una gran variedad de deficiencias, que pueden ser motoras, sensoriales, mentales o de comunicación.
>
> **Condiciones secundarias**
>
> Una condición secundaria es una condición adicional que presupone la existencia de una condición primaria. Se distingue de otras condiciones de salud por el tiempo transcurrido entre la aparición de la condición primaria y la manifestación de la secundaria (10). Algunos ejemplos son úlceras por presión, infecciones del tracto urinario y depresión. Las condiciones secundarias pueden reducir el funcionamiento, afectar la calidad de vida, aumentar los costos de atención de la salud y ocasionar una mortalidad prematura (11). Muchas de estas condiciones pueden prevenirse y preverse a partir de las condiciones de salud primarias (12, 13).
>
> **Condiciones concurrentes**
>
> Una condición concurrente es una condición adicional que es independiente de la condición primaria y no guarda relación con ella (14). En las personas con discapacidad, la detección y el tratamiento de condiciones concurrentes suelen ser inadecuados y pueden tener un efecto negativo en su salud (12); por ejemplo, las personas con deficiencias intelectuales y problemas de salud mental suelen experimentar «ensombrecimiento diagnóstico» (15). El cáncer y la hipertensión en una persona con deficiencias intelectuales pueden ser ejemplos de condiciones concurrentes.
>
> **Necesidades de atención de la salud en general**
>
> Al igual que el resto de la población, las personas con discapacidad requieren servicios médicos para la atención de sus necesidades de salud en general, que incluyen la promoción de la salud, la atención preventiva (inmunización, revisiones médicas generales), el tratamiento de enfermedades agudas y crónicas, y la derivación adecuada a los especialistas pertinentes. Todas estas necesidades se deben satisfacer mediante los servicios de atención primaria de la salud, además de los servicios secundarios y terciarios, según corresponda. El acceso a la atención primaria es especialmente importante para que las personas con un margen de salud más estrecho puedan alcanzar el mayor nivel posible de salud y funcionamiento (16).
>
> **Necesidades de atención especializada de la salud**
>
> Algunas personas con discapacidad pueden tener una mayor necesidad de atención especializada de la salud que la población en general. Las necesidades de atención especializada pueden estar relacionadas con condiciones de salud primarias, secundarias o concurrentes. Algunas personas con discapacidad pueden sufrir múltiples condiciones de salud, algunas de las cuales pueden, a su vez, afectar múltiples funciones y estructuras corporales. Dado que la evaluación y el tratamiento en estos casos pueden ser bastante complejos, es posible que se requieran los conocimientos y las aptitudes de especialistas (17).

Condiciones de salud primarias

La discapacidad se asocia con una gran variedad de condiciones de salud primarias: algunas pueden debilitar la salud y requerir importante atención, mientras que otras no impiden que las personas con discapacidad gocen de un buen nivel de salud (19). Por ejemplo:

- Un niño que nace ciego quizás no necesite específicamente atención continua por la condición de salud primaria y la deficiencia conexa (20).
- Un adolescente con lesión traumática de la médula espinal puede tener necesidades considerables de atención durante la fase aguda de la condición primaria, pero es posible que posteriormente requiera apenas los servicios necesarios para mantener la salud; por ejemplo, para prevenir condiciones secundarias (20).
- Los adultos con condiciones crónicas como esclerosis múltiple, fibrosis quística, artritis

grave o esquizofrenia pueden tener necesidades de atención complejas y permanentes relacionadas con la condición de salud primaria o con las deficiencias relacionadas (*20*).

Riesgo de desarrollar condiciones secundarias

La depresión es una condición secundaria común en las personas con discapacidad (*21-23*). Se ha informado dolor en niños y adultos con parálisis cerebral (*24*, *25*), en niños con espina bífida (*26*), y en adultos con parálisis por polio (*27*), enfermedad neuromuscular (*28*) y lesión cerebral traumática (*29*). La osteoporosis es común en personas con lesión medular (*30*), espina bífida (*31*) o parálisis cerebral (*32*, *33*).

Riesgo de desarrollar condiciones concurrentes

Las personas con discapacidad sufren las mismas condiciones de salud que afectan a la población en general, como gripe y neumonía. Algunas pueden ser más propensas a desarrollar condiciones crónicas debido a la influencia de factores de riesgo atribuibles al comportamiento, como una mayor inactividad física (*18*). También pueden presentar un inicio más precoz de las condiciones (*17*). Según un estudio, los adultos con discapacidades de desarrollo tenían una tasa similar o mayor de condiciones de salud crónicas como hipertensión arterial, enfermedades cardiovasculares y diabetes que las personas sin discapacidad (*34*). La prevalencia de diabetes en las personas con esquizofrenia es aproximadamente del 15%, en comparación con la tasa del 2% al 3% en la población en general (*21*).

Mayor vulnerabilidad a condiciones relacionadas con la edad

El proceso de envejecimiento comienza antes de lo habitual en algunos grupos de personas con discapacidad. En algunas de ellas con discapacidades de desarrollo, se pueden observar signos de envejecimiento prematuro entre los 40 y los 50 años (*35*), y se pueden presentar condiciones de salud relacionadas con la edad con más frecuencia. Por ejemplo, las personas con síndrome de Down presentan una incidencia más alta de enfermedad de Alzheimer que la población en general, mientras que aquellas con deficiencias intelectuales no relacionadas con el síndrome de Down tienen tasas más elevadas de demencia (*35*). El proceso de envejecimiento y los cambios asociados (presbiacusia, desacondicionamiento, pérdida de fuerza y equilibrio, osteoporosis) pueden producir mayor impacto en las personas con discapacidad. Por ejemplo, las personas con deficiencias motoras pueden perder cada vez más funcionalidad con la edad (*9*).

Tasas más altas de comportamientos de riesgo

Los comportamientos de salud de algunos adultos con discapacidad pueden ser distintos de los de la población en general (*12*). En Australia se llegó a la conclusión de que las personas con discapacidad de 15 a 64 años de edad tienen mayor probabilidad de sufrir sobrepeso u obesidad que las demás (48% frente a 39%) y de fumar todos los días (*3*). Los datos obtenidos del Sistema de Vigilancia de Factores de Riesgo del Comportamiento correspondientes a 2001 y 2003, de los Estados Unidos de América, arrojan hallazgos similares. Las personas con discapacidad presentan tasas más elevadas de tabaquismo (30,5%, en comparación con 21,7%), son más proclives a la inactividad física (22,4%m frente a 11,9%) y tienen más probabilidades de ser obesas (31,2%, en relación con 19,6%) (*18*). En un estudio realizado en el Canadá sobre una muestra nacional, se demostró que las personas con deficiencias auditivas informaban niveles más bajos de actividad física que la población en general (*36*). De acuerdo con un estudio que se llevó a cabo en Rwanda, los adultos con amputación de miembro inferior presentaban comportamientos perjudiciales para la salud, como tabaquismo, consumo de alcohol, uso de drogas recreativas y falta de ejercicio (*37*).

Mayor riesgo de exposición a la violencia

La violencia se vincula con consecuencias para la salud, tanto inmediatas como a largo plazo, que incluyen lesiones, condiciones de salud física y mental, abuso de sustancias y muerte (*38*). Las personas con discapacidad están más expuestas al riesgo de sufrir violencia que las demás. En los Estados Unidos se ha informado que la violencia contra las personas con discapacidad es entre 4 y 10 veces mayor que contra aquellas sin discapacidad (*39*). Se ha demostrado que la prevalencia de abuso sexual contra las personas con discapacidad es mayor (*40*, *41*), sobre todo en el caso de hombres y mujeres internados con discapacidad intelectual (*42-44*), parejas íntimas (*40*, *45*) y adolescentes (*46*).

Mayor riesgo de sufrir lesiones no intencionales

Las personas con discapacidad corren mayor riesgo de sufrir lesiones no intencionales y no mortales como consecuencia de accidentes de tránsito, quemaduras, caídas y accidentes con dispositivos asistenciales (*47-51*). En un estudio, se llegó a la conclusión de que, en los niños con discapacidades de desarrollo (como autismo, déficit de atención y déficit de atención con hiperactividad), el riesgo de sufrir lesiones era entre dos y tres veces mayor que en los demás (*50*). En otros estudios se observó que los niños con discapacidad están expuestos a un riesgo considerablemente mayor de caídas (*52*), lesiones relacionadas con quemaduras (*53*) y lesiones causadas por accidentes con vehículos motorizados o bicicletas (*54*).

Mayor riesgo de muerte prematura

Las tasas de mortalidad de las personas con discapacidad varían según la condición de salud de que se trate. Quienes padecen de esquizofrenia y de depresión corren mayor riesgo de muerte prematura (2,6 y 1,7 veces más alto, respectivamente) (*21*). En una investigación realizada en el Reino Unido de Gran Bretaña e Irlanda del Norte sobre la desigualdad sanitaria que afecta a las personas con deficiencias del aprendizaje y a aquellas con trastornos de salud mental, se observó que, en ambos casos, la expectativa de vida era menor (véase el cuadro 3.2) (*15*).

En algunos casos, las tasas de mortalidad de las personas con discapacidad han disminuido en los países desarrollados. Por ejemplo, los adultos con parálisis cerebral tienen una expectativa de vida similar a la de las personas sin discapacidad (*55*). En las últimas décadas, en el Reino Unido y en los Estados Unidos han mejorado las tasas de supervivencia de las personas con lesión medular durante los dos años posteriores a la lesión (*56*, *57*), aunque no existen indicios de mejora después de este período (*57*). Los datos sobre las tasas de mortalidad de las personas con discapacidad en los países de ingreso bajo son escasos. Un estudio realizado en Bangladesh indica que, entre las personas con parálisis cerebral, las tasas de muerte prematura pueden ser más altas (*58*).

Necesidades y necesidades no satisfechas

En la Encuesta Mundial de Salud 2002-2004 de la OMS, encuestados con discapacidad de 51 países informaron que solicitaban más atención hospitalaria y ambulatoria que las personas sin discapacidad (véase la tabla 3.1). Las mujeres solicitan atención médica con más frecuencia que los hombres, y lo mismo ocurre con los encuestados con discapacidad en los países de ingreso alto, en comparación con los encuestados de países de ingreso bajo, en todos los grupos etarios y de género. En los países de ingreso alto, la proporción de encuestados que requiere atención aumenta con la edad, mientras que, en los países de ingreso bajo, los resultados fueron dispares.

Los encuestados con discapacidad manifestaron no recibir más atención que las personas sin discapacidad, tanto en los grupos desglosados por sexo como por edad. Los encuestados con discapacidad de países de ingreso bajo

> **Cuadro 3.2. Desigualdades sanitarias que sufren las personas con discapacidad**
>
> La Disability Rights Commission (Comisión para la Defensa de los Derechos de las Personas con Discapacidad) del Reino Unido emprendió una investigación oficial de las muertes prematuras entre las personas con discapacidades del aprendizaje o condiciones de salud mental, así como las denuncias locales de desigualdad en el acceso a la atención de la salud entre 2004 y 2006.
>
> Respecto de las personas con condiciones de salud mental de largo plazo —como depresión grave, trastorno bipolar o esquizofrenia— y con discapacidades del aprendizaje, como autismo, se descubrió lo siguiente:
>
> - Presentaban más condiciones de salud crónicas que la población en general y tenían mayores probabilidades de ser obesos y de sufrir cardiopatías, hipertensión, enfermedades respiratorias, diabetes, accidentes cerebrovasculares o cáncer de mama. Las personas con esquizofrenia tenían casi el doble de probabilidad de padecer cáncer de intestino. Si bien la atención primaria de personas con una discapacidad del aprendizaje estaba escasamente documentada, se consignaron tasas más elevadas de enfermedades respiratorias y obesidad en esta población.
> - Desarrollaban condiciones de salud crónicas a una edad más temprana que las demás. Por ejemplo, se diagnosticó enfermedad cardíaca en menores de 55 años en el 31% de las personas con esquizofrenia, frente al 18% de las demás personas.
> - Fallecían más rápido después del diagnóstico. Cinco años después del diagnóstico de enfermedad cardíaca (con ajuste por edad), había fallecido el 22% de las personas con esquizofrenia y el 15% de las personas con trastorno bipolar, en comparación con el 8% de las personas sin problemas graves de salud mental. Se observó un patrón similar en los casos de accidente cerebrovascular y enfermedad pulmonar obstructiva crónica.
>
> Se descubrió que las carencias sociales contribuían en gran medida a estas desigualdades y que las personas con condiciones de salud mental y discapacidad del aprendizaje corrían un alto riesgo de pobreza. Otros obstáculos importantes detectados fueron la falta de promoción de la salud, de acceso a los servicios y de tratamiento igualitario. Las personas con discapacidad mencionaron temor y desconfianza, acceso limitado a listas de médicos generales, dificultad para negociar sistemas de concertación de citas, información inaccesible, comunicación deficiente y ensombrecimiento diagnóstico. Los prestadores de servicios señalaron dificultades como temor, ignorancia y capacitación insuficiente.
>
> Las respuestas al estudio fueron positivas, y destacados profesionales de la salud avalaron las conclusiones. La Asociación Médica Británica decidió que se ofreciera capacitación a los estudiantes de medicina, y distintas ONG lanzaron campañas sobre las desigualdades en el sector de la salud. El Gobierno británico introdujo incentivos para alentar a las personas con discapacidad del aprendizaje a someterse a exámenes médicos y reforzó la orientación para los trabajadores de salud mental. La Comisión de Salud se asoció con RADAR, ONG dedicada a la discapacidad, para seguir analizando los factores discapacitantes en el sector de la salud y elaborar directrices de buenas prácticas y criterios para inspecciones sanitarias.
>
> Fuente: (15).

declararon que no recibían atención (6,1-6,6) en mayor proporción que los encuestados de países de ingreso alto (3,3-4,6). El análisis de los datos de todos los países estandarizado por edad indica que los encuestados con discapacidad de mayor edad tienen menos necesidades de atención no satisfechas que los encuestados más jóvenes (≤ 59).

Existen necesidades y necesidades no satisfechas en todo el espectro de servicios de salud: promoción, prevención y tratamiento.

Promoción de la salud y prevención de enfermedades

Debido a ideas erróneas acerca de su salud, se presupone que las personas con discapacidad no necesitan acceso a la promoción de la salud ni a la prevención de enfermedades (60).

Las pruebas indican que las intervenciones de promoción de la salud, como la actividad física, son beneficiosas para las personas con discapacidad (61-65). No obstante, son contadas las ocasiones en que esas intervenciones

Tabla 3.1. Individuos que recurren a los servicios de salud y no reciben la atención necesaria

	Porcentaje					
	Países de ingreso bajo		Países de ingreso alto		Todos los países	
	Sin discapacidad	Con discapacidad	Sin discapacidad	Con discapacidad	Sin discapacidad	Con discapacidad
Hombres						
Solicitaron atención hospitalaria	13,7	22,7*	21,7	42,4*	16,5	28,5*
Solicitaron atención ambulatoria	49,3	58,4*	55,0	61,8*	51,1	59,5*
Necesitaron atención, pero no la recibieron	4,6	6,6*	2,8	3,3	4,1	5,8*
Mujeres						
Solicitaron atención hospitalaria	16,8	21,9*	30,1	46,7*	20,9	29,0*
Solicitaron atención ambulatoria	49,6	59,3*	67,0	68,5	55,8	61,7*
Necesitaron atención, pero no la recibieron	4,8	6,1	1,8	4,6*	3,7	5,8*
18-49						
Solicitaron atención hospitalaria	13,5	23,2*	23,1	46,6*	16,1	28,1*
Solicitaron atención ambulatoria	48,8	58,5*	56,7	63,4*	50,9	59,3*
Necesitaron atención, pero no la recibieron	4,3	6,2*	2,3	4,1	3,8	6,0*
50-59						
Solicitaron atención hospitalaria	13,9	20,7*	22,1	42,9*	16,6	27,1*
Solicitaron atención ambulatoria	52,1	67,4*	61,4	74,9*	55,1	69,2*
Necesitaron atención, pero no la recibieron	4,2	6,7*	2,2	4,6	3,6	6,4*
60 años o más						
Solicitaron atención hospitalaria	18,6	20,6	31,4	42,3*	23,7	29,9*
Solicitaron atención ambulatoria	49,9	56,7	67,9	67,6	57,3	60,8
Necesitaron atención, pero no la recibieron	5,6	6,3	2,2	3,8	4,2	5,3

Nota: Las estimaciones están ponderadas utilizando las ponderaciones posestratificadas de la Encuesta Mundial de Salud, cuando hay datos disponibles (de lo contrario, se utilizan ponderaciones de probabilidad), y están estandarizadas por edad.
* La prueba t indica una diferencia significativa respecto de «Sin discapacidad» del 5%.
Fuente: (59).

están orientadas a las personas con discapacidad, muchas de las cuales enfrentan numerosos obstáculos a la hora de participar en las actividades. Por ejemplo, se ha documentado un acceso limitado a la promoción de la salud entre las personas con esclerosis múltiple (*66*), accidente cerebrovascular (*67*), poliomielitis (*67*), deficiencias intelectuales (*15*) y condiciones de salud mental (*15*).

Si bien algunas investigaciones indican diferencias mínimas en las tasas de inmunización (*68-70*), las personas con discapacidad, en general, tienen menos probabilidades de recibir servicios de detección y prevención de enfermedades. En distintos estudios, se observó que las mujeres con discapacidad se someten a menos exámenes para detectar cáncer de mama y de cuello de útero que las mujeres sin discapacidad (*15*, *68*, *69*, *71-75*), y los hombres con discapacidad tienen menor probabilidad de someterse a exámenes para detectar cáncer de próstata (*68*, *76*). En una investigación realizada en el Reino Unido se llegó a la conclusión de que las personas con deficiencias intelectuales y diabetes tienen menos probabilidades de someterse a controles de peso que las personas que sufren solamente diabetes, y hay menos probabilidades de que se evalúe el colesterol de las personas con esquizofrenia y alto riesgo de enfermedad cardíaca coronaria (*15*).

Servicios de salud sexual y reproductiva

Los servicios de salud sexual y reproductiva comprenden planificación familiar, atención de la salud materna, prevención y manejo de la violencia de género, y prevención y tratamiento de enfermedades de transmisión sexual, como el VIH/sida. Si bien la información disponible es escasa, se suele pensar que las personas con discapacidad tienen muchas necesidades insatisfechas (*77*). Los adolescentes y adultos con discapacidad tienen mayor probabilidad de quedar excluidos de los programas de educación sexual (*78*, *79*). Según un estudio de alcance nacional que se llevó a cabo en los Estados Unidos, había menos probabilidades de que, durante las consultas con los médicos generales, a las mujeres con limitaciones funcionales se les preguntara sobre el uso de métodos anticonceptivos (*71*).

Atención odontológica

La salud bucal de muchas personas con discapacidad es mala, y el acceso a la atención odontológica es limitado (*80-86*). Se realizó en Australia un estudio sobre la atención odontológica de los niños con discapacidades, y se observó que las necesidades de tratamientos sencillos del 41% de la muestra no estaban satisfechas (*81*). De acuerdo con un estudio sobre el uso de servicios infantiles de atención de la salud bucal en Lagos (Nigeria), los niños con discapacidad y los niños de estratos socioeconómicos más bajos no utilizaban adecuadamente los servicios odontológicos (*84*).

Servicios de salud mental

Muchas personas con condiciones de salud mental no reciben la atención necesaria, pese a que existen tratamientos eficaces, incluso farmacológicos. En una encuesta de gran envergadura que abarcó distintos países y contó con el respaldo de la OMS, se observó que, de las personas con trastornos mentales graves, entre el 35% y el 50% en los países desarrollados y entre el 76% y el 85% en los países en desarrollo no habían recibido tratamiento durante el año previo al estudio (*87*). Se llevó a cabo un metaanálisis de 37 estudios epidemiológicos que abarcaron 32 países desarrollados y en desarrollo, y se encontró una brecha mediana en el tratamiento del 32% al 78% en distintas condiciones de salud mental, como esquizofrenia, trastornos del humor, trastornos de ansiedad, y abuso o dependencia de alcohol (*88*).

Cómo abordar las barreras que obstan a la atención de la salud

Las personas con discapacidad se enfrentan a distintas barreras cuando intentan acceder a los servicios de salud (*7*, *89*, *90*). Un análisis de los datos de la Encuesta Mundial de Salud muestra una diferencia considerable entre las personas con discapacidad y aquellas sin discapacidad en cuanto a las barreras actitudinales, físicas y sistémicas que dificultan el acceso a la atención (véase la tabla 3.2).

Conforme a una investigación realizada en los estados de Uttar Pradesh y Tamil Nadu (India), el costo (70,5%), la falta de servicios en la zona (52,3%) y el transporte (20,5%) eran los tres obstáculos principales al uso de los servicios de salud (*91*). Estas conclusiones coinciden con las de estudios llevados a cabo en África meridional, donde se identificaron el costo, la distancia y la falta de transporte como motivos para no utilizar los servicios, además del hecho de que los servicios habían dejado de ser útiles o la persona no estaba satisfecha con ellos (*92-95*).

Los gobiernos pueden mejorar los resultados de salud de las personas con discapacidad si mejoran el acceso a servicios de salud asequibles y de buena calidad, que utilicen de la mejor manera posible los recursos disponibles. Dado que varios factores suelen interactuar para limitar el acceso a la atención de la salud (*96*), se deberán reformar todos los componentes interrelacionados del sistema de salud. Será preciso adoptar las siguientes medidas:

- reformar las políticas y la legislación;
- eliminar las barreras que obstan al financiamiento y la asequibilidad;
- eliminar las barreras que obstan a la prestación de servicios;
- eliminar las barreras de los recursos humanos;
- salvar la falta de datos e investigación (*97*).

Reformar las políticas y la legislación

La legislación y las políticas internacionales, regionales y nacionales pueden ayudar a satisfacer las necesidades de atención de las personas con discapacidad, siempre que haya voluntad política, fondos y apoyo técnico para aplicarlas. Las políticas formuladas a nivel internacional pueden influir en las políticas sanitarias nacionales (*98*). Existen acuerdos internacionales, como la CDPD (*2*) y los ODM, que pueden aportar a los países los fundamentos y las bases para mejorar la disponibilidad de servicios de salud para personas con discapacidad. En la CDPD se señalan las siguientes esferas de acción:

- **Accesibilidad:** poner fin a la discriminación contra las personas con discapacidad en el acceso a la atención de la salud, los servicios de salud, los alimentos o líquidos, los seguros médicos y los seguros de vida. Ello comprende la creación de un entorno accesible.
- **Asequibilidad:** garantizar que las personas con discapacidad reciban atención de la salud gratuita o a precios asequibles de la misma variedad, calidad y nivel que las demás personas.
- **Disponibilidad:** llevar los servicios de intervención temprana y tratamiento lo más cerca posible de los lugares donde viven las personas dentro de sus comunidades.
- **Calidad:** velar por que los trabajadores de la salud presten a las personas con discapacidad atención de la misma calidad que a las demás personas.

Para poder eliminar las disparidades en el sector de la salud, se deberá reconocer oficialmente en las políticas nacionales de atención de la salud que algunos grupos de personas con discapacidad son víctimas de desigualdades en este ámbito (*11*). En algunos países, como Australia, el Canadá, los Estados Unidos y el Reino Unido, se han publicado programas nacionales o documentos de posición en los que se tratan específicamente los problemas sanitarios de las personas con deficiencias intelectuales (*14*). En *Healthy People 2010*, marco publicado en los Estados Unidos para la prevención de condiciones de salud en la población en general, se hace referencia a las personas con discapacidad (*60*).

Además del sector de la salud, muchos otros sectores pueden formular políticas inclusivas, dirigidas a evitar las barreras que

Tabla 3.2. Motivos de la falta de atención

	Porcentaje					
	Países de ingreso bajo		Países de ingreso alto		Todos los países	
	Sin discapacidad	Con discapacidad	Sin discapacidad	Con discapacidad	Sin discapacidad	Con discapacidad
Hombres						
Imposibilidad de costear la consulta	40,2	58,8*	11,6	29,8*	33,5	53,0*
Falta de transporte	18,4	16,6	6,9	28,3*	15,2	18,1
Imposibilidad de costear el transporte	20,1	30,6	2,1	16,9*	15,5	27,8*
Equipos inadecuados del prestador de servicios de salud	8,5	18,7*	5,0	27,8*	7,7	22,4*
Preparación insuficiente del prestador de servicios de salud	5,8	14,6*	9,9	13,5	6,7	15,7*
Fue maltratado/a anteriormente	4,6	17,6*	7,2	39,6*	5,1	23,7*
No pudo tomarse licencia	9,5	11,9	6,2	7,9	8,8	11,8
No supo a dónde acudir	5,1	12,4	1,5	23,1*	4,3	15,1*
No pensó que él/ella o su hijo/a estuviera lo suficientemente enfermo/a	42,6	32,2	44,1	18,0*	43,7	28,4*
Intentó recibir atención pero se le denegó	5,2	14,3*	18,7	44,3*	8,5	23,4*
Otro	12,8	18,6	12,5	20,5	12,4	18,1
Mujeres						
Imposibilidad de costear la consulta	35,6	61,3*	25,8	25,0	32,2	51,5*
Falta de transporte	14,0	18,1	7,9	20,4*	13,8	17,4
Imposibilidad de costear el transporte	15,3	29,4*	4,4	15,2*	13,3	24,6*
Equipos inadecuados del prestador de servicios de salud	10,2	17,0	8,4	25,7*	9,8	17,0*
Preparación insuficiente del prestador de servicios de salud	5,3	13,6*	8,9	20,6*	6,3	15,7*
Fue maltratado/a anteriormente	3,7	8,5*	9,3	20,1*	5,3	10,2*
No pudo tomarse licencia	6,1	8,3	8,3	17,8	6,6	10,6
No supo a dónde acudir	7,7	13,2	9,3	16,2	9,0	12,2
No pensó que él/ella o su hijo/a estuviera lo suficientemente enfermo/a	30,7	28,2	21,3	22,6	29,3	29,3
Intentó recibir atención pero se le denegó	3,8	9,0*	19,6	54,6*	7,3	21,7*
Otro	30,2	17,0*	23,0	24,0	28,5	16,4*

continua ...

Informe mundial sobre la discapacidad

... continuación

	Porcentaje					
	Países de ingreso bajo		Países de ingreso alto		Todos los países	
	Sin discapacidad	Con discapacidad	Sin discapacidad	Con discapacidad	Sin discapacidad	Con discapacidad
18-49						
Imposibilidad de costear la consulta	38,7	65,4*	14,1	27,7*	33,6	58,7*
Falta de transporte	12,7	13,7	6,6	25,1	11,3	16,0
Imposibilidad de costear el transporte	15,0	29,5*	4,6	11,2*	12,8	25,8*
Equipos inadecuados del prestador de servicios de salud	9,7	17,4*	9,2	29,3	9,5	20,3*
Preparación insuficiente del prestador de servicios de salud	6,2	15,4*	10,9	18,4	7,4	16,3*
Fue maltratado/a anteriormente	5,1	15,1*	6,8	17,9*	5,5	15,5*
No pudo tomarse licencia	9,0	13,4	8,8	23,9	8,8	15,8
No supo a dónde acudir	7,0	11,9	2,0	9,0*	5,9	11,8*
No pensó que él/ella o su hijo/a estuviera lo suficientemente enfermo/a	40,2	30,6*	26,8	26,9	37,0	29,4
Intentó recibir atención pero se le denegó	5,3	12,9*	27,5	49,5*	10,5	21,4*
Otro	16,0	13,5	17,5	14,4	16,2	13,3
50-59						
Imposibilidad de costear la consulta	49,6	67,4*	17,9	26,7	42,8	58,0
Falta de transporte	19,8	16,0	2,9	2,3	16,3	13,0
Imposibilidad de costear el transporte	23,1	33,0	0,7	4,0	18,5	26,3
Equipos inadecuados del prestador de servicios de salud	8,6	14,5	4,2	29,1	7,7	15,1
Preparación insuficiente del prestador de servicios de salud	6,5	13,3	10,0	40,9*	7,2	17,6
Fue maltratado/a anteriormente	6,7	12,4	7,2	31,1	6,8	14,0
No pudo tomarse licencia	8,8	9,7	14,9	10,8	10,2	9,7
No supo a dónde acudir	11,6	18,5	6,5	4,5	10,5	15,6
No pensó que él/ella o su hijo/a estuviera lo suficientemente enfermo/a	35,4	14,5*	38,2	5,3*	36,0	13,0*
Intentó recibir atención pero se le denegó	6,4	17,9	18,0	55,3*	9,0	24,5*
Otro	18,6	12,8	34,8	44,5	22,1	19,9

continua ...

... continuación

	Porcentaje					
	Países de ingreso bajo		Países de ingreso alto		Todos los países	
	Sin discapacidad	Con discapacidad	Sin discapacidad	Con discapacidad	Sin discapacidad	Con discapacidad
60 años o más						
Imposibilidad de costear la consulta	36,8	47,7	14,4	21,1	30,6	38,7
Falta de transporte	25,1	24,3	9,5	30,3*	20,6	22,0
Imposibilidad de costear el transporte	23,6	27,5	1,9	28,5*	18,0	24,7
Equipos inadecuados del prestador de servicios de salud	9,1	17,1	3,2	20,6	7,7	16,5
Preparación insuficiente del prestador de servicios de salud	4,1	11,8	6,6	18,5	4,8	14,8
Fue maltratado/a anteriormente	1,7	6,7*	8,7	36,7*	3,7	14,1
No pudo tomarse licencia	5,4	4,1	2,7	1,2	5,1	3,2
No supo a dónde acudir	4,5	13,8	9,0	37,6*	6,1	16,5
No pensó que él/ella o su hijo/a estuviera lo suficientemente enfermo/a	31,8	32,7	56,2	21,6*	38,9	31,2
Intentó recibir atención pero se le denegó	2,6	7,8	4,5	62,1*	3,2	25,8*
Otro	27,7	25,2	12,2	35,5*	23,7	22,6

Nota: Los resultados son significativos en todos los casos según la prueba de chi cuadrado de Pearson, corregida en función del diseño de la encuesta. Las estimaciones están ponderadas utilizando las ponderaciones posestratificadas de la Encuesta Mundial de Salud, cuando hay datos disponibles (de lo contrario, se utilizan ponderaciones de probabilidad), y están estandarizadas por edad.
* La prueba t indica una diferencia significativa respecto de «Sin discapacidad» del 5%.
Fuente: (*59*).

obstan al acceso y permitir a las personas con discapacidad promover su salud y participar activamente en la vida comunitaria (*99*). La legislación y las políticas de los sectores de educación, transporte, vivienda, trabajo y bienestar social pueden influir en la salud de las personas con discapacidad (véase más información en los capítulos 5 al 8).

Las personas con discapacidad son las que mejor conocen las barreras que obstan al acceso a la salud y quienes sufren sus consecuencias, por lo que sus opiniones son necesarias para eliminarlas (*89*). Las investigaciones han demostrado los beneficios de contar con la participación de los usuarios en el diseño y la operación de los sistemas de atención de la salud (*100*). Pueden contribuir personas con distintos tipos de discapacidad, por ejemplo, personas con deficiencias intelectuales (*101*) o con condiciones de salud mental (*102-104*), niños con discapacidad (*105*), y familiares y cuidadores (*106*, *107*).

La colaboración es fundamental, al igual que los aportes de los prestadores de servicios de salud que conozcan bien las dificultades estructurales, institucionales y profesionales que impiden ofrecer acceso a una atención de buena calidad. Si bien se debe tener en cuenta las limitaciones técnicas, de tiempo y de recursos que supone la participación de los usuarios (*100*, *106*), los beneficios que de ella se derivan son importantes. Las personas con discapacidad son usuarios frecuentes del sistema de salud y suelen utilizar una gran variedad de servicios de todo el continuo de atención, por lo que sus experiencias también pueden resultar útiles para evaluar el funcionamiento del sistema en general (*17*, *89*).

Eliminar las barreras que obstan al financiamiento y la asequibilidad

La Encuesta Mundial de Salud 2002-2004 revela que, en los países de ingreso bajo, la asequibilidad económica fue el principal motivo por el cual las personas con discapacidad, de todos los grupos etarios y de género, no recibieron la atención que necesitaban. En 51 países, entre el 32% y el 33% de los hombres y las mujeres sin discapacidad no pueden pagar servicios de salud, en comparación con el 51% al 53% de las personas con discapacidad (véase la tabla 3.2). Los costos de transporte también ocupan un lugar preponderante como barrera para el acceso a la salud en los países de ingreso bajo y alto, en todos los grupos etarios y de género.

Los servicios de salud se financian con recursos de distintas fuentes, que incluyen presupuestos públicos, seguros sociales, seguros médicos privados, fondos de donantes externos y fuentes privadas, como mecanismos no gubernamentales y dinero propio del paciente. De la Encuesta Mundial de Salud surge que el porcentaje de personas con discapacidad que paga con ingresos corrientes, ahorros o seguro es muy similar al porcentaje de personas sin discapacidad, pero el pago con medios personales varía de un grupo a otro: pagar a través del seguro es más común en los países de ingreso alto, mientras que vender bienes y recurrir a amigos y familiares es más común en los de ingreso bajo, y las personas con discapacidad tienen mayores probabilidades de vender bienes, tomar dinero prestado o recurrir a un familiar (véase la tabla 3.3).

En teoría, los sistemas públicos de salud ofrecen cobertura universal, pero, en la práctica, ello es muy poco común (*108*, *109*): ningún país garantiza el acceso inmediato de toda la población a todos los servicios de salud (*110*). En los países más pobres, es posible que solo se presten los servicios más básicos (*110*). Las restricciones del gasto público en el sector de la salud se traducen en una oferta insuficiente de servicios y un aumento importante en la proporción de gastos que se pagan con recursos propios de los hogares (*109*, *111*). En muchos países de ingreso bajo se destina menos del 1% del presupuesto para salud a la atención de la salud mental, y los pagos con recursos propios constituyen el principal mecanismo de financiamiento (*112*). Algunos países de ingreso mediano se están volcando a la prestación privada de distintos tratamientos, como los servicios de salud mental (*113*).

Las personas con discapacidad presentan tasas de empleo más bajas, tienen mayor probabilidad de sufrir desventajas económicas y, por ello, es menos probable que puedan pagar un seguro médico privado (*114*). Las personas con discapacidad con empleo pueden quedar excluidas de un seguro de este tipo debido a condiciones preexistentes, estar «subaseguradas» (*114*) porque se les denegó la cobertura durante un periodo prolongado (*11*), estar imposibilitadas de solicitar tratamiento relacionado con una condición preexistente o verse obligadas a pagar primas más altas y gastos de su propio bolsillo. Esto ha sido un problema, por ejemplo, en los Estados Unidos, pero, gracias a la nueva ley sobre atención asequible promulgada en marzo de 2010, a partir de 2014 estará prohibido denegar cobertura a las personas con condiciones preexistentes (*115*).

Un análisis de los datos de la Encuesta Mundial de Salud 2002-2004 correspondientes a 51 países revela que los hombres y las mujeres con discapacidad de países de ingreso alto y de ingreso bajo tuvieron más dificultades que los adultos sin discapacidad para obtener exenciones de pago o el derecho a tarifas especiales para

Tabla 3.3. **Panorama general del gasto en salud, proporción de encuestados con discapacidad y sin discapacidad**

	Porcentaje					
	Países de ingreso bajo		Países de ingreso alto		Todos los países	
	Sin disca-pacidad	Con disca-pacidad	Sin disca-pacidad	Con disca-pacidad	Sin disca-pacidad	Con disca-pacidad
Hombres						
Pagó con ingresos corrientes	84,6	81,4*	73,3	70,1	80,9	79,1
Pagó con ahorros	10,6	9,8	11,5	12,9	10,8	11,1
Pagó a través de un seguro	1,8	1,8	11,3	13,3	5,1	5,2
Pagó mediante la venta de bienes	13,6	17,6*	3,3	5,3	9,9	13,6*
Pagó un familiar	15,8	23,8*	7,7	13,5*	12,9	21,3*
Pagó con dinero prestado	13,7	25,2*	5,9	14,7*	11,0	21,6*
Pagó con otros medios	5,3	5,1	2,6	6,5*	4,3	5,5
Mujeres						
Pagó con ingresos corrientes	82,9	82,8	71,5	74,9	78,5	80,3
Pagó con ahorros	9,1	10,8	11,4	11,6	10,1	10,8
Pagó a través de un seguro	2,0	1,8	11,1	16,0*	5,7	6,2
Pagó mediante la venta de bienes	12,0	14,2*	2,4	4,7*	8,3	10,7*
Pagó un familiar	16,7	26,6*	9,3	15,1*	13,7	22,7*
Pagó con dinero prestado	14,0	23,5*	6,4	12,7*	11,2	19,5*
Pagó con otros medios	6,7	5,8	2,6	3,6	4,9	5,3

Nota: Las estimaciones están ponderadas utilizando las ponderaciones posestratificadas de la Encuesta Mundial de Salud, cuando hay datos disponibles (de lo contrario, se utilizan ponderaciones de probabilidad), y están estandarizadas por edad.
* La prueba t indica una diferencia significativa respecto de «Sin discapacidad» del 5%.
Fuente: (59).

atención de la salud, ya sea de organizaciones de salud privadas o del gobierno. Asimismo, les resultó más difícil averiguar qué beneficios les correspondían y obtener los reembolsos del seguro médico. Este hallazgo fue especialmente claro en el grupo etario entre 18 y 49 años, con cierta variabilidad en los grupos de mayor edad en todos los niveles de ingreso (véase la tabla 3.4).

Los sistemas de seguro social de enfermedad se suelen caracterizar por contribuciones obligatorias por parte de individuos y empleadores (109). Estos sistemas basados en los aportes del empleador pueden ser inaccesibles para muchos adultos con discapacidad, porque, entre ellos, las tasas de empleo son menores que entre las personas sin discapacidad. Incluso las personas con discapacidad que tienen empleo en ocasiones no pueden pagar las primas de los planes de seguro médico basados en el aporte del empleador (114), mientras que es poco probable que se les ofrezca un seguro a las personas con discapacidad que trabajan en el sector informal o en pequeñas empresas (114).

Según la Encuesta Mundial de Salud, los encuestados con discapacidad de 31 países de ingreso bajo y mediano bajo destinan el 15% del gasto total del hogar a pagar costos de salud con sus propios recursos, en comparación con el 11% en el caso de los encuestados sin discapacidad. También se determinó que las personas con discapacidad son más vulnerables a los gastos catastróficos en salud (véase la tabla 3.5)

Tabla 3.4. Dificultades de acceso a financiamiento para atención de la salud

	Porcentaje					
	Países de ingreso bajo		Países de ingreso alto		Todos los países	
	Sin discapacidad	Con discapacidad	Sin discapacidad	Con discapacidad	Sin discapacidad	Con discapacidad
Hombres Dificultades:						
Obtención de exenciones o tarifas especiales	17,7	24,1*	7,5	14,1*	15,0	22,0*
Llenado de solicitudes de seguro	3,6	6,6	4,7	12,4*	4,3	10,1*
Averiguación de beneficios/derechos de seguro	4,0	9,0*	8,6	17,2*	6,4	13,2*
Obtención de reembolsos del seguro médico	3,3	7,4*	3,5	11,8*	3,4	8,6*
Mujeres Dificultades:						
Obtención de exenciones o tarifas especiales	15,7	23,5*	5,9	16,5*	12,3	21,1*
Llenado de solicitudes de seguro	3,3	5,2	5,1	9,3*	4,5	7,0*
Averiguación de beneficios/derechos de seguro	3,3	6,0*	8,4	15,9*	6,2	10,7*
Obtención de reembolsos del seguro médico	3,2	5,4*	3,2	5,8*	3,1	5,6*
18-49 Dificultades:						
Obtención de exenciones o tarifas especiales	15,7	22,5*	6,3	15,8*	13,7	21,6*
Llenado de solicitudes de seguro	4,2	6,7*	4,2	10,7*	4,1	8,3*
Averiguación de beneficios/derechos de seguro	4,6	8,0*	9,9	17,7*	7,3	12,1*
Obtención de reembolsos del seguro médico	4,2	7,1*	4,1	10,6*	4,1	8,0*
50-59 Dificultades:						
Obtención de exenciones o tarifas especiales	17,5	24,2*	7,9	18,5*	14,9	23,1*
Llenado de solicitudes de seguro	3,8	5,8	5,9	14,6*	5,0	10,4*
Averiguación de beneficios/derechos de seguro	5,0	7,9	9,1	19,9*	7,4	13,8*
Obtención de reembolsos del seguro médico	4,4	7,1	5,0	8,0	4,7	7,4
≥ 60 Dificultades:						
Obtención de exenciones o tarifas especiales	18,6	25,5	6,9	14,0*	13,6	20,1*
Llenado de solicitudes de seguro	2,1	4,4	6,0	7,8	4,7	6,7
Averiguación de beneficios/derechos de seguro	1,6	6,1*	5,8	11,7*	4,2	9,6*
Obtención de reembolsos del seguro médico	1,3	4,7	1,5	4,8*	1,5	4,7*

Nota: Las estimaciones están ponderadas utilizando las ponderaciones posestratificadas de la Encuesta Mundial de Salud, cuando hay datos disponibles (de lo contrario, se utilizan ponderaciones de probabilidad), y están estandarizadas por edad.
* La prueba t indica una diferencia significativa respecto de «Sin discapacidad» del 5%.
Fuente: (59).

Tabla 3.5. Panorama general de los gastos catastróficos en salud, proporción de encuestados con discapacidad y sin discapacidad

	Porcentaje					
	Países de ingreso bajo		Países de ingreso alto		Todos los países	
	Sin discapacidad	Con discapacidad	Sin discapacidad	Con discapacidad	Sin discapacidad	Con discapacidad
Hombres	20,2	31,2	14,5	18,5	18,4	27,8
Mujeres	20,0	32,6	12,7	18,7	17,4	28,7
18-49	19,9	33,4	13,2	16,1	17,9	29,2
50-59	18,2	32,6	13,0	24,7	16,4	30,1
60 años o más	21,2	29,5	14,2	21,5	18,3	26,3

Nota: Los resultados son significativos en todos los casos según la prueba de chi cuadrado de Pearson, corregida en función del diseño de la encuesta. Las estimaciones están ponderadas utilizando las ponderaciones posestratificadas de la Encuesta Mundial de Salud, cuando hay datos disponibles (de lo contrario, se utilizan ponderaciones de probabilidad), y están estandarizadas por edad.
Fuente: (*59*).

en todos los grupos etarios y de género, y tanto en los países de ingreso bajo como de ingreso alto, según las definiciones del Banco Mundial. En todos los países, entre el 28% y el 29% de las personas con discapacidad sufren gastos catastróficos, en comparación con el 17% al 18% de las personas sin discapacidad, pero en los países de ingreso bajo se observan tasas considerablemente más altas que en aquellos de ingreso alto, en todos los grupos de sexo y edad.

Opciones de financiamiento

Las opciones de financiamiento de los sistemas de salud determinan qué servicios se ofrecen —una combinación de servicios de promoción, prevención, tratamiento y rehabilitación— y si las personas están protegidas de los riesgos financieros que implica utilizarlos (*110*, *116*). Las contribuciones como el seguro social y el copago deben ser asequibles y justas y estar vinculadas a la capacidad de pago de cada persona. El acceso total será posible únicamente si los gobiernos cubren el costo de los servicios de salud para las personas con discapacidad que carecen de medios para sufragarlo (*110*).

Cuanto más amplia sea la variedad de opciones de financiamiento, mayores serán la disponibilidad de servicios de salud para la población en general y el acceso de las personas con discapacidad. En el *Informe sobre la salud en el mundo 2010* se esboza un programa de acción para solventar los servicios de salud que no disuada a las personas de utilizarlos. Dicho programa comprende las siguientes medidas (*110*):

- obtener recursos suficientes para la salud aumentando la eficiencia de la recaudación de ingresos, reorganizando las prioridades de gasto de los gobiernos, empleando mecanismos de financiamiento innovadores y ofreciendo asistencia para el desarrollo;
- eliminar los riesgos financieros y las barreras que obstan al acceso;
- impulsar la eficiencia y eliminar el despilfarro.

Si bien mejorar el acceso a una atención sanitaria asequible y de buena calidad es un tema que concierne a toda la población, los datos expuestos más arriba indican que las personas con discapacidad tienen más necesidades de salud y más necesidades insatisfechas. Por este motivo, en esta sección se hace hincapié en las estrategias de financiamiento mediante las cuales se puede mejorar el acceso de las personas con discapacidad a los servicios de salud.

Ofrecer seguros médicos asequibles

Al contar con un seguro (público, privado o mixto), las personas con discapacidad pueden

Cuadro 3.3. Acceso a servicios de salud mental

En el *Informe sobre la salud en el mundo 2001*, se exigía acceso adecuado a tratamientos eficaces y humanitarios para las personas con condiciones de salud mental (*133*). Para muchas de ellas, es difícil recibir la atención apropiada, y algunos grupos —como las poblaciones rurales— suelen tener menos acceso a los servicios que otros (*134*).

Para garantizar el acceso a los servicios de salud mental, uno de los factores más importantes que es preciso tener en cuenta es la medida en que los servicios se ofrecen en la comunidad (*135*). En la mayoría de los países, sin embargo, la atención se encuentra predominantemente institucionalizada. En los países de ingreso bajo y mediano hay menos de un contacto o consulta de carácter ambulatorio (0,7) por día de internación hospitalaria (*136*). La transición de la atención institucional a la atención comunitaria es lenta y despareja. Un estudio reciente sobre los sistemas de salud mental de 42 países de ingreso bajo y mediano (*136*) arrojó que los recursos de salud mental están, en su gran mayoría, concentrados en las urbes. Un número considerable de personas con condiciones de salud mental están internadas en hospitales psiquiátricos de las grandes ciudades. Cuando se ajustaron las cifras para tener en cuenta la densidad de población, se observó que existía casi el triple de camas psiquiátricas en la ciudad más grande de cada país que en el resto del país (véase la figura a continuación). En los países de ingreso bajo, el desequilibrio detectado era aún mayor, con más de seis veces la cantidad de camas en la ciudad más grande. En los recursos humanos se observó un patrón similar: en todos los países participantes, el coeficiente entre población y número de psiquiatras y enfermeros que trabajaban en la ciudad más grande duplicaba con creces el coeficiente correspondiente al país en su conjunto.

Proporción de camas psiquiátricas ubicadas en la ciudad más grande (o en sus alrededores) frente a las camas de todo el país

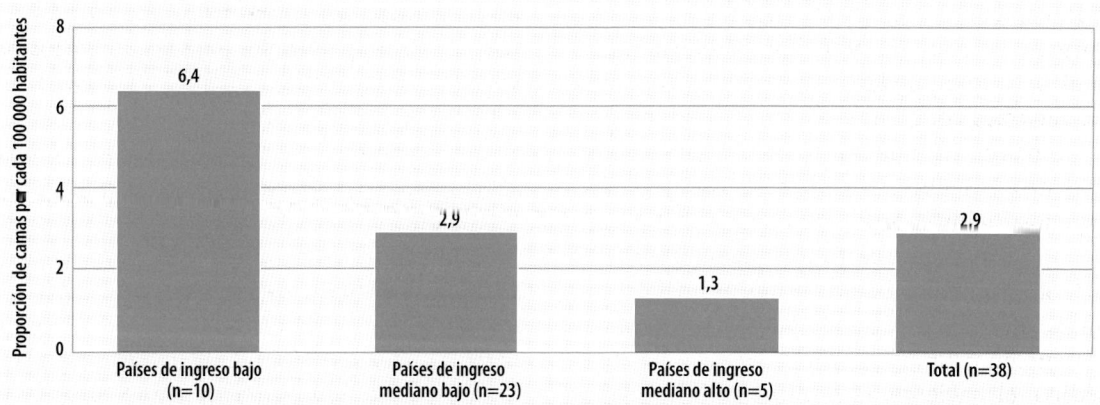

Para aumentar el acceso a los servicios destinados a las personas con condiciones de salud mental, se deberán mejorar los sistemas de atención comunitaria. A tal fin, será preciso intensificar la integración con la atención primaria, desalentar la internación (sobre todo en los hospitales psiquiátricos más grandes) y reforzar la asistencia ambulatoria mediante seguimiento y equipos de profesionales itinerantes (*161*). Donde sea que se presten, los servicios de salud mental deben respetar los derechos humanos de las personas afectadas, según se establece en la CDPD (*162*).

tener más acceso a los servicios de salud y utilizarlos más. Cuando se dispone de seguro, se mejoran distintos indicadores; por ejemplo, aumenta la probabilidad de recibir atención primaria, se reducen las necesidades insatisfechas (incluso la necesidad de atención especializada) y disminuyen los retrasos en la atención (*117-119*). Un seguro que cubra un amplio espectro de servicios médicos básicos puede mejorar los resultados clínicos (*120*) y aliviar los problemas financieros y la carga de cubrir los gastos con los propios recursos de la familia (*118*). Si se subvencionan los seguros médicos, también se puede extender la cobertura a las personas con discapacidad. En Taiwán (China) parte de la prima del seguro de las personas con discapacidad intelectual se paga a través del plan de seguro médico, según el nivel de discapacidad (*121*). En Colombia, el seguro médico subvencionado aumentó la cobertura del quintil más pobre de la población (*122*), lo cual puede beneficiar a las personas con discapacidad, dado que estas se hallan representadas de manera desproporcionada en el quintil inferior.

Apuntar a las personas con discapacidad que tienen las mayores necesidades de atención de la salud

Algunos gobiernos han destinado fondos a médicos y organizaciones de atención primaria, a fin de apuntalar la atención sanitaria de las personas con mayores necesidades. Care Plus es una iniciativa de atención primaria de Nueva Zelandia que ofrece un aumento de la capitación de aproximadamente el 10% a organizaciones de atención primaria de la salud para que puedan incluir servicios como evaluaciones completas, elaboración de planes de atención individuales, educación de los pacientes y seguimiento periódico, así como servicios mejor coordinados y de menor costo (*123*, *124*). Medicare es un plan de seguro social del Gobierno de los Estados Unidos mediante el cual se otorga un pago adicional a los médicos de atención primaria por las reuniones entre el médico, el paciente, la familia y los enfermeros para facilitar la comunicación, apoyar los cambios en el estilo de vida y mejorar el cumplimiento del tratamiento (*125*). Gracias a este programa, mejoró el funcionamiento de las personas de edad avanzada que sufrían cardiopatías y se podría disminuir el gasto total en atención de la salud (*125*). Muchos gobiernos también ofrecen asistencia financiera a organizaciones de personas con discapacidad y ONG para programas de salud dirigidos a personas con discapacidad (*91*, *126*, *127*).

Vincular el complemento de los ingresos al uso de servicios de salud

Del examen de los mecanismos de financiamiento para la salud a disposición de los pobres en América Latina se desprende que las transferencias condicionadas de efectivo pueden incrementar el uso de los servicios de salud preventivos y fomentar la formación de consumidores de atención sanitaria informados y activos, siempre que haya una atención primaria eficaz y un mecanismo para desembolsar los pagos (*111*, *128*-*131*). Si se destinan transferencias condicionadas de efectivo a aquellos grupos de personas con discapacidad que suelen recibir menos servicios preventivos, se podría aumentar el acceso a estos servicios (*114*).

Ofrecer un complemento general de los ingresos

Cuando se proporcionan transferencias de efectivo no condicionadas a las personas con discapacidad, se reconoce que ellas deben sortear barreras adicionales para acceder a los servicios de atención de la salud, rehabilitación, transporte y educación, y al trabajo, entre otras cosas. En muchos países se otorga un complemento de los ingresos a través de este tipo de transferencia a los hogares pobres, incluidos aquellos que tienen en su seno una persona con discapacidad, así como directamente a los individuos con discapacidad. En algunos países, como Bangladesh, el Brasil, la India y Sudáfrica, se han implementado programas de transferencias de efectivo no condicionadas dirigidos específicamente a personas pobres con discapacidad y hogares pobres con algún integrante con discapacidad. Estos programas tienen por objeto incrementar el ingreso disponible de los hogares pobres para que puedan emplearlos según sus prioridades, por ejemplo, para comprar alimentos, matricular a los niños en la escuela o solventar los servicios de salud. No hay una fórmula óptima para orientar las políticas, aunque las transferencias de efectivo pueden coexistir con otras políticas sociales y otros programas de protección social.

Reducir o eliminar los pagos con recursos propios para mejorar el acceso

La reducción o eliminación de las tarifas pagadas con recursos propios —sean formales o informales— puede incrementar el uso de los servicios de salud por parte de los pobres y reducir sus dificultades financieras y los gastos catastróficos en salud (*110*, *111*), lo cual es importante sobre todo para las personas con discapacidad, que gastan más dinero en servicios de salud que las personas sin discapacidad (véase la tabla 3.3). No obstante, la eliminación de tarifas no garantiza el acceso, dado que es posible que los servicios de salud «gratuitos» tampoco se utilicen. Por ejemplo, las personas con condiciones de salud mental pueden no utilizar los servicios debido a obstáculos como los estigmas y las personas con deficiencias motoras pueden encontrar barreras físicas para acceder a la atención médica (*72*, *113*).

Otorgar incentivos para que los prestadores de servicios de salud promuevan el acceso

Algunas personas con discapacidad requieren atención prolongada y ajustes para cuya coordinación eficaz se necesitan recursos adicionales (*114*). En los Estados Unidos, los créditos fiscales a consultorios pequeños ayudan a compensar el costo de los ajustes para los pacientes (*132*). En Gales, los nuevos criterios de acceso para las personas con discapacidad que se aplican a los médicos de atención primaria incentivan a los consultorios de medicina general a mejorar la accesibilidad de los servicios para esos pacientes (*15*).

Eliminar las barreras que obstan a la prestación de servicios

Para poder mejorar el acceso, es fundamental que haya servicios de salud también en comunidades rurales y remotas, y que las personas con discapacidad los conozcan (véase el cuadro 3.3).

Incluso donde los servicios existen, las personas con discapacidad pueden tropezar con distintas barreras físicas, de comunicación, de información y de coordinación cuando intentan acceder a ellos.

Las barreras físicas pueden estar relacionadas con el diseño arquitectónico de los centros de salud, con los equipos médicos o con el transporte (*11*, *69*, *72*, *96*).

En los centros puede haber barreras tales como sectores de estacionamiento inaccesibles, acceso en desnivel a los edificios, carteles inadecuados, entradas estrechas, escalones internos y baños inadecuados. En un estudio realizado en 41 ciudades del Brasil sobre las barreras arquitectónicas en las unidades de atención básica de la salud, se observó que aproximadamente el 60% de las unidades carecía de acceso apropiado para las personas con dificultades funcionales (*137*). En un estudio similar que se llevó a cabo en Essen (Alemania) se señaló que el 80% de los consultorios de ortopedia y el 90% de los consultorios neurológicos no cumplían con las normas de acceso, y por este motivo los pacientes en silla de ruedas no podían consultar al médico de su preferencia (*138*).

Los equipos médicos muchas veces no son accesibles para las personas con discapacidad, sobre todo aquellas con deficiencias motoras. En la Encuesta Mundial de Salud, hubo hombres con discapacidad, en todos los niveles de ingresos, que manifestaron que los equipos (incluso la medicación) del prestador de servicios de salud eran inadecuados (el 22,4%, en comparación con el 7,7% de los hombres sin discapacidad), y las mujeres con discapacidad de países de ingreso alto refirieron dificultades similares (véase la tabla 3.2). Por ejemplo, muchas mujeres con deficiencias motoras no pueden someterse a exámenes para detectar el cáncer de mama y de cuello de útero porque las camillas no son de altura ajustable y los mamógrafos se pueden utilizar únicamente en mujeres que pueden ponerse de pie (*11*, *132*).

Las personas con discapacidad a menudo señalan el transporte como una de las barreras que les impiden acceder a la atención de la salud, sobre todo cuando viven lejos de los centros sanitarios (véase la tabla 3.2) (*91-95*). El transporte para las personas con discapacidad suele ser limitado, económicamente inasequible o inaccesible (*139*). En un estudio que se realizó en los Estados Unidos, la mayoría de los participantes con discapacidad indicó que los problemas de transporte eran una barrera importante a la hora de acceder a la atención de la salud (*89*). Según una investigación llevada a cabo en la República de Corea, las barreras relacionadas con el transporte eran probablemente uno de los factores que impedían a las personas con graves deficiencias físicas y de comunicación participar en campañas de detección de enfermedades crónicas (*140*).

Las dificultades de comunicación entre las personas con discapacidad y los prestadores de servicios se suelen señalar como un problema (*79*, *141*, *142*) que puede surgir cuando aquellas intentan concertar una cita con un prestador, explicar sus antecedentes médicos, describir sus síntomas, o comprender lo que se les explica acerca del diagnóstico y el manejo de su condición. Cuando son los cuidadores, los familiares u otras personas quienes suministran la información, los profesionales de salud pueden recibir antecedentes inexactos (*143*).

Los prestadores de servicios pueden sentir incomodidad al comunicarse con personas con discapacidad. Por ejemplo, muchos de ellos no están preparados para interactuar con personas con trastornos mentales graves y se sienten incómodos o ineptos a la hora de comunicarse con ellas (*144*). En una investigación que se realizó en los Estados Unidos sobre el acceso de las mujeres sordas a la atención sanitaria, se observó que con frecuencia los trabajadores de la salud bajan la cabeza al hablar y, por este motivo, ellas no les pueden leer los labios (*141*).

Cuando no es posible comunicarse en las modalidades adecuadas, se pueden producir problemas de cumplimiento y asistencia (*145*). En una encuesta que encargó la Asociación de Padres de Niños Discapacitados de Zimbabwe, se llegó a la conclusión de que las personas con discapacidad quedaban excluidas de los servicios generales referentes al VIH/sida porque no se ofrecían análisis y asesoramiento en lengua de señas para personas con deficiencias auditivas, y tampoco se entregaba material educativo y de comunicación en Braille para personas con deficiencias visuales (*146*).

Algunas personas con discapacidad pueden tener necesidades sanitarias múltiples o complejas, en especial de rehabilitación, que requieren distintos prestadores y pueden abarcar servicios de diferentes sectores, como el de educación y el social. Las personas con discapacidad que necesitan servicios múltiples muchas veces los reciben fragmentados o duplicados (*147*). También pueden toparse con dificultades de transición cuando se las transfiere de un prestador a otro (*148*), por ejemplo, en la transición de los servicios pediátricos a la atención para adultos (*149-151*) y de esta a los servicios para personas de edad avanzada (*152*, *153*).

La falta de comunicación entre prestadores puede entorpecer la provisión coordinada de servicios (*154*). Por ejemplo, cuando los profesionales de atención primaria derivan a un paciente a un especialista, es común que suministren información insuficiente. Al mismo tiempo, los profesionales de atención primaria muchas veces reciben informes incompletos de los especialistas, y es posible que los resúmenes de alta después de una internación nunca lleguen a manos del médico de atención primaria (*155*).

Las consultas de atención primaria de las personas con discapacidad pueden llevar más tiempo que aquellas de las personas sin discapacidad (*156*). Los adultos con deficiencias intelectuales suelen requerir más tiempo para los exámenes, análisis diagnósticos, procedimientos clínicos y promoción de la salud (*99*). Los médicos muchas veces no reciben compensación por el tiempo adicional que dedican a las consultas de personas con discapacidad (*132*, *156*), y las disparidades entre el costo real y la compensación pueden desalentar a los prestadores de ofrecer una atención completa (*156*). Cuando las consultas son breves, el tiempo puede ser escaso para que estos puedan comprender y satisfacer las necesidades de atención, a veces complejas, de los pacientes con discapacidad (*154*, *157*).

Las percepciones sobre el estado de salud pueden influir en los comportamientos relacionados con la salud, como el uso de servicios y la manera de comunicar las necesidades sanitarias. Por ejemplo, en un estudio sobre personas con epilepsia de las zonas rurales de Ghana, se observó que las creencias espirituales en torno a la epilepsia influían en la salud y en la decisión de buscar tratamiento (*158*). En otro estudio, realizado en las zonas rurales de Gambia, se informó que apenas el 16% de 380 personas epilépticas sabían que existía un tratamiento preventivo; además, del 48% de los epilépticos que nunca habían sido tratados, el 70% desconocía que las clínicas ofrecían tratamiento para las convulsiones (*158*). También se ha observado que las personas con deficiencias intelectuales de comunidades étnicas minoritarias tienen menor probabilidad de utilizar servicios de atención de la salud (*14*, *159*). En un estudio llevado a cabo en Australia sobre mujeres con condiciones de salud mental y deficiencias físicas, sensoriales e intelectuales, se descubrió que las autopercepciones sobre la sexualidad, las experiencias dolorosas relacionadas con exámenes de salud reproductiva y los recuerdos de ellas mismas anteriores a la discapacidad eran barreras a la hora de utilizar servicios de salud (*72*). En otro ejemplo, las personas que experimentan discapacidades a medida que avanzan los años pueden sentir que sus síntomas son «normales» y considerarlos «parte del proceso de envejecimiento», en lugar de buscar el tratamiento apropiado (*160*).

Incluir a las personas con discapacidad en los servicios generales de salud

Todos los grupos de la sociedad deberían tener acceso a una atención de salud integral e inclusiva (*122*, *163*). En una encuesta internacional de prioridades de investigación sobre salud se indicó que, antes de abordar las deficiencias específicas de las personas con discapacidad, es preciso integrar sus necesidades de salud en los sistemas de atención primaria (*164*). Los servicios de atención primaria suelen ser los más accesibles, económicamente asequibles y aceptables para las comunidades (*161*). Por ejemplo, mediante un análisis sistemático de estudios de seis países en desarrollo de África, Asia y América Latina, se confirmó que, para las personas con condiciones de salud mental, los programas de atención primaria locales y asequibles son más eficaces que otros (*165*).

A fin de incluir a las personas con discapacidad en los servicios de atención primaria de la salud, es posible que los prestadores deban atender la gran variedad de necesidades derivadas de las deficiencias auditivas, visuales, del habla, motoras y cognitivas. En la tabla 3.6 se presentan ejemplos de ajustes. Si bien las pruebas de su eficacia son limitadas, los ajustes de este tipo representan enfoques prácticos que se recomiendan ampliamente en la bibliografía y en el seno de la comunidad de personas con discapacidad.

En contextos de ingreso bajo y mediano bajo, los programas de RBC pueden promover y facilitar el acceso de las personas con discapacidad y sus familias a los servicios de salud. Como se indica en el componente de salud de las directrices sobre la RBC (*166*), mediante estos programas se puede ayudar a las personas con discapacidad a superar las barreras que obstan al acceso, capacitar a los trabajadores de atención primaria en temas de discapacidad y contribuir a derivar pacientes a los servicios de salud.

Intervenciones específicas como complemento de una atención inclusiva de la salud

Las intervenciones específicas pueden ayudar a reducir las desigualdades en materia de salud y satisfacer las necesidades particulares de las personas con discapacidad (*4*, *17*). Algunos grupos que son difíciles de alcanzar mediante programas amplios pueden justificar la aplicación de este tipo de intervenciones; tal es el caso, por ejemplo, de las personas con deficiencias intelectuales y condiciones de salud mental, y de las personas sordas. Las intervenciones específicas también pueden resultar útiles para las personas con discapacidad que presentan

Tabla 3.6. Ejemplos de ajustes razonables

Ajustes	Soluciones recomendadas
Modificaciones estructurales de las instalaciones	Garantizar un trayecto accesible desde la calle o el medio de transporte hasta la clínica; asignar plazas de estacionamiento adecuadas para las personas con discapacidad; configurar la disposición de las salas de examen y otros espacios dentro de la clínica de modo que se permita el acceso de equipos de movilidad o asistentes; instalar rampas y pasamanos; ensanchar las puertas y entradas; retirar de los corredores todos los equipos que obstruyan el paso; instalar ascensores; colocar señalización de alto contraste, con letras grandes y en Braille; instalar inodoros y lavamanos modificados; colocar asientos para quienes no puedan esperar de pie o sentados en el piso.
Uso de equipos con características de diseño universal	Camillas de altura ajustable o disponibilidad de camillas o catres más bajos para examinar a los pacientes; básculas de plataforma o para posición sentada; equipos diagnósticos accesibles en silla de ruedas (por ejemplo, mamógrafos).
Comunicación de información en formatos adecuados	Presentar la información sanitaria en formatos alternativos, como letras grandes, Braille, audio e imágenes; hablar de manera clara y dirigirse directamente al paciente; comunicar la información pausadamente para asegurar la comprensión; demostrar las actividades, además de describirlas; emplear servicios de interpretación de lengua de señas; facilitar lectores, escribientes o intérpretes que ayuden a los pacientes con los formularios.
Adaptación de los sistemas de concertación de citas	Permitir la concertación de citas mediante correo electrónico o fax; enviar recordatorios de citas telefónicamente o por mensaje de texto; programar tiempo adicional para las citas; ofrecer los primeros o los últimos turnos del día; agrupar las citas de salud en general y las consultas por necesidades específicas de la discapacidad.
Uso de modelos alternativos de prestación de servicios	Telemedicina, servicios mediante clínicas móviles y visitas domiciliarias; integrar en las consultas médicas a los familiares y cuidadores, cuando resulte apropiado y así lo desee el paciente; ofrecer asistencia para el transporte al centro de prestación de servicios de salud.

un riesgo más alto de desarrollar condiciones secundarias o concurrentes, o cuyas necesidades sanitarias específicas requieren atención permanente (véase el cuadro 3.4).

Las iniciativas de promoción de la salud dirigidas específicamente a las personas con discapacidad pueden tener un notable efecto positivo al mejorar los comportamientos que influyen en el estilo de vida, elevar la calidad de vida y reducir los costos médicos (*18*, *168*). Han tenido cierto éxito varios programas reducidos de promoción de la salud orientados a ayudar a las personas con deficiencias intelectuales a bajar de peso y mejorar su estado físico (*169*). En los Estados Unidos se instrumentó una intervención para adultos con síndrome de Down que incluyó un programa de 12 semanas de educación para la salud y actividad física, gracias al cual los participantes lograron mejorar considerablemente su estado físico, fuerza y resistencia, y adelgazar ligera pero significativamente (*65*).

Mejorar el acceso a los servicios de salud especializados

Los equipos de profesionales de atención primaria necesitan el apoyo de organizaciones, instituciones y servicios especializados (*170*) para poder ofrecer una atención integral a las personas con discapacidad. En una encuesta realizada entre médicos generales de los Países Bajos, se observó que, si bien coincidían en que las personas con deficiencias intelectuales deben recibir servicios como parte de la atención primaria, los encuestados calificaron el acceso al apoyo de especialistas como «importante» a «muy importante» en el caso de trastornos como problemas psiquiátricos y del comportamiento y epilepsia (*171*). También en el caso de personas con deficiencias intelectuales, se recomendó llevar a cabo exámenes médicos completos en el marco de la atención primaria, con el respaldo de un equipo multidisciplinario de especialistas, de ser necesario (*169*).

> **Cuadro 3.4. Prevención del VIH/sida entre los jóvenes con discapacidad de África**
>
> En 1999, la red internacional Rehabilitación Internacional inició un proyecto sobre VIH/sida en Mozambique y en la República Unida de Tanzanía para promocionar el Decenio Africano de las Personas con Discapacidad, y ofrecer orientación sobre esa enfermedad y capacitación en derechos humanos. También se asociaron al proyecto las ONG Miracles in Mozambique y la Organización de Personas con Discapacidad para Asuntos Legales y Desarrollo Socioeconómico, de la República Unida de Tanzanía. También se contó con el apoyo de la Agencia Sueca de Cooperación Internacional para el Desarrollo.
>
> Una encuesta de referencia realizada entre 175 personas con discapacidad de 12 a 30 años de edad reveló que el conocimiento sobre el VIH/sida era escaso, que faltaba información sanitaria en formatos accesibles y que, en muchos casos, los centros de salud eran de difícil acceso.
>
> Una de las actividades del proyecto consistió en elaborar material educativo sobre temas de VIH/sida y los derechos de los jóvenes con discapacidad, así como material para los trabajadores de extensión y pares instructores que trabajan con este grupo. Por ejemplo, se publicaron manuales en formatos accesibles, como Braille, y un DVD en lengua de señas. El material del proyecto tuvo amplia distribución entre organizaciones dedicadas al VIH/sida y a la discapacidad. Se dictaron cuatro talleres de capacitación en kiswahili y portugués a los que asistieron 287 participantes y posteriormente se ampliaron para incluir a personas con discapacidad de zonas rurales de Mozambique. Se capacitó a algunos de los participantes para que se desempeñaran como instructores locales sobre VIH/sida. Al mismo tiempo, se lanzó una campaña de gran magnitud a través de los medios de difusión, internet y seminarios en los que tomaron parte representantes de los Gobiernos y de ONG para educar al público.
>
> Cuando finalizó el proyecto, se recomendó incorporar temas de discapacidad en los programas educativos sobre VIH/sida. El enfoque participativo e inclusivo resultó eficaz para capacitar a jóvenes con discapacidad, así como pares instructores y trabajadores de extensión.
>
> Fuente: (*167*).

En las prácticas recomendadas de salud mental se destaca la importancia de los especialistas (*161*). En Uganda, las clínicas de atención primaria reciben la visita de especialistas en salud mental, que viajan hasta allí para ofrecer supervisión y apoyo; en el Brasil, los especialistas en salud mental visitantes reciben a los pacientes junto con los médicos de atención primaria, y en Australia, los médicos generales tienen la oportunidad de comunicarse con enfermeros psicogeriátricos, psicólogos o psiquiatras, si lo necesitan (*161*).

En algunos países hay servicios específicos en las comunidades que satisfacen las necesidades de atención especializada. En el Reino Unido, las personas con deficiencias intelectuales tienen a su disposición equipos especializados en discapacidad del aprendizaje, que ofrecen tratamiento en los casos en que los servicios generales son insuficientes; respaldan a los servicios de atención primaria a fin de detectar y satisfacer necesidades de salud; facilitan el acceso a los servicios generales, y educan y asesoran a individuos, familias y otros profesionales (*172*). En el Brasil y en la India, equipos de extensión realizan un seguimiento de los pacientes con lesión medular para ayudarlos con el cuidado de la piel, el control de intestinos y esfínteres, los problemas articulares y musculares, y el control del dolor (*173*).

Prestar servicios de salud centrados en las personas

Muchas personas con discapacidad procuran intensificar las relaciones de colaboración con los prestadores de atención primaria para manejar las condiciones primarias, secundarias y concurrentes (*7*). En Australia se ejecutó un programa de evaluación integral de la salud diseñado para mejorar la interacción entre los adultos con deficiencias intelectuales y sus cuidadores, y se observó que, gracias a la evaluación, los médicos generales comenzaron a prestar más atención a las necesidades de esos pacientes, y mejoraron la promoción de la salud y la prevención de enfermedades (*174*).

Las siguientes son algunas de las funciones que deberían cumplir los servicios centrados en las personas:

- Educar y respaldar a las personas con discapacidad para que puedan manejar su propia salud. Mediante técnicas de autonomía en el cuidado personal se ha logrado mejorar los resultados de salud y la calidad de vida en distintas condiciones crónicas y, en algunos casos, se han reducido los costos del sistema de atención de la salud (*125*, *175*, *176*). Con la capacitación y el apoyo adecuados, y con oportunidades para tomar decisiones en un marco de colaboración, las personas con discapacidad pueden mejorar su salud activamente (véase el cuadro 3.5). Al tener más conocimientos, pueden comunicarse mejor, pueden negociar el sistema de salud de manera más eficaz y, en general, están más satisfechos con su atención (*179*, *180*).
- Ofrecer cursos de cuidado personal de duración limitada en los que se ofrezca el apoyo de los pares, a fin de que las personas con discapacidad puedan manejar mejor su salud (*176*). En Nicaragua, donde el sistema de salud está sobrecargado con un número creciente de pacientes con enfermedades crónicas, se han creado «clubes de pacientes crónicos» en los centros de salud, en los que se enseña a los diabéticos acerca de los factores de riesgo, el manejo de la enfermedad, los signos de complicaciones y los estilos de vida saludables (*181*). En Rwanda, en un estudio sobre las necesidades de promoción de la salud de las personas con amputación de miembro inferior, se recomendó ofrecer talleres para que las personas con discapacidad pudieran compartir sus vivencias y motivarse unos a otros a mejorar sus comportamientos relacionados con la salud (*37*).
- Integrar en la prestación de servicios a los familiares y cuidadores, cuando resulte apropiado. Los familiares y cuidadores pueden tener conocimientos y habilidades limitados. Tal vez no comprendan la importancia de llevar un estilo de vida saludable o no sepan detectar, en una persona con discapacidad, cambios que puedan ser indicios de un problema de salud (*182*). Los familiares y cuidadores pueden apoyar los comportamientos que contribuyen a la salud de las personas con discapacidad identificando sus necesidades, ayudándolas a obtener atención —lo

---

Cuadro 3.5. Personas con lesión medular en el equipo médico

En 2005, se lanzó una iniciativa multinacional para investigar de qué manera las personas con discapacidad podrían tener mayor intervención en su propio cuidado. Así se creó el «Nuevo Paradigma de Atención Médica para Personas con Discapacidad», fruto de la labor conjunta de la Organización Mundial de la Salud (OMS), la Associazione Italiana Amici di Raoul Follereau (AIFO) y la Organización Mundial de Personas con Discapacidad (OMPD) Esta iniciativa surgió a raíz de una recomendación de la OMS, en la que se indicaba que los servicios de atención de la salud organizados según el modelo tradicional de cuidados intensivos eran inadecuados para la atención de largo plazo, porque no brindaban a las personas con discapacidad suficientes posibilidades de encargarse de su propio cuidado (*177*).

En Piedecuesta (Colombia) el proyecto impulsó a las personas con lesión medular a reunirse periódicamente a fin de compartir ideas sobre sus necesidades de atención de la salud como grupo. Trabajadores sociales y de la salud aportaron información sanitaria y dirigieron sesiones interactivas de capacitación práctica sobre el cuidado personal. Algunos de los temas abordados fueron las úlceras por presión, los problemas urinarios, el manejo del catéter y cuestiones de sexualidad.

Los participantes informaron que mejoró la relación con los trabajadores de la salud y que gozan de una mejor calidad de vida desde que comenzó el proyecto. Después de dos años de reunirse con regularidad, el grupo decidió crear una asociación, cuyos miembros comparten sus experiencias con los nuevos pacientes que ingresan al hospital de Piedecuesta con lesiones de la médula espinal, lo que convierte a los miembros en integrantes del equipo de atención sanitaria (*178*).

que incluye concertar citas, acompañarlas a las consultas y comunicar información—, y ayudándolas a iniciar y sostener actividades saludables (*14*). Según un estudio realizado en los Estados Unidos, los cónyuges, las parejas y los cuidadores pagos tenían mayor probabilidad que otros tipos de cuidadores de asegurar la participación de las personas con discapacidad en servicios preventivos (*183*).

Coordinar los servicios

La coordinación de la atención promueve la prestación de servicios de salud en un marco interdisciplinario y de colaboración, ya que vincula a las personas con discapacidad con los servicios y recursos adecuados, y garantiza una distribución más eficiente y equitativa de los recursos (*147*, *154*, *184*). Si bien la coordinación puede incrementar los costos en el corto plazo, a la larga puede mejorar la calidad, la eficiencia y la eficacia en función de los costos de la prestación de servicios de salud (*184*-*188*). Si se apunta directamente a las personas que pueden resultar beneficiadas, se podrán mejorar los resultados y reducir los costos de coordinación innecesarios (*189*). Se ha confirmado mediante estudios que los enfoques integrados y coordinados entre distintas organizaciones de servicios —como las dedicadas a la vivienda y la educación— pueden reducir la internación de personas con discapacidad en hospitales e instituciones, además de mejorar su salud en general y aumentar su participación en la comunidad (*190*, *191*).

Aunque todavía se están analizando las maneras más eficaces y eficientes de coordinar la transición de servicios de salud para las personas con discapacidad, algunas estrategias generales que se consideran eficaces incluyen las siguientes medidas (*148*, *152*, *192*):

- **Designar a un coordinador de la atención.** Distintos trabajadores de la salud pueden asumir la función de coordinador de la atención. Las estructuras de atención primaria probablemente sean las más eficientes para coordinar la atención brindada en distintas instancias del sistema de salud (*155*, *185*), y muchas personas con discapacidad consideran que los médicos generales son los responsables últimos de su atención y los «guardianes» de los distintos servicios basados en la comunidad (*193*). En algunos casos, existen servicios dedicados de coordinación de la atención y facilitadores sanitarios que ayudan a las personas a acceder a los servicios de atención primaria (*120*). En el Reino Unido, por ejemplo, hay enfermeros clínicos especializados, que coordinan la atención de la salud de las personas con deficiencias intelectuales (*169*).
- **Elaborar un plan de atención individual.** Se necesita un plan de atención personalizada como puente entre la atención actual y la pasada, y para hacer frente a las necesidades futuras. El plan debe ser lo suficientemente flexible para adaptarlo a los cambios que se puedan producir en las necesidades y circunstancias de las personas (*194*). En Australia, el programa Enhanced Primary Care impulsa a los médicos generales a llevar a cabo evaluaciones completas de salud, planes de atención multidisciplinarios y reuniones informativas con personas de edad avanzada, personas con enfermedades crónicas y personas con deficiencias intelectuales (*169*).
- **Realizar derivaciones adecuadas y transferencias eficaces de información a otros servicios.** Una derivación oportuna puede facilitar el acceso y disminuir el estrés, la frustración y la aparición de condiciones secundarias (*154*, *195*, *196*). Es fundamental la buena comunicación entre todos los prestadores de servicios (*197*). Los registros electrónicos o las libretas electrónicas de pacientes —que incluyen información sobre las habilidades, las dificultades y los métodos de aprendizaje o comunicación de cada persona— pueden mejorar la transición entre servicios pediátricos y servicios para adultos, y entre distintos médicos (*154*). También pueden resultar útiles los inventarios de servicios y recursos comunitarios pertinentes.

Utilizar tecnologías de la información y las comunicaciones

Las tecnologías de la información y las comunicaciones pueden incrementar la capacidad de los servicios de atención de la salud, mejorar la prestación de servicios y ayudar a las personas a manejar mejor su propia salud (*198*). Si bien hay escasas pruebas respecto de la eficacia de algunas tecnologías, o se ha comprobado que estas tienen un efecto limitado, otras tecnologías prometen beneficiar el sistema de salud y mejorar los resultados de salud individuales (*199*).

- **Registros médicos electrónicos.** Los registros médicos electrónicos compartidos pueden resolver problemas comunes en la continuidad de la atención (*200*).
- **Servicios de telemedicina.** Las personas que reciben servicios de telemedicina psiquiátrica, como evaluaciones psiquiátricas y control de la medicación, refieren un nivel alto de satisfacción con la atención recibida (*201*); también se han implementado con éxito programas de autonomía en el cuidado personal mediante videoconferencia (*202*).
- **Informática sanitaria para el consumidor.** Las personas con enfermedades crónicas se han beneficiado de programas de cuidado personal por internet (*175*, *203*). Se llevó a cabo un estudio para comparar los exámenes auditivos por internet con los exámenes convencionales y demostrar que es posible examinar la audición satisfactoriamente a distancia (*204*), y existen portales de internet que ofrecen «asesoramiento electrónico» destinado a preparar a las personas para las consultas con el médico de atención primaria y brindar información sobre condiciones crónicas (*180*).

Eliminar las barreras de los recursos humanos

Algunas de las barreras más comunes son las actitudes, los conocimientos y las aptitudes de los prestadores de servicios de salud; se debe garantizar que las prácticas sanitarias no entren en conflicto con los derechos de las personas con discapacidad.

Las personas con discapacidad pueden ser reacias a recurrir a los servicios de salud por temor a los estigmas y la discriminación (*205*). Es posible que algunas de ellas hayan sido institucionalizadas o recibido algún otro tipo de tratamiento involuntario, o hayan sido víctimas de abusos, negligencia y una constante descalificación. Las experiencias negativas en el sistema de salud, como la insensibilidad o la falta de respeto, pueden crear desconfianza en los prestadores de servicios de salud y llevar a las personas a no solicitar atención y autodiagnosticarse y autotratarse (*89*, *206*). Por ello, es fundamental que los prestadores de salud respondan de manera respetuosa, idónea y comprensiva a las personas con discapacidad.

Sin embargo, siguen existiendo entre los prestadores de servicios sanitarios actitudes y conceptos erróneos que constituyen barreras para el acceso de las personas con discapacidad a la atención de la salud (*90*, *207*). Algunos profesionales pueden sentirse incómodos al tratar a personas con discapacidad (*157*), y la adopción de decisiones clínicas puede verse influida por sus presuposiciones y actitudes negativas. Por ejemplo, ante la idea errónea —y generalizada— de que las personas con discapacidad no son sexualmente activas, muchas veces los profesionales no les ofrecen servicios de salud sexual y reproductiva (*11*, *79*, *89*, *208*).

Los trabajadores de la salud muchas veces carecen de las aptitudes y los conocimientos adecuados en relación con las condiciones primarias, secundarias y concurrentes vinculadas a la discapacidad, y desconocen cómo abordar eficazmente las necesidades de salud de las personas con discapacidad (*89*, *154*, *209*). Los prestadores de servicios de salud pueden tener dudas sobre la manera de satisfacer las necesidades de salud directamente asociadas con una discapacidad y de distinguir entre problemas de salud relacionados y no relacionados con una discapacidad, y quizás no comprendan la necesidad de servicios de salud integrales (*96*).

Por ejemplo, los programas de educación de grado para trabajadores de la salud rara vez contemplan las necesidades de salud de las personas con discapacidad (*11*, *145*), y los médicos generales refieren con frecuencia que la falta de preparación afecta su habilidad de ofrecer atención a las personas con discapacidad (*143*).

La comprensión y los conocimientos limitados sobre la discapacidad que imperan entre los prestadores de servicios de salud suelen impedir la coordinación eficaz y oportuna de los servicios (*96*, *154*), lo que a veces deriva en exámenes inadecuados y experiencias incómodas y poco seguras para las personas con discapacidad (*210*). Cuando los prestadores no cuentan con el respaldo de investigaciones y directrices clínicas relacionadas con la discapacidad, las variaciones de tratamiento pueden ser enormes. En un estudio se concluyó que el principal motivo por el que no se recetaban medicamentos para la osteoporosis a personas con lesión medular era que los médicos generales no contaban con directrices fundamentadas con pruebas (*30*).

La presencia de una determinada condición de salud no es suficiente para determinar la capacidad (*211*). Según el artículo 12 de la CDPD, la suposición de que las personas con determinadas condiciones carecen de capacidad es inaceptable. Negar a las personas con discapacidad el derecho a ejercer su capacidad jurídica puede impedirles desempeñar un papel activo en su propia salud. La solución consiste en la adopción asistida de decisiones, en lugar de la tutela u otros tipos de toma de decisiones en manos de terceros (véase el cuadro 3.6).

La educación e instrucción sobre discapacidad para los trabajadores de la salud es una prioridad importante para crear conciencia de las necesidades de atención sanitaria de las personas con discapacidad y mejorar el acceso a los servicios (*89*, *127*, *142*, *143*, *209*, *217*). Se debe enseñar a los trabajadores las causas, las consecuencias y el tratamiento de las condiciones discapacitantes, y cuáles son las presunciones incorrectas que surgen de las maneras prejuiciosas de ver a las personas con discapacidad (*145*, *150*, *154*).

A partir de una encuesta realizada a médicos generales de Francia, se recomendó incorporar módulos sobre discapacidad en los planes de estudios de las facultades de medicina, ofrecer educación permanente y suministrar recursos adecuados (*157*). En un enfoque innovador de la educación y la capacitación, personas con discapacidad educan a estudiantes y profesionales de la salud sobre diversos temas de discapacidad, como actitudes y prácticas discriminatorias, aptitudes comunicativas, accesibilidad física, la necesidad de atención preventiva y las consecuencias de una mala coordinación de la atención (*145*, *154*). La capacitación impartida por personas con deficiencias físicas, sensoriales y mentales podría mejorar el conocimiento sobre los problemas que ellas enfrentan (*142*).

Incluir la educación sobre discapacidad en la capacitación de grado

Los docentes enseñan cada vez más a los estudiantes cómo comunicarse con los pacientes, incluso con las personas con discapacidad (*144*), y en muchos estudios se han informado resultados satisfactorios con distintos profesionales de la salud:

- En un estudio llevado a cabo en Australia entre estudiantes de medicina de cuarto año, se observó un cambio importante en las actitudes hacia las personas con discapacidad del desarrollo después de un taller de tres horas sobre aptitudes comunicativas (*218*).
- En un estudio realizado en los Estados Unidos, estudiantes de medicina de tercer año manifestaron que sentían menos incomodidad y lástima respecto de las personas con discapacidad después de participar en una sesión educativa de 90 minutos (*219*).
- En un estudio se observó que la educación impartida por personas con discapacidad ayudaba a los estudiantes de medicina a aprender cómo la discapacidad afecta los planes de tratamiento, así como a reconocer y reflexionar acerca de sus actitudes con respecto a la discapacidad (*220*).

> **Cuadro 3.6. Derechos sexuales y reproductivos de las personas con discapacidad**
>
> En la CDPD se especifica que las personas con discapacidad tienen la misma capacidad jurídica que las demás (artículo 12); tienen el derecho a casarse, formar una familia y mantener su fertilidad (artículo 23), y tienen el derecho a acceder a la atención de la salud sexual y reproductiva (artículo 25). Está muy difundido el prejuicio de que las personas con discapacidad son asexuales o de que se debería controlar su sexualidad y fertilidad (*77*). Existen pruebas de que las personas con discapacidad son sexualmente activas (*212*), por lo cual es importante que accedan a educación en la materia, a fin de promover la salud sexual y las experiencias positivas, tanto sexuales como afectivas, en todas las personas con discapacidad.
>
> Pese a las prohibiciones legales, se observan muchos casos de esterilización involuntaria para restringir la fertilidad de algunas personas con discapacidad, sobre todo en el caso de aquellas que tienen deficiencias intelectuales, la mayoría de ellas, mujeres (*213-216*). La esterilización también se emplea en algunos casos como técnica de control de la menstruación.
>
> La esterilización involuntaria de las personas con discapacidad se contrapone a las normas internacionales de derechos humanos. Las personas con discapacidad deberían gozar de acceso a esterilización voluntaria en igualdad de condiciones con las demás. Asimismo, la esterilización casi nunca es la única opción para el control de la menstruación o la fertilidad (*214*). Además, tampoco ofrece protección contra el abuso sexual o las enfermedades de transmisión sexual. Se deberá implementar marcos jurídicos y mecanismos de información y cumplimiento a fin de garantizar que, cada vez que se solicite la esterilización, se respeten siempre los derechos de las personas con discapacidad por sobre cualquier otro interés en pugna.

- En un estudio entre estudiantes de medicina de cuarto año, se realizaron sesiones plenarias dirigidas por personas con discapacidad. Los estudiantes señalaron que les había resultado valioso escuchar esas experiencias personales, y conocer qué funcionaba y qué no funcionaba en el contexto médico y en la relación entre el paciente y el profesional (*221*).
- Los cursos introductorios para estudiantes de los primeros módulos de terapia ocupacional y los módulos de manejo de posgrado de la Federación de Rusia, diseñados e impartidos por la Sociedad Rusa de Personas con Discapacidad, lograron inspirar actitudes positivas en los estudiantes (*222*).
- Un estudio para determinar si un cambio en el plan de estudios había influido en la disposición de los estudiantes de enfermería hacia las personas con discapacidad demostró que las actitudes eran más positivas después de haber completado el último año (*223*).

Ofrecer educación permanente a los trabajadores de la salud

Muchos trabajadores de la salud reconocen que es preciso recibir educación permanente sobre discapacidad (*143*). En un estudio, los prestadores de servicios describieron necesidades educativas específicas, incluso la necesidad de información sobre cómo acceder a recursos sobre discapacidad, coordinar la atención, realizar ajustes razonables para las personas con discapacidad, abordar las necesidades de salud sexual y reproductiva, y completar formularios del estado de discapacidad (*209*). En el Reino Unido, se observó que, si bien los enfermeros especializados en atención primaria de la salud tenían actitudes positivas, en general, hacia el trabajo con personas con deficiencias intelectuales, consideraban que la capacitación en este tema era prioritaria (*224*).

El Consejo de Rehabilitación de la India ejecutó un programa nacional (1999-2004) para instruir, en temas de discapacidad, a los funcionarios médicos que trabajaban en centros de atención primaria. Tenía como objetivos difundir conocimientos sobre prevención, promoción de la salud, detección temprana, tratamiento y rehabilitación; concientizar acerca de los servicios para personas con discapacidad, e informar a los médicos acerca de temas generales de discapacidad, como la legislación pertinente y los recursos humanos. Cuando terminó el programa, habían recibido capacitación 18 657 médicos de los 25 506 que se habían tomado como referencia (*225*).

Apoyar a los trabajadores de la salud con recursos adecuados

Las directrices de práctica clínica basadas en la evidencia pueden ayudar a los profesionales de la salud a brindar atención apropiada a las personas con discapacidad. Por ejemplo, el documento *Clinical guidelines and integrated care pathways for the oral health care of people with learning disabilities* (Directrices clínicas y vías de atención integrada para la salud bucal de las personas con discapacidades del aprendizaje) (*226*) ayuda a los profesionales a mejorar la salud bucal de las personas con deficiencias del aprendizaje. En el manual *Table manners and beyond*, se describen y se presentan imágenes de posiciones alternativas para ayudar a los médicos a realizar exámenes ginecológicos en mujeres con discapacidad (*132*). Los directorios de recursos también pueden ayudar a los trabajadores de la salud a derivar pacientes a especialistas y a vincular a las personas con discapacidad con servicios basados en la comunidad, tales como programas de ejercicios, grupos de autoayuda y agencias de cuidados domiciliarios. En el *Directory of disability services in Malawi* (Directorio de servicios para personas con discapacidad de Malawi), de amplia difusión, incluso entre trabajadores de la salud, se enumeran todas las organizaciones, los grupos y los servicios de Malawi dedicados a la discapacidad (*227*).

Salvar la falta de datos e investigación

Las pruebas llevan a tomar mejores decisiones y lograr mejores resultados de salud (*228*, *229*). Contar con información confiable es fundamental para crear conciencia pública sobre temas de salud, contribuir a la planificación y la elaboración de políticas, y asignar recursos para reducir las desigualdades (*230*). Por este motivo, los datos y la investigación son cruciales para brindar información que permita comprender los factores que determinan el estado de salud, elaborar políticas, dirigir la aplicación y controlar los servicios de salud para las personas con discapacidad, y así reforzar los sistemas de atención de la salud (*231*). La escasez de datos y resultados de investigaciones puede constituir una barrera importante para los encargados de formular políticas y tomar decisiones, lo cual puede, a su vez, afectar la posibilidad de las personas con discapacidad de acceder a servicios de salud centrales.

La disponibilidad de datos relacionados con las personas con discapacidad varía mucho de un país a otro (*232*). Existen pocas fuentes de datos nacionales, y la información que permitiría determinar el grado de desigualdad sanitaria que sufren las personas con discapacidad es limitada (*233*). Los sistemas de vigilancia no suelen desglosar los datos por discapacidad, y muchas veces las personas con discapacidad también quedan excluidas de los estudios mediante los cuales se buscan pruebas científicas de los resultados de una intervención de salud (*234*, *235*). Muchas veces, los criterios de admisibilidad no permiten la participación de personas con discapacidad (*11*) porque sus condiciones primarias se pueden considerar «factores de confusión» para las preguntas de la investigación. Determinadas barreras, como el transporte, también pueden limitar en algunos casos las oportunidades de las personas con discapacidad de participar en investigaciones (*236*).

En un ejercicio reciente sobre las prioridades de investigación, se determinó que las principales prioridades eran identificar las barreras en la atención de la salud central y elaborar estrategias para superarlas (*164*). Otras prioridades eran la prevención de condiciones secundarias y la detección y derivación temprana de problemas de salud a través de la atención primaria. A continuación se mencionan algunos de los ámbitos pertinentes para la investigación y recopilación de datos.

Investigación sobre los servicios de salud

Algunos de los datos que se necesitan para reforzar los sistemas de atención de la salud son los siguientes:

- el número de personas con discapacidad;
- el estado de salud de las personas con discapacidad (*11*);
- los factores sociales y ambientales que influyen en la salud de las personas con discapacidad;
- la respuesta de los sistemas de atención de la salud a las personas con discapacidad;
- el uso de los servicios de salud por las personas con discapacidad;
- las necesidades de atención, tanto satisfechas como no satisfechas (*237*).

Se debe incluir a las personas con discapacidad en todas las iniciativas de vigilancia de la atención de la salud en general (*233*), y se deben desglosar los datos sobre las personas con discapacidad. Un buen ejemplo a nivel de los Estados es el Sistema de Vigilancia de Factores de Riesgo del Comportamiento de los Centros para el Control y la Prevención de Enfermedades de los Estados Unidos, que incluye dos preguntas generales de identificación de discapacidad para asegurar que se suministren datos de discapacidad específicos de los Estados (*233*). También se debe investigar la calidad y la estructura de los sistemas de atención de la salud, por ejemplo, cuáles son los ajustes razonables que se necesita realizar para las personas con discapacidad.

Investigación sobre condiciones de salud asociadas con la discapacidad

Prevenir condiciones secundarias relacionadas con discapacidades existentes es una prioridad importante. Los resultados preliminares de un análisis sistemático de intervenciones de promoción de la salud para personas con discapacidad indican que la investigación de este tema es un campo en crecimiento y que existen pruebas de intervenciones eficaces (*238*). Sin embargo, los diseños de investigación más sólidos requieren dosis precisas para la intervención, y si los estudios son multicéntricos, se incrementará el reclutamiento y será más posible generalizar las conclusiones (*237*).

También es importante asegurar la pertinencia y la posibilidad de aplicar las investigaciones clínicas en general a las personas con discapacidad, dado que existen pruebas de altas tasas de concurrencia de condiciones. Por ejemplo, el mayor riesgo de que las personas con esquizofrenia padezcan diabetes y enfermedades cardiovasculares requiere control y seguimiento (*239*), pero también se recomienda realizar investigaciones genéticas para comprender los mecanismos metabólicos (*240*).

Las siguientes son algunas estrategias para llevar a cabo investigaciones de salud inclusivas y mejorar la comparabilidad, calidad y capacidad de investigación de la discapacidad:

- Las organizaciones que financian las investigaciones pueden solicitar a los investigadores que incluyan personas con discapacidad en las muestras de población como práctica habitual. Pese a que existen dificultades, es posible realizar estudios controlados de distribución aleatoria con personas con deficiencias intelectuales (*172*). Se debe exigir a los investigadores que justifiquen los criterios de admisibilidad restrictivos según criterios científicos (*11*). Las personas con discapacidad intelectual, las que tienen dificultades de comunicación y aquellas con bajo nivel de alfabetismo pueden necesitar ayuda para completar documentos del estudio o participar en entrevistas (*17*, *235*).
- Las personas con discapacidad pueden participar activamente en las investigaciones, como investigadores propiamente dichos, como participantes en consultas o grupos de asesoramiento, o en una función central de encargo y control de las investigaciones (*99*, *235*, *241*). En el Reino Unido, la Red de Investigaciones de Calidad en Demencia congrega a 180 pacientes y cuidadores que establecen las prioridades de investigación, asignan fondos para investigación médica,

supervisan proyectos y evalúan los resultados *(242)*. La participación de los pacientes y el público puede mejorar la calidad y el impacto de las investigaciones, pero se deben eliminar las barreras para el acceso de modo que las personas con discapacidad puedan asistir a las consultas o a las reuniones de investigación *(235)*.

- La CIF —que emplea terminología, lenguaje y conceptos aceptados y comprendidos— puede asegurar la uniformidad en distintos estudios y contextos, y eliminar las barreras relacionadas para lograr avances en la investigación y las políticas públicas en materia de discapacidad y salud *(9)*.
- Se necesitan distintos métodos de investigación, como estudios clínicos, observacionales y epidemiológicos; investigaciones sobre los servicios de salud; encuestas, y estudios sociales y del comportamiento. Se pueden utilizar investigaciones cualitativas bien diseñadas para analizar todos los tipos de barreras y documentar buenas prácticas *(243)*.
- Se necesita fortalecimiento de capacidad, herramientas de investigación y capacitación para la investigación en temas de discapacidad. Es especialmente importante contar con buenos instrumentos para la investigación de los resultados de la discapacidad, dado que existen pruebas de que las personas con discapacidad suelen percibir el estado de salud y la calidad de vida de una manera distinta en comparación con las personas sin discapacidad *(243)*.

Conclusiones y recomendaciones

Las personas con discapacidad sufren desigualdad en la atención de la salud y tienen más necesidades insatisfechas que el resto de la población. Todos los países deben trabajar para eliminar las barreras y contar con sistemas de salud más inclusivos y accesibles para ellas.

En este capítulo se han señalado varias estrategias orientadas a permitir que las personas con discapacidad puedan alcanzar el mayor nivel posible de salud, por ejemplo, medidas financieras para mejorar la cobertura y la asequibilidad económica; medidas destinadas a mejorar la prestación de servicios, incluida la capacitación del personal del ámbito de la salud; medidas encaminadas a potenciar a las personas con discapacidad para que puedan mejorar su propia salud, y medidas para mejorar la investigación y los datos a fin de controlar, evaluar y reforzar los sistemas de salud. Se necesitan distintas estrategias para cerrar la brecha en el acceso a la atención de la salud entre las personas con discapacidad y sin discapacidad. Dado que las pruebas de la eficacia de algunas de estas estrategias en distintos contextos y grupos son limitadas, se deberá evaluar con detenimiento los costos y los resultados de salud.

Para poder llevar a la práctica las recomendaciones que se resumen a continuación, será preciso contar con la participación de una gran variedad de interesados. Los gobiernos deben formular, aplicar y supervisar políticas, mecanismos de regulación y normas para la prestación de servicios de salud a fin de asegurar la inclusión de las personas con discapacidad. Los prestadores deben ofrecer servicios de salud de máxima calidad. Los usuarios, las organizaciones de personas con discapacidad y las organizaciones de profesionales deben crear conciencia, participar en la formulación de políticas y controlar la implementación de políticas y servicios. Mediante la cooperación internacional, se pueden compartir buenas prácticas y prácticas prometedoras y se puede brindar asistencia técnica a los países para que refuercen sus políticas, sistemas y servicios.

Políticas y legislación

- Es conveniente evaluar las políticas, los sistemas y los servicios existentes, incluso mediante un análisis de las necesidades, experiencias y opiniones de las personas con discapacidad; identificar brechas y prioridades para reducir las desigualdades en la salud, y planificar mejoras en el acceso y la inclusión.

Capítulo 3 Atención de la salud en general

- Se recomienda realizar los cambios que sean necesarios en las políticas, los sistemas y los servicios para cumplir con lo dispuesto en la CDPD.
- Es recomendable establecer normas de atención de la salud referentes a las personas con discapacidad, y crear marcos y mecanismos para asegurar su cumplimiento.
- Se debe integrar a personas con discapacidad en las auditorías, el desarrollo y la implementación de las políticas y los servicios que les conciernen.

Financiamiento y asequibilidad económica

- Es necesario asegurar que las personas con discapacidad se beneficien en igual medida con los programas de salud pública.
- En los países donde predominan los seguros médicos privados en el financiamiento de la atención de la salud, se debe garantizar que no se deniegue la contratación de seguro a las personas con discapacidad y estudiar medidas para que las primas sean asequibles.
- Se recomienda otorgar incentivos financieros para alentar a los prestadores de servicios de salud a mejorar la accesibilidad de los servicios y ofrecer evaluaciones completas, tratamiento basado en pruebas y seguimiento.
- En los países de ingreso bajo y mediano, siempre que haya atención primaria y mecanismos de desembolso eficaces, se debería considerar la posibilidad de ejecutar programas específicos de transferencias condicionadas de efectivo vinculadas con el uso de los servicios de salud, a fin de mejorar la asequibilidad y la utilización de estos servicios.
- Es necesario estudiar opciones para reducir o eliminar los pagos con dinero propio de las personas con discapacidad que no tienen otros medios para financiar los servicios de salud.
- Se recomienda considerar la posibilidad de ofrecer ayuda para solventar los costos indirectos relacionados con el acceso a la atención de la salud, como los de transporte.

Prestación de servicios

- Se necesita potenciar a las personas con discapacidad para que maximicen su propia salud mediante el suministro de información, capacitación y apoyo de los pares. Cuando resulte apropiado, convendría incluir a los familiares.
- Debe ofrecerse una amplia variedad de ajustes razonables.
- Se recomienda ofrecer a los trabajadores de atención primaria de la salud el apoyo de especialistas, que se pueden encontrar en otro punto geográfico.
- Es conveniente analizar la posibilidad de emplear tecnologías de la información y las comunicaciones para mejorar los servicios, la capacidad sanitaria y el acceso de las personas con discapacidad a la información.
- Es preciso identificar a los grupos que requieren modelos alternativos de prestación de servicios, como servicios específicos y coordinación de la atención, para mejorar el acceso a la salud.
- En los países de ingreso alto, hay que incorporar normas de acceso y calidad para las personas con discapacidad en los contratos con prestadores de servicios públicos, privados y voluntarios.
- Es conveniente fomentar la RBC, específicamente en los lugares con menos recursos, a fin de facilitar el acceso de las personas con discapacidad a los servicios existentes.

Recursos humanos

- Es necesario incluir educación sobre discapacidad en la capacitación de grado y la educación permanente de todos los profesionales de la salud.
- Se debe incluir a personas con discapacidad como prestadores de educación y capacitación, siempre que sea posible.

- Es recomendable ofrecer directrices fundamentadas con pruebas para la evaluación y el tratamiento, a fin de lograr una atención más centrada en el paciente.
- Se recomienda capacitar a los trabajadores comunitarios para que puedan actuar en los servicios sanitarios de detección y prevención.

Datos e investigación

- En las investigaciones relacionadas con la salud y la discapacidad, se debe emplear la CIF como marco uniforme.
- Es recomendable llevar a cabo más investigaciones sobre las necesidades, las barreras que obstan a la atención de la salud en general y los resultados de salud de las personas con discapacidades específicas.
- Se debe establecer sistemas de seguimiento y evaluación a fin de evaluar las intervenciones y los resultados de salud a largo plazo de las personas con discapacidad.
- Es preciso incluir a las personas con discapacidad en las investigaciones sobre los servicios generales de salud.
- Es necesario incluir a las personas con discapacidad en la vigilancia de la atención de la salud, mediante identificadores de discapacidad (véase más información en el capítulo 2).

Referencias

1. Constitution of the World Health Organization. Geneva, World Health Organization, 1948 (http://apps.who.int/gb/bd/PDF/bd47/EN/constitution-en.pdf, accessed 7 May 2009).
2. United Nations *Convention on the Rights of Persons with Disabilities*. Geneva, United Nations, 2006 (http://www2.ohchr.org/english/law/disabilities-convention.htm, accessed 16 May 2009).
3. *Australia's health 2010*. Canberra, Australian Institute of Health and Welfare, 2010.
4. *Closing the gap in a generation: Health equity through action on the social determinants of health.* Geneva, World Health Organization, 2008.
5. Beatty PW et al. Access to health care services among people with chronic or disabling conditions: patterns and predictors. *Archives of Physical Medicine and Rehabilitation*, 2003,84:1417-1425. doi:10.1016/S0003-9993(03)00268-5 PMID:14586907
6. VanLeit B et al. *Secondary prevention of disabilities in the Cambodian Provinces of Siem Reap and Takeo: perceptions of and use of the health system to address health conditions associated with disability in children.* Brussels, Handicap International, 2007.
7. Bowers B et al. Improving primary care for persons with disabilities: the nature of expertise. *Disability & Society*, 2003,18:443-455. doi:10.1080/0968759032000080995
8. Gulley SP, Altman BM. Disability in two health care systems: access, quality, satisfaction, and physician contacts among working-age Canadians and Americans with disabilities. *Disability and Health Journal*, 2008,1:196-208. doi:10.1016/j.dhjo.2008.07.006 PMID:21122730
9. Field MJ, Jette AM, eds. *The future of disability in America.* Washington, The National Academies Press, 2007.
10. Field MJ, Jette AM. Martin, L eds. *Workshop on disability in America: a new look.* Washington, Board of Health Sciences Policy, 2005.
11. Nosek MA, Simmons DK. People with disabilities as a health disparities population: the case of sexual and reproductive health disparities. *Californian Journal of Health Promotion*, 2007,5:68-81.
12. Drum CE et al. Health of people with disabilities: determinants and disparities. In: Drum C, Krahn G, Bersani H, eds. *Disability and Public Health*, Washington, American Public Health Association, 2009a:125–144.
13. Marge M. Secondary conditions revisited: examining the expansion of the original concept and definition. *Disability and Health Journal*, 2008,1:67-70. doi:10.1016/j.dhjo.2008.02.002 PMID:21122713
14. Krahn GL, Hammond L, Turner A. A cascade of disparities: health and health care access for people with intellectual disabilities. *Mental Retardation and Developmental Disabilities Research Reviews*, 2006,12:70-82. doi:10.1002/mrdd.20098 PMID:16435327
15. *Equality treatment: closing the gap: a formal investigation into the physical health inequalities experiences by people with learning disabilities and/or mental health problems.* London, Disability Rights Commission, 2006.
16. Drum CE et al. Recognizing and responding to the health disparities of people with disabilities. *Californian Journal of Health Promotion*, 2005,3:29-42.

17. Dejong G et al. The organization and financing of health services for persons with disabilities. *The Milbank Quarterly*, 2002,80:261-301. doi:10.1111/1468-0009.t01-1-00004 PMID:12101873
18. Rimmer JH, Rowland JL. Health promotion for people with disabilities: implications for empowering the person and promoting disability-friendly environments. *Journal of Lifestyle Medicine*, 2008,2:409-420. doi:10.1177/1559827608317397
19. Emerson E et al. *Intellectual and physical disability, social mobility, social inclusion and health*. Lancaster, Centre for Disability Research, Lancaster University, 2009.
20. Iezzoni LI. Quality of care for Medicare beneficiaries with disabilities under the age of 65 years. *Expert Review of Pharmaeconomics & Outcomes Research*, 2006,a6:261-273. doi:10.1586/14737167.6.3.261 PMID:20528520
21. Prince M et al. No health without mental health. *Lancet*, 2007,370:859-877. doi:10.1016/S0140-6736(07)61238-0 PMID:17804063
22. Khlat M et al. Lorhandicap GroupSocial disparities in musculoskeletal disorders and associated mental malaise: findings from a population-based survey in France. *Scandinavian Journal of Public Health*, 2010,38:495-501. doi:10.1177/1403494810371246 PMID:20529964
23. Ohayon MM, Schatzberg AF. Chronic pain and major depressive disorder in the general population. *Journal of Psychiatric Research*, 2010,44:454-461. doi:10.1016/j.jpsychires.2009.10.013 PMID:20149391
24. Hadden KL, von Baeyer CL. Global and specific behavioral measures of pain in children with cerebral palsy. *The Clinical Journal of Pain*, 2005,21:140-146. doi:10.1097/00002508-200503000-00005 PMID:15722807
25. Engel JM, Kartin D, Jensen MP. Pain treatment in persons with cerebral palsy: frequency and helpfulness. *American Journal of Physical Medicine & Rehabilitation/Association of Academic Physiatrists*, 2002,81:291-296. doi:10.1097/00002060-200204000-00009 PMID:11953547
26. Oddson BE, Clancy CA, McGrath PJ. The role of pain in reduced quality of life and depressive symptomology in children with spina bifida. *The Clinical Journal of Pain*, 2006,22:784-789. doi:10.1097/01.ajp.0000210929.43192.5d PMID:17057560
27. Klein MG et al. The relation between lower extremity strength and shoulder overuse symptoms: a model based on polio survivors. *Archives of Physical Medicine and Rehabilitation*, 2000,81:789-795. doi:10.1016/S0003-9993(00)90113-8 PMID:10857526
28. Guy-Coichard C et al. Pain in hereditary neuromuscular disorders and myasthenia gravis: a national survey of frequency, characteristics, and impact. *Journal of Pain and Symptom Management*, 2008,35:40-50. doi:10.1016/j.jpainsymman.2007.02.041 PMID:17981001
29. Hoffman JM et al. Understanding pain after traumatic brain injury: impact on community participation. *American Journal of Physical Medicine & Rehabilitation/Association of Academic Physiatrists*, 2007,a86:962-969. doi:10.1097/PHM.0b013e31815b5ee5 PMID:18090437
30. Morse LR et al. VA-based survey of osteoporosis management in spinal cord injury. *PM&R: the Journal of Injury, Function and Rehabilitation*, 2009,1:240-244. PMID:19627901
31. Dosa NP et al. Incidence, prevalence, and characteristics of fractures in children, adolescents, and adults with spina bifida. *The journal of spinal cord medicine*, 2007,30:Suppl 1S5-S9. PMID:17874679
32. Henderson RC et al. Bisphosphonates to treat osteopenia in children with quadriplegic cerebral palsy: a randomized, placebo-controlled clinical trial. *The Journal of Pediatrics*, 2002,141:644-651. doi:10.1067/mpd.2002.128207 PMID:12410192
33. Turk MA et al. The health of women with cerebral palsy. *Physical Medicine and Rehabilitation Clinics of North America*, 2001,12:153-168. PMID:11853034
34. Havercamp SM, Scandlin D, Roth M. Health disparities among adults with developmental disabilities, adults with other disabilities, and adults not reporting disability in North Carolina. *Public Health Reports (Washington, DC: 1974)*, 2004,119:418-426. doi:10.1016/j.phr.2004.05.006 PMID:15219799
35. *Disability and ageing: Australian population patterns and implications*. Canberra, Australian Institute of Health and Welfare, 2000.
36. Woodcock K, Pole JD. Health profile of deaf Canadians: analysis of the Canada Community Health Survey. *Canadian Family Physician Médecin de Famille Canadien*, 2007,53:2140-2141. PMID:18077753
37. Amosun SL, Mutimura E, Frantz JM. Health promotion needs of physically disabled individuals with lower limb amputation in Rwanda. *Disability and Rehabilitation*, 2005,27:837-847. doi:10.1080/09638280400018676 PMID:16096236
38. *World report on violence and health*. Geneva, World Health Organization, 2002a.
39. Marge DK, ed. *A call to action: preventing and intervening in violence against children and adults with disabilities: a report to the nation*. Syracuse, State University of New York Upstate Medical University Duplicating and Printing Services, 2003.
40. Hague G, Thaira RK, Magowan P. *Disabled women and domestic violence: making the links*. Bristol, Women's Aid Federation of England, 2007.
41. McCarthy M. *Sexuality and women with learning disabilities*. London, Jessica Kingsley Publishers, 1999.
42. Peckham NG. The vulnerability and sexual abuse of people with learning disabilities. *British Journal of Learning Disabilities*, 2007,35:131-137. doi:10.1111/j.1468-3156.2006.00428.x

43. Reichard AA et al. Violence, abuse, and neglect among people with traumatic brain injuries. *The Journal of Head Trauma Rehabilitation*, 2007,22:390-402. doi:10.1097/01.HTR.0000300234.36361.b1 PMID:18025971
44. Yoshida KK et al. Women living with disabilities and their experiences and issues related to the context and complexities of leaving abusive situations. *Disability and Rehabilitation*, 2009,31:1843-1852. doi:10.1080/09638280902826808 PMID:19479561
45. Barrett KA et al. Intimate partner violence, health status, and health care access among women with disabilities. *Women's Health Issues: official publication of the Jacobs Institute of Women's Health*, 2009,19:94-100. doi:10.1016/j.whi.2008.10.005 PMID:19272559
46. Yousafzai AK et al. HIV/AIDS information and services: the situation experienced by adolescents with disabilities in Rwanda and Uganda. *Disability and Rehabilitation*, 2005,27:1357-1363. doi:10.1080/09638280500164297 PMID:16372430
47. *Secondary injuries among individuals with disabilities.* Research summary brief. Columbus, Centre for Injury Research and Policy, Nationwide Children's Hospital, 2009.
48. Sinclair SA, Xiang H. Injuries among US children with different types of disabilities. *American Journal of Public Health*, 2008,98:1510-1516. doi:10.2105/AJPH.2006.097097 PMID:18048794
49. *World report on child injury and prevention.* Geneva, World Health Organization, 2008.
50. Lee LC et al. Increased risk of injury in children with developmental disabilities. *Research in Developmental Disabilities*, 2008,29:247-255. doi:10.1016/j.ridd.2007.05.002 PMID:17582739
51. Xiang H, Chany A-M, Smith GA. Wheelchair related injuries treated in US emergency departments. *Injury Prevention: Journal of the International Society for Child and Adolescent Injury Prevention*, 2006,a12:8-11. doi:10.1136/ip.2005.010033 PMID:16461412
52. Petridou E et al. Injuries among disabled children: a study from Greece. *Injury Prevention: Journal of the International Society for Child and Adolescent Injury Prevention*, 2003,9:226-230. doi:10.1136/ip.9.3.226 PMID:12966010
53. Chen G et al. Incidence and pattern of burn injuries among children with disabilities. *The Journal of Trauma*, 2007,62:682-686. doi:10.1097/01.ta.0000203760.47151.28 PMID:17414347
54. Xiang H et al. Risk of vehicle-pedestrian and vehicle-bicyclist collisions among children with disabilities. *Accident; Analysis and Prevention*, 2006,b38:1064-1070. doi:10.1016/j.aap.2006.04.010 PMID:16797463
55. Turk MA. Health, mortality, and wellness issues in adults with cerebral palsy. *Developmental Medicine and Child Neurology*, 2009,51:Suppl 424-29. doi:10.1111/j.1469-8749.2009.03429.x PMID:19740207
56. Frankel HL et al. Long-term survival in spinal cord injury: a fifty year investigation. *Spinal Cord*, 1998,36:266-274. doi:10.1038/sj.sc.3100638 PMID:9589527
57. Strauss DJ et al. Trends in life expectancy after spinal cord injury. *Archives of Physical Medicine and Rehabilitation*, 2006,87:1079-1085. doi:10.1016/j.apmr.2006.04.022 PMID:16876553
58. Khan NZ et al. Mortality of urban and rural young children with cerebral palsy in Bangladesh. *Developmental Medicine and Child Neurology*, 1998,40:749-753. doi:10.1111/j.1469-8749.1998.tb12343.x PMID:9881804
59. *World Health Survey.* Geneva, World Health Organization, 2002–2004 (http://www.who.int/healthinfo/survey/en/, accessed 10 September 2010).
60. *Healthy people 2010: understanding and improving health*, 2nd ed. Washington, Department of Health and Community Services, 2000.
61. Allen J et al. Strength training can be enjoyable and beneficial for adults with cerebral palsy. *Disability and Rehabilitation*, 2004,26:1121-1127. doi:10.1080/09638280410001712378 PMID:15371024
62. Durstine JL et al. Physical activity for the chronically ill and disabled. [Erratum appears in Sports Medicine 2001, 31:627] *Sports Medicine (Auckland, N.Z.)*, 2000,30:207-219. doi:10.2165/00007256-200030030-00005 PMID:10999424
63. Fragala-Pinkham MA, Haley SM, Goodgold S. Evaluation of a community-based group fitness program for children with disabilities. *Pediatric Physical Therapy: the official publication of the Section on Pediatrics of the American Physical Therapy Association*, 2006,18:159-167. doi:10.1097/01.pep.0000223093.28098.12 PMID:16735864
64. Mead GE et al. Exercise for depression. *Cochrane Database of Systematic Reviews*, 2009,3CD004366-
65. Rimmer JH et al. Improvements in physical fitness in adults with Down syndrome. *American Journal of Mental Retardation: AJMR*, 2004,109:165-174. doi:10.1352/0895-8017(2004)109<165:IIPFIA>2.0.CO;2 PMID:15000673
66. Becker H, Stuifbergen A. What makes it so hard? Barriers to health promotion experienced by people with multiple sclerosis and polio. *Family & Community Health*, 2004,27:75-85. PMID:14724504
67. Rimmer JH, Wang E, Smith D. Barriers associated with exercise and community access for individuals with stroke. *Journal of Rehabilitation Research and Development*, 2008,45:315-322. doi:10.1682/JRRD.2007.02.0042 PMID:18566948
68. Hoffman JM et al. Association of mobility limitations with health care satisfaction and use of preventive care: a survey of Medicare beneficiaries. *Archives of Physical Medicine and Rehabilitation*, 2007,88:583-588. doi:10.1016/j.apmr.2007.02.005 PMID:17466726

69. Iezzoni LI et al. Mobility impairments and use of screening and preventive services. *American Journal of Public Health*, 2000,90:955-961. doi:10.2105/AJPH.90.6.955 PMID:10846515
70. Groce NE, Ayora P, Kaplan LC. Immunization rates among disabled children in Ecuador: unanticipated findings. *The Journal of Pediatrics*, 2007,151:218-220. doi:10.1016/j.jpeds.2007.04.061 PMID:17643783
71. Chevarley FM et al. Health, preventive health care, and health care access among women with disabilities in the 1994–1995 National Health Interview Survey, Supplement on Disability. *Women's Health Issues: official publication of the Jacobs Institute of Women's Health*, 2006,16:297-312. doi:10.1016/j.whi.2006.10.002 PMID:17188213
72. Johnson K et al. Screened out: women with disabilities and preventive health. *Scandinavian Journal of Disability Research*, 2006,8:150-160. doi:10.1080/15017410600802201
73. Sullivan SG, Slack-Smith LM, Hussain R. Understanding the use of breast cancer screening services by women with intellectual disabilities. *Sozial- und Präventivmedizin*, 2004,49:398-405. doi:10.1007/s00038-004-3121-z PMID:15669440
74. Mele N, Archer J, Pusch BD. Access to breast cancer screening services for women with disabilities. *Journal of Obstetric, Gynecologic, and Neonatal Nursing: JOGNN/NAACOG*, 2005,34:453-464. doi:10.1177/0884217505276158 PMID:16020413
75. Reichard A, Stolzle H, Fox MH. Health disparities among adults with physical disabilities or cognitive limitations compared to individuals with no disabilities in the United States. *Disability and Health Journal*, 2011,4:59-67. doi:10.1016/j.dhjo.2010.05.003 PMID:21419369
76. Ramirez A et al. Disability and preventive cancer screening: results from the 2001 California Health Interview Survey. *American Journal of Public Health*, 2005,95:2057-2064. doi:10.2105/AJPH.2005.066118 PMID:16195509
77. *Promoting sexual and reproductive health for persons with disabilities*. Geneva, World Health Organization and United Nations Population Fund, 2009.
78. Rohleder P et al. HIV/AIDS and disability in Southern Africa: a review of relevant literature. *Disability and Rehabilitation*, 2009,31:51-59. doi:10.1080/09638280802280585 PMID:19194810
79. *The forgotten: HIV and disability in Tanzania*. Dar es Salaam, Tanzanian Commission for AIDS, 2009 (http://www.gtz.de/de/dokumente/gtz2009-en-hiv-and-disability-tanzania.pdf, accessed 5 April 2010).
80. Bhansali S et al. A study of the prosthodontic and oral health needs of an ageing psychiatric population. *Gerodontology*, 2008,25:113-117. doi:10.1111/j.1741-2358.2007.00209.x PMID:18282147
81. Desai M, Messer LB, Calache H. A study of the dental treatment needs of children with disabilities in Melbourne, Australia. *Australian Dental Journal*, 2001,46:41-50. doi:10.1111/j.1834-7819.2001.tb00273.x PMID:11355240
82. Jensen PM et al. Factors associated with oral health-related quality of life in community-dwelling elderly persons with disabilities. *Journal of the American Geriatrics Society*, 2008,56:711-717. doi:10.1111/j.1532-5415.2008.01631.x PMID:18284537
83. del Valle LML et al. Puerto Rican athletes with special health care needs: an evaluation of oral health status. *ASDC Journal of Dentistry for Children*, 2007,74:130-132.
84. Oredugba FA. Use of oral health care services and oral findings in children with special needs in Lagos, Nigeria. *Special Care in Dentistry: official publication of the American Association of Hospital Dentists, the Academy of Dentistry for the Handicapped, and the American Society for Geriatric Dentistry*, 2006,26:59-65. doi:10.1111/j.1754-4505.2006.tb01511.x PMID:16681240
85. Pezzementi ML, Fisher MA. Oral health status of people with intellectual disabilities in the southeastern United States. *The Journal of the American Dental Association (1939)*, 2005,136:903-912. PMID:16060471
86. De Camargo MA, Antunes JL. Untreated dental caries in children with cerebral palsy in the Brazilian context. *International journal of paediatric dentistry / the British Paedodontic Society [and] the International Association of Dentistry for Children*, 2008,18:131-138. doi:10.1111/j.1365-263X.2007.00829.x PMID:18237296
87. Demyttenaere K et al. WHO World Mental Health Survey ConsortiumPrevalence, severity, and unmet need for treatment of mental disorders in the World Health Organization World Mental Health Surveys. *JAMA: Journal of the American Medical Association*, 2004,291:2581-2590. doi:10.1001/jama.291.21.2581 PMID:15173149
88. Kohn R et al. The treatment gap in mental health care. *Bulletin of the World Health Organization*, 2004,82:858-866. PMID:15640922
89. Drainoni M-L et al. Cross-disability experiences of barriers to health-care access: consumer perspectives. *Journal of Disability Policy Studies*, 2006,17:101-115. doi:10.1177/10442073060170020101
90. McColl MA et al. Physician experiences providing primary care to people with disabilities. *Healthcare Policy = Politiques de Sante*, 2008,4:e129-e147. PMID:19377334
91. *People with disabilities in India: from commitments to outcomes*. Washington, World Bank, 2009 (http://www-wds.worldbank.org/external/default/WDSContentServer/WDSP/IB/2009/09/02/000334955_20090902041543/Rendered/PDF/502090WP0Peopl1Box0342042B01PUBLIC1.pdf, accessed, 10 September 2010).
92. Loeb ME, Eide AH, eds. *Living conditions among people with activity limitations in Malawi: a national representative study*. Oslo, SINFEF, 2004.

93. Eide AH, van Rooy G, Loeb ME. *Living conditions among people with activity limitations in Namibia: a representative national survey.* Oslo, SINTEF, 2003.
94. Eide AH et al. *Living conditions among people with activity limitations in Zimbabwe: a representative regional survey.* Oslo, SINTEF, 2003.
95. Eide AH, Loeb ME, eds. *Living conditions among people with activity limitations in Zambia: a national representative study.* Oslo, SINTEF, 2006.
96. Scheer J et al. Access barriers for persons with disabilities. *Journal of Disability Policy Studies*, 2003,13:221-230. doi:10.1177/104420730301300404
97. de Savigny D, Adam T, eds. *Systems thinking for health systems strengthening.* Geneva, World Health Organization, 2009 (http://www.who.int/alliance-hpsr/resources/9789241563895/en/index.html, accessed 25 March 2010).
98. Kickbusch I. The development of international health policies–accountability intact? *Social Science & Medicine (1982)*, 2000,51:979-989. doi:10.1016/S0277-9536(00)00076-9 PMID:10972440
99. Marks BA, Heller T. Bridging the equity gap: health promotion for adults with intellectual and developmental disabilities. *The Nursing Clinics of North America*, 2003,38:205-228. doi:10.1016/S0029-6465(02)00049-X PMID:12914305
100. Nilsen ES et al. Methods of consumer involvement in developing healthcare policy and research, clinical practice guidelines and patient information material. *Cochrane Database of Systematic Reviews (Online)*, 2006,3:CD004563- PMID:16856050
101. Walmsley J. Inclusive learning disability research: the (non-disabled) researcher's role. *British Journal of Learning Disabilities*, 2004,32:65-71. doi:10.1111/j.1468-3156.2004.00281.x
102. Truman C, Raine P. Experience and meaning of user involvement: some explorations from a community mental health project. *Health & Social Care in the Community*, 2002,10:136-143. doi:10.1046/j.1365-2524.2002.00351.x PMID:12121249
103. Hayward R, Cutler P. What contribution can ordinary people make to national mental health policies? *Community Mental Health Journal*, 2007,43:517-526. doi:10.1007/s10597-007-9086-7 PMID:17514505
104. Tomes N. The patient as a policy factor: a historical case study of the consumer/survivor movement in mental health. *Health Affairs (Project Hope)*, 2006,25:720-729. doi:10.1377/hlthaff.25.3.720 PMID:16684736
105. Sloper P, Lightfoot J. Involving disabled and chronically ill children and young people in health service development. *Child: Care, Health and Development*, 2003,29:15-20. doi:10.1046/j.1365-2214.2003.00315.x PMID:12534563
106. Bedfordshire Community Health ServicesNothing about us without us: involving families in early support. *Community Practitioner: the journal of the Community Practitioners' & Health Visitors' Association*, 2009,82:26-29. PMID:19552112
107. Roulstone A, Hudson V. Carer participation in England, Wales and Northern Ireland: a challenge for interprofessional working. *Journal of Interprofessional Care*, 2007,21:303-317. doi:10.1080/13561820701327822 PMID:17487708
108. Ali M, Miyoshi C, Ushijima H. Emergency medical services in Islamabad, Pakistan: a public-private partnership. *Public Health*, 2006,120:50-57. doi:10.1016/j.puhe.2005.03.009 PMID:16198384
109. Gottret P, Schieber G. *Health financing revisited: a practitioners guide.* Washington, World Bank, 2006.
110. *The World Health Report 2010 – Health systems financing: the path to universal coverage.* Geneva, World Health Organization, 2010.
111. Lagarde M, Palmer N. The impact of health financing strategies on access to health service in low and middle income countries (protocol). *Cochrane Database of Systematic Reviews*, 2006,3CD006092-
112. Saxena S, Sharan P, Saraceno B. Budget and financing of mental health services: baseline information on 89 countries from WHO's project atlas. *The Journal of Mental Health Policy and Economics*, 2003,6:135-143. PMID:14646006
113. Dixon A et al. Financing mental health services in low- and middle-income countries. *Health Policy and Planning*, 2006,21:171-182. doi:10.1093/heapol/czl004 PMID:16533860
114. White PH. Access to health care: health insurance considerations for young adults with special health care needs/disabilities. *Pediatrics*, 2002,110:1328-1335. PMID:12456953
115. Pre-Existing Condition Insurance Plan (PCIP). Washington, United States Department of Health and Human Services, 2010 (http://www.healthcare.gov/law/provisions/preexisting/index.html, accessed 6 December 2010).
116. Kruk ME, Freedman LP. Assessing health system performance in developing countries: a review of the literature. *Health Policy (Amsterdam, Netherlands)*, 2008,85:263-276. PMID:17931736
117. Salti N, Chaaban J, Raad F. Health equity in Lebanon: a microeconomic analysis. *International Journal for Equity in Health*, 2010,9:11- doi:10.1186/1475-9276-9-11 PMID:20398278
118. Jeffrey AE, Newacheck PW. Role of insurance for children with special health care needs: a synthesis of the evidence. *Pediatrics*, 2006,118:e1027-e1038. doi:10.1542/peds.2005-2527 PMID:16966391
119. Newacheck PW et al. The future of health insurance for children with special health care needs. *Pediatrics*, 2009,123:e940-e947. doi:10.1542/peds.2008-2921 PMID:19403486
120. Ayanian JZ et al. Unmet health needs of uninsured adults in the United States. *JAMA: Journal of the American Medical Association*, 2000,284:2061-2069. doi:10.1001/jama.284.16.2061 PMID:11042754

121. Lin JD et al. Primary health care for people with an intellectual disability: a mission impossible? *Journal of Medical Science*, 2005,25:109-118.
122. Gwatkin DR, Bhuiya A, Victora CG. Making health systems more equitable. *Lancet*, 2004,364:1273-1280. doi:10.1016/S0140-6736(04)17145-6 PMID:15464189
123. McAvoy BR, Coster GD. General practice and the New Zealand health reforms – lessons for Australia? *Australia and New Zealand Health Policy*, 2005,2:1-11. doi:10.1186/1743-8462-2-26 PMID:15679895
124. *Primary health care: care plus*. Wellington, New Zealand Ministry of Health, 2007 (http://www.moh.govt.nz/moh.nsf/indexmh/phcs-projects-careplusservice, accessed 6 December 2010).
125. Meng H et al. Impact of a health promotion nurse intervention on disability and health care costs among elderly adults with heart conditions. *The Journal of Rural Health: official journal of the American Rural Health Association and the National Rural Health Care Association*, 2007,23:322-331. doi:10.1111/j.1748-0361.2007.00110.x PMID:17868239
126. Al Ahmadi A. Cash transfers and persons with disabilities in practice: The case of Yemen. *Disability Monitor Initiative-Middle East Journal*, 2009, 1:27–29. (http://www.disabilitymonitor-me.org/, accessed 14 April 2011).
127. South-North Centre for Dialogue and Development. *Global survey on government action on the implementation of the standard rules of the equalization of opportunities for persons with disabilities*. Amman, Office of the UN Special Rapporteur on Disabilities. 2006.
128. Lagarde M, Haines A, Palmer N. The impact of conditional cash transfers on health outcomes and use of health services in low and middle income countries. *Cochrane Database of Systematic Reviews (Online)*, 2009,4CD008137- PMID:19821444
129. Barber SL, Gertler PJ. Empowering women to obtain high quality care: evidence from an evaluation of Mexico's conditional cash transfer programme. *Health Policy and Planning*, 2009,24:18-25. doi:10.1093/heapol/czn039 PMID:19022854
130. Morris SS et al. Monetary incentives in primary health care and effects on use and coverage of preventive health care interventions in rural Honduras: cluster randomised trial. *Lancet*, 2004,364:2030-2037. doi:10.1016/S0140-6736(04)17515-6 PMID:15582060
131. Fiszbein A, Schady N. *Conditional cash transfers: reducing present and future poverty*. Washington, World Bank, 2009.
132. Kaplan C. Special issues in contraception: caring for women with disabilities. *Journal of Midwifery & Women's Health*, 2006,51:450-456. doi:10.1016/j.jmwh.2006.07.009 PMID:17081935
133. *The World Health Report 2001 – Mental health: New understanding, new hope*. Geneva, World Health Organization, 2001.
134. Saxena S et al. Resources for mental health: scarcity, inequity, and inefficiency. *Lancet*, 2007,370:878-889. doi:10.1016/S0140-6736(07)61239-2 PMID:17804062
135. Dollars, DALYs and decisions. Geneva, World Health Organization, 2006.
136. *Mental health systems in selected low- and middle-income countries: a WHO-AIMS cross national analysis*. Geneva, World Health Organization, 2009.
137. Siqueira FC et al. [Architectonic barriers for elderly and physically disabled people: an epidemiological study of the physical structure of health service units in seven Brazilian states] *Ciência & Saúde Coletiva*, 2009,14:39-44. PMID:19142307
138. Trösken T, Geraedts M. [Accessibility of doctors' surgeries in Essen, Germany] *Gesundheitswesen (Bundesverband der Arzte des Offentlichen Gesundheitsdienstes (Germany))*, 2005,67:613-619. PMID:16217715
139. Huber M et al. *Quality in and equality of access to healthcare services*. Brussels, European Commission, 2008.
140. Park JH et al. Disparities between persons with and without disabilities in their participation rates in mass screening. *European Journal of Public Health*, 2009,19:85-90. doi:10.1093/eurpub/ckn108 PMID:19158103
141. Ubido J, Huntington J, Warburton D. Inequalities in access to healthcare faced by women who are deaf. *Health & Social Care in the Community*, 2002,10:247-253. doi:10.1046/j.1365-2524.2002.00365.x PMID:12193168
142. Smith DL. Disparities in patient-physician communication for persons with a disability from the 2006 Medical Expenditure Panel Survey (MEPS). *Disability and Health Journal*, 2009,2:206-215. doi:10.1016/j.dhjo.2009.06.002 PMID:21122761
143. Phillips A, Morrison J, Davis RW. General practitioners' educational needs in intellectual disability health. *Journal of Intellectual Disability Research: JIDR*, 2004,48:142-149. doi:10.1111/j.1365-2788.2004.00503.x PMID:14723656
144. Iezzoni LI, Ramanan RA, Lee S. Teaching medical students about communicating with patients with major mental illness. *Journal of General Internal Medicine*, 2006,b21:1112-1115. doi:10.1111/j.1525-1497.2006.00521.x PMID:16970561
145. Shakespeare T, Iezzoni LI, Groce NE. Disability and the training of health professionals. *Lancet*, 2009,374:1815-1816. doi:10.1016/S0140-6736(09)62050-X PMID:19957403
146. Banda I. Disability, poverty and HIV/AIDS. *Newsletter of Disabled Persons*, 2006, South Africa.
147. Antonelli RC, McAllister JW, Popp J. *Making care coordination a critical component of the pediatric health system: a multidisciplinary framework*. New York, The Commonwealth Fund, 2009.
148. David TJ. Transition from the paediatric clinic to the adult service. *Journal of the Royal Society of Medicine*, 2001,94:373-374. PMID:11461978

149. Honey A et al. Approaching adulthood with a chronic health condition: professionals' and young people's perspectives. In: Bennett D et al., eds. *Challenges in adolescent health: an Australian perspective*. Hauppauge, Nova Science Publishers, 2009:177–188.
150. Shaw KL, Southwood TR, McDonagh JE. British Paediatric Rheumatology GroupUser perspectives of transitional care for adolescents with juvenile idiopathic arthritis. *Rheumatology (Oxford, England)*, 2004,43:770-778. doi:10.1093/rheumatology/keh175 PMID:15039498
151. Stewart D. Transition to adult services for young people with disabilities: current evidence to guide future research. *Developmental Medicine and Child Neurology*, 2009,51:Suppl 4169-173. doi:10.1111/j.1469-8749.2009.03419.x PMID:19740226
152. Binks JA et al. What do we really know about the transition to adult-centered health care? A focus on cerebral palsy and spina bifida. *Archives of Physical Medicine and Rehabilitation*, 2007,88:1064-1073. doi:10.1016/j.apmr.2007.04.018 PMID:17678671
153. Davis M, Sondheimer DL. State child mental health efforts to support youth in transition to adulthood. *The Journal of Behavioral Health Services & Research*, 2005,32:27-42. doi:10.1007/BF02287326 PMID:15632796
154. Kroll T, Neri MT. Experiences with care co-ordination among people with cerebral palsy, multiple sclerosis, or spinal cord injury. *Disability and Rehabilitation*, 2003,25:1106-1114. doi:10.1080/0963828031000152002 PMID:12944150
155. Bodenheimer T. Coordinating care–a perilous journey through the health care system. *The New England Journal of Medicine*, 2008,358:1064-1071. doi:10.1056/NEJMhpr0706165 PMID:18322289
156. Smith RD. Promoting the health of people with physical disabilities: a discussion of the financing and organization of public health services in Australia. *Health Promotion International*, 2000,15:79-86. doi:10.1093/heapro/15.1.79
157. Aulagnier M et al. General practitioners' attitudes towards patients with disabilities: the need for training and support. *Disability and Rehabilitation*, 2005,27:1343-1352. doi:10.1080/09638280500164107 PMID:16321918
158. Coleman R, Loppy L, Walraven G. The treatment gap and primary health care for people with epilepsy in rural Gambia. *Bulletin of the World Health Organization*, 2002,80:378-383. PMID:12077613
159. Summers SJ, Jones J. Cross-cultural working in community learning disabilities services: clinical issues, dilemmas and tensions. *Journal of Intellectual Disability Research: JIDR*, 2004,48:687-694. doi:10.1111/j.1365-2788.2004.00601.x PMID:15357689
160. Ory MG, DeFriese GH. *Self-care in later life: research, program and policy issues*. New York, Springer Publishing Company, 1998.
161. *Integrating mental health into primary care: a global perspective*. Singapore, World Health Organization and World Organization of Family Doctors, 2008.
162. *Mental health and development: targeting people with mental health conditions as a vulnerable group*. Geneva, World Health Organization, 2010.
163. Krahn GL, Ritacco B. Public health as a change agent for disability. In: Drum C, Krahn G, Bersani H, eds. *Disability and public health*. Washington, American Public Health Association, 2009:183–204.
164. Tomlinson M et al. Research priorities for health of people with disabilities: an expert opinion exercise. *Lancet*, 2009,374:1857-1862. doi:10.1016/S0140-6736(09)61910-3 PMID:19944866
165. Patel V et al. Treatment and prevention of mental disorders in low-income and middle-income countries. *Lancet*, 2007,370:991-1005. doi:10.1016/S0140-6736(07)61240-9 PMID:17804058
166. World Health Organization, United Nations Educational, Scientific and Cultural Organization, International Labour Organization, International Disability and Development Consortium. *Community-based rehabilitation: CBR guidelines*. Geneva, World Health Organization, 2010.
167. Final technical report: Raising the voice of the African Decade of Disabled Persons: Phase II: Training emerging leaders in the disability community, promoting disability rights and developing HIV/AIDS awareness and prevention programs for adolescents and young adults with disabilities in Africa. New York, Rehabilitation International,2007.
168. Drum CE et al. Guidelines and criteria for the implementation of community-based health promotion programs for individuals with disabilities. *American Journal of Health Promotion: AJHP*, 2009,b24:93-101, ii. doi:10.4278/ajhp.090303-CIT-94 PMID:19928482
169. Durvasula S, Beange H. Health inequalities in people with intellectual disability: strategies for improvement. *Health Promotion Journal of Australia*, 2001,11:27-31.
170. *The World Health Report 2008: Primary health care, now more than ever*. Geneva, World Health Organization, 2008 (http://www.who.int/whr/2008/en/index.html, accessed 11 April 2010).
171. van Loon J, Knibbe J, Van Hove G. From institutional to community support: consequences for medical care. *Journal of Applied Research in Intellectual Disabilities*, 2005,18:175-180. doi:10.1111/j.1468-3148.2005.00246.x
172. Balogh R et al. Organising health care services for persons with an intellectual disability. *Cochrane Database of Systematic Reviews (Online)*, 2008,4CD007492- PMID:18843752

173. *Strengthening care for the injured: Success stories and lessons learned from around the world*. Geneva, World Health Organization, 2010.
174. Lennox N et al. Effects of a comprehensive health assessment programme for Australian adults with intellectual disability: a cluster randomized trial. *International Journal of Epidemiology*, 2007,36:139-146. doi:10.1093/ije/dyl254 PMID:17218326
175. Lorig KR et al. Internet-based chronic disease self-management: a randomized trial. *Medical Care*, 2006,44:964-971. doi:10.1097/01.mlr.0000233678.80203.c1 PMID:17063127
176. Wagner EH et al. Finding common ground: patient-centeredness and evidence-based chronic illness care. *Journal of Alternative and Complementary Medicine (New York, NY)*, 2005,11:Suppl 1S7-S15. PMID:16332190
177. *Innovative care for chronic conditions: building blocks for actions: global report*. Geneva, World Health Organization, 2002.
178. *New paradigm of medical care for persons with disability: a multi-country action research joint initiative of WHO/DAR & AIFO/Italy*. Piedecuesta, ASODISPIE, 2007 (http://www.aifo.it/english/proj/aifo-who/romemeeting_dec07/Colombia_piede-cuesta-descriptive.pdf, accessed 6 January 2011).
179. Allen M et al. Improving patient-clinician communication about chronic conditions: description of an internet-based nurse E-coach intervention. *Nursing Research*, 2008,57:107-112. doi:10.1097/01.NNR.0000313478.47379.98 PMID:18347482
180. Leveille SG et al. Health coaching via an internet portal for primary care patients with chronic conditions: a randomized controlled trial. *Medical Care*, 2009,47:41-47. doi:10.1097/MLR.0b013e3181844dd0 PMID:19106729
181. Beran D et al. Diabetes care in Nicaragua: results of the RAPIA study. *Diabetes Voice*, 2007,52:38-40.
182. Lindsey M. Comprehensive health care services for people with learning disabilities. *Advances in Psychiatric Treatment*, 2002,8:138-147. doi:10.1192/apt.8.2.138
183. Jamoom EW et al. The effect of caregiving on preventive care for people with disabilities. *Disability and Health Journal*, 2008,1:51-57. doi:10.1016/j.dhjo.2007.11.005 PMID:21122711
184. Kendall E, Clapton J. Time for a shift in Australian rehabilitation? *Disability and Rehabilitation*, 2006,28:1097-1101. doi:10.1080/09638280500531784 PMID:16950740
185. Schillinger D et al. Effects of primary care coordination on public hospital patients. *Journal of General Internal Medicine*, 2000,15:329-336. doi:10.1046/j.1525-1497.2000.07010.x PMID:10840268
186. Boling PA. Care transitions and home health care. *Clinics in Geriatric Medicine*, 2009,25:135-148, viii. doi:10.1016/j.cger.2008.11.005 PMID:19217498
187. Zwarenstein M, Reeves S, Perrier L. Effectiveness of pre-licensure interprofessional education and post-licensure collaborative interventions. *Journal of Interprofessional Care*, 2005,19:Suppl 1148-165. doi:10.1080/13561820500082800 PMID:16096152
188. Nielsen PR et al. Costs and quality of life for prehabilitation and early rehabilitation after surgery of the lumbar spine. *BMC Health Services Research*, 2008,8:209- doi:10.1186/1472-6963-8-209 PMID:18842157
189. Battersby MW. SA HealthPlus TeamHealth reform through coordinated care: SA HealthPlus. *BMJ (Clinical research ed.)*, 2005,330:662-665. doi:10.1136/bmj.330.7492.662 PMID:15775001
190. Engle PL et al. International Child Development Steering GroupStrategies to avoid the loss of developmental potential in more than 200 million children in the developing world. *Lancet*, 2007,369:229-242. doi:10.1016/S0140-6736(07)60112-3 PMID:17240290
191. Elliott J, Hatton C, Emerson E. The health of people with intellectual disabilities in the UK: evidence and implications for the NHS. *Journal of Integrated Care*, 2003,11:9-17.
192. Stewart D et al. A critical appraisal of literature reviews about the transition to adulthood for youth with disabilities. *Physical & Occupational Therapy in Pediatrics*, 2006,26:5-24. PMID:17135067
193. Gething L, Fethney J. The need for disability awareness training among rurally based Australian general medical practitioners. *Disability and Rehabilitation*, 1997,19:249-259. doi:10.3109/09638289709166535 PMID:9195143
194. Haggerty JL et al. Continuity of care: a multidisciplinary review. *BMJ (Clinical research ed.)*, 2003,327:1219-1221. doi:10.1136/bmj.327.7425.1219 PMID:14630762
195. Elrod CS, DeJong G. Determinants of utilization of physical rehabilitation services for persons with chronic and disabling conditions: an exploratory study. *Archives of Physical Medicine and Rehabilitation*, 2008,89:114-120. doi:10.1016/j.apmr.2007.08.122 PMID:18164340
196. Darrah J, Magil-Evans J, Adkins R. How well are we doing? Families of adolescents or young adults with cerebral palsy share their perceptions of service delivery. *Disability and Rehabilitation*, 2002,24:542-549. doi:10.1080/09638280210121359 PMID:12171644
197. Stille CJ, Antonelli RC. Coordination of care for children with special health care needs. *Current Opinion in Pediatrics*, 2004,16:700-705. doi:10.1097/01.mop.0000144442.68016.92 PMID:15548935
198. Bordé A et al. *Information and communication technologies for development: health*. New York, Global Alliance for ICT and Development, 2010.

199. Gagnon MP et al. Interventions for promoting information and communication technologies adoption in healthcare professionals. [review]*Cochrane Database of Systematic Reviews (Online)*, 2009,1CD006093- PMID:19160265
200. Crosson JC et al. Implementing an electronic medical record in a family medicine practice: communication, decision making, and conflict. *Annals of Family Medicine*, 2005,3:307-311. doi:10.1370/afm.326 PMID:16046562
201. Rowe N et al. Ten-year experience of a private nonprofit telepsychiatry service. *Telemedicine and e-Health: the official journal of the American Telemedicine Association*, 2008,14:1078-1086. doi:10.1089/tmj.2008.0037 PMID:19119830
202. Taylor DM et al. Exploring the feasibility of videoconference delivery of a self-management program to rural participants with stroke. *Telemedicine and e-Health: the official journal of the American Telemedicine Association*, 2009,15:646-654. doi:10.1089/tmj.2008.0165 PMID:19694589
203. Murray E et al. Interactive health and communication applications for people with chronic disease. *Cochrane Database of Systematic Reviews*, 2005,4CD004274-
204. Seren E. Web-based hearing screening test. *Telemedicine and e-Health: the official journal of the American Telemedicine Association*, 2009,15:678-681. doi:10.1089/tmj.2009.0013 PMID:19694590
205. Maulik PK, Darmstadt GL. Childhood disability in low- and middle-income countries: overview of screening, prevention, services, legislation, and epidemiology. *Pediatrics*, 2007,120:Suppl 1S1-S55. doi:10.1542/peds.2007-0043B PMID:17603094
206. Loon J, Knibbe J, Van Hove G. From institutional to community support: consequences for medical care. *Journal of Applied Research in Intellectual Disabilities*, 2005,18:175-180. doi:10.1111/j.1468-3148.2005.00246.x
207. Hewitt-Taylor J. Children with complex, continuing health needs and access to facilities. *Nursing Standard (Royal College of Nursing (Great Britain): 1987)*, 2009,23:35-41. PMID:19413072
208. Liu SY, Clark MA. Breast and cervical cancer screening practices among disabled women aged 40–75: does quality of the experience matter? *Journal of Women's Health (2002)*, 2008,17:1321-1329. doi:10.1089/jwh.2007.0591 PMID:18788985
209. Morrison EH, George V, Mosqueda L. Primary care for adults with physical disabilities: perceptions from consumer and provider focus groups. *Family Medicine*, 2008,40:645-651. PMID:18830840
210. Sabharwal S, Sebastian JL, Lanouette M. An educational intervention to teach medical students about examining disabled patients. *JAMA: Journal of the American Medical Association*, 2000,284:1080-1081. doi:10.1001/jama.284.9.1080-a PMID:10974684
211. Wong JG, Scully P. A practical guide to capacity assessment and patient consent in Hong Kong. *Hong Kong Medical Journal = Xianggang yi xue za zhi/Hong Kong Academy of Medicine*, 2003,9:284-289. PMID:12904617
212. Maart S, Jelsma J. The sexual behaviour of physically disabled adolescents. *Disability and Rehabilitation*, 2010,32:438-443. doi:10.3109/09638280902846368 PMID:20113191
213. Dyer O. Gynaecologist is struck off for sterilising women without their consent. *British Medical Journal*, 2002,325:1260- doi:10.1136/bmj.325.7375.1260
214. Grover SR. Menstrual and contraceptive management in women with an intellectual disability. *The Medical Journal of Australia*, 2002,176:108-110. PMID:11936305
215. Servais L. Sexual health care in persons with intellectual disabilities. *Mental Retardation and Developmental Disabilities Research Reviews*, 2006,12:48-56. doi:10.1002/mrdd.20093 PMID:16435330
216. Stansfield AJ, Holland AJ, Clare ICH. The sterilisation of people with intellectual disabilities in England and Wales during the period 1988 to 1999. *Journal of Intellectual Disability Research: JIDR*, 2007,51:569-579. doi:10.1111/j.1365-2788.2006.00920.x PMID:17598870
217. Nieuwenhuijsen C et al. Unmet needs and health care utilization in young adults with cerebral palsy. *Disability and Rehabilitation*, 2008,30:1254-1262. doi:10.1080/09638280701622929 PMID:18821192
218. Tracy J, Iacono T. People with developmental disabilities teaching medical students–does it make a difference? *Journal of Intellectual & Developmental Disability*, 2008,33:345-348. doi:10.1080/13668250802478633 PMID:19039695
219. Graham CL et al. Teaching medical students about disability in family medicine. *Family Medicine*, 2009,41:542-544. PMID:19724936
220. Duggan A et al. What can I learn from this interaction? A qualitative analysis of medical student self-reflection and learning in a standardized patient exercise about disability. *Journal of Health Communication*, 2009,14:797-811. doi:10.1080/10810730903295526 PMID:20029712
221. Saketkoo L et al. Effects of a disability awareness and skills training workshop on senior medical students as assessed with self ratings and performance on a standardized patient case. *Teaching and Learning in Medicine*, 2004,16:345-354. doi:10.1207/s15328015tlm1604_7 PMID:15582871
222. Packer TL et al. Attitudes to disability of Russian occupational therapy and nursing students. *International Journal of Rehabilitation Research. Internationale Zeitschrift fur Rehabilitationsforschung. Revue Internationale de Recherches de Réadaptation*, 2000,23:39-47. PMID:10826124
223. Thompson TL, Emrich K, Moore G. The effect of curriculum on the attitudes of nursing students toward disability. *Rehabilitation Nursing: the official journal of the Association of Rehabilitation Nurses*, 2003,28:27-30. PMID:12567819

224. Melville CA et al. Enhancing primary health care services for adults with intellectual disabilities. *Journal of Intellectual Disability Research: JIDR*, 2005,49:190-198. doi:10.1111/j.1365-2788.2005.00640.x PMID:15713194
225. *National programme on orientation of medical officers working in primary health centres to disability management*. New Dehli, Rehabilitation Council of India, 2009 (http://www.rehabcouncil.nic.in/projects/phc.htm, accessed 30 September 2010).
226. *Clinical guidelines and integrated care pathways for the oral health care of people with learning disabilities*. London, British Society for Disability and Oral Health and The Royal College of Surgeons of England, 2001.
227. Kerac M. The Malawi directory of disability organizations. In: Hartley S, ed. *CBR as part of community development: a poverty eradication strategy*. London, University College London, Centre for International Child Health, 2006.
228. Pappaioanou M et al. Strengthening capacity in developing countries for evidence-based public health: the data for decision-making project. *Social Science & Medicine (1982)*, 2003,57:1925-1937. doi:10.1016/S0277-9536(03)00058-3 PMID:14499516
229. Oxman AD et al. SUPPORT Tools for evidence-informed health policymaking (STP) 1: What is evidence-informed policymaking? *Health Research Policy and Systems/BioMed Central*, 2009,7:Suppl 1S1- doi:10.1186/1478-4505-7-S1-S1 PMID:20018099
230. Armour BS, Thierry JM, Wolf LA. State-level differences in breast and cervical cancer screening by disability status: United States, 2008. *Women's Health Issues: official publication of the Jacobs Institute of Women's Health*, 2009,19:406-414. doi:10.1016/j.whi.2009.08.006 PMID:19879454
231. Jamison DT et al., eds. *Priorities in health*. Washington, World Bank, 2006.
232. Tercero F et al. The epidemiology of moderate and severe injuries in a Nicaraguan community: a household-based survey. *Public Health*, 2006,120:106-114. doi:10.1016/j.puhe.2005.07.005 PMID:16260010
233. Adams E et al. Fundamentals of disability epidemiology. In: Drum CE, Krahn GL, Bersani H, eds. *Disability and public health*. Washington, American Public Health Association, 2009:105–124.
234. Baquet CR et al. Recruitment and participation in clinical trials: socio-demographic, rural/urban, and health care access predictors. *Cancer Detection and Prevention*, 2006,30:24-33. doi:10.1016/j.cdp.2005.12.001 PMID:16495020
235. Mactavish JB, Lutfiyya ZM, Mahon MJ. «I can speak for myself»: involving individuals with intellectual disabilities as research participants. *Mental Retardation*, 2000,38:216-227. doi:10.1352/0047-6765(2000)038<0216:ICSFMI>2.0.CO;2 PMID:10900929
236. Rimmer JH et al. Exercise intervention research on persons with disabilities: what we know and where we need to go. *American Journal of Physical Medicine & Rehabilitation/Association of Academic Physiatrists*, 2010,89:249-263. doi:10.1097/PHM.0b013e3181c9fa9d PMID:20068432
237. Lollar DJ. Public health and disability: emerging opportunities. *Public Health Reports (Washington, DC: 1974)*, 2002,117:131-136. doi:10.1016/S0033-3549(04)50119-X PMID:12356997
238. Seekins T, Kimpton T. *Evidence-based health promotion interventions for people with disabilities: results of a systematic review of literature*. Portland, Rehabilitation Research and Training Center, 2008 (http://www.ohsu.edu/oidd/rrtc/archive/SOS2008/briefs/promotion_seekins_review.cfm, accessed 30 September 2010).
239. Heald A. Physical health in schizophrenia: a challenge for antipsychotic therapy. *European Psychiatry: the journal of the Association of European Psychiatrists*, 2010,25:Suppl 2S6-S11. doi:10.1016/S0924-9338(10)71700-4 PMID:20620888
240. Gilbert T. Involving people with learning disabilities in research: issues and possibilities. *Health & Social Care in the Community*, 2004,12:298-308. doi:10.1111/j.1365-2524.2004.00499.x PMID:15272885
241. Lin PI, Shuldiner AR. Rethinking the genetic basis for comorbidity of schizophrenia and type 2 diabetes. *Schizophrenia Research*, 2010,123:234-243. doi:10.1016/j.schres.2010.08.022 PMID:20832248
242. Alzheimer's Society [web site]. (http://alzheimers.org.uk, accessed 30 September 2010).
243. Jette AM, Keysor JJ. Uses of evidence in disability outcomes and effectiveness research. *The Milbank Quarterly*, 2002,80:325-345. doi:10.1111/1468-0009.t01-1-00006 PMID:12101875

Capítulo 4
Rehabilitación

«Soy una persona amputada; tengo una prótesis funcional de los miembros inferiores y puedo decir que este mecanismo me permite funcionar normalmente. La prótesis me devolvió la confianza y la autoestima para participar en las actividades habituales de la sociedad, y me permitió así adoptar una perspectiva vital cada vez más positiva. Definitivamente, la prótesis ha influido en mi situación y calidad de vida actuales, porque básicamente desarrollo todas las tareas que me asignan, lo que en definitiva se traduce en una producción de calidad y una remuneración satisfactoria.»

Johnny

«Vengo de un país donde no hay mucha conciencia ni muchos recursos para atender a las víctimas de lesiones de médula espinal posterior, por lo que mi regreso a casa representó un enorme desafío. En mi casa no hay facilidades de acceso, por lo que los miembros de mi familia tuvieron que ayudarme durante mucho tiempo a subir y bajar las escaleras. La fisioterapia había pasado a ser una necesidad imprescindible y, como consecuencia de los constantes gastos que ello implicaba, mi madre pasó a encargarse de ella, además de ocuparse de mi cuidado personal. Durante la rehabilitación, debido a la interminable lista de espera, era prácticamente imposible lograr que me admitieran en centros de tratamiento cuando me enfermaba o acceder a sesiones de fisioterapia. El período de rehabilitación fue todo un desafío que me llevó a tener una actitud de humildad y un proceso constante que dura hasta el día de hoy. He aprendido que la discapacidad no implica incapacidad y que una mentalidad fuerte y una actitud positiva son de gran ayuda.»

Casey

«La vida de una familia se complica cuando uno de sus miembros ha sufrido un accidente cerebrovascular. Yo sufrí uno y me considero una sobreviviente; la víctima es mi familia. He tenido suerte y he podido volver al trabajo, pero lograrlo fue una lucha constante. No recibimos la ayuda que necesitamos, las prestaciones son poco fiables y no hay servicios suficientes de fisioterapia ni logoterapia. Después del accidente, tuve que aprender a hacer todo de nuevo, incluso a tragar y hablar. Lo primero que comencé a decir cuando recuperé el habla fueron palabrotas (¡dije cuatro en mi primera frase!), pero dicen que eso es normal.»

Linda

«Si no tienes una silla de ruedas adecuada, realmente te sientes discapacitado. Pero con una buena silla de ruedas, que se ajuste a tus necesidades y te resulte cómoda, puedes olvidarte de tu discapacidad.»

Faustina

4

Rehabilitación

Durante mucho tiempo, la rehabilitación ha carecido de un marco conceptual unificador (*1*). Históricamente, el término se ha referido a una serie de respuestas a la discapacidad, desde las intervenciones para mejorar las funciones corporales hasta medidas más amplias con el fin de promover la inclusión (véase el cuadro 4.1). La CIF brinda un marco útil para todo lo relacionado con la rehabilitación (*11-14*).

En el caso de algunas personas con discapacidad, la rehabilitación es imprescindible para que puedan participar en la educación, el mercado de trabajo y la vida cívica. La rehabilitación es siempre voluntaria, y es posible que algunas personas necesiten apoyo a la hora de elegir entre las distintas posibilidades de rehabilitación. En todos los casos, la rehabilitación debe ayudar a potenciar a la persona con discapacidad y a su familia.

En el artículo 26 de la CDPD, Habilitación y rehabilitación, se dispone lo siguiente:

> «Los Estados Partes adoptarán medidas efectivas y pertinentes, incluso mediante el apoyo de personas que se hallen en las mismas circunstancias, para que las personas con discapacidad puedan lograr y mantener la máxima independencia, capacidad física, mental, social y vocacional, y la inclusión y participación plena en todos los aspectos de la vida.»

En el artículo se pide también a los países que organicen, intensifiquen y amplíen servicios y programas generales de habilitación y rehabilitación, que deben comenzar lo antes posible y estar basados en una evaluación multidisciplinaria de las necesidades y capacidades individuales, con inclusión del suministro de dispositivos y tecnologías asistenciales.

En este capítulo se examinan algunas medidas típicas de rehabilitación, las necesidades y las necesidades de rehabilitación no satisfechas, las barreras que impiden el acceso a ella y las maneras de abordarlas.

Cuadro 4.1. ¿Qué es la rehabilitación?

En el presente informe, se define el término «**rehabilitación**» como «un conjunto de medidas que ayudan a las personas que tienen o probablemente tendrán una discapacidad a conseguir y mantener el funcionamiento óptimo en interacción con su ambiente». Algunas veces, se establece la distinción entre «habilitación», que trata de ayudar a quienes tienen una discapacidad congénita o adquirida durante las primeras etapas de la vida que les impide lograr el nivel máximo de funcionamiento, y «rehabilitación», que hace referencia a las personas que han experimentado una pérdida de funcionamiento y reciben ayuda para recuperar el funcionamiento máximo (*2*). En este capítulo, el término «rehabilitación» comprende los dos tipos de intervención. Aunque el concepto de rehabilitación es amplio, no puede incluirse en él todo lo relacionado con la discapacidad. La rehabilitación trata de mejorar el funcionamiento individual, por ejemplo, aumentando la capacidad de una persona de comer y beber por sus propios medios. La rehabilitación incluye también la introducción de cambios en el ambiente de la persona, por ejemplo, mediante la instalación de una rampa en el cuarto de baño. En cambio, las iniciativas de eliminación de barreras a nivel social, como la construcción de una rampa en un edificio público, no se consideran como rehabilitación en el presente informe.

La rehabilitación reduce el impacto de una gran variedad de condiciones de salud. Normalmente, tiene lugar durante un periodo de tiempo determinado, pero puede implicar una intervención única o varias por parte de una persona o un equipo de profesionales de la rehabilitación, y puede resultar necesaria desde la fase aguda o inicial que sigue inmediatamente al reconocimiento de un problema de salud hasta las fases posterior y de mantenimiento.

La rehabilitación implica la identificación de los problemas y las necesidades de una persona, la relación de los problemas con los factores pertinentes de la persona y el ambiente, la definición de los objetivos de rehabilitación, la planificación y aplicación de las medidas y la evaluación de los efectos (véase el figura a continuación). La educación de las personas con discapacidad es imprescindible para adquirir conocimientos y aptitudes de autoayuda, atención, gestión y toma de decisiones. Las personas con discapacidad y sus familias consiguen un mejor nivel de salud y de funcionamiento cuando participan activamente en la rehabilitación (*3-9*).

El proceso de rehabilitación

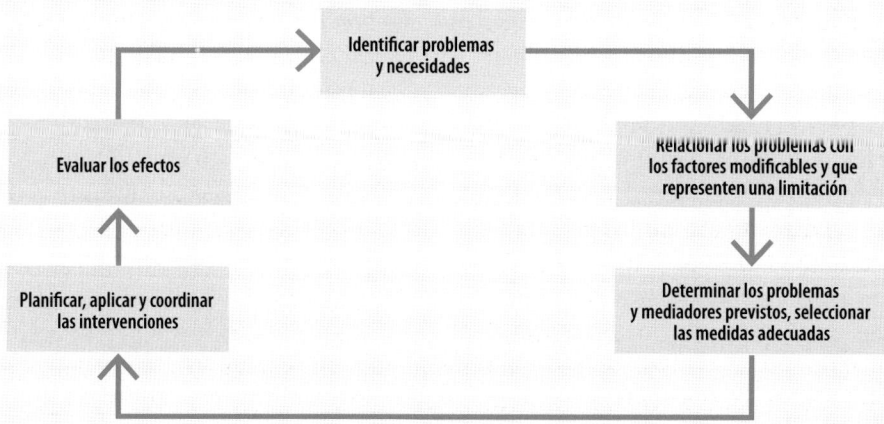

Fuente: Versión modificada del ciclo de rehabilitación de (*10*).

La rehabilitación —integrada por todo un continuo que va desde la atención hospitalaria hasta la rehabilitación en la comunidad (*12*)— puede mejorar los resultados sanitarios, reducir costos al abreviar la permanencia en el hospital (*15-17*), disminuir la discapacidad y mejorar la calidad de vida (*18-21*). La rehabilitación no es necesariamente costosa.

La rehabilitación es intersectorial y puede ser llevada a cabo por profesionales de la salud junto con especialistas en educación, empleo, bienestar social y otros ámbitos. Cuando los recursos son escasos, quizá sea necesaria la participación de trabajadores no especializados, por ejemplo, personal de RBC, además de la familia, los amigos y los grupos comunitarios.

Si comienza en una etapa temprana, la rehabilitación logra mejores resultados funcionales para casi todas las condiciones de salud asociados con la discapacidad (*18-30*). La eficacia de la intervención temprana es particularmente notable en el caso de los niños con retraso —o con riesgo de retraso— en el desarrollo (*27, 28, 31, 32*), y se ha comprobado que refuerza los avances en la educación y el desarrollo (*4, 27*).

Comprender la rehabilitación

Medidas y resultados de la rehabilitación

Las medidas de rehabilitación se centran en las funciones y estructuras corporales, las actividades y la participación, y los factores ambientales y personales. Contribuyen a que una persona logre y mantenga el funcionamiento óptimo en interacción con su ambiente, utilizando los siguientes resultados generales:
- prevención de la pérdida de función;
- reducción del ritmo de pérdida de función;
- mejora o restauración de la función;
- compensación de la función perdida;
- mantenimiento de la función actual.

Los resultados de la rehabilitación son los beneficios y cambios ocurridos a lo largo del tiempo en el funcionamiento de una persona que pueden atribuirse a una medida concreta o a un conjunto de medidas (*33*). Tradicionalmente, las mediciones de los resultados de la rehabilitación han tenido en cuenta el nivel de deficiencia de la persona. Más recientemente, la medición de los resultados se ha ampliado a fin de incluir la actividad individual y la participación (*34*, *35*). La medición de los resultados en términos de actividad y participación evalúa el comportamiento de una persona en distintas esferas, en particular, la comunicación, la movilidad, el autocuidado, la educación, el trabajo y el empleo, y la calidad de vida. Esos resultados pueden medirse también en relación con los programas. Como ejemplos, cabría citar el número de personas que permanecen en su casa o comunidad (o que retornan a ellas), las tasas de vida independiente, las tasas de reincorporación laboral, y las horas dedicadas al ocio y las actividades recreativas. Los resultados de la rehabilitación pueden medirse también en función de los cambios ocurridos en el uso de los recursos, por ejemplo, reducción de las horas semanales necesarias para servicios de apoyo y asistencia (*36*).

Los siguientes ejemplos ilustran diferentes medidas de rehabilitación:
- **Mujer de edad mediana con diabetes avanzada.** La rehabilitación podría incluir asistencia para recuperar la fuerza tras la hospitalización por un coma diabético, la colocación de una prótesis, capacitación para volver a caminar después de la amputación de un miembro, y suministro de software para lectura de pantalla con el fin de que mantenga su empleo como contadora después de perder la vista.
- **Hombre joven con esquizofrenia.** Puede tener problemas para realizar actividades de la vida cotidiana, como trabajar, vivir en forma independiente y mantener relaciones. La rehabilitación podría incluir tratamiento con medicación, la educación de los pacientes y sus familias, apoyo psicológico en régimen ambulatorio, RBC o la participación en un grupo de apoyo.
- **Niño sordo-ciego.** Los padres, maestros, fisioterapeutas y terapeutas ocupacionales, así como otros especialistas en orientación y movilidad, deben colaborar entre sí para planificar espacios accesibles y estimulantes que alienten el desarrollo. Los encargados del cuidado del niño deberán trabajar con él para establecer métodos adecuados de comunicación por signos y el tacto. La educación individualizada, acompañada de una atenta evaluación, mejorará el aprendizaje y reducirá el aislamiento del niño.

En la tabla 4.1 se describen las limitaciones y restricciones de un niño con parálisis cerebral, y las posibles medidas, resultados y barreras de la rehabilitación.

Los equipos y las disciplinas específicas de rehabilitación pueden intervenir en diversas categorías. Las medidas de rehabilitación de este capítulo se dividen, a grandes rasgos, en tres categorías:
- medicina de rehabilitación;
- terapia;
- ayudas técnicas.

Tabla 4.1. Niño con parálisis cerebral: Rehabilitación

Dificultades que enfrenta el niño	Medidas de rehabilitación	Resultados posibles	Barreras posibles	Personas relacionadas con las medidas
Incapacidad de autocuidado	▶ Terapia – Capacitación del niño sobre las distintas maneras de realizar la tarea – Evaluación y suministro de equipos, capacitación de los padres para que puedan levantar, trasladar, mover, alimentar y atender en general al niño con parálisis cerebral – Preparación de los padres y miembros de la familia para que sepan utilizar y mantener los equipos – Suministro de información y apoyo a los padres y a la familia – Asesoramiento de la familia ▶ Ayudas técnicas – Suministro de equipos para el mantenimiento de las posturas y el autocuidado, el juego y la interacción, como la capacidad de sentarse o ponerse de pie (si corresponde a la edad del niño)	– Mayor capacidad de los padres de cuidar al niño y de intervenir en forma proactiva – Menor probabilidad de desarrollo insuficiente, deformidades y contracturas – Menor probabilidad de infecciones respiratorias – Acceso a grupos de apoyo o a personas en la misma situación – Manejo del estrés y otros problemas psicológicos – Mejores postura, respiración, alimentación, habla y actividad física	– Oportunidad de las intervenciones – Disponibilidad de la familia y de apoyo – Capacidad financiera para pagar los servicios y el equipo – Disponibilidad de personal bien capacitado – Actitudes y mentalidad de otras personas implicadas en la medida de rehabilitación – Acceso físico al ambiente doméstico, la comunidad, el equipo, los dispositivos asistenciales y servicios	– El niño, los padres, los hermanos y la familia extensa – Según el contexto y los recursos disponibles: fisioterapeutas, terapeutas ocupacionales, logopedas, ortoprotesistas y técnicos, médicos, psicólogos, trabajadores sociales, trabajadores de RBC, maestros, profesores auxiliares
Dificultad para caminar	▶ Medicina de rehabilitación – Inyecciones de la toxina *botulinum* – Tratamiento quirúrgico de contracturas y deformidades (estas intervenciones médicas normalmente se complementan con terapia) ▶ Terapia – Terapia, ejercicios y actividades lúdicas orientadas a la práctica adecuada de movimientos eficaces ▶ Ayudas técnicas – Ortesis, silla de ruedas u otro equipo	– Pérdida de tono muscular, mejor biomecánica al caminar – Descenso de las limitaciones informadas por el afectado – Mayor participación en la educación y la vida social	– Acceso a la rehabilitación postaguda	– Médico, padres, terapeuta, ortoprotesista
Dificultades de comunicación	▶ Terapia – Audiología – Actividades para el desarrollo lingüístico – Técnicas de conversación – Capacitación de los interlocutores ▶ Ayudas técnicas – Capacitación sobre el uso y mantenimiento del equipo y material auxiliar, como audífonos y dispositivos de comunicación aumentativos y alternativos	– Mejores aptitudes para la comunicación – Participación en oportunidades sociales, educativas y ocupacionales – Mejora de las relaciones con la familia, los amigos y la comunidad en general – Menor riesgo de malestar, fracaso educativo y comportamiento antisocial	– Disponibilidad de logopedas – Condición social y económica de la familia – Costos de compra y mantenimiento de los dispositivos	– Padres, terapeutas/patólogos del habla y el lenguaje, asistente para trastornos de la comunicación, trabajador de RBC, maestros y personal auxiliar

Nota: En el tabla pueden verse algunas medidas de rehabilitación posibles para un niño con parálisis cerebral, los posibles resultados y barreras, y las distintas personas que intervienen en el cuidado del niño.

Medicina de rehabilitación

La medicina de rehabilitación trata de mejorar el funcionamiento mediante el diagnóstico y tratamiento de las condiciones de salud, reducir las deficiencias y prevenir o tratar las complicaciones (*12, 37*). Los médicos especializados en rehabilitación reciben el nombre de fisiatras, médicos en rehabilitación, o especialistas físicos y en rehabilitación (*37*). Los especialistas médicos, como los psiquiatras, pediatras, geriatras, oftalmólogos, neurocirujanos y cirujanos ortopédicos, pueden intervenir en la medicina de rehabilitación, lo mismo que una gran variedad de terapeutas. En muchos lugares del mundo donde no se dispone de especialistas en medicina de rehabilitación, los servicios pueden ser ofrecidos por médicos y terapeutas (véase el cuadro 4.2).

La medicina de rehabilitación ha conseguido resultados positivos, por ejemplo, al mejorar la función de las articulaciones y extremidades, el control del dolor, la curación de las heridas y el bienestar psicosocial (*40-47*).

Terapia

La terapia trata de restablecer y compensar la pérdida de funcionamiento y de evitar o retardar el deterioro del funcionamiento en todas las esferas de la vida de una persona. Entre los terapeutas y rehabilitadores, cabe señalar a los terapeutas ocupacionales, fisioterapeutas, ortoprotesistas, psicólogos, auxiliares técnicos y de rehabilitación, trabajadores sociales, y foniatras y logopedas.

Entre las medidas de terapia se incluyen las siguientes:
- capacitación, ejercicios y estrategias compensatorias;
- educación;
- apoyo y asesoramiento;
- modificaciones en el ambiente;
- suministro de recursos y ayudas técnicas.

Hay pruebas convincentes de que algunas medidas terapéuticas mejoran los resultados de la rehabilitación (véase el cuadro 4.3). Por ejemplo, en una gran variedad de condiciones de salud —como la fibrosis quística, la fragilidad de los adultos mayores, el mal de Parkinson, los accidentes cerebrovasculares, la osteoartritis de la rodilla y la cadera, las cardiopatías y el lumbago—, la terapia del ejercicio ha contribuido a aumentar la fuerza, resistencia y flexibilidad de las articulaciones. Puede mejorar el equilibrio, la postura y el rango de movimiento o la movilidad funcional, y reducir el riesgo de caídas (*49-51*). Se ha comprobado también que las intervenciones terapéuticas son adecuadas para la atención prolongada de los adultos mayores con el fin de reducir la discapacidad (*18*). Algunos estudios revelan que la capacitación en las actividades de la vida cotidiana tiene resultados positivos para las personas que han sufrido un accidente cerebrovascular (*52*).

En Bangladesh, un programa de terapia de 18 meses ofreció capacitación a distancia a madres de niños con parálisis cerebral, promoviendo así el desarrollo de las aptitudes físicas y cognitivas y mejorando la capacidad motriz de los niños (*53*). El asesoramiento, la información y la capacitación sobre métodos de adaptación, dispositivos y equipos han sido eficaces para personas con lesiones de la médula espinal y jóvenes con discapacidad (*54-56*). Muchas medidas de rehabilitación —en particular, los ajustes en el contenido u horario de trabajo, y la introducción de cambios en los equipos y el ambiente laboral— ayudan a las personas con discapacidad a seguir trabajando o a reincorporarse al trabajo (*57, 58*).

Ayudas técnicas

El término «ayudas técnicas» hace referencia a «todo artículo, equipo o producto adquirido comercialmente, modificado o adaptado que se utilice para aumentar, mantener o mejorar las capacidades funcionales de las personas con discapacidad» (*59*).

Como ejemplos comunes de dispositivos asistenciales, cabe señalar los siguientes:
- muletas, prótesis, ortesis, sillas de ruedas y triciclos para personas con dificultades de movilidad;

Cuadro 4.2. **Tratamiento del pie zambo en Uganda**

El pie zambo, deformidad congénita que afecta a uno o a ambos pies, no suele recibir demasiada atención en los países de ingreso bajo y mediano. Si el problema no se trata, puede provocar deformidades físicas, dolor en los pies y dificultades de movilidad, todo lo cual puede limitar la participación comunitaria, incluido el acceso a la educación.

En Uganda, la incidencia del pie zambo es de 1,2 por cada 1000 niños nacidos vivos. Normalmente no se diagnostica o, si se diagnostica, no se le presta atención debido a que la falta de recursos impide aplicar el tratamiento quirúrgico invasivo convencional (*38*).

El método Ponseti para el tratamiento del pie zambo, que utiliza técnicas de manipulación, enyesado, tenotomía del tendón de Aquiles y aparatos ortopédicos para el pie, ha hecho posible una alta tasa de pies funcionales y sin dolor (Ponseti, 1996). Los beneficios de este planteamiento para los países en desarrollo son el bajo costo, la elevada eficiencia y el hecho de que las personas capacitadas para aplicar el tratamiento no tienen que ser necesariamente médicos. Los resultados de un proyecto sobre el pie zambo en Malawi, donde el tratamiento fue llevado a cabo por funcionarios clínicos ortopédicos capacitados, demostró que se podía conseguir una corrección positiva inicial en el 98% de los casos (*39*).

El Proyecto de Tratamiento Sostenible del Pie Zambo en Uganda —colaboración entre el Ministerio de Salud de Uganda, CBM International y Universidades de Uganda y Canadá— es financiado por la Agencia Canadiense de Desarrollo Internacional. Su objetivo es introducir el tratamiento sostenible, universal, eficaz y sin peligro del pie zambo en Uganda por medio del método Ponseti. Está basado en los sectores de atención de salud y educación existentes y ha incorporado investigaciones para orientar las actividades del proyecto y evaluar los resultados.

En dos años, el proyecto ha logrado numerosos avances, en particular los siguientes:

- El Ministerio de Salud de Uganda ha aprobado el método Ponseti como tratamiento preferido del pie zambo en todos sus hospitales.
- El 36% de los hospitales públicos del país fortaleció su capacidad para aplicar el procedimiento Ponseti y está utilizando ese método.
- 798 profesionales de atención de salud recibieron capacitación para detectar y tratar el pie zambo.
- Se están utilizando módulos de enseñanza sobre el pie zambo y el método Ponseti en dos escuelas médicas y tres centros paramédicos.
- 1152 alumnos de diversas disciplinas sanitarias recibieron capacitación sobre el método Ponseti.
- Recibieron tratamiento 872 niños con pie zambo, que representan aproximadamente el 31% de los niños nacidos con pie zambo durante el periodo considerado, porcentaje muy elevado si se tiene en cuenta que solo el 41% de los nacimientos tiene lugar en un centro de atención de salud.
- Se llevaron a cabo campañas de sensibilización —en particular, mensajes radiofónicos y distribución de carteles y panfletos entre los equipos de salud de las aldeas— para informar al público en general de que el pie zambo puede corregirse.

El proyecto ha demostrado que la detección y el tratamiento del pie zambo pueden incorporarse rápidamente, incluso cuando los recursos son escasos. Este planteamiento presupone los siguientes requisitos:

- examen de los niños al nacer para detectar si hay alguna deformidad en el pie que indique la existencia de ese problema;
- fortalecimiento de la capacidad de los profesionales de la salud en todo el sector, desde las parteras de las comunidades que realizan exámenes para detectar la deformidad hasta los técnicos de ONG que producen los aparatos ortopédicos y especialistas que realizan tenotomías;
- servicios descentralizados de atención de personas con el pie zambo, incluidos los análisis en el contexto comunitario, por ejemplo, a través de los trabajadores de la RBC, y el tratamiento en los dispensarios locales, para garantizar la continuidad del tratamiento;
- incorporación de la capacitación sobre el método Ponseti en los programas de estudios de los alumnos de medicina, enfermería, ciencias paramédicas y atención de salud infantil;
- establecimiento de mecanismos para corregir los problemas que impiden la continuidad del tratamiento, con inclusión de la distancia y los costos de desplazamiento.

> **Cuadro 4.3. Dinero bien gastado: Eficacia y valor de las adaptaciones en la vivienda**
>
> El gasto público en adaptaciones de la vivienda para las personas con dificultades de funcionamiento en el Reino Unido de Gran Bretaña e Irlanda del Norte ascendió a más de 220 millones de libras en 1995, y tanto el número de demandas como los costos unitarios están en aumento. En el año 2000, un estudio de investigación examinó la eficacia de las adaptaciones en Inglaterra y Gales mediante entrevistas con los beneficiarios de las adaptaciones importantes, cuestionarios postales devueltos por los beneficiarios de adaptaciones de menor magnitud, registros administrativos y opiniones de profesionales que realizaron visitas. El principal indicador de «eficacia» fue el mayor o menor grado en que los problemas experimentados por el encuestado antes de la adaptación se superaron como consecuencia de esta, sin provocar nuevos problemas. El estudio reveló lo siguiente:
>
> - Las adaptaciones menores (barandillas, rampas, duchas sobre la bañera y sistemas de entrada disponibles en las puertas, por ejemplo), que en su mayoría costaron menos de £500, consiguieron diversas consecuencias duraderas y positivas para prácticamente todos los beneficiarios: el 62% de los encuestados reconoció que se sentían más seguros frente al riesgo de accidentes, y el 77% señalaba un efecto positivo en su salud.
> - Las adaptaciones importantes (conversión del baño, ampliaciones, ascensores, por ejemplo) habían transformado, en la mayoría de los casos, la vida de las personas interesadas. Antes de las adaptaciones, las personas utilizaban las palabras, «prisionero», «degradado» y «temeroso» para describir su sensación; después de las adaptaciones, se consideraban «independientes», «útiles» y con mayor «confianza».
> - En los casos en que las adaptaciones importantes no dieron resultado, normalmente se debió a deficiencias en la especificación original. Por ejemplo, algunas adaptaciones para los niños no tenían en cuenta su crecimiento. En otros casos, las políticas orientadas a ahorrar costos provocaron gastos todavía mayores. Como ejemplos cabría citar las ampliaciones tan pequeñas o frías que no pudieron utilizarse y los sustitutos baratos pero ineficaces de las instalaciones de baño adecuadas.
> - Los testimonios recibidos revelan que las adaptaciones acertadas evitan la hospitalización de las personas, reducen la carga de las personas encargadas del cuidado de las personas con discapacidad y promueven la inclusión social.
> - Los beneficios resultaron especialmente considerables cuando se había consultado atentamente a los usuarios, se habían tenido en cuenta las necesidades de toda la familia y se había respetado la integridad del hogar.
>
> Las adaptaciones parecen constituir un uso muy eficaz de los fondos públicos, que justifica la inversión en recursos sanitarios y de rehabilitación. Se necesitan más investigaciones en diversos contextos y situaciones.
>
> *Fuente: (48).*

- audífonos e implantes cocleares para personas con problemas de audición;
- bastones blancos, magnificadores, dispositivos oculares, libros sonoros y software para la magnificación y lectura de pantalla para personas con deficiencias visuales;
- tableros de comunicación y sintetizadores del habla para personas con deficiencias del habla;
- dispositivos como calendarios con símbolos gráficos para personas con deficiencia cognitiva.

Las ayudas técnicas, cuando están en consonancia con el usuario y su ambiente, han constituido un instrumento poderoso para aumentar la independencia y mejorar la participación. Un estudio sobre personas con movilidad limitada en Uganda comprobó que las ayudas técnicas a la movilidad ofrecían mayores posibilidades de participación comunitaria, sobre todo en la educación y el empleo (*60*). En el caso de las personas del Reino Unido con discapacidades resultantes de lesiones cerebrales, se ha comprobado que tecnologías como los auxiliares digitales personales y tecnologías más sencillas como los gráficos de pared estaban estrechamente asociadas con una mayor independencia (*61*). En un estudio de personas de Nigeria con deficiencias auditivas, el suministro de audífonos estaba asociado con una mejora de la función, la participación y la satisfacción de los usuarios (*62*).

Los dispositivos asistenciales reducen también la discapacidad y pueden sustituir o complementar los servicios de apoyo, con una posible reducción de los costos de la asistencia (*63*). En los Estados Unidos de América, datos referidos a un periodo de 15 años procedentes de la Encuesta Nacional de Atención a Largo Plazo revelaban que el uso creciente de la tecnología estaba asociado con un descenso de la discapacidad registrada en las personas de 65 años o más (*64*). Según otro estudio de los Estados Unidos, los usuarios de ayudas técnicas, como los mecanismos para favorecer la movilidad y el equipo para la atención personal, tenían menos necesidad de servicios de apoyo (*65*).

En algunos países, los dispositivos asistenciales forman parte integrante de la atención de salud y se suministran a través del sistema nacional de salud. En otros lugares, las ayudas técnicas son suministradas por los gobiernos a través de los servicios de rehabilitación, la rehabilitación profesional u organismos de educación especial (*66*), compañías de seguros y organizaciones benéficas y no gubernamentales.

Contextos de la rehabilitación

La disponibilidad de servicios de rehabilitación en diferentes contextos varía dentro de un mismo país y región, y entre diferentes países y regiones (*67-70*). La rehabilitación médica y la terapia suelen ofrecerse en hospitales de tratamiento de dolencias agudas en el caso de condiciones que se manifiestan abruptamente. La rehabilitación médica complementaria, la terapia y los dispositivos asistenciales podrían suministrarse en una gran variedad de contextos, como hospitales o pabellones de rehabilitación especializados; centros de rehabilitación; instituciones como centros residenciales para enfermos mentales y adultos mayores, centros de atención temporal, hospicios, cárceles, instituciones educativas residenciales y centros residenciales militares, o en consultorios o clínicas donde atiendan uno o varios profesionales. La rehabilitación a más largo plazo puede ofrecerse en contextos e instalaciones comunitarias, como los centros de atención primaria de salud, escuelas, lugares de trabajo o servicios de terapia a domicilio (*67-70*).

Necesidades y necesidades no satisfechas

No se dispone de datos globales sobre la necesidad de servicios de rehabilitación, el tipo y la calidad de las medidas adoptadas y las estimaciones de las necesidades no satisfechas. Los datos sobre servicios de rehabilitación son, con frecuencia, incompletos y fragmentarios. Cuando se dispone de información, es difícil establecer comparaciones debido a las diferencias existentes en las definiciones, las clasificaciones de las medidas y el personal, las poblaciones estudiadas, los métodos de medición, los indicadores y la procedencia de los datos (por ejemplo, personas con discapacidad, proveedores de servicios o encargados de los programas, que quizá tengan necesidades y demandas diferentes) (*71, 72*).

Las necesidades de rehabilitación no satisfechas pueden retrasar el alta médica, limitar las actividades, restringir la participación, deteriorar la salud, aumentar la dependencia de la asistencia de terceros y disminuir la calidad de vida (*37, 73-77*). Estos resultados negativos pueden tener amplias repercusiones sociales y financieras para las personas, las familias y las comunidades (*78-80*).

A pesar de las limitaciones reconocidas, como la falta de calidad de los datos y las diferencias culturales en la percepción de la discapacidad, la necesidad de servicios de rehabilitación puede estimarse de varias maneras, por ejemplo, a través de datos sobre la prevalencia de la discapacidad, encuestas sobre discapacidades concretas, y datos demográficos y administrativos.

Los datos sobre la prevalencia de las condiciones de salud asociados con la discapacidad pueden facilitar información para evaluar las necesidades de rehabilitación (*81*).Como se indica en el capítulo 2, las tasas de discapacidad están correlacionadas con el aumento de las condiciones de salud no transmisibles y el envejecimiento mundial. Según las proyecciones, la necesidad de servicios de rehabilitación aumentará (*82, 83*) debido a esos factores demográficos y epidemiológicos. Hay pruebas convincentes de que las deficiencias relacionadas con el envejecimiento y muchas condiciones de salud pueden reducirse y el funcionamiento puede mejorar mediante la rehabilitación (*84-86*).

Las tasas más elevadas de discapacidad indican una mayor necesidad potencial de rehabilitación. Los datos epidemiológicos, junto con el examen del número, el tipo y la gravedad de las deficiencias, y las limitaciones de la actividad y las restricciones de la participación que pueden corregirse con las diversas medidas de rehabilitación, pueden ayudar a cuantificar la necesidad de servicios y ser útiles para establecer las prioridades de rehabilitación adecuadas (*87*).

- El número de personas que necesitan audífonos en todo el mundo está basado en estimaciones de la OMS de 2005, según las cuales unos 278 millones de personas tienen deficiencias auditivas entre moderadas y profundas (*88*). En los países desarrollados, expertos del sector estiman que aproximadamente el 20% de las personas con deficiencias auditivas necesitan audífonos (*89*), lo que equivaldría a 56 millones de posibles usuarios de audífonos en todo el mundo. Los productores y distribuidores de audífonos estiman que su producción cubre actualmente menos del 10% de las necesidades mundiales (*88*) y en los países en desarrollo se satisfacen anualmente menos del 3% de las necesidades de audífonos (*90*).
- La Sociedad Internacional de Prótesis y Ortesis (ISPO) y la OMS han estimado que las personas que necesitan prótesis u ortesis y servicios conexos representan el 0,5% de la población de los países en desarrollo, y que 30 millones de personas de África, Asia y América Latina (*91*) requieren unos 180 000 profesionales de rehabilitación. En 2005, los países en desarrollo contaban con 24 escuelas de prótesis y ortesis, de las que se graduaban unos 400 alumnos por año. Los servicios de capacitación existentes en todo el mundo para profesionales de prótesis y ortesis y otros proveedores de servicios de rehabilitación fundamentales son muy escasos en relación con las necesidades (*92*).
- Una encuesta nacional de las deficiencias musculoesqueléticas en Rwanda llegó a la conclusión de que el 2,6% de los niños presentan alguna deficiencia y unos 80 000 necesitan fisioterapia, 50 000 necesitan cirugía ortopédica y 10 000 requieren dispositivos asistenciales (*93*).

La mayor parte de los datos disponibles sobre el suministro nacional y las necesidades no satisfechas están tomadas de encuestas sobre discapacidades concretas de poblaciones específicas, entre ellas, las siguientes:

- Estudios nacionales sobre las condiciones de vida de las personas con discapacidad realizados en Malawi, Mozambique, Namibia, Zambia y Zimbabwe (*94-98*) revelaron grandes deficiencias en el suministro de dispositivos asistenciales y actividades de rehabilitación médica (véase la tabla 2.5 del capítulo 2). Se observaron desigualdades de género en el acceso a dispositivos asistenciales en Malawi (hombres: 25,3%; mujeres: 14,1%) y en Zambia (hombres: 15,7%; mujeres: 11,9%) (*99*).
- Una encuesta sobre la rehabilitación física en Croacia, la República Checa, Hungría, Eslovaquia y Eslovenia reveló la falta general de acceso a la rehabilitación en los servicios de atención de salud primaria, secundaria, terciaria y comunitaria, así como desigualdades regionales y socioeconómicas en el acceso (*100*).
- En un estudio de personas con discapacidad de tres distritos de Beijing (China), el 75% de las personas entrevistadas manifestaban la necesidad de diversos servicios de rehabilitación, y solo el 27% recibía tales

servicios (*101*). Según un estudio nacional chino sobre la necesidad de rehabilitación en 2007, las necesidades no satisfechas eran especialmente elevadas en el caso de los dispositivos asistenciales y la terapia (*102*).
- Las encuestas de los Estados Unidos revelan un volumen considerable de necesidades no satisfechas de ayudas técnicas debidas, muchas veces, a problemas de financiamiento (*103*).

Las necesidades no satisfechas de servicios de rehabilitación pueden estimarse también a partir de datos de encuestas administrativas y de población. La prestación de servicios de rehabilitación puede estimarse a partir de datos administrativos sobre la prestación de servicios, y algunos datos, como el tiempo de espera para los servicios de rehabilitación, pueden utilizarse como indicadores sustitutivos del grado de satisfacción de la demanda de servicios.

Una encuesta mundial reciente (2006-2008) de los servicios relativos a la vista realizada en 195 países comprobó que los tiempos de espera en las zonas urbanas eran, por término medio, inferiores a un mes, mientras que en las zonas rurales oscilaban entre seis meses y un año (*104*). Los indicadores sustitutivos quizá no sean siempre fiables. En el caso de los tiempos de espera, por ejemplo, la falta de conocimiento acerca de los servicios y las opiniones sobre la discapacidad influyen en la búsqueda de tratamiento, mientras que las restricciones sobre quién está legítimamente a la espera de servicios pueden complicar la interpretación de los datos (*105–107*).

Los indicadores sobre el número de personas que solicitan pero no reciben servicios, o que reciben servicios inadecuados o insuficientes, pueden facilitar información útil para la planificación (*108*). Pero los datos sobre la rehabilitación muchas veces no están desglosados de otros servicios de atención de salud y las medidas de rehabilitación no se incluyen en los sistemas de clasificación existentes, que podrían constituir un marco adecuado para describir y cuantificar la rehabilitación. Los datos administrativos sobre la oferta de servicios son muchas veces fragmentarios debido a la diversidad de contextos en que se produce la rehabilitación y a la heterogeneidad del personal que la ofrece.

La comparación de fuentes de datos múltiples puede permitir interpretaciones más sólidas, si se utiliza un marco común como la CIF. Un ejemplo sería el de la Unidad de Investigación y Evaluación Comunitaria de la Artritis, en Toronto, que fusionó las fuentes de datos administrativos para establecer un perfil de la demanda y oferta de rehabilitación en todas las regiones de la provincia de Ontario (*109*). Los investigadores triangularon los datos de población con el número de trabajadores del sector de la salud por región para estimar el número de trabajadores por persona: comprobaron que la mayor concentración de trabajadores en la región meridional no coincidía con las zonas de mayor demanda, lo que provocaba la existencia de una demanda no satisfecha de rehabilitación.

Abordar los obstáculos a la rehabilitación

Los obstáculos a la prestación de servicios de rehabilitación pueden superarse con una serie de medidas, entre ellas, las siguientes:
- reforma de políticas, leyes y sistemas de prestación de servicios, incluida la elaboración o revisión de planes nacionales de rehabilitación;
- elaboración de mecanismos de financiamiento para superar los obstáculos relacionados con el financiamiento de la rehabilitación;
- aumento de los recursos humanos para la rehabilitación, con inclusión de la capacitación y retención del personal de rehabilitación;
- ampliación y descentralización de la prestación de servicios;
- mayor uso y asequibilidad de tecnología y dispositivos asistenciales;

- ampliación de los programas de investigación, incluidos la mejora de la información y el acceso a orientaciones sobre prácticas recomendables.

Reforma de políticas, leyes y sistemas de prestación de servicios

Una encuesta mundial de 2005 (*110*) sobre la aplicación de las Normas Uniformes de las Naciones Unidas sobre la Igualdad de Oportunidades para las Personas con Discapacidad (no vinculantes) reveló lo siguiente:
- En 48 (42%) de los 114 países que respondieron a la encuesta, no había políticas de rehabilitación.
- En 57 (50%) países no se habían aprobado medidas legislativas sobre la rehabilitación para personas con discapacidad.
- En 46 (40%) países no se habían establecido programas de rehabilitación.

Muchos países cuentan con leyes y políticas conexas adecuadas sobre la rehabilitación, pero la aplicación de esas políticas y el establecimiento y la prestación de los servicios regionales y locales de rehabilitación no han estado a la altura. Entre los obstáculos sistémicos cabe señalar los siguientes:
- **Falta de planificación estratégica.** Un estudio de la medicina de rehabilitación relacionada con las deficiencias físicas —con exclusión de las ayudas técnicas, las deficiencias sensoriales y las disciplinas especializadas— en cinco países de Europa central y oriental reveló que la falta de planificación estratégica de los servicios había dado lugar a una distribución irregular de la capacidad e infraestructura de los servicios (*100*).
- **Falta de recursos y de infraestructura sanitaria.** La limitación de los recursos y la infraestructura sanitaria en los países en desarrollo, y en las comunidades rurales y remotas de los países desarrollados, puede reducir el acceso a la rehabilitación y la calidad de los servicios (*111*). En una encuesta sobre las razones de la falta de utilización de las instalaciones sanitarias necesarias en dos estados de la India, el 52,3% de las respuestas indicaban que no había en la zona ningún centro de atención sanitaria (*112*). Otros países carecen de servicios de rehabilitación de eficacia demostrada por reducir los costos a largo plazo, como la intervención temprana en el caso de los niños de menos de cinco años (*5, 113-115*). Un estudio de los usuarios de la RBC en Ghana, Guyana y Nepal comprobó un escaso efecto en el bienestar físico debido a que los trabajadores de la RBC tenían dificultades para ofrecer rehabilitación física, dispositivos asistenciales y servicios de derivación (*116*). En Haití, antes del terremoto de 2010, unas tres cuartas partes de las personas amputadas recibían tratamiento protésico debido a la falta de disponibilidad de servicios (*117*).
- **Falta de un organismo encargado de administrar, coordinar y supervisar los servicios.** En algunos países, toda la rehabilitación se integra en la atención de salud y se financia en el marco del sistema nacional de salud (*118, 119*). En otros, las responsabilidades se dividen entre diferentes ministerios, y los servicios de rehabilitación muchas veces no se integran satisfactoriamente en el sistema general ni se coordinan debidamente (*120*). Un informe sobre 29 países africanos reveló que muchos carecen de coordinación y colaboración entre los diferentes sectores y ministerios implicados en la discapacidad y la rehabilitación, y 4 de los 29 países no contaban con un ministerio principal (*119*).
- **La falta de sistemas de información y estrategias de comunicación sobre la salud** puede contribuir a la baja tasa de participación en la rehabilitación. Por ejemplo, los aborígenes australianos tienen altas tasas de enfermedad cardiovascular y bajas tasas de participación en la rehabilitación cardíaca. Entre las barreras que obstan

a la rehabilitación, se incluyen la falta de comunicación en el conjunto del sector de la salud y entre los proveedores de los servicios (en particular, entre la atención primaria y secundaria), procesos incoherentes e insuficientes de recopilación de datos, múltiples sistemas de información clínica y tecnologías incompatibles (*121*). La falta de comunicación provoca una coordinación ineficaz de las responsabilidades entre los proveedores (*75*).
- **Sistemas complejos de derivación, que pueden limitar el acceso.** Cuando el acceso a los servicios de rehabilitación es controlado por médicos (*77*), las normas médicas o las actitudes de los médicos primarios pueden obstaculizar el acceso de las personas con discapacidad a los servicios necesarios (*122*). Algunas veces, las personas no son derivadas a los servicios pertinentes, o son derivadas inadecuadamente, o las consultas médicas innecesarias pueden incrementar sus costos (*123-126*). Así ocurre particularmente en el caso de las personas con necesidades complejas que requieren múltiples medidas de rehabilitación.
- **Ausencia de compromiso con las personas con discapacidad.** El estudio de 114 países mencionado anteriormente no mantuvo consultas con organizaciones de personas con discapacidad en 51 países, ni consultó a las familias de las personas con discapacidad acerca del diseño, la aplicación y la evaluación de los programas de rehabilitación en 57 de los países del estudio (*110*).

Los países que carecen de políticas y medidas legislativas sobre la rehabilitación deben considerar la posibilidad de introducirlas, sobre todo los países que son signatarios de la CDPD, ya que deben armonizar la legislación nacional con los artículos 25 y 26 de la Convención. La rehabilitación puede incorporarse en la legislación general sobre la salud y en la relativa al empleo, la educación y los servicios sociales, así como en las medidas legislativas específicas para las personas con discapacidad.

Las políticas adoptadas deberán hacer hincapié en la intervención temprana y el uso de la rehabilitación para permitir a personas con una gran variedad de condiciones de salud mejorar o mantener su nivel de funcionamiento, con especial insistencia en la participación y la inclusión, por ejemplo, garantizando la continuidad en el trabajo (*127*). Los servicios deben ofrecerse lo más cerca posible a las comunidades donde viven las personas, incluidas las zonas rurales (*128*).

En la elaboración, aplicación y supervisión de las políticas y leyes debe incluirse a los usuarios (véase el cuadro 4.4) (*132*). Los profesionales de la rehabilitación deben tener conocimiento de las políticas y los programas, dada la importancia de la rehabilitación para conseguir que las personas con discapacidad sigan participando en la sociedad (*133, 134*).

Planes nacionales de rehabilitación y mejora de la colaboración

La creación o enmienda de planes nacionales de rehabilitación y el establecimiento de la infraestructura y la capacidad necesarias para ponerlos en práctica son fundamentales para mejorar el acceso a la rehabilitación. Los planes deberían estar basados en el análisis de la situación, considerar los principales aspectos de la rehabilitación —liderazgo, financiamiento, información, prestación de servicios, productos y tecnologías, y mano de obra (*135*)— y determinar las prioridades teniendo en cuenta las necesidades locales. Aunque no sea posible brindar de forma inmediata servicios de rehabilitación a todos los que los necesitan, un plan que suponga inversiones anuales de menor magnitud puede reforzar y ampliar progresivamente el sistema de rehabilitación.

La aplicación eficaz del plan depende del establecimiento o fortalecimiento de los mecanismos de colaboración intersectorial. Un comité u organismo interministerial de rehabilitación puede coordinar a las distintas organizaciones. Por ejemplo, en Camboya se estableció en 1997 un consejo de acción sobre la discapacidad con representantes del Gobierno,

Cuadro 4.4. Reforma de la ley de salud mental en Italia: Cerrar las instituciones psiquiátricas no es suficiente

En 1978, Italia introdujo la Ley n.º 180, que eliminó gradualmente los hospitales psiquiátricos e introdujo un sistema de atención psiquiátrica basado en la comunidad. Franco Basaglia, especialista en psiquiatría social, contribuyó decisivamente a impulsar la nueva ley, que rechazaba el supuesto de que las personas con enfermedades mentales eran un peligro para la sociedad. Basaglia observó horrorizado las condiciones inhumanas de un hospital psiquiátrico del norte de Italia, donde ocupó el cargo de director. Consideraba que los factores sociales eran los principales determinantes de la enfermedad mental, y se convirtió en paladín de los servicios comunitarios de salud mental y de las camas en los hospitales generales en vez de en los hospitales psiquiátricos (*129*).

Treinta años más tarde, Italia es el único país donde los hospitales mentales tradicionales están prohibidos por la ley. Se aprobó una legislación marco, y cada una de las regiones se encargó de aplicar normas, métodos y calendarios de acción más detallados. A raíz de la ley, no se admitió ya a ningún paciente nuevo en los hospitales psiquiátricos y se promovió activamente un proceso de desinstitucionalización de las personas internadas en centros psiquiátricos. Esta población disminuyó un 53% entre 1978 y 1987, y en 2000 concluyó el desmantelamiento total de los hospitales psiquiátricos (*130*).

El tratamiento de problemas agudos se ofrece en unidades psiquiátricas de hospitales generales, cada una de ellas con un máximo de 15 camas. Una red de centros comunitarios de salud mental y rehabilitación presta apoyo a las personas con enfermedades mentales, adoptando para ello una perspectiva holística. La organización de los servicios utiliza un modelo departamental para coordinar una gran variedad de tratamientos, fases y profesionales. Con apoyo de las autoridades centrales y regionales, se han promovido campañas contra el estigma, en favor de la inclusión social de las personas con condiciones de salud mental, y de empoderamiento de los pacientes y sus familias.

Como consecuencia de estas políticas, Italia tiene menos camas en centros psiquiátricos que otros países: 1,72 por cada 10 000 personas en 2001. Mientras que en Italia hay un número de psiquiatras per cápita comparable al del Reino Unido, hay un tercio de enfermeros psiquiátricos y psicólogos y una décima parte de trabajadores sociales. Italia tiene también tasas de admisión obligatoria más bajas —2,5 por cada 10 000 personas en 2001, frente a 5,5 por cada 10 000 personas en Inglaterra— (*131*) y un uso inferior de medicamentos psicotrópicos que otros países europeos. La «puerta giratoria» de readmisión existe únicamente en las regiones con pocos recursos.

No obstante, la atención en Italia dista mucho de ser perfecta (*130*). En lugar de hospitales mentales públicos, el Gobierno gestiona pequeñas comunidades o apartamentos protegidos para los pacientes de larga duración, y los servicios privados ofrecen atención a largo plazo en algunas regiones. Pero el apoyo a la salud mental varía significativamente según la región, y la carga de la atención recae todavía sobre las familias en algunos lugares. Los servicios comunitarios de salud mental y rehabilitación de algunas zonas no han logrado innovaciones, y no siempre se dispone de tratamientos óptimos. Italia está preparando una nueva estrategia nacional para reforzar el sistema de atención basado en la comunidad, hacer frente a las nuevas prioridades y uniformar los resultados de la atención de la salud mental en las distintas regiones.

La experiencia de Italia revela que el cierre de las instituciones psiquiátricas debe ir acompañado de estructuras alternativas. Las leyes de reforma deben establecer normas mínimas, no solo orientaciones. El compromiso político es imprescindible, así como la inversión en edificios, personal y capacitación. La investigación y la evaluación son un requisito fundamental, al igual que los mecanismos centrales de verificación, control y comparación de los servicios.

---

las ONG y los programas de capacitación para contribuir a la coordinación y cooperación entre los proveedores de servicios de rehabilitación, disminuir la duplicación de esfuerzos y mejorar la distribución de los servicios y sistemas de derivación y promover iniciativas conjuntas de capacitación (*136*). El Consejo ha conseguido fomentar la rehabilitación física y respaldar la capacitación profesional (fisioterapia, prótesis, ortesis, sillas de ruedas y RBC) (*137*). Pueden señalarse también los siguientes beneficios (*136*):

- negociación conjunta sobre los equipos y suministros;

- difusión de conocimientos y especialidades;
- educación permanente mediante el intercambio de educadores especializados, el establecimiento de centros de educación clínica, el examen y la revisión de los programas de estudios y la divulgación de información;
- apoyo para la transición de los servicios profesionales en el exterior al tratamiento local.

Establecimiento de mecanismos de financiamiento para la rehabilitación

El costo de la rehabilitación puede ser una barrera para las personas con discapacidad en los países tanto de ingreso alto como de ingreso bajo. Aun cuando se disponga de financiamiento de los gobiernos, las aseguradoras o las ONG, quizá no sea suficiente para sufragar los costos hasta el punto de que la rehabilitación resulte asequible (*117*). Las personas con discapacidad tienen ingresos más bajos y muchas veces carecen de empleo, por lo que es menor la probabilidad de que estén cubiertos por planes de salud patrocinados por los empleadores o seguros de salud voluntarios privados (véase el capítulo 8). Si tienen medios financieros limitados y una cobertura de salud pública insuficiente, el acceso a la rehabilitación puede ser también limitado, lo que sería perjudicial para la actividad y para la participación en la sociedad (*138*).

La falta de recursos financieros para las ayudas técnicas es una barrera significativa en muchos casos (*101*). Las personas con discapacidad y sus familiares compran directamente más de la mitad de todos los dispositivos asistenciales (*139*). Según una encuesta nacional realizada en la India, dos tercios de los usuarios de ayudas técnicas habían tenido que pagarlas ellos mismos (*112*). En Haití, la falta de acceso a servicios protésicos se atribuye, en parte, a la incapacidad de pago de los usuarios (*117*).

El gasto en servicios de rehabilitación es difícil de determinar porque generalmente no aparece desglosado de otros gastos sanitarios. La información disponible sobre el gasto correspondiente a la totalidad de las medidas de rehabilitación es limitada (*68, 74, 138*). Los gobiernos de 41 de los 114 países no financiaban los dispositivos asistenciales en 2005 (*110*). Incluso en los 79 países donde los planes de seguro cubrían total o parcialmente los dispositivos asistenciales, 16 no incluían a las personas pobres con discapacidad y 28 no cubrían todas las zonas geográficas (*110*). En algunos casos los programas existentes no cubrían el mantenimiento y reparación de los dispositivos asistenciales, lo que significa que las personas a veces tienen que conformarse con equipo defectuoso y limitar su utilización (*76, 112, 140*). Un tercio de los 114 países que suministraron datos para el estudio mundial de 2005 no asignaban presupuestos específicos para servicios de rehabilitación (*110*). Al parecer, los países de la OCDE están realizando mayores inversiones en rehabilitación que en el pasado, pero el nivel de gasto todavía es bajo (*120*). Por ejemplo, los promedios no ponderados de todos los países de la OCDE entre 2006 y 2008 indican que el gasto público en rehabilitación como parte de los programas del mercado de trabajo representaba el 0,02% del PIB, y no se había registrado un aumento a lo largo del tiempo (*127*).

El financiamiento de la atención de salud ofrece con frecuencia cobertura selectiva de los servicios de rehabilitación, por ejemplo, limitando el número o tipo de dispositivos asistenciales, la cantidad de visitas de terapia en un determinado periodo de tiempo o el costo máximo (*77*), con el fin de controlar el costo. Si bien es cierto que hay que controlar los costos, también debe tenerse en cuenta la necesidad de prestar servicios a quienes puedan beneficiarse de ellos. En los Estados Unidos, los planes de seguros públicos y privados limitan la cobertura de las ayudas técnicas y, en algunos casos, solo reemplazan los dispositivos anticuados cuando se rompen y después de una considerable espera (*77*). En un estudio sobre el uso de dispositivos asistenciales por personas con reumatismo en Alemania y los Países Bajos, se observó que había considerables divergencias entre los dos países, al parecer debido a la diferencia entre las normas sobre prescripción y reembolso de sus sistemas de atención de salud (*141*).

Las medidas normativas requieren un presupuesto que esté en consonancia con el alcance y las prioridades del plan. El presupuesto para los servicios de rehabilitación debe formar parte de los presupuestos ordinarios de los ministerios competentes —en particular, los de salud— y debe tener en cuenta las necesidades existentes. Si es posible, la línea presupuestaria correspondiente a los servicios de rehabilitación debería figurar por separado, para poder determinar y supervisar el gasto.

Muchos países —en particular, los países de ingreso bajo y mediano— tienen dificultades para financiar la rehabilitación, a pesar de que es una inversión productiva, ya que permite desarrollar el capital humano (*36*, *142*). Las estrategias de financiamiento pueden mejorar la prestación, el acceso y la cobertura de los servicios de rehabilitación, en particular en los países de ingreso bajo y mediano. Toda nueva estrategia debe evaluarse atentamente para determinar su aplicabilidad y eficacia en función de los costos antes de su puesta en práctica. Las estrategias de financiación pueden incluir las siguientes medidas:

- **Reasignación o redistribución de recursos.** Los servicios públicos de rehabilitación deben revisarse y evaluarse, de manera que los recursos se reasignen de forma eficaz. Entre las posibles modificaciones, se encuentran las siguientes:
    - sustitución de la rehabilitación en hospitales o dispensarios por intervenciones basadas en la comunidad (*74*, *83*);
    - reorganización e integración de los servicios para hacerlos más eficientes (*26*, *74*, *143*);
    - reasignación de los equipos a los lugares donde son más necesarios (*144*).
- **Cooperación en el plano internacional**. Los países desarrollados, a través de sus organismos de ayuda para el desarrollo, podrían ofrecer asistencia técnica y financiera a largo plazo a los países en desarrollo para que refuercen los servicios de rehabilitación, incluido el perfeccionamiento del personal pertinente. Así lo han hecho los organismos de ayuda de Alemania, Australia, los Estados Unidos, Italia, el Japón, Noruega, Nueva Zelandia, el Reino Unido y Suecia (*145-147*).
- **Inclusión de los servicios de rehabilitación en la ayuda extranjera para crisis humanitarias.** Los conflictos y los desastres naturales provocan lesiones y discapacidad y hacen que las personas ya discapacitadas sean todavía más vulnerables: por ejemplo, después de un terremoto aumentan las dificultades para trasladarse debido a los escombros de los edificios derruidos y la pérdida de dispositivos de movilidad. La ayuda extranjera debería incluir también los servicios de rehabilitación y de atención de traumatismos (*135*, *142*, *148*).
- **Compaginación del financiamiento público y privado.** Para que esta estrategia sea eficaz, se requiere una clara delimitación de responsabilidades y una coordinación adecuada entre los distintos sectores. Algunos servicios podrían ser de financiación pública pero confiarse al sector privado, como ocurre en Australia, Camboya, el Canadá y la India.
- **Ayuda selectiva a las personas pobres con discapacidad.** Los elementos esenciales de la rehabilitación deben identificarse, financiarse con recursos públicos y ofrecerse gratuitamente a las personas de ingreso bajo, como ocurre en Sudáfrica (*149*) y la India (*8*).
- **Evaluación de la cobertura del seguro de salud, con inclusión de los criterios de acceso equitativo.** Un estudio realizado en los Estados Unidos sobre el acceso a la fisioterapia comprobó que las fuentes de financiamiento de la atención de salud ofrecían diferente cobertura de los servicios de fisioterapia según que las personas tuvieran parálisis cerebral, esclerosis múltiple o lesiones de la médula espinal (*74*).

Aumento de los recursos humanos para rehabilitación

La información mundial sobre la mano de obra dedicada a la rehabilitación es insuficiente. En muchos países, la planificación nacional y el examen de los recursos humanos en el sector de la salud no hacen referencia a la rehabilitación (*135*). Muchos carecen de capacidad técnica para supervisar con precisión la mano de obra dedicada a la rehabilitación, por lo que los datos con frecuencia son poco fiables y están desactualizados. Asimismo, los términos utilizados para describir a esos trabajadores varían, no hay instrumentos de análisis comprobados, y no se dispone de aptitudes y experiencia suficientes para evaluar cuestiones normativas fundamentales (*150*, *151*).

Muchos países, tanto en desarrollo como desarrollados, señalan la insuficiencia, inestabilidad o inexistencia de los suministros (*83*, *152*, *153*), y la desigual distribución geográfica de los profesionales de la rehabilitación (*82*, *140*). Países desarrollados como Australia, el Canadá y los Estados Unidos señalan situaciones de escasez de personal de rehabilitación en las zonas rurales y remotas (*154-156*).

La baja calidad y productividad de la mano de obra dedicada a la rehabilitación en los países de ingreso bajo resulta desconcertante. La capacitación del personal de rehabilitación y otros profesionales de la salud en los países en desarrollo puede resultar más compleja que en los países desarrollados. Se debe tener en cuenta la ausencia de otros profesionales de servicios de consulta y asesoramiento y la falta de servicios médicos, tratamiento quirúrgico y atención complementaria a través de servicios de atención primaria de salud. El personal de rehabilitación que trabaja en contextos de escasos recursos requiere amplios conocimientos sobre patología y capacidad de diagnóstico, solución de problemas, toma de decisiones clínicas y comunicación (*136*).

Los servicios de fisioterapia son los que se ofrecen con mayor frecuencia, muchas veces en pequeños hospitales (*144*). Un estudio de la rehabilitación realizado recientemente en Ghana señalaba la inexistencia de médicos de rehabilitación o terapeutas ocupacionales en el país y el bajo número de ortoprotesistas y fisioterapeutas, lo que representaba una fuerte limitación en el acceso a la terapia y las ayudas técnicas (*68*). Los servicios de logopedia son prácticamente inexistentes en muchos países (*144*). En la India, las personas con deficiencias del habla tenían una probabilidad significativamente menor de recibir dispositivos asistenciales que las personas con deficiencias visuales (*112*).

Una amplia encuesta de los médicos de rehabilitación en África al sur del Sahara encontró solo seis (todos ellos, en Sudáfrica) para más de 780 millones de personas, mientras que Europa tiene más de 10 000 y los Estados Unidos, más de 7000 (*142*). Las discrepancias son también considerables en otras profesiones relacionadas con la rehabilitación: entre 0,04 y 0,6 psicólogos por cada 100 000 habitantes en los países de ingreso bajo y mediano, frente a 1,8 en los países de ingreso mediano alto y 14 en los de ingreso alto, y 0,04 trabajadores sociales por cada 100 000 habitantes en los países de ingreso bajo, frente a 15,7 en los países de ingreso alto (*157*). En la figura 4.1 pueden verse datos de fuentes estadísticas oficiales que indican las grandes diferencias en la disponibilidad de fisioterapeutas, y en la figura 4.2 pueden verse los datos de una encuesta realizada por la Federación Mundial de Ergoterapeutas, que muestran las divergencias en el número de terapeutas ocupacionales.

La ausencia de mujeres en las profesiones relacionadas con la rehabilitación y las actitudes culturales hacia el género repercuten en los servicios de rehabilitación en algunos contextos. El bajo número de mujeres técnicas en la India, por ejemplo, puede explicar, en parte, por qué las mujeres con discapacidad tienen menos probabilidad que los hombres de recibir dispositivos asistenciales (*112*). En el Afganistán, las pacientes solo pueden ser tratadas por terapeutas mujeres, y los hombres, solo por hombres. Las restricciones del desplazamiento de las mujeres impiden que las mujeres

Capítulo 4 Rehabilitación

Figura 4.1. Fisioterapeutas por cada 10 000 habitantes (en países seleccionados)

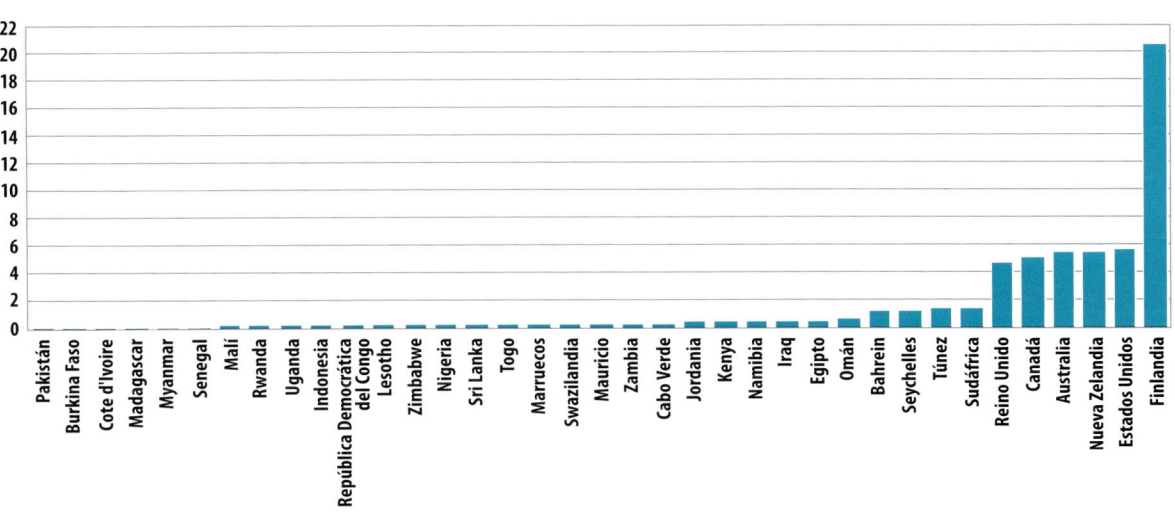

Fuente: (*158*).

Figura 4.2. Terapeutas ocupacionales por cada 10 000 habitantes (en países seleccionados)

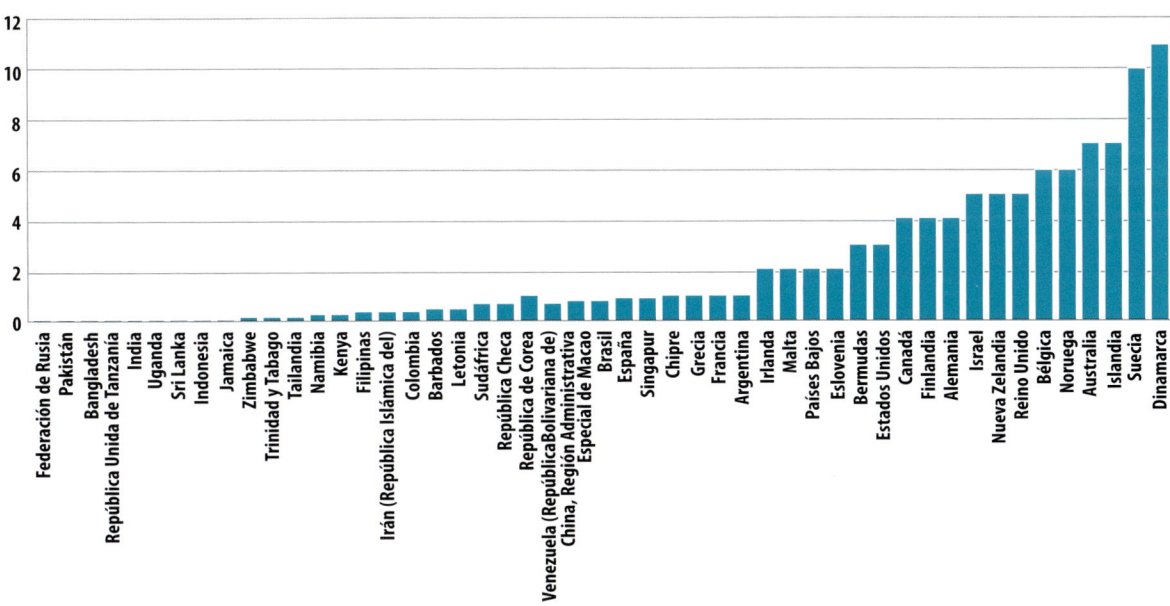

Nota: Muchas asociaciones profesionales recopilan datos sobre el personal de rehabilitación. No obstante, los profesionales no están obligados a ser miembros ni a responder a los cuestionarios de las encuestas. Estos datos proceden de 65 organizaciones miembros con una tasa de respuesta del 93%.
Fuente: (*159*).

fisioterapeutas participen en talleres de capacitación y de desarrollo profesional y limitan su capacidad de realizar visitas a domicilio (*160*).

Ampliación de la educación y la capacitación

Muchos países en desarrollo no cuentan con programas educativos para los profesionales de la rehabilitación. Según una encuesta mundial de 2005 realizada en 114 países, 37 no habían adoptado medidas para capacitar al personal de rehabilitación y 56 no habían actualizado los conocimientos médicos de los proveedores de servicios de atención de salud sobre la discapacidad (*110*).

Las diferencias entre los países en cuanto al tipo de capacitación y las normas de competencia exigidas influyen en la calidad de los servicios (*92*, *136*, *161*). La capacitación universitaria del personal de rehabilitación quizá no sea viable en todos los países en desarrollo debido a que, para ello, se requieren ciertos niveles de especialización académica, tiempo y gastos, y la capacidad de los gobiernos nacionales y las ONG para respaldar la capacitación (*162-165*). Es imprescindible contar con un compromiso de financiamiento a largo plazo por parte de los gobiernos y los donantes (*136*, *166*).

La educación del personal de rehabilitación —que, en general, trabaja en instituciones y zonas urbanas— no siempre está relacionada con las necesidades de la población, en particular en las comunidades rurales (*167*). En el Afganistán, un estudio comprobó que los fisioterapeutas con dos años de capacitación tenían problemas de razonamiento clínico y las competencias clínicas presentaban grandes diferencias, en particular para el tratamiento de discapacidades complejas y la determinación de sus propias necesidades de capacitación (*168*).

Teniendo en cuenta la escasez mundial de profesionales de rehabilitación, quizá sean necesarios niveles mixtos o graduados de capacitación con el fin de aumentar la prestación de servicios de rehabilitación esenciales. Cuando la capacitación es graduada, deben tenerse en cuenta las oportunidades profesionales y de educación permanente entre los distintos niveles.

La educación profesional universitaria —promovida por los países desarrollados y las asociaciones profesionales— desarrolla, entre otras cosas, las aptitudes relacionadas con disciplinas específicas de la fisioterapia y la terapia ocupacional, el uso de prótesis y ortesis, y el habla y el lenguaje (*162-165*). Las asociaciones profesionales son partidarias de las normas mínimas de capacitación (*162-164*, *169*). La complejidad del trabajo en contextos de pocos recursos sugiere la importancia de recibir educación universitaria o una diplomatura técnica superior (*136*). La viabilidad de determinar y atender las necesidades de capacitación terciaria depende de varios factores, como la estabilidad política, la disponibilidad de educadores debidamente capacitados y apoyo financiero, las normas educativas dentro del país, y el costo y el tiempo necesarios para la capacitación.

Países de ingreso bajo y mediano como China, la India, el Líbano, Myanmar, Tailandia, Viet Nam y Zimbabwe han respondido a la falta de recursos profesionales mediante programas de capacitación de nivel medio (*92*, *170*). La duración de los cursos de capacitación se ha abreviado después de guerras y conflictos que han hecho aumentar fuertemente el número de personas con discapacidad, por ejemplo, en los Estados Unidos, después de la Primera Guerra Mundial, y en Camboya, después de su guerra civil (*126*, *136*, *171*). Los terapeutas de nivel medio son también importantes en los países desarrollados: un proyecto de colaboración en el nordeste de Inglaterra compensaba las dificultades de contratación de profesionales calificados capacitando auxiliares de rehabilitación que pudieran trabajar junto con terapeutas especializados en rehabilitación (*152*).

Los trabajadores, terapeutas y técnicos de nivel medio pueden capacitarse como profesionales de rehabilitación polivalente con formación básica en distintas disciplinas (por ejemplo, terapia ocupacional, fisioterapia, logoterapia) o como asistentes de una profesión específica que presten servicios de rehabilitación bajo supervisión (*152, 170*). Los cursos de ortoprótesis cumplen las normas de la OMS/ISPO en varios países en desarrollo, como el Afganistán, Camboya, Etiopía, El Salvador, la India, Indonesia, el Pakistán, la República Unida de Tanzanía, Tailandia, el Togo, Sri Lanka, el Sudán y Viet Nam (véase el cuadro 4.5) (*92, 172*). Un efecto secundario positivo de la formación de nivel medio es que los profesionales capacitados tienen solo capacidad limitada de emigrar a países desarrollados (*136*). Además, la formación de nivel medio es menos costosa y, aunque insuficiente por sí sola, puede ser una opción para ampliar los servicios a falta de capacitación profesional completa (*136*).

Los trabajadores comunitarios —tercer nivel de capacitación— son una opción prometedora para superar los problemas geográficos de acceso (*173, 174*). Pueden superar las fronteras tradicionales de los servicios sanitarios y sociales y ofrecer rehabilitación básica en la comunidad, al mismo tiempo que derivan a los pacientes a servicios más especializados si las circunstancias lo requieren (*152, 175*).

Cuadro 4.5. Educación en ortoprótesis a través de la Universidad Don Bosco

En 1996, la Universidad Don Bosco de San Salvador (El Salvador) inició el primer programa de capacitación formal de ortoprotesistas en América Central, con apoyo del Organismo Alemán de Cooperación Técnica.

Unos 230 ortoprotesistas de 20 países se han graduado en la Universidad Don Bosco, que ahora es la principal institución de enseñanza sobre le prótesis y ortesis en América Latina. Los programas continuaron ampliándose, incluso una vez finalizado el financiamiento externo. La Universidad cuenta ahora con nueve profesores de prótesis y ortesis de plena dedicación, y coopera con la ISPO y otras organizaciones internacionales, como la OMS, otras universidades y compañías privadas.

El éxito de esta iniciativa de capacitación se debió, en gran parte, a un planteamiento basado en los siguientes elementos:

- **Fuerte relación de asociación.** Se eligió una institución de educación consagrada, con una importante trayectoria pedagógica, la Universidad Don Bosco, para que asumiera la responsabilidad general de la capacitación. El Organismo Alemán de Cooperación Técnica, que cuenta con experiencia en la elaboración de programas de capacitación sobre prótesis y ortesis en Asia y África, ofreció apoyo técnico y financiero.
- **Visión a largo plazo para una capacitación sostenible.** Una fase de orientación de seis meses permitió a los diferentes asociados ponerse de acuerdo sobre los detalles de la ejecución del proyecto, con inclusión de los objetivos, las actividades, los indicadores, las responsabilidades y los recursos. Una estrategia de siete a 10 años hizo posible la autosuficiencia del programa.
- **Orientaciones internacionalmente reconocidas.** Todos los programas de capacitación de la Universidad Don Bosco se han elaborado con apoyo de la ISPO, y su acreditación estuvo basada en las orientaciones internacionales para la capacitación formuladas por la dicha sociedad y por la OMS.
- **Fortalecimiento de capacidades.** El contenido técnico fue preparado y ofrecido por dos asesores del Organismo Alemán de Cooperación Técnica durante el programa inicial de capacitación de tres años (categoría II de la ISPO/OMS). De la primera promoción de 25 alumnos, se eligieron dos con notables expedientes académicos para que realizaran estudios de posgrado en Alemania. A su regreso, en el año 2000, las responsabilidades se transfirieron gradualmente de los asesores a los graduados. En 2000, el programa se amplió para aceptar hasta 25 alumnos de toda América Latina, y en 2002 el respaldo adicional de la OMS ayudó a establecer un programa de aprendizaje a distancia para especialistas en prótesis y ortesis con experiencia mínima de cinco años. El programa de aprendizaje a distancia, disponible en español, portugués, inglés y francés, se ofrece ahora también en Angola y en Bosnia y Herzegovina. En 2006, se puso en marcha un programa de licenciatura en ortoprótesis de cinco años (categoría I de la ISPO/OMS).
- **Reclutamiento.** Los ingenieros y técnicos ortoprotesistas se integraron en el sistema de salud general de El Salvador, y se ofreció apoyo a otros países para que establecieran programas semejantes.
- **Elección de tecnologías adecuadas.** La identificación y el desarrollo de tecnologías adecuadas garantizaba la prestación sostenible de los servicios.

Los trabajadores comunitarios generalmente tienen una capacitación mínima, y recurren a los servicios médicos y de rehabilitación establecidos para el tratamiento especializado y la derivación.

Si las personas con discapacidad tuvieran la oportunidad de recibir capacitación como personal de rehabilitación, se ampliaría la reserva de personal calificado, con los consiguientes beneficios para los pacientes debido a la mayor empatía, comprensión y comunicación (*176*).

Capacitación del personal sanitario existente en rehabilitación

La duración de la capacitación especializada para los médicos de medicina física y de rehabilitación varía en los distintos países del mundo: tres años en China (normas chinas), al menos cuatro años en Europa (*37*) y cinco años en los Estados Unidos (*177*). Algunos países han utilizado cursos más breves para atender la necesidad urgente de médicos de rehabilitación: en China, por ejemplo, en la Universidad de Medicina de Tongji, Wuhan, se impartió entre 1990 y 1997 un curso de rehabilitación aplicada de un año de duración, del que se graduaron 315 personas, que ahora trabajan en 30 provincias (Nan, comunicación personal, 2010).

El personal de atención primaria de salud puede recibir formación para la rehabilitación en sentido amplio (utilizando el marco biopsicosocial propuesto por la CIF) (*178*). En ausencia de especialistas en rehabilitación, el personal sanitario con formación adecuada puede ayudar a corregir las situaciones de escasez de servicios o complementar los existentes. Por ejemplo, los enfermeros y auxiliares sanitarios pueden ocuparse de los servicios terapéuticos (*179*). Los programas de capacitación para profesionales de atención de salud deben estar impulsados por los usuarios, basados en las necesidades y relacionados con las funciones de los profesionales (*180*).

Fortalecimiento de la capacidad de formación

Las instituciones académicas y universidades de los países desarrollados y las ONG internacionales —con ayuda de donantes internacionales y en asociación con gobiernos o una ONG local— pueden fortalecer la capacidad de formación ayudando a capacitar a educadores y contribuyendo a mejorar los cursos de capacitación en los países en desarrollo (*136, 142, 181*). La Escuela de Prótesis y Ortesis de Camboya, en asociación con la Universidad La Trobe de Australia, elevó recientemente un programa de la categoría II (técnico ortopédico) a licenciatura en ortoprótesis mediante la educación a distancia (*182*). Este planteamiento ha permitido a los alumnos permanecer en su propio país, y resulta más eficaz en función de los costos que los estudios de plena dedicación en Australia (*182*).

Cuando no existe capacidad de formación en un determinado país, los centros regionales de capacitación pueden representar una solución provisional (véase el cuadro 4.5). Mobility India capacita a auxiliares de terapia de rehabilitación y ofrece capacitación específica sobre prótesis y ortesis a alumnos de la India, Bangladesh, Nepal y Sri Lanka. Pero este planteamiento genera solo un número limitado de graduados, y los desplazamientos y los gastos de subsistencia aumentan los costos, por lo que no se pueden atender las inmensas necesidades de personal de otros países en desarrollo.

Contenido de los programas de estudios

La capacitación del personal de rehabilitación debe incluir un panorama general de la legislación nacional e internacional pertinente (en particular, la CDPD), que promueva planteamientos centrados en el cliente y la toma de decisiones compartida entre las personas con discapacidad y los profesionales (*167*).

La CIF puede generar un entendimiento común entre el personal de atención de salud y facilitar la comunicación, el uso de instrumentos de evaluación y medidas de los resultados homologadas para gestionar mejor las intervenciones de rehabilitación (*17, 178*).

La educación terciaria y de nivel medio puede estar más en consonancia con las necesidades de la población de las comunidades rurales si se incluyen contenidos sobre las necesidades de la comunidad, se utilizan tecnologías adecuadas y se emplean métodos de educación progresiva, en particular, el aprendizaje activo y la orientación basada en los problemas (*167, 175, 183, 184*). La inclusión de contenidos sobre los factores sociales, políticos, culturales y económicos que repercuten en la salud y calidad de vida de las personas con discapacidad puede hacer que el programa de estudios esté más en consonancia con el contexto en que va a trabajar el personal de rehabilitación (*167, 185-187*). Algunos estudios han demostrado también que la capacitación interdisciplinaria en equipo fomenta la colaboración, reduce el desgaste del personal, mejora la puesta en práctica de la rehabilitación, y aumenta la participación y satisfacción de los clientes (*188*).

Contratación y retención del personal de rehabilitación

Los mecanismos para garantizar el empleo a los graduados en rehabilitación son fundamentales para su futuro y para la sostenibilidad de la capacitación. El código de prácticas de la OMS sobre contratación de personal de salud (*189*) refleja el compromiso de reforzar en todo el mundo los sistemas de salud y de corregir la distribución desigual del personal de salud dentro de los países y en todo el mundo, en particular en África al sur del Sahara y los países en desarrollo. El código insiste en la necesidad de tener en cuenta las necesidades locales de atención de salud en los países de ingreso bajo y de promoción del intercambio y capacitación de los trabajadores entre los países.

Varios países tienen programas de capacitación orientados a posibles estudiantes de rehabilitación y salud de origen local, en particular en las zonas rurales o remotas (*190*). En Nepal, el Instituto de Medicina ofrece capacitación médica a personal de salud de nivel medio de las comunidades locales con una experiencia mínima de tres años. La justificación es que el personal reclutado y capacitado localmente puede estar mejor equipado y preparado para vivir en la comunidad local (*183*). Tailandia ha utilizado esta estrategia para la contratación y capacitación rural, adaptándola de manera que los trabajadores sean destinados a puestos del sector público en sus propias ciudades (*190*).

Aun cuando existan programas de capacitación, muchas veces es difícil retener al personal, sobre todo en las zonas rurales y remotas. A pesar de la inmensa necesidad de servicios de rehabilitación en las zonas urbanas y rurales de Camboya, por ejemplo, los hospitales no pueden permitirse contratar profesionales de rehabilitación (*136*). Al igual que en el caso de otros profesionales de la salud, la retención del personal de rehabilitación se ve afectada por las malas condiciones de trabajo, los problemas de seguridad, la mala gestión, los conflictos, la capacitación insuficiente y la falta de perspectivas de progreso profesional y de oportunidades de educación permanente (*68, 175, 190-192*).

La demanda internacional de aptitudes influye también en los lugares donde los profesionales de la rehabilitación buscan trabajo (*190, 193*). El personal de salud muchas veces se traslada de los países de ingreso bajo a los de ingreso alto, atraído por las mejores condiciones de vida, la estabilidad política y las oportunidades profesionales (*82, 144, 194, 195*). Si bien la mayor parte de la atención se ha otorgado a los profesionales médicos y de enfermería, se ha registrado también una fuerte salida de fisioterapeutas desde países en desarrollo como el Brasil, Egipto, Filipinas, la India, y Nigeria (*196, 197*).

La retención a largo plazo del personal, mediante diversos incentivos y mecanismos, es fundamental para la continuidad de los servicios (véase la tabla 4.2).

Tabla 4.2. Incentivos y mecanismos para retener al personal

Mecanismos	Ejemplos
Recompensas financieras	Bonificaciones para quienes trabajan en áreas necesitadas o incentivos como viviendas subvencionadas, contribuciones a las cuotas escolares, préstamos para vivienda y suministro de vehículos. En algunos países, los gobiernos subvencionan los costos de la capacitación a cambio de un periodo garantizado de servicios en zonas rurales o remotas. Los planteamientos deben evaluarse y compararse con los costos de planes alternativos, como el uso de personal temporal o la contratación en el exterior (*190*, *191*, *194*, *198*).
Incentivos financieros para la reincorporación al servicio	Los profesionales de rehabilitación expatriados de países en desarrollo pueden contribuir en forma significativa al desarrollo de la infraestructura de rehabilitación en sus países de origen. El ofrecimiento de incentivos financieros requiere una atenta evaluación a largo plazo (*198*).
Perspectivas de progreso profesional	Oportunidades de ascenso, reconocimiento de las aptitudes y responsabilidades, supervisión y apoyo adecuados, capacitación práctica del personal médico y terapéutico residente (*68*, *181*). Varios países están promoviendo la experiencia internacional de los alumnos y graduados universitarios con apoyo de los empleadores, por ejemplo, con licencias sin sueldo y costos de viaje subvencionados.
Educación permanente y desarrollo profesional	Oportunidades de recibir capacitación en el servicio, participar en seminarios y conferencias, hacer cursos de capacitación en línea y de posgrado, y servirse de las asociaciones profesionales que promueven la calidad de la capacitación en el empleo (*188*, *195*).
Un buen ambiente laboral	Mejora en el diseño de las construcciones, garantía de la seguridad y la comodidad en el lugar de trabajo, y suministro de equipos y recursos adecuados para la labor. Prácticas de gestión eficientes y de apoyo, que incluyen la buena gestión del volumen de trabajo y el reconocimiento del servicio (*175*, *190*, *191*, *194*).

Ampliación y descentralización de la prestación de servicios

Los servicios de rehabilitación se encuentran muchas veces a gran distancia de los lugares donde viven las personas con discapacidad (*199-201*). Los grandes centros de rehabilitación están ubicados habitualmente en zonas urbanas y, muchas veces, en las zonas rurales faltan incluso los servicios terapéuticos básicos (*202*, *203*). El desplazamiento hasta los servicios de rehabilitación secundaria o terciaria puede ser costoso y complicado, y el transporte público muchas veces no está adaptado a las personas con dificultades de movilidad (*77*, *174*). En Uganda, dos estudios sobre protocolos de tratamiento del pie zambo encontraron una relación significativa entre la continuidad del tratamiento y la distancia que los pacientes tenían que recorrer para llegar al dispensario (*38*, *204*).

Algunas personas con discapacidad tienen necesidades de rehabilitación complejas que requieren tratamiento intensivo o especializado en centros de atención terciaria (véase el cuadro 4.6) (77, 207, 208). No obstante, la mayoría de las personas necesitan servicios de rehabilitación modestos y de bajo costo en centros de atención de salud primaria y secundaria (*119*, *207*). La integración de la rehabilitación en los establecimientos de atención primaria y secundaria de salud puede:

- ayudar a coordinar la prestación de servicios de rehabilitación (*126*), y la disponibilidad de un equipo de atención de salud interdisciplinario bajo un mismo techo puede permitir ofrecer servicios esenciales de atención de salud a un costo asequible (*209*);
- mejorar la disponibilidad, accesibilidad y asequibilidad (*200*), lo cual puede eliminar las barreras que obstan a la derivación, como los lugares inaccesibles, los servicios inadecuados y el alto costo de la rehabilitación privada (*100*, *126*, *210*).
- mejorar la experiencia de los pacientes al garantizar que los servicios puedan

Cuadro 4.6. Brasil: Programas simplificados de rehabilitación en un hospital de São Paulo

São Paulo ha registrado un gran aumento en el número de personas con discapacidades relacionadas con lesiones. El Instituto Ortopédico y Traumatológico del Hospital Clínico de la Facultad de Medicina de la Universidad de São Paulo, hospital público de derivación con 162 camas, recibe los casos más graves de lesiones traumáticas. De los 1400 pacientes de urgencia admitidos cada mes, unos 50 tienen deficiencias significativas que requieren servicios extensivos y prolongados de rehabilitación, como lesiones de la médula espinal, fractura de cadera en los adultos mayores, amputaciones de miembros y pacientes con traumatismos múltiples. En los años ochenta y noventa, los pacientes con discapacidades relacionadas con lesiones podían esperar un año o más antes de poder ser admitidos en un centro de rehabilitación. Este retraso aumentaba el número de complicaciones secundarias —contracturas, escaras por presión e infecciones—, que reducían la eficacia de los servicios de rehabilitación cuando finalmente estaban disponibles.

En respuesta, el Instituto mencionado creó el Programa Simplificado de Rehabilitación, inicialmente para personas con lesiones de la médula espinal, que luego se amplió a los adultos mayores con fracturas de cadera y personas con lesiones graves del sistema musculoesquelético. El Programa trata de evitar la deformación de las articulaciones y la formación de úlceras por presión, promover la movilidad y los traslados en sillas de ruedas, tratar los problemas intestinales y los de vejiga, controlar el dolor, mejorar la independencia y el autocuidado, y preparar a los encargados de brindar cuidados (especialmente para los pacientes tetrapléjicos y los adultos mayores).

El equipo de rehabilitación también ofrece asesoramiento sobre dispositivos asistenciales y modificaciones en el hogar. Consta de un psiquiatra, un fisioterapeuta y un enfermero de rehabilitación para orientar la labor realizada con los pacientes y encargados de brindar cuidados. Además, pueden participar un psicólogo, un trabajador social y un terapeuta ocupacional en el caso de personas con deficiencias múltiples o complejas, como las asociadas con la tetraplejía. El equipo no tiene su propia unidad específica en el hospital, sino que se ocupa de los pacientes en los pabellones generales.

El Programa es fundamentalmente educativo y no necesita equipos especiales. Normalmente comienza la segunda o la tercera semana después de la lesión, cuando el paciente está clínicamente estable, y se prolonga durante los dos meses que la mayoría de los pacientes permanecen en el hospital. Los pacientes regresan para su primera evaluación de seguimiento entre 30 y 60 días después de recibir el alta y, posteriormente, en forma periódica, de acuerdo con las necesidades. En estas visitas se hace especial hincapié en la atención médica general, la prevención de complicaciones y la rehabilitación básica para lograr el mejor funcionamiento posible. El programa ha tenido gran repercusión en la prevención de complicaciones secundarias (véase la tabla a continuación).

Complicaciones en los pacientes con lesiones traumáticas de la médula espinal: Datos comparativos correspondientes a los períodos comprendidos entre 1981 y 1991 y 1999 y 2008

Complicaciones	1981-1991 (n = 186)	1999-2008 (n = 424)	Reducción porcentual
Infección urinaria	85%	57%	28
Úlceras por presión	65%	42%	23
Dolor[a]	86%	63%	23
Espasticidad	30%	10%	20
Deformidad de las articulaciones	31%	8%	23

[a] Se entiende por «dolor» el dolor crónico que perturba la recuperación funcional.

Nota: Los pacientes de los dos períodos de tiempo eran bastante similares por lo que se refiere a la edad (promedio de 29 años antes y de 35 años después) y el género (70% varones antes, 84% después). La etiología difería entre los grupos del «antes» y «después»: el 54% de los pacientes del primer grupo presentaba heridas de bala; después, la proporción era de solo el 19%. El nivel de lesiones en el primer grupo era de un 65% de parapléjicos y un 35% de tetrapléjicos; después, la proporción era de un 59% de parapléjicos y un 41% de tetrapléjicos.

Fuentes: (205, 206).

Este ejemplo revela que los países en desarrollo que tienen recursos limitados y un gran número de personas lesionadas pueden aprovechar las estrategias de rehabilitación básica a fin de reducir las condiciones secundarias. Para ello se necesitan:

- médicos para el tratamiento de condiciones agudas que reconozcan a los pacientes con lesiones discapacitantes, e intervención del equipo de rehabilitación lo antes posible;
- un equipo pequeño y bien capacitado en el hospital general;
- atención de rehabilitación básica orientada a la promoción de la salud y la prevención de complicaciones, iniciada poco después de la fase aguda de atención de urgencia;
- disponibilidad de equipos y suministros básicos.

Fuente: (215).

ofrecerse oportunamente y que se reduzca el tiempo de espera y de desplazamiento; junto con la participación de los pacientes en el establecimiento de los servicios, ello puede producir mejores resultados, mejorar la continuidad del tratamiento y aumentar la satisfacción de los pacientes y el personal de rehabilitación (*211*).

Se necesitan sistemas de derivación entre diferentes modalidades de prestación de servicios (internaciones, tratamientos ambulatorios, asistencia a domicilio) y niveles de prestación de servicios de salud (centros de atención primaria, secundaria y terciaria, y ambientes comunitarios) (*100*, *136*, *212*).

Por consiguiente, la integración y la descentralización son beneficiosas para las personas con problemas que requieren intervenciones periódicas o prolongadas, y para los adultos mayores (*213*). La evaluación de un servicio de atención primaria para personas con problemas de vista en Gales reveló los siguientes resultados: las evaluaciones de los problemas de vista aumentaron un 51%; el tiempo de espera bajó de más de seis meses a menos de dos meses; el tiempo de desplazamiento hasta el proveedor más próximo disminuyó para el 80% de las personas; las puntuaciones sobre la capacidad visual mejoraron significativamente, y el 97% de los pacientes valoró positivamente el servicio (*214*).

Rehabilitación multidisciplinaria coordinada

La coordinación es necesaria para garantizar la continuidad de la atención cuando son varios los proveedores de servicios que intervienen en la rehabilitación (*216*). El objetivo de la rehabilitación coordinada es mejorar los resultados funcionales y reducir los costos. Los testimonios disponibles han demostrado que la prestación de servicios de rehabilitación multidisciplinarios y coordinados pueden ser eficaces y eficientes (*208*).

Los equipos multidisciplinarios pueden brindar numerosos beneficios a los pacientes necesitados de rehabilitación. Por ejemplo, la rehabilitación multidisciplinaria de personas con discapacidades asociadas con la enfermedad pulmonar obstructiva reduce el uso de los servicios de salud (*217*). Se ha comprobado que los servicios de terapia multidisciplinarios para adultos mayores consiguen mejorar la capacidad de los pacientes de participar en las actividades de la vida diaria y disminuyen la pérdida de funcionamiento (*6*, *218*). Se ha comprobado que la utilización del planteamiento de equipo para mejorar la participación social de los jóvenes con discapacidades físicas es eficaz en función de los costos (*219*).

Servicios prestados por la comunidad

Las intervenciones de rehabilitación realizadas por la comunidad son una parte importante del continuo de los servicios de rehabilitación y pueden ayudar a aumentar la eficiencia y eficacia de los servicios de rehabilitación en régimen de internación (*220*). Un examen sistemático de la eficacia de las intervenciones basadas en la comunidad para mantener el funcionamiento físico y la independencia de los adultos mayores comprobó que esas intervenciones reducían el número de caídas y de internaciones en hospicios y hospitales, y mejoraba el funcionamiento físico (*6*). Los servicios ofrecidos por la comunidad son también una respuesta a la escasez de personal, la dispersión geográfica de la población, los cambios demográficos y las innovaciones tecnológicas (*175*, *221*). Están aumentando los esfuerzos por ofrecer servicios de rehabilitación en forma más flexible, en particular a través de los servicios a domicilio y las escuelas (*222*). Los servicios de rehabilitación deben ofrecerse lo más cerca posible de los hogares y las comunidades de las personas (*223*, *224*).

En las situaciones de escasos recursos y falta de capacidad, los esfuerzos deben orientarse a acelerar la prestación de servicios en las comunidades a través de la RBC (*112*, *175*), complementados con la derivación a servicios secundarios (véase el cuadro 4.7) (*175*). Como

Cuadro 4.7. Asistencia física a las víctimas del terremoto y fortalecimiento de los servicios de rehabilitación en Gujarat (India)

El 26 de enero de 2001, en el estado de Gujarat (India) se produjo un terremoto de magnitud 6,9 en la escala Richter. Murieron unas 18 000 personas y otras 130 000 sufrieron lesiones en el distrito Kutchch de Gujarat, lo que creó una pesada carga para el sistema de atención de salud, ya fragmentado. La respuesta revela que la atención global —en particular, los servicios de rehabilitación para personas con discapacidad— pueden reforzarse de forma considerable, asequible y sostenible, incluso en contextos de bajos ingresos y posteriores a desastres.

A raíz del desastre, se estableció una asociación entre el gobierno del estado de Gujarat, Handicap International (ONG internacional) y la Asociación de Personas Ciegas (ONG local interesada en personas con distintos tipos de discapacidad) para aumentar la capacidad de los servicios existentes.

Nivel terciario
- El proyecto mejoró los equipos y la infraestructura para la fisioterapia y otros aspectos de la rehabilitación ofrecida en el Hospital Civil de Parapléjicos y en Kutchch.
- Mejoró la planificación de las altas para las personas con discapacidad admitidas en el Centro del Hospital Civil de Parapléjicos gracias a la capacitación de trabajadores sociales.
- Antes del terremoto no existía ningún sistema de derivación. Las tasas de derivación mejoraron en el caso de las personas con discapacidad enviadas desde el Hospital Civil a una nueva red comunitaria de 39 organizaciones de discapacidad y desarrollo que respaldaban los servicios de RBC.

Nivel secundario (de distrito)
- El proyecto mejoró la prestación de servicios de rehabilitación ofreciendo asistencia técnica a la Asociación de Personas Ciegas para establecer un centro de rehabilitación de nivel secundario que ofreciera servicios de prótesis, ortesis y fisioterapia (a cargo de ocho fisioterapeutas con deficiencia visual) cerca del nuevo hospital de distrito de Kutchch. Casi 3000 personas recibieron dispositivos ortopédicos y otras 598 consiguieron dispositivos asistenciales gratuitos a través del plan de asistencia gubernamental, y fisioterapeutas colocaron a 208 personas dispositivos en sus hogares. El centro de derivación prestó apoyo a los centros satélite durante seis meses después del terremoto.
- Mejoró la coordinación entre los diferentes niveles de proveedores de servicios de salud gubernamentales y entre estos y las ONG con los mecanismos de derivación, tratamiento y seguimiento, que contribuyeron a garantizar el acceso y la continuidad del servicio. Se estableció un sistema de registro de historiales individuales y una guía de todos los centros de rehabilitación en Kutchch y los alrededores, ambos administrados por los centros de atención primaria de salud.

Nivel comunitario
- El proyecto reforzó la atención primaria de salud capacitando a 275 miembros del personal de salud para identificar a las personas con discapacidad y ofrecer intervenciones adecuadas y encargarse de las derivaciones. Una evaluación realizada ocho meses después de la capacitación reveló un alto nivel de retención de conocimientos, que permitía a muchos trabajadores identificar a los niños con discapacidad de menos de 10 meses de edad.
- Mejoró la prestación de servicios de rehabilitación en un centro de salud comunitario mediante el establecimiento de un programa de fisioterapia.
- Incluyó a las personas con discapacidad en las iniciativas de desarrollo capacitando a 24 trabajadores comunitarios interesados en el desarrollo en 84 de las 128 aldeas, para permitirles identificar a las personas con discapacidad, ofrecer atención básica y encargarse de las derivaciones.
- Aumentó la proporción de personas con paraplejía que tenían acceso a los servicios tanto hospitalarios como de RBC.
- Logró una mayor sensibilización de la comunidad y los miembros de las familias, las personas con discapacidad y los profesionales acerca de la prevención y el tratamiento de la discapacidad mediante la publicación de ocho nuevos instrumentos de sensibilización en el idioma local.

Las actividades iniciales de 2001-2002 se centraron en las personas con lesiones de la médula espinal, y los fallecimientos ocurridos antes de transcurridos cinco años después de recibir el alta de un hospital bajó del 60%, antes del programa, al 40%, después. Gracias al éxito del proyecto, este se amplió geográficamente y a todos los tipos de discapacidad. Ahora engloba a todo el estado de Gujarat, donde las actividades relacionadas con la discapacidad se han integrado en todos los niveles del sistema de atención de salud administrado por el gobierno.

Fuente: Handicap International, informes internos.

ejemplos de medidas de RBC, cabe señalar los siguientes:

- Identificación de las personas con deficiencias y facilitación de las derivaciones. Los trabajadores de RBC de Bangladesh recibieron capacitación como «informadores clave» para identificar y derivar a los niños con deficiencias visuales a campamentos oftalmológicos especializados; las derivaciones realizadas por estos informadores representaron el 64% de todas las relacionadas con dichos campamentos. Los niños con discapacidad pudieron identificarse antes y fueron más representativos de la incidencia global de la ceguera en el conjunto de la comunidad (*225*). Un examen posterior de 11 estudios semejantes que utilizaron la evaluación rural participativa e informadores para identificar a los niños con discapacidad llegó a la conclusión de que los métodos basados en la comunidad eran sistemáticamente menos costosos que otros métodos, y que los niños se beneficiaban del contacto más prolongado gracias a las intervenciones comunitarias posteriores (*226*).
- Realización de estrategias terapéuticas sencillas a través del personal de rehabilitación o enseñadas a personas con discapacidad o a miembros de la familia. Entre los ejemplos se incluyen la adopción de una mejor postura para prevenir contracturas y la capacitación para la realización de tareas de la vida cotidiana (*227*).
- Prestación de servicios de apoyo educativo, psicológico y afectivo en forma individual o grupal para personas con discapacidad y sus familias. Un estudio del modelo de RBC para personas con esquizofrenia crónica en las zonas rurales de la India reveló que, aunque el modelo de RBC requería más tiempo y recursos que los servicios ambulatorios, era más eficiente, conseguía superar mejor las barreras económicas, culturales y geográficas, permitía un mejor cumplimiento del programa y resultaba adecuado en situaciones de escasos recursos (*211*). Otro estudio sobre la RBC realizado en Italia comprobó que las personas con enfermedades mentales experimentaban una mejora de las relaciones interpersonales y de la inclusión social. Las personas muy aisladas se beneficiaban también de la estrecha relación entablada entre el paciente y el encargado de la RBC (*228*).
- Participación de la comunidad. En Tailandia, un estudio realizado en dos distritos rurales sobre fortalecimiento de la capacidad para la RBC utilizó reuniones grupales para personas con discapacidad, sus familias y miembros de la comunidad a fin de resolver los problemas de rehabilitación mediante la colaboración (*167*).

Aumento del uso y la asequibilidad de la tecnología

Dispositivos asistenciales

Muchas personas de todo el mundo adquieren ayudas técnicas en el mercado abierto. El acceso a ellas puede mejorarse consiguiendo economías de escala en las actividades de compra y producción a fin de reducir el costo. La compra colectiva centralizada y en gran escala, o la compra conjunta a través de consorcios, de alcance nacional o regional, pueden reducir los costos. Por ejemplo, el Centro Oftalmológico y de Deficiencia Visual de China, en la Región Administrativa Especial de Hong Kong, cuenta con un sistema centralizado que compra a granel suministros de dispositivos de alta calidad pero asequibles para corregir problemas de la vista. El centro también realiza actividades de control de calidad y distribuye dispositivos para corregir las deficiencias visuales a más de 70 organizaciones no comerciales en todas las regiones (*229*).

La producción masiva puede reducir los costos si el dispositivo utiliza principios de diseño universales y se comercializa ampliamente (puede encontrarse información más detallada en el capítulo 6). La ampliación de los mercados más allá de las fronteras regionales o nacionales puede generar el volumen necesario para conseguir economías de escala y producir dispositivos asistenciales a precios competitivos (*230*, *231*).

La fabricación o el montaje local de los productos con materiales locales pueden reducir el costo y garantizar que los dispositivos estén en consonancia con el contexto. Los productos locales pueden ser artículos complejos, como las sillas de ruedas, o artículos más sencillos, como asientos. Otras opciones de producción son la importación de los componentes y el montaje local del producto final. Algunos gobiernos ofrecen préstamos a tasas de interés bajas para empresas que producen aparatos para personas con discapacidad, mientras que otros —Viet Nam, por ejemplo— ofrecen exenciones fiscales y otras subvenciones a esos fabricantes (*232*).

La reducción de los derechos e impuestos de importación puede ser útil cuando los países necesiten importar dispositivos asistenciales, por ejemplo, debido a que el mercado interno es demasiado pequeño para sustentar la producción local. Viet Nam no impone impuestos de importación a los dispositivos asistenciales para personas con discapacidad (*232*), y Nepal ha reducido los derechos para las instituciones que los importan (*233*).

Aun cuando existen planes de suministro gratuito o subvencionado de dispositivos asistenciales, si los profesionales y las personas con discapacidad no tienen conocimiento de su existencia, no se beneficiarán de ellos, por lo que el intercambio de información y la sensibilización son un requisito fundamental (*112*, *234*).

Para garantizar que los dispositivos asistenciales sean adecuados, idóneos y de alta calidad (*89*, *235-237*), los dispositivos deben cumplir los siguientes requisitos:

- **Estar en consonancia con el ambiente.** Un gran número de sillas de ruedas de países de ingreso bajo y mediano, donadas por la comunidad internacional sin los servicios correspondientes, son rechazadas debido a que no son las adecuadas para el usuario en su ambiente (*238*, *239*).
- **Ser adecuados para el usuario.** La selección y el ajuste inadecuados de los dispositivos asistenciales o la falta de capacitación para su utilización pueden provocar ulteriores problemas y afecciones secundarias. Los dispositivos deben seleccionarse atentamente y colocarse en la forma debida. Los usuarios deben participar en la evaluación y selección con el fin de reducir los casos de abandono por desajuste entre la necesidad y el dispositivo.
- **Incluir un seguimiento adecuado para garantizar el uso seguro y eficiente.** Un estudio realizado en las zonas rurales de Finlandia sobre las razones por las que no se utilizan los audífonos recomendados comprobó que la atención de seguimiento, incluido el asesoramiento, daba lugar a un uso mayor y más sistemático de los aparatos. La disponibilidad y asequibilidad del mantenimiento local también es importante. Por ejemplo, el acceso a las pilas influye en el uso continuado de los audífonos. Es preciso mejorar las tecnologías de estas pilas para las situaciones de escasos recursos. Un proyecto realizado en Botswana descubrió que las pilas recargables mediante energía solar representaban una opción prometedora (*240*).

Telerrehabilitación

El uso de la información, las comunicaciones y las tecnologías conexas para la rehabilitación es un recurso nuevo que puede aumentar la capacidad y accesibilidad de las medidas de rehabilitación, ya que permite las intervenciones a distancia (*241-243*).

Entre las tecnologías de telerrehabilitación, se incluyen las siguientes:
- tecnologías de vídeo y teleconferencia en formatos accesibles;
- teléfonos móviles;
- equipos de recopilación de datos a distancia y teleseguimiento, por ejemplo, los monitores cardíacos.

La tecnología puede ser aprovechada por las personas con discapacidad, el personal de rehabilitación, los compañeros, los capacitadores, los supervisores y los trabajadores y las familias de la comunidad.

En los lugares donde se dispone de internet, las técnicas de salud electrónica (telesalud o telemedicina) han permitido a las personas de las zonas remotas recibir tratamiento de especialistas que se encuentran en otros lugares. Como ejemplos de telerrehabilitación, pueden señalarse los siguientes:

- servicios de telepsiquiatría (*244*), rehabilitación cardíaca (*245-247*), foniatras y logopedas (*248, 249*) y rehabilitación cognitiva para personas con lesión cerebral traumática (*250, 251*);
- evaluaciones remotas para ofrecer servicios de modificación del hogar para las personas ancianas insuficientemente atendidas (*252*);
- capacitación y apoyo al personal sanitario (*210*);
- orientaciones informatizadas para ayudar al personal médico a utilizar las intervenciones adecuadas (*253*);
- consultas entre el hospital terciario y los hospitales comunitarios respecto de los problemas relacionados con la prescripción de prótesis, ortesis y sillas de ruedas (*254*);
- intercambio de personal especializado entre países y en momentos críticos, por ejemplo, después de un desastre (*181*).

Cada vez hay más pruebas de la eficacia y eficiencia de la telerrehabilitación que demuestran que esta puede conseguir resultados clínicos semejantes o mejores que las intervenciones convencionales (*255*). Se necesita más información sobre la asignación de recursos y los costos en apoyo de las políticas y las prácticas (*255*).

Ampliar las prácticas inspiradas en la investigación y de base empírica

Algunos aspectos de la rehabilitación han sido objeto de investigaciones importantes, pero otros han recibido poca atención. Las investigaciones convalidadas sobre intervenciones y programas específicos de rehabilitación para personas con discapacidad —incluida la rehabilitación médica, terapéutica, de apoyo y basada en la comunidad— son limitadas (*256-258*). En la rehabilitación no se realizan ensayos aleatorios controlados, que es el método más riguroso para comprobar la eficacia de las intervenciones (*259, 260*).

La falta de información fiable dificulta la elaboración y aplicación de políticas y programas de rehabilitación eficaces. Se necesita más investigación sobre la rehabilitación en diferentes contextos, en particular, en lo que respecta a los siguientes temas (*261, 262*):

- el vínculo existente entre las necesidades de rehabilitación, la recepción de servicios, los resultados en el ámbito de la salud (funcionamiento y calidad de vida) y los costos;
- las barreras que obstan al acceso y los facilitadores de la rehabilitación, modelos de prestación de servicios, planteamientos del desarrollo de los recursos humanos, modalidades de financiamiento, etc.;
- eficacia en función de los costos y sostenibilidad de las medidas de rehabilitación, con inclusión de los programas de RBC.

Entre los obstáculos al fortalecimiento de la capacidad de investigación, se incluyen el número insuficiente de investigadores sobre la rehabilitación, la falta de infraestructuras para capacitar y orientar a los investigadores y la ausencia de relaciones de asociación entre las disciplinas pertinentes y las organizaciones que representan a las personas con discapacidad.

La investigación sobre la rehabilitación tiene varias características que la distinguen claramente de la investigación biomédica y que pueden dificultar la investigación:

1. No hay una taxonomía común de las medidas de rehabilitación (*12, 257*).
2. Puede haber dificultades para clasificar y estudiar los resultados de la rehabilitación (*257*), dadas la amplitud y la complejidad de las medidas. La rehabilitación emplea con frecuencia varias medidas

simultáneamente, y requiere la participación de trabajadores de diferentes disciplinas. En consecuencia, muchas veces puede ser difícil la cuantificación de los cambios resultantes de las intervenciones, como los resultados específicos de la terapia en comparación con un dispositivo asistencial cuando se utilizan los dos paralelamente.
3. Son pocas las mediciones válidas de las limitaciones de la actividad y las restricciones de la participación que pueden ser calificadas en forma fiable por diferentes profesionales de la salud dentro de un equipo multidisciplinario (*263*, *264*).
4. Los tamaños de las muestras son con frecuencia demasiado pequeños. La gama de discapacidades es sumamente amplia y las condiciones de salud, muy diversas. Las medidas de rehabilitación están altamente individualizadas y basadas en condiciones de salud, deficiencias y factores contextuales, y en muchos casos el número de personas dentro de grupos homogéneos que pueden incluirse en los estudios de investigación es pequeño. Ello puede impedir el uso de ensayos controlados (*37*).
5. La necesidad de permitir la participación de personas con discapacidad —en la toma de decisiones mediante el proceso de rehabilitación— requiere diseños y métodos de investigación que quizá no se consideran rigurosos de acuerdo con los actuales sistemas de clasificación.
6. Los ensayos controlados de investigación, que requieren controles ciegos y con placebos, quizá no sean viables o éticos si se niegan los servicios a los grupos de control (*260*, *265*).

Información y orientaciones sobre prácticas recomendadas

La información para orientar las prácticas óptimas es fundamental para aumentar la capacidad, reforzar los sistemas de rehabilitación y conseguir servicios eficaces en función de los costos y mejores resultados.

Las prácticas óptimas de rehabilitación utilizan los resultados de la investigación. No están basadas en estudios aislados sino en la interpretación de uno o varios estudios o en exámenes sistemáticos de los estudios realizados (*265-267*) y constituyen la investigación disponible más valiosa sobre técnicas, eficacia, relación costo-beneficio y perspectivas de los consumidores. Los profesionales de la rehabilitación pueden obtener información sobre las prácticas óptimas por los siguientes medios:

- orientaciones que aplican los conocimientos resultantes de la investigación, normalmente sobre un problema de salud específico, a las prácticas efectivas del personal clínico;
- una búsqueda independiente de intervenciones específicas;
- educación profesional permanente;
- notas de orientación clínica sobre prácticas óptimas de empleadores y organizaciones de la salud;
- bases de datos de internet sobre disciplinas específicas que evalúen las investigaciones para ayudar al personal clínico; en internet puede encontrarse una gran variedad de fuentes, en particular bases de datos bibliográficos generales y especializadas en investigaciones sobre rehabilitación, la mayoría de las cuales ya han evaluado la calidad de las investigaciones, clasificado los estudios de investigación y resumido las pruebas disponibles.

Las prácticas de base empírica tratan de aplicar las intervenciones de rehabilitación más recientes, adecuadas y eficaces mediante el examen de las investigaciones (*259*). Entre los obstáculos a la elaboración de orientaciones y a la integración de las pruebas disponibles en las prácticas, se incluyen los siguientes: falta de tiempo y aptitudes profesionales, acceso limitado a las pruebas (con inclusión de las barreras lingüísticas), dificultad para llegar a un consenso y adaptación de las orientaciones existentes a los contextos locales. Estas cuestiones presentan especial interés para los países en desarrollo (*195*, *268*). Un estudio de Botswana, por ejemplo, subraya la falta de aplicación de las políticas y el escaso uso de los resultados de la investigación (*269*).

Cuando no se dispone de pruebas, puede recurrirse a los conocimientos especializados del personal clínico y los consumidores para elaborar orientaciones sobre prácticas basadas en el consenso. Por ejemplo, una «conferencia de consenso» sentó las bases para las orientaciones de la OMS sobre el suministro de sillas de ruedas manuales en contextos de pocos recursos. Estas orientaciones se elaboraron en asociación con la ISPO y la Agencia de los Estados Unidos para el Desarrollo Internacional (*270*).

La obra pionera de Nueva Zelandia *Autistic Spectrum Disorder Guidelines*, elaborada en respuesta a las deficiencias existentes en el servicio, constituye un buen ejemplo de planteamiento de base empírica. Las orientaciones comprenden la identificación y el diagnóstico de condiciones de salud y examinan el acceso a las intervenciones y los servicios (*271*). En la elaboración de las directrices intervino una gran variedad de partes interesadas, en particular personas con autismo, padres de niños autistas, proveedores de servicios médicos, educativos y comunitarios, e investigadores de Nueva Zelandia y otros lugares; se prestó especial atención a las perspectivas y experiencias de la población Maorí y del Pacífico. Como consecuencia de esas orientaciones, algunos programas comprobados se han proyectado en mayor escala, lo que ha aumentado el número de personas capacitadas en la evaluación y el diagnóstico del autismo, y ha incrementado el número de personas que realizan consultas sobre esa afección y reciben información al respecto. También se ha puesto en marcha una serie de programas en apoyo de las familias de personas con discapacidad (*272*). Las orientaciones elaboradas para un determinado contexto quizá deban adaptarse antes de que puedan aplicarse en uno diferente.

Investigación, datos e información

Se necesitan datos de mejor calidad sobre la prestación de servicios, los resultados de estos y los beneficios económicos de la rehabilitación (*273*). Las pruebas sobre la eficacia de las intervenciones y los programas son sumamente beneficiosas para lo siguiente:
- orientar a las autoridades para que establezcan servicios adecuados;
- permitir que los profesionales de la rehabilitación recurran a intervenciones adecuadas;
- apoyar a las personas con discapacidad en la toma de decisiones.

Se necesitan estudios longitudinales a largo plazo para determinar si el gasto en salud y servicios conexos disminuye cuando se ofrecen servicios de rehabilitación. También hace falta investigar el efecto de la rehabilitación en las familias y comunidades, por ejemplo, los beneficios conseguidos cuando los encargados del cuidado de personas con discapacidad se reintegran al trabajo remunerado, cuando se reducen los costos de los servicios de apoyo o de la atención continuada a largo plazo y cuando las personas con discapacidad y sus familias se sienten menos aisladas. Se necesita un planteamiento amplio, ya que los beneficios de la rehabilitación muchas veces recaen en una línea del presupuesto público distinta del financiamiento de la rehabilitación (*207*).

Entre las estrategias pertinentes para superar los obstáculos a la investigación, se incluyen las siguientes:
- Contar con la participación de los usuarios finales en la planificación y la investigación, con inclusión de las personas con discapacidad y el personal de rehabilitación, a fin de incrementar la probabilidad de que las investigaciones resulten útiles (*269, 274*).
- Utilizar el marco de la CIF para ayudar a establecer un idioma mundial común y ayudar con comparaciones de alcance mundial (*12, 17*).
- Utilizar distintas metodologías. Cuando sea posible, deberían realizarse más investigaciones como la de Cochrane Collaboration (Rehabilitation and Related Therapies) (*208*). Son aconsejables metodologías de investigación alternativas y rigurosas, en particular la investigación cualitativa, el diseño de cohortes de observación futuras (*259*) o diseños

semiexperimentales de alta calidad que estén en consonancia con los interrogantes de la investigación (*265*), incluidos los estudios de investigación sobre la RBC (*173*).
- Difundir sistemáticamente los resultados, a fin de que las políticas de todo el gobierno reflejen los resultados de la investigación, las prácticas clínicas puedan tener una base científica, y las personas con discapacidad y sus familias puedan influir en el uso de la investigación (*269*).
- Mejorar el ambiente clínico y la investigación. Para poder ofrecer oportunidades de aprendizaje e investigación de carácter internacional, muchas veces habrá que conectar universidades de países en desarrollo con otras de países de ingreso alto y mediano (*68*). Los países de una región determinada, como los de Asia sudoriental, también pueden colaborar en proyectos de investigación (*275*).

Conclusiones y recomendaciones

El objetivo prioritario es garantizar el acceso a intervenciones de rehabilitación oportunas, asequibles y de alta calidad, en consonancia con la CDPD, para todos aquellos que las necesiten.

En los países de ingreso mediano y alto con sólidos servicios de rehabilitación, debería hacerse hincapié en aumentar la eficiencia y la eficacia ampliando la cobertura y mejorando la pertinencia, calidad y asequibilidad de los servicios.

En los países de ingreso bajo, debería insistirse en la introducción y ampliación gradual de los servicios de rehabilitación, dando prioridad a los planteamientos eficaces en función de los costos.

Debe intervenir una gran variedad de partes interesadas:
- Los gobiernos deben formular, aplicar y supervisar las políticas, los mecanismos reglamentarios y las normas para los servicios de rehabilitación, además de promover la igualdad de acceso a ellos.
- Los proveedores de servicios deben ofrecer servicios de rehabilitación de la máxima calidad.
- Otras partes interesadas (usuarios, organizaciones profesionales, etc.) deben lograr una mayor sensibilización, participar en la formulación de políticas y supervisar la aplicación.
- La cooperación internacional puede contribuir a difundir las prácticas recomendadas y prometedoras y ofrecer asistencia técnica a los países que están introduciendo y ampliando los servicios de rehabilitación.

Políticas y mecanismos reglamentarios

- Es conveniente evaluar las políticas, los sistemas, los servicios y los mecanismos reglamentarios existentes, señalando las deficiencias y prioridades para mejorar la prestación de servicios.
- Es necesario elaborar o revisar planes nacionales de rehabilitación, de conformidad con el análisis de situación, para mejorar al máximo el funcionamiento dentro de la población de forma financieramente sostenible.
- Cuando se hayan formulado políticas, se deberá introducir los cambios necesarios para garantizar la coherencia con la CDPD.
- Cuando no se hayan elaborado políticas, será necesario formular medidas normativas, leyes y mecanismos reglamentarios en consonancia con el contexto del país y con la CDPD, y dar prioridad al establecimiento de normas mínimas y la supervisión.

Financiamiento

Es recomendable establecer mecanismos de financiamiento para aumentar la cobertura y el acceso a servicios de rehabilitación asequibles. De acuerdo con las circunstancias específicas de cada país, podría incluirse una combinación de los siguientes elementos:
- financiamiento público orientado a personas con discapacidad, dando prioridad

a los elementos esenciales de la rehabilitación, con inclusión de los dispositivos asistenciales y las personas con discapacidad que no disponen de medios para pagarlos;
- promoción del acceso equitativo a la rehabilitación mediante el seguro de enfermedad;
- ampliación de la cobertura del seguro social;
- asociación entre el sector público y el privado para la prestación de servicios;
- reasignación y redistribución de los recursos existentes;
- apoyo basado en la cooperación internacional, en particular en las crisis humanitarias.

Recursos humanos

Es conveniente aumentar el número y la capacidad de los recursos humanos para la rehabilitación. Entre las estrategias pertinentes, se incluyen las siguientes:
- en caso de escasez de personal especializado en rehabilitación, elaborar normas de capacitación para los diferentes tipos y niveles de personal de rehabilitación que puedan facilitar las perspectivas de progreso profesional y la educación permanente en los distintos niveles;
- establecer estrategias para fortalecer la capacidad de formación en consonancia con los planes nacionales de rehabilitación;
- determinar los incentivos y mecanismos para retener al personal, en particular en las zonas rurales y remotas;
- capacitación de profesionales sanitarios no especializados (médicos, enfermeros, personal de atención primaria) sobre la discapacidad y la rehabilitación teniendo en cuenta sus funciones y responsabilidades.

Prestación de servicios

Cuando la prestación de servicios sea nula o limitada, se recomienda introducir servicios mínimos en el contexto del servicio social y de salud existente. Cabría señalar las siguientes estrategias:
- desarrollo de servicios de rehabilitación básica dentro de la infraestructura de salud existente;
- fortalecimiento de la prestación de servicios de rehabilitación mediante RBC;
- prioridad de las estrategias de identificación e intervención temprana por medio del personal de salud y los trabajadores comunitarios.

Cuando existan servicios, sería conveniente ampliar su cobertura y mejorar su calidad. Entre las estrategias pertinentes, se incluyen las siguientes:
- elaborar modelos de prestación de servicios que alienten planteamientos multidisciplinarios y centrados en el cliente;
- garantizar la disponibilidad de servicios de alta calidad en la comunidad;
- aumentar la eficiencia con una mejor coordinación entre los distintos niveles y los diferentes sectores.

En todos los contextos, son válidos estos tres principios:
- incluir a los usuarios de los servicios en la toma de decisiones;
- basar las intervenciones en resultados sólidos de la investigación;
- supervisar y evaluar los resultados.

Tecnología

Se recomienda aumentar el acceso a ayudas técnicas que sean adecuadas, sostenibles, asequibles y accesibles. Entre las estrategias pertinentes, se incluyen las siguientes:
- establecimiento de un sistema de prestación de servicios para los dispositivos asistenciales;
- capacitación de los usuarios y seguimiento;
- promoción de la producción local;
- reducción de los derechos y los impuestos a la importación;

- utilización de las economías de escala sobre la base de las necesidades comprobadas.

Para aumentar todavía más la capacidad, la accesibilidad y la coordinación de las medidas de rehabilitación, puede examinarse el uso de tecnologías de la información y las comunicaciones (telerrehabilitación).

Prácticas inspiradas en las investigaciones y de base empírica

Se recomienda lo siguiente:
- aumentar las investigaciones y los datos sobre las necesidades, el tipo y la calidad de los servicios ofrecidos y las necesidades no satisfechas (desglosados por sexo, edad y condición de salud asociada);
- mejorar el acceso a orientaciones de base empírica sobre medidas de rehabilitación eficaces en función de los costos;
- desglosar los datos sobre gastos relativos a los servicios de rehabilitación de otros servicios de atención de salud;
- evaluar los resultados de los servicios y los beneficios económicos de la rehabilitación.

Referencias

1. Stucki G, Cieza A, Melvin J. The International Classification of Functioning, Disability and Health (ICF): a unifying model for the conceptual description of the rehabilitation strategy. *Journal of Rehabilitation Medicine: official journal of the UEMS European Board of Physical and Rehabilitation Medicine*, 2007,39:279-285. doi:10.2340/16501977-0041 PMID:17468799
2. *Swedish disability policy: services and care for people with functional impairments: habilitation, rehabilitation, and technical aids* [Article No. 2006–114–24]. Stockholm, Socialstyrelsen, The National Board of Health and Welfare, 2006 (http://www.socialstyrelsen.se/Lists/Artikelkatalog/Attachments/9548/2006-114-24_200611424.pdf, accessed 11 May 2010).
3. Llewellyn G et al. Development and psychometric properties of the Family Life Interview. *Journal of Applied Research in Intellectual Disabilities*, 2010,23:52-62. doi:10.1111/j.1468-3148.2009.00545.x
4. *Learning disabilities and young children: identification and intervention* [Fact sheet]. New York, National Joint Committee on Learning Disabilities, 2006 (http://www.ldonline.org/article/Learning_Disabilities_and_Young_Children%3A_Identification_and_Intervention?theme=print, accessed 2 May 2010).
5. Storbeck C, Pittman P. Early intervention in South Africa: moving beyond hearing screening. *International Journal of Audiology*, 2008,47:Suppl 1S36-S43. doi:10.1080/14992020802294040 PMID:18781512
6. Beswick AD et al. Complex interventions to improve physical function and maintain independent living in elderly people: a systematic review and meta-analysis. *Lancet*, 2008,371:725-735. doi:10.1016/S0140-6736(08)60342-6 PMID:18313501
7. Velema JP, Ebenso B, Fuzikawa PL. Evidence for the effectiveness of rehabilitation-in-the-community programmes. *Leprosy Review*, 2008,79:65-82. PMID:18540238
8. Norris G et al. Addressing Aboriginal mental health issues on the Tiwi Islands. *Australasian Psychiatry: bulletin of Royal Australian and New Zealand College of Psychiatrists*, 2007,15:310-314. doi:10.1080/10398560701441687 PMID:17612884
9. Mola E, De Bonis JA, Giancane R. Integrating patient empowerment as an essential characteristic of the discipline of general practice/family medicine. *The European Journal of General Practice*, 2008,14:89-94. doi:10.1080/13814780802423463 PMID:18821139
10. Steiner WA et al. Use of the ICF model as a clinical problem-solving tool in physical therapy and rehabilitation medicine. *Physical Therapy*, 2002,82:1098-1107. PMID:12405874
11. Bickenbach JE et al. Models of disablement, universalism and the international classification of impairments, disabilities and handicaps. *Social Science & Medicine (1982)*, 1999,48:1173-1187. doi:10.1016/S0277-9536(98)00441-9 PMID:10220018
12. Stucki G, Reinhardt JD, Grimby G. Organizing human functioning and rehabilitation research into distinct scientific fields. Part II: Conceptual descriptions and domains for research. *Journal of Rehabilitative Medicine: official journal of the UEMS European Board of Physical and Rehabilitation Medicine*, 2007,39:299-307. doi:10.2340/16501977-0051 PMID:17468802
13. Rimmer JH. Use of the ICF in identifying factors that impact participation in physical activity/rehabilitation among people with disabilities. *Disability and Rehabilitation*, 2006,28:1087-1095. doi:10.1080/09638280500493860 PMID:16950739
14. *World Health Organization International classification of functioning, disability, and health*. Geneva, World Health Organization, 2001.
15. Stucki G, Ustün TB, Melvin J. Applying the ICF for the acute hospital and early post-acute rehabilitation facilities. *Disability and Rehabilitation*, 2005,27:349-352. doi:10.1080/09638280400013941 PMID:16040535

16. Stucki G et al. Rationale and principles of early rehabilitation care after an acute injury or illness. *Disability and Rehabilitation*, 2005,27:353-359. doi:10.1080/09638280400014105 PMID:16040536
17. Rauch A, Cieza A, Stucki G. How to apply the International Classification of Functioning Disability and health (ICF) for rehabilitation management in clinical practice. *European Journal of Physical Rehabilitation Medicine*, 2008,44:439-442.
18. Forster A et al. Rehabilitation for older people in long-term care. *Cochrane Database of Systematic Reviews (Online)*, 2009,1CD004294- PMID:19160233
19. Khan F et al. Multidisciplinary rehabilitation for adults with multiple sclerosis. *Cochrane Database of Systematic Reviews (Online)*, 2007,2CD006036- PMID:17443610
20. Lacasse Y et al. Pulmonary rehabilitation for chronic obstructive pulmonary disease. *Cochrane Database of Systematic Reviews (Online)*, 2006,4CD003793- PMID:17054186
21. Davies EJ et al. Exercise based rehabilitation for heart failure. *Cochrane Database of Systematic Reviews (Online)*, 2010,4CD003331- PMID:20393935
22. Iyengar KP et al. Targeted early rehabilitation at home after total hip and knee joint replacement: Does it work? *Disability and Rehabilitation*, 2007,29:495-502. doi:10.1080/09638280600841471 PMID:17364804
23. Choi JH et al. Multimodal early rehabilitation and predictors of outcome in survivors of severe traumatic brain injury. *The Journal of Trauma*, 2008,65:1028-1035. doi:10.1097/TA.0b013e31815eba9b PMID:19001970
24. Petruševičienė D, Krisciūnas A. Evaluation of activity and effectiveness of occupational therapy in stroke patients at the early stage of rehabilitation. [Kaunas]*Medicina (Kaunas, Lithuania)*, 2008,44:216-224. PMID:18413989
25. Scivoletto G, Morganti B, Molinari M. Early versus delayed inpatient spinal cord injury rehabilitation: an Italian study. *Archives of Physical Medicine and Rehabilitation*, 2005,86:512-516. doi:10.1016/j.apmr.2004.05.021 PMID:15759237
26. Nielsen PR et al. Costs and quality of life for prehabilitation and early rehabilitation after surgery of the lumbar spine. *BMC Health Services Research*, 2008,8:209- doi:10.1186/1472-6963-8-209 PMID:18842157
27. Global Early Intervention Network [website]. (http://www.atsweb.neu.edu/cp/ei/, accessed 11 May 2010).
28. Roberts G et al. Rates of early intervention services in very preterm children with developmental disabilities at age 2 years. *Journal of Paediatrics and Child Health*, 2008,44:276-280. doi:10.1111/j.1440-1754.2007.01251.x PMID:17999667
29. Clini EM et al. Effects of early inpatient rehabilitation after acute exacerbation of COPD. *Respiratory Medicine*, 2009,103:1526-1531. doi:10.1016/j.rmed.2009.04.011 PMID:19447015
30. Rahman A et al. Cluster randomized trial of a parent-based intervention to support early development of children in a low-income country. *Child: Care, Health and Development*, 2009,35:56-62. doi:10.1111/j.1365-2214.2008.00897.x PMID:18991970
31. Hadders-Algra M. General movements: a window for early identification of children at high risk for developmental disorders. *The Journal of Pediatrics*, 2004,145:Supp112-18. doi:10.1016/j.jpeds.2004.05.017 PMID:15238899
32. Overview of Early Intervention. Washington, National Dissemination Center for Children with Disabilities, 2009 (http://www.nichcy.org/babies/overview/Pages/default.aspx, accessed 2 May 2010).
33. Finch E et al. *Physical rehabilitation outcome measures: a guide to enhanced clinical decision-making*, 2nd editon. Hamilton, Ontario, Canadian Physiotherapy Association, 2002.
34. Scherer MJ. Assessing the benefits of using assistive technologies and other supports for thinking, remembering and learning. *Disability and Rehabilitation*, 2005,27:731-739. doi:10.1080/09638280400014816 PMID:16096225
35. Scherer MJ et al. Predictors of assistive technology use: the importance of personal and psychosocial factors. *Disability and Rehabilitation*, 2005,27:1321-1331. doi:10.1080/09638280500164800 PMID:16298935
36. Turner-Stokes L et al. *Evidence-based guidelines for clinical management of traumatic brain injury: British national guidelines*. London, British Society of Rehabilitation Medicine Publications Unit, Royal College of Physicians, 2005.
37. Gutenbrunner C, Ward AB, Chamberlain MA. White book on Physical and Rehabilitation Medicine in Europe. *Journal of Rehabilitation Medicine: official journal of the UEMS European Board of Physical and Rehabilitation Medicine*, 2007,45:Suppl6-47. PMID:17206318
38. Pirani S et al. Towards effective Ponseti clubfoot care: the Uganda sustainable clubfoot care project. *Clinical Orthopaedics and Related Research*, 2009,467:1154-1163. doi:10.1007/s11999-009-0759-0 PMID:19308648
39. Tindall AJ et al. Results of manipulation of idiopathic clubfoot deformity in Malawi by orthopaedic clinical officers using the Ponseti method: a realistic alternative for the developing world? *Journal of Pediatric Orthopedics*, 2005,25:627-629. doi:10.1097/01.bpo.0000164876.97949.6b PMID:16199944
40. Wallen M, Gillies D. Intra-articular steroids and splints/rest for children with juvenile idiopathic arthritis and adults with rheumatoid arthritis. *Cochrane Database of Systematic Reviews (Online)*, 2006,1CD002824- PMID:16437446
41. Shah N, Lewis M. Shoulder adhesive capsulitis: systematic review of randomised trials using multiple corticosteroid injections. *The British Journal of General Practice: the journal of the Royal College of General Practitioners*, 2007,57:662-667. PMID:17688763
42. Bellamy N et al. Intraarticular corticosteroid for treatment of osteoarthritis of the knee. *Cochrane Database of Systematic Reviews (Online)*, 2006,2CD005328- PMID:16625636

Capítulo 4 Rehabilitación

43. Lambert RG et al. Steroid injection for osteoarthritis of the hip: a randomized, double-blind, placebo-controlled trial. *Arthritis and Rheumatism*, 2007,56:2278-2287. doi:10.1002/art.22739 PMID:17599747
44. Manheimer E et al. Meta-analysis: acupuncture for osteoarthritis of the knee. *Annals of Internal Medicine*, 2007,146:868-877. PMID:17577006
45. Tomassini V et al. Comparison of the effects of acetyl L-carnitine and amantadine for the treatment of fatigue in multiple sclerosis: results of a pilot, randomised, double-blind, crossover trial. *Journal of the Neurological Sciences*, 2004,218:103-108. doi:10.1016/j.jns.2003.11.005 PMID:14759641
46. Kranke P et al. Hyperbaric oxygen therapy for chronic wounds. *Cochrane Database of Systematic Reviews (Online)*, 2004,2CD004123- PMID:15106239
47. Quinn TJ et al. European Stroke Organisation (ESO) Executive CommitteeESO Writing CommitteeEvidence-based stroke rehabilitation: an expanded guidance document from the European Stroke Organisation (ESO) guidelines for management of ischaemic stroke and transient ischaemic attack 2008. *Journal of Rehabilitation Medicine: official journal of the UEMS European Board of Physical and Rehabilitation Medicine*, 2009,41:99-111. doi:10.2340/16501977-0301 PMID:19225703
48. Heywood F. *Money well spent: the effectiveness and value of housing adaptations*. Bristol, The Policy Press, 2001.
49. Fransen M, McConnell S, Bell M. Exercise for osteoarthritis of the hip or knee. *Cochrane Database of Systematic Reviews (Online)*, 2003,3CD004286- PMID:12918008
50. Jolliffe J et al. Exercise-based rehabilitation for coronary heart disease. *Cochrane Database of Systematic Reviews (Online)*, 2009,1CD001800-
51. Rees K et al. Exercise based rehabilitation for heart failure. *Cochrane Database of Systematic Reviews (Online)*, 2004,3CD003331- PMID:15266480
52. Legg L et al. Occupational therapy for patients with problems in personal activities of daily living after stroke: systematic review of randomised trials. *BMJ (Clinical research ed.)*, 2007,335:922- doi:10.1136/bmj.39343.466863.55 PMID:17901469
53. McConachie H et al. Difficulties for mothers in using an early intervention service for children with cerebral palsy in Bangladesh. *Child: Care, Health and Development*, 2001,27:1-12. doi:10.1046/j.1365-2214.2001.00207.x PMID:11136337
54. Heiman JR. Psychologic treatments for female sexual dysfunction: are they effective and do we need them? *Archives of Sexual Behavior*, 2002,31:445-450. doi:10.1023/A:1019848310142 PMID:12238613
55. Alexander MS, Alexander CJ. Recommendations for discussing sexuality after spinal cord injury/dysfunction in children, adolescents, and adults. *The Journal of Spinal Cord Medicine*, 2007,30:Suppl 1S65-S70. PMID:17874689
56. Sipski ML et al. Effects of vibratory stimulation on sexual response in women with spinal cord injury. *Journal of Rehabilitation Research and Development*, 2005,42:609-616. doi:10.1682/JRRD.2005.01.0030 PMID:16586186
57. Waddell G, Burton AK, Kendall NAS. *Vocational rehabilitation: what works, for whom and when?* London, The Stationery Office, 2008.
58. *Employment assistance for people with mental illness. Literature review*. Commonwealth of Australia, 2008 (http://workplace.gov.au/NR/rdonlyres/39A1C4CE-0DE3-4049-A410-8B61D5509C#(/0/MentalHealthEmplomentAssistanceLiteratureReview_web.doc, accessed 7 November 2008).
59. Assistive Technology Act. United States Congress 2004 (Public Law 108–364) (http://www.ataporg.org/atap/atact_law.pdf, accessed 12 December 2010).
60. Hunt PC et al. Demographic and socioeconomic factors associated with disparity in wheelchair customizability among people with traumatic spinal cord injury. *Archives of Physical Medicine and Rehabilitation*, 2004,85:1859-1864. doi:10.1016/j.apmr.2004.07.347 PMID:15520982
61. Evans JJ et al. Who makes good use of memory aids? Results of a survey of people with acquired brain injury. *Journal of the International Neuropsychological Society: JINS*, 2003,9:925-935. doi:10.1017/S1355617703960127 PMID:14632251
62. Olusanya BO. Classification of childhood hearing impairment: implications for rehabilitation in developing countries. *Disability and Rehabilitation*, 2004,26:1221-1228. doi:10.1080/09638280410001724852 PMID:15371023
63. Persson J et al. *Costs and effects of prescribing walkers*. Sweden, Center for Technology Assessment, 2007 (CMT rapport 2007:3).
64. Spillman BC. Changes in elderly disability rates and the implications for health care utilization and cost. *The Milbank Quarterly*, 2004,82:157-194. doi:10.1111/j.0887-378X.2004.00305.x PMID:15016247
65. Agree EM, Freedman VA. A comparison of assistive technology and personal care in alleviating disability and unmet need. *The Gerontologist*, 2003,43:335-344. PMID:12810897
66. Basavaraj V. Hearing aid provision in developing countries: an Indian case study. In: McPherson B, Brouillette R, eds. *Audiology in developing countries*. Boston, MA, Nova Science Publishers, 2008a.
67. Haig AJ. Developing world rehabilitation strategy II: flex the muscles, train the brain, and adapt to the impairment. *Disability and Rehabilitation*, 2007,29:977-979. doi:10.1080/09638280701480369 PMID:17577733
68. Tinney MJ et al. Medical rehabilitation in Ghana. *Disability and Rehabilitation*, 2007,29:921-927. doi:10.1080/09638280701240482 PMID:17577726

69. Buntin MB. Access to postacute rehabilitation. *Archives of Physical Medicine and Rehabilitation*, 2007,88:1488-1493. doi:10.1016/j.apmr.2007.07.023 PMID:17964894
70. Ottenbacher KJ, Graham JE. The state-of-the-science: access to postacute care rehabilitation services. A review. *Archives of Physical Medicine and Rehabilitation*, 2007,88:1513-1521. doi:10.1016/j.apmr.2007.06.761 PMID:17964898
71. Kephart G, Asada Y. Need-based resource allocation: different need indicators, different results? *BMC Health Services Research*, 2009,9:122- doi:10.1186/1472-6963-9-122 PMID:19622159
72. K Graham S, Cameron ID. A survey of rehabilitation services in Australia. *Australian Health Review: a publication of the Australian Hospital Association*, 2008,32:392-399. doi:10.1071/AH080392 PMID:18666866
73. Darrah J, Magil-Evans J, Adkins R. How well are we doing? Families of adolescents or young adults with cerebral palsy share their perceptions of service delivery. *Disability and Rehabilitation*, 2002,24:542-549. doi:10.1080/09638280210121359 PMID:12171644
74. Elrod CS, DeJong G. Determinants of utilization of physical rehabilitation services for persons with chronic and disabling conditions: an exploratory study. *Archives of Physical Medicine and Rehabilitation*, 2008,89:114-120. doi:10.1016/j.apmr.2007.08.122 PMID:18164340
75. Kroll T, Neri MT. Experiences with care co-ordination among people with cerebral palsy, multiple sclerosis, or spinal cord injury. *Disability and Rehabilitation*, 2003,25:1106-1114. doi:10.1080/0963828031000152002 PMID:12944150
76. Neri MT, Kroll T. Understanding the consequences of access barriers to health care: experiences of adults with disabilities. *Disability and Rehabilitation*, 2003,25:85-96. PMID:12554383
77. Dejong G et al. The organization and financing of health services for persons with disabilities. *The Milbank Quarterly*, 2002,80:261-301. doi:10.1111/1468-0009.t01-1-00004 PMID:12101873
78. Chi MJ et al. Social determinants of emergency utilization associated with patterns of care. *Health Policy (Amsterdam, Netherlands)*, 2009,93:137-142. PMID:19665250
79. Hatano T et al. Unmet needs of patients with Parkinson's disease: interview survey of patients and caregivers. *The Journal of International Medical Research*, 2009,37:717-726. PMID:19589255
80. Fulda KG et al. Unmet mental health care needs for children with special health care needs stratified by socioeconomic status. *Child and Adolescent Mental Health*, 2009,14:190-199. doi:10.1111/j.1475-3588.2008.00521.x
81. The Global Burden of Disease. *2004 Update*. Geneva, World Health Organization, 2008a. (http://www.who.int/healthinfo/global_burden_disease/2004_report_update/en/index.htm, accessed 2 May 2010).
82. Landry MD, Ricketts TC, Verrier MC. The precarious supply of physical therapists across Canada: exploring national trends in health human resources (1991 to 2005). *Human Resources for Health*, 2007,5:23-http://www.human-resources-health.com/content/5/1/23 doi:10.1186/1478-4491-5-23 PMID:17894885
83. Bo W et al. The demand for rehabilitation therapists in Beijing health organizations over the next five years. *Disability and Rehabilitation*, 2008,30:375-380. doi:10.1080/09638280701336496 PMID:17852203
84. Lysack JT et al. Designing appropriate rehabilitation technology: a mobility device for women with ambulatory disabilities in India. *International Journal of Rehabilitation Research. Internationale Zeitschrift fur Rehabilitationsforschung. Revue Internationale de Recherches de Réadaptation*, 1999,22:1-9. PMID:10207746
85. Israsena P, Dubsok P, Pan-Ngum S. A study of low-cost, robust assistive listening system (ALS) based on digital wireless technology. *Disability and Rehabilitation. Assistive Technology*, 2008,3:295-301. doi:10.1080/17483100802323392 PMID:19117189
86. Lamoureux EL et al. The effectiveness of low-vision rehabilitation on participation in daily living and quality of life. *Investigative Ophthalmology & Visual Science*, 2007,48:1476-1482. doi:10.1167/iovs.06-0610 PMID:17389474
87. Durkin M. The epidemiology of developmental disabilities in low-income countries. *Mental Retardation and Developmental Disabilities Research Reviews*, 2002,8:206-211. doi:10.1002/mrdd.10039 PMID:12216065
88. *Deafness and hearing impairment*. Geneva, World Health Organization, 2010 (Fact sheet No. 300) (http://www.who.int/mediacentre/factsheets/fs300/en/print.html, accessed 7 June 2010).
89. McPherson B, Brouillette R. A fair hearing for all: providing appropriate amplification in developing countries. *Communication Disorders Quarterly*, 2004,25:219-223. doi:10.1177/15257401040250040601
90. *Guidelines for hearing aids and services for developing countries*. Geneva, World Health Organization, 2004.
91. Lindstrom A. Appropriate technologies for assistive devices in low-income countries. In: Hsu JD, Michael JW, Fisk JR, eds. *AAOS Atlas of orthoses and assistive devices*. Philadelphia, PA, Mosby/Eslevier, 2008.
92. World Health Organization, International Society for Prosthetics and Orthotics. *Guidelines for training personnel in developing countries for prosthetics and orthotics services*. Geneva, World Health Organization, 2005.
93. Atijosan O et al. The orthopaedic needs of children in Rwanda: results from a national survey and orthopaedic service implications. *Journal of Pediatric Orthopedics*, 2009,29:948-951. PMID:19934715
94. Loeb ME, Eide AH, eds. *Living conditions among people with activity limitations in Malawi: a national representative study*. Oslo, SINFEF, 2004.

95. Eide AH, Yusman K. *Living conditions among people with disabilities in Mozambique: a national representative study*. Oslo, SINTEF, 2009.
96. Eide AH et al. *Living conditions among people with activity limitations in Zimbabwe: a representative regional survey*. Oslo, SINTEF, 2003.
97. Eide AH, Loeb ME, eds. *Living conditions among people with activity limitations in Zambia: a national representative study*. Oslo, SINTEF, 2006.
98. Eide AH, van Rooy G, Loeb ME. *Living conditions among people with activity limitations in Namibia: a representative national survey*. Oslo, SINTEF, 2003.
99. Eide AH, Øderud T. Assistive technology in low income countries. In: Maclachlan M, Swartz L, eds. *Disability and international development*, Dordrecht, the Netherlands, Springer, 2009.
100. Eldar R et al. Rehabilitation medicine in countries of central/eastern Europe. *Disability and Rehabilitation*, 2008,30:134-141. doi:10.1080/09638280701191776 PMID:17852214
101. Zongjie Y, Hong D, Zhongxin X, Hui X. A research study into the requirements of disabled residents for rehabilitation services in Beijing. *Disability and Rehabilitation*, 2007,29:825-833. doi:10.1080/09638280600919657 PMID:17457741
102. Qiu ZY. *Rehabilitation need of people with disability in China: analysis and strategies* [in Chinese]. Beijing, Huaxia Press, 2007.
103. Carlson D, Ehrlich N. Assistive Technology and information technology use and need by persons with disabilities in the United States, 2001. Washington, DC, National Institute on Disability and Rehabilitation Research, U.S. Department of Education, 2005 (http://www.ed.gov/rschstat/research/pubs/at-use/at-use-2001.pdf, accessed 27 April 2007).
104. Chiang PPC. *The Global mapping of low vision services*. Melbourne, University of Melbourne, 2010.
105. Miller AR et al. Waiting for child developmental and rehabilitation services: an overview of issues and needs. *Developmental Medicine and Child Neurology*, 2008,50:815-821. doi:10.1111/j.1469-8749.2008.03113.x PMID:18811706
106. Passalent LA, Landry MD, Cott CA. Wait times for publicly funded outpatient and community physiotherapy and occupational therapy services: implications for the increasing number of persons with chronic conditions in Ontario, Canada. *Physiotherapy Canada. Physiothérapie Canada*, 2009,61:5-14. doi:10.3138/physio.61.1.5 PMID:20145747
107. El Sharkawy G, Newton C, Hartley S. Attitudes and practices of families and health care personnel toward children with epilepsy in Kilifi, Kenya. *Epilepsy & Behavior: E&B*, 2006,8:201-212. doi:10.1016/j.yebeh.2005.09.011 PMID:16275111
108. *Unmet need for disability services: effectiveness of funding and remaining shortfall*. Canberra, Australian Institute of Health and Welfare, 2002.
109. Cott C, Passalent LA, Borsey E. Ontario community rehabilitation: a profile of demand and provision. Toronto, Arthritis Community Research & Evaluation Unit, 2007 (Working Paper 07–1-A) (http://www.acreu.ca/pub/working-paper-07-01.html, accessed 30 April 2010).
110. South-North Centre for Dialogue and Development. *Global survey of government actions on the implementation of the standard rules of the equalisation of opportunities for persons with disabilities*. Amman, Office of the UN Special Rapporteur on Disabilities, 2006:141.
111. Middleton JW et al. Issues and challenges for development of a sustainable service model for people with spinal cord injury living in rural regions. *Archives of Physical Medicine and Rehabilitation*, 2008,89:1941-1947. doi:10.1016/j.apmr.2008.04.011 PMID:18929022
112. *People with disabilities in India: from commitments to outcomes*. Washington, World Bank, 2009. (http://imagebank.worldbank.org/servlet/WDSContentServer/IW3P/IB/2009/09/02/000334955_20090902041543/Rendered/PDF/502090WP0Peopl1Box0342042B01PUBLIC1.pdf, accessed 8 December 2010).
113. *Birth defects: revision of draft resolution considered by the Executive Board at its 125th session reflecting comments and proposals made by Bahamas, Canada, Chile, Mauritius, New Zealand, Oman and Paraguay*. Geneva, World Health Organization, 2009 (EB 126/10 Add. 1) (http://apps.who.int/gb/ebwha/pdf_files/EB126/B126_10Add1-en.pdf, accessed 2 May 2010).
114. de Souza N et al. The determination of compliance with an early intervention programme for high-risk babies in India. *Child: Care, Health and Development*, 2006,32:63-72. doi:10.1111/j.1365-2214.2006.00576.x PMID:16398792
115. Cooper SA et al. Improving the health of people with intellectual disabilities: outcomes of a health screening programme after 1 year. *Journal of Intellectual Disability Research: JIDR*, 2006,50:667-677. doi:10.1111/j.1365-2788.2006.00824.x PMID:16901294
116. World Health Organization, Swedish Organizations of Disabled Persons International Aid Association. *Part 1. Community-Based Rehabilitation as we experienced it … voices of persons with disabilities*. Geneva, World Health Organization, 2002.
117. Bigelow J et al. A picture of amputees and the prosthetic situation in Haiti. *Disability and Rehabilitation*, 2004,26:246-252. doi:10.1080/09638280310001644915 PMID:15164958
118. Lilja M et al. Disability policy in Sweden: policies concerning assistive technology and home modification services. *Journal of Disability Policies Studies*, 2003,14:130-135. doi:10.1177/10442073030140030101
119. *Disability and rehabilitation status review of disability issues and rehabilitation services in 29 African Countries*. Geneva, World Health Organization, 2004.

120. *Modernizing sickness and disability policy: OECD thematic review on sickness, disability and work issues paper and progress report*. Paris, Organisation for Economic Co-operation and Development, 2008.
121. Digiacomo M et al. Health information system linkage and coordination are critical for increasing access to secondary prevention in Aboriginal health: a qualitative study. *Quality in Primary Care*, 2010,18:17-26. PMID:20359409
122. Hilberink SR et al. Health issues in young adults with cerebral palsy: towards a life-span perspective. *Journal of Rehabilitation Medicine: official journal of the UEMS European Board of Physical and Rehabilitation Medicine*, 2007,39:605-611. doi:10.2340/16501977-0103 PMID:17896051
123. Holdsworth LK, Webster V, McFadyen A. Self-referral to physiotherapy: deprivation and geographical setting – is there a relationship? Results of a national trial. *Physiotherapy*, 2006,92:16-25. doi:10.1016/j.physio.2005.11.003
124. Holdsworth LK, Webster V, McFadyen A. What are the costs to NHS Scotland of self-referral to physiotherapy? Results of a national trial. *Physiotherapy*, 2007,93:3-11. doi:10.1016/j.physio.2006.05.005
125. Holdsworth LK, Webster V, McFadyen A. Physiotherapists' and general practitioners' views of self-referral and physiotherapy scope of practice: results from a national trial. *Physiotherapy*, 2008,94:236-243. doi:10.1016/j.physio.2008.01.006
126. Eldar R. Integrated institution–community rehabilitation in developed countries: a proposal. *Disability and Rehabilitation*, 2000,22:266-274. doi:10.1080/096382800296728 PMID:10864129
127. Sickness, disability and work: keeping on track in the economic downturn. Paris, Organisation for Economic Co-operation and Development, 2009 (Background paper).
128. *Convention on the Rights of Persons with Disabilities*. Geneva, United Nations, 2006 (http://www2.ohchr.org/english/law/disabilities-convention.htm, accessed 16 May 2009).
129. Palermo GB. The 1978 Italian mental health law–a personal evaluation: a review. *Journal of the Royal Society of Medicine*, 1991,84:99-102. PMID:1999825
130. Barbui C, Tansella M. Thirtieth birthday of the Italian psychiatric reform: research for identifying its active ingredients is urgently needed. *Journal of Epidemiology and Community Health*, 2008,62:1021- doi:10.1136/jech.2008.077859 PMID:19008365
131. de Girolamo G et al. Compulsory admissions in Italy: results of a national survey. *International Journal of Mental Health*, 2008,37:46-60. doi:10.2753/IMH0020-7411370404
132. McColl MA, Boyce W. Disability advocacy organizations: a descriptive framework. *Disability and Rehabilitation*, 2003,25:380-392. doi:10.1080/0963828021000058521 PMID:12745947
133. Nunez G. Culture and disabilities. In: Drum CE, Krahn GL, Bersani H. *Disability and Public Health,* Washington, American Public Health Association, 2009:65–78.
134. *The Standard Rules on the Equalization of Opportunities for Persons with Disabilities*. New York, United Nations, 1993 (http://www.un.org/esa/socdev/enable/dissre00.htm, accessed 16 May 2009).
135. *Systems thinking for health systems strengthening. Alliance for Health Policy and Systems Research*. Geneva, World Health Organization, 2009b
136. Dunleavy K. Physical therapy education and provision in Cambodia: a framework for choice of systems for development projects. *Disability and Rehabilitation*, 2007,29:903-920. doi:10.1080/09638280701240433 PMID:17577725
137. *Annual Report 2009*. Phnom Penh, Disability Action Council, 2009. (http://www.dac.org.kh/cambodia_disability_resource_center/download/local-doc/DAC_Annual_Report_2009.pdf, accessed 12 July 2010).
138. Crowley JS, Elias R. *Medicaid's role for people with disabilities*. Washington, DC, Henry Kaiser Foundation, 2003.
139. Albrecht G, Seelman K, Bury M. *Handbook of Disability Studies*. London, Sage, 2003.
140. Sooful P, Van Dijk C, Avenant C. The maintenance and utilisation of government fitted hearing aids. *Central European Journal of Medicine*, 2009,4:110-118. doi:10.2478/s11536-009-0014-9
141. Veehof MM et al. What determines the possession of assistive devices among patients with rheumatic diseases? The influence of the country-related health care system. *Disability and Rehabilitation*, 2006,28:205-211. doi:10.1080/09638280500305064 PMID:16467055
142. Haig AJ et al. The practice of physical and rehabilitation medicine in sub-Saharan Africa and Antarctica: a white paper or a black mark? *Journal of Rehabilitation Medicine: official journal of the UEMS European Board of Physical and Rehabilitation Medicine*, 2009,41:401-405. doi:10.2340/16501977-0367 PMID:19479150
143. Woo J et al. In patient stroke rehabilitation efficiency: influence of organization of service delivery and staff numbers. *BMC Health Services Research*, 2008,8:86- doi:10.1186/1472-6963-8-86 PMID:18416858
144. Mock C et al., eds. *Strengthening care for the injured: Success stories and lessons learned from around the world*. Geneva, World Health Organization, 2010.
145. *Injuries, violence and disabilities biennial report 2008–2009*. Geneva, World Health Organization, 2010.
146. *Injuries, violence and disabilities biennial report 2006–2007*. Geneva, World Health Organization, 2008.
147. *Injuries, violence and disabilities biennial report 2004–2005*. Geneva, World Health Organization, 2006.

148. Massive need for rehabilitation and orthopedic equipment. Takoma Park, MD, Handicap International, 2010 (http://www.reliefweb.int/rw/rwb.nsf/db900SID/VVOS-7ZVSU6?OpenDocument, accessed 2 May 2010).
149. Goudge J et al. Affordability, availability and acceptability barriers to health care for the chronically ill: longitudinal case studies from South Africa. *BMC Health Services Research*, 2009,9:75- doi:10.1186/1472-6963-9-75 PMID:19426533
150. Brouillette R. The rehabilitation of hearing loss: challenges and opportunities in developing countries. In: McPherson B, Brouillette R, eds. *Audiology in developing countries*. Boston, MA, Nova Science Publishers, 2008b.
151. Dal Poz M et al., eds. *Handbook on monitoring and evaluation of human resources for health – with special applications for low- and middle-income countries*. Geneva, World Health Organization, 2009.
152. Stanmore E, Waterman H. Crossing professional and organizational boundaries: the implementation of generic rehabilitation assistants within three organizations in the northwest of England. *Disability and Rehabilitation*, 2007,29:751-759. doi:10.1080/09638280600902836 PMID:17453998
153. Al Mahdy H. Rehabilitation and community services in Iran. *Clinician in Management*, 2002,11:57-60.
154. Wilson RD, Lewis SA, Murray PK. Trends in the rehabilitation therapist workforce in underserved areas: 1980–2000. *The Journal of Rural Health: official journal of the American Rural Health Association and the National Rural Health Care Association*, 2009,25:26-32. doi:10.1111/j.1748-0361.2009.00195.x PMID:19166558
155. O'Toole K, Schoo AM. Retention policies for allied health professionals in rural areas: a survey of private practitioners. *Rural and Remote Health*, 2010,10:1331- PMID:20443649
156. MacDowell M et al. A national view of rural health workforce issues in the USA. *Rural and Remote Health*, 2010,10:1531- PMID:20658893
157. Saxena S et al. Resources for mental health: scarcity, inequity, and inefficiency. *Lancet*, 2007,370:878-889. doi:10.1016/S0140-6736(07)61239-2 PMID:17804062
158. *Global atlas of the health workforce*. Geneva, World Health Organization, 2008 (http://www.who.int/globalatlas/autologin/hrh_login.asp, accessed 1 June 2009).
159. *Occupational therapy human resources project 2010*. Melbourne, World Federation of Occupational Therapists, 2010.
160. Wickford J, Hultberg J, Rosberg S. Physiotherapy in Afghanistan–needs and challenges for development. *Disability and Rehabilitation*, 2008,30:305-313. doi:10.1080/09638280701257205 PMID:17852310
161. Higgs J, Refshauge K, Ellis E. Portrait of the physiotherapy profession. *Journal of Interprofessional Care*, 2001,15:79-89. doi:10.1080/13561820020022891 PMID:11705073
162. World Confederation for Physical Therapy [website]. (http://www.wcpt.org/, accessed 8 December 2010).
163. World Federation of Occupational Therapists [website]. (http://www.wfot.org/schoolLinks.asp, accessed 8 December 2010).
164. International Association of Logopedics and Phoniatrics [website]. (http://ialp.info/joomla/, accessed 8 December 2010).
165. International Society for Prosthetics and Orthotics [website]. (http://www.ispoint.org/, accessed 8 December 2010).
166. Leavitt R. The development of rehabilitation services and suggestions for public policy in developing nations. *Pediatric Physical Therapy*, 1995,7:112-117. doi:10.1097/00001577-199500730-00005
167. Nualnetre N. Physical therapy roles in community based rehabilitation: a case study in rural areas of north eastern Thailand. *Asia Pacific Disability Rehabilitation Journal*, 2009,20:1-12.
168. Armstrong J, Ager A. Physiotherapy in Afghanistan: an analysis of current challenges. *Disability and Rehabilitation*, 2006,28:315-322. doi:10.1080/09638280500160337 PMID:16492626
169. Smyth J. Occupational therapy training in Uganda: the birth of a profession. *World Federation of Occupational Therapists Bulletin*, 1996,34:26-31.
170. *The education of mid-level rehabilitation workers: Recommendations from country experiences*. Geneva, World Health Organization, 1992.
171. Gwyer J. Personnel resources in physical therapy: an analysis of supply, career patterns, and methods to enhance availability. *Physical Therapy*, 1995,75:56-65, discussion 65–67. PMID:7809199
172. Annual progress report to WHO. Brussels, International Society for Prosthetics and Orthotics, 2010.
173. Hartley S et al. Community-based rehabilitation: opportunity and challenge. *Lancet*, 2009,374:1803-1804. doi:10.1016/S0140-6736(09)62036-5 PMID:19944850
174. Penny N et al. Community-based rehabilitation and orthopaedic surgery for children with motor impairment in an African context. *Disability and Rehabilitation*, 2007,29:839-843. doi:10.1080/09638280701240052 PMID:17577718
175. *Increasing access to health workers in remote and rural areas through improved retention: Global policy recommendations*. Geneva, World Health Organization, 2010.
176. Shakespeare T, Iezzoni LI, Groce NE. Disability and the training of health professionals. *Lancet*, 2009,374:1815-1816. doi:10.1016/S0140-6736(09)62050-X PMID:19957403
177. Certification Booklet of Information 2010–2011 Examinations. Rochester, MN, ABPMR (American Board of Physical Medicine and Rehabilitation), 2010.

178. Reed GM et al. Three model curricula for teaching clinicians to use the ICF. *Disability and Rehabilitation*, 2008,30:927-941. doi:10.1080/09638280701800301 PMID:18484388
179. Atwal A et al. Multidisciplinary perceptions of the role of nurses and healthcare assistants in rehabilitation of older adults in acute health care. *Journal of Clinical Nursing*, 2006,15:1418-1425. doi:10.1111/j.1365-2702.2005.01451.x PMID:17038103
180. Fronek P et al. The effectiveness of a sexuality training program for the interdisciplinary spinal cord injury rehabilitation team. *Sexuality and Disability*, 2005,23:51-63. doi:10.1007/s11195-005-4669-0
181. Lee AC, Norton E. Use of telerehabilitation to address sustainability of international service learning in Mexico: pilot case study and lessons learned. *HPA Resource*, 2009,9:1-5.
182. Kheng S. The challenges of upgrading from ISPO Category II level to Bachelor Degree level by distance education. *Prosthetics and Orthotics International*, 2008,32:299-312. doi:10.1080/03093640802109764 PMID:18720252
183. Matock N, Abeykoon P. Innovative programmes of medical education in south-east Asia. New Delhi, World Health Organization, 1993.
184. *Increasing the relevance of education for health professionals*. Geneva, World Health Organization, 1993.
185. Watson R, Swartz L. *Transformation through occupation*. London, Whurr, 2004.
186. Chipps JA, Simpson B, Brysiewicz P. The effectiveness of cultural-competence training for health professionals in community-based rehabilitation: a systematic review of literature. *Worldviews on Evidence-Based Nursing/Sigma Theta Tau International, Honor Society of Nursing*, 2008,5:85-94. doi:10.1111/j.1741-6787.2008.00117.x PMID:18559021
187. Niemeier JP, Burnett DM, Whitaker DA. Cultural competence in the multidisciplinary rehabilitation setting: are we falling short of meeting needs? *Archives of Physical Medicine and Rehabilitation*, 2003,84:1240-1245. doi:10.1016/S0003-9993(03)00295-8 PMID:12917868
188. Corrigan PW, McCracken SG. Training teams to deliver better psychiatric rehabilitation programs. *Psychiatric Services (Washington, DC)*, 1999,50:43-45. PMID:9890577
189. *International recruitment of health personnel: draft global code of practice* [EB126/8]. Geneva, World Health Organization, 2009c.
190. Lehmann U, Dieleman M, Martineau T. Staffing remote rural areas in middle- and low-income countries: a literature review of attraction and retention. *BMC Health Services Research*, 2008,8:19- doi:10.1186/1472-6963-8-19 PMID:18215313
191. Tran D et al. Identification of recruitment and retention strategies for rehabilitation professionals in Ontario, Canada: results from expert panels. *BMC Health Services Research*, 2008,8:249- doi:10.1186/1472-6963-8-249 PMID:19068134
192. Crouch RB. SHORT REPORT Education and research in Africa: Identifying and meeting the needs. *Occupational Therapy International*, 2001,8:139-144. doi:10.1002/oti.141 PMID:11823878
193. Global Health Workforce Alliance [web site]. (http://www.ghwa.org/?74028ba8, accessed 30 April 2010).
194. Willis-Shattuck M et al. Motivation and retention of health workers in developing countries: a systematic review. *BMC Health Services Research*, 2008,8:247- doi:10.1186/1472-6963-8-247 PMID:19055827
195. Magnusson L, Ramstrand N. Prosthetist/orthotist educational experience & professional development in Pakistan. *Disability and Rehabilitation. Assistive Technology*, 2009,4:385-392. doi:10.3109/17483100903024634 PMID:19817652
196. Oyeyemi A. Nigerian physical therapists' job satisfaction: a Nigeria – USA comparison. *Journal of African Migration*, 2002,1:1-19.
197. Asis M. *Health worker migration: the case of the Philippines*. XVII general meeting of the Pacific Economic Cooperation Council. Sydney, 1–2 May 2007.
198. Bärnighausen T, Bloom DE. Financial incentives for return of service in underserved areas: a systematic review. *BMC Health Services Research*, 2009,9:86- doi:10.1186/1472-6963-9-86 PMID:19480656
199. Shaw A. Rehabilitation services in Papua New Guinea. *Papua and New Guinea Medical Journal*, 2004,47:215-227. PMID:16862945
200. De Angelis C, Bunker S, Schoo A. Exploring the barriers and enablers to attendance at rural cardiac rehabilitation programs. *The Australian Journal of Rural Health*, 2008,16:137-142. doi:10.1111/j.1440-1584.2008.00963.x PMID:18471183
201. Monk J, Wee J. Factors shaping attitudes towards physical disability and availability of rehabilitative support systems for disabled persons in rural Kenya. *Asia Pacific Disability and Rehabilitation Journal*, 2008,19:93-113.
202. *The United Nations Standard Rules on the equalization of opportunities for persons with disabilities: government responses to the implementation of the rules on medical care, rehabilitation, support services and personnel training* [Part 1. Summary]. Geneva, World Health Organization, 2001:20.
203. Siqueira FC et al. [Architectonic barriers for elderly and physically disabled people: an epidemiological study of the physical structure of health service units in seven Brazilian states] *Ciência & Saúde Coletiva*, 2009,14:39-44. PMID:19142307
204. Herman K. Barriers experienced by parents/caregivers of children with clubfoot deformity attending specific clinics in Uganda. Cape Town, Department of Physiotherapy in the Faculty of Community and Health Science, University of the Western Cape, 2006.

205. Greve JMD, Chiovato J, Batisttella LR. *Critical evaluation: 10 years SCI rehabilitation treatment in a developing country 1981–1991, Sao Pâulo, Brazil*. Free paper in the 3rd Annual Scientific Meeting of the International Medical Society of Paraplegia. Kobe, Japan, 30 May–2 June 1994.
206. Souza DR et al. *Characteristics of traumatic spinal cord injuries in a referral center: Institute of Orthopaedics and Traumatology, Clinical Hospital, Faculty of Medicine, University of São Paulo, IOT-HCFMUSP, São Paulo, Brazil*. Free paper in the International Society of Physical and Rehabilitation Medicine World Congress. Instanbul, Turkey, 13–17 June 2009.
207. Turner-Stokes L. Politics, policy and payment–facilitators or barriers to person-centred rehabilitation? *Disability and Rehabilitation*, 2007,29:1575-1582. doi:10.1080/09638280701618851 PMID:17922328
208. Wade DT, de Jong BA. Recent advances in rehabilitation. *BMJ (Clinical research ed.)*, 2000,320:1385-1388. doi:10.1136/bmj.320.7246.1385 PMID:10818031
209. *Declaration of Alma-Ata: International Conference on Primary Health Care, Alma-Ata, USSR, 6–12 September 1978*. Geneva, World Health Organization, 1978 (http://www.who.int/publications/almaata_declaration_en.pdf, accessed 2 May 2010).
210. Wakerman J et al. Primary health care delivery models in rural and remote Australia: a systematic review. *BMC Health Services Research*, 2008,8:276- doi:10.1186/1472-6963-8-276 PMID:19114003
211. Chatterjee S et al. Evaluation of a community-based rehabilitation model for chronic schizophrenia in rural India. *The British Journal of Psychiatry: the journal of mental science*, 2003,182:57-62. doi:10.1192/bjp.182.1.57 PMID:12509319
212. *The World Health Report 2008: Primary health care, now more than ever*. Geneva, World Health Organization, 2008 (http://www.who.int/whr/2008/en/index.html, accessed 11 April 2010).
213. Tyrell J, Burn A. Evaluating primary care occupational therapy: results from a London primary health care centre. *British Journal of Therapy and Rehabilitation*, 1996,3:380-385.
214. Ryan B et al. The newly established primary care based Welsh Low Vision Service is effective and has improved access to low vision services in Wales. *Ophthalmic & Physiological Optics: the journal of the British College of Ophthalmic Opticians (Optometrists)*, 2010,30:358-364. doi:10.1111/j.1475-1313.2010.00729.x PMID:20492541
215. Mock C et al. Evaluation of trauma care capabilities in four countries using the WHO-IATSIC Guidelines for Essential Trauma Care. *World Journal of Surgery*, 2006,30:946-956. doi:10.1007/s00268-005-0768-4 PMID:16736320
216. Boling PA. Care transitions and home health care. *Clinics in Geriatric Medicine*, 2009,25:135-148, viii. doi:10.1016/j.cger.2008.11.005 PMID:19217498
217. Griffiths TL et al. Results at 1 year of outpatient multidisciplinary pulmonary rehabilitation: a randomised controlled trial. *Lancet*, 2000,355:362-368. doi:10.1016/S0140-6736(99)07042-7 PMID:10665556
218. Legg L, Langhorne P. Outpatient Service TrialistsRehabilitation therapy services for stroke patients living at home: systematic review of randomised trials. *Lancet*, 2004,363:352-356. doi:10.1016/S0140-6736(04)15434-2 PMID:15070563
219. Bent N et al. Team approach versus ad hoc health services for young people with physical disabilities: a retrospective cohort study. *Lancet*, 2002,360:1280-1286. doi:10.1016/S0140-6736(02)11316-X PMID:12414202
220. Turner-Stokes L, Paul S, Williams H. Efficiency of specialist rehabilitation in reducing dependency and costs of continuing care for adults with complex acquired brain injuries. *Journal of Neurology, Neurosurgery, and Psychiatry*, 2006,77:634-639. doi:10.1136/jnnp.2005.073411 PMID:16614023
221. Kendall E, Marshall C. Factors that prevent equitable access to rehabilitation for Aboriginal Australians with disabilities: the need for culturally safe rehabilitation. *Rehabilitation Psychology*, 2004,49:5-13. doi:10.1037/0090-5550.49.1.5
222. Ameratunga S et al. Rehabilitation of the injured child. *Bulletin of the World Health Organization*, 2009,87:327-328. doi:10.2471/BLT.09.057067 PMID:19551242
223. Watermeyer BS et al., eds. *Disability and social change: South Africa agenda*. Pretoria, Human Sciences Research Council, 2006.
224. Higgins L, Dey-Ghatak P, Davey G. Mental health nurses' experiences of schizophrenia rehabilitation in China and India: a preliminary study. *International Journal of Mental Health Nursing*, 2007,16:22-27. doi:10.1111/j.1447-0349.2006.00440.x PMID:17229271
225. Muhit MA et al. The key informant method: a novel means of ascertaining blind children in Bangladesh. *The British Journal of Ophthalmology*, 2007,91:995-999. doi:10.1136/bjo.2006.108027 PMID:17431019
226. Gona JK et al. Identification of people with disabilities using participatory rural appraisal and key informants: a pragmatic approach with action potential promoting validity and low cost. *Disability and Rehabilitation*, 2010,32:79-85. doi:10.3109/09638280903023397 PMID:19925280
227. Hartley S, Okune J, eds. *CBR Policy development and implementation*. Norwich, University of East Anglia, 2008.
228. Barbato A et al. Outcome of community-based rehabilitation program for people with mental illness who are considered difficult to treat. *Journal of Rehabilitation Research and Development*, 2007,44:775-783. doi:10.1682/JRRD.2007.02.0041 PMID:18075936
229. General Eye and Low Vision Centre [web site]. (http://www.hksb.org.hk/en/index.php?option=com_content&view=article&id=39&Itemid=33, accessed 11 May 2010).

230. Bauer S, Lane J. Convergence of AT and mainstream products: keys to university participation in research, development and commercialization. *Technology and Disability*, 2006,18:67-78.
231. Lane J.. Delivering the D in R&D: recommendations for increasing transfer outcomes from development projects. *Assistive Technology Outcomes and Benefits*, 2008,(Fall special issue)
232. The Law on Persons with Disabilities. Hanoi, Socialist Republic of Viet Nam, 2010 (51/2010/QH12).
233. Production and distribution of assistive devices for people with disabilities [Part 1 chapter 5 and part 2 chapter 9]. Bangkok, United Nations Economic and Social Commission for Asia and the Pacific, 1997.
234. Field MJ, Jette AM, eds. *The future of disability in America*. Washington, The National Academies Press, 2007.
235. Borg J, Lindström A, Larsson S. Assistive technology in developing countries: national and international responsibilities to implement the Convention on the Rights of Persons with Disabilities. *Lancet*, 2009,374:1863-1865. doi:10.1016/S0140-6736(09)61872-9 PMID:19944867
236. Borg J, Larsson S. The right to assistive technology and its implementation. In: Bhanushali K, ed. *UN convention on rights of persons with disabilities*. Ahmedabad, India, ICFAI University Press, forthcoming.
237. Vuorialho A, Karinen P, Sorri M. Counselling of hearing aid users is highly cost-effective. *European Archives of Oto-Rhino-Laryngology: official journal of the European Federation of Oto-Rhino-Laryngological Societies (EUFOS): affiliated with the German Society for Oto-Rhino-Laryngology - Head and Neck Surgery*, 2006,263:988-995. doi:10.1007/s00405-006-0104-0 PMID:16799805
238. Mukherjee G, Samanta A. Wheelchair charity: a useless benevolence in community-based rehabilitation. *Disability and Rehabilitation*, 2005,27:591-596. doi:10.1080/09638280400018387 PMID:16019868
239. Oderud T et al. User satisfaction survey: an assessment study on wheelchairs in Tanzania. In: Sheldon S, Jacobs NA, eds. *Report of a consensus conference on wheelchairs for developing countries, Bengaluru, India, 6–11 November 2006*. Copenhagen, International Society for Prosthetics and Orthotics, 2007:112–117.
240. Godisa [website]. (http://www.godisa.org/, accessed 17 December 2010).
241. Seelman KD, Hartman LM. Telerehabilitation: policy issues and research tools. *International Journal of Telerehabilitation*, 2009,1:47-58. doi:10.5195/ijt.2009.6013
242. Taylor DM et al. Exploring the feasibility of video conference delivery of a self management program to rural participants with stroke. *Telemedicine and e-Health*, 2009,15:646-654. doi:10.1089/tmj.2008.0165 PMID:19694589
243. Vainoras A et al. Cardiological telemonitoring in rehabilitation and sports medicine. *Studies in Health Technology and Informatics*, 2004,105:121-130. PMID:15718601
244. Rowe N et al. Ten-year experience of a private nonprofit telepsychiatry service. *Telemedicine and e-Health: the official journal of the American Telemedicine Association*, 2008,14:1078-1086. doi:10.1089/tmj.2008.0037 PMID:19119830
245. Körtke H et al. New East-Westfalian Postoperative Therapy Concept: a telemedicine guide for the study of ambulatory rehabilitation of patients after cardiac surgery. *Telemedicine Journal and e-health: the official journal of the American Telemedicine Association*, 2006,12:475-483. doi:10.1089/tmj.2006.12.475 PMID:16942420
246. Giallauria F et al. Efficacy of telecardiology in improving the results of cardiac rehabilitation after acute myocardial infarction. *Monaldi Archives for Chest Disease = Archivio Monaldi per le malattie del torace / Fondazione clinica del lavoro, IRCCS [and] Istituto di clinica tisiologica e malattie apparato respiratorio, Università di Napoli, Secondo ateneo*, 2006,66:8-12. PMID:17125041
247. Ades PA et al. A controlled trial of cardiac rehabilitation in the home setting using electrocardiographic and voice transtelephonic monitoring. *American Heart Journal*, 2000,139:543-548. doi:10.1016/S0002-8703(00)90100-5 PMID:10689271
248. Sicotte C et al. Feasibility and outcome evaluation of a telemedicine application in speech-language pathology. *Journal of Telemedicine and Telecare*, 2003,9:253-258. doi:10.1258/135763303769211256 PMID:14599327
249. Theodoros DG. Telerehabilitation for service delivery in speech-language pathology. *Journal of Telemedicine and Telecare*, 2008,14:221-224. doi:10.1258/jtt.2007.007044 PMID:18632993
250. Tam SF et al. Evaluating the efficacy of tele-cognitive rehabilitation for functional performance in three case studies. *Occupational Therapy International*, 2003,10:20-38. doi:10.1002/oti.175 PMID:12830317
251. Man DW et al. A randomized clinical trial study on the effectiveness of a tele-analogy-based problem-solving programme for people with acquired brain injury (ABI). *NeuroRehabilitation*, 2006,21:205-217. PMID:17167189
252. Sanford JA, Butterfield T. Using remote assessment to provide home modification services to underserved elders. *The Gerontologist*, 2005,45:389-398. PMID:15933279
253. Damiani G et al. The effectiveness of computerized clinical guidelines in the process of care: a systematic review. *BMC Health Services Research*, 2010,10:2- doi:10.1186/1472-6963-10-2 PMID:20047686
254. Lemaire ED, Boudrias Y, Greene G. Low-bandwidth, Internet-based videoconferencing for physical rehabilitation consultations. *Journal of Telemedicine and Telecare*, 2001,7:82-89. doi:10.1258/1357633011936200 PMID:11331045
255. Kairy D et al. A systematic review of clinical outcomes, clinical process, healthcare utilization and costs associated with telerehabilitation. *Disability and Rehabilitation*, 2009,31:427-447. doi:10.1080/09638280802062553 PMID:18720118

256. Ebenbichler G et al. The future of physical & rehabilitation medicine as a medical specialty in the era of evidence-based medicine. *American Journal of Physical Medicine & Rehabilitation/Association of Academic Physiatrists*, 2008,87:1-3. doi:10.1097/PHM.0b013e31815e6a49 PMID:18158426
257. Dejong G et al. Toward a taxonomy of rehabilitation interventions: Using an inductive approach to examine the «black box» of rehabilitation. *Archives of Physical Medicine and Rehabilitation*, 2004,85:678-686. doi:10.1016/j.apmr.2003.06.033 PMID:15083447
258. Andrich R, Caracciolo A. Analysing the cost of individual assistive technology programmes. *Disability and Rehabilitation. Assistive Technology*, 2007,2:207-234. doi:10.1080/17483100701325035 PMID:19263539
259. Groah SL et al. Beyond the evidence-based practice paradigm to achieve best practice in rehabilitation medicine: a clinical review. *PM & R: the journal of injury, function, and rehabilitation*, 2009,1:941-950. PMID:19797005
260. Johnston MV et al. *The challenge of evidence in disability and rehabilitation research and practice: A position paper.* Austin, National Centre for the Dissemination of Disability Research, 2009.
261. Wee J. Creating a registry of needs for persons with disabilities in a Northern Canadian community: the disability registry project. *Asia Pacific Disability Rehabiliation Journal*, 2009,20:1-18.
262. Cornielje H, Velema JP, Finkenflügel H. Community based rehabilitation programmes: monitoring and evaluation in order to measure results. *Leprosy Review*, 2008,79:36-49. PMID:18540236
263. Greenhalgh J et al. «It's hard to tell»: the challenges of scoring patients on standardised outcome measures by multidisciplinary teams: a case study of neurorehabilitation. *BMC Health Services Research*, 2008,8:217- doi:10.1186/1472-6963-8-217 PMID:18945357
264. Lamoureux EL et al. The Impact of Vision Impairment Questionnaire: an evaluation of its measurement properties using Rasch analysis. *Investigative Ophthalmology & Visual Science*, 2006,47:4732-4741. doi:10.1167/iovs.06-0220 PMID:17065481
265. Dijkers M. *When the best is the enemy of the good: the nature of research evidence used in systematic reviews and guidelines*. Austin, TX, National Center for the Dissemination of Disability Research, 2009.
266. Sudsawad P. *Knowledge translation: introduction to models, strategies, and measures.* Austin, TX, Southwest Educational Development Laboratory, National Center for the Dissemination of Disability Research, 2007 (http://www.ncddr.org/kt/products/ktintro/, accessed 2 May 2010).
267. Rogers J, Martin F. Knowledge translation in disability and rehabilitation research. *Journal of Disability Policy Studies*, 2009,20:110-126. doi:10.1177/1044207309332232
268. Turner TJ. Developing evidence-based clinical practice guidelines in hospitals in Australia, Indonesia, Malaysia, the Philippines and Thailand: values, requirements and barriers. *BMC Health Services Research*, 2009,9:235- doi:10.1186/1472-6963-9-235 PMID:20003536
269. Mmatli TO. Translating disability-related research into evidence-based advocacy: the role of people with disabilities. *Disability and Rehabilitation*, 2009,31:14-22. doi:10.1080/09638280802280387 PMID:18946807
270. World Health Organization, International Society for Prosthetics and Orthotics, United States Agency International Development. *Guidelines on the provision of manual wheelchairs in less-resourced settings*. Geneva, World Health Organization, 2008.
271. *New Zealand autism spectrum disorder guideline*. Wellington, New Zealand Ministries of Health and Education, 2008 (http://www.moh.govt.nz/moh.nsf/indexmh/nz-asd-guideline-apr08, accessed 15 March 2010).
272. *Disability support services*. Wellington, New Zealand Ministry of Health, 2009 (http://www.moh.govt.nz/moh.nsf/pagesmh/8594/$File/asd-newsletter-mar09.pdf, accessed 16 May 2009).
273. Tomlinson M et al. Research priorities for health of people with disabilities: an expert opinion exercise. *Lancet*, 2009,374:1857-1862. doi:10.1016/S0140-6736(09)61910-3 PMID:19944866
274. Stewart R, Bhagwanjee A. Promoting group empowerment and self-reliance through participatory research: a case study of people with physical disability. *Disability and Rehabilitation*, 1999,21:338-345. doi:10.1080/096382899297585 PMID:10471164
275. Chino N et al. Current status of rehabilitation medicine in Asia: a report from new millennium Asian symposium on rehabilitation medicine. *Journal of Rehabilitation Medicine: official journal of the UEMS European Board of Physical and Rehabilitation Medicine*, 2002,34:1-4. doi:10.1080/165019702317242631 PMID:11900256

Capítulo 5

Asistencia y apoyo

«No sé qué hacer por mi mamá. Ella es mi dios en la Tierra. Mi familia me ha apoyado y ayudado en todo momento. Me llevan y me traen o me dan de comer cuando yo no puedo hacerlo. Han pagado mis cuentas, se han ocupado de mí y me han demostrado su cariño… No creo [que llegue a tener hijos], a no ser que Dios haga un milagro. Mantenerme es muy costoso ¿Cómo puedo yo mantener una familia?»

Irene

«En mi ciudad, los programas funcionan y los diferentes servicios sociales se comunican entre sí. Sus funcionarios me ayudaron a conseguir un apartamento y me dieron dinero para alimentos cuando no tenía nada que comer. Me habrían echado de mi apartamento quizá dos veces si el funcionario no hubiera hablado con mi casero, pues nos habíamos declarado la guerra. No sé si lo habría logrado sin ellos. Estas personas se preocupan realmente por mí y me demuestran su compromiso. Son como mi familia y me respetan. Con ese tipo de apoyo, la gente puede llegar lejos, y eso es algo sobre lo que habría que reflexionar con más frecuencia. Lo que necesitamos no es que nos cuiden, sino más bien tener a alguien con quien hablar y que nos ayude a aprender cómo resolver nuestros propios problemas.»

Corey

«Una revolución en mi vida… ¡y en mi cabeza! Asistencia Personal significa emancipación, significa que puedo levantarme por la mañana y acostarme por la noche, ocuparme de mi higiene personal, etc., pero también significa libertad para participar en la sociedad. ¡Hasta conseguí trabajo! Ahora puedo decidir por mí misma cómo, cuándo y de quién voy a recibir ayuda. Me ocupo de las faenas domésticas y del jardín, además de mis cuestiones personales, y todavía me quedan horas libres para divertirme. Puedo también ahorrar tiempo, lo que me permite ir de vacaciones.»

Ellen

«A los 16 años tenía miedo de ser 'rara'. Como no veía la salida, intenté suicidarme varias veces. El resultado fue el ingreso involuntario en un hospital psiquiátrico con un periodo prolongado de aislamiento, medicación coercitiva, inmovilización e incluso registros de las cavidades corporales para impedir que me autolesionara o intentara suicidarme. Los cuidadores me tuvieron aislada meses y meses. En consecuencia, me sentía rechazada e inútil. Su tratamiento no me estaba ayudando en absoluto. Me deprimía más, tenía más deseos de suicidarme y no quería cooperar. A mí me criaron con un gran sentido de la justicia, y no me parecía que este trato fuera adecuado. No había confianza entre quienes me cuidaban y yo, solo una lucha feroz. Sentía que estaba en un callejón sin salida. La vida dejó de interesarme y solo quería morir.»

Jolijn

5

Asistencia y apoyo

Para muchas personas con discapacidad, la asistencia y el apoyo son requisitos imprescindibles para participar en la sociedad. La falta de los servicios de apoyo necesarios puede hacer que las personas con discapacidad tengan una dependencia excesiva de los miembros de la familia, y puede impedir que tanto ellas como sus familiares sean económicamente activos y se integren en la sociedad. En todo el mundo, las personas con discapacidad tienen considerables necesidades de apoyo no satisfechas. Los servicios de apoyo no constituyen todavía un componente clave de las políticas de discapacidad en muchos países, y estas lagunas se observan en todos los lugares.

No hay un modelo único de servicios de apoyo que funcione en todos los contextos y atienda todas las necesidades. Se necesitan diversos proveedores y modelos. Pero el principio general promovido por la CDPD (*1*) es que los servicios deben prestarse en la comunidad, no en ambientes segregados. Son preferibles los servicios centrados en las personas, que permitan a los individuos participar en las decisiones sobre el apoyo que reciben y disponer del máximo control de sus propias vidas.

Muchas personas con discapacidad necesitan asistencia y apoyo para alcanzar una buena calidad de vida y poder participar en la vida social y económica en condiciones de igualdad (*2*). Por ejemplo, con un intérprete de lengua de señas, un sordo puede trabajar en un ambiente profesional ordinario. Un asistente personal ayuda a un usuario de silla de ruedas a desplazarse hasta un lugar de reunión o al trabajo. Un asesor ayuda a una persona con deficiencia intelectual a manejar su dinero o a tomar decisiones (*2*). Las personas con múltiples deficiencias o de edad avanzada necesitan a veces apoyo para poder continuar en sus hogares. De esa manera, se les ofrece la oportunidad de vivir en la comunidad y de participar en el trabajo y otras actividades, en vez de marginarlas o hacerlas totalmente dependientes del apoyo familiar o la protección social (*3*, *4*).

La mayor parte de la asistencia y el apoyo procede de los miembros de la familia o las redes sociales. La oferta estatal de servicios formales está, en general, insuficientemente desarrollada, las organizaciones sin fines de lucro tienen una cobertura limitada y los mercados privados no suelen ofrecer suficiente apoyo asequible para atender las necesidades de las personas con discapacidad (*5-7*). El financiamiento estatal de los servicios de apoyo formal es un elemento importante de las políticas para hacer posible la plena participación de las personas con discapacidad en la vida social y económica. Los Estados deben desempeñar también un papel importante a la hora de fijar las normas, elaborar reglamentos y prestar servicios (*8*). Asimismo, al reducir la necesidad de asistencia informal, estos servicios pueden permitir a los miembros de la familia participar en actividades remuneradas o generadoras de ingresos.

La CDPD considera que el apoyo y la asistencia no son fines en sí mismos, sino más bien un medio de mantener la dignidad y hacer posible la autonomía individual y la inclusión social. Es preciso alcanzar la igualdad de derechos y la participación, en parte, mediante la prestación de servicios de apoyo a las personas con discapacidad y sus familias. El artículo 12 devuelve la capacidad de toma de decisiones a las personas con discapacidad. El respeto de los deseos y las preferencias individuales —ya sea mediante el apoyo a la toma de decisiones o por otros medios— es un imperativo legal (véase el cuadro 5.1). Los artículos 19 y 28 hacen referencia al «derecho a vivir de forma independiente y a ser incluido en la comunidad» con un «nivel de vida adecuado y protección social». El artículo 21 proclama el derecho a la libertad de expresión y de opinión y acceso a la información mediante la lengua de señas y otras formas de comunicación.

Los datos sobre la oferta y demanda de servicios de apoyo y asistencia son escasos, incluso en los países desarrollados. En este capítulo se examinan la necesidad y la necesidad no satisfecha de servicios de apoyo, las barreras que obstan a su suministro formal y los medios eficaces para superarlas.

Significado de la asistencia y el apoyo

En este capítulo, la frase «asistencia y apoyo» abarca una gran variedad de intervenciones que reciben en otros lugares el nombre de «atención informal», «servicios de apoyo» o «asistencia personal», pero está dentro de una categoría amplia en la que se incluyen también la orientación, el apoyo a la comunicación y otras intervenciones no terapéuticas.

Algunos de los tipos más frecuentes de servicios de asistencia y apoyo son los siguientes:

- **apoyo comunitario y vida independiente**, como ayuda en el cuidado personal, las actividades domésticas, la movilidad, el ocio y la participación comunitaria;
- **servicios de apoyo residencial**, como vivienda independiente y vida comunitaria en hogares grupales e instituciones;
- **servicios de relevo**, como descansos breves para los cuidadores y las personas con discapacidad;
- **apoyo a la educación o el empleo**, por ejemplo, un ayudante de aula para los niños con discapacidad, o ayuda personal en el lugar de trabajo;
- **apoyo a la comunicación**, por ejemplo, intérpretes de lengua de señas;
- **acceso comunitario**, en particular, centros de día;
- **servicios de información y asesoramiento**, como ayuda profesional y entre pares, servicios de orientación y apoyo a la toma de decisiones;
- **animales de asistencia**, como perros entrenados para guiar a las personas con deficiencia visual.

En este capítulo, se examinan principalmente la asistencia y el apoyo en relación con las actividades de la vida cotidiana y la participación comunitaria. Los servicios de apoyo para la educación y el empleo, así como las adaptaciones ambientales, se analizan en otra sección del presente informe.

¿Cuándo hay necesidad de asistencia y apoyo?

La necesidad de asistencia y apoyo puede fluctuar según las condiciones del ambiente, la fase vital, las condiciones de salud subyacentes y el nivel de funcionamiento individual.

Los factores clave para determinar la necesidad de servicios de apoyo son la disponibilidad

> **Cuadro 5.1. *Ombudsmen* personales para el apoyo a la toma de decisiones en Suecia**
>
> En el artículo 12 de la CDPD, se estipula que las personas con discapacidad no pueden perder su capacidad jurídica por el mero hecho de su discapacidad. Es posible que necesiten apoyo para ejercer esa capacidad, y es preciso contar con salvaguardias para evitar el abuso de dicho apoyo. La CDPD obliga a los Gobiernos a adoptar medidas adecuadas y eficaces para que las personas cuenten con el apoyo que puedan necesitar en el ejercicio de su capacidad jurídica.
>
> El apoyo a la toma de decisiones puede adoptar numerosas formas. Supone que las personas con discapacidad cuentan con colaboradores o asesores que las conocen, pueden entender e interpretar sus elecciones y deseos, y pueden comunicarlos a otros. Entre las diversas opciones disponibles, cabría mencionar las redes de apoyo, los *ombudsmen* personales, los servicios comunitarios, el apoyo entre pares, los asistentes personales y la planificación adelantada de calidad (*9*).
>
> No siempre es fácil cumplir esos requisitos. Las personas que se encuentran en instituciones se ven a veces privadas de ese apoyo. No siempre existen los organismos pertinentes. Hay ocasiones en que los interesados no pueden encontrar una persona de confianza. Asimismo, a veces se necesitan esfuerzos e inversiones considerables. En cualquier caso, los modelos existentes de tutela o sustitución en la adopción de decisiones son también costosos y complejos. Por eso, el apoyo a la toma de decisiones debería considerarse como una forma de redistribución de los recursos existentes, no como un gasto adicional (*10*). Pueden encontrarse modelos de apoyo a la toma de decisiones en el Canadá y Suecia. El programa Ombudsman Personal (OP) adoptado en Skåne, la provincia más meridional de Suecia, ofrece asistencia a las personas con discapacidades psicosociales y las ayuda a ejercer sus derechos y a tomar decisiones importantes sobre sus vidas (*11*).
>
> Este programa emplea a personas con un título profesional —abogados o trabajadores sociales, por ejemplo— que tienen capacidad y disponibilidad para interrelacionarse en forma satisfactoria con personas con discapacidades psicosociales. No trabajan desde una oficina, sino que visitan personalmente a las personas con las que colaboran, cualquiera que sea su lugar de residencia. Basta un acuerdo verbal para iniciar el servicio, que es confidencial. Ello permite entablar una relación de confianza, incluso con personas que han sufrido abusos de las autoridades que supuestamente debían ofrecerles ayuda.
>
> Una vez celebrado el acuerdo de relación, el OP puede actuar únicamente en respuesta a peticiones específicas, por ejemplo, ayudar a la persona a obtener prestaciones del Estado. En muchos casos, la necesidad más acuciante es hablar sobre la vida. A veces se pide al OP que ayude a resolver problemas de larga data, como el establecimiento de una mejor relación con la familia.
>
> El programa ha ayudado a muchas personas a manejar sus vidas. Los costos iniciales pueden ser elevados, mientras las personas defienden sus derechos y utilizan plenamente los servicios, pero disminuyen a medida que se resuelven esas situaciones y disminuye la necesidad de apoyo.
>
> Fuentes: (*12-14*).

de dispositivos asistenciales adecuados, la existencia de familiares dispuestos a ofrecer asistencia y la medida en que el ambiente facilita la participación de las personas con discapacidad, incluidas las de edad avanzada. Cuando las personas con discapacidad pueden ir solas al baño, por ejemplo, quizá no necesiten la ayuda de otra persona. Cuando tienen una silla de ruedas adecuada, quizá puedan manejarse en su ambiente local sin asistencia. Y si los servicios generales son accesibles, será menor la necesidad de apoyo especializado.

La necesidad de asistencia y apoyo cambia a lo largo de la vida. El apoyo formal puede incluir:

- **en la infancia**, servicios de relevo, asistencia para atender las necesidades especiales en la educación;
- **en la vida adulta**, servicios de orientación, apoyo residencial o asistencia personal en el lugar de trabajo;
- **en la ancianidad**, centros de día, servicios de ayuda a domicilio, dispositivos de vida asistida, hogares de cuidados y atención paliativa.

Con frecuencia, los problemas en la prestación de servicios tienen lugar al pasar de una etapa a otra, por ejemplo, entre la infancia y la edad adulta (*15*).

Necesidades y necesidades no satisfechas

Hay pocos datos sobre las necesidades de servicios nacionales de apoyo formal. En el capítulo 2, se han analizado los datos existentes sobre los servicios de apoyo. La mayoría de la información utilizada en el presente capítulo procede de países desarrollados. Ello no significa que los servicios formales de asistencia y apoyo no sean igualmente relevantes en los países de ingreso bajo; más bien, indica que no suele haber servicios formales con ese fin o que no se recopilan datos al respecto.

Las encuestas de población realizadas en Australia, el Canadá, los Estados Unidos y Nueva Zelandia han revelado que entre el 60% y el 80% de la población con discapacidad tiene en general cubiertas sus necesidades de asistencia para las actividades cotidianas (*16-19*). La mayor parte del apoyo ofrecido en estos países procede de fuentes informales, como las familias y los amigos. Por ejemplo, una encuesta de 1505 adultos con discapacidad en los Estados Unidos reveló lo siguiente:

- El 70% recibía de la familia y los amigos la asistencia necesaria para las actividades cotidianas, y solo el 8% utilizaba asistentes de salud a domicilio y ayudantes personales.
- El 42% tenía problemas para acostarse o levantarse de la cama o para sentarse y levantarse de una silla porque no tenía a nadie que los pudiera ayudar.
- El 16% de los usuarios de atención a domicilio reconocía haber tenido problemas para pagar esos servicios en los 12 meses anteriores.
- El 45% de los participantes en el estudio manifestó la preocupación de que la atención que requerían pudiera representar una carga demasiado pesada para la familia.
- El 23% temía ingresar en un hogar de cuidados o en algún otro tipo de institución (*20*).

En la mayoría de los países, incluidos los desarrollados (*21*), y para muchos grupos de discapacidad, existen considerables lagunas en la atención de las necesidades de apoyo:

- **Apoyo comunitario y vida independiente.** En China escasean los servicios de apoyo comunitario para las personas con discapacidad que necesitan atención personal y carecen de apoyo familiar (*6, 22*). En Nueva Zelandia, según una encuesta de hogares sobre la discapacidad en la que participaron 14 500 niños con discapacidades físicas, el 10% de las familias tenía necesidades no satisfechas de asistencia en el hogar, y el 7% necesitaba financiamiento para servicios de relevo (*23*).
- **Apoyo para la comunicación.** Las personas sordas muchas veces tienen dificultades para contratar y capacitar a intérpretes, en particular en las comunidades rurales o aisladas (*24, 25*) (véase el cuadro 5.2). Una encuesta sobre la situación de los derechos humanos de las personas sordas reveló que 62 de los 93 países que respondieron tienen servicios de interpretación de lengua de señas, 43 tienen algún tipo de capacitación para intérpretes de lengua de señas y 30 tienen como máximo 20 intérpretes de lengua de señas debidamente capacitados, entre ellos, el Iraq, Madagascar, México, la República Unida de Tanzanía, el Sudán, y Tailandia (*27*).
- **Servicios de relevo.** En el Reino Unido, un amplio estudio de los familiares encargados del cuidado de adultos con discapacidad intelectual reveló que el 33% tenía una necesidad considerable pero no satisfecha de servicios de relevo y el 30%, una necesidad elevada no satisfecha de servicios de atención a domicilio (*28*). Una encuesta transversal de niños con necesidades especiales de atención de salud realizada en los Estados Unidos permitió comprobar que, de los 38 831 niños que respondieron, 3178 (8,8%) manifestaron la necesidad de servicios de relevo en los 12 meses precedentes, especialmente en el caso de los niños de menor edad, las madres con bajo nivel de instrucción, los hogares de ingreso bajo, y las minorías raciales o étnicas (*29*).

> **Cuadro 5.2. Señales de progreso de la RBC**
>
> En los años noventa, el Gobierno de Uganda puso en práctica un programa experimental de RBC en el distrito oriental de Tororo con la ayuda de distintos asociados, en particular, la Asociación Noruega de Discapacitados. Durante las fases iniciales, las personas con problemas de sordera cayeron en la cuenta de que no estaban recibiendo servicios de rehabilitación. Respondieron a través de su organización nacional —la Asociación Nacional de Sordos de Uganda (UNAD)— para señalar a los responsables de la RBC y otros asociados en el desarrollo el hecho de que el personal de RBC no conocía la lengua de señas y, por lo tanto, no podía comunicarse con ellos ni ayudarlos a acceder a los servicios, la información y el apoyo.
>
> La lengua de señas de Uganda (USL), establecida de forma oficiosa por la UNAD en los años setenta, fue finalmente reconocida de manera oficial y aprobada por el Gobierno de Uganda en 1995. En 2003, la UNAD elaboró un proyecto piloto para la enseñanza de la lengua de señas dirigido al personal de RBC de Tororo. El principal objetivo era lograr la inclusión y participación de las personas sordas en las comunidades y hacer realidad todo su potencial físico y mental. Doce personas sordas se ofrecieron como voluntarias para brindar capacitación en la USL al personal de RBC, las personas sordas y sus familias. Hasta ahora, más de 45 trabajadores de RBC han aprendido la lengua de señas: aunque solo 10 de ellos se comunican con fluidez, el resto tiene un dominio básico de la USL, lo que les permite saludar a las personas sordas y ofrecerles información clave sobre la educación, el empleo y la salud, entre otras cosas.
>
> Aunque el proyecto ha tenido, en general, resultados positivos, surgieron algunos problemas significativos, entre ellos, las altas expectativas de los grupos destinatarios, la falta de fondos para abarcar una zona más amplia, la persistencia de actitudes negativas y la alta tasa de analfabetismo y pobreza entre las personas sordas y sus familias. Estos obstáculos se han abordado mediante campañas de sensibilización, actividades intensivas de recaudación de fondos, y la colaboración con el Gobierno para incorporar en sus programas y presupuestos las cuestiones relacionadas con las personas sordas.
>
> El caso de Okongo Joseph, beneficiario del programa, permite hacerse una idea de cómo una iniciativa semejante puede transformar la vida de las personas, al hacer posible que los programas de RBC ofrezcan servicios que lleguen también a la comunidad de personas sordas. Okongo vive en un lugar remoto, nació sordo y no fue nunca a la escuela, pero ha aprendido la lengua de señas de voluntarios de la UNAD que lo visitaron en su hogar. Estas son sus palabras:
>
> «Desearía expresar mi más sincero agradecimiento a la UNAD por las posibilidades de desarrollo que ha brindado a una persona sorda como yo y a toda mi familia. Es mucho lo que he conseguido desde que comenzó este programa. Agradezco realmente a la UNAD el programa de lengua de señas, que ha sido muy útil para mí, para mi familia y para mis nuevos amigos de la RBC. La cabra que me dieron se encuentra muy bien. Pero tengo otro deseo. Les deseo buena suerte».
>
> Fuente: (*26*).

Factores sociales y demográficos que repercuten en la oferta y la demanda

El crecimiento de la población influye en la oferta de servicios de atención. El crecimiento de las cohortes de personas mayores y sus tasas de discapacidad influyen tanto en la oferta como en la demanda, y los cambios en la estructura familiar repercuten en la disponibilidad y los deseos de prestar atención.

- El envejecimiento de los consumidores y de los miembros de la familia que ofrecen apoyo permite prever un considerable aumento de la demanda de servicios de apoyo. El número de personas de 60 años o más en todo el mundo prácticamente se ha triplicado: pasó de 205 millones en 1950 a 606 millones en 2000, y se prevé que se triplique de nuevo para 2050 (*30*). La

- probabilidad de llegar a tener un problema de salud aumenta con la edad, lo que reviste importancia para los posibles usuarios de los servicios de apoyo y para los miembros de la familia que lo ofrecen.
- A pesar de la elevada proporción de jóvenes en muchos países —por ejemplo, en Kenya el 50% de la población tiene menos de 15 años de edad (*31*)—, se registró un descenso del número de niños por familia (*32*). Entre 1980 y 2001, las tasas de fecundidad bajaron en los países desarrollados (de 1,5 a 1,2) y en los países en desarrollo (de 3,6 a 2,6). Aun cuando las tasas de mortalidad infantil han disminuido de forma constante en la mayoría de los países, el efecto contrario de la caída de las tasas de fecundidad es mayor, y el efecto neto es que cabe prever una disminución del tamaño de las familias (*33*), lo que daría lugar a una menor atención familiar.
- En la mayoría de los países, se ha registrado un aumento de la movilidad geográfica. Los jóvenes se desplazan más fácilmente de las zonas rurales a los centros urbanos o al extranjero, y, debido a los cambios de actitud, los sistemas de vida compartida dentro de las familias son cada vez menos frecuentes (*33*).

No es seguro si la atención informal y los dispositivos existentes en apoyo de los adultos mayores con discapacidad podrán hacer frente a esos cambios demográficos (*34*). Los modelos basados en la experiencia de Australia parecen indicar que los temores acerca de la futura falta de cuidadores quizá no estén justificados (*35*).

Consecuencias de la necesidad no satisfecha de servicios de apoyo formal para los cuidadores

La atención informal puede ser un medio eficiente y eficaz en función de los costos de ayudar a las personas con discapacidad. Pero la dependencia exclusiva del apoyo informal puede tener consecuencias negativas para quienes se encargan del cuidado de personas con discapacidad.
- **Estrés.** La carga de la atención provoca en muchos casos estrés en las familias, sobre todo en las mujeres, que suelen ser las encargadas de las labores domésticas, y una parte considerable de esa carga puede ser la atención ofrecida a los miembros de la familia con discapacidad (*36*). Al llegar a una edad avanzada, es también posible que los hombres tengan que ocuparse de sus cónyuges (*37*). Los factores que contribuyen al estrés, y que podrían repercutir en la salud personal de la persona encargada de brindar los cuidados, son, entre otros, el mayor tiempo dedicado a la atención de las personas con discapacidad, el aumento de las labores domésticas, la perturbación del sueño y el efecto emocional de la atención (*38*). También se mencionan el aislamiento y la sensación de soledad (*39*).
- **Menos oportunidades de empleo.** Cuando el empleo podría ser una opción válida, el hecho de cuidar a un familiar con discapacidad probablemente provocará la pérdida de oportunidades económicas, ya que las personas que se encargan de dichos cuidados reducen su trabajo remunerado o incluso se abstienen de buscarlo (*40*). Un análisis de la Encuesta General de Hogares del Reino Unido comprobó que la atención informal reducía la probabilidad de trabajo un 13% en los varones y un 27% en las mujeres (*41*). En los Estados Unidos, los miembros de las familias de niños con discapacidades de desarrollo trabajan menos horas que los miembros de las otras familias, tienen mayor probabilidad de haber abandonado su empleo, sufren problemas financieros más graves y tienen menos probabilidades de aceptar un nuevo empleo (*42*, *43*).
- **Exigencias excesivas para los niños.** Cuando hay adultos con discapacidad en la familia, muchas veces se les pide ayuda a los niños (*44*). Es previsible que los niños

varones ingresen en el mercado de trabajo si un progenitor ha tenido que dejar de trabajar. De las niñas se espera que contribuyan con las faenas domésticas o que ofrezcan asistencia a un progenitor con discapacidad. Estas nuevas cargas pueden obstaculizar la educación de los niños y constituir un problema para su salud (*45*). En Bosnia y Herzegovina, los niños de 11 a 15 años de edad cuyos progenitores sufrían condiciones de salud o una discapacidad tenían un 14% más de probabilidades que los otros niños de ese grupo etario de abandonar la escuela (*46*). Hay muchos ejemplos, sobre todo en África, de niños que tienen que abandonar la escuela porque uno de los progenitores ha contraído el sida. En Uganda, entre los niños de 15 a 19 años cuyos padres han fallecido por el sida, solo el 29% no interrumpió en algún momento la actividad escolar, el 25% perdió parte del tiempo que debería haber dedicado a los estudios y el 45% abandonó la escuela (*47*).

- **Mayores dificultades a medida que aumenta la edad de los miembros de la familia.** Cuando los progenitores u otros miembros de la familia que se encargan de la atención envejecen y se debilitan o fallecen, el resto de la familia puede tener dificultades para llenar ese vacío. La mayor esperanza de vida de los niños con discapacidades intelectuales, parálisis cerebral o discapacidades múltiples permite pensar que, a medida que pasan los años, los progenitores quizá no puedan seguir atendiendo a su familiar con discapacidad. Esta constituye muchas veces una necesidad no satisfecha oculta, ya que es posible que las familias no hayan solicitado apoyo formal cuando la persona con discapacidad era más joven, y quizá les resulte difícil solicitar ayuda más adelante. Las necesidades de estas familias no se han tenido debidamente en cuenta en la mayoría de los países (*48*), incluidos países de ingreso alto como Australia (*49*) y los Estados Unidos (*50*).

Las políticas adoptadas para atender las necesidades de los cuidadores informales pueden competir, en algunos casos, con las necesidades de las personas con discapacidad, que requieren apoyo para gozar de una vida independiente y tener una mayor participación (*51*). Las necesidades y los derechos del cuidador informal no deben confundirse con las necesidades y los derechos de la persona con discapacidad. Es preciso lograr un equilibrio, a fin de que todos tengan independencia, dignidad y una buena calidad de vida. La atención, a pesar de sus exigencias, tiene muchos aspectos positivos que deben destacarse (*52*). Las personas con discapacidad que no tienen familias capaces de prestarles el apoyo y la asistencia necesarios deben constituir un objetivo prioritario de los servicios de apoyo formal.

Prestación de asistencia y apoyo

La asistencia y el apoyo son realidades complejas, ya que son ofrecidos por proveedores diferentes, se financian de diversas maneras y se llevan a cabo en lugares distintos. Por lo que respecta a la oferta, la principal diferencia es la existente entre la atención informal, ofrecida por las familias y los amigos, y los servicios formales, suministrados por el gobierno, organizaciones sin fines de lucro y el sector comercial. El costo del apoyo formal puede sufragarse con financiamiento estatal, recaudado con los impuestos generales, las contribuciones a la seguridad social de los incluidos en el plan, el financiamiento de las organizaciones benéficas y de voluntarios, el pago directo a proveedores de servicios privados, o una combinación de todos estos métodos. Los servicios pueden ofrecerse en un marco familiar o de alojamiento individual, o en contextos institucionales o de hogares grupales.

Si bien los servicios y programas formales de apoyo organizado para personas con discapacidad son frecuentes en los países de ingreso alto, son un concepto bastante nuevo en muchos países de ingreso bajo y mediano. Pero incluso en los países con sistemas de apoyo suficientemente desarrollados, predominan la atención y el apoyo informales ofrecidos por las familias y los amigos, que son ahora indispensables y eficientes en función de los costos. El apoyo de la familia es esencial en todos los países (*53*). En los de ingreso alto, las familias atienden aproximadamente el 80% de las necesidades de apoyo de las personas de edad avanzada (*52*). En los Estados Unidos, más del 75% de las personas con discapacidad reciben asistencia de cuidadores informales no remunerados (*54*). En lo que respecta a los adultos con discapacidades de desarrollo, más del 75% vive en su hogar bajo el cuidado de familiares, y más del 25% de dichos familiares tiene 60 años o más, mientras que otro 35% tiene entre 41 y 59 años. En 2006, menos del 11% de las personas con discapacidades de desarrollo vivían en centros residenciales supervisados (*55*).

Son pocos los datos disponibles sobre el valor económico de la atención informal, suministrada en forma abrumadora por mujeres. En 2005-2006, el valor estimado de toda la atención no remunerada en Australia era de 41 400 millones de dólares australianos, que representaban una parte muy considerable del total de los «recursos para servicios de bienestar social» (72 600 millones de dólares australianos) (*56*). Un estudio canadiense comprobó que el gasto privado, relacionado en gran parte con el tiempo necesario para la prestación de asistencia, representaba el 85% del total de los costos de atención en el hogar, que se multiplicaban a medida que aumentaban las limitaciones de la actividad (*57*).

La prestación de servicios impulsada por el Estado se centraba tradicionalmente en la atención institucional. Los gobiernos han prestado también servicios de día, como la atención en el hogar y los centros de día para personas que viven en la comunidad. Debido a la tendencia reciente hacia la «subcontratación» de los servicios, los gobiernos, en particular los locales, están renunciando a la prestación directa de servicios y optando por confiarlos a otros, conservando las funciones de financiamiento y reglamentación, como los procedimientos de evaluación, el establecimiento de normas, la contratación, la supervisión y la evaluación.

Las ONG —conocidas también como organizaciones privadas sin fines de lucro, voluntarias o de la sociedad civil— han aparecido muchas veces en lugares donde los gobiernos no han conseguido atender necesidades específicas. Sus ventajas son, entre otras, su potencial de innovación, la especialización y la capacidad de respuesta. Las ONG ofrecen con frecuencia programas basados en la comunidad e impulsados por los usuarios con el fin de promover la participación de las personas con discapacidad en sus comunidades (*58*, *59*). Por ejemplo, en Sudáfrica, el Grupo de Acción para los Niños Discapacitados fue establecido por padres de niños con discapacidad, predominantemente de comunidades negras y de color, en 1993. El objetivo de este grupo de apoyo mutuo de bajo costo es promover la inclusión y la igualdad de oportunidades, en particular en la educación. Tiene 311 centros de apoyo, la mayoría en zonas pobres, 15 000 progenitores miembros y 10 000 niños y jóvenes que intervienen activamente. Su labor ha contado con el apoyo de donaciones de ONG internacionales, así como de instituciones benéficas nacionales (*60*).

Las ONG pueden asociarse con los gobiernos para ofrecer servicios a las personas con discapacidad (*61*). Muchas veces intervienen también como vehículos para comprobar nuevos tipos de prestación de servicios y para evaluar los resultados. Pero muchas de ellas son pequeñas y de alcance limitado, por lo que sus prácticas recomendables no siempre pueden divulgarse ni reproducirse con mayor amplitud. Entre los posibles inconvenientes se encuentran la fragilidad de su base financiera y la falta de sintonía entre sus prioridades y las de los gobiernos.

Los proveedores privados con fines de lucro que ofrecen servicios de apoyo en régimen residencial y comunitario existen en la mayoría de las sociedades, y sus servicios son contratados por el gobierno o pagados directamente por el cliente. Muchas veces se concentran en determinadas zonas de este mercado, como el cuidado de los adultos mayores y la atención a domicilio. Cuando las personas con discapacidad pueden permitírselo, ellos o sus familias contratan a personas para que las ayuden en las actividades de la vida diaria.

En la práctica, las personas con discapacidad reciben servicios diversos de diferentes proveedores. Por ejemplo, en Australia, el Acuerdo Commonwealth-Estado/Territorio sobre la Discapacidad establece el marco nacional para financiar, supervisar y respaldar los servicios ofrecidos a 200 000 personas con discapacidad. En los servicios de acceso comunitario y de relevo había una elevada proporción de personas que utilizaban servicios no gubernamentales. Los servicios de empleo para las personas con discapacidad se utilizaban casi exclusivamente a través de ONG. El acceso a los servicios de apoyo en la comunidad se realizaba sobre todo a través de organismos gubernamentales (56).

Barreras que obstan a la asistencia y el apoyo

Falta de financiamiento

Los programas que tratan de establecer redes de protección social suelen representar entre el 1% y el 2% del PIB en los países en desarrollo y aproximadamente el doble en los países desarrollados, aunque las proporciones varían (62). Los países de ingreso mediano alto y de ingreso alto ofrecen con frecuencia una combinación de programas en efectivo y distintos servicios de bienestar social. Por el contrario, en muchos países en desarrollo, una parte significativa de los recursos del sistema de protección social se asigna con frecuencia a programas en efectivo destinados a los hogares pobres y vulnerables, y solo una parte correspondería a la prestación de servicios de bienestar social a los grupos vulnerables, con inclusión de personas con discapacidad o sus familias. Cuando los ingresos son bajos, los servicios de bienestar social suelen ser la única red de protección social, pero el gasto es bajo y los programas son fragmentarios y de muy pequeña magnitud, de manera que llegan solo a una pequeña parte de la población necesitada.

La falta de financiamiento eficaz para el apoyo —o su distribución dentro de un país— es un obstáculo importante para los servicios sostenibles. Por ejemplo, en la India, en 2005-2006 el gasto en bienestar de las personas con discapacidad —centrado en la ayuda a las instituciones nacionales de discapacidad, las ONG que ofrecen servicios y el gasto en dispositivos asistenciales— representó el 0,05% de las asignaciones del Ministerio de Justicia Social y Bienestar (5).

En los países que carecen de planes de protección social, el financiamiento de la asistencia y el apoyo puede resultar problemático. Incluso en los países de ingreso alto, el financiamiento de la atención a largo plazo de los adultos mayores está encontrando dificultades (21, 63). Un estudio australiano observó que el 61% de los cuidadores de personas con discapacidad profunda o grave carecía de una fuente principal de asistencia (64). En muchos países de ingreso mediano y bajo, los gobiernos no pueden ofrecer servicios adecuados y no hay proveedores de servicios comerciales o no son asequibles para la mayoría de los hogares (65).

Los gobiernos muchas veces no ayudan al sector del voluntariado a establecer servicios innovadores que puedan atender las necesidades de las familias y personas con discapacidad. En Beijing (China), además de las instituciones gubernamentales de bienestar social existentes, hay un pequeño número de organismos no gubernamentales interesados en el alojamiento de los niños y jóvenes con discapacidad. Un estudio de cuatro de esos organismos revelaba que el servicio principal era la capacitación (6). El Estado no ofrece apoyo financiero a esas organizaciones, aunque el Gobierno local subvenciona la cuota para un pequeño número de los niños más desfavorecidos o huérfanos (66). Los servicios dependen en general de las cuotas pagadas por las familias y de donaciones, incluida la asistencia internacional. En consecuencia, es probable que los servicios sean menos asequibles para los usuarios y que se vean afectados los dispositivos de dotación de personal y su calidad (*67*). En la India, las ONG y las organizaciones de vida independiente consiguen muchas veces innovar y crear servicios que contribuyen al autocuidado, pero pocas veces pueden proyectarlas en mayor escala (*5*).

Escasez de recursos humanos

Los cuidadores personales —conocidos también como cuidadores directos y ayudantes en el hogar— desempeñan un papel vital en los sistemas de servicios de base comunitaria, pero su número escasea en muchos países (*68-70*). A medida que aumenta la proporción de adultos mayores en un país, crece también la demanda de cuidadores personales. En los Estados Unidos, por ejemplo, la demanda de este tipo de servicio supera ampliamente su disponibilidad. Pero su número está creciendo, y se estima que los ayudantes de salud en el hogar aumentarán un 56% entre 2004 y 2014 y los cuidadores personales y en el hogar, un 41% (*71*). Según un estudio realizado en el Reino Unido, 76 000 personas ya estaban trabajando como ayudantes personales financiados con planes de pago directo (*72*).

Muchos cuidadores personales están mal pagados y no tienen la capacitación necesaria (*70, 73*). Un estudio llevado a cabo en los Estados Unidos comprobó que el 80% de los trabajadores sociales no tenían capacitación ni títulos oficiales (*74*). Muchas personas se dedican a la atención social en forma temporal, más que como opción de carrera. Un estudio del Reino Unido observó que solo el 42% de los ayudantes personales tenían títulos en el área del trabajo social (*72*). Si a ello se suma su elevada rotación, el resultado puede ser una atención de baja calidad y la falta de relaciones estables con el usuario de los servicios.

Muchos de estos trabajadores son migrantes por motivos económicos, sin aptitudes ni oportunidades para emprender una carrera. Son vulnerables a la explotación, en particular debido a su precaria situación migratoria. La alta demanda de trabajadores que se encarguen del cuidado personal en los países más ricos ha provocado la llegada de personas, en gran parte mujeres, de países vecinos más pobres, por ejemplo, del Estado Plurinacional de Bolivia a la Argentina o de Filipinas a Singapur. El impacto de esta migración —denominada «cadena mundial de cuidados» (*75*)— es que, en sus países de origen, otros familiares deben reemplazarlos y encargarse del cuidado.

Políticas y marcos institucionales inadecuados

Desde los siglos XVIII y XIX, la forma más habitual de los servicios de asistencia formales fue la acogida de las personas con discapacidad en instituciones. Hasta los años sesenta, las personas con deficiencias intelectuales, condiciones de salud mental y deficiencias físicas y sensoriales de los países desarrollados vivían, por lo general, en instituciones residenciales segregadas (*76-78*). En los países en desarrollo, las ONG internacionales crearon algunas instituciones semejantes, pero el sector continuó siendo muy reducido en comparación con el de los países de ingreso alto (*79–81*).

Aunque en el pasado se consideraba que, por motivos humanitarios, las necesidades de las personas con discapacidad debían atenderse en asilos, colonias o instituciones residenciales, estos servicios han recibido numerosas críticas (*82, 83*). Se señalaron numerosos casos de falta de autonomía, segregación de la comunidad e incluso abusos de los derechos humanos (véase el cuadro 5.3). Las personas con discapacidad de todo el mundo han solicitado servicios de base comunitaria que ofrecen mayor libertad y participación. Han promovido también relaciones de apoyo que les permiten ejercer un mayor control sobre sus propias vidas y vivir en la comunidad (*85*). La CDPD promueve políticas y marcos institucionales que permiten la vida comunitaria y la inclusión social de las personas con discapacidad.

Cuadro 5.3. Reforma del sistema de salud mental y derechos humanos en el Paraguay

En 2003, Disability Rights International (DRI) documentó la existencia de abusos que ponían en peligro la vida de los detenidos en el hospital psiquiátrico estatal del Paraguay. Se señalaba, por ejemplo, el caso de dos muchachos de 17 y 18 años, con un diagnostico de autismo, recluidos en celdas diminutas, donde permanecieron durante cuatro años, desnudos y sin servicios de aseo. Las otras 458 personas de la institución vivían también en condiciones terribles, en particular:

- alcantarillas abiertas, basura en descomposición, vidrios rotos, y excrementos y orina esparcidos en los pabellones y las zonas comunes;
- personal insuficiente;
- falta de la debida atención sanitaria y de registros médicos;
- escasez de alimentos y medicamentos;
- falta de separación entre niños y adultos;
- ausencia de servicios adecuados de salud mental o rehabilitación.

DRI, junto con el Centro por la Justicia y el Derecho Internacional (CEJIL), se dirigió a la Comisión Interamericana de Derechos Humanos de la Organización de Estados Americanos para solicitar una intervención urgente en nombre de las personas que se encontraban en la institución. A su vez, la Comisión pidió al Gobierno paraguayo que adoptara todas las medidas necesarias para proteger la vida, la salud y la seguridad de los detenidos en el hospital psiquiátrico.

Acuerdo de desinstitucionalización

En 2005, DRI y el CEJIL firmaron con el Gobierno paraguayo un acuerdo histórico para iniciar la reforma de la salud mental en el país. Fue el primer acuerdo alcanzado en América Latina que garantizaba los derechos de las personas con discapacidad de salud mental a vivir en la comunidad y recibir sus servicios y apoyo. El Paraguay adoptó también medidas para corregir los problemas de falta de higiene y separar a los niños de los adultos. Se inauguró en la comunidad un hogar para ocho residentes del hospital. Uno de los muchachos que había permanecido desnudo mientras estaba detenido en su celda volvió con su familia. Pero la tónica de abusos de los derechos humanos y falta de tratamiento adecuado en el hospital continuó en gran parte sin cambios.

En julio de 2008, la Comisión se pronunció a favor de una nueva petición en la que se presentaban cargos sobre una serie de muertes, casos numerosos de abuso sexual y lesiones graves dentro de la institución, todo ello en los seis meses precedentes. En ella se pedía al Gobierno que adoptara medidas inmediatas para proteger a las personas internadas en la institución y que investigara las muertes y las alegaciones de abusos.

Reformas de conformidad con los derechos humanos

Resultado: Por primera vez, un Estado miembro de la OPS se comprometió formalmente a reformar su sistema de salud pública de conformidad con los tratados regionales de derechos humanos y las recomendaciones de los órganos regionales de derechos humanos. El acuerdo fue, en parte, resultado de la colaboración técnica entre la OPS y la OMS con el Gobierno del Paraguay en las materias relacionadas con los derechos humanos y la salud mental.

Desde las medidas de emergencia de 2008, y tras la ratificación de la CDPD y el Protocolo Facultativo, el Gobierno del Paraguay ha adoptado medidas positivas en favor de la reforma de la salud mental. El número de personas internadas en el hospital ha bajado casi a la mitad desde 2003, y el Gobierno está ampliando los servicios y el apoyo de base comunitaria. En la actualidad, 28 residentes de largo plazo del hospital que se encuentran en hogares comunitarios grupales y algunos «pacientes crónicos» viven independientemente, tras haberse incorporado a la población activa. Está prevista la inauguración de otros nueve hogares grupales en los dos próximos años.

Fuente: (*84*).

Servicios insuficientes y poco flexibles

En algunos países, los servicios de apoyo solo están a disposición de las personas que viven en instituciones o alojamientos protegidos y no para quienes viven de forma independiente. Los servicios institucionales han contribuido poco a promover la independencia y las relaciones sociales (*86*). Donde existen servicios comunitarios, las personas con discapacidad no han tenido posibilidad de elegir ni de controlar cuándo reciben apoyo en sus hogares. Muchas veces, las personas con discapacidad califican de desiguales y paternalistas las relaciones con los profesionales, que pocas veces son ellos mismos discapacitados (*87*). El resultado es una dependencia innecesaria (*88*).

Algunos exámenes recientes revelan que la vida en el seno de la comunidad ha representado una importante mejora con respecto a la vida en centros institucionales, pero las personas con discapacidad distan mucho todavía de disfrutar de un estilo de vida comparable al de las personas que no tienen discapacidad (*2*). Muchas personas con deficiencias intelectuales y condiciones de salud mental consideran que el principal servicio comunitario es la asistencia a un centro de día, pero el examen de una serie de estudios no consiguió encontrar pruebas convincentes de los beneficios (*89*). Los servicios comunitarios muchas veces no llegan a ofrecer un medio de acceso al empleo, producir mayor satisfacción (*85*) o realizar actividades significativas para los adultos (*90*).

Poca coordinación de los servicios

Cuando los servicios son ofrecidos por diferentes proveedores —de alcance nacional o local, a través de los sectores de la salud, la educación y la vivienda, o agentes estatales, voluntarios y privados—, la coordinación es muchas veces insuficiente. Los planes de apoyo y servicios existentes en un determinado lugar a veces son ofrecidos por distintos proveedores públicos o privados. En la India, diferentes ONG u organismos prestan servicios a diferentes grupos de discapacidad, pero la falta de coordinación entre ellos merma su eficacia (*5*). La multiplicidad de evaluaciones y los diferentes criterios de admisibilidad complican la situación para las personas con discapacidad y sus familias, en particular en la transición de los servicios para jóvenes a los servicios para adultos (*91*). La falta de conocimientos sobre una discapacidad puede ser un obstáculo para la derivación a servicios de apoyo eficaces y la coordinación de la ayuda (*15*), lo mismo que la falta de comunicación entre los diferentes organismos de salud y atención social.

Accesibilidad, actitudes y abusos

Las personas con discapacidad y sus familias muchas veces carecen de información sobre los servicios disponibles, se encuentran marginadas o no pueden o no desean manifestar sus necesidades. Un estudio chino sobre las personas que cuidan a sobrevivientes de accidentes cerebrovasculares comprobó la necesidad de información sobre la recuperación y la prevención, así como de capacitación para el movimiento y la manipulación (*92*). Un estudio sobre la atención familiar de los niños con discapacidad intelectual en el Pakistán reveló el estigma existente en la comunidad y la falta de conocimientos acerca de intervenciones eficaces, lo que era motivo de malestar para los cuidadores (*93*). Un estudio belga sobre los familiares encargados del cuidado de personas con demencia reveló que la falta de conocimiento acerca de los servicios era una barrera importante para su uso (*94*).

La promoción de la autonomía mediante las organizaciones interesadas en los derechos de las personas con discapacidad, las organizaciones de RBC, los grupos de autoayuda u otras redes colectivas puede permitir a las personas con discapacidad identificar sus necesidades y hacer presión para que mejoren los servicios (*95*). La mayor parte de los países que han establecido servicios de apoyo cuentan con organizaciones fuertes de personas con discapacidad y sus familiares que presionan a los gobiernos para que reformen las políticas de prestación de servicios y aumenten o, al menos, mantengan los recursos asignados. En el Reino Unido, el apoyo de una organización de personas con discapacidad es un estímulo importante para que las personas con discapacidad firmen planes de pago directo (*96*).

Como se analiza en el capítulo 1, las actitudes negativas son una cuestión que afecta a numerosos aspectos de la vida de las personas con discapacidad. Esas actitudes pueden tener repercusiones particulares en la calidad de la asistencia y el apoyo. Las familias ocultan o infantilizan a los niños con discapacidad, y los cuidadores pueden maltratar o menospreciar a las personas con las que trabajan.

Las actitudes negativas y la discriminación disminuyen también la posibilidad de que las personas con discapacidad hagan amigos, manifiesten su sexualidad y alcancen la vida familiar que las personas que no tienen discapacidad dan por descontada (*97*).

Quienes necesitan servicios de apoyo suelen ser más vulnerables que quienes no los necesitan. Las personas con condiciones de salud mental y deficiencias intelectuales algunas veces se ven sometidas a detención arbitraria en instituciones de estancia prolongada sin ningún derecho de apelación, en contravención de la CDPD (*98*, *99*). Los peligros a los que están expuestos —tanto en las instituciones como en los ambientes comunitarios— van desde el riesgo de aislamiento, el aburrimiento y la falta de estímulo a los abusos físicos y sexuales. Según los testimonios disponibles, las personas con discapacidad corren mayor riesgo de abusos por varios motivos, en particular la dependencia de un gran número de cuidadores y las barreras que impiden la comunicación (*100*). Por ello, son particularmente importantes las salvaguardias para proteger a las personas que reciben servicios de apoyo tanto formal como informal (*101*).

Eliminar las barreras que obstan a la asistencia y el apoyo

Una desinstitucionalización eficaz

Un factor determinante del paso de las instituciones a la vida independiente y en comunidad fue la adopción, en 1993, de las Normas Uniformes de las Naciones Unidas sobre la Igualdad de Oportunidades para las Personas con Discapacidad, que promovían la igualdad de derechos y oportunidades para las personas con discapacidad (*102*). Desde su promulgación, en muchos países de ingreso alto y en transición se ha registrado un proceso importante de sustitución de las instituciones residenciales y los asilos por opciones de menor tamaño dentro de la comunidad, junto con el crecimiento del movimiento de vida independiente (*103-105*). Países como Noruega y Suecia han eliminado totalmente las institucionalizaciones. En otros lugares, como Alemania, Australia, Bélgica, España, Grecia y los Países Bajos, la atención institucional convive con mecanismos alternativos de vida en la comunidad (*106*).

En el contexto de una importante transformación registrada en Europa oriental, los países ya no recurren predominantemente a las instituciones (*107*). Se han desarrollado progresivamente servicios de atención alternativa, en particular de centros de día, hogares de acogida y apoyo a domicilio para las personas con discapacidad (*108*). Rumania cerró el 70% de sus instituciones para niños entre 2001 y 2007, pero, en el caso de los adultos, el proceso ha sido más lento (*109*). La desinstitucionalización ha ido acompañada de la delegación de facultades del Gobierno central a los Gobiernos locales y de una expansión y diversificación de los servicios sociales y de los proveedores de servicios.

Los planes para el cierre de una institución y el traslado de los residentes a un ambiente comunitario deberían comenzar temprano. Antes de intentar modificar el equilibrio de los servicios de atención, hay que contar con recursos suficientes para la nueva infraestructura de apoyo (*110*). La desinstitucionalización requiere tiempo, sobre todo si las personas deben prepararse para su nueva vida en la comunidad y participar en las decisiones sobre su alojamiento y los servicios de apoyo. Por ello, quizás sea necesaria cierta forma de «doble financiamiento» de los sistemas institucionales y comunitarios durante la transición, que puede tardar varios años.

De la experiencia de desinstitucionalización en varios países se desprende la necesidad de una gran variedad de servicios institucionales de asistencia y apoyo, en particular los siguientes:
- atención de salud;
- sistemas de respuesta frente a las crisis;
- asistencia para la vivienda;
- sostenimiento de los ingresos;
- apoyo a las redes sociales de personas que viven en la comunidad.

Si los organismos responsables de esos servicios no colaboran entre sí, existe el peligro de que las personas no obtengan apoyo suficiente en momentos cruciales de sus vidas (*110*). Las personas con condiciones de salud mental quizá necesiten cierta coordinación del apoyo y los servicios para reducir el peligro de quedarse sin vivienda (*111*). Algunos países, como Dinamarca y Suecia, tienen una excelente coordinación entre los proveedores de atención de salud y de servicios sociales y el sector de la vivienda, lo que permite a las personas con discapacidad encontrar opciones de alojamiento acordes con sus necesidades.

Resultados de la desinstitucionalización

En varios estudios de personas que han salido de instituciones para incorporarse al ambiente de la comunidad, se comprueban mejoras en la calidad de vida y de funcionamiento personal (*106, 112*). Un estudio realizado en el Reino Unido sobre la situación de personas con deficiencias intelectuales 12 años después de salir de instituciones residenciales revelaba que tanto la calidad de vida como la atención eran mejor en la comunidad que en los hospitales (*113*). Las modalidades de residencia en pequeña escala permiten a las personas con deficiencias intelectuales tener más amigos, más acceso a los servicios generales y más oportunidades de capacitación, además de una mayor satisfacción (*85*). Según los datos de un estudio chino, las personas con deficiencias intelectuales que residían en pequeños hogares residenciales conseguían mejores resultados con un costo más bajo que las personas que vivían en hogares grupales o instituciones de tamaño mediano (*114*).

En algunos países, los programas de desinstitucionalización han convertido las instituciones en centros alternativos de diversos tipos, entre otros, los siguientes:
- centros de recursos y de formación profesional;
- centros de rehabilitación que ofrecen servicios secundarios y terciarios especializados;
- unidades de vivienda de menor tamaño donde las personas con deficiencias complejas pueden vivir de forma semiindependiente con cierta ayuda;
- centros donde las personas con discapacidad pueden acudir para tomar breves descansos y realizar actividades de capacitación;
- clubes o centros semejantes para personas con condiciones de salud mental a fin de que puedan recibir el apoyo de sus pares y descansar brevemente;
- alojamiento protegido de emergencia, no solo para personas con discapacidad sino para todos los que corren peligro de abuso o explotación.

Comparación de costos

La combinación de datos sobre los costos relativos y la eficacia de los servicios institucionales y comunitarios pone de relieve que estos últimos, si se planifican y cuentan con los debidos recursos, consiguen mejores resultados, pero quizá no sean menos costosos.

En los Estados Unidos, el costo de las instituciones públicas para personas con deficiencias intelectuales es considerablemente más alto que el de los servicios de base comunitaria (*115*). En cambio, un examen de los datos procedentes de 28 países europeos puso de manifiesto que los costos eran ligeramente más altos en el caso de los servicios de base comunitaria (*110*), pero también que la calidad de vida era en general mejor en el caso de las personas que vivían fuera de las instituciones, en particular las que pasaban de un centro institucional a un ambiente comunitario. Los servicios de base comunitaria, debidamente planificados y con recursos suficientes, eran mucho más eficaces en función de los costos que la atención institucional. Un servicio de asistencia personal evaluado por el Centro Serbio para la Vida Independiente concluyó que el plan era más eficaz en función de los costos que la atención institucional (*116*).

El examen europeo reveló también la existencia de una relación entre costo y calidad, de manera que los sistemas institucionales de costos más bajos solían ofrecer una atención de menor calidad. Conclusión: Cuando se establecen y gestionan con eficacia y se planifican debidamente para preparar a los servicios e individuos de cara al gran cambio en los mecanismos de apoyo, los sistemas comunitarios de vida independiente y con asistencia consiguen mejores resultados generales que las instituciones (*110*).

En el Reino Unido, las investigaciones que comprobaron que los planes de asistencia personal controlados por los usuarios eran más económicos que la atención en el hogar ofrecida por el Estado contribuyeron a la adopción de un sistema de pagos directos. Sin embargo, los testimonios recientes no son tan concluyentes (*117*). Se necesitan más investigaciones para saber si la asistencia personal paga, que puede sustituir a la atención informal, aumenta los costos para los gobiernos más que los mecanismos alternativos (*118-121*). Los sistemas controlados por el usuario tienen la posibilidad de promover la independencia individual y mejorar la calidad de vida, pero no es probable que consigan grandes ahorros.

Creación de un marco para la subcontratación de servicios de apoyo eficaces

Los gobiernos pueden optar por ofrecer diversos servicios de apoyo a todos los que los necesitan o por centrarse en quienes carecen de recursos. La movilización de recursos financieros implicará en ambos casos un cierto proceso de mancomunación de fondos.

Un sistema «mancomunado» de generación de ingresos para financiar los sistemas de apoyo puede incluir diversas formas de prepago, la más habitual de las cuales se realiza mediante los impuestos nacionales, regionales o locales, el seguro social (a través de los empleadores) y el seguro voluntario privado. Cada uno de ellos puede requerir ciertas contribuciones financieras de las personas que utilizan los servicios o sus familias («cargos al usuario» o «copagos»). Los mecanismos que imponen la obligación de pagar todos los servicios con recursos propios son los menos equitativos (*122*).

Muchos países desarrollados ofrecen servicios de apoyo que llegan a todos los que los necesitan (*21*). En otros países, el acceso al financiamiento público de los servicios de apoyo depende de la comprobación de los medios de vida disponibles, como ocurre en el Reino Unido, donde aproximadamente la mitad de todo el gasto en apoyo social procede de fuentes privadas (*123*). Otras estrategias utilizadas por los países con sistemas de atención desarrollados para contener el gasto público en servicios de apoyo son las siguientes:

- recargos a los usuarios;
- restricciones sobre la admisibilidad;
- gestión de casos para limitar el uso de los servicios;
- programas limitados por el presupuesto (*63*).

En los países en transición que han invertido ampliamente en atención residencial, la reasignación de los recursos puede ayudar a desarrollar los servicios de apoyo comunitario. En los países de ingreso bajo y mediano (por ejemplo, en el Yemen), se conocen ejemplos de fondos sociales que financian eficientemente servicios de apoyo (*124*).

Financiamiento de los servicios

Hay muchas maneras de pagar a los proveedores de servicios; entre los principales mecanismos utilizados por los gobiernos, se incluyen los siguientes:
- pagos retrospectivos de honorarios por servicio;
- asignaciones presupuestarias directas a proveedores descentralizados;
- contratación basada en el desempeño;
- servicios determinados por el consumidor mediante la delegación del control de los presupuestos a las personas con discapacidad o sus familias.

Cada método tiene sus incentivos y limitaciones y, por consiguiente, puede contribuir a determinar hasta qué punto el sistema de apoyo es eficaz en función de los costos y equitativo. El éxito de un determinado sistema depende de la combinación, el volumen y el despliegue del personal y de otros recursos utilizados y de los servicios que ofrecen. A su vez, estos dependen de las distintas formas de disponibilidad de los fondos a través de diversos mecanismos de subcontratación. Los pagos delegados o directos a las personas con discapacidad ofrecen una opción relativamente nueva en este sentido (*125*).
- En Suecia, la Ley de Reforma de la Asistencia Personal de 1994 reconocía a las personas con discapacidades amplias el derecho a pagos en efectivo procedentes del fondo nacional de seguro social, para que pudieran sufragar la asistencia recibida. El número semanal de horas de asistencia se determina en función de la necesidad. Aproximadamente el 70% de los usuarios contratan servicios de los Gobiernos locales, y el 15% se ha organizado en cooperativas de usuarios que prestan servicios. El resto contrata servicios de compañías privadas o emplean directamente a personal de asistencia (*126*). En Suecia, más de 15 000 personas utilizan la ayuda estatal para contratar servicios a fin de recibir la atención necesaria (*127*).
- En los Países Bajos, el *Persoonsgebonden budget* es un sistema semejante de pago directo. El servicio más frecuentemente pagado es la asistencia personal, a través de un proveedor de atención informal ya existente o de un proveedor de servicios privados no profesional. El sistema se introdujo en 2003, año en que 50 000 personas utilizaron el nuevo *Persoonsgebonden budget*; el número ascendió a 120 000 personas en 2010, año en que se interrumpió temporalmente. Entre los beneficios se incluyen la reducción de los costos administrativos y la mayor individualización de los servicios. Según las evaluaciones se han conseguido niveles superiores de satisfacción, mejor calidad de vida y mayor independencia (*128*).
- En Sudáfrica, la Ley de Asistencia Social de 2004 estableció un pago directo o subsidio. Las personas que reciben ya prestaciones debido a su edad avanzada, discapacidad o condición de veteranos de guerra tienen derecho a recibir esta asignación adicional si necesitan atención de tiempo completo. Pero el pequeño subsidio mensual no basta para pagar la ayuda necesaria. El plan está siendo actualmente revisado por el Departamento de Desarrollo Social (*129*).

Debido a que los servicios de apoyo y asistencia han sido ofrecidos casi totalmente por familias, los planes de apoyo formal podrían aumentar la demanda y sustituir la atención informal (*121*). Los mecanismos reglamentarios, con inclusión de los criterios de admisibilidad y procedimientos de evaluación sólidos y equitativos, son necesarios para garantizar el uso más equitativo y eficaz en función de los costos de los recursos y hacer posible que la prestación de servicios aumente en forma gradual.

Evaluación de las necesidades individuales

La evaluación es imprescindible para atender las necesidades de las personas con discapacidad. En los países de ingreso alto, la evaluación es un proceso general que permite determinar qué categorías de personas pueden recibir una prestación, y está seguida del examen de las necesidades individuales. En general, se confía a sistemas oficiales de determinación de la discapacidad. En Nueva Zelandia, por ejemplo, una vez que se comprueba que se reúnen los debidos requisitos para los servicios de apoyo, el acceso depende de los siguientes elementos (*130*):

- **Una evaluación de las necesidades:** permite determinar y clasificar las necesidades de atención y apoyo de una persona, sin tener en cuenta las posibilidades de financiación y de servicios.
- **Coordinación o planificación de los servicios:** permite determinar los servicios más adecuados y las mejores opciones de apoyo para atender las necesidades evaluadas, de acuerdo con la financiación disponible.
- **Prestación de servicios:** generalmente consiste en un conjunto de servicios ofrecidos a una persona con discapacidad, así como a la familia, si corresponde.

Históricamente, la evaluación se ha basado en la determinación del cumplimiento de una serie de criterios médicos (*124*). Ahora se insiste más en las necesidades de apoyo para mejorar el funcionamiento, como se pone de manifiesto en la CIF (*131*). Colombia, Cuba, México y Nicaragua han introducido recientemente sistemas de evaluación de la discapacidad basados en la CIF.

En muchos países, la evaluación es independiente de la prestación de servicios, para eliminar posibles conflictos de intereses. En los Países Bajos, si bien los organismos de evaluación independientes consideran que el proceso resulta así más transparente y objetivo, los proveedores de servicios de atención estiman que es menos accesible y eficiente (*132*).

En el Reino Unido, la evaluación, que anteriormente estaba orientada a los servicios (adaptación del individuo a los servicios disponibles), pasó luego a considerar sobre todo las necesidades (disponibilidad de servicios apropiados para atender la necesidad), para terminar haciendo hincapié en los resultados (atención social personalizada gracias a un margen de opción más amplio). La autoevaluación es una parte importante de este proceso. No siempre es fácil para los usuarios de los servicios expresar sus necesidades, por lo que quizá sería conveniente ofrecer apoyo para la toma de decisiones (*47*).

Reglamentación de los proveedores

El Estado desempeña un papel importante en la reglamentación, el establecimiento de normas, la inspección, la supervisión y la evaluación.

En el Reino Unido, la evaluación detallada por zonas evalúa el éxito de las autoridades locales en la aplicación de la política gubernamental, la gestión de los recursos públicos y la respuesta a las necesidades de sus comunidades. Los proveedores de servicios de atención social —sean públicos, privados o voluntarios— deben inscribirse en la Comisión de Calidad de la Atención y someterse a evaluaciones e inspecciones periódicas. Los proveedores de atención social son evaluados de acuerdo con siete criterios:

- mejora de la salud y el bienestar;
- mayor calidad de vida;
- realización de una contribución positiva;
- capacidad de elección y control;
- ausencia de discriminación;
- bienestar económico;
- dignidad personal.

En los países donde las ONG —con ayuda de entidades extranjeras de ayuda y organizaciones filantrópicas locales— han sido los principales proveedores de servicios de apoyo, se necesitan marcos públicos estables de reglamentación y financiamiento para mantener y desarrollar los servicios.

Los marcos reglamentarios deberían incluir los siguientes elementos:
- normas de calidad;
- procedimientos de contratación y financiamiento;
- un sistema de evaluación;
- asignación de los recursos (*108*).

Al establecer los marcos reglamentarios, cualquiera que sea el contexto, deben incluirse las personas con discapacidad y sus familias, y los usuarios de servicios deberían participar en su evaluación (*133*). Los resultados de los servicios pueden mejorar cuando los proveedores deben rendir cuentas ante los consumidores (*8*).

Apoyo a los servicios públicos, privados y voluntarios

Los servicios de apoyo son ofrecidos por una gran variedad de proveedores de distintos sectores (público, privado, voluntario).

En los países de ingreso alto, los servicios de asistencia y apoyo fueron establecidos fundamentalmente por instituciones benéficas y grupos de autoayuda, y posteriormente recibieron apoyo estatal. Este planteamiento todavía sigue utilizándose:
- En la década pasada, se establecieron ONG interesadas en los problemas de la discapacidad en los países balcánicos. Muchas ofrecen servicios, que inicialmente suelen ser de carácter experimental, con financiamiento estatal, como el Fondo de Innovación Social de Serbia (*134*). Un ejemplo es el proyecto piloto de interpretación en Novi Pazar (Serbia), gestionado por la Asociación de Sordos e Hipoacúsicos.
- En la India, la Ley sobre el Fondo Fiduciario Nacional —resultado de una campaña en favor de los derechos de las personas con discapacidad— ha hecho posible la colaboración entre diferentes ONG. La ley otorga a las personas con autismo, parálisis cerebral o deficiencias intelectuales o múltiples —y a sus familias— acceso a los servicios públicos que tratan de ayudar a las personas con discapacidad a vivir con la mayor independencia posible dentro de sus comunidades. Alienta también a las ONG a colaborar, prestando apoyo a las familias que lo necesitan, y a contribuir al nombramiento de un tutor legal (*135*). Los mecanismos establecidos en virtud de la ley ofrecen capacitación sobre asistencia personal para ayudar a las personas con diferentes tipos de discapacidad dentro de la comunidad.

Algunos países no se han conformado simplemente con respaldar los servicios de las ONG y han ofrecido en licitación al sector privado sin fines de lucro servicios anteriormente ofrecidos por el Estado. En Irlanda, con financiamiento del Gobierno, las ONG prestan casi todos los servicios para las personas con discapacidad intelectual (*136*). Los objetivos principales han sido ofrecer acceso a servicios de apoyo especializados y complementarios y, por lo que se refiere a las licitaciones, mejorar la calidad y bajar los precios. Este modelo, ampliamente utilizado en los países de ingreso alto, está siendo adoptado en los países de ingreso mediano y en transición. Los gobiernos siguen reservándose las facultades para reglamentar el proceso de concesión de licencias a los proveedores y la supervisión de las normas. Pero, dada la tendencia creciente de los países a la subcontratación, deben introducirse procesos eficaces de subcontratación y supervisión (*108*) para evitar el abandono de los clientes y otros abusos (*137*).

Cuando las ONG y las organizaciones de personas con discapacidad adoptan el papel de proveedores de servicios en una economía mixta de servicios de atención, pueden surgir tensiones con la base de clientes si tienen que recortar costos para mantener la competitividad o si se tienen más en cuenta las exigencias de sus financiadores que las de aquellos a quienes deben atender, o si se renuncia a la labor de orientación para centrarse en la prestación de servicios (*138, 139*).

Muchos países han registrado una expansión de los servicios privados de salud mental a raíz de la caída de la intervención pública en este sector (*140*), pero un examen sistemático realizado en 2003 reveló que los proveedores sin fines de lucro conseguían mejores resultados en materia de acceso, calidad y eficiencia en función de los costos que los servicios con fines de lucro que atienden a las personas internadas con condiciones de salud mental (*141*).

Aunque los sistemas para la asociación entre los sectores público y privado están bastante desarrollados en los países de ingreso alto, la situación es muy diferente en los países de ingreso bajo y mediano. Los servicios de apoyo son bastante recientes y, en general, es poca la ayuda estatal para las ONG y las organizaciones con fines de lucro.

Coordinación de sistemas flexibles de prestación de servicios

Las personas con discapacidad tienen necesidades de asistencia y apoyo que no se corresponden exactamente con lo que podría ofrecer un proveedor determinado. La asistencia y el apoyo informales son especialmente eficaces cuando están respaldados por una serie de sistemas y servicios formales, sean públicos o privados.

La asistencia y el apoyo formales deben estar coordinados con la atención de salud, la rehabilitación y la vivienda. Por ejemplo, junto a los distintos servicios de apoyo de carácter residencial —vivienda independiente y formas de vida colectiva en hogares grupales y contextos institucionales— deben ofrecerse otros servicios de apoyo, de manera que el tipo y el nivel estén basados en las necesidades evaluadas (*142*). Según las investigaciones, un conjunto integral de adaptaciones en la vivienda y ayudas técnicas para las personas de edad avanzada sería eficaz en función de los costos, debido a la menor necesidad de atención formal (*143*).

Varios países de ingreso alto han sustituido los servicios genéricos por un sistema más individualizado y flexible de prestación de servicios. Ello requiere un alto nivel de coordinación entre los organismos para garantizar la prestación eficaz e ininterrumpida de apoyo.

En los Estados Unidos, el Programa de Illinois de Servicios de Apoyo en el Hogar (plan de pago directo que ha conseguido buenos resultados) ayuda a las personas con discapacidad y a sus familias a decidir qué servicios contratar, en particular servicios de relevo, asistencia personal, modificaciones de la vivienda, servicios recreativos y de empleo, distintas formas de terapia y transporte. Las familias que utilizaban este servicio tenían menos probabilidades de enviar a los miembros de su familia a una institución (*144*). Se conseguía una mayor eficiencia debido a que las familias procuraban no gastar todos los fondos disponibles, y los costos de la atención en el hogar eran más bajos que los ofrecidos en instituciones (*144*).

En ese mismo terreno, varios países —entre ellos, Australia, el Canadá y varios países europeos— han comenzado a considerar modelos individualizados de financiamiento. De acuerdo con este concepto, el financiamiento público de diferentes fuentes se asigna teniendo en cuenta una evaluación de las necesidades. El presupuesto personal combinado es controlado por el interesado para la contratación de servicios —muchas veces, con determinadas limitaciones—, que van desde dispositivos asistenciales y terapia hasta la asistencia personal (*145-147*). Esta opción, que aumenta el poder de los consumidores, puede contribuir a una rendición de cuentas más estricta. En los servicios dirigidos por los consumidores se puede recurrir a los profesionales cuando son necesarios, pero no son la parte dominante. La infraestructura y los marcos jurídicos adecuados pueden ayudar a elaborar planes de asistencia personal, no solo para personas con deficiencias físicas sino también para quienes tienen deficiencias intelectuales y condiciones de salud mental.

Las organizaciones de consumidores también ofrecen respuestas de base comunitaria para los condiciones de salud mental.

- En Zambia, la Red de Usuarios de Servicios de Salud Mental es un foro que permite a los usuarios apoyarse mutuamente e intercambiar ideas e información (*148*).

- En los Estados Unidos, MindFreedom tiene «zonas de aterrizaje» para que las comunidades ofrezcan apoyo y alojamiento a las personas, de manera que puedan evitar la hospitalización o la institucionalización (*99*).

Los servicios dirigidos por los consumidores son muchas veces menos costosos y tan seguros como los servicios dirigidos por profesionales (*149-151*). Probablemente pueden sustituir a la atención informal y, por lo tanto, pueden aumentar los costos públicos o globales (*118, 119*). Las posibilidades de elección ofrecidas por estos cuasimercados dependen de la oferta, que a veces escasea, sobre todo en las zonas rurales (*152*).

Los modelos dirigidos por los consumidores quizá no mejoren siempre la eficiencia y la calidad. Los usuarios de los servicios en algunos casos pueden sentir que la gama de opciones y la burocracia son abrumadoras. La flexibilidad completa mediante los pagos directos y la asistencia personal obliga a asumir responsabilidades de empleador, con las correspondientes cargas administrativas, como la contabilidad y la declaración de impuestos, que algunos no ven con buenos ojos. Algunas de estas tareas pueden ser realizadas por cooperativas de usuarios o agencias.

En la práctica, y de acuerdo con las necesidades y las preferencias, las personas con discapacidad pueden optar por diversos niveles de opciones y control. En el Reino Unido, a pesar del crecimiento de los planes de asistencia personal, la mayoría de las personas con discapacidad no optan todavía por los pagos directos (*153, 154*). Por ello, se necesitan diversos modelos, y habrá que realizar nuevas investigaciones para determinar qué modelos de asistencia personal son más eficaces y eficientes (*118-121*).

Apoyo a los cuidadores informales

La atención informal continuará siendo importante para las personas con discapacidad (*155*). Además de atender las necesidades de asistencia y apoyo, puede ser eficaz en función de los costos para prestar apoyo a los miembros de la familia y a otras personas que ofrecen atención informal, como parece desprenderse del Programa de Illinois de Servicios de Apoyo en el Hogar.

- **Servicios temporales** (dentro y fuera del hogar) que permiten realizar pausas breves en los servicios de atención (*156*). Se han establecido en países de ingreso alto y en transición, pero no están satisfechas todas las necesidades de este tipo de servicio (*157, 158*).
- **Apoyo financiero directo o indirecto.** Algunos países en transición, como la República de Moldova y Serbia y partes de América del Sur —donde se han ofrecido pensiones a las personas que ofrecen cuidados a personas con discapacidad y carecen de otra fuente de remuneración—, y países en desarrollo, como Sudáfrica, ofrecen prestaciones en efectivo para los cuidadores de las familias donde hay personas con discapacidad (*62, 159*).
- **Servicios de apoyo psicosocial** para mejorar el bienestar de la familia.
- **Licencia de enfermedad con goce de sueldo** y otras formas de apoyo de los empleadores para facilitar la atención familiar.

Las familias pueden aprovechar las oportunidades de autonomía y los servicios de apoyo. Los primeros programas de apoyo familiar dentro del sistema de discapacidades de desarrollo surgieron en los años sesenta en los países nórdicos y en Australia (*160*) y en los últimos años setenta y primeros ochenta, en los Estados Unidos. Las familias acogidas a programas dirigidos por los consumidores están más satisfechas con los servicios y tienen menos necesidades no satisfechas y gastos en servicios para personas con discapacidad que quienes participan en otros tipos de programas (*161, 162*).

Las familias necesitan también a veces capacitación para colaborar con los cuidadores, determinar las funciones, establecer límites y potenciar a sus familiares con discapacidad. Pueden necesitar también información sobre los servicios disponibles. Por otro lado, un estudio japonés reveló que el suministro de información no bastaba para reducir la carga de los cuidadores, mientras que la comunicación social era útil (*163*).

Participación de los usuarios

La participación de los usuarios ha llegado a ser uno de los criterios para determinar la calidad de la prestación de servicios. La iniciativa europea sobre la calidad de los servicios sociales incluye las relaciones de asociación eficaces y la participación entre los principios que regulan su certificación de la calidad, proceso complementario de la certificación de la calidad nacional. Los usuarios pueden participar en la prestación de servicios de diferentes maneras, por ejemplo (*108*, *138*, *139*):

- en los procedimientos de reclamación;
- durante la evaluación y la formulación de observaciones;
- en calidad de participantes en las juntas de gestión;
- como miembros de los grupos de asesoramiento de personas con discapacidad;
- en la toma de decisiones por cuenta propia.

Recientemente se ha promovido el concepto de «coproducción» de los servicios de apoyo, que agrupa a las organizaciones tradicionales que colaboran en nombre de las personas con discapacidad con las organizaciones controladas por esas personas (*164*). Reconoce la contribución que pueden aportar las personas con discapacidad en función de sus experiencias, trata de permitirles controlar la evolución de los servicios y su prestación, y permite a las personas sin discapacidad desempeñar la función de aliado colaborador.

Las ventajas de las organizaciones basadas en la coproducción de servicios son las siguientes: la atención se centra en las necesidades de los usuarios, y la combinación de los recursos mejora la posibilidad de reducir las barreras discapacitantes y contribuir a la igualdad y la interdependencia (*165*). Los principios de la coproducción y la participación de los usuarios se han puesto en práctica en todo el mundo a través de las organizaciones de personas con discapacidad y los padres de niños con discapacidad, sea en la prestación de servicios formales o en la rehabilitación basada en la comunidad (*166*).

Mecanismos para una vida independiente

Ensayos aleatorios llevados a cabo en países de ingreso alto han comparado la asistencia personal con la atención habitual de los niños con deficiencias intelectuales, adultos con deficiencias físicas y personas de edad avanzada sin demencia. En general, la asistencia personal gozaba de más preferencias que otros servicios, conseguía beneficios para algunos de los destinatarios y podía redundar también en beneficio de los cuidadores (*118-121*).

Los planes de asistencia personal no se limitan a las personas con deficiencias físicas. Son varios los planteamientos que pueden resultar beneficiosos para las personas con deficiencias intelectuales o condiciones de salud mental, por ejemplo:

- **Orientación.** Para tomar una decisión y ponerla en práctica, la persona con discapacidad recibe apoyo individualizado brindado por una persona calificada.
- **Círculos de apoyo.** Se trata de redes de simpatizantes y amigos que conocen bien a la persona con discapacidad y pueden tomar decisiones a las que esta daría su libre consentimiento.
- **KeyRing (redes para una vida mejor).** Las personas con deficiencias intelectuales viven en la comunidad, pero cuentan con un «trabajador local» que ofrece su apoyo y les ayuda a entablar contactos en la comunidad.
- **Fideicomisos activos independientes controlados por el usuario.** Son semejantes a los círculos de apoyo, pero con una estructura jurídica que establece el marco necesario de la toma de decisiones en torno al individuo.
- **Corretaje de servicios.** El personal de apoyo experimentado ayuda a la persona a elegir los servicios, orientándola en el proceso de evaluación y respaldando la aplicación de los programas de asistencia. Un organismo puede actuar como empleador designado

del apoyo en nombre de un individuo, en caso necesario.

A pesar de las pruebas sobre los beneficios de los pagos directos, los usuarios con condiciones de salud mental no cuentan con suficiente representación en los sistemas de financiamiento individualizado de Australia, el Canadá, los Estados Unidos y el Reino Unido (*167*).

Debido a la falta de fondos, la asistencia personal no suele ser un servicio público cuando el nivel de ingresos es bajo o mediano. Pero algunos programas innovadores parecen indicar que ciertas soluciones de bajo costo pueden ser eficaces y que los principios de vida independiente continúan teniendo valor (*3*).

- En 2003, había en el Brasil 21 centros de vida independiente, el primero de ellos, en Río de Janeiro, donde funcionaba desde hacía 15 años (*166*). Como en otros lugares, el movimiento en favor de la vida independiente agrupa a personas de diferentes grupos de discapacidad y ofrece servicios como apoyo entre pares, información, capacitación y asistencia personal, a través de personal que tienen, a su vez, una discapacidad. No obstante, a diferencia de lo que ocurre en los países desarrollados, estos centros de vida independiente no suelen recibir fondos del Estado y tienen que recaudar sus propios fondos, por ejemplo, mediante servicios relacionados con el empleo.
- En Filipinas una organización nacional de personas con discapacidad ha preparado un programa multisectorial en asociación con el Departamento de Educación y la Asociación de Padres. Respalda la capacitación de maestros y padres para la prestación de asistencia personal adecuada, de manera que los niños con deficiencias graves puedan asistir a las escuelas locales no especiales. Colabora con más de 13 000 niños en las zonas rurales y ofrece talleres de capacitación conjunta con niños de nivel preescolar, padres y maestros (*168*).

Fortalecimiento de la capacidad de los cuidadores y usuarios de los servicios

Capacitación para el personal de apoyo

El personal de apoyo, cualquiera que sea el contexto y el tipo de servicio, necesita capacitación profesional (con sus distintos nombres, como servicios humanos, asistencia social o atención social) que tenga en cuenta los principios de la CDPD (*169*). Si bien muchos de estos trabajadores carecen de educación postescolar (*74*), en los países de ingreso alto cada vez son más numerosos los programas de educación complementaria y superior sobre asistencia social y atención sanitaria y social. El Reino Unido ofrece un título profesional nacional de salud y asistencia social, que se consigue demostrando la competencia en el trabajo y la posesión de los conocimientos pertinentes. Con frecuencia, las personas con discapacidad pueden complementar la formación oficial con la instrucción en el servicio.

La forma en que se lleva a cabo la capacitación es tan importante como el contenido. En general, las personas con discapacidad prefieren el modelo de asistencia personal en que ellos dirigen las tareas, en vez de dejar que el trabajador social preste los servicios (*170*). Una nueva generación de personal de apoyo —asistentes personales, asesores y personal de apoyo a las personas con dificultades intelectuales— adopta un nuevo planteamiento cuando trabajan con las personas con discapacidad dentro de la comunidad y les ayudan a conseguir sus propios objetivos y aspiraciones, partiendo del respeto de los derechos humanos más que del principio tradicional de «atención» (*171*).

Respaldo a los usuarios de los servicios de asistencia y apoyo

Los mecanismos de financiamiento para los planes de asistencia personal deben tener en cuenta las tareas adicionales que los usuarios deben realizar. Las personas que reciben pagos directos, por ejemplo, deben contar con el debido apoyo para que las complejidades del sistema no provoquen estrés adicional o aislamiento. Las personas con discapacidad que emplean a personal de apoyo deben saber cómo gestionar al personal y cumplir sus responsabilidades de empleadores. Un estudio del Reino Unido comprobó que el 27% de las personas con discapacidad que emplean asistentes personales consideraban que el hecho de convertirse en empleadores representaba un enorme esfuerzo, y el 31% tenía dificultades para ocuparse de la administración (*72*).

Las organizaciones de personas con discapacidad y de cuidadores ayudan a los usuarios a beneficiarse de los servicios dirigidos por los consumidores (*96*). Los modelos de financiamiento individualizados son más eficaces cuando se compaginan con otros servicios de apoyo (*117*). Se necesita también apoyo para evitar que los corredores y los administradores de fondos sean excesivamente autoritarios y para conseguir una atención de calidad. Algunas organizaciones de personas con discapacidad—como la Red de Empleadores de Asistentes Personales de Escocia— han puesto en marcha programas de reclutamiento y capacitación orientados a los cuidadores personales y a sus supervisores, así como a sus posibles empleadores con discapacidad y a sus familias (*172*). Cuando el nivel de ingresos es bajo, los programas de RBC pueden preparar a las personas con discapacidad y a sus familias para que gestionen sus necesidades de apoyo y establezcan contactos con grupos de autoayuda para recibir información y asesoramiento.

Fomento de la RBC y la atención comunitaria en el hogar

Rehabilitación basada en la comunidad

En muchos países de ingreso bajo y mediano, los programas de RBC impulsados por los consumidores y ofrecidos por el Estado o las ONG se están convirtiendo en una fuente de asistencia y apoyo para muchas personas con discapacidad y sus familias. Muchos hacen hincapié en el suministro de información, la colaboración estrecha con las familias y la promoción de la participación de las personas con discapacidad en la comunidad (*173*). Pueden contrarrestar también las tendencias sobreprotectoras de las familias. Cualquiera que sea el nivel de ingresos, puede ser útil para el personal de la RBC, los trabajadores sociales o los trabajadores comunitarios agrupar a familias que comparten experiencias similares en apoyo de los familiares con discapacidad.

- En Lesotho, los dirigentes de nueve sucursales de la asociación nacional de padres de niños con discapacidad comprobaron que los padres necesitaban apoyo para poder enseñar, capacitar y manejar a sus hijos, e información sobre los derechos de las personas con discapacidad y la forma de trabajar con profesionales y sobre la manera de crear material didáctico y obtener equipos (*174*).
- RUCODE, ONG del estado de Tamil Nadu (India), administra centros de día comunitarios para niños con discapacidad intelectual y parálisis cerebral, con ayuda del Gobierno local y los padres. Cada centro atiende a unos 10 niños, cada uno de los cuales cuenta con un maestro y un auxiliar y recibe apoyo del personal de RUCODE. La comunidad aporta los locales y ofrece un almuerzo para los niños.
- En Nepal, las ONG locales están llevando a cabo programas de RBC en 35 distritos, y el Gobierno se encarga del financiamiento, la dirección, el asesoramiento y la supervisión a nivel nacional y de distrito (*175*).

El modelo de RBC, por el hecho de mejorar la calidad de la relación entre las personas con discapacidad y sus familias, puede representar un apoyo significativo para las personas con discapacidad y los cuidadores (*176*). Recientemente, la RBC ha comenzado a incorporar los principios de la vida independiente, lo que permitirá que esos servicios ofrezcan una mayor autodeterminación a las personas con discapacidad.

Atención comunitaria en el hogar

La atención comunitaria en el hogar es toda forma de apoyo ofrecido, en su propio hogar, a las personas que se encuentran enfermas y a sus familias

(*177*). Este modelo, desarrollado particularmente en el contexto del VIH/sida, funciona en muchos países africanos y asiáticos, donde la atención de los huérfanos es un motivo de preocupación especial. Un programa público de atención comunitaria en el hogar podría prestar servicios de alimentación, transporte, medicación, relevo, subsidios en efectivo, y atención emocional y física.

Inclusión de la asistencia y el apoyo en las políticas y los planes de acción sobre discapacidad

La inclusión de servicios formales de asistencia y apoyo en una política nacional sobre discapacidad y en los planes de acción conexos puede mejorar la participación comunitaria de las personas con discapacidad. Cabría citar los siguientes ejemplos:

- La Ley sobre la Discriminación por Motivos de Discapacidad de Australia (1992) alienta a las organizaciones a formular planes de acción para eliminar la discriminación en el suministro de bienes, servicios e instalaciones (*178*).
- La Estrategia de Discapacidad de Nueva Zelandia (2001) ofrece al Gobierno un marco para comenzar a eliminar los obstáculos a la participación de las personas con discapacidad (*179*).
- El plan nacional de acción de Suecia denominado «De paciente a ciudadano» (2000) propone un ideal de acceso completo y trata de eliminar la discriminación en todos los niveles (*180*).

Los programas de RBC pueden promover también los planes de acción locales en los países de ingreso bajo y mediano (*181*).

Conclusiones y recomendaciones

Muchas personas con discapacidad necesitan asistencia y apoyo para conseguir una calidad de vida satisfactoria y participar en las actividades sociales y económicas en condiciones de igualdad con los demás. En todo el mundo, la mayor parte de los servicios de asistencia y apoyo son ofrecidos de manera informal por los miembros de la familia o las redes sociales. Si bien la atención informal tiene un valor incalculable, algunas veces es nula, inadecuada o insuficiente. Por el contrario, la disponibilidad de servicios formales de asistencia y apoyo es insuficiente, sobre todo cuando los ingresos son bajos: los servicios estatales suelen estar insuficientemente desarrollados, las organizaciones sin fines de lucro generalmente tienen una cobertura limitada y los mercados privados pocas veces consiguen ofrecer apoyo suficiente para atender las necesidades de las personas con discapacidad. El resultado es un volumen considerable de necesidades insatisfechas de servicios de asistencia y apoyo.

Son muchas las partes interesadas que pueden contribuir a que las personas con discapacidad tengan acceso a servicios de asistencia y apoyo adecuados. La función del gobierno es garantizar la igualdad de acceso a los servicios, en particular formulando políticas y aplicándolas; reglamentando la prestación de servicios, en especial, mediante el establecimiento de normas y su aplicación; financiando servicios para las personas con discapacidad que no pueden contratarlos, y, en caso necesario, organizando la prestación de servicios. Al planificar e introducir los servicios de asistencia y apoyo formales, debe tenerse muy en cuenta la necesidad de evitar desincentivos a la atención informal. Los usuarios de los servicios y las organizaciones de personas con discapacidad y otras ONG deben conseguir una mayor sensibilización, promover la introducción de servicios, participar en la elaboración de políticas y supervisar la aplicación de estas y la prestación de servicios. Los proveedores de servicios deben ofrecer servicios de la máxima calidad. Mediante la cooperación internacional, es preciso compartir prácticas acertadas, prometedoras y eficaces en función de los costos y ofrecer asistencia técnica a los países que están introduciendo servicios de asistencia y apoyo.

En este capítulo se han examinado algunos de los modelos de organización, financiamiento y prestación de servicios formales de asistencia y apoyo. No hay un modelo único que funcione en todos los contextos y atienda todas las necesidades. Son preferibles los servicios centrados en las personas, ya que permiten a los interesados participar en la toma de decisiones sobre el apoyo que reciben y disponer del máximo control de sus propias vidas. Se recomiendan las siguientes medidas para los países que introducen o desarrollan servicios de asistencia y apoyo.

Ayudar a las personas a vivir y participar en la comunidad

Es recomendable ofrecer servicios en la comunidad, no en instituciones residenciales o en contextos segregados. En el caso de los países que han recurrido anteriormente al sistema institucional, es conveniente:
- planificar adecuadamente la transición hacia un modelo de servicios de base comunitaria, con inclusión de los recursos humanos y el financiamiento suficiente para la fase de transición;
- aumentar y reasignar progresivamente recursos para fomentar los servicios de apoyo comunitario, en particular la posible transformación de las instituciones en servicios de atención alternativa, como los centros de día o de recursos.

Fomentar el desarrollo de la infraestructura de servicios de apoyo

- Es conveniente incluir la introducción y el desarrollo de servicios formales de asistencia y apoyo —adaptados a las diferentes condiciones económicas y sociales— en los planes nacionales de acción sobre la discapacidad para aumentar la participación de las personas con discapacidad.
- Se recomienda contribuir al desarrollo de diversos proveedores —el Estado, entidades con y sin fines de lucro e individuos— y modelos para satisfacer, de manera eficaz en función de los costos, las diversas necesidades de asistencia y apoyo de las personas con discapacidad.
- Es necesario considerar diversas medidas de financiamiento, en particular la subcontratación de servicios de proveedores privados, el ofrecimiento de incentivos fiscales y la delegación de los presupuestos a las personas con discapacidad y sus familias para la compra directa de servicios.
- En los países de ingreso bajo y mediano, convendría respaldar la prestación de servicios a través de organizaciones de la sociedad civil, que pueden ampliar la cobertura y diversidad de los servicios. Los programas de RBC han conseguido que los servicios puedan llegar a las zonas más pobres y desfavorecidas.

Garantizar al consumidor la máxima capacidad de elección y control

Este objetivo será conseguido más probablemente por los servicios formales si se dan las siguientes circunstancias:
- Los servicios son individualizados y flexibles, en vez de servicios «de talla única» ofrecidos y controlados por organismos.
- Los consumidores participan en las decisiones sobre el tipo de apoyo y dirigen las tareas de atención, cuando es posible, en vez de limitarse a ser receptores pasivos.
- Los proveedores rinden cuentas a los consumidores y su relación está regulada a través de un acuerdo formal de servicios.
- Existe la posibilidad de «apoyo a la toma de decisiones» para las personas que tienen dificultades para decidir en forma independiente, por ejemplo, las personas con deficiencias intelectuales graves o condiciones de salud mental.

Ayudar a las familias en cuanto proveedoras de asistencia y apoyo

Es necesario distinguir entre las necesidades y los derechos de los cuidadores informales y las necesidades y los derechos de las personas con discapacidad, y lograr un equilibrio a fin de que cada persona pueda gozar de independencia, dignidad y buena calidad de vida.

Es recomendable promover la colaboración entre las familias y las organizaciones familiares, las organizaciones gubernamentales y no gubernamentales, incluidas las organizaciones de personas con discapacidad, para ofrecer apoyo a las familias mediante diversos sistemas y servicios, en particular por los siguientes medios:
- servicios de relevo que puedan brindar un descanso de las actividades de atención y asesoramiento psicosocial a fin de aumentar el bienestar familiar;
- apoyo financiero directo o indirecto;
- información sobre los servicios disponibles para los cuidadores y las personas con discapacidad;
- oportunidades a las familias que comparten experiencias semejantes de apoyo a familiares con discapacidad, a fin de que se agrupen y se ofrezcan mutuamente información y ayuda.

El personal de RBC, los trabajadores sociales o los trabajadores comunitarios pueden ofrecer esas oportunidades a las familias. Entre los planteamientos orientados a las familias que pueden resultar útiles se incluye también el desarrollo de las comunidades de atención y las redes sociales.

Fomentar la capacitación y el fortalecimiento de la capacidad

Los servicios eficaces de asistencia y apoyo requieren capacitación tanto de los receptores como de los proveedores, independientemente de que los servicios sean formales o informales.
- El personal de apoyo formal, independientemente del contexto y del servicio, debe recibir la formación profesional pertinente, que tenga en cuenta los principios de la CDPD y, si es posible, cuente con personas con discapacidad entre los formadores para sensibilizar y familiarizar a los proveedores de servicios con sus futuros clientes.
- Es conveniente ofrecer capacitación a las familias sobre la colaboración con los cuidadores, la determinación de las funciones, el establecimiento de límites y la manera de promover la autonomía de sus familiares con discapacidad.
- En situaciones de bajos ingresos, los programas de RBC pueden ofrecer capacitación a las personas con discapacidad y a sus familias para que gestionen sus propias necesidades de apoyo y establezcan vínculos con grupos de autoayuda para recibir información y asesoramiento.
- Las personas con discapacidad que contratan directamente personal de apoyo utilizando los fondos públicos asignados quizá necesiten capacitación y asistencia para el reclutamiento, la gestión y el cumplimiento de sus deberes como empleadores.
- Los planes de capacitación para intérpretes de lengua de señas y personal de orientación ayudarán a mejorar la disponibilidad de este personal imprescindible.

Mejorar la calidad de los servicios

Para conseguir que los servicios de asistencia y apoyo formales sean de buena calidad, se formulan las siguientes recomendaciones:
- establecer criterios y procedimientos sólidos y equitativos sobre la discapacidad, centrados en las necesidades de apoyo para mantener y mejorar el funcionamiento; utilizar la CIF como marco orientador al establecer los criterios de evaluación de la discapacidad;
- formular criterios claros de admisibilidad para los servicios de asistencia y apoyo y procesos transparentes de toma de decisiones; cuando los recursos son escasos, es recomendable centrar la atención en las personas con discapacidad que más necesitan los servicios de apoyo, es decir, los que

carecen de un cuidador informal y tienen medios limitados;
- establecer normas sobre los servicios, aplicarlas y supervisar su cumplimiento;
- supervisar la prestación de servicios;
- mantener registros actualizados de los usuarios, los proveedores y los servicios ofrecidos;
- conseguir la coordinación entre los diferentes organismos gubernamentales y proveedores de servicios, quizá mediante la introducción de la gestión de casos, los sistemas de remisión y los registros electrónicos;
- establecer mecanismos de reclamación;
- introducir mecanismos para detectar e impedir abusos físicos y sexuales en contextos tanto residenciales como comunitarios;
- conseguir que el personal de apoyo tenga la capacitación adecuada y niveles suficientes de remuneración y reconocimiento, así como condiciones de trabajo satisfactorias;
- alentar la supervisión de la calidad de los servicios por organizaciones de personas con discapacidad y otras ONG.

Referencias

1. *Convention on the Rights of Persons with Disabilities*. Geneva, United Nations, 2006 (http://www2.ohchr.org/english/law/disabilities-convention.htm, accessed 16 May 2009).
2. Verdonschot MM et al. Community participation of people with an intellectual disability: a review of empirical findings. *Journal of Intellectual Disability Research: JIDR*, 2009,53:303-318. doi:10.1111/j.1365-2788.2008.01144.x PMID:19087215
3. Takamine Y. The cultural perspectives of independent living and self-help movement of people with disabilities. *Asia Pacific Journal on Disability*, 1998, 1 (http://www.dinf.ne.jp/doc/english/asia/resource/z00ap/002/z00ap00208.html, accessed 15 July 2009).
4. Misra S, Orslene LE, Walls RT. Personal assistance services for workers with disabilities: views and experiences of employers. *Journal of Rehabilitation*, 2010,76:22-27.http://findarticles.com/p/articles/mi_m0825/is_1_76/ai_n50152435/ accessed 5 April 2010
5. *People with Disabilities in India: From Commitments to Outcomes*. Washington, World Bank, 2009 (http://imagebank.worldbank.org/servlet/WDSContentServer/IW3P/IB/2009/09/02/000334955_20090902041543/Rendered/PDF/502090WP0Peopl1Box0342042B01PUBLIC1.pdf, accessed 5 June 2010).
6. Fisher K, Jing L. Chinese disability independent living policy. *Disability & Society*, 2008,23:171-185. doi:10.1080/09687590701841216
7. Saetermoe C, Gómez J, Bámaca M, Gallardo C. A qualitative enquiry of caregivers of adolescents with severe disabilities in Guatemala City. *Disability and Rehabilitation*, 2004,26:1032-1047. doi:10.1080/09638280410001703512 PMID:15371040
8. *World Development Report: Making Services Work for Poor People*. Washington, World Bank, 2004.
9. *Principles for implementation of CRPD Article 12*. New York, International Disability Alliance, CRPD Forum, 2008 (http://www.internationaldisabilityalliance.org/representation/legal-capacity-working-group/, accessed 20 August 2009).
10. *From exclusion to equality: realizing the rights of persons with disabilities. Handbook for parliamentarians on the Convention on the Rights of Persons with Disabilities and its Optional Protocol*. Geneva, United Nations, 2007 (http://www.un.org/disabilities/default.asp?id=212, accessed 20 August 2009).
11. Jesperson M. Personal ombudsman in Skåne: a user-controlled service with personal agents. In: Stastny P, Lehmann P, eds. *Alternatives beyond psychiatry*. Shrewsbury, United Kingdom, Peter Lehmann Publishing, 2007:299–303.
12. Canadian Association for Community Living [web site]. (http://www.cacl.ca/, accessed 20 August 2009).
13. Nidus Personal Planning Resource Center and Registry [web site]. (http://www.rarc.ca/textual/home.htm, accessed 20 August 2009).
14. Personal Ombud programme in Skåne, Sweden [web site]. (http://www.po-skane.org/, accessed 20 August 2009).
15. Kroll T, Neri MT. Experiences with care co-ordination among people with cerebral palsy, multiple sclerosis, or spinal cord injury. *Disability and Rehabilitation*, 2003,25:1106-1114. doi:10.1080/0963828031000152002 PMID:12944150
16. *ICF Australian user guide*, version 1. Canberra, Australian Institute of Health and Welfare, 2003.
17. *Participation and activity limitation survey*. Ottawa, Statistics Canada, 2001.
18. *Household disability survey*. Wellington, Statistics New Zealand, 2001.
19. *Adult disability follow-back surveys*. Hyattsville, United States National Center for Health Statistics, 1998.
20. *Understanding the health-care needs and experiences of people with disabilities*. Menlo Park, Kaiser Family Foundation, 2003.

21. Brodsky J, Habib J, Hirschfeld M. *Key policy issues in long term care*. Geneva, World Health Organization, 2003.
22. Anonymous Disability advocate who speaks her mind. *China Development Brief*, 1 October, 2001 (http://www.chinadevelopmentbrief.com/node/182, accessed 28 November 2008).
23. Clark P, Macarthur J. Children with physical disability: gaps in service provision, problems joining in. *Journal of Paediatrics and Child Health*, 2008,44:455-458. doi:10.1111/j.1440-1754.2008.01327.x PMID:18557807
24. Napier J. Sign language interpreter training, testing, and accreditation: an international comparison. *American Annals of the Deaf*, 2004,149:350-359. doi:10.1353/aad.2005.0007 PMID:15646939
25. Yarger CC. Educational interpreting: understanding the rural experience. *American Annals of the Deaf*, 2001,146:16-30. PMID:11355073
26. Nkwangu R. Sign language and community based rehabilitation (CBR). In: Hartley S, Okune J, eds. *CBR: inclusive policy development and implementation*. Norwich, University of East Anglia, 2008:214–231.
27. Haualand H, Allen C. *Deaf people and human rights*. Helsinki, World Federation of the Deaf and Swedish National Association of the Deaf, 2009.
28. McConkey R. Fair shares? Supporting families caring for adult persons with intellectual disabilities. *Journal of Intellectual Disability Research*, 2005,49:600-612. doi:10.1111/j.1365-2788.2005.00697.x PMID:16011553
29. Nageswaran S. Respite care for children with special health care needs. *Archives of Pediatrics & Adolescent Medicine*, 2009,163:49-54. doi:10.1001/archpediatrics.2008.504 PMID:19124703
30. *World population ageing, 1950–2050*. New York, United Nations Department of Economic and Social Affairs, 2002 (http://www.un.org/esa/population/publications/worldageing19502050/index.htm, accessed 20 November 2008).
31. *Kenya at a glance*. New York, United Nations Children's Fund, 2008 (http://www.unicef.org/kenya/overview_4616.html, accessed 1 April 2010).
32. Ahmad OB, Lopez AD, Inoue M. The decline in child mortality: a reappraisal. *Bulletin of the World Health Organization*, 2000,78:1175-1191. PMID:11100613
33. Knodel J, Chayovan N. Intergenerational relationships and family care and support for Thai elderly. *Ageing International*, 2009,33:15-27. doi:10.1007/s12126-009-9026-7
34. Malhotra R, Kabeer N. *Demographic transition, inter-generational contracts and old age security: an emerging challenge for social policy in developing countries*. Brighton, University of Sussex, Institute of Development Studies, 2002 (IDS Working Paper No. 157).
35. Jenkins A et al. *The future supply of informal care 2003 to 2013: Alternative scenarios*. Canberra, Australian Institute for Health and Welfare, 2003.
36. Budlender D. *The statistical evidence on care and non-care work across six countries*. Geneva, United Nations Research Institute for Social Development, 2008.
37. Dahlberg L, Demack S, Bambra C. Age and gender of informal carers: a population-based study in the UK. *Health & Social Care in the Community*, 2007,15:439-445. doi:10.1111/j.1365-2524.2007.00702.x PMID:17685989
38. Rogers M, Hogan D. Family life with children with disabilities: the key role of rehabilitation. *Journal of Marriage and the Family*, 2003,65:818-833. doi:10.1111/j.1741-3737.2003.00818.x
39. Hartley S et al. How do carers of disabled children cope? The Ugandan perspective. *Child: Care, Health and Development*, 2005,31:167-180. doi:10.1111/j.1365-2214.2004.00464.x PMID:15715696
40. Esplen E. *Gender and care overview report*. Brighton, BRIDGE, Institute of Development Studies, University of Sussex, 2009 (http://www.bridge.ids.ac.uk/reports_gend_CEP.html#Care, accessed 16 June 2009).
41. Carmichael F, Charles S. The opportunity costs of informal care: does gender matter? *Journal of Health Economics*, 2003,22:781-803. doi:10.1016/S0167-6296(03)00044-4 PMID:12946459
42. Anderson L et al. Children with disabilities: social roles and family impacts in the NHIS-D. *DD Data Brief*, 2002, 4(1) (http://rtc.umn.edu/docs/dddb4-1.pdf, accessed 28 July 2009).
43. Parish SL et al. Economic implications of caregiving at midlife: comparing parents with and without children who have developmental disabilities. *Mental Retardation*, 2004,42:413-426. doi:10.1352/0047-6765(2004)42<413:EIOCAM>2.0.CO;2 PMID:15516174
44. Aldridge J, Sharpe D. *Pictures of young caring*. Loughborough, University of Loughborough, 2007.
45. Becker S, Becker F. *Service needs and delivery following the onset of caring amongst children and young adults: evidence-based review*. Nottingham, Young Caregivers International Research and Evaluation, Commission for Rural Communities, 2008 (http://www.ruralcommunities.gov.uk/files/CRC%20web36%20YCIRE.pdf, accessed 17 July 2009).
46. Mete C, ed. *Economic implications of chronic illness and disability in Eastern Europe and the Former Soviet Union*. Washington, World Bank, 2008.
47. Foster M et al. Personalised social care for adults with disabilities: a problematic concept for frontline practice. *Health & Social Care in the Community*, 2006,14:125-135. doi:10.1111/j.1365-2524.2006.00602.x PMID:16460362

48. Menon DK, Peshawaria R, Ganguli R. Public policy issues in disability rehabilitation in developing countries of South-East Asia. In: Thomas M, Thomas MJ, eds. *Selected readings in community based rehabilitation: disability and rehabilitation issues in South Asia*. Bangalore, APDRJ Group Publication, 2002.
49. Bigby C, Ozanne E, Gordon M. Facilitating transition: elements of successful case management practice for older parents of adults with intellectual disability. *Journal of Gerontological Social Work*, 2002,37:25-43. doi:10.1300/J083v37n03_04
50. Heller T, Caldwell J, Factor A. Aging family caregivers: policies and practices. *Mental Retardation and Developmental Disabilities Research Reviews*, 2007,13:136-142. doi:10.1002/mrdd.20138 PMID:17563896
51. Morris J. *Pride against prejudice*. London, Women's Press, 1991.
52. McKee KJ et al. COPE PartnershipThe COPE index–a first stage assessment of negative impact, positive value and quality of support of caregiving in informal carers of older people. *Aging & Mental Health*, 2003,7:39-52. doi:10.1080/1360786021000006956 PMID:12554314
53. Askheim O. Personal assistance: direct payments or alternative public service? Does it matter for the promotion of user control? *Disability & Society*, 2005,20:247-260. doi:10.1080/09687590500060562
54. Thompson L. *Long-term care: support for family caregivers*. Washington, Georgetown University, 2004.
55. Braddock D, Hemp R, Rizzolo M. *The state of the states in developmental disabilities*, 7th ed. Washington, American Association on Intellectual and Developmental Disabilities, 2008.
56. *Australia's welfare 2007*. Canberra, Australian Institute of Health and Welfare, 2007 (Cat. No. 93).
57. Guerriere DN et al. Costs and determinants of privately financed home-based health care in Ontario, Canada. *Health & Social Care in the Community*, 2008,16:126-136. doi:10.1111/j.1365-2524.2007.00732.x PMID:18290978
58. Holland D. Grass roots promotion of community health and human rights for people with disabilities in post-communist Central Europe: a profile of the Slovak Republic. *Disability & Society*, 2003,18:133-143. doi:10.1080/0968759032000052798
59. Kandyomunda B et al. The role of local NGOs in promoting participation in CBR. In: Hartley S, ed. *Community-based rehabilitation (CBR) as a participatory strategy in Africa*. Cornell University ILR School, New York, 2002.
60. *Disabled children's action group (DICAG) South Africa*. Manchester, United Kingdom, Enabling Education Network, 2001 (http://www.eenet.org.uk/key_issues/parents/stories/dicag.shtml, accessed 25 February 2008).
61. Fisher WF. Doing good? The politics and antipolitics of NGO practice. *Annual Review of Anthropology*, 1997,26:439-464. doi:10.1146/annurev.anthro.26.1.439
62. Weigand C, Grosh M. *Levels and patterns of safety net spending in developing and transition countries*. Washington, World Bank, 2008 (SP Discussion Paper No. 0817).
63. *Home-based long-term care: report of a WHO study group*. Geneva, World Health Organization, 2000.
64. Vecchio N. The use of support systems by informal caregivers: an Australian experience. *Australian Journal of Primary Health*, 2008,14:27-34.
65. Razavi S. *The political and social economy of care in a development context: contextual issues, research questions and policy options*. Geneva, United Nations Research Institute for Social Development, 2007.
66. Lu Y. *The limitations of NGOs: a preliminary study of non-governmental social welfare organisations in China*. London, Center for Civil Society, London School of Economics and Political Science, 2003 (CCS International Working Paper No. 13) (http://www.lse.ac.uk/collections/CCS/pdf/IWP/IWP13LuYiyi.pdf, accessed 25 November 2008).
67. Fu T. Good will is not enough. *China Development Brief*, 2002 (http://www.chinadevelopmentbrief.com/node/161, accessed 26 July 2006).
68. The Future Supply of Long-Term Care Workers in relation to The Aging Baby Boom Generation – Report to United States Congress. Washington, United States Department of Health and Human Services, 2003 (http://aspe.hhs.gov/daltcp/reports/ltcwork.pdf, accessed 27 May 2010).
69. Blok W. Social Work in Poland: a helping profession in need. *Social Work and Society Online News Magazine*, 2007 (http://www.socmag.net/?p=97, accessed 27 May, 2010).
70. Chu LW, Chi I. Nursing homes in China. *Journal of the American Medical Directors Association*, 2008,9:237-243. doi:10.1016/j.jamda.2008.01.008 PMID:18457798
71. *Occupational employment and wages, May 2005*. Washington, United States Bureau of Labor Statistics, 2006.
72. *Employment aspects and workforce implications of direct payments*. Leeds, United Kingdom, Skills for Care, 2008 (http://www.skillsforcare.org.uk, accessed 24 March 2010).
73. Jorgensen D et al. The providers' profile of the disability support workforce in New Zealand. *Health & Social Care in the Community*, 2009,17:396-405. doi:10.1111/j.1365-2524.2008.00839.x PMID:19220491
74. Mcfarlane L, Mclean J. Education and training for direct care workers. *Social Work Education*, 2003,22:385-399. doi:10.1080/02615470309140
75. Ehrenreich B, Hochschild A, eds. *Global women: nannies, maids and sex workers in the new economy*. London, Granta, 2003.
76. Scull A. *Museum of Madness: The Social Organization of Insanity in Nineteenth Century England. New York*, St. Martin's Press, 1979.

77. Wright D, Digby A, eds. *From Idiocy to Mental Deficiency: historical perspectives on people with learning disabilities*. London, Routledge, 1996.
78. Miller EJ, Gwynne GV. *A life apart: a pilot study for residential institutions for the physically handicapped and the young chronic sick*. London, Tavistock, 1972.
79. Zinkin P, McConachie H, eds. *Disabled children and developing countries*. London, Mac Keith Press, 1995.
80. Ingstad B, Whyte SR, eds. *Disability and culture*. Berkeley, University of California Press, 1995.
81. Turmusani M. *Disabled people and economic needs in the developing world: a political perspective from Jordan*. Aldershot, United Kingdom, Ashgate Publishing, 2003.
82. Parmenter TR. The present, past and future of the study of intellectual disability: challenges in developing countries. *Salud Pública de México*, 2008,50:Suppl 2s124-s131. PMID:18470339
83. Borbasi S et al. 'No going back' to institutional care for people with severe disability: reflections on practice through an interpretive study. *Disability and Rehabilitation*, 2008,30:837-847. doi:10.1080/09638280701419359 PMID:17852275
84. Disability Rights International [website]. (http://www.disabilityrightsintl.org/, accessed 8 March 2011).
85. Kozma A, Mansell J, Beadle-Brown J. Outcomes in different residential settings for people with intellectual disability: a systematic review. *American Journal on Intellectual and Developmental Disabilities*, 2009,114:193-222. doi:10.1352/1944-7558-114.3.193 PMID:19374466
86. Dobrzyńska E, Rymaszewska J, Kiejna A. [Needs of persons with mental disorders–definitions and literature review] *Psychiatria Polska*, 2008,42:515-524. PMID:19189596
87. Freidson E. *Profession of Medicine: a study of the sociology of applied knowledge*. Chicago, University of Chicago Press. 1988
88. Barnes C, Mercer G. *Independent Futures: creating user-led disability services in a disabling society*. Bristol, Policy Press, 2006.
89. Catty JS et al. Day centers for severe mental illness. *Cochrane database of systematic reviews (Online)*, 2007,1CD001710- PMID:17253463
90. Perrins K, Tarr J. The quality of day care provision to encourage the transition to adulthood for young women with learning difficulties. *Research in Post-Compulsory Education*, 1998,3:93-109. doi:10.1080/13596749800200027
91. Stewart S. The use of standardized and non-standardized assessments in a social services setting: implications for practice. *British Journal of Occupational Therapy*, 1999,62:417-423.
92. Mak AKM, Mackenzie A, Lui MHL. Changing needs of Chinese family caregivers of stroke survivors. *Journal of Clinical Nursing*, 2007,16:971-979. doi:10.1111/j.1365-2702.2006.01754.x PMID:17462048
93. Mirza I, Tareen A, Davidson LL, Rahman A. Community management of intellectual disabilities in Pakistan: a mixed methods study. *Journal of Intellectual Disability Research: JIDR*, 2009,53:559-570. doi:10.1111/j.1365-2788.2009.01176.x PMID:19504727
94. Roelands M, Van Oost P, Depoorter AM. Service use in family caregivers of persons with dementia in Belgium: psychological and social factors. *Health & Social Care in the Community*, 2008,16:42-53. doi:10.1111/j.1365-2524.2007.00730.x PMID:18181814
95. Charlton J. *Nothing about us without us: disability oppression and empowerment*. Berkeley and Los Angeles, University of California Press, 2000.
96. Riddell S et al. The development of direct payments: implications for social justice. *Social Policy and Society*, 2005,4:75-85. doi:10.1017/S1474746404002209
97. Shakespeare T, Gillespie-Sells K, Davies D. *The sexual politics of disability: untold desires*. London, Cassell, 1996.
98. Adams L. *The right to live in the community: making it happen for people with intellectual disabilities in Bosnia and Herzegovina, Montenegro, Serbia and Kosovo*. Sarajevo, Disability Monitor Initiative for South East Europe, Handicap International Regional Office for South East Europe, 2008.
99. Agnetti G. The consumer movement and compulsory treatment: a professional outlook. *International Journal of Mental Health*, 2008,37:33-45. doi:10.2753/IMH0020-7411370403
100. Sobsey D. *Violence and abuse in the lives of people with disabilities: the end of silent acceptance?* Baltimore, Brookes Publishing, 1994.
101. Brown H. *Safeguarding adults and children with disabilities against abuse*. Strasbourg, Council of Europe, 2002.
102. *The Standard Rules on the Equalization of Opportunities for Persons with Disabilities*. Adopted by the United Nations General Assembly, forty-eighth session, resolution 48/96, annex, of 20 December 1993. New York, United Nations, 1993 (http://www.un.org/esa/socdev/enable/dissre00.htm, accessed 27 July 2009).
103. Mansell J, Ericsson K, eds. *Deinstitutionalisation and community living: intellectual disability services in Britain, Scandinavia and the USA*. London, Chapman and Hall, 1996.
104. Braddock D, Emerson E, Felce D, Stancliffe RJ. Living circumstances of children and adults with mental retardation or developmental disabilities in the United States, Canada, England and Wales, and Australia. *Mental Retardation and Developmental Disabilities Research Reviews*, 2001,7:115-121. doi:10.1002/mrdd.1016 PMID:11389566

Capítulo 5 Asistencia y apoyo

105. Laragy C. Individualised funding in disability services. In: Eardley T, Bradbury B, eds. *Competing visions: refereed proceedings of the National Social Policy Conference 2001*. Sydney, Social Policy Research Center, University of New South Wales, 2002:263–278.
106. Mansell J. Deinstitutionalisation and community living: progress, problems and priorities. *Journal of Intellectual & Developmental Disability*, 2006,31:65-76. doi:10.1080/13668250600686726 PMID:16782591
107. Better health, better lives: children and young people with intellectual disabilities and their families. Bucharest, World Health Organization Europe, 2010 (Background paper for the conference, 26–27 November) (http://www.euro.who.int/__data/assets/pdf_file/0003/126408/e94421.pdf, accessed 6 January 2011).
108. Chiriacescu D. *Shifting the paradigm in social service provision: making quality services accessible for people with disabilities in South East Europe*. Sarajevo, Disability Monitor Initiative for South East Europe, Handicap International Regional Office for South East Europe, 2008.
109. *Protection of disabled persons*. Bucharest, Romania Ministry of Labour, 2009 (http://www.mmuncii.ro/pub/imagemanager/images/file/Statistica/Buletin%20statistic/2009/handicap4_68.pdf, accessed 5 April 2010).
110. Mansell J et al. *Deinstitutionalisation and community living—outcomes and costs: report of a European study* [Volume 2: Main report]. Canterbury, Tizard Center, University of Kent, 2007.
111. Battams S, Baum F. What policies and policy processes are needed to ensure that people with psychiatric disabilities have access to appropriate housing? *Social Science & Medicine (1982)*, 2010,70:1026-1034. doi:10.1016/j.socscimed.2009.12.007 PMID:20116916
112. Davis D, Fox-Grage W, Gehshan S. *Deinstitutionalization of persons with developmental disabilities: a technical assistance report for legislators*. Denver, National Conference of State Legislatures, 2000 (http://www.mnddc.org/parallels2/pdf/00-DPD-NCS.pdf, accessed 28 July 2009).
113. Hallam A et al. Service use and costs of support 12 years after leaving hospital. *Journal of Applied Research in Intellectual Disabilities*, 2006,19:296-308. doi:10.1111/j.1468-3148.2006.00278.x
114. Chou YC et al. Outcomes and costs of residential services for adults with intellectual disabilities in Taiwan: A comparative evaluation. *Journal of Applied Research in Intellectual Disabilities*, 2008,21:114-125. doi:10.1111/j.1468-3148.2007.00373.x
115. Stancliffe R, Lakin C. *Costs and outcomes of community services for people with intellectual disabilities*. Baltimore, Brookes Publishing, 2004.
116. Dinkinć M, Momčilović J. *Cost of independence: cost-benefit analysis of investing in the organization of personal assistant service for persons with disabilities in Serbia*. Belgrade, Institute G17 Plus and Center for Independent Living, 2007.
117. Glendinning C et al. *Evaluation of the individual budgets pilot program*. York, University of York, 2008.
118. Mayo-Wilson E, Montgomery P, Dennis JA. Personal assistance for children and adolescents (0–18) with intellectual impairments. *Cochrane database of systematic reviews (Online)*, 2008,3CD006858- PMID:18646172
119. Montgomery P, Mayo-Wilson E, Dennis JA. Personal assistance for older adults (65+) without dementia. *Cochrane database of systematic reviews (Online)*, 2008,1CD006855- PMID:18254118
120. Mayo-Wilson E, Montgomery P, Dennis JA. Personal assistance for adults (19–64) with both physical and intellectual impairments. *Cochrane database of systematic reviews (Online)*, 2008,2CD006860- PMID:18425973
121. Mayo-Wilson E, Montgomery P, Dennis JA. Personal assistance for adults (19–64) with physical impairments. *Cochrane database of systematic reviews (Online)*, 2008,3CD006856- PMID:18646171
122. Carrin G, Mathauer I, Xu K, Evans DB. Universal coverage of health services: tailoring its implementation. *Bulletin of the World Health Organization*, 2008,86:857-863. doi:10.2471/BLT.07.049387 PMID:19030691
123. *Cutting the cake fairly: CSCI review of eligibility criteria for social care*. London, Commission for Social Care Inspection, 2008.
124. Cote A. Gate keeping: urgent need for reform to ensure fair and effective access to social protection entitlements. *Disability Monitor Initiative–Middle East Journal*, 2009,1:18-20.
125. Chisholm D, Knapp M. Funding of mental health services. In: Thornicroft G, ed. *Oxford textbook of community mental health*. Oxford, Oxford University Press, 2010.
126. Ratzka AD. *Independent living and attendant care in Sweden: a consumer perspective*. New York, World Rehabilitation Fund, 1986 (Monograph No. 34) (http://www.independentliving.org/docs1/ar1986spr.pdf, accessed 27 December 2007).
127. Lilja M, Mansson I, Jahlenius L, Sacco-Peterson M. Disability policy in Sweden. *Journal of Disability Policy Studies*, 2003,14:130-135. doi:10.1177/10442073030140030101
128. de Klerk M, Schellingerhout R. *Ondersteuning gewenst, Mensen met lichamelijke beperkingen en hun voorzieningen op het terrein van wonen, zorg, vervoer en welzijn (Support is Desired, people with physical disabilities and their support in the domains of living, care, transportation and well-being)*. Den Haag, SCP, May 2006, (http://www.scp.nl/publicaties/boeken/9037702600/Ondersteuning_gewenst.pdf.
129. *You and your grants 2009/10*. Pretoria, South African Social Security Agency, 2009 (http://www.sassa.gov.za/applications/cms/documents/file_build.asp?id=100000081, accessed 26 July 2009).
130. *Disability support services: increasing participation and independence*. Wellington, Ministry of Health, 2002.
131. *International Classification of Functioning, Disability and Health*. Geneva, World Health Organization, 2001.

132. Algera M, Francke AL, Kerkstra A, van der Zee J. An evaluation of the new home-care needs assessment policy in the Netherlands. *Health & Social Care in the Community*, 2003,11:232-241. doi:10.1046/j.1365-2524.2003.00424.x PMID:12823428
133. Jones K, Netten A, Francis J, Bebbington A. Using older home care user experiences in performance monitoring. *Health & Social Care in the Community*, 2007,15:322-332. doi:10.1111/j.1365-2524.2006.00687.x PMID:17578393
134. Axelsson C, Granier P, Adams L. *Beyond de-institutionalization: the unsteady transition towards an enabling system in South East Europe*. Sarajevo, Disability Monitor Initiative for South East Europe, 2004.
135. Puri M. *Assisted decision making: does the National Trust Act deliver?* Disability India Network, n.d. (http://www.disabilityindia.org/natTrust.cfm, accessed 10 October 2008).
136. Mulvany F, Barron S, McConkey R. Residential provision for adult persons with intellectual disabilities in Ireland. *Journal of Applied Research in Intellectual Disabilities*, 2007,20:70-76. doi:10.1111/j.1468-3148.2006.00306.x
137. Mandelstam M. *Safeguarding vulnerable adults and the law*. London, Jessica Kingsley Publishers, 2009.
138. Acheson N. Service delivery and civic engagement: disability organisations in Northern Ireland *Voluntas*, 2001,12:279-293. doi:10.1023/A:1012395402144
139. Priestley M. *Disability Politics and Community Care*. London, Jessica Kingsley, 1998.
140. Hatfield B, Ryan T, Simpson V, Sharma I. Independent sector mental health care: a 1-day census of private and voluntary sector placements in seven Strategic Health Authority areas in England. *Health & Social Care in the Community*, 2007,15:407-416. doi:10.1111/j.1365-2524.2007.00698.x PMID:17685986
141. Rosenau PV, Linder SH. A comparison of the performance of for-profit and nonprofit U.S. psychiatric inpatient care providers since 1980. *Psychiatric Services (Washington, D.C.)*, 2003,54:183-187. PMID:12556598
142. McConkey R et al. Variations in the social inclusion of people with intellectual disabilities in supported living schemes and residential settings. *Journal of Intellectual Disability Research: JIDR*, 2007,51:207-217. doi:10.1111/j.1365-2788.2006.00858.x PMID:17300416
143. Lansley P et al. Adapting the homes of older people: a case study of costs and savings. *Building Research and Information*, 2004,32:468-483. doi:10.1080/0961321042000269429
144. Heller T, Caldwell J. Impact of a consumer-directed family support program on reduced out-of-home institutional placement. *Journal of Policy and Practice in Intellectual Disabilities*, 2005,2:63-65. doi:10.1111/j.1741-1130.2005.00010.x
145. Pijl M. Home care allowances: good for many but not for all. *Practice: Social Work in Action*, 2000,12:55-65.
146. Rabiee P, Moran N, Glendinning C. Individual budgets: lessons from early users' experiences, 2009. *British Journal of Social Work*, 2009,39:918-935. doi:10.1093/bjsw/bcm152
147. Carr S, Robins D. *The implementation of individual budget schemes in adult social care*. London, Social Care Institute for Excellence, 2009 (SCIE Research Briefing 20).
148. *Vulnerable groups in development: the case for targeting mental health conditions*. Geneva, World Health Organization, 2010.
149. Benjamin AE, Matthias R, Franke TM. Comparing consumer-directed and agency models for providing supportive services at home. *Health Services Research*, 2000,35:351-366. PMID:10778820
150. Kim WM, White GW, Fox MH. Comparing outcomes of persons choosing consumer-directed or agency-directed personal assistance services. *Journal of Rehabilitation*, 2006,72:32-43.
151. Clark MJ, Hagglund KJ, Sherman AK. A longitudinal comparison of consumer-directed and agency-directed personal assistance service programmes among persons with physical disabilities. *Disability and Rehabilitation*, 2008,30:689-695. doi:10.1080/09638280701463878 PMID:17852213
152. Spall P, McDonald C, Zetlin D. Fixing the system? The experience of service users of the quasi-market in disability services in Australia. *Health & Social Care in the Community*, 2005,13:56-63. doi:10.1111/j.1365-2524.2005.00529.x PMID:15717907
153. Priestley M et al. Direct payments and disabled people in the UK: supply, demand and devolution. *British Journal of Social Work*, 2007,37:1189-1204. doi:10.1093/bjsw/bcl063
154. Stevens M et al. Choosing services or lifestyles: assessing the role of increasing choice in UK social care services. *Journal of Social Policy*, forthcoming
155. Grassman EJ, Whitaker A, Larsson AT. Family as failure? The role of informal help-givers to disabled people in Sweden. *Scandinavian Journal of Disability Research*, 2009,11:35-49. doi:10.1080/15017410802253518
156. Dougherty S et al. *Planned and crisis respite for families with children: results of a collaborative study*. Arlington, Child Welfare League of America, ARCH National Respite Network and Resource Center, 2002 (http://www.archrespite.org/Collaborative%20Respite%20Report%20.pdf, accessed 15 April 2010).
157. Mansell I, Wilson C. Current perceptions of respite care: experiences of family and informal carers of people with a learning disability. *Journal of Intellectual Disabilities: JOID*, 2009,13:255-267. doi:10.1177/1744629509356725 PMID:20048347
158. *Breaking point: families still need a break*. London, Mencap, 2006 (http://www.mencap.org.uk/document.asp?id=297, accessed 15 April 2010).
159. Giménez DM. *Género, previsión y ciudadanía social en América Latina (Gender, pensions and social citizenship in Latin America)*. Santiago, Economic Commission for Latin America and the Caribbean, 2005 (Serie Mujer y Desarrollo No. 46).

160. *Australia's welfare 1993: services and assistance*. Canberra, Australian Institute of Health and Welfare, 1993.
161. Caldwell J. Consumer-directed supports: economic, health, and social outcomes for families. *Mental Retardation*, 2006,44:405-417. doi:10.1352/0047-6765(2006)44[405:CSEHAS]2.0.CO;2 PMID:17132035
162. Glendinning C et al. *Individual budgets pilot program: impact and outcomes for caregivers*. York, University of York, 2009.
163. Yamada M, Hagihara A, Nobutomo K. Coping strategies, care manager support and mental health outcome among Japanese family caregivers. *Health & Social Care in the Community*, 2008,16:400-409. doi:10.1111/j.1365-2524.2007.00752.x PMID:18221487
164. Gillinson S, Green H, Miller P. *Independent living: the right to be equal citizens*. London, Demos, 2005.
165. Meyer J. A non-institutional society for people with developmental disability in Norway. *Journal of Intellectual & Developmental Disability*, 2003,28:305-308.
166. Bieler RB. Independent living in Latin America: progress in adapting a «First World» philosophy to the realities of the «Third World». In: García Alonso JV, ed. *El movimiento de vida independiente: experiencias internacionales*. Madrid, Spain, Fundación Luis Vives, 2003:218–242 (http://www.disabilityworld.org/11-12_03/il/latinamerica.shtml, accessed 31 March 2010).
167. Spandler H, Vick N. Opportunities for independent living using direct payments in mental health. *Health & Social Care in the Community*, 2006,14:107-115. doi:10.1111/j.1365-2524.2006.00598.x PMID:16460360
168. Ilagan V. Breaking the barriers: enabling children with disabilities in the Philippines. *Development Outreach*, 2005 July (http://devoutreach.com/july05/SpecialReportBreakingtheBarriers/tabid/908/Default.aspx, accessed 6 April 2010).
169. Windley D, Chapman M. Support workers within learning/intellectual disability services perception of their role, training and support needs. *British Journal of Learning Disabilities*, 2010,38:310-318. doi:10.1111/j.1468-3156.2010.00610.x
170. *Determining the training needs of personal assistants working directly with personal assistance users*. London, Independent Living Alternatives, 2008 (http://www.ilanet.co.uk/id15.html, accessed 5 April 2010).
171. Finkelstein V. *Rethinking care in a society providing equal opportunities for all*. Geneva, World Health Organization, 2001.
172. Larson S, Hewitt A. *Staff recruitment, retention, training strategies for community human services organizations*. Baltimore, Brookes Publishing, 2005.
173. Kishorekumar BD. *Community based rehabilitation: an approach to empower the disabled*. Hyderabad, ICFAI Books, 2009.
174. McConkey R, Alant E. Promoting leadership and advocacy. In: Alant E, Lloyd LL, eds. *Augmentative and alternative communication and severe disabilities: beyond poverty*. London, Whurr Publishers, 2005:323–344.
175. Upadhyaya GP. *Policy, programs and activities to protect and promote the rights and dignity of persons with disabilities in Nepal*. Bangkok, Expert Group Meeting and Seminar on an International Convention to Protect and Promote the Rights and Dignity of Persons with Disabilities, 2003 (http://www.worldenable.net/bangkok2003/papernepal2.htm, accessed 25 November 2008).
176. Lysack C, Kaufert J. Comparing the origins and ideologies of the independent living movement and community based rehabilitation. *International Journal of Rehabilitation Research. Internationale Zeitschrift fur Rehabilitationsforschung. Revue Internationale de Recherches de Réadaptation*, 1994,17:231-240. PMID:8002130
177. *Community home-based care in resource limited settings: a framework for action*. Geneva, World Health Organization, 2002.
178. Australian Human Rights Commission [web site]. (www.hreoc.gov.au/disability_rights/, accessed 6 April 2010).
179. *New Zealand disability strategy*. Wellington, Ministry of Health, 2001 (www.odi.govt.nz/nzds, accessed 25 November 2008).
180. Handisam [website]. (http://www.handisam.se/Tpl/NormalPage____297.aspx, accessed 6 April 2010).
181. *CBR guidelines*. Geneva, World Health Organization, 2010.

Capítulo 6

Ambientes favorables

«Me he visto obligado a inventar soluciones prácticas para poder enfrentarme de plano y con seguridad a un ambiente inadecuado y llevar a cabo una vida activa con distrofia muscular, todo ello mientras hago campaña por una sociedad más inclusiva. Entre estas iniciativas privadas, he tenido que contratar a un chofer/asistente que me brinda la ayuda que necesito para poder trasladarme. No es poco frecuente ver que mi asistente me lleva en brazos en Puerto Príncipe para subir varios tramos de escaleras, incluso cuando voy a la Dirección Impositiva a pagar los impuestos.»

Gerald

«Desde que me lesioné, mi vida social se ha visto tan afectada por la dificultad de trasladarme y los desafíos que me plantea el ambiente que me es difícil realizar actividades cotidianas (visitar a amigos, salir, etc.), además de ir a las consultas médicas y sesiones de rehabilitación en el hospital. Antes de lesionarme, participaba activamente de la sociedad, tenía muchos amigos y salía con ellos para realizar distintas actividades y practicar deportes. Pero después de la lesión, comenzó a ser difícil salir con ellos, porque el ambiente no está adaptado a los usuarios de sillas de ruedas: las calles, el transporte, las tiendas, los restaurantes y demás lugares.»

Fadi

«Decidí asistir a la primera reunión de un grupo que analiza temas profesionales en el campo de la psicología. La reunión fue muy estresante y frustrante para mí, ya que me fue imposible seguir el debate del grupo. Cuando terminó, me acerqué a la instructora y le comenté sobre mi problema auditivo, y le pedí permiso para hacer circular un micrófono especial entre los oradores que transmite la voz directamente a mis prótesis auditivas. Para mi sorpresa, la instructora se negó a acceder a mi pedido y dijo que no era bueno para el grupo, pues arruinaría el ambiente de espontaneidad.»

Adva

«El mayor obstáculo para mi independencia ha sido la actitud de la gente, que cree que hay muchas cosas que no podemos hacer. Pero también están los escalones y las barreras arquitectónicas. Tuve una experiencia con el director de la Casa de la Cultura. Como había muchos escalones y no podía ingresar, envié a alguien a buscar ayuda y, cuando vino el director, sorprendido, me dijo: '¿Qué ha ocurrido, qué ha ocurrido?, ¿qué está haciendo?'. Él creía que yo estaba pidiendo limosna; no se le ocurrió que yo estaba trabajando.»

Feliza

«Hasta los 19 años de edad, no tuve la oportunidad de aprender la lengua de señas, ni tenía amigos sordos. Después de ingresar en la universidad, aprendí la lengua de señas y desempeñé una función activa como integrante de los directorios de los clubes para personas con sordera. Desde que concluí mi carrera universitaria, he estado trabajando como científico biólogo en un instituto nacional. Con mis colegas me comunico principalmente por escrito y uso el servicio público de interpretación de lengua de señas para algunas co nferencias y reuniones. Con mi pareja, que también tiene sordera, tenemos dos hijos sordos. Debido a mi historia, soy de la opinión categórica de que, tanto la lengua de señas como la cultura de las personas sordas, son absolutamente necesarias para que los niños sordos puedan estar a la altura de los desafíos que les toca vivir.»

Akio

6

Ambientes favorables

Los ambientes —físicos, sociales y actitudinales— pueden generar discapacidad en las personas que poseen deficiencias o fomentar su participación e inclusión. La CDPD especifica la importancia de las intervenciones para mejorar el acceso a los distintos dominios del ambiente, como los edificios, las calles, el transporte, la información y la comunicación. Estos dominios están interconectados; las personas con discapacidad no podrán beneficiarse plenamente de las mejoras en uno de esos dominios si los demás permanecen inaccesibles.

Un ambiente accesible, especialmente importante para las personas con discapacidad, otorga beneficios a una gama más amplia de personas. Por ejemplo, los rebajes en las aceras (rampas) también son útiles para los padres que empujan carritos de bebés. Cuando la información se presenta en un lenguaje simple, también ayuda a las personas que tienen menor instrucción y a quienes hablan el idioma como segunda lengua. Los anuncios de cada parada en el transporte público pueden ser de ayuda tanto para los extranjeros que viajan por el país y no conocen bien el recorrido como para las personas con deficiencias visuales. Asimismo, el hecho de que los beneficios alcancen a muchas personas puede contribuir a generar un clima de apoyo generalizado para realizar cambios.

Para llegar a buen puerto, las iniciativas de accesibilidad deben tener en cuenta las limitaciones externas, que incluyen la asequibilidad económica, las prioridades en pugna, la disponibilidad de tecnología y conocimientos, y las diferencias culturales. También deberían basarse en pruebas científicas contundentes. A menudo, es más fácil lograr la accesibilidad en forma gradual; por ejemplo, al mejorar las características de los edificios por etapas. Las medidas iniciales deberían apuntar a construir una «cultura de accesibilidad» y concentrarse en eliminar las barreras básicas del ambiente. Una vez que el concepto de accesibilidad esté arraigado, y a medida que haya más recursos disponibles, se hará más fácil elevar las normas y lograr un nivel más alto de diseño universal.

Incluso luego de eliminar las barreras físicas, las actitudes negativas pueden generar barreras en todos los ámbitos. Para vencer la ignorancia y los prejuicios que rodean la discapacidad, se requiere de educación y sensibilización. Esa educación debería ser un componente habitual de la capacitación profesional en los ámbitos de la arquitectura, la construcción, el diseño, la informática y la mercadotecnia. Las autoridades normativas

> **Cuadro 6.1. Definiciones y conceptos**
>
> **Accesibilidad.** En pocas palabras, se trata de la capacidad de llegar, comprender o acercarse a algo o alguien. En materia de legislación y normas de accesibilidad, se refiere a todo lo que la ley exige cumplir.
>
> **Diseño universal.** Proceso que aumenta la usabilidad, la seguridad, la salud y la participación social a través del diseño y la conjugación de los ambientes, productos y sistemas, en respuesta a la diversidad de personas y capacidades (*1*).
>
> No obstante, la usabilidad no es la única meta del diseño universal, y la «adaptación y el diseño especializado» forman parte del brindar personalización y alternativas, características que pueden resultar esenciales para contemplar la diversidad. Otros temas que se superponen dentro del mismo concepto general son el «diseño para todos» y el «diseño inclusivo».
>
> **Norma.** Es un nivel de calidad aceptado como patrón. A veces, las normas se codifican en documentos como «directrices» o «reglamentos», en ambos casos, con definiciones específicas y con consecuencias jurídicas diferentes en los distintos sistemas jurídicos. Un ejemplo de ello es el apartado M del reglamento de construcción del Reino Unido de Gran Bretaña e Irlanda del Norte. Las normas pueden ser de cumplimiento voluntario u obligatorio.
>
> **Espacios públicos.** Se trata de los edificios abiertos al público y previstos para él, ya sean de propiedad estatal (tribunales, hospitales y escuelas) o privada (tiendas, restaurantes y estadios deportivos), y las calles de acceso público.
>
> **Transporte.** Quedan comprendidos dentro de este término vehículos, estaciones, sistemas de transporte público, infraestructura y zonas peatonales.
>
> **Comunicación.** «Incluye los idiomas, la visualización de texto en pantalla, Braille, la comunicación táctil, la impresión con letra más grande y los multimedios accesibles, además del lenguaje escrito, el audio, el lenguaje de fácil comprensión, modos de lectura humana aumentativa y alternativa, y medios y formatos de comunicación, incluidas las tecnologías accesibles de la información y las comunicaciones» (*2*). Estos formatos, modos y medios de comunicación pueden ser físicos, si bien se están volcando crecientemente al formato electrónico.

y quienes trabajan en nombre de las personas con discapacidad deben familiarizarse con la importancia de la accesibilidad.

El ambiente de información y comunicación habitualmente se construye por entes empresariales que cuentan con importantes recursos, alcance mundial y, algunas veces, experiencia en asuntos de accesibilidad. Como consecuencia, las nuevas tecnologías con diseños universales se incorporan con mayor rapidez en el ambiente virtual que en el ambiente físico. Pero, incluso con la rápida evolución de las tecnologías de la información y la comunicación (TIC), la accesibilidad puede verse limitada por la falta de medios económicos o de disponibilidad. A medida que se crean nuevas tecnologías en rápida sucesión, existe el peligro de que se descuide el acceso para las personas con discapacidad y se opte por ayudas técnicas costosas, en vez de incorporar un diseño universal.

Este capítulo se centra en las barreras ambientales que existen en el acceso a edificios, calles, medios de transporte, información y comunicación, y las medidas necesarias para mejorar dicho acceso (véase el cuadro 6.1).

Comprender el acceso a los ambientes físicos y la información

El acceso a lugares públicos, como **edificios y calles**, es beneficioso para la participación en la vida cívica y resulta esencial para la educación, la atención médica y la participación en el mercado laboral (véase el cuadro 6.2). La falta de acceso puede excluir a las personas con discapacidad o hacer que se vuelvan dependientes de otros (*6*). Por ejemplo, si los retretes públicos son inaccesibles, las personas con discapacidad tendrán dificultades para participar en la vida cotidiana.

El **transporte** proporciona un acceso independiente a los establecimientos de trabajo,

Cuadro 6.2. Participación política

El artículo 29 de la CDPD de las Naciones Unidas garantiza los derechos políticos de las personas con discapacidad, primero al destacar la importancia de contar con procesos de votación e información electoral accesibles y el derecho de las personas con discapacidad a ser candidatos en elecciones y, segundo, al abogar por que las personas con discapacidad formen e integren sus propias organizaciones y participen en la vida política en todos los ámbitos.

Los ambientes favorables son fundamentales para promover la participación política. La accesibilidad física de los encuentros públicos, las cabinas y las máquinas de votación y demás procesos es necesaria para que las personas con discapacidad puedan participar. La accesibilidad de la información (panfletos, transmisión de programas, sitios web) es vital para que las personas puedan debatir y tomar sus decisiones con conocimiento de causa. Por ejemplo, la lengua de señas y el subtitulado oculto en las transmisiones de los partidos políticos eliminarían las barreras para las personas sordas e hipoacúsicas. Las personas que están confinadas al hogar o institucionalizadas pueden necesitar recurrir al voto postal o al voto por representación para ejercer su derecho al sufragio. La cuestión más amplia de las actitudes es también pertinente, en el sentido de si se respeta a las personas con discapacidad como parte del proceso democrático —como votantes, observadores en elecciones, comentaristas o incluso como representantes electos— o se las identifica con la sociedad en general (3). En especial, las personas con deficiencias intelectuales y condiciones de salud mental a menudo sufren de una exclusión discriminatoria del proceso de votación (4).

La Fundación Internacional para Sistemas Electorales ha trabajado en diferentes países para fomentar la inscripción de los votantes y eliminar las barreras que impiden la participación de las personas con discapacidad en calidad de votantes y candidatos. En tal sentido, se pueden citar, por ejemplo, un programa de educación de votantes en Iraq, asistencia para la inscripción en padrones electorales y durante el proceso de votación en Kosovo (en asociación con la Organización para la Seguridad y la Cooperación en Europa) e iniciativas en Armenia, Bangladesh y otros países. En el Reino Unido, la organización de voluntarios United Response ha realizado campañas y generado recursos para promover la participación electoral de las personas con deficiencias intelectuales (5).

En la India, a pesar de que la Ley sobre las Personas con Discapacidad de 1995 garantizaba la igualdad de oportunidades para dichas personas, dicha ley no tuvo ninguna repercusión en los procesos electorales posteriores. El movimiento por la discapacidad en la India realizó una fuerte campaña para lograr el acceso al sistema político, especialmente en el periodo previo a las elecciones de 2004. La Corte Suprema emitió un fallo provisorio que obligó a los Gobiernos de los estados a proporcionar rampas en todas las cabinas de votación para la segunda ronda electoral de 2004 y a brindar información en Braille en las elecciones futuras. En 2007, la Corte Suprema de la India ordenó que la Comisión Electoral debía instruir a todos los Gobiernos de los estados y territorios de la Unión para que tomaran los siguientes recaudos para las elecciones generales de 2009:

- colocar rampas en todas las estaciones de votación;
- contar con números en Braille en los botones correspondientes a las opciones de votación de las máquinas de votación electrónica;
- ofrecer filas separadas para las personas con discapacidad en los locales de votación;
- contar con personal electoral capacitado para comprender y respetar las necesidades de las personas con discapacidad.

Como consecuencia de las campañas y las iniciativas de sensibilización, los principales partidos políticos explícitamente mencionaron las cuestiones relativas a la discapacidad en sus manifiestos de 2009.

El aumento en la participación política de las personas con discapacidad puede generar avances hacia una política pública que incluya más a la discapacidad. Si bien se han logrado avances para que las elecciones sean accesibles, es poco frecuente que las personas con discapacidad resulten electas para ocupar cargos públicos. No obstante, en países como los Estados Unidos, el Reino Unido, Alemania, el Ecuador y el Perú, hubo personas con discapacidad que resultaron electas para ocupar el cargo supremo. En Uganda, el artículo 59 de la Constitución de 1995 dispone que «el Parlamento sancionará leyes que prevean que se facilite el proceso de inscripción y votación a los ciudadanos con discapacidad», mientras que el artículo 78 contempla la representación de las personas con discapacidad en el Parlamento. Se elige a las personas con discapacidad a través de un sistema electoral colegiado en todos los niveles, que van desde la aldea hasta el Parlamento, lo cual ha influido en el logro de una legislación que contempla las necesidades de las personas con discapacidad. Uganda posee una de las cifras más altas de todo el mundo de representantes con discapacidad electos.

Información adicional: http://www.electionaccess.org; http://www.ifes.org/disabilities.html; http://www.everyvonetecounts.org.uk.

educación y atención médica, al igual que a las actividades sociales y recreativas. Sin un transporte accesible, las personas con discapacidad tendrán una mayor probabilidad de verse excluidas de los servicios y el contacto social (*7*, *8*). En un estudio realizado en Europa, se citó al transporte como un obstáculo frecuente para la participación de las personas con discapacidad (*9*). En una encuesta llevada a cabo en los Estados Unidos, la falta de transporte fue la segunda razón más frecuente por la cual las personas con discapacidad desistían de buscar trabajo (*10*). La falta de transporte público es, en sí misma, una de las principales barreras que impiden el acceso, incluso en algunos países sumamente desarrollados (*11*).

La falta de **comunicación** e **información** accesibles afecta la vida de muchas personas con discapacidad (*12-14*). Las personas que poseen dificultades de comunicación, como deficiencias auditivas o del habla, sufren una importante desventaja social, tanto en los países desarrollados como en desarrollo (*15*). Esta desventaja se experimenta especialmente en los sectores donde la comunicación eficaz es crítica, como lo son la atención médica, la educación, el gobierno local y la justicia.

- Las personas hipoacúsicas pueden necesitar dispositivos que les permitan leer los enunciados, dispositivos de asistencia auditiva y buena acústica ambiental en los espacios cerrados (*16*). Las personas sordas y sordociegas usan la lengua de señas. En ese sentido, necesitan educación bilingüe en la lengua de señas y en la lengua nativa, además de intérpretes de lengua de señas, lo cual incluye intérpretes táctiles o dactilológicos (*17*, *18*). De acuerdo con las estimaciones de la OMS, en 2005, alrededor de 278 millones de personas en todo el mundo tenían una pérdida auditiva moderada a profunda en ambos oídos (*19*).
- Las personas ciegas o que tienen baja visión requieren de formación en Braille, equipos para producir material en Braille y acceso a servicios de bibliotecas que ofrezcan material en Braille, en audio y con letra grande, además de dispositivos de lectura de pantalla y equipos de aumento (*20*, *21*). Alrededor de 314 millones de personas en el mundo poseen deficiencias visuales debido a condiciones oculares o a errores de refracción sin corregir. De dicha cifra, 45 millones de personas son ciegas (*22*, *23*).
- Las personas con deficiencias intelectuales necesitan que la información se les presente en un lenguaje claro y simple (*24*). Las personas que tienen condiciones de salud mental severas deben encontrar trabajadores de la salud que posean idoneidad comunicativa y confianza para comunicarse eficazmente con ellos (*25*).
- Las personas que no pueden hablar necesitan acceder a sistemas de comunicación «aumentativos y alternativos», además de lograr que se acepten estas formas de comunicación en los lugares donde viven, trabajan y reciben educación. Estos sistemas incluyen pantallas de comunicación, lengua de señas y sintetizadores de voz.

Los datos empíricos disponibles sugieren que las personas con discapacidad tienen índices de uso de las TIC significativamente menores que las personas que no poseen discapacidad (*26-29*). En algunos casos, pueden incluso no lograr acceder a productos y servicios básicos como teléfonos, televisión e internet.

Las encuestas sobre el acceso y el uso de los medios digitales en los países desarrollados han permitido concluir que las personas con discapacidad tienen la mitad de probabilidades de tener una computadora en la casa, e incluso tienen menos de la mitad de probabilidades de tener acceso a internet en la casa, en comparación con las personas que no poseen ninguna discapacidad (*30*, *31*). El concepto de la brecha digital se refiere no solo al acceso físico a las computadoras, conectividad e infraestructura, sino también a los factores geográficos, económicos, culturales y sociales —como es el caso del analfabetismo— que crean barreras que obstan a la inclusión social (*31-36*).

Las barreras en edificios y calles

Antes de la CDPD, el principal instrumento que contemplaba la necesidad de mejorar el acceso eran las Normas Uniformes sobre la Igualdad de Oportunidades para las Personas con Discapacidad de las Naciones Unidas, que carecían de mecanismos para exigir su cumplimiento. Un estudio realizado por las Naciones Unidas en 2005 en 114 países permitió concluir que, pese a que muchas naciones contaban con políticas de accesibilidad, no se habían logrado grandes avances (*37*). De esos países, el 54% declaró que carecía de normas de accesibilidad para las calles y los ambientes al aire libre, el 43% carecía de dichas normas para edificios públicos, y el 44% carecía de ellas para escuelas, instalaciones de salud y demás edificios de servicios públicos. Asimismo, el 65% no había comenzado ningún programa educativo, y el 58% no había asignado recursos financieros destinados a contemplar las cuestiones de accesibilidad. A pesar de que el 44% de los países contaba con un órgano gubernamental responsable de controlar la accesibilidad para las personas con discapacidad, la cantidad de países con defensores del pueblo, consejos de arbitraje o comités de expertos independientes era muy baja.

Entre los diversos factores que explican la brecha que se observa entre la creación de un marco institucional y de políticas y el logro de su cumplimiento, se pueden citar los siguientes:
- falta de recursos financieros;
- falta de planificación y capacidad de diseño;
- limitaciones en la investigación y la información;
- falta de cooperación entre las instituciones;
- falta de mecanismos de cumplimiento;
- falta de participación del usuario;
- limitaciones geográficas y climáticas;
- falta de un componente de conciencia hacia la discapacidad en los programas de estudios de los urbanistas, arquitectos e ingenieros de la construcción.

Los informes de los países donde existen leyes sobre accesibilidad, incluso aquellos que poseen leyes que tienen una antigüedad de 20 a 40 años, confirman un bajo nivel de cumplimiento (*38-41*). Una encuesta técnica realizada entre 265 edificios públicos en 71 ciudades de España permitió concluir que no había ni un solo edificio dentro de los que formaron parte del estudio que cumpliera en un 100% con los requisitos (*40*), mientras que otra encuesta realizada en Serbia permitió determinar que los niveles de cumplimiento oscilaban entre el 40% y el 60% (*40*). Hay informes de países tan diversos como Australia, el Brasil, Dinamarca, la India y los Estados Unidos que incluyen ejemplos similares de incumplimiento (*39, 40, 42, 43*). Hay una necesidad acuciante de identificar las formas más eficaces de hacer cumplir las leyes y los reglamentos sobre accesibilidad y de difundir esta información a escala mundial.

Formular políticas eficaces

La experiencia demuestra que las iniciativas voluntarias sobre accesibilidad no son suficientes para eliminar las barreras. En su lugar, se necesitan normas mínimas obligatorias. En los Estados Unidos, por ejemplo, se aprobó la primera norma voluntaria sobre accesibilidad en 1961. Cuando se hizo evidente que la norma no se utilizaba, en 1968 se sancionó la primera ley sobre accesibilidad, que abarcaba a todos los edificios federales, luego de la cual se logró una adhesión generalizada a dichas normas (*44*). En la mayoría de los países que adoptaron medidas tempranas, las normas de accesibilidad han evolucionado con el correr del tiempo, especialmente en lo relativo a los espacios públicos. Recientemente, algunos países, como el Brasil, han extendido la legislación a las empresas privadas que prestan servicios al público.

En la construcción de nuevos edificios, es generalmente factible lograr el cumplimiento de todos los requisitos de las normas de accesibilidad a un 1% del costo total (*45-47*). Para lograr que los edificios más antiguos sean accesibles se requiere de flexibilidad, debido a las limitaciones técnicas, asuntos de conservación histórica y la variabilidad de los recursos de los propietarios. Existen leyes, como la Ley sobre Estadounidenses con Discapacidades de 1990 y la Ley contra la Discriminación por Discapacidad de 1995 del Reino Unido, que introdujeron expresiones jurídicas como «ajustes razonables», «sin dificultades excesivas» y «técnicamente inviable». Estas expresiones proporcionaron formas jurídicamente aceptables de realizar ajustes en el caso de las limitaciones de las estructuras existentes. El concepto de «dificultades excesivas», por ejemplo, da mayor vía libre a las empresas pequeñas que a las grandes compañías para realizar reformas que son costosas debido a la naturaleza de las estructuras existentes.

Quizás sea mejor ampliar el alcance de los edificios amparados por la legislación y las normas después de introducir una primera etapa de accesibilidad, en vez de intentar lograr que todo sea totalmente accesible. En el caso de los países en desarrollo, un plan estratégico con prioridades y una serie de objetivos de cumplimiento gradual puede lograr el máximo aprovechamiento de los recursos limitados. Las políticas y las normas podrían, en una primera instancia, abordar la construcción tradicional en las zonas rurales de bajo ingreso en forma diferente a otros tipos de construcción, para lo cual podrían concentrarse, por ejemplo, en el acceso a nivel de planta baja y el acceso a los retretes públicos. Tras experimentar con diferentes enfoques durante un periodo limitado, se podrían incluir normas más abarcadoras, sobre la base del conocimiento que se tiene respecto de cuáles son los elementos que mejor funcionan. La CDPD se refiere a esta estrategia como «aplicación progresiva».

Mejorar las normas

Las normas de accesibilidad pueden crear un ambiente favorable (*38-40*). Las evaluaciones de las normas existentes han permitido determinar que existe una conciencia generalmente baja sobre la existencia de las normas. En el caso de las personas que eran conscientes de la existencia de normas, se plantearon inquietudes sobre su adecuación, especialmente en los contextos de escasos recursos, incluidas las zonas rurales con formas tradicionales de construcción y asentamientos informales. Por ejemplo, trabajadores socorristas han denunciado que las normas de accesibilidad son inadecuadas para los problemas que se presentan en los campos de refugiados y proyectos de reconstrucción que se llevan a cabo luego de desastres naturales (*48*).

Asimismo, se han creado normas contemporáneas a través de un proceso eminentemente consensual. Es importante contar con la participación de personas con discapacidad en la creación de normas, a efectos de brindar información sobre las necesidades de los usuarios. No obstante, también se necesita un enfoque sistemático de las normas, basado en la evidencia disponible. Las evaluaciones de las disposiciones técnicas de accesibilidad en los contextos de ingreso alto han permitido concluir que los requisitos de aberturas y espacio para el paso de una silla de ruedas muchas veces son demasiado bajos (*49*, *50*). Estas falencias derivan de las características cambiantes de las ayudas técnicas, como el aumento en el tamaño de las sillas de ruedas, los avances en los conocimientos para facilitar el acceso y las demoras para incorporar los nuevos conocimientos en las normas.

Las características básicas de acceso en la construcción de nuevos edificios deberían incluir:
- rampas;
- cruces seguros en las calles;
- entradas accesibles;
- una vía accesible para trasladarse a todos los espacios;
- acceso a los servicios públicos, como retretes.

Luego de realizarse una recopilación de datos referentes a 36 países y zonas de Asia y el Pacífico, se demostró que el 72% cuenta con normas de accesibilidad para el ambiente edilicio o el transporte público, o para ambos. Se requiere una evaluación del contenido de las normas y cobertura para comprender el alcance y la aplicación de dichas normas (*51*). La mayoría de las normas de accesibilidad se concentran en las necesidades de las personas con deficiencias de movilidad. Las normas pertinentes, por ejemplo, contienen muchos criterios para garantizar que se cuente con aberturas y espacio para maniobrar suficientes para el desplazamiento de los usuarios de sillas de ruedas y caminadores. También es importante satisfacer las necesidades de las personas con deficiencias sensoriales, principalmente para que eviten peligros y logren encontrar el camino para llegar a su destino. A tales efectos, se han diseñado métodos de comunicación que incluyen alarmas visuales y mayor contraste en los carteles, señalización en Braille, pavimento táctil y modalidades duales en dispositivos interactivos, como cajeros automáticos en los bancos y máquinas expendedoras de tiques.

Las normas de accesibilidad rara vez contemplan explícitamente las necesidades de las personas con deficiencias cognitivas o condiciones de salud mental. Las directrices de diseño universal abordan asuntos como la forma de brindar mayor apoyo para que las personas encuentren el camino para llegar a su destino y reducir el estrés, elemento que puede considerarse dentro de las normas de accesibilidad (52).

Se necesitan normas adecuadas para la construcción rural en los países en desarrollo. Tras realizarse un estudio sobre accesibilidad en las aldeas rurales de Gujarat (India), se concluyó que las actuales prácticas en las zonas urbanas de gran poder económico de la India no eran adecuadas en estas aldeas (53). Otros estudios sobre accesibilidad para las personas con discapacidad en los países en desarrollo se concentraron en la higiene y el uso del agua (54, 55) y propusieron soluciones simples y de bajo costo para lograr que los retretes, los dispositivos para el transporte de agua, los puestos de agua y demás instalaciones fueran accesibles.

También se necesitan normas de accesibilidad en los campos de refugiados y asentamientos informales, al igual que en los proyectos de reconstrucción que se emprenden luego de un desastre. Estudios sobre asentamientos informales en la India y Sudáfrica permitieron concluir que las condiciones en esos lugares, al igual que en las zonas rurales pobres, exigen métodos para abordar la accesibilidad diferentes a los de las zonas urbanas, como, por ejemplo, brindar acceso a retretes de piso (inodoros a la turca) y sortear los desagües abiertos, que crean obstáculos para los usuarios de sillas de ruedas y la circulación de peatones. Las graves barreras de seguridad y privacidad existentes en dichas comunidades son tan importantes como la independencia para llevar a cabo las tareas cotidianas (56). El Manual Esfera, creado por más de 400 organizaciones de todo el mundo, establece las normas mínimas para el caso de una respuesta ante un desastre e incluye métodos para satisfacer las necesidades de las personas con discapacidad. En su edición de 2010, la discapacidad se trata como un asunto transversal a todos los sectores principales, con inclusión del abastecimiento de agua, el saneamiento, la nutrición, la ayuda alimentaria, el refugio y los servicios de salud (57).

Las normas de los países industrializados han generado una «convergencia mundial» de las normas de accesibilidad (8), en vez de que las normas de los países en desarrollo reflejen las condiciones culturales o económicas (58). Para determinar si esto se debe a la falta de aplicación de leyes y normas sobre accesibilidad en muchos países, será necesario ahondar en la investigación.

La Organización Internacional de Normalización creó una norma internacional de accesibilidad que utiliza un enfoque consensual, pese a que no todas las regiones del mundo están representadas en el comité (59). Las organizaciones internacionales y regionales pueden contribuir a mejorar las normas brindando recomendaciones a los países miembros. La red European Concept for Accessibility Network ha adoptado este enfoque, y publicó un manual técnico para ayudar a las organizaciones a crear normas y reglamentos que incorporen el diseño universal (60).

Se necesita de la iniciativa internacional para crear normas adecuadas a las diferentes etapas de la evolución de las políticas, los diferentes niveles de recursos y las diferencias culturales en la construcción.

Cumplimiento de leyes y reglamentos

Las directrices para la presentación de informes de la CDPD exigen a los Estados miembros informar sobre los avances en el cumplimiento del artículo 9 (Accesibilidad). Es difícil realizar una comparación sistemática, pero hay varias prácticas que pueden conducir a un mayor cumplimiento, a saber:

- **Las leyes con normas de acceso obligatorias** son la forma más eficaz de lograr la accesibilidad. La primera norma de accesibilidad en el mundo (una norma voluntaria de los Estados Unidos) demostró tener un nivel de acatamiento muy bajo (*44*). Se han informado resultados similares en otros países (*39-41*, *61*). La ley debería regular las normas y hacer que su cumplimiento sea obligatorio.
- **Los exámenes y las inspecciones de diseño exhaustivos** garantizan que se proporcionará accesibilidad desde el día en que se concluya la construcción de un edificio. En consecuencia, las normas de accesibilidad deben ser parte de los reglamentos edilicios. Las demoras provocadas por la denegación de permisos de construcción u ocupación deberían incentivar a los constructores y promotores inmobiliarios para que cumplan con los reglamentos. Si no hay exámenes o inspecciones de diseño, la ley puede contemplar la imposición de multas eficaces por incumplimiento, además de un mecanismo para identificar y corregir la infracción. Los organismos de financiamiento gubernamentales, incluidos los que otorgan financiamiento para instalaciones de atención médica, transporte y escuelas, pueden examinar los planes como parte de sus procesos de aprobación, utilizando normas uniformes.
- También podrán realizar **auditorías de accesibilidad** las organizaciones que trabajan por la discapacidad o incluso los ciudadanos particulares. Tales auditorías pueden fomentar el cumplimiento. En Malasia, por ejemplo, los grupos que trabajan en nombre de las personas con discapacidad están llevando a cabo auditorías de los principales hoteles (véase el cuadro 6.3).

El organismo principal

Se puede designar a un organismo gubernamental principal para que asuma la responsabilidad de coordinar las actividades de otros entes vinculados a la accesibilidad, especialmente aquellos que financien la construcción de edificios públicos y supervisen la aplicación de leyes, reglamentos y normas. Asimismo, dicho organismo también podría supervisar el otorgamiento de licencias a los profesionales, las empresas y los servicios de diseño, a efectos de garantizar que la accesibilidad sea parte de los programas de estudios de capacitación profesional.

La aplicación de programas de accesibilidad requiere que el organismo principal y los demás organismos responsables cuenten con fondos suficientes. Se deberían crear mecanismos de financiamiento adecuados en los diversos niveles presupuestarios, a efectos de garantizar un flujo eficiente de fondos. A menudo podrá haber multas por incumplimiento en la legislación sobre accesibilidad, pero podría no cumplirse la ley debido a una falta de recursos (*38*).

Seguimiento

El seguimiento y la evaluación de la puesta en práctica de las leyes y normas sobre accesibilidad proporcionarán información para realizar mejoras continuas en la accesibilidad de las personas con discapacidad. Se puede designar un ente de seguimiento imparcial, preferentemente ajeno al gobierno, al cual se otorgue financiamiento, con el fin de que proporcione

> **Cuadro 6.3. Edificios sin barreras en Malasia**
>
> En los últimos años, se modificó la legislación de Malasia para garantizar que las personas con discapacidad tuvieran los mismos derechos y oportunidades que el resto de las personas. Entre 1990 y 2003, Malasia introdujo y revisó los códigos estandarizados de prácticas sobre accesibilidad y movilidad para las personas con discapacidad. En 2008, se aprobó la Ley para las Personas con Discapacidad. Dicha legislación, en consonancia con la CDPD, fomenta los derechos de acceso de las personas con discapacidad a las instalaciones públicas, la vivienda, el transporte y las TIC, además de la educación y el empleo, la vida cultural y los deportes.
>
> Las prioridades del Gobierno son aumentar la conciencia pública de las necesidades de las personas con discapacidad y alentar a los jóvenes diseñadores a crear diseños más innovadores e inclusivos. Las autoridades locales del país requieren que los arquitectos y constructores cumplan con los códigos estandarizados de prácticas para lograr la aprobación de los planos de construcción. Al finalizar la construcción de un edificio, una «auditoría de accesibilidad» analiza las posibilidades de uso del edificio por parte de personas con discapacidad. Los objetivos de esta auditoría son:
>
> - concientizar a urbanistas y arquitectos sobre la necesidad de contar con ambientes sin barreras para las personas con discapacidad;
> - garantizar que, tanto en la construcción de edificios nuevos como en la renovación de edificios existentes, se usen conceptos de diseño universal y se cumpla con los códigos estandarizados relativos a las personas con discapacidad;
> - evaluar el grado de accesibilidad de los edificios públicos existentes y recomendar la realización de mejoras.
>
> Las facultades de arquitectura de las universidades pueden ser un centro para las iniciativas de formación e investigación, tanto para los estudiantes como para los profesionales en ejercicio. La Universidad Islámica Internacional de Malasia recientemente introdujo una materia denominada «Arquitectura sin barreras» como asignatura optativa en su programa de Licenciatura en Arquitectura. Asimismo, la nueva Unidad de Diseño Universal KAED de la Facultad Kulliyyah de Arquitectura y Diseño Urbano de esa universidad procura:
>
> - sensibilizar sobre los asuntos de diseño relativos a los niños, las personas discapacitadas y las personas mayores;
> - realizar investigaciones y desarrollar nuevas tecnologías;
> - difundir información;
> - educar a los profesionales del diseño y al público sobre los reglamentos de diseño.

evaluaciones periódicas independientes sobre el avance de las leyes y normas de accesibilidad y recomiende la realización de mejoras, tal como ocurre con el Consejo Nacional para la Discapacidad de los Estados Unidos (*62*, *63*). Este ente debería estar integrado por una cantidad significativa de personas con discapacidad. Sin dicho seguimiento, los gobiernos no se sentirán presionados para avanzar hacia una accesibilidad total.

Además de un ente oficial de seguimiento, es esencial contar con una red de organizaciones de acción local para apuntalar el proceso. Dicha red también puede intercambiar información y contribuir a que las autoridades edilicias locales examinen los planos de construcción, y garantizar así que la falta de conocimiento de las autoridades y los diseñadores no menoscabe los objetivos de la legislación.

- En Noruega, tras la realización de un ejercicio de seguimiento, se determinó que eran pocas las comunidades locales que habían llevado a cabo una planificación sobre accesibilidad, para lo cual el Gobierno diseñó proyectos piloto a escala nacional para posibilitar que dichas comunidades estuvieran en mejores condiciones de brindar accesibilidad a las personas con discapacidad (*64*).
- En Winnipeg (Canadá), un grupo de acción local trabajó con la administración municipal para realizar una evaluación de las barreras existentes, y efectuó recomendaciones para su eliminación (*65*).

- En Kampala (Uganda), luego de la creación de las normas de accesibilidad, en colaboración con el Gobierno, la Asociación Nacional de Uganda sobre Discapacidad Física creó un equipo nacional para realizar auditorías sobre accesibilidad (66).

Las personas con discapacidad y los demás miembros del público tienen la importante función de estar alertas y procurar que se subsanen las situaciones, a través de acciones legales y administrativas, en los casos en que los propietarios de los edificios no cumplan con sus obligaciones dispuestas por la ley. Una combinación de reglamentación, persuasión y grupos de intereses poderosos puede ser sumamente eficaz (véase el cuadro 6.3) (67).

Educación y campañas

La educación, junto con la asistencia técnica en los procedimientos de cumplimiento, resulta esencial para mejorar la sensibilización sobre la necesidad de contar con accesibilidad y conocimientos de diseño universal. Los programas educativos deberán estar dirigidos a todas las personas que participen en el cumplimiento de las leyes y las normas de accesibilidad, incluidas las personas con discapacidad, los docentes y profesionales del diseño (68), los órganos reguladores del Estado, los propietarios y gerentes de empresas, y los promotores y contratistas inmobiliarios (véase el cuadro 6.4).

Adopción del diseño universal

El diseño universal es práctico y su precio es asequible, incluso en los países en desarrollo (53, 54). Entre los ejemplos simples referidos a los contextos de ingreso bajo, se pueden citar los siguientes:
- instalación de una plataforma para sentarse junto a una bomba de mano comunal, a efectos de brindar un espacio de descanso y permitir que los niños pequeños lleguen a la bomba (54);
- acceso con rampas y presencia de una superficie de concreto junto al sitio donde se encuentra la bomba para ayudar a las personas en silla de ruedas, con lo cual también se posibilita el transporte de grandes recipientes de agua con ruedas a la bomba del pueblo y se reduce la cantidad de viajes (53);
- instalación de un banco sobre las letrinas de fosa, lo cual facilita su uso (54).

Una aplicación importante del diseño universal es prever las evacuaciones de emergencia en los edificios. La experiencia a partir de los grandes desastres ha demostrado que las personas con discapacidad y las personas mayores suelen quedar rezagadas (70). También pueden surgir otros problemas, como ocurre cuando las personas que dependen de respiradores son trasladadas por personal de asistencia inmediata que carece de experiencia (71). En muchos lugares, se está procurando encontrar mejores métodos para el manejo de emergencias, a través de la mejora del diseño edilicio, la capacitación y los simulacros de preparación (72, 73). El diseño universal también puede contribuir a propiciar las comunicaciones y la prestación de asistencia durante las evacuaciones, con nuevas tecnologías que aseguren que las personas con deficiencias sensoriales y cognitivas reciban toda la información sobre la emergencia en cuestión y no queden rezagadas.

Las barreras en el transporte público

A escala internacional, las iniciativas para crear sistemas de transporte público accesible se concentran fundamentalmente en los siguientes puntos:
- la mejora de la accesibilidad a la infraestructura y los servicios de transporte público;
- el establecimiento de «servicios de transporte especial» para las personas con discapacidad;

Cuadro 6.4. Crear un ambiente para todos en la India

La India había esbozado sus disposiciones sobre accesibilidad en la Ley para las Personas con Discapacidad de 1995 y en las ordenanzas de construcción sobre accesibilidad. Una investigación, realizada en cuatro distritos de Gujarat (India) por una organización de desarrollo local llamada «UNNATI: Organisation for Development Education», identificó la accesibilidad a los espacios físicos como un punto clave para la incorporación de los derechos de las personas con discapacidad. En la región, se dio inicio a un proyecto destinado a generar sensibilización sobre el tema de la accesibilidad, aumentar la capacidad de llevar a cabo iniciativas locales y forjar alianzas estratégicas para el trabajo de promoción mediante las siguientes medidas:

- formación de un «grupo de recursos de acceso» compuesto por arquitectos, constructores, diseñadores, ingenieros, personas con discapacidad, y profesionales del desarrollo y la rehabilitación;
- realización de espectáculos públicos para destacar las medidas capaces de mejorar la accesibilidad; se hizo especial hincapié en el mensaje de que «el acceso beneficia a todos»; las campañas alcanzaron la mayor repercusión cuando los grupos de usuarios actuaron colectivamente en defensa de sus derechos;
- iniciativas de capacitación en los medios;
- realización de talleres sobre accesibilidad, con inclusión de las políticas nacionales sobre discapacidad y acceso;
- producción de material educativo.

Inicialmente, el grupo de acceso se comunicó con instituciones públicas y privadas para sensibilizar sobre la necesidad de contar con una mayor accesibilidad. Al cabo de dos años, ya estaban recibiendo solicitudes de auditorías. En estas auditorías, los integrantes del grupo de acceso trabajaron con personas con discapacidad para formular recomendaciones técnicas.

Entre 2003 y 2008, se realizaron 36 auditorías en parques, oficinas gubernamentales, instituciones académicas, bancos, servicios de transporte, organizaciones de desarrollo y espectáculos públicos. Se efectuaron modificaciones a alrededor de la mitad de los lugares, que incluyeron lo siguiente:

- creación de espacios de estacionamiento, rampas y elevadores accesibles;
- instalación de retretes accesibles;
- ajuste de la altura de los mostradores;
- ubicación de mapas táctiles y mejora de la señalización.

Por ejemplo, con apoyo del Gobierno, el Instituto de Capacitación Administrativa del Estado para funcionarios públicos de Ahmedabad, capital del estado, se ha convertido en un modelo de construcción accesible. Los programas de modificaciones requirieron de un seguimiento periódico para apoyar la puesta en práctica de las recomendaciones para las especificaciones estándar. El mantenimiento de las características de acceso se logró mejor cuando tanto el usuario como el administrador del espacio eran conscientes de la importancia de estas características.

El proyecto les ha demostrado a los arquitectos y constructores la forma de cumplir con las disposiciones de accesibilidad de la Ley para las Personas con Discapacidad de 1995 y las ordenanzas de accesibilidad local. Un instituto de diseño situado en Ahmedabad ahora ofrece un curso optativo sobre diseño universal. Las personas con discapacidad han salido beneficiadas, al tener mayor dignidad, confort, seguridad e independencia. De todas formas, el incumplimiento ha generado nuevas barreras. La accesibilidad para las personas con deficiencias visuales continúa siendo un problema, debido a que, con frecuencia, no se respetan las normas de señalización, en virtud de que es limitada la información en formatos accesibles y de fácil uso para el usuario.

Fuente: (*69*).

- la creación de campañas y programas de educación para mejorar las políticas, las prácticas y el uso de los servicios.

No obstante, hay obstáculos específicos que se vinculan con cada una de estas metas.

Falta de programas eficaces. Incluso en los casos donde existen leyes sobre transporte accesible, hay un grado de cumplimiento limitado de esas leyes, especialmente en los países en desarrollo (*7*, *74*). A menudo no se comprenden cabalmente los beneficios de las características del diseño universal. Por dicho motivo, no se incorporan muchas iniciativas sobre políticas, como el uso de plataformas de embarque elevadas para ingresar a los autobuses, lo cual permite disminuir los tiempos de embarque de todos los pasajeros, además de aumentar la accesibilidad (*7*).

Barreras para los servicios de transporte especial y taxis accesibles. Los servicios de transporte especial están específicamente diseñados para las personas con discapacidad y otros grupos de pasajeros que no pueden acceder al transporte público o privado en forma independiente. Los servicios de transporte especial y los taxis son formas de «transporte a la demanda», que brindan un servicio únicamente cuando el cliente lo solicita. No obstante, los vehículos accesibles son costosos de adquirir, y el costo del servicio es alto para quien lo provee. Si la demanda aumenta, por ejemplo, debido al envejecimiento de la población, la carga económica de los servicios de transporte especial, en caso de que sean prestados por un organismo público, puede volverse insostenible (*75*, *76*).

Para el usuario del servicio, la disponibilidad a menudo se ve limitada debido a los requisitos de admisibilidad y las restricciones en el traslado. Si bien los taxímetros son potencialmente una muy buena manera de complementar el transporte público accesible, la mayoría de los servicios de taxi no ofrece vehículos de fácil acceso para las personas con discapacidad. Asimismo, ha habido muchas instancias de discriminación por parte de los operadores de taxis contra dichas personas (*77*, *78*).

Barreras físicas y a la información. Las barreras clásicas en el transporte incluyen la falta de acceso a la información sobre los horarios del transporte, la falta de rampas para los vehículos, la existencia de grandes brechas entre la plataforma y el vehículo, la falta de puntos de anclaje para las sillas de ruedas en los autobuses, y las estaciones y paradas inaccesibles (*7*, *79*).

Los trasbordadores y sistemas de trenes de cercanías existentes son especialmente difíciles de adaptar para que resulten accesibles debido a las variaciones en la altura de las plataformas, los espacios de separación entre plataformas y el diseño de los vehículos (*80*). Se necesitan ambientes con mejoras visuales para prestar servicios a las personas con problemas de vista y a las personas de la tercera edad; por ejemplo, con barandillas en colores contrastantes y mejor iluminación (*8*).

Falta de continuidad en la cadena de traslado. El término «cadena de traslado» alude a todos los elementos que integran un viaje, desde el punto de partida hasta la llegada a destino, e incluye el acceso para peatones, vehículos y puntos de trasbordo. Si alguno de los eslabones es inaccesible, se dificulta la totalidad del viaje (*81*). Muchos proveedores de transporte masivo, especialmente en los países en desarrollo, han puesto en práctica la accesibilidad solamente en forma parcial; por ejemplo, al colocar una cantidad limitada de vehículos accesibles en cada ruta, realizar mejoras exclusivamente en las estaciones principales y otorgar acceso únicamente en las líneas nuevas.

Si la accesibilidad no está presente a lo largo de toda la cadena de traslado, la labor está incompleta. Los eslabones inaccesibles exigen tomar una ruta indirecta, lo cual crea otra barrera, pues se aumentan los tiempos de traslado. El objetivo debe ser que las personas tengan acceso a todos los vehículos y a la zona de servicio completa, además de la zona para peatones (*82*). Pero la aplicación progresiva puede ser la respuesta más práctica a corto plazo.

Falta de accesibilidad en las zonas peatonales. Uno de los principales obstáculos al mantenimiento de la continuidad de la accesibilidad en la cadena de traslado se presenta cuando la zona peatonal resulta inaccesible, especialmente en las inmediaciones de las estaciones. En este sentido, entre los problemas más comunes se encuentran los siguientes:

- ausencia de aceras o aceras en mal estado;
- vías de paso inaccesibles, por encima o por debajo de la superficie;
- aceras atestadas de personas en las cercanías de las estaciones y paradas;
- peligros para las personas con deficiencias visuales y personas sordociegas;
- falta de controles en el tránsito;
- falta de dispositivos de ayuda en los cruces de calles para las personas con deficiencias visuales;
- comportamiento peligroso del tráfico local.

Esto puede ser un problema, especialmente en los entornos urbanos de ingreso bajo.

Falta de sensibilización del personal y demás barreras. Los operadores de los medios de transporte a menudo no saben usar las funciones de accesibilidad disponibles o cómo tratar a todos los pasajeros con seguridad y cortesía. Por otra parte, no es poco frecuente ver casos de lisa y llana discriminación por parte de los operadores, como, por ejemplo, no detenerse en una parada de autobús. Las normas de funcionamiento pueden entrar en conflicto con la necesidad de asistir a las personas con discapacidad. En muchos lugares, no hay procedimientos fijos para detectar y resolver los problemas del servicio. El exceso de pasajeros, uno de los principales problemas, especialmente en los países en desarrollo, contribuye a que se exhiba un comportamiento irrespetuoso hacia los pasajeros con discapacidad.

Mejorar las políticas

La incorporación del acceso al transporte en la legislación general sobre los derechos de las personas con discapacidad es un paso a favor de mejorar la accesibilidad. No obstante, las normas de accesibilidad de los países desarrollados no siempre son adecuadas ni asequibles para los países de ingreso bajo y mediano (7). Se debe encontrar soluciones para abordar los desafíos específicos de los contextos de los países en desarrollo. En los casos donde haya programas de ayuda que proporcionen financiamiento significativo para construir nuevos sistemas de transporte masivo, se podrán incluir requisitos de acceso.

Para sancionar leyes y garantizar su cumplimiento, se necesita una acción política coordinada, tanto a escala nacional como local. La iniciativa local es de especial importancia, no solo cuando se planifican nuevos sistemas, sino también para supervisar permanentemente su funcionamiento. Las organizaciones nacionales de muchos países tienen experiencia en el transporte accesible. Debido a su conocimiento especial, a menudo reciben fondos del gobierno para documentar y difundir las prácticas óptimas y dictar programas de capacitación para los proveedores de servicios de transporte y grupos locales que trabajan en nombre de las personas con discapacidad.

Las leyes y disposiciones nacionales sobre financiamiento pueden exigir que las autoridades locales de transporte cuenten con órganos asesores integrados por personas con discapacidad.

Las estructuras tarifarias son un elemento crítico de las políticas locales de transporte: los boletos gratuitos o a precios reducidos para las personas con discapacidad, financiados por el gobierno local o nacional, son una característica de la mayoría de las iniciativas de transporte público accesible, tal como ocurre en la Federación de Rusia.

Servicios de transporte especial y taxis accesibles

La ley puede exigir que los organismos de transporte presten un servicio de transporte especial como parte de su servicio. En tal caso, esto podría ser un incentivo para que los organismos aumenten la accesibilidad del sistema general debido al posible costo elevado de prestar un servicio de transporte especial. Si bien el servicio de transporte especial inicialmente parece menos costoso y más fácil de poner en práctica que la eliminación de las barreras del transporte masivo, depender únicamente de él como medio de transporte accesible conducirá a la segregación. Asimismo, a largo plazo puede generar costos elevados y potencialmente insostenibles, a medida que aumente la proporción de personas mayores en la población.

Servicio de camionetas compartidas. La modalidad de compartir camionetas particulares equipadas con elevadores y operadas por proveedores habilitados puede ser una forma viable de comenzar un programa en el marco del sistema de transporte especial mediante una inversión pública inicial bastante pequeña. En la India, un equipo de diseñadores halló formas económicas de hacer que camionetas pequeñas fueran accesibles para personas con discapacidad, con costos de apenas US$ 224 (*83*). El hecho de contar con una mayor clientela de pasajeros puede contribuir a que los servicios de camionetas compartidas sean más sostenibles a largo plazo. En Curitiba (Brasil), hay camionetas con elevadores operadas por sus propios dueños que recogen a los pasajeros a cambio del pago de una tarifa fija.

Taxis accesibles. Los taxis accesibles son un engranaje importante de un sistema de transporte integrado y accesible, ya que funcionan eminentemente a demanda (*77, 84*). Actualmente se están combinando los taxis y los sistemas de transporte especial en muchos lugares. Suecia utiliza ampliamente los taxis para su sistema de transporte especial, al igual que otros países (*77, 85*). En el caso de los países en desarrollo, contar con taxis accesibles es algo que requerirá más tiempo. Los reglamentos para el otorgamiento de licencias pueden requerir que las flotas de taxis no discriminen a las personas con discapacidad. También pueden exigir que algunos o todos los vehículos sean accesibles. En el Reino Unido, como consecuencia de una iniciativa especial para hacer que los taxis sean accesibles, se ha logrado contar con una flota accesible en un 52% (*86*).

Sistemas de transporte flexible. Las soluciones innovadoras en materia de diseño universal podrían aumentar la disponibilidad y la asequibilidad económica. Las tecnologías de la información brindan la posibilidad de optimizar las rutas y asignar pasajeros a determinados vehículos en tiempo real, al mismo tiempo que los vehículos circulan por las calles. Estos «sistemas de transporte flexible», originariamente creados en Suecia, usan una flota de camionetas de traslado compartido y, desde su instauración en otros países de Europa, proporcionan servicios a demanda a alrededor de la mitad del costo de un taxi y con mayor flexibilidad en los horarios de reserva, la disponibilidad y las rutas (*85*). No obstante, el costo de los taxis accesibles y la infraestructura necesaria para implementar un sistema de transporte flexible pueden resultar prohibitivos para algunos países en desarrollo (sin embargo, cabe mencionar los ejemplos de soluciones económicas que se utilizan en la India y el Brasil para el traslado en camionetas). A medida que estas innovaciones se adoptan en forma más generalizada, debería procurarse abaratarlas y llevarlas a los países de ingreso bajo y mediano.

Diseño universal y eliminación de barreras físicas

Lograr que el ingreso a todos los vehículos resulte accesible dentro de los sistemas actuales puede requerir la compra de nuevos vehículos y, en algunos casos, la renovación de paradas y estaciones. En Helsinki (Finlandia) el sistema de tranvías existente se hizo accesible mediante la utilización de ambos métodos. Las paradas que se encuentran en el medio de la calle se colocan en islas de seguridad equipadas con pequeñas rampas en cada extremo, a las cuales se accede desde la zona intermedia de los cruces señalizados para peatones. Dichas islas se encuentran en el mismo nivel que los pisos bajos de los nuevos vehículos. Los pasajeros ahora pueden esperar en un ambiente más seguro y ya no tienen la necesidad de subir escalones para ingresar al vehículo.

Los elevadores portátiles o las rampas de plegado manual pueden permitir el acceso a los vehículos existentes. Pero este tipo de soluciones deberán considerarse provisorias, pues requieren la presencia in situ de personal debidamente capacitado para prestar asistencia ante el arribo o la partida de cada vehículo. Por otro lado, las pequeñas plataformas elevadas asistidas por elevadores o rampas no son las soluciones más eficaces debido a la dificultad de lograr que el tren o el autobús se detengan exactamente en la posición correcta.

Sistemas ferroviarios. Los sistemas de autobuses y tranvías se pueden renovar a un costo relativamente bajo en el tiempo, a medida que se incorporan nuevos vehículos al servicio. Pero la renovación de los sistemas ferroviarios actuales presenta diversas dificultades técnicas, que incluyen los siguientes puntos (*80*):

- solución del problema del espacio de separación entre el piso de los vehículos y los andenes, que puede ser diferente en cada estación (*87*);
- aumento del espacio en los vehículos para permitir el acceso de sillas de ruedas;
- acceso a las vías a diferentes niveles dentro de las estaciones.

Las tecnologías para el uso de elevadores automatizados, puentes de metal y rampas solucionan los problemas de los andenes. En cada tren se pueden incluir algunos de los nuevos vagones accesibles, y la cifra de dichos vagones puede incrementarse con el tiempo. Asimismo, se pueden renovar los antiguos vagones de nivel único, a efectos de brindar espacio mediante la eliminación de algunos de los asientos existentes o la sustitución con asientos plegables. También se pueden instalar niveladores o elevadores inclinados para alcanzar los andenes superiores o inferiores. Una iniciativa útil para comenzar es hacer que las estaciones principales sean totalmente accesibles y cuenten con transporte de autobuses de fácil acceso desde las estaciones accesibles a los puntos donde las estaciones son inaccesibles.

Con el tiempo, se podrá aumentar la cantidad de estaciones accesibles. Luego de la sanción de la Ley para Mejorar la Accesibilidad al Transporte (2000), el sistema de trenes subterráneos de Tokio se ha vuelto significativamente más accesible: en 2002, 124 de las 230 estaciones de la zona de Tokio contaban con elevadores; en 2008, esa cifra había aumentado a 188 elevadores. Asimismo, un sitio web ofrece información sobre las rutas accesibles.

Sistemas de transporte rápido en autobús. Las grandes ciudades, como Beijing (China) y Nueva Delhi (India), se han embarcado en grandes programas destinados a mejorar sus sistemas de transporte público, a menudo a través del uso de ferrocarriles (*88*). Hay una tendencia mundial que favorece el uso de un «transporte rápido en autobús», especialmente pronunciada en los países en desarrollo de América Central, América del Sur y Asia. En general, se utilizan autobuses de piso bajo para brindar accesibilidad. Se han construido sistemas accesibles de transporte rápido en autobús en Curitiba (Brasil), Bogotá (Colombia), Quito (Ecuador) y, más recientemente, en Ahmedabad (India) y Dar es Salaam (República Unida de Tanzanía) (*88*). Cuando las ciudades celebran acontecimientos internacionales importantes, se suelen agregar nuevas líneas de transporte para brindar cobertura a la gran cantidad de asistentes previstos (*80*). Pese a que puede haber resistencia a los nuevos servicios por parte de los operadores de taxis existentes y los residentes locales (*89*), estos proyectos ofrecen la oportunidad de crear un buen modelo que luego se podría aplicar a mayor escala en el país.

Formas de transporte alternativo. Los servicios de calesas a tracción humana y taxis a pedal, comunes en muchas ciudades asiáticas, están cobrando popularidad en otros continentes. Un equipo de diseño de la India ha creado un tipo de taxi a pedal que facilita el ingreso y la salida de las personas con discapacidad, con lo cual se mejora el acceso para todos los usuarios y se brinda mayor confort al conductor (*83*). La instalación de carriles y sendas separados para bicicletas, triciclos y ciclomotores puede mejorar la seguridad y dar cabida a las sillas de ruedas de mayor tamaño (de aspecto similar al de un triciclo) que a menudo se utilizan en Asia.

Diseño universal. El diseño universal se está adoptando cada vez más en los sistemas de transporte por autobús y ferrocarril de los países de ingreso alto, tal como ocurre con el sistema de trenes subterráneos de Copenhague (*76*, *90*, *91*). La innovación de diseño universal más importante es el vehículo de transporte con piso bajo, adoptado para trenes pesados y livianos, tranvías y autobuses, que brinda prácticamente un acceso a nivel desde las aceras y acceso con rampas pequeñas desde el nivel de la calle.

Otros ejemplos de diseño universal incluyen:
- elevadores o rampas en todos los vehículos de transporte, y no solo en una cantidad limitada;
- plataformas elevadas en las paradas de autobuses con acceso mediante rampas, con lo cual se facilita que las personas con deficiencias de movilidad ingresen al autobús, y que las personas con deficiencias visuales y deficiencias cognitivas encuentren la parada; de esta forma se mejora la seguridad de todos los que esperan el autobús (*79*);
- información en tiempo real sobre los tiempos de espera;
- tarjetas inteligentes para el cobro de boletos, puertas de embarque y emisión de tiques;
- sistemas de advertencia visual y táctil en el borde de los andenes, o barreras de seguridad total a lo largo de todo el andén;
- barandillas y postes pintados de colores vivos y contrastantes;
- señales audibles para ayudar a que las personas con deficiencias visuales encuentren las zonas de embarque e identifiquen los autobuses;
- acceso a través de la web a información en tiempo real sobre las rutas accesibles y obstáculos temporales, como, por ejemplo, un elevador que no esté funcionando (*80*).

Muchas de las innovaciones de diseño universal mencionadas anteriormente son, en general, demasiado costosas para las economías en desarrollo. Se necesitan conceptos de diseño universal a precios asequibles para los países de ingreso bajo y mediano. Se requiere ahondar en la investigación para crear y poner a prueba soluciones eficaces que resulten económicas y adecuadas para dichos países. Algunos ejemplos simples de diseño universal de bajo costo incluyen:
- ubicación del primer escalón a menor altura;
- mejoras en las barandillas interiores y exteriores en la entrada de los autobuses;
- asientos reservados para personas con discapacidad;
- mejor iluminación;
- plataformas de ascenso elevadas y pavimentadas en los lugares que carezcan de aceras;
- eliminación de molinetes.

El sistema integrado de Curitiba es un buen ejemplo de un enfoque de diseño universal menos costoso (véase el cuadro 6.5). Delhi Metro también incorporó características de diseño universal en la etapa de diseño, a un costo adicional menor (*43*).

Garantizar la continuidad en la cadena de transporte

La meta a largo plazo es lograr la continuidad de la accesibilidad a lo largo de la cadena de traslado. La creación de mejoras constantes a lo largo de un periodo más prolongado requiere que se realicen campañas, que se formulen políticas inteligentes con una asignación de recursos adecuada y que se lleve a cabo un seguimiento eficaz. Los métodos para lograr esta meta incluyen (*8*, *92*):
- determinar las prioridades iniciales a través de consultas con personas con discapacidad y proveedores de servicios;
- incorporar características de accesibilidad en los proyectos de mantenimiento y mejora periódicos;
- realizar mejoras de diseño universal de bajo costo que generen beneficios comprobables para una amplia gama de pasajeros, con lo cual se logrará el apoyo del público para las modificaciones realizadas.

Mejorar la calidad de las aceras y las calles, instalar rampas (rebajes en las aceras) y garantizar el acceso a las instalaciones de transporte es un aspecto clave de la cadena de traslado, y

> **Cuadro 6.5. Transporte público integrado en el Brasil**
>
> En 1970, la ciudad de Curitiba (Brasil) instauró un moderno sistema de transporte diseñado desde cero para sustituir a un sistema que aglutinaba muchas líneas de autobuses privados mal coordinadas. El objetivo era brindar un transporte público que fuera tan eficaz que las personas prácticamente no tuvieran necesidad de volcarse al transporte privado. El sistema debía brindar accesibilidad total para las personas con discapacidad, además de beneficios para el resto de la población, a partir de la incorporación del diseño universal. El nuevo sistema cuenta con las siguientes características:
>
> - líneas de autobuses expresos con rutas dedicadas que permiten el ingreso al centro de la ciudad;
> - rutas de autobuses locales convencionales con conexiones con las principales terminales;
> - autobuses que conectan las diferentes líneas y viajan alrededor del perímetro de la ciudad;
> - camionetas «parataxis», que ofrecen traslados desde la puerta del hogar hasta la terminal, para quienes así lo requieran.
>
> Todas las terminales, paradas y vehículos están diseñados para ser accesibles. En las terminales utilizadas por los diferentes tipos de transporte, los autobuses locales llevan a los pasajeros hasta las paradas del sistema de autobuses expresos. Los vehículos son grandes «autobuses-trenes»: autobuses articulados de dos o tres unidades, cada uno de los cuales tiene capacidad para 250 a 350 personas. Estos autobuses-trenes cargan y descargan el pasaje directamente sobre plataformas elevadas, con la ayuda de puentes metálicos mecanizados que cubren el espacio de separación que queda entre el vehículo y la plataforma. Todas las terminales de autobuses expresos poseen rampas o elevadores.
>
> Las camionetas «parataxis» están operadas por particulares. Originalmente estaban diseñadas específicamente para las personas con discapacidad, como forma de trasladarlas desde sus hogares hasta la estación. No obstante, en virtud de que no había una demanda suficiente como para que las camionetas fueran económicamente viables dentro de este esquema de uso, ahora están a disposición de todos los pasajeros.
>
> El sistema de Curitiba es un buen ejemplo de diseño universal. Brinda un alto nivel de acceso, y el sistema integrado de rutas locales, rutas entre líneas y rutas para expresos proporciona un medio de transporte práctico y perfectamente conectado. Los vehículos de cada tipo de línea están pintados con colores diferentes, con lo cual es fácil distinguirlos para quienes no saben leer. Si bien ya se han incorporado sistemas de transporte rápido más nuevos, se puede aprender de la experiencia en Curitiba:
>
> - Incluso en los países en desarrollo se puede brindar accesibilidad con relativa facilidad a lo largo de un sistema de transporte, siempre que sea parte integral del plan general desde el inicio.
> - El embarque a través de plataformas permite el movimiento fácil y rápido de los pasajeros y brinda accesibilidad total.
> - La construcción de estaciones tubulares requiere que los autobuses expresos se detengan a cierta distancia del borde de la plataforma, para evitar golpear contra las paredes curvas de la estación. En Curitiba se hizo hincapié en mejorar el proceso de embarque y desembarque para las personas con deficiencias de movilidad. Si bien hay ciertas características que ayudan a otras personas con discapacidad a encontrar el camino en el sistema, se debe prestar mayor atención a las personas con deficiencias sensoriales y cognitivas.

algo indispensable para las personas con discapacidad. La planificación del acceso peatonal a las estaciones abarca una gama de organismos que incluyen a los departamentos de vialidad, grupos empresariales locales, autoridades de estacionamiento y departamentos de seguridad pública, y se beneficiaría de la participación de las personas con discapacidad. La participación de los vecinos contribuirá a lograr un mayor conocimiento local, como la ubicación de los cruces peatonales en las calles peligrosas. Las organizaciones independientes especializadas en la planificación y el diseño peatonal pueden contribuir con encuestas y planos locales.

Mejorar la educación y la capacitación

La educación continua de todos los actores que participan en el transporte puede garantizar que se instaure y mantenga un sistema accesible (*92*). La educación debería comenzar con la capacitación de los gerentes, de forma tal que comprendan sus obligaciones legales. El personal que tendrá contacto con los usuarios necesita recibir capacitación sobre la gama de discapacidades, las prácticas discriminatorias, las formas de comunicarse con las personas que poseen deficiencias sensoriales y las dificultades que enfrentan las personas con discapacidad cuando utilizan los medios de transporte (*93*). Sería muy útil que las personas con discapacidad participaran en dichos programas de capacitación y que, a través de tales programas, establecieran vínculos de comunicación valiosos con el personal de transporte. Los grupos de personas con discapacidad también pueden colaborar con los gerentes de transporte para instaurar programas de «viajeros secretos», en los cuales personas con discapacidades diversas viajan en los medios de transporte como pasajeros, con el fin de detectar prácticas discriminatorias. Las campañas de sensibilización pública son parte del proceso educativo: los afiches, por ejemplo, pueden enseñarles a los pasajeros quién tiene prioridad para sentarse.

Las barreras a la información y la comunicación

La TIC accesible abarca el diseño y el abastecimiento de productos (como computadoras y teléfonos) y servicios (telefonía y televisión) de TIC, incluidos los servicios basados en la web y en el teléfono (*94-98*). Se relaciona con la **tecnología** (por ejemplo, el control y la navegación mediante el giro de una perilla o la pulsación de un ratón) y con el **contenido** (sonidos, imágenes y lenguaje producidos y generados por la tecnología).

La industria de las TIC es una industria compleja y de rápido crecimiento, cuyo valor asciende a alrededor de US$ 3,5 billones a nivel mundial (*99*). Una creciente cantidad de funciones básicas de la sociedad se organizan y se llevan a cabo por medio de las TIC (*100*, *101*). Se utilizan interfaces de computadoras en muchas áreas de la vida pública, desde los cajeros automáticos de los bancos hasta las máquinas expendedoras de tiques (*102*). A menudo se promueve la automatización como una medida para ahorrar costos al prescindir de la interfaz humana; sin embargo, esto puede colocar en desventaja a las personas con discapacidad, al igual que a otras personas, que siempre necesitarán asistencia personal para algunas tareas (*103*).

En particular, internet es cada vez más un canal para transmitir información acerca de la salud, el transporte, la educación y muchos servicios gubernamentales. Las principales empresas cuentan con sistemas de solicitud en línea para la contratación de personal. El acceder a la información general en línea les permite a las personas con discapacidad sortear cualquier barrera física, de comunicación o de transporte posible en el acceso a otras fuentes de información. En consecuencia, la accesibilidad a las TIC es necesaria para que las personas participen plenamente en la sociedad.

Una vez que logran acceder a la web, las personas con discapacidad valoran la información sobre la salud y los demás servicios que se prestan por internet (*31*). Por ejemplo, una encuesta de usuarios de internet con condiciones de salud mental permitió concluir que el 95% utilizaba dicha red para obtener información específica sobre algún diagnóstico, a diferencia del 21% de la población general (*104*). Las comunidades en línea pueden resultar especialmente potenciadoras para las personas con deficiencias auditivas o visuales o condiciones del espectro autista (*105*), debido a que les permite sortear las barreras que surgen del contacto cara a cara. Las personas con discapacidad que están aisladas valoran internet porque les permite interactuar con otras personas y potencialmente ocultar sus diferencias (*104*, *106*). Por ejemplo, en el Reino Unido, la empresa de radiodifusión estatal ha creado un sitio web llamado «Ouch!» para las personas con discapacidad (*107*) y ha desarrollado material especial en la web para las personas con deficiencias intelectuales.

Las innovaciones futuras en las TIC podrían beneficiar a las personas con discapacidad, al igual que a las personas mayores, pues les ayudarían a sortear las barreras que obstan a la movilidad, la comunicación, etc. (*108*). Al diseñar y distribuir equipos y servicios de TIC, el personal de desarrollo debe cerciorarse de que las personas con discapacidad obtengan los mismos beneficios que el resto de la población y se tome en cuenta la accesibilidad desde el inicio.

Inaccesibilidad

Los dispositivos y los sistemas comunes de la TIC, como teléfonos, televisores e internet, son a menudo incompatibles con los dispositivos asistenciales y las ayudas técnicas, como las prótesis auditivas o el software para lectura de pantalla. Para poder sortear esto, se requiere:
- diseñar las funciones generales para el mayor espectro posible de capacidades de usuarios;
- garantizar que el dispositivo sea adaptable para una variedad de capacidades incluso mayor;
- garantizar que el dispositivo se pueda conectar con un amplio espectro de dispositivos de interfaz de usuarios (*109*).

Las personas con discapacidad deberían tener las mismas opciones que las demás personas en materia de telecomunicaciones cotidianas en cuanto a acceso, calidad y precio (*28*).
- Las personas con deficiencias auditivas o del habla, incluidas las personas sordociegas, necesitan teléfonos públicos o personales con salidas de audio que admitan ajustar el volumen y la calidad del sonido, y equipos que sean compatibles con sus prótesis auditivas (*28*, *110*).
- Muchas personas necesitan teléfonos de texto o videoteléfonos que permitan visualizar texto en pantalla o interpretación en lengua de señas en las comunicaciones telefónicas en tiempo real (*111*). También se requiere de un servicio de retransmisión con el operador, de forma tal que los usuarios de los teléfonos de texto y videoteléfonos puedan comunicarse con los usuarios de los teléfonos de voz comunes.
- Las personas ciegas o sordociegas que no pueden utilizar bajo ningún concepto las pantallas visuales requieren otras opciones como voz, audio y Braille (*112*). Las personas que poseen baja visión necesitan que se ajuste la presentación visual: el tipo y el tamaño de letra, el contraste y el uso de los colores.
- Las personas con deficiencias motoras y quienes han sufrido amputaciones de miembro superior pueden tener dificultades con los dispositivos que requieren de manipulación fina, como ocurre con los teclados pequeños (*113*). Las interfaces de conmutadores, los teclados alternativos o el uso del movimiento de la cabeza y los ojos pueden ser soluciones posibles para acceder a las computadoras.
- Para usar las computadoras y acceder a la web, algunas personas con discapacidad necesitan software para lectura de pantalla, servicios de subtitulado oculto y ciertas funciones de diseño de las páginas web, como los mecanismos de navegación coherente (*114-116*).
- Las personas con deficiencias cognitivas, lo cual incluye a las personas con alteraciones en la memoria vinculadas al envejecimiento, y los adultos mayores pueden encontrar que los diversos dispositivos y servicios en línea son difíciles de comprender (*117-120*). Es importante que se use un lenguaje llano y que las instrucciones de uso sean simples.

La falta de subtítulos ocultos, descripción de audio e interpretación en lengua de señas limitan el acceso a la información de las personas sordas e hipoacúsicas. Tras un estudio realizado por la Federación Mundial de Sordos, se concluyó que solamente 21 de 93 países ofrecían subtítulos ocultos en los programas de actualidad, y la proporción de programas con interpretación en lengua de señas era muy baja. En Europa apenas un décimo de las emisiones en los idiomas nacionales de las emisoras comerciales ofrecía subtítulos, solamente cinco países transmitían programas con descripción de audio, y solo un país contaba con una emisora comercial que proporcionaba descripción de audio (*28*). Tras realizarse un informe sobre la situación en Asia, se concluyó que el subtitulado y la interpretación de la lengua de señas en las emisiones de los noticieros televisivos son limitados (*39*). En los casos en que están disponibles, dichos servicios en general quedan relegados a las grandes ciudades.

Asimismo, los programas de televisión que se distribuyen en internet no tienen la exigencia de tener subtítulos ocultos o descripción de vídeo, ni siquiera si originalmente contaban con ellos cuando se transmitieron por televisión. A medida que crece la difusión de los programas de televisión, y se pasa de la emisión televisiva a la transmisión por cable e internet y del sistema analógico al digital, hay cada vez más incertidumbre sobre los marcos normativos y si aún rigen los mismos derechos a contar con material subtitulado.

Hay pocos sitios web públicos accesibles, y todavía menos sitios web comerciales (*28*, *116*, *121*). Una «auditoría mundial» que efectuaron las Naciones Unidas analizó 100 páginas de inicio de la web que se habían seleccionado entre cinco sectores en 20 países. De esa cifra, solamente tres lograban la calificación «A», el nivel más básico de accesibilidad (*2*). Un estudio realizado en 2008 permitió concluir que cinco de los sitios más populares de redes sociales no eran accesibles para las personas con deficiencias visuales (*122*). Los estudios que demuestran que las personas con discapacidad tienen un nivel de uso de la web muy inferior al de las personas que no poseen discapacidad indican que las barreras están asociadas al hecho de tener una deficiencia visual o motora (*31*). Las personas sordas o que poseen dificultades de movilidad no experimentan las mismas barreras, siempre que se controle la condición socioeconómica.

Ausencia de reglamentación

Si bien en muchos países hay leyes que contemplan las TIC, no está bien documentado el grado en que dichas leyes abarcan las tecnologías de este tipo que son accesibles (*51*, *123*). En los países desarrollados, muchos sectores de la TIC no están contemplados en la legislación vigente. Algunas lagunas importantes incluyen los sitios web de empresas, la telefonía móvil, los equipos de telecomunicaciones, los equipos de televisión y las terminales de autoservicio (*124*). El rápido crecimiento de la TIC a menudo hace que la reglamentación existente se vuelva obsoleta; por ejemplo, los teléfonos celulares a menudo no están comprendidos en la legislación sobre telefonía. Asimismo, los avances tecnológicos y la convergencia entre los sectores desdibuja lo que antes eran distinciones bien claras: por ejemplo, la telefonía por internet a menudo queda fuera del alcance de la legislación relativa a las líneas de teléfono fijas.

Las normas para el desarrollo de las TIC están quedando rezagadas con respecto a la evolución de las normas de accesibilidad en los espacios públicos y el transporte público. Una recopilación de datos referentes a 36 países y zonas de Asia y el Pacífico demostró que solamente ocho gobiernos habían declarado que contaban con normas o directrices sobre accesibilidad para TIC, mientras que 26 declararon tener normas de accesibilidad para el ambiente edilicio o el transporte público, o para ambos (*51*).

Desde una perspectiva legislativa y de políticas, los enfoques sectoriales respecto de las TIC plantean desafíos. Puede resultar poco práctico e ineficiente considerar desarrollar un amplio abanico de normas sectoriales, con el fin de abordar el espectro completo de las TIC y sus aplicaciones. La coherencia de las normas para un mismo producto o para servicios en múltiples sectores sería más difícil de lograr con un enfoque vertical de este tipo. También se ha concluido que es poco útil reglamentar los servicios en forma separada de los equipos cuando se trata de garantizar el acceso a todos los componentes de la cadena de abastecimiento: producción, transmisión y entrega de contenidos a través de los equipos del usuario final (*124*). Un desafío clave consiste en influenciar las decisiones relativas a la creación de productos y servicios en las etapas iniciales de la cadena de abastecimiento para garantizar la accesibilidad.

La reglamentación de la televisión y el vídeo no siempre se mantiene a tono con los avances en la tecnología y los servicios. Por ejemplo, el vídeo en las computadoras y los dispositivos de mano no siempre es accesible. La Ley de Telecomunicaciones de los Estados Unidos de 1996 reglamentaba los servicios «básicos» como la telefonía, pero no reglamentaba los servicios «mejorados» como internet. Ello permitió que internet floreciese sin reglamentación, con lo cual se descuidaron los requisitos de accesibilidad. La convergencia de servicios y la erosión continua de la distinción entre servicios básicos y mejorados ha dejado enormes lagunas normativas (*125*). Un estudio realizado entre diseñadores de páginas web de los Estados Unidos permitió concluir que dichos diseñadores harían sitios web accesibles solamente si el Gobierno lo exigiera (*126*). La desregulación y la autorregulación potencialmente menoscaban el alcance de la acción gubernamental para exigir el acceso para las personas con discapacidad (*127*).

Costo

El alto costo de muchas tecnologías limita el acceso de las personas con discapacidad, especialmente en los países de ingreso bajo y mediano. En particular, las tecnologías intermedias y las ayudas técnicas son a menudo económicamente inasequibles o no están disponibles. Por ejemplo, un estudio realizado en el Reino Unido permitió concluir que la razón más frecuente para que las personas con discapacidad no utilizaran internet era el costo: el costo de la computadora, de la conexión a internet y de los dispositivos asistenciales (*128*). Un software para lectura de pantalla como el JAWS puede costar US$ 1 000 (*102*), pese a que hay algunas versiones de software libre, como el Linux Screen Reader. La tecnología de banda ancha y alta velocidad basada en internet solamente ha hecho que las diferencias sean más evidentes. Si bien esta tecnología puede prestar los servicios que necesitan las personas con discapacidad, como videoteléfonos con lengua de señas, a menudo no está disponible y, en los casos en que lo está, su costo la torna inasequible para muchas personas (*129*).

La velocidad de los cambios tecnológicos

Las ayudas técnicas para acceder a las TIC se vuelven rápidamente obsoletas a medida que se generan nuevas tecnologías a una velocidad creciente (*130-132*). Casi siempre que se incorporan nuevas tecnologías, las personas con discapacidad no obtienen el beneficio pleno de ellas (*125*).

Hay pocas TIC diseñadas para ser inherentemente accesibles. Las formas de resolver los problemas de acceso dentro de una generación de equipos o programas informáticos no siempre se mantienen en la generación siguiente. Por ejemplo, las actualizaciones de los principales programas informáticos hacen que los programas de la generación anterior se vuelvan obsoletos, lo cual incluye a los periféricos, como los lectores de pantalla que utilizan las personas con discapacidad.

Las barreras a la información y la tecnología

En virtud del amplio espectro de los productos, los servicios y los sectores de la TIC (comercio, salud, educación, etc.), se requiere de un enfoque multisectorial que incorpore a una multiplicidad de partes interesadas, a fin de garantizar que haya una TIC accesible. Los gobiernos, la industria y los usuarios finales tendrán que desempeñar una función para aumentar la accesibilidad (*28*, *97*, *109*, *110*, *127*, *133*, *134*), que incluye sensibilizar sobre la necesidad, adoptar legislación y reglamentos, crear normas y ofrecer capacitación.

Un ejemplo de una asociación que trabaja en pos de estos objetivos es la Iniciativa Mundial en favor de TIC Inclusivas (G3ict), asociación público-privada que forma parte de la Alianza Mundial de las Naciones Unidas para las TIC y el Desarrollo. Entre otras actividades, la G3ict colabora con las autoridades normativas de todo el mundo para poner en práctica la dimensión de accesibilidad de las TIC de la CDPD, con la ayuda de un conjunto especial de «herramientas de accesibilidad virtual». En colaboración con la Unión Internacional de Telecomunicaciones, la G3ict también está creando el primer índice digital de accesibilidad e inclusión para las personas con discapacidad. Se trata de una herramienta de seguimiento que estudia los países que han ratificado la CDPD para saber en qué medida han puesto en práctica las disposiciones de accesibilidad digital que se definen en dicha convención, sobre un puntaje total de 57 puntos (*135*).

Se puede mejorar la accesibilidad a las TIC uniendo los enfoques contra la discriminación y de regulación del mercado con las perspectivas pertinentes sobre protección del consumidor y adquisiciones públicas (*124*). En Australia, una queja presentada por un cliente sordo llevó a efectuar una modificación en la legislación sobre telecomunicaciones imperante: se incluyó la obligación de los operadores de brindar los equipos necesarios en condiciones equivalentes. La competencia, más que la regulación, también puede generar mejoras. En el Japón, una revista sobre la administración pública realiza un concurso de «ciudad electrónica», y las diferentes municipalidades procuran destacarse en las categorías de información y comunicación, las cuales incluyen criterios de accesibilidad (*136*).

Los fabricantes y proveedores de productos y servicios basados en las TIC, al igual que quienes hacen uso de ellos, poseen funciones complementarias a la hora de proporcionar TIC accesibles (*124*). Los productores y proveedores pueden incorporar características de accesibilidad en los productos y servicios que diseñan y venden, y los gobiernos, los bancos, los institutos educativos, las empresas, los agentes de viajes y demás pueden garantizar que los productos que adquieran y usen no planteen barreras de acceso para los empleados o clientes con discapacidad.

Legislación y acción legal

Los Estados que actualmente abordan la accesibilidad de las TIC lo hacen a través de enfoques legislativos que van de arriba hacia abajo y de abajo hacia arriba, además de mecanismos extralegislativos. Los enfoques de arriba hacia abajo imponen obligaciones directas sobre los fabricantes de productos y servicios de TIC, como subtitulado oculto en los televisores y funciones de retransmisión para permitir que las personas con deficiencias auditivas utilicen el sistema telefónico. Los enfoques de abajo hacia arriba incluyen legislación de protección al consumidor y contra la discriminación que explícitamente contempla el tema de la accesibilidad de las TIC y protege los derechos de los usuarios y consumidores. Por ejemplo, la República de Corea combina ambos enfoques en la Ley de Corea contra la Discriminación por Discapacidad (2007) y la Ley de Informatización Nacional (2009), que, en conjunto, prevén los derechos de acceso a la información y los ajustes razonables del caso.

Los datos que se obtuvieron a partir de un estudio de referencia realizado en Europa demostraron que los países que poseían una legislación y mecanismos de seguimiento sólidos tendían a lograr mayores niveles de acceso a las TIC (*137*).

La legislación, como ocurre con la Ley sobre los Circuitos Decodificadores para Televisores de los Estados Unidos, puede ser una forma de garantizar que se les exija a los fabricantes de televisores que incluyan tecnología que habilite los subtítulos ocultos, además de obligar a los proveedores del servicio de cable a garantizar la interoperabilidad entre los servicios de subtitulado y los equipos receptores (*126*). La legislación también puede garantizar el subtitulado de los programas. Por ejemplo, la ley de radiodifusión de Dinamarca (2000) obliga a los canales de televisión del servicio público a fomentar el acceso para las personas con discapacidad mediante la colocación de subtítulos (*138*).

El tema de la accesibilidad a los sitios web públicos se puede abordar a través de un amplio espectro de legislación destinada a lograr la igualdad de las personas con discapacidad, o como parte de una legislación más amplia sobre gobierno electrónico o TIC. La legislación poco clara en materia antidiscriminatoria, el principal enfoque legislativo para los sitios web de empresas, tiene pocas probabilidades de ser efectiva. En los casos donde existe legislación, se pueden salvar las lagunas normativas a través de revisiones, como es el caso de la Ley de los Estados Unidos sobre Accesibilidad a las Comunicaciones y el Vídeo del Siglo XXI y la decisión de la Comisión Federal de Comunicaciones que indicó que la Voz sobre Protocolo de internet (posibilidad de efectuar comunicaciones de voz a través de internet, lo cual puede mejorar el acceso para los usuarios con deficiencias visuales) queda comprendida en el artículo 255 de la Ley de Telecomunicaciones de 1996. El enfoque legislativo puede contar con el respaldo de una variedad de medidas de apoyo (sensibilización, capacitación, seguimiento, presentación de informes, otorgamiento de normas y directrices técnicas, y etiquetado) destinadas a los proveedores de sitios web públicos, tal como ocurre en algunos países europeos (*124*).

Los desafíos jurídicos en el marco de las leyes contra la discriminación por discapacidad han redundado en mejoras de los servicios de telecomunicaciones de varios países. En Australia, por ejemplo, el fallo en el caso *Scott y DPI c. Telstra*, de 1995, definió el acceso a las telecomunicaciones como un derecho humano (*100*). El título IV de la Ley sobre Estadounidenses con Discapacidades exige que los proveedores de servicios telefónicos brinden sistemas de retransmisión para los clientes con deficiencias auditivas o del habla, sin por ello cobrar un costo adicional, y el cumplimiento ha sido muy elevado (*126*).

La acción legal puede garantizar el cumplimiento. En Australia, un caso judicial histórico involucró a un hombre que interpuso una demanda contra el Comité Organizador de los Juegos Olímpicos de Sydney del año 2000, por la cual aducía que el sitio web de dicha institución no era accesible. En respuesta, dicho Comité esgrimió que sería excesivamente costoso realizar las mejoras requeridas. No obstante, el Comité Organizador fue declarado culpable por la Comisión de Igualdad de Oportunidades de los Derechos Humanos y recibió una multa. En el Canadá se presentó una denuncia contra Air Canada debido a que el mostrador de emisión de billetes era inaccesible. Pese a que se reconoció que se trataba de una barrera, la Oficina de Transporte del Canadá rechazó la denuncia debido a que, si bien no cumplía con los principios de diseño universal, cualquier empleado de facturación de equipajes también podía emitir las tarjetas de embarque (*102*).

En los casos en que los mecanismos de cumplimiento dependen del inicio de acciones legales por parte de las personas con discapacidad, ello puede ser costoso e insumir mucho tiempo, además de requerir una seguridad y conocimientos considerables de parte de los demandantes. No hay investigaciones disponibles para demostrar cuántos son los casos que se presentan, cuántos tienen resultados satisfactorios y de qué forma se puede mejorar el proceso (*126*).

Los avances para lograr que las TIC sean accesibles han sido lentos, a pesar de la legislación (véase el cuadro 6.6) (*103*). Tal como se analizó anteriormente, se requieren enfoques legislativos que vayan de arriba hacia abajo y de abajo hacia arriba. Otros enfoques, como los incentivos financieros para la creación de tecnologías y servicios accesibles, también podrían ser fructíferos. Se necesita mayor investigación y más información sobre los tipos de legislación y demás medidas que serían adecuadas para llegar a los diversos sectores y dimensiones del acceso a la información y las comunicaciones en los diferentes contextos.

Normas

El artículo 9 de la CDPD insta al desarrollo del diseño universal y normas técnicas. Las directrices y normas se han vinculado generalmente a la seguridad de los productos, si bien la facilidad de uso ha cobrado importancia. Las organizaciones sobre normas ahora toman más en

Cuadro 6.6. Leyes sobre tecnologías accesibles

El acceso a la información y las comunicaciones debe contemplarse en un amplio espectro de leyes para garantizar el acceso total de las personas con discapacidad, tal como ocurre en los Estados Unidos.

Adquisiciones. El artículo 508 de la Ley de Rehabilitación exige que las tecnologías electrónicas e informáticas (sitios web federales, telecomunicaciones, software, quioscos de información, etc.) puedan ser usadas por personas con discapacidad. Los organismos federales no pueden adquirir, mantener o utilizar tecnologías electrónicas o informáticas que no resulten accesibles para las personas con discapacidad, a menos que la creación de dicha accesibilidad resulte excesivamente gravosa (*139*). Otras jurisdicciones, incluidos los estados y los municipios, además de algunas instituciones como institutos universitarios y universidades, han adoptado todo el artículo 508 o partes de él.

Subtítulos ocultos. El artículo 713 de la Ley de Comunicaciones (1996) obliga a los distribuidores de programación en vídeo a brindar subtítulos ocultos en la totalidad de los programas nuevos de vídeo en idioma inglés que no estén específicamente exentos de dicha obligación.

Servicios de emergencia. El título II de la Ley sobre Estadounidenses con Discapacidades (1990) exige el acceso directo de las teleimpresoras a los puntos de respuesta de seguridad pública. El artículo 255 de la Ley de Comunicaciones (1996) exige que las empresas de telecomunicaciones proporcionen acceso de emergencia a los puntos de respuesta de seguridad pública.

Teléfonos compatibles con prótesis auditivas. El artículo 710 de la Ley de Comunicaciones (1996) requiere que todos los teléfonos esenciales y todos los teléfonos fabricados en los Estados Unidos o importados a dicho país sean compatibles con las prótesis auditivas. La obligación se aplica a todos los teléfonos de línea fija y a los teléfonos inalámbricos, al igual que a ciertos teléfonos digitales inalámbricos. Los teléfonos compatibles con las prótesis auditivas proporcionan conexiones inductivas y acústicas que permiten que las personas que usan prótesis auditivas o tengan implantes cocleares se comuniquen por teléfono.

Equipos y servicios de telecomunicaciones. El artículo 255 de la Ley de Comunicaciones (1996) requiere que los fabricantes y proveedores de servicios de telecomunicaciones tomen los recaudos para que sus servicios y equipos sean accesibles y utilizables por personas con discapacidad, en caso de que esto se pueda lograr en forma expeditiva.

Servicios de telecomunicaciones con retransmisión. El artículo 225 de la Ley de Comunicaciones (1996) establece un sistema nacional de servicios de telecomunicaciones con retransmisión. La ley exige que las empresas de telecomunicaciones realicen aportes anuales acordes a sus ingresos a un fondo de administración federal para brindar apoyo a la prestación de dichos servicios. Los proveedores de servicios de telecomunicaciones con retransmisión deben conectar las llamadas de retransmisión de los usuarios que hayan marcado 7-1-1. Este requisito simplifica el acceso a los servicios de telecomunicaciones con retransmisión. El usuario no tiene que recordar el número de llamada gratuita de cada estado: simplemente debe marcar los números 7-1-1 y será conectado automáticamente con el proveedor por defecto de ese estado (*140*).

Decodificadores para televisores. La Ley sobre los Circuitos Decodificadores para Televisores (1990) exige que los receptores de televisión que posean pantallas de 13 pulgadas (330 milímetros) o más contengan circuitos de decodificación incorporados, a efectos de habilitar el subtitulado oculto. La Comisión Federal de Comunicaciones también aplica este requisito a las computadoras equipadas con circuitos de televisión y monitores que poseen visualización de imágenes de un mínimo de 13 pulgadas. El requisito de contar con circuitos de decodificación incorporados se aplica a todos los aparatos de televisión digital que posean una pantalla de 7,8 pulgadas (198 milímetros) de alto, y a los sintonizadores independientes de televisión digital y decodificadores digitales. Dicha ley también exige que se habiliten servicios de subtitulado oculto a medida que se desarrollen nuevas tecnologías de vídeo.

Fuente: (*140*).

> **Cuadro 6.7. El Sistema de Información Digital Accesible (DAISY)**
>
> El Consorcio DAISY de bibliotecas de libros parlantes es parte de la transición global de libros parlantes analógicos a digitales. La meta del consorcio, que fue creado en 1996, es lograr que toda la información publicada esté a disposición de las personas que tienen una discapacidad para leer material impreso en un formato accesible, navegable y con abundancia de opciones. Esto debería ocurrir al mismo tiempo que la publicación del material para las personas que no poseen ninguna discapacidad y no debería implicar un costo adicional. Por ejemplo, en 2005, el libro *Harry Potter y el príncipe mestizo* estuvo disponible en formato DAISY para los niños con deficiencias visuales el mismo día en que se publicó la historia original.
>
> El consorcio también trabaja en los países en desarrollo para construir y mejorar bibliotecas, capacitar personal, desarrollar software y contenidos en los idiomas locales y crear redes de organizaciones (*141*). También procura influenciar las leyes internacionales de propiedad intelectual y las prácticas óptimas en la materia para fomentar el intercambio de materiales.
>
> DAISY colabora con las organizaciones internacionales de estandarización en lo relativo a las normas más ampliamente adoptadas alrededor del mundo, que se caracterizan por ser abiertas y genéricas. Crea herramientas capaces de producir contenidos utilizables y posee sistemas de lectura inteligente. Por ejemplo, DAISY DTBOOK-XML es un documento de código único para la distribución de varios formatos como libros impresos en papel, libros electrónicos EPUB, libros en Braille, libros parlantes y libros impresos en letra grande.
>
> El sistema de información multimedia adaptado AMIS —disponible en afrikáans, chino, francés, inglés, islandés, noruego y tamil— es un sistema gratuito y de código libre de lectura automática en voz alta y puede descargarse del sitio web de DAISY.
>
> En Sri Lanka, la Fundación Daisy Lanka está creando 200 libros parlantes digitales en el idioma local y 500 en idioma inglés, que incluyen libros de texto que se utilizan en los programas escolares y materiales universitarios. Los libros fueron producidos por estudiantes ciegos y videntes que trabajaron en pares, y se difundirán a través de las escuelas para estudiantes ciegos y una librería postal. Ello permitirá el acceso a un espectro de materiales para personas ciegas más amplio que lo que actualmente se ofrece en Braille. Los libros parlantes que se producen en los idiomas locales también contribuirán a ayudar a las personas analfabetas o que poseen baja visión.

cuenta los factores de usabilidad y la participación de las partes interesadas en la creación de las normas sobre las TIC (*127*). Los diseñadores y fabricantes reclaman que las normas deben ser voluntarias, pues sostienen que las directrices obligatorias podrían restringir la innovación y la competencia. No obstante, a menos que queden consignadas en la legislación, podría haber un cumplimiento limitado de las normas.

La certificación de las TIC accesibles y el etiquetado son posibles formas de apoyar la mejora del acceso. Las enmiendas de 1998 a la Ley de Rehabilitación de los Estados Unidos exigen que el Consejo de Acceso publique normas para las TIC, junto con criterios de desempeño técnico y funcional. Debido al tamaño del mercado estadounidense, la reglamentación eficaz en el país puede generar mejoras de accesibilidad en tecnologías que luego se reproducen a escala mundial (véase el cuadro 6.6).

Los distintos países han logrado diferentes niveles de acceso, y no todas las tecnologías de los países en desarrollo han logrado el acceso disponible en otros lugares (*97*, *109*, *110*, *130*, *132*, *141*, *142*). Las directrices web Content Accessibility Guidelines (WCAG) 1.0, que se ocupan de la accesibilidad a los contenidos de la web, continúan siendo las que se aplican en la mayoría de los países, pese a que hay un viraje hacia las WCAG 2.0. Se están tomando medidas para armonizar las normas; por ejemplo, entre el artículo 508 de la Ley de Rehabilitación de los Estados Unidos y los requisitos de accesibilidad de las WCAG 2.0 (*143*).

Dos importantes creadores de normas técnicas para productos y servicios accesibles de TIC son la Iniciativa de Accesibilidad web W3C (*144*, *145*) y el Consorcio DAISY (*146*) (véase el cuadro 6.7).

Políticas y programas

Las políticas de telecomunicaciones gubernamentales de varios países han mejorado en los últimos años, especialmente en el caso de los teléfonos de línea fija. En los casos donde existan políticas sectoriales, se podrá indicar una coordinación transversal (*124*). Los enfoques horizontales pueden servir para abordar las barreras inherentes a un enfoque sectorial. Las políticas de accesibilidad a las TIC de Australia, el Canadá y los Estados Unidos han fijado normas para otros países (*28*, *147*). Suecia utiliza obligaciones de servicio universales para garantizar que los operadores de telecomunicaciones brinden servicios especiales para las personas con discapacidad. La Oficina Nacional de Servicios Postales y Telecomunicaciones de Suecia también ofrece servicios de soporte de voz para las personas con deficiencias del habla y el lenguaje, además de grupos de debate para las personas sordociegas (*148*).

Si bien el acceso a la televisión es un problema fundamental para las personas sordas o ciegas, existen maneras de posibilitar el acceso (*110*). Algunas de ellas requieren que se realicen mejoras tecnológicas a los equipos; por ejemplo, habilitar el subtitulado oculto. Otras requieren que las cadenas de televisión tomen decisiones con respecto a sus políticas; por ejemplo, si brindan interpretación en lengua de señas en los programas de noticias o de otro tipo (*17*, *138*). Los servicios de vídeo con descripción de audio pueden hacer que las imágenes visuales de los medios estén disponibles para las personas ciegas o que poseen baja visión. Se podrán comunicar las alertas de emergencia mediante sonidos y subtítulos. La programación de radio es especialmente útil para las personas que poseen deficiencias visuales.

A menudo, resulta más fácil reglamentar o persuadir a los canales del sector público para que ofrezcan emisiones accesibles (*149*). En Europa se ofrecen programas de noticias con interpretación en lengua de señas en países como Irlanda, Italia, Finlandia y Portugal (*138*). En Tailandia y Viet Nam, los noticieros diarios se transmiten con interpretación en lengua de señas o subtítulos ocultos. En la India, hay un noticiero semanal que se transmite en lengua de señas. China, el Japón y Filipinas alientan a las empresas de televisión y radiodifusión a brindar este tipo de programación (*39*). A continuación, se citan ejemplos de otros países:

- En Colombia, la televisión pública está obligada a incluir subtítulos ocultos, subtítulos visibles o lengua de señas.
- En México, existe un requisito de inclusión de subtítulos ocultos.
- En Australia, donde hay requisitos de inclusión de subtítulos ocultos para la televisión analógica y digital, el objetivo para los programas del horario televisivo central es del 70% de todos los programas emitidos entre las 18.00 y la medianoche.

Se pueden lograr más avances, tal como lo demuestra el caso del Japón (Ministerio de Asuntos Internos y Comunicaciones), donde se estableció una meta de subtitulado oculto del 100% de los programas —tanto en vivo como grabados— en los cuales sea técnicamente posible incluir dichos subtítulos; dicha meta debería alcanzarse para el año 2017.

Varios países poseen iniciativas para mejorar la accesibilidad a las TIC, a saber:

- Sri Lanka posee varios proyectos de accesibilidad a las TIC, que incluyen mejorar el acceso de las personas con discapacidad a los teléfonos públicos (*110*).
- En el Japón, el Ministerio de Asuntos Internos y Comunicaciones (conocido hasta 2004 como el Ministerio de Gestión Pública, Asuntos Internos, Correos y Telecomunicaciones) creó un sistema para evaluar y corregir los problemas de acceso en los sitios web. Dicho Ministerio también ayuda a otras organizaciones gubernamentales a lograr que los sitios web sean más accesibles para las personas con discapacidad y las personas mayores.
- Sudáfrica posee un portal de accesibilidad nacional con soporte para varios idiomas.

Al portal se accede desde computadoras ubicadas en centros de servicios con equipos accesibles y a través de una interfaz telefónica (*142*, *150*). El portal funciona como un centro único que brinda información, servicios y comunicaciones a las personas con discapacidad, los cuidadores, los médicos y demás personas que presten servicios vinculados con la discapacidad.

Adquisiciones

Las políticas de adquisiciones del sector público también pueden promover la accesibilidad a las TIC (*109*, *142*). Algunos gobiernos poseen legislación exhaustiva sobre la accesibilidad a las TIC, que incluye las políticas de adquisiciones que requieren la compra de equipos accesibles, tal como prevé el artículo 508 de la Ley de Rehabilitación de los Estados Unidos (*140*, *147*, *151*). Las políticas de adquisiciones gubernamentales pueden crear incentivos para que la industria incorpore normas técnicas que permitan contar con una tecnología de diseño universal (*35*, *97*, *132*, *134*, *152*, *153*). El Parlamento Europeo y otros órganos de la Unión Europea (UE) han aprobado resoluciones sobre la accesibilidad de la web y están armonizando las políticas de adquisición pública (*124*). La UE incluyó el tema de la accesibilidad a las TIC en su Plan de Acción Europeo, que también contemplaba las inversiones en la investigación y el desarrollo de TIC accesibles y sugería fortalecer las disposiciones sobre accesibilidad (*151*). Hay herramientas disponibles para fomentar las adquisiciones accesibles, como es el caso de la guía para adquisiciones de este tipo que elaboró el Canadá (*Canadian Accessible Procurement Toolkit*) (*154*) y la herramienta para adquisiciones accesibles de los Estados Unidos llamada (*Buy Accessible Wizard*) (*155*).

Diseño universal

Las diferentes personas con discapacidad prefieren soluciones diferentes a las barreras que obstan al acceso, y la posibilidad de elegir es un principio clave a la hora de generar accesibilidad (*102*).

Cada vez hay más auriculares de teléfono accesibles para los teléfonos de línea fija. En los países desarrollados, los proveedores de servicios de telecomunicaciones ofrecen equipos de teléfono con funciones como las que se detallan a continuación: control de volumen, dispositivo de ayuda para la voz, botones grandes y alertas con señalización visual; variedad de teleimpresoras, con inclusión de una teleimpresora en Braille y otra con una amplia pantalla visual, y adaptadores para los usuarios de implantes cocleares.

Las innovaciones en el acceso de la telefonía móvil incluyen los siguientes elementos:

- Los dispositivos de mano que utilizan teléfonos celulares como plataformas pueden proporcionar una gama de servicios, como los que se detallan a continuación (*156*):
    - dispositivos asistenciales para que las personas ciegas puedan guiarse;
    - orientación de rutas para las personas con discapacidades motoras;
    - comunicación en lengua de señas por vídeo para las personas sordas;
    - dispositivos asistenciales para la memoria en el caso de usuarios mayores y personas con discapacidades cognitivas.
- El «voice-over» (o «voz superpuesta») se trata de un lector de pantalla que enuncia en voz alta todo lo que aparece en la pantalla del dispositivo móvil iPhone, y permite que los usuarios con deficiencias visuales realicen llamadas, lean el correo electrónico, naveguen en internet, escuchen música y ejecuten aplicaciones (*157*).
- La accesibilidad cognitiva de los teléfonos móviles puede aumentarse para las personas con deficiencias intelectuales (*158*). Se ha diseñado un teléfono especial para las personas a quienes el teléfono celular corriente les resulta demasiado complicado; dicho teléfono especial posee un teclado grande con retroiluminación y menúes y opciones de acceso simples (*159*).

- En Australia, la industria de los teléfonos celulares ha creado un servicio de información mundial para informar sobre las características de accesibilidad de dichos teléfonos (*160*). Australia y los Estados Unidos también requieren que se brinde información accesible con los equipos de telecomunicaciones.
- Las personas sordas suelen utilizar los SMS (mensajes de texto abreviado que se envían desde un teléfono celular) para la comunicación cara a cara y también de larga distancia (*161*).
- En el Japón, el teléfono Raku Raku ha sido creado con diseño universal, y posee una pantalla grande, botones específicos, menúes que se leen en voz alta, mensajes de texto con entrada de voz y un reproductor DAISY integrado. Se han vendido más de ocho millones de ejemplares, especialmente para la población mayor, mercado hasta el momento no explotado por los fabricantes de teléfonos celulares (*162*).

Las organizaciones de personas con discapacidad han instado a que se incluya el diseño universal en las computadoras y en la web, un enfoque que, en vez de ser reactivo, busca adelantarse a los hechos en materia de tecnologías accesibles (*163*). Por ejemplo, a los usuarios de los lectores de pantalla no suele gustarles la modalidad «solo texto» que ofrecen los sitios web, porque en general no se los actualiza tan frecuentemente; en ese sentido, es preferible hacer que la versión gráfica sea accesible (*164*). Por su parte, el movimiento Raising the Floor propone un nuevo enfoque radical: crear funciones y servicios de interfaz alternativos directamente en internet, de forma tal que cualquier usuario que necesite las funciones de accesibilidad pueda invocar exactamente las funciones que necesite en cualquier computadora que utilice, en cualquier lugar y en cualquier momento (*165*). Las funciones de accesibilidad de los sistemas operativos Microsoft Windows y Mac OS X ya ofrecen mecanismos básicos de lectura de pantalla, pero a veces hay poca conciencia de la existencia de dichos mecanismos.

La Iniciativa de Accesibilidad web W3C también está creando directrices para los diseñadores y operadores de sitios web sobre la forma de brindar contenidos accesibles en los dispositivos móviles de mano (*166*).

Las medidas, según la industria

Hay argumentos comerciales sólidos en favor de eliminar las barreras y fomentar la usabilidad (*167*). Ello requiere concentrarse en los factores «de atracción» más que en los factores «de empuje» de la reglamentación, además de desafiar los mitos que muestran a la accesibilidad como algo complejo, indeseable, costoso y para unos pocos (*168*). La accesibilidad puede ofrecer beneficios de mercado, especialmente con una población en vías de envejecimiento. Los sitios web y servicios accesibles pueden facilitar el uso para todos los clientes; de allí, la expresión «rampas electrónicas» (*167*).

Para fines de 2008, la cantidad de suscriptores de teléfonos celulares había alcanzado los 4000 millones (*169*). En África, por ejemplo, la cantidad de usuarios de teléfonos celulares aumentó de 54 millones a casi 350 millones entre 2003 y 2008, cifra enormemente superior a la cantidad de usuarios de líneas fijas (*169*). Uno de los mayores proveedores de servicios de telefonía móvil de China está ofreciendo una tarjeta SIM especial para los usuarios con discapacidad. El cargo mensual del servicio, que se ofrece con descuentos, y el bajo costo de los mensajes de texto lo tornan económicamente asequible para los usuarios sordos o hipoacúsicos. Los usuarios de tarjetas pueden recargar su cuenta enviando un mensaje de texto. La empresa también tiene una versión en audio de su servicio de noticias, que permite que las personas con deficiencias visuales escuchen los noticieros (*170*).

Un proveedor de productos comestibles del Reino Unido que ofrece servicios en línea ha creado un sitio accesible en estrecha colaboración con el Instituto Nacional Real de

Personas Ciegas y un panel de compradores con deficiencias visuales (*171*). El sitio ofrece una alternativa al contenido altamente gráfico de la versión estándar del sitio. Originalmente diseñado para usuarios con deficiencias visuales, el sitio atrae a un público mucho más amplio, y hay muchas personas que, pese a ser perfectamente videntes, encuentran que el sitio accesible es más fácil de usar que otros sitios. El monto del gasto realizado por los usuarios a través del sitio asciende a £13 millones al año, casi 400 veces el costo original de £35 000 que se necesitó para crear el sitio accesible. Como consecuencia de las mejoras de acceso, el sitio se podrá usar fácilmente, y sin ningún costo adicional, con asistentes personales digitales, TV en internet y computadoras de bolsillo que posean conexiones de baja velocidad y pantallas de tamaño limitado.

La investigación reciente que se realizó en lo relativo a las barreras que impiden lograr un diseño inclusivo en los equipos, productos y servicios de comunicaciones, y las formas de abordar estas barreras, sugiere que hay ámbitos que admiten mejoras, a saber (*172*):

- procesos de adquisición que requieran que los licitantes consideren la accesibilidad y usabilidad;
- mejor comunicación con las partes interesadas;
- comercialización de productos y servicios accesibles como opción ética;
- mayor acceso a la información y mecanismos para intercambiar información acerca de las necesidades de las personas mayores y con discapacidad.

La eliminación de las barreras operativas también puede permitirles a las empresas beneficiarse de la experiencia que aportan los trabajadores con discapacidad. Por ejemplo, las grandes empresas han sido pioneras en garantizar que los empleados puedan acceder a las ayudas técnicas y promover la accesibilidad de las TIC. Una empresa logró una reducción del 40% en los costos de ancho de banda luego de incorporar una solución de intranet accesible. Lograr adecuadamente el acceso para las personas con discapacidad puede mejorar la reputación, y posiblemente lograr ahorros de costos o mejoras en las ventas (*143*).

Función de las ONG

Las organizaciones de personas con discapacidad han realizado campañas para lograr un mayor acceso a las TIC, sobre la base de un enfoque de derechos (*102*). Ello ha incluido reclamar más reglamentación, tratar de influenciar el accionar de los fabricantes y proveedores de servicios a efectos de que garanticen el acceso, y recurrir a la impugnación por la vía judicial en los casos de incumplimiento (*127*). Se ha determinado que la participación activa de las ONG en la supervisión y el cumplimiento es útil para mejorar el acceso (*124*).

Ya sea a través de organizaciones o en su calidad de particulares, las personas con discapacidad deberían participar en el diseño, el desarrollo y la puesta en práctica de las TIC (*102*). Estos pasos reducirían los costos y ampliarían los mercados al garantizar la utilización de las TIC por más personas desde el comienzo (*126*).

Las ONG también pueden iniciar programas para ayudar a que las personas con discapacidad accedan a las TIC, e incluso ofrecer las instancias de capacitación correspondiente para garantizar que el usuario cuente con conocimientos y aptitudes digitales. Por ejemplo, la sucursal de Nueva Delhi de la Asociación Nacional de Ciegos de la India estableció un centro tecnológico y de capacitación informática con TIC accesibles y económicamente asequibles para las personas ciegas, y ofrece cursos para principiantes y de actualización en forma gratuita desde 1993. El software para el curso se creó en formatos que incluyen Braille, audio, letra grande y texto electrónico, a efectos de prestar servicios a las personas con deficiencias visuales. Los proyectos incluyeron la creación de software de transcripción en Braille, motores de búsqueda y sintetizadores de texto a voz en hindi. Los estudiantes con deficiencias visuales pasaron a trabajar como aprendices en la empresa informática que patrocina el centro. Este modelo de capacitación también se utiliza en otros países. En Etiopía, el Centro de Tecnologías Adaptativas para Ciegos, con apoyo de la Organización de las Naciones Unidas para la Educación, la Ciencia y la Cultura (UNESCO), creó un centro de capacitación informática para las personas ciegas o con deficiencias visuales, destinado a ayudarlas a aprender a usar las TIC y mejorar sus oportunidades laborales (*173*).

Conclusiones y recomendaciones

El ambiente puede discapacitar a las personas que tienen condiciones de salud o fomentar su participación e inclusión en la vida social, económica, política y cultural. Las mejoras en el acceso a los edificios, las calles, el transporte, la información y la comunicación pueden crear un ambiente favorable que beneficie no solo a las personas con discapacidad, sino también a muchos otros grupos demográficos. Las actitudes negativas son un factor ambiental clave que necesita contemplarse en todos los ámbitos.

En este capítulo se sostiene que los requisitos para que se logren avances de accesibilidad son: creación de una «cultura de accesibilidad», cumplimiento eficaz de leyes y reglamentos, y mayor información sobre los ambientes y su accesibilidad. Para llegar a buen puerto, las iniciativas de accesibilidad deben tomar en cuenta la asequibilidad económica, la disponibilidad de tecnología y conocimientos, las diferencias culturales y el grado de desarrollo. Las soluciones que operan en entornos tecnológicamente sofisticados pueden ser ineficaces en ámbitos de bajos recursos. La mejor estrategia para lograr la accesibilidad es generalmente la mejora gradual. Los esfuerzos iniciales deberían concentrarse en eliminar las barreras ambientales básicas. Una vez que el concepto de accesibilidad esté arraigado, y a medida que haya más recursos disponibles, se hará más fácil elevar las normas y lograr un nivel más alto de diseño universal.

Para lograr avances en la accesibilidad, se requiere la participación de los actores internacionales y nacionales, lo cual incluye a las organizaciones internacionales, los gobiernos nacionales, los diseñadores y fabricantes de tecnologías y productos, y las personas con discapacidad y sus organizaciones. Las recomendaciones que se detallan a continuación destacan las medidas específicas que pueden mejorar la accesibilidad.

Las distintas esferas del ambiente

- Las políticas y normas de accesibilidad deberían satisfacer las necesidades de todas las personas con discapacidad.
- Se debe realizar el seguimiento y la evaluación de la puesta en práctica de las leyes y normas de accesibilidad. Se puede designar y otorgar financiamiento a un órgano de seguimiento imparcial, preferentemente ajeno al gobierno, que esté integrado por una cantidad sustancial de personas con discapacidad, a efectos de seguir el avance en la accesibilidad y recomendar mejoras.
- Se necesita sensibilizar a la población para desterrar la ignorancia y los prejuicios que rodean a la discapacidad. El personal que trabaja en los servicios públicos y privados debería estar capacitado para tratar a los clientes con discapacidad en forma igualitaria y con respeto.
- Los órganos profesionales y las instituciones educativas pueden incorporar la accesibilidad como componente en los programas de estudios de carreras como arquitectura, construcción, diseño, informática, mercadotecnia, etc. Las autoridades normativas y quienes trabajan en nombre de las personas con discapacidad deben familiarizarse con la importancia y los beneficios públicos de la accesibilidad.
- Las organizaciones internacionales pueden desempeñar una función importante si llevan a cabo las siguientes tareas:
    - crear y fomentar normas mundiales de accesibilidad para cada esfera del

ambiente físico que sea ampliamente pertinente, teniendo en cuenta las limitaciones como el costo y el patrimonio y la diversidad culturales;
- financiar proyectos de desarrollo que cumplan con las normas de accesibilidad correspondientes y fomenten el diseño universal;
- respaldar la investigación para desarrollar un conjunto de políticas y prácticas recomendadas basadas en los datos sobre accesibilidad y diseño universal, con especial hincapié en las soluciones adecuadas para los entornos de bajos recursos;
- crear índices de accesibilidad y métodos confiables para la recopilación de datos, con el fin de medir los avances en la mejora de la accesibilidad.
- La industria puede realizar aportes importantes a través del fomento de la accesibilidad y el diseño universal en las etapas iniciales del diseño y el desarrollo de productos, programas y servicios.
- Las personas con discapacidad y sus organizaciones deberían participar en las iniciativas sobre accesibilidad, por ejemplo, en el diseño y la formulación de políticas, productos y servicios, para evaluar las necesidades de los usuarios y también para realizar el seguimiento de los avances y el grado de respuesta.

Servicios públicos: Edificios y calles

- Se recomienda adoptar el diseño universal como enfoque conceptual para el diseño de edificios y calles de uso público.
- Es preciso crear y promulgar normas nacionales mínimas. Se debe exigir el cumplimiento total para la construcción de nuevos edificios y calles de uso público. Ello abarca elementos como rampas (rebajes en las aceras) y entradas accesibles; cruces seguros en las calles; vías accesibles para trasladarse a todos los espacios, y accesos a instalaciones públicas, como los retretes. Lograr que los edificios más antiguos sean accesibles requiere flexibilidad.
- Se recomienda lograr el cumplimiento de leyes y reglamentos por medio de exámenes e inspecciones de diseño; auditorías participativas de accesibilidad, y a través de la designación de un organismo gubernamental principal responsable de aplicar las leyes, los reglamentos y las normas.
- En el caso de los países en desarrollo, un plan estratégico con prioridades y una serie de metas graduales pueden lograr el máximo aprovechamiento de recursos limitados. Las políticas y normas deberían ser flexibles para contemplar las diferencias entre las zonas rurales y urbanas.

Transporte

- Se debe incorporar el transporte accesible en la legislación general sobre los derechos de las personas con discapacidad.
- Es necesario determinar estrategias para mejorar la accesibilidad del transporte público, por ejemplo:
  - aplicar principios de diseño universal en el diseño y funcionamiento del transporte público, por ejemplo, a través de la selección de nuevos autobuses y tranvías o mediante la eliminación de las barreras físicas cuando se proceda a la renovación de paradas y estaciones;
  - exigir que las oficinas de transporte proporcionen servicios de transporte especial a corto plazo, como es el caso de los servicios de camionetas compartidas o taxis accesibles;
  - flexibilizar los sistemas de transporte público para el usuario al optimizar el uso de la tecnología informática;
  - contemplar formas de transporte alternativo como triciclos, sillas de ruedas, bicicletas y ciclomotores, y proporcionar carriles y sendas separadas.
- Se debe lograr una continuidad en la accesibilidad a lo largo de la cadena de traslado, para lo cual se deberá mejorar la calidad de

- las aceras, las calles y los accesos peatonales; instalar rampas, y garantizar el acceso a los vehículos.
- Para mejorar la asequibilidad económica del transporte, es recomendable subsidiar el precio del boleto del transporte en beneficio de las personas con discapacidad que quizás no puedan costearlos.
- Es preciso educar y capacitar a todas las partes que participen en el transporte: los gerentes necesitan comprender su responsabilidad y el personal que está en contacto con los usuarios debe garantizar la atención al cliente. Las campañas de sensibilización pública pueden colaborar en el proceso de educación: los afiches, por ejemplo, pueden enseñarles a los pasajeros quién tiene prioridad para sentarse.

Las innovaciones en materia de normas de accesibilidad y diseño universal en los países desarrollados no siempre han sido adecuadas ni asequibles para los países de ingreso bajo y mediano. Se puede encontrar soluciones específicas para cada país. Los ejemplos de bajo costo incluyen medidas como las que se detallan a continuación: ubicación del primer escalón a menor altura, mejoras en las barandillas interiores y exteriores en la entrada de los autobuses, asientos reservados para personas con discapacidad, mejor iluminación, plataformas de ascenso elevadas y pavimentadas en los lugares que carezcan de aceras, y eliminación de molinetes.

Información y comunicación accesibles

- Se debe considerar una gama de mecanismos legislativos y normativos que vayan de arriba hacia abajo y de abajo hacia arriba y contemplen las siguientes medidas: protección al consumidor, legislación antidiscriminatoria que cubra las TIC, e imposición de obligaciones directas a quienes desarrollen sistemas, productos y servicios de TIC.
- En los sectores público y privado se deberán adoptar políticas en materia de adquisiciones que tomen en consideración los criterios de accesibilidad.
- Se recomienda respaldar la prestación de servicios de retransmisión telefónica, lengua de señas y Braille.
- Al diseñar y distribuir equipos y servicios de TIC, los encargados de hacerlo deberían cerciorarse de que las personas con discapacidad logren los mismos beneficios que el resto de la población.
- Los productores y proveedores deberían incorporar funciones de accesibilidad en los productos y servicios que diseñen y vendan.
- Se debe respaldar la educación y capacitación de las personas con discapacidad, a efectos de que aprovechen las TIC, lo cual incluye capacitación para garantizar que cuenten con aptitudes y conocimientos digitales.

Referencias

1. *Universal design*. Syracuse, Global Universal Design Commission, 2009 (http://tinyurl.com/yedz8qu, accessed 18 January 2010).
2. *United Nations global audit of web accessibility*. New York, United Nations, 2006 (http://www.un.org/esa/socdev/enable/gawanomensa.htm, accessed 17 February 2010).
3. Schur L et al. Enabling democracy: disability and voter turnout. *Political Research Quarterly*, 2002,55:167-190.
4. Redley M. Citizens with learning disabilities and the right to vote. *Disability & Society*, 2008,23:375-384. doi:10.1080/09687590802038894
5. *Making democracy accessible*. London, United Response, 2011 (http://www.unitedresponse.org.uk/press/campaigns/mda/, accessed 17 March 2011).
6. Meyers AR et al. Barriers, facilitators, and access for wheelchair users: substantive and methodologic lessons from a pilot study of environmental effects. *Social Science & Medicine (1982)*, 2002,55:1435-1446. doi:10.1016/S0277-9536(01)00269-6 PMID:12231020
7. Roberts P, Babinard J. *Transport strategy to improve accessibility in developing countries*. Washington, World Bank, 2005.

8. Venter C et al. Towards the development of comprehensive guidelines for practitioners in developing countries. In: *Proceedings of the 10th International Conference on Mobility and Transport for Elderly and Disabled Persons (TRANSED2004), Hamamatsu, 23–26 May 2004* (http://tinyurl.com/yb7lgpk, accessed 10 February 2010).
9. Leonardi M et al. *MHADIE background document on disability prevalence across different diseases and EU countries*. Milan, Measuring Health and Disability in Europe, 2009 (http://www.mhadie.it/publications.aspx, accessed 21 January 2010).
10. Loprest P, Maag E. *Barriers to and supports for work among adults with disabilities: results from the NHIS-D*. Washington, The Urban Institute, 2001.
11. Gonzales L et al. Accessible rural transportation: an evaluation of the Traveler's Cheque Voucher Program. *Community Development: Journal of the Community Development Society*, 2006,37:106-115. doi:10.1080/15575330.2006.10383112
12. *Country report: Bolivia*. La Paz, Confederación Boliviana de la Persona con Discapacidad, 2009 (http://www.yorku.ca/drpi/, accessed 25 August 2009).
13. *State of disabled people's rights in Kenya*. Nairobi, African Union of the Blind, 2007 (http://www.yorku.ca/drpi/, accessed 25 August 2009).
14. Swadhikaar Center for Disabilities Information, Research and Resource Development. *Monitoring the human rights of people with disabilities. Country report: Andhra Pradesh, India*. Toronto, Disability Rights Promotion International, 2009 (http://www.yorku.ca/drpi/India.html, accessed 10 February 2010).
15. Olusanya BO, Ruben RJ, Parving A. Reducing the burden of communication disorders in the developing world: an opportunity for the millennium development project. *JAMA: Journal of the American Medical Association*, 2006,296:441-444. doi:10.1001/jama.296.4.441 PMID:16868302
16. *Accessibility guidelines*. Stockholm, International Federation of Hard of Hearing, 2008 (http://www.ifhoh.org/pdf/accessibilityguidelines2009.pdf, accessed 30 August 2009).
17. *Deaf people and human rights*. Stockholm, World Federation of the Deaf, Swedish National Association of the Deaf, 2009.
18. *How do people who are deaf-blind communicate?* London, Royal National Institute of the Deaf, 2009 (http://tinyurl.com/ydkwvfl, accessed 30 August 2009).
19. *Deafness and hearing impairment: fact sheet N°300*. Geneva, World Health Organization, 2010 (http://www.who.int/mediacentre/factsheets/fs300/en/index.html, accessed 1 July 2010).
20. Rowland W. Library services for blind: an African perspective. *IFLA Journal*, 2008,34:84-89. doi:10.1177/0340035208088577
21. *Annual report 2008–2009*. New Delhi, All India Confederation of the Blind, 2009 (http://www.aicb.org.in/AnnualReport/AnualReport2009.pdf, accessed 30 August 2009).
22. Resnikoff S et al. Global data on visual impairment in the year 2002. *Bulletin of the World Health Organization*, 2004,82:844-851. PMID:15640920
23. Resnikoff S et al. Global magnitude of visual impairment caused by uncorrected refractive errors in 2004. *Bulletin of the World Health Organization*, 2008,86:63-70. doi:10.2471/BLT.07.041210 PMID:18235892
24. Renblad K. How do people with intellectual disabilities think about empowerment and information and communication technology (ICT)? *International Journal of Rehabilitation Research. Internationale Zeitschrift fur Rehabilitationsforschung. Revue Internationale de Recherches de Réadaptation*, 2003,26:175-182. PMID:14501568
25. Iezzoni LI, Ramanan RA, Lee S. Teaching medical students about communicating with patients with major mental illness. *Journal of General Internal Medicine*, 2006,21:1112-1115. doi:10.1111/j.1525-1497.2006.00521.x PMID:16970561
26. Kaye HS. *Computer and internet use among people with disabilities*. Washington, United States Department of Education, National Institute on Disability and Rehabilitation Research, 2000a (Disability Statistics Report 13).
27. Waddell C. *Meeting information and communications technology access and service needs for persons with disabilities: major issues for development and implementation of successful policies and strategies*. Geneva, International Telecommunication Union, 2008 (http://www.itu.int/ITU-D/study_groups/SGP_2006-2010/events/2007/Workshops/documents/05-success-policies.pdf, accessed 25 August 2009).
28. *Measuring progress of eAccessibility in Europe*. Brussels, European Commission, 2007 (http://ec.europa.eu/information_society/newsroom/cf/itemdetail.cfm?item_id=4280, accessed 27 August 2009).
29. Steinmetz E. *Americans with disabilities: 2002*. Washington, United States Census Bureau, 2006 (Household Economic Studies, Current Population Reports P70–107) (http://www.census.gov/hhes/www/disability/sipp/disab02/awd02.html, accessed 10 February 2010).
30. Kaye HS. *Disability and the digital divide*. Washington, United States Department of Education, National Institute on Disability and Rehabilitation Research, 2000b.
31. Dobransky K, Hargittai E. The disability divide in internet access and use. *Information Communication and Society*, 2006,9:313-334. doi:10.1080/13691180600751298
32. *Bridging the digital divide: issues and policies in OECD countries*. Paris, Organisation for Economic Co-operation and Development, 2001 (http://www.oecd.org/dataoecd/10/0/27128723.pdf, accessed 18 August 2009).

33. Wolff L, MacKinnon S. What is the digital divide? *TechKnowLogia*, 2002, 4(3):7–9 (http://info.worldbank.org/etools/docs/library/57449/digitaldivide.pdf, accessed 19 August 2009).
34. Korean Society for Rehabilitation. *Review paper: Korea*. Paper presented at a regional workshop on «Monitoring the implementation of the Biwako Millennium Framework for action towards an Inclusive, barrier-free and right-based society for persons with disabilities in Asia and the Pacific,» Bangkok, 13–15 October 2004 (http://www.worldenable.net/bmf2004/paperkorea.htm, accessed 21 August 2009)
35. The accessibility imperative: implications of the Convention on the Rights of Persons with Disabilities for information and communication technologies. *Georgia, G3ict,2007*.
36. World Summit on the Information Society. Geneva, 18–22 May 2009 [web site]. (http://www.itu.int/wsis/implementation/2009/forum/geneva/agenda_hl.html, accessed 3 August 2009).
37. South-North Centre for Dialogue and Development. *Global survey on government action on the implementation of the standard rules on the equalization of opportunities for persons with disabilities*. Amman, Office of the UN Special Rapporteur on Disabilities, 2006:141.
38. *Regional report of the Americas 2004*. Chicago, International Disability Rights Monitor, 2004 (http://www.idrmnet.org/content.cfm?id=5E5A75andm=3, accessed 9 February 2010).
39. *Regional report of Asia 2005*. Chicago, International Disability Rights Monitor, 2005 (http://www.idrmnet.org/content.cfm?id=5E5A75andm=3, accessed 9 February 2010).
40. *Regional report of Europe 2007*. Chicago, International Disability Rights Monitor, 2007 (http://www.idrmnet.org/content.cfm?id=5E5A75andm=3, accessed 9 February 2010).
41. Michailakis D. *Government action on disability policy: a global survey*. Stockholm, Institute on Independent Living, 1997 (http://www.independentliving.org/standardrules/UN_Answers/UN.pdf, accessed 10 February 2010).
42. Mazumdar S, Geis G. Architects, the law and accessibility: architects' approaches to the ADA in arenas. *Journal of Architectural and Planning Research*, 2003,20:199-220.
43. *People with disabilities in India: from commitments to outcomes*. Washington, World Bank. 2009.
44. *Design for all Americans*. Washington, National Commission on Architectural Barriers, United States Government Printing Office, 1968 (http://tinyurl.com/ye32n2o, accessed 10 February 2010).
45. Schroeder S, Steinfeld E. *The estimated cost of accessibility*. Washington, United States Department of Housing and Urban Development, 1979.
46. Ratzka A. *A brief survey of studies on costs and benefits of non-handicapping environments*. Stockholm, Independent Living Institute, 1994.
47. Steven Winter Associates. *Cost of accessible housing*. Washington, United States Department of Housing and Urban Development, 1993.
48. Whybrow S et al. Legislation, anthropometry, and education: the Southeast Asian experience. In: Maisel J, ed. *The state of the science in universal design: emerging research and development*. Dubai, Bentham Science Publishers, 2009.
49. Van der Voordt TJM. Space requirements for accessibility. In: Steinfeld E, Danford GS, eds. *Measuring enabling environments*. New York, Kluwer Academic Publishers, 1999:59–88.
50. Steinfeld E, Feathers D, Maisel J. *Space requirements for wheeled mobility*. Buffalo, IDEA Center, 2009.
51. *Disability at a glance 2009: a profile of 36 Countries and areas in Asia and the Pacific*. Bangkok, United Nations Economic and Social Commission for Asia and the Pacific, 2009.
52. Castell L. Building access for the intellectually disabled. *Facilities*, 2008,26:117-130. doi:10.1108/02632770810849463
53. Raheja G. *Enabling environments for the mobility impaired in the rural areas*. Roorkee, India, Department of Architecture and Planning, Indian Institute of Technology, 2008.
54. Jones H, Reed R. *Water and sanitation for disabled people and other vulnerable groups: designing services to improve accessibility*. Loughborough, Loughborough University, Water and Development Centre, 2005 (http://wedc.lboro.ac.uk/knowledge/details.php?book=978-1-84380-090-3, accessed 10 February 2010).
55. Jones H, Reed R. *Supply and sanitation access and use by physically disabled people: reports of fieldwork in Cambodia, Bangladesh, Uganda*. London, Department for International Development, 2003.
56. Tipple G et al. *Enabling environments: reducing barriers for low-income disabled people*. Newcastle, Global Urban Research Unit, Newcastle University, 2009 (http://www.ncl.ac.uk/guru/research/project/2965, accessed 10 February 2010).
57. *Humanitarian charter and minimum standards in disaster response*. Geneva, The Sphere Project, 2004 (http://www.sphere-project.org/handbook/pages/navbook.htm?param1=0, accessed 3 February 2010).
58. Rapoport A, Watson N. *Cultural variability in physical standards: people and buildings*. New York, Basic Books, 1972.
59. *Information technology: accessibility considerations for people with disabilities. Part 3: Guidance on user needs mapping.*, Geneva, International Organization for Standardization, 2008 (ISO/IEC DTR 29138-3). (http://www.jtc1access.org/documents/swga_341_DTR_29138_3_Guidance_on_User_Needs_Mapping.zip, accessed 3 September 2009).

60. Aragall F. *Technical assistance manual 2003*. Luxembourg, European Concept for Accessibility, 2003 (http://tinyurl.com/yez3bv3, accessed 22 November 2009).
61. *Report of the special rapporteur on disability of the Commission for Social Development, 44th Session*. New York, Economic and Social Council, Commission for Social Development, 2006 (E/CN.5/2006/4).
62. *Promises to keep: a decade of federal enforcement of the Americans with Disabilities Act*. Washington, National Council on Disability, 2000.
63. *Implementation of the Americans with Disabilities Act: challenges, best practices and opportunities for success*. Washington, National Council on Disability, 2007.
64. Bringa OR. Norway's planning approach to implement universal design. In: Preiser WFE, Ostroff E, eds. *Universal design handbook*. New York, McGraw Hill, 2001:29.1–29.12.
65. Ringaert L. User/expert involvement in universal design. In: Preiser WFE, Ostroff E, eds. *Universal design handbook*. New York, McGraw Hill, 2001:6.1–6.14.
66. *Accessibility standards launched*. Kampala, Uganda National Action on Physical Disability, 2010 (http://www.unapd.org/news.php?openid=16, accessed 1 July 2010).
67. Ayres I, Braithwaite J. *Responsive regulation: transcending the deregulation debate*. Chicago, University of Chicago Press, 1995.
68. Lewis JL. Student attitudes towards impairment and accessibility: an evaluation of awareness training for urban planning students. *Vocations and Learning*, 2009,2:109-125. doi:10.1007/s12186-009-9020-y
69. *Civil society engagement for mainstreaming disability in development process report of an action research project initiated in Gujarat with multi-stakeholder partnership*. Gujarat, UNNATI and Handicap International, 2008.
70. *World Disasters Report—focus on discrimination*. Geneva, International Federation of the Red Cross and Red Crescent Societies, 2007 (http://www.ifrc.org/Docs/pubs/disasters/wdr2007/WDR2007-English.pdf, accessed 3 July 2010).
71. Steinfeld E. Evacuation of people with disabilities. *Journal of Security Education*, 2006,1:107-118. doi:10.1300/J460v01n04_10
72. *Emergency management research and people with disabilities: a resource guide*. Washington, United States Department of Education, 2008 (http://www.ed.gov/rschstat/research/pubs/guide-emergency-management-pwd.pdf, accessed 22 November 2009).
73. *Resources in emergency evacuation and disaster preparedness*. Washington, United States Access Board, 2009 (http://www.access-board.gov/evac.htm, accessed 18 August 2009).
74. Kuneida M, Roberts P. *Inclusive access and mobility in developing countries*. Washington, World Bank, 2006 (http://siteresources.worldbank.org/INTTSR/Resources/07-0297.pdf, accessed 10 February 2010).
75. Stahl A. *The provision of transportation for the elderly and handicapped in Sweden*. Lund, Institutionen för Trafikteknik, Lunds Tekniska Högskola, 1995.
76. Wretstrand A, Danielson H, Wretstrand K. Integrated organization of public transportation: accessible systems for all passengers. In: *Proceedings of the 11th International Conference on Mobility and Transport for Elderly and Disabled Persons (TRANSED2007), Montreal, 18–22 June 2007* (http://www.tc.gc.ca/policy/transed2007/pages/1286.htm, accessed 6 February 2008).
77. Oxley P. *Improving access to taxis*. Geneva, International Road Transport Union, 2007 (http://www.internationaltransportforum.org/europe/ecmt/pubpdf/07TaxisE.pdf, accessed 10 February 2010).
78. *Accessible taxis*. Dublin, National Council for the Blind of Ireland, 2003 (http://www.ncbi.ie/information-for-architects-engineers/accessible-taxi-report, accessed 28 July 2009).
79. Rickert T. *Bus rapid transit accessibility guidelines*. Washington, World Bank, 2006 (http://siteresources.worldbank.org/DISABILITY/Resources/280658-1172672474385/BusRapidEngRickert.pdf, accessed 10 February 2010).
80. Steinfeld E. Universal design in mass transportation. In: Preiser WFE, Ostroff E, eds. *Universal design handbook*. New York, McGraw Hill, 2001:24.1–24.25.
81. Maynard A. Can measuring the benefits of accessible transport enable a seamless journey? *Journal of Transport and Land Use*, 2009,2:21-30.
82. Iwarsson S, Jensen G, Ståhl A. Travel chain enabler: development of a pilot instrument for assessment of urban public bus transport accessibility. *Technology and Disability*, 2000,12:3-12.
83. Singh M, Nagdavane N, Srivastva N. Public transportation for elderly and disabled. In: *Proceedings of the 11th International Conference on Mobility and Transport for Elderly and Disabled Persons (TRANSED2007), Montreal, 18–22 June 2007* (http://www.tc.gc.ca/policy/transed2007/pages/1288.htm, accessed 6 February 2007).
84. Moakley T. Advocacy for accessible taxis in New York City. In: *Proceedings of the 11th International Conference on Mobility and Transport for Elderly and Disabled Persons (TRANSED2007), Montreal, 18–22 June 2007* (http://www.tc.gc.ca/policy/transed2007/pages/1257.htm, accessed 10 February 2010).
85. Nelson J, Masson B. *Flexible friends*. Swanley, ITS International, 2009 (http://www.itsinternational.com, accessed 28 July 2009).

86. Frye A, Macdonald D. Technical challenges of accessible taxis. In: *Proceedings of the 11th International Conference on Mobility and Transport for Elderly and Disabled Persons (TRANSED2007), Montreal, 18–22 June 2007* (http://www.tc.gc.ca/policy/transed2007/pages/1078.htm, accessed 20 July 2009).
87. Daamen W, De Boer E, De Kloe R. The gap between vehicle and platform as a barrier for the disabled. In: *Proceedings of the 11th International Conference on Mobility and Transport for Elderly and Disabled Persons (TRANSED2007), Montreal, 18–22 June 2007* (http://www.tc.gc.ca/policy/transed2007/pages/1251.htm, accessed 10 February 2010).
88. Wright L. *Planning guide: bus rapid transit*. Eschborn, Deutsche Gesellschaft für Technische Zusammenarbeit, 2004.
89. Dugger C. A bus system reopens rifts in South Africa. *New York Times*, 21 February 2010 (http://www.nytimes.com/2010/02/22/world/africa/22bus.html, accessed 14 March 2010).
90. Burkhardt JE. High quality transportation services for seniors. In: *Proceedings of the 11th International Conference on Mobility and Transport for Elderly and Disabled Persons, Montréal, 18–22 June 2007* (http://www.tc.gc.ca/policy/transed2007/pages/1298.htm, accessed 2 February 2008).
91. Bendixen K. *Copenhagen Metro: design for all—a must that calls for visibility*. Dublin, EIDD, 2000 (http://tinyurl.com/yz838pz, accessed 30 January 2010).
92. Meriläinen A, Helaakoski R. *Transport, poverty and disability in developing countries*. Washington, World Bank, 2001.
93. Rickert T. *Transit Access training toolkit*. Washington, World Bank, 2009. (http://siteresources.worldbank.org/DISABILITY/Resources/280658-1239044853210/5995073-1239044977199/TOOLKIT.ENG.CD.pdf, accessed 1 February 2010).
94. Mueller J et al. Assessment of user needs in wireless technologies. *Assistive Technology: the official journal of RESNA*, 2005,17:57-71. doi:10.1080/10400435.2005.10132096 PMID:16121646
95. Gould M. Assessing the accessibility of ICT products. In: *The accessibility imperative*. New York, Global Initiative for Inclusive Information and Communication Technologies, 2007:41–48 (http://www.g3ict.com/resource_center/g3ict_book_-_the_accessibility_imperative, accessed 27 August 2009).
96. Cooper RA, Ohnabe H, Hobson DA. *An introduction to rehabilitation engineering*. New York, Taylor and Francis, 2007.
97. Conference ITU. *Geneva, 21 April 2008*. Geneva, International Telecommunication Union, 2008 (http://www.itu.int/dms_pub/itu-t/oth/06/12/T06120060010001PDFE.pdf, accessed 27 August 2009).
98. Ashok M, Jacko JA. Dimensions of user diversity. In: Stephanidis C, ed. *The universal access handbook*. London, Taylor and Francis, 2009.
99. *WITSA on the first day of WCIT 2008*. San Francisco, CA, All Business, 2008 (http://www.allbusiness.com/economy-economic-indicators/economic-conditions-growth/10540743-1.html, accessed 27 August 2009).
100. Goggin G, Newell C. *Digital disability: the social construction of disability in new media*. Lanham, Rowman and Littlefield, 2003.
101. Helal S, Mokhtari M, Abdulrazak B, eds. *The engineering handbook of smart technology for aging, disability and independence*. Hoboken, John Wiley and Sons, 2000.
102. D'Aubin A. Working for barrier removal in the ICT area: creating a more accessible and inclusive Canada. *The Information Society*, 2007,23:193-201. doi:10.1080/01972240701323622
103. Goggin G, Newell C. The business of digital disability. *The Information Society*, 2007,23:159-168. doi:10.1080/01972240701323572
104. Cook JA et al. Information technology attitudes and behaviors among individuals with psychiatric disabilities who use the internet: results of a web-based survey. *Disability Studies Quarterly*, 2005,25:www.dsq-sds.org/article/view/549/726accessed 1 July 2010)
105. Jaeger PT, Xie B. Developing online community accessibility guidelines for persons with disabilities and older adults. *Journal of Disability Policy Studies*, 2009,20:55-63. doi:10.1177/1044207308325997
106. Löfgren-Mårtenson L. Love in cyberspace: Swedish young people with intellectual disabilities and the internet. *Scandinavian Journal of Disability Research*, 2008,10:125-138. doi:10.1080/15017410701758005
107. *Ouch! It's a disability thing*. London, British Broadcasting Company, 2010 (http://www.bbc.co.uk/ouch/, accessed 21 January 2010).
108. Gill J, ed. *Making Life Easier: how new telecommunications services could benefit people with disabilities*. Cost 219ter, 2005 (http://www.tiresias.org/cost219ter/making_life_easier/index.htm, accessed 1 July 2010).
109. *Meeting information and communications technology access and service needs for persons with disabilities: major issues for development and implementation of successful policies and strategies*. Geneva, International Telecommunication Union, 2008.
110. *Report on ICT accessibility for persons with disabilities*. Geneva, Telecommunication Development Bureau, International Telecommunication Union, 2008 (Document RGQ20/1/011-E).
111. *Electronic and information technology accessibility standards (Section 508)*. Washington, United States Access Board, 2000 (http://www.access-board.gov/sec508/standards.htm#Subpart_a, accessed 3 February 2010).
112. Kinzel E, Jackoo JA. Sensory impairments. In: Stephanidis C, ed. *The universal access handbook*. London, Taylor and Francis, 2009.

113. Keates S. Motor impairments and universal access. In: Stephanidis C, ed. *The universal access handbook*. London, Taylor and Francis, 2009.
114. Seeman L. *Inclusion of cognitive disabilities in the web accessibility movement*. Presentation at the 11th International World Wide web Conference, Honolulu, HI, 7–11 May 2002. (http://www2002.org/CDROM/alternate/689/, accessed 25 August 2009).
115. Job Accommodation Network [web site]. (http://www.jan.wvu.edu/, accessed 10 February 2010).
116. Hanson VL et al. Accessing the web. In: Stephanidis C, ed. *The universal access handbook*. London, Taylor and Francis, 2009.
117. Lewis C. Cognitive disabilities. In: Stephanidis C, ed. *The universal access handbook*. London, Taylor and Francis, 2009.
118. Kurniawan S. Age-related differences in the interface design process. In: Stephanidis C, ed. *The universal access handbook*. London, Taylor and Francis, 2009.
119. *Seniorwatch 2: assessment of the senior market for ICT*. Brussels, European Commission, 2008a.
120. *ICT and ageing: users, markets and technologies*. Brussels, European Commission, 2009.
121. *The web: access and inclusion for disabled people*. Manchester, Disability Rights Commission, 2004 (http://joeclark.org/dossiers/DRC-GB.html, accessed 25 August 2009).
122. *State of the eNation reports*. Reading, AbilityNet, 2008 (http://www.abilitynet.org.uk/enation, accessed 27 August 2009).
123. Global Initiative for Inclusive Information and Communication Technologies [web site]. (http://www.g3ict.com/about, accessed 25 August 2009).
124. Accessibility to ICT products and services by Disabled and elderly People: Towards a framework for further development of UE legislation or other coordination measures on eAccessibility. *European Commission, Bonn, 2008b*.
125. Kennard WE, Lyle EE. With freedom comes responsibility: ensuring that the next generation of technologies is accessible, usable and affordable. [The Journal of Communications Law and Policy]*CommLaw Conspectus*, 2001,10:5-22.
126. Jaeger PT. Telecommunications policy and individuals with disabilities: issues of accessibility and social inclusion in the policy and research agenda. *Telecommunications Policy*, 2006,30:112-124. doi:10.1016/j.telpol.2005.10.001
127. Stienstra D, Watzke J, Birch GE. A three-way dance: the global good and accessibility in information technologies. *The Information Society*, 2007,23:149-158. doi:10.1080/01972240701323564
128. Piling D, Barrett P, Floyd M. *Disabled people and the internet: experiences, barriers and opportunities*. York, Joseph Rowntree Foundation, 2004.
129. Davidson CM, Santorelli MJ. *The Impact of Broadband on People with Disabilities*. Washington, United States Chamber of Commerce, 2009.
130. Stephanidis C. Universal access and design for all in the evolving information society. In: Stephanidis C, ed. *The universal access handbook*. London, Taylor and Francis, 2009:1–10.
131. Emiliani PL. Perspectives on accessibility: from assistive technologies to universal access and design for all. In: Stephanidis C, ed. *The universal access handbook*. London, Taylor and Francis, 2009:2–17.
132. Vanderheiden GC. Standards and guidelines. In: Stephanidis C, ed. *The universal access handbook*. London, Taylor and Francis, 2009.
133. Seelman KD. Technology for full citizenship: challenges for the research community. In: Winters J, Story MF, eds. *Medical instrumentation: accessibility and usability considerations*. New York, CRC Press, 2007.
134. Kemppainen E, Kemp JD, Yamada H. Policy and legislation as a framework of accessibility. In: Stephanidis C, ed. *The universal access handbook*. London, Taylor and Francis, 2009.
135. Leblois A. The digital accessibility and inclusion index. Paper prepared for the Office of the High Commissioner for Human Rights, 2008 (www2.ohchr.org/.../GlobalinitiativeforinclusiveICT150909.doc, accessed 1 July 2010).
136. Yamada H. ICT accessibility standardization and its use in policy measures. New York, Global Initiative for Inclusive Information and Communication Technologies, 2007 (http://g3ict.org/resource_center/publications_and_reports/p/productCategory_books/subCat_4/id_58, accessed 1 July 2010)
137. *MeAC – measuring progress of eAccessibility in Europe: assessment of the status of eAccessibility in Europe*. Bonn, European Commission, 2007.
138. Timmermans N. *The status of sign languages in Europe*, Strasbourg, Council of Europe Publishing, 2005.
139. Blanck P et al. *Disability civil rights law and policy*. St. Paul, Thomson/West, 2004.
140. Coalition of Organizations for Accessible Technology [web site]. (http://www.coataccess.org/node/2, accessed 30 August 2009).
141. Manocha D. Critical issues for developing countries in implementing the Convention on the Rights of Persons with Disabilities. In: *The accessibility imperative.* New York, Global Initiative for Inclusive Information and Communication Technologies, 2007:198–204 (http://www.g3ict.com/resource_center/g3ict_book_-_the_accessibility_imperative, accessed 27 August 2009).
142. ITU Regional Workshop on ICT Accessibility for Persons with Disabilities for Africa Region, Lusaka, 15–16 July, International Telecommunication Union, 2008 [web site]. (http://www.itu.int/ITU-D/sis/PwDs/Seminars/Zambia/index.html, accessed 12 February 2010).

143. Ashington N. *Accessible Information and Communication Technologies: benefits to business and society*. OneVoice for Accessible ICT, 2010 (www.onevoiceict.org, accessed 30 June 2010).
144. *Introduction to web accessibility*. World Wide web Consortium, 2005 (http://www.w3.org/WAI/intro/accessibility.php, accessed 20 August 2009).
145. *Shared web experiences: barriers common to mobile device users and people with disabilities*. World Wide web Consortium, 2005 (http://www.w3.org/WAI/mobile/experiences, accessed 20 August 2009).
146. DAISY Consortium [web site]. (http://www.daisy.org/about_us/, accessed 29 August 2009).
147. *Assistive technology links*. Ottawa, Industry Canada, 2009 (http://www.at-links.gc.ca/as, accessed 7 September 2009).
148. e-Accessibility policy toolkit for persons with disabilities: a joint ITU/G3ict toolkit for policy makers implementing the Convention on the Rights of Persons with Disabilities [website]. (http://www.e-accessibilitytoolkit.org/, accessed 20 January 2010).
149. Gregg JL. Policy-making in the public interest: a contextual analysis of the passage of closed-captioning policy. *Disability & Society*, 2006,21:537-550. doi:10.1080/09687590600786793
150. South African National Accessibility Portal [web site]. (http://portal.acm.org/citation.cfm?id=1456669, accessed 25 August 2009).
151. Situation of disabled people in the European Union: the European action plan 2008–2009. *Communication from the Commission to the Council, the European Parliament, the European Economic and Social Committee and the Committee of the Regions*. Brussels, Commission of the European Communities, 2007 (COM (2007) 738 final).
152. Seelman KD. Technology for individuals with disabilities: government and market policies. In: Helal S, Mokhtari M, Abdulrazak B, eds. *The engineering handbook of smart technology for aging, disability and independence*. Hoboken, John Wiley and Sons, 2008:61–80.
153. Engelen J. eAccessibility standardization. In: Stephanidis C, ed. *The universal access handbook*. London, Taylor and Francis, 2009.
154. *Accessible Procurement Toolkit*. Industry Canada, Ottawa, 2010 (http://www.apt.gc.ca/, accessed 17 March 2011)
155. GSA BuyAccessible.gov [web site]. (http://www.buyaccessible.gov/, accessed 17 March 2011)
156. Kaikkonen A, Kaasinen E, Ketola P. Handheld devices and mobile phones. In: Stephanidis C, ed. *The universal access handbook*. London, Taylor and Francis, 2009.
157. *An iPhone the Blind can get behind*. Brooklyn, Abledbody, 2009 (http://abledbody.com/profoundlyyours/2009/06/08/an-iphone-the-blind-can-get-behind/, accessed 29 August 2009).
158. Stock SE et al. Evaluation of cognitively accessible software to increase independent access to cellphone technology for people with intellectual disability. *Journal of Intellectual Disability Research: JIDR*, 2008,52:1155-1164. doi:10.1111/j.1365-2788.2008.01099.x PMID:18647214
159. Jitterbug [web site]. (http://www.jitterbug.com/Default.aspx, accessed 20 August 2009).
160. Mobile accessibility [web site]. Mobile Manufacturers Forum, 2009. (http://www.mobileaccessibility.info/, accessed 25 August 2009).
161. Power MR, Power D, Horstmanshof L. Deaf people communicating via SMS, TTY, relay service, fax, and computers in Australia. *Journal of Deaf Studies and Deaf Education*, 2007,12:80-92. doi:10.1093/deafed/enl016 PMID:16950864
162. Irie T, Matsunaga K, Nagano Y. Universal design activities for mobile phone: Raku Raku phone. *Fujitsu Science and Technology Journal,* 2005, 41(1):78–85 (http://www.fujitsu.com/downloads/MAG/vol41-1/paper11.pdf, accessed 1 July 2010).
163. Stephandis C, Emiliani PL. «Connecting» to the information society: a European perspective. *Technology and Disability*, 1999,10:21-44.
164. Theofanos MF, Redish J. Guidelines for accessible and usable web sites: observing users who work with screen readers. *Interaction*, 2003,X:38-51.http://www.redish.net/content/papers/interactions.htmlaccessed 1 July 2010
165. Raising the Floor [web site]. (http://raisingthefloor.net/about, accessed 27 August 2009).
166. Rabin J. McCathieNevile C, eds. *Mobile web best practices 1.0: basic guidelines: W3C recommendation 29 July 2008*. World Wide web Consortium, 2008 (http://www.w3.org/TR/mobile-bp/, accessed October 2008).
167. Tusler A. How to make technology work: a study of best practices in United States electronic and information technology companies. *Disability Studies Quarterly*, 2005,25:www.dsq-sds.org/article/view/551/728accessed 1 July 2010
168. Maskery H. Crossing the digital divide—possibilities for influencing the private-sector business case. *The Information Society*, 2007,23:187-191. doi:10.1080/01972240701323614
169. *Information Economy Report 2009: trends and outlook in turbulent times*. Geneva, United Nations Conference on Trade and Development, 2009.
170. *China Mobile provides special services for the Beijing Paralympics*. Beijing, China Mobile, 2008 (http://www.chinamobile.com/en/mainland/media/press080910_01.html, accessed 30 January 2010).

171. Employers Forum on Disability. Realising Potential [web site]. (www.realising-potential.org/case-studies/industry/e-commerce.html, accessed 12 April 2011).
172. *Access and inclusion: digital communications for all*. London, Ofcom, 2009. (http://stakeholders.ofcom.org.uk/binaries/consultations/access/summary/access_inc.pdf, accessed 30 January 2010).
173. Adaptive Technology Center for the Blind [web site]. (www3.sympatico.ca/tamru/, accessed, accessed 30 January 2010).

Capítulo 7

Educación

«Comencé a asistir a una escuela común que quedaba cerca de mi casa porque el acceso era fácil. En caso de ser necesario, podía ir y regresar sin problemas en mi silla de ruedas. Sin embargo, no existía ningún tipo de accesibilidad dentro de la escuela. Había escaleras por todas partes y no se podía acceder a las aulas por otros medios. Lo mejor que pudieron hacer fue instalar mi aula en el primer piso, lo que implicaba que yo debía superar 15 escalones para entrar y salir del aula. Por lo general, dos personas me subían y bajaban en andas cada día. Para empeorar las cosas, no había baños accesibles. En consecuencia, tenía dos opciones: o no usaba el baño en todo el día o regresaba a casa y perdía las clases que restaban ese día.»

Heba

«Tengo 10 años. Voy a una escuela común y estoy en cuarto grado. Tenemos una maestra maravillosa, que hace todo lo posible para que me sienta cómoda. Uso una silla de ruedas para desplazarme y tengo un escritorio especial y una silla de ruedas especial en la escuela. Cuando no había ascensor en la escuela, mi madre me ayudaba a subir las escaleras. Ahora hay un ascensor. Puedo subir sola y eso me gusta mucho. También tenemos una maestra que usa silla de ruedas, igual que yo.»

Olga

«[Asistir a una escuela inclusiva] nos permite aprender a ayudarnos mutuamente y también entender que la educación es para todos. En mi otra escuela, los alumnos y los maestros se reían de mí cuando no lograba decir algo porque no podía pronunciar bien algunas palabras, y no me permitían hablar. Pero en esta escuela, si los alumnos se ríen de mí, los maestros los hacen callar y los niños se disculpan.»

Pauline

«No tuve una educación formal. Sencillamente, no había instalaciones adecuadas. Eso me hacía sentir mal, pero ahora no puedo hacer mucho al respecto. Me quedaba en casa. En cierta forma, fui autodidacta. Puedo leer y expresarme bastante bien. Pero nunca tuve las oportunidades que hubiera deseado, así que solo logré llegar hasta cierto nivel, no pude avanzar más. Siempre soñé con asistir a la universidad para estudiar historia.»

James

«Para la época en que llegué a sexto grado, casi había perdido la vista por completo. Cuando quedé totalmente ciego, mi papá no quería que fuera a la escuela —creo que tenía miedo de que me pasara algo malo— pero una ONG lo convenció de que me permitiera continuar mis estudios. Cuando terminé la escuela primaria, mi padre estaba feliz y deseaba que continuara la escuela secundaria. La ONG proporcionó los fondos para mis cuatro años de escuela secundaria y me ayudaron a comprar un bastón, una impresora Braille, libros, una computadora y ese tipo de cosas.»

Richard

«Quiero ir a la escuela porque quiero aprender, y quiero recibir educación y definir mi vida, quiero ser independiente, fuerte, y también tener una vida propia y ser feliz.»

Mia

7
Educación

Las estimaciones del número de niños (de 0 a 14 años) que viven con discapacidad oscilan entre 93 millones (*1*, *2*) y 150 millones (*3*). Históricamente, muchos niños y adultos con discapacidad han quedado excluidos de las oportunidades educativas convencionales. En la mayoría de los países, los primeros esfuerzos por proporcionar educación y formación profesional se emprendieron, por lo general, a través de escuelas especiales separadas, que habitualmente estaban destinadas a deficiencias específicas, como las escuelas para personas ciegas. Estas instituciones prestaban asistencia a una pequeña proporción de aquellos que necesitaban ayuda y no eran eficaces en función de los costos: estaban ubicadas generalmente en las zonas urbanas y solían aislar a las personas de sus familias y comunidades (*4*). La situación recién empezó a cambiar cuando se comenzó a exigir por ley la inclusión de los niños con discapacidad en los sistemas educativos (*5*).

Todos los países deberían tener como prioridad lograr que los niños con discapacidad reciban una educación de buena calidad en un entorno inclusivo. En el marco de la CDPD de las Naciones Unidas, se reconoce el derecho de todos los niños con discapacidad a ser incluidos en los sistemas educativos generales y a recibir apoyo individual cuando lo necesiten (véase el cuadro 7.1). Se requieren cambios sistémicos para eliminar barreras y proporcionar servicios de apoyo y ajustes razonables a fin de garantizar que los niños con discapacidad no queden excluidos de las oportunidades educativas convencionales.

La inclusión de los niños y los adultos con discapacidad en la educación es importante principalmente por cuatro razones:
- La educación contribuye a la formación de capital humano y, por lo tanto, es uno de los principales factores determinantes del bienestar y la prosperidad de las personas.
- La exclusión de los niños con discapacidad de las oportunidades de educación y empleo tiene elevados costos sociales y económicos. Por ejemplo, los adultos con discapacidad suelen ser más pobres que las personas sin discapacidad, pero la educación reduce esta asociación (*8*).
- Los países no podrán alcanzar la educación para todos o el ODM relativo al logro de la educación primaria universal si no garantizan el acceso a la educación de los niños con discapacidad (*9*).
- Los países signatarios de la CDPD no pueden cumplir sus responsabilidades derivadas del artículo 24 (véase el cuadro 7.1).

> **Cuadro 7.1. Los derechos y los marcos**
>
> El derecho humano de toda persona a la educación se definió por primera vez en la Declaración Universal de los Derechos Humanos proclamada por las Naciones Unidas en 1948, y se enunció en más detalle en varios convenios y convenciones internacionales, entre ellos, la Convención sobre los Derechos del Niño y, recientemente, en la CDPD.
>
> En 1994, la Conferencia Mundial sobre Necesidades Educativas Especiales, que se llevó a cabo en Salamanca (España), elaboró una declaración y un marco de acción. En el marco de la Declaración de Salamanca, se instó a los gobiernos a diseñar sistemas educativos que respondan a diversas necesidades de manera tal que todos los alumnos tengan acceso a escuelas comunes que los integren en una pedagogía centrada en el niño (5).
>
> EPT es una iniciativa internacional para brindar educación básica de alta calidad a todos los niños, jóvenes y adultos (6). Los gobiernos de todo el planeta se han comprometido a alcanzar, para el año 2015, los seis objetivos de la EPT: ampliar la protección y la educación en la primera infancia; proporcionar educación gratuita y obligatoria para todos; promover el aprendizaje y la preparación para la vida activa de los jóvenes y adultos; aumentar en un 50% el número de adultos alfabetizados; lograr la paridad de género para el año 2005 y la igualdad de género para el año 2015, y mejorar la calidad de la educación (6).
>
> En el artículo 24 de la CDPD se hace hincapié en la necesidad de que los gobiernos aseguren la igualdad de oportunidades en el acceso a un «sistema de educación inclusivo a todos los niveles», proporcionen servicios de apoyo personalizados y realicen ajustes razonables en función de las necesidades de las personas con discapacidad para facilitar su educación (7).
>
> En el marco del ODM relativo al logro de la educación primaria universal, se pone énfasis en atraer a los niños a la escuela y promover sus posibilidades de prosperar en un ambiente de aprendizaje que permita a cada niño desarrollar plenamente su potencial.

Para los niños con discapacidad, así como para todos los niños, la educación es fundamental en sí misma pero también es crucial para participar en el empleo y en otras esferas de la actividad social. En algunas culturas, la asistencia a la escuela forma parte del proceso de convertirse en una persona completa. Las relaciones sociales pueden modificar la posición de las personas con discapacidad dentro de la sociedad y afirmar sus derechos (10). En el caso de los niños sin discapacidad, el contacto con niños con discapacidad en un entorno inclusivo puede tener, en el largo plazo, el efecto de intensificar la familiaridad y reducir los prejuicios. Por lo tanto, la educación inclusiva es esencial para promover sociedades inclusivas y equitativas.

En este capítulo, se pone el acento en la inclusión de los educandos con discapacidad en el contexto de la iniciativa Educación para Todos (EPT) de alta calidad —movimiento mundial que tiene por objeto satisfacer, para el año 2015, las necesidades de aprendizaje de todos los niños, jóvenes y adultos— y en la transformación sistémica e institucional necesaria para propiciar la educación inclusiva.

La participación en la educación y los niños con discapacidad

Por lo general, es menos probable que los niños con discapacidad comiencen a asistir a la escuela y, cuando lo hacen, las tasas de permanencia y promoción son más bajas (8, 11). Tanto en los niños como en los adultos, las correlaciones entre el logro de escasos resultados educativos y el hecho de tener una discapacidad son con frecuencia más estrechas que las correlaciones entre el logro de escasos resultados educativos y otras características, como el género, el hecho de residir en zonas rurales y un bajo nivel económico (8).

En el caso de las personas con discapacidad que respondieron a la Encuesta Mundial de Salud, se registran tasas de terminación de la

Capítulo 7 Educación

Tabla 7.1. Resultados de la educación correspondientes a encuestados con discapacidad y sin discapacidad

Personas	Países de ingreso bajo		Países de ingreso alto		Todos los países	
	Sin discapacidad	Con discapacidad	Sin discapacidad	Con discapacidad	Sin discapacidad	Con discapacidad
Hombres						
Terminación de la escuela primaria	55,6%	45,6%*	72,3%	61,7%*	61,3%	50,6%*
Promedio de años de educación	6,43	5,63*	8,04	6,60*	7,03	5,96*
Mujeres						
Terminación de la escuela primaria	42,0%	32,9%*	72,0%	59,3%*	52,9%	41,7%*
Promedio de años de educación	5,14	4,17*	7,82	6,39*	6,26	4,98*
18-49 años						
Terminación de la escuela primaria	60,3%	47,8%*	83,1%	69,0%*	67,4%	53,2%*
Promedio de años de educación	7,05	5,67*	9,37	7,59*	7,86	6,23*
50-59 años						
Terminación de la escuela primaria	44,3%	30,8%*	68,1%	52,0%*	52,7%	37,6%*
Promedio de años de educación	5,53	4,22*	7,79	5,96*	6,46	4,91*
60 años o más						
Terminación de la escuela primaria	30,7%	21,2%*	53,6%	46,5%*	40,6%	32,3%*
Promedio de años de educación	3,76	3,21	5,36	4,60*	4,58	3,89*

Nota: Las estimaciones están ponderadas utilizando las ponderaciones posestratificadas de la Encuesta Mundial de Salud, cuando hay datos disponibles (de lo contrario, se utilizan ponderaciones de probabilidad), y están estandarizadas por edad.
* La prueba t indica una diferencia significativa respecto de «Sin discapacidad» del 5%.
Fuente: (12).

escuela primaria significativamente más bajas y un promedio de años de educación menor que el de los encuestados sin discapacidad (véase la tabla 7.1). En los 51 países incluidos en el análisis, el 50,6% de los hombres con discapacidad había terminado la escuela primaria, en comparación con el 61,3% de los hombres sin discapacidad. El 41,7% de las mujeres con discapacidad declaró haber terminado la escuela primaria, en comparación con el 52,9% de las mujeres sin discapacidad. De manera similar, el promedio de años de educación de las personas con discapacidad es más bajo que el de aquellas sin discapacidad (hombres: 5,96 años, en comparación con 7,03 años, respectivamente; mujeres: 4,98 años, en comparación con 6,26 años, respectivamente). Asimismo, existen brechas en la terminación de la educación en todos los grupos etarios, que son importantes desde el punto de vista estadístico en el caso de las submuestras de países de ingreso bajo y alto.

En cuanto a los ejemplos de países concretos, los datos indican que es menos probable que los jóvenes con discapacidad asistan a la escuela que sus pares sin discapacidad (*8*). Esta tendencia es más marcada en los países pobres (*9*). La brecha en las tasas de asistencia a la escuela primaria entre los niños con y sin discapacidad va del 10% en la India al 60% en Indonesia, mientras que, en la educación secundaria, va del 15% en Camboya al 58% en Indonesia (véase la figura 7.1). Los datos de los hogares en Malawi, Namibia, Zambia y Zimbabwe indican que entre el 9% y el 18% de los niños de cinco años o más sin discapacidad no había asistido nunca a la escuela, mientras que, en el caso de los niños con discapacidad, los porcentajes se situaban entre el 24% y el 39% (*13-16*).

Las tasas de matriculación también difieren según el tipo de deficiencia: generalmente, las cifras correspondientes a los niños con deficiencias físicas son más elevadas que las de los niños con deficiencias intelectuales o sensoriales. Por ejemplo, en Burkina Faso, en 2006, solo asistía a la escuela el 10% de los niños sordos de entre siete y 12 años, en comparación con el 40% de los niños con deficiencias físicas, porcentaje levemente inferior a la tasa de asistencia de los niños sin discapacidad (*17*). En Rwanda viven aproximadamente 10 000 niños sordos, de los cuales tan solo 300 estaban matriculados en las escuelas primaria y secundaria, y otros nueve niños asistían a una escuela secundaria privada (*18*).

En una encuesta que se llevó a cabo en la India, se estimó que el porcentaje de niños con discapacidad que no estaban matriculados en la escuela quintuplicaba con creces la tasa nacional, incluso en los estados más prósperos. En el importante estado de Karnataka, donde se registraron los mejores resultados, casi la cuarta parte de los niños con discapacidad no asistía a la escuela, y en los estados más pobres,

Figura 7.1. **Proporción de niños de 6 a 11 años y de 12 a 17 años, con y sin discapacidad, que asisten a la escuela**

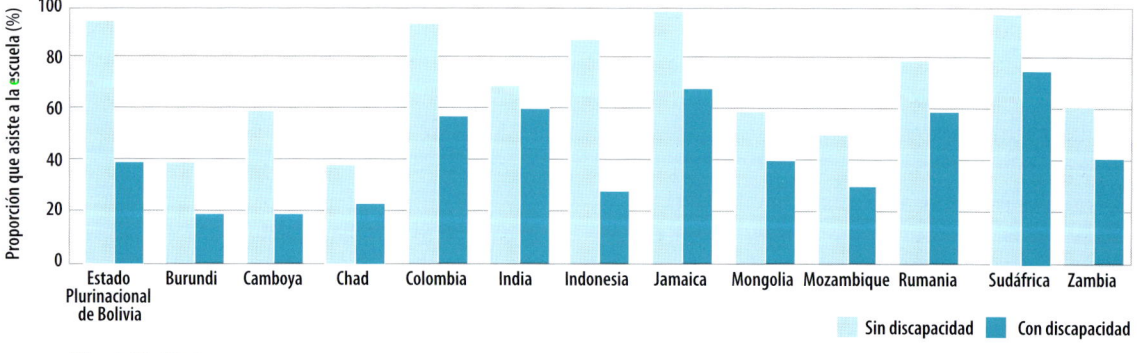

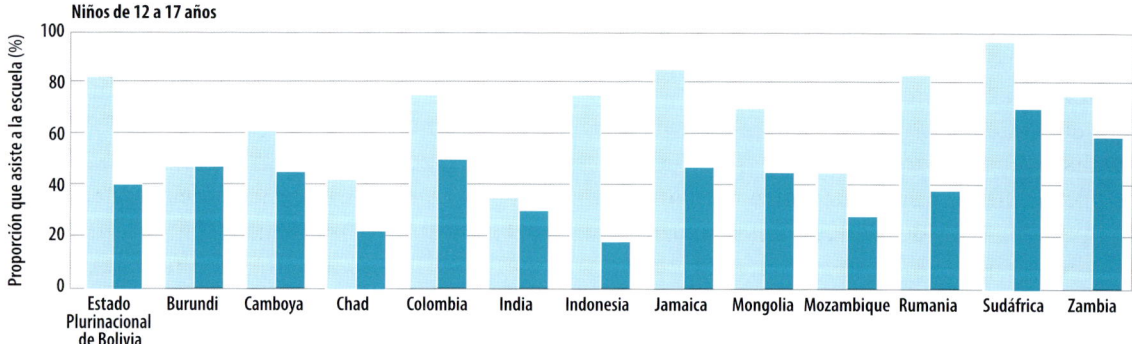

Fuente: (*8*).

como Madhya Pradesh y Assam, la cifra superaba el 50% (*11*). Mientras que las tasas de matriculación de los niños sin discapacidad en los distritos con mejores resultados de la India eran elevadas —cerca del 90% o superiores—, las tasas de asistencia a la escuela de los niños con discapacidad no superaban jamás el 74% en las zonas urbanas y el 66% en las zonas rurales. Dado que la mayoría de los establecimientos de educación especial están situados en zonas urbanas (*19*, *20*), la participación de los niños con discapacidad en las zonas rurales podría ser muy inferior a la que indican los datos agregados (*19*, *21*).

A raíz, en parte, de la construcción de escuelas rurales y la eliminación de los derechos de matrícula, Etiopía casi duplicó su tasa neta de matriculación, del 34% en 1999 al 71% en 2007 (*22*). Sin embargo, no existen datos confiables sobre la inclusión o exclusión de los grupos desfavorecidos en la educación (*23*). En una encuesta básica nacional que se llevó a cabo en 1995, se estimó que había unos 690 000 niños con discapacidad en edad escolar (*24*). Según datos suministrados por el Ministerio de Educación, 2276 niños con discapacidad —o tan solo el 0,3% del total— asistían a siete internados especiales, ocho externados especiales y 42 clases especiales en 1997. Diez años después, aunque seguía habiendo solo 15 escuelas especiales, se dictaban 285 clases especiales anexadas a escuelas públicas convencionales (*25*).

Incluso en los países con altas tasas de matriculación en la educación primaria, como los de Europa oriental, muchos niños con discapacidad no asisten a la escuela. En 2002, las tasas de matriculación de niños con discapacidad de entre siete y 15 años ascendían al 81% en Bulgaria, 58% en la República de Moldova y 59% en Rumania, mientras que las de los niños sin discapacidad ascendían al 96%, 97% y 93%, respectivamente (*26*). La figura 7.2 permite confirmar la considerable brecha de matriculación en el caso de los jóvenes con discapacidad de entre 16 y 18 años en los países seleccionados de Europa oriental.

Por lo tanto, pese a las mejoras que se registraron en los últimos decenios, la probabilidad

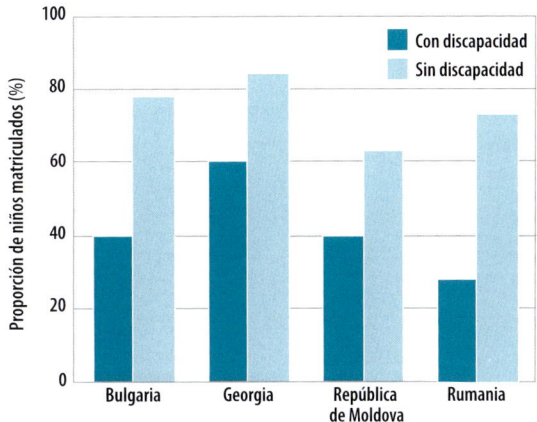

Figura 7.2. Tasas de matriculación escolar de niños de 16 a 18 años en los países europeos seleccionados

Fuente: (*26*).

de que los niños y jóvenes con discapacidad ingresen o asistan a la escuela es menor que en el caso de otros niños. También tienen tasas más bajas de transición a niveles de educación más elevados. La falta de educación en una edad temprana tiene un marcado impacto en la pobreza en la edad adulta. En Bangladesh, se estima que el costo de la discapacidad derivado de los ingresos no percibidos en razón de la falta de escolaridad y empleo, tanto de las personas con discapacidad como de aquellas que las cuidan, asciende a US$ 1 200 millones al año, o el 1,7% del PIB (*27*).

Comprensión de la educación y la discapacidad

La definición de los términos «discapacidad» o «educación para las necesidades especiales» y la relación de estas cuestiones con las dificultades que tienen los niños para aprender han sido objeto de numerosos debates entre las autoridades normativas, los investigadores y la comunidad en su conjunto (*28*).

Las diferencias en las definiciones, clasificaciones y categorizaciones restan efectividad a los datos sobre niños con discapacidad que necesitan educación especial (*29*, *30*). Las definiciones y los métodos para medir la discapacidad varían de un país a otro, según los supuestos respecto de las diferencias humanas y la discapacidad y la importancia asignada a los diversos aspectos de esta última: deficiencias, limitaciones de la actividad y restricciones de participación, condición de salud conexa y factores ambientales (véase el capítulo 2). El objetivo y los propósitos subyacentes de la clasificación y la categorización conexa son múltiples e incluyen: la identificación, la determinación de la admisibilidad, factores administrativos, y la orientación y el seguimiento de las intervenciones (*29*, *30*). En muchos países, se están dejando de aplicar los modelos de identificación de condiciones de salud y deficiencias basados en aspectos médicos, que situaban las diferencias en las personas, y se han comenzado a utilizar enfoques interactivos de educación, que tienen en cuenta el entorno y son coherentes con la CIF (*28*, *29*).

No existen definiciones universalmente concertadas para conceptos tales como **necesidades educativas especiales**» y «**educación inclusiva**», lo que obstaculiza la comparación de los datos.

La categoría que abarca términos tales como «educación para las necesidades especiales», «necesidades educativas especiales» y «educación especial» es más amplia que la educación de los niños con discapacidad, debido a que incluye a los niños con otras necesidades, ocasionadas, por ejemplo, por desventajas derivadas del género, el origen étnico, la pobreza, la guerra o la orfandad (*8*, *31*, *32*). La OCDE estima que entre el 15% y el 20% de los educandos tendrá una necesidad educativa especial en algún punto de su carrera escolar (*33*). Este capítulo gira en torno a la educación de personas con discapacidad, y no de aquellas que están incluidas en la definición amplia de «necesidades especiales». Cabe señalar, empero, que no todas las personas con discapacidad tienen una necesidad educativa especial.

La inclusión, en su sentido amplio, entraña que la educación de todos los niños, entre ellos, los niños con discapacidad, debe estar en manos de los ministerios de Educación u organismos equivalentes, con reglas y procedimientos comunes. En este modelo, la educación se puede impartir en un amplio espectro de entornos —escuelas y centros especiales, clases especiales en escuelas integradas o clases comunes en escuelas convencionales— a través de la aplicación del principio del «ambiente menos restrictivo». En esta interpretación, se presupone que todos los niños pueden ser educados y que, independientemente del ambiente o los ajustes que sean necesarios, todos los alumnos deben tener acceso a un plan de estudios que sea pertinente y produzca resultados significativos.

La inclusión, en un sentido más estricto, implica que todos los niños con discapacidad deben ser educados en aulas convencionales con otros niños de su misma edad. En este enfoque se destaca la necesidad de modificar todo el sistema escolar. La educación inclusiva entraña identificar y eliminar las barreras y realizar los ajustes razonables para que cada educando pueda participar y aprender en ambientes convencionales.

Las autoridades normativas deben intensificar las medidas para demostrar que las políticas y prácticas generan una mayor inclusión de los niños con discapacidad y mejores resultados educativos. Los datos estadísticos sobre el número de alumnos con discapacidad que tienen necesidades educativas especiales, que actualmente se recaban por entorno, brindan algunos indicios respecto de la situación en cada país y pueden ser útiles para realizar un seguimiento de las tendencias en el suministro de educación inclusiva, en tanto se comprenda claramente qué grupos de alumnos están incluidos en los datos recabados (*28*). Para fundamentar y formular las políticas, serían más útiles los datos y la información sobre la calidad, la adecuación y la conveniencia de los servicios de educación proporcionados (*28*). La recopilación sistemática de datos cualitativos y cuantitativos, que se puedan usar de manera longitudinal, es necesaria para que los países identifiquen sus avances y para comparar cuestiones semejantes entre los países (*28*).

Capítulo 7 Educación

Figura 7.3. Prestación de servicios educativos, por tipo de modelo, en los países europeos seleccionados

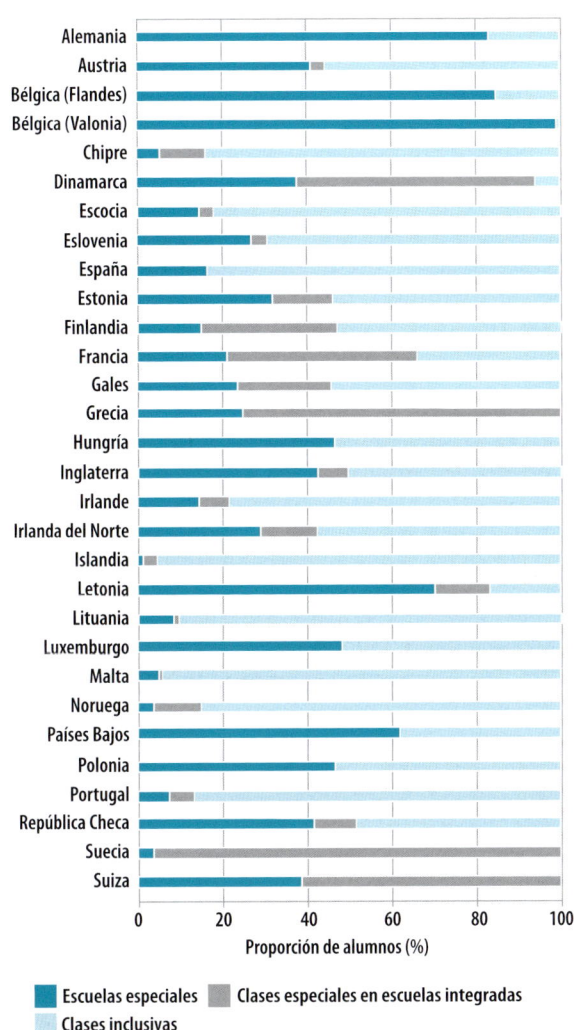

Nota: Los datos se refieren a los alumnos identificados oficialmente como personas con necesidades educativas especiales. No obstante, es posible que haya muchos más alumnos que reciben apoyo por sus necesidades educativas especiales pero no se incluyeron en la «cuenta». El único dato comparable es el porcentaje de alumnos que reciben educación en entornos segregados. La Agencia Europea para el Desarrollo de la Educación Especial proporciona una definición operacional de «segregación»: «marco de educación en el que los alumnos con necesidades especiales siguen el plan de estudios en clases especiales separadas o escuelas especiales durante la mayor parte (80% o más) del día lectivo». La mayoría de los países aprueban esta definición y la aplican en la recopilación de datos.

Dinamarca: Solo se recabaron datos para alumnos con grandes necesidades de apoyo a los que generalmente se imparte educación en entornos segregados; unos 23 500 alumnos reciben apoyo en escuelas convencionales. Finlandia: Los datos no incluyen a 126 288 educandos con pequeñas dificultades de aprendizaje (por ejemplo, dislexia) que reciben educación para necesidades especiales a tiempo parcial en las escuelas convencionales. Irlanda: No se dispone de datos sobre los alumnos con necesidades educativas especiales que asisten a escuelas secundarias convencionales. Alemania y Países Bajos: No se dispone de datos sobre el número de alumnos que asisten a clases especiales en escuelas convencionales. Hungría, Luxemburgo y España: El término «escuelas especiales» incluye las clases especiales en escuelas convencionales. Polonia: No existen clases especiales en las escuelas convencionales. Suecia, Suiza: Los datos indican que se enseña a los alumnos en entornos segregados, y no se recaban datos sobre los alumnos que reciben apoyo en entornos inclusivos.

Fuente: (*28*, *34*).

Enfoques para educar a niños con discapacidad

En el mundo existen diversos enfoques para impartir educación a personas con discapacidad. Los modelos aplicados incluyen escuelas e instituciones especiales, escuelas integradas y escuelas inclusivas.

En los países europeos, la educación del 2,3% de los alumnos en edad escolar obligatoria se realiza en entornos segregados, tanto en escuelas especiales como en clases separadas en escuelas convencionales (véase la figura 7.3). Bélgica y Alemania cuentan con un gran número de escuelas especiales en las que los niños con necesidades especiales están separados de sus pares, mientras que en Chipre, Lituania, Malta, Noruega y Portugal, se incluye a la mayoría de los alumnos en clases comunes con otros niños de su misma edad. Un examen de otros países de la OCDE indica tendencias similares, y en los países desarrollados se observa un desplazamiento general hacia la educación inclusiva, aunque con algunas excepciones (*31*). En los

237

países en desarrollo, el desplazamiento hacia las escuelas inclusivas está en sus inicios.

Se considera ampliamente que la inclusión de los niños con discapacidad en escuelas convencionales —escuelas inclusivas— es aconsejable desde la perspectiva de la igualdad y los derechos humanos. La Unesco ha señalado las siguientes razones para desarrollar un sistema de educación más inclusivo (*35*):

- **Razón educativa.** La exigencia de que las escuelas inclusivas eduquen a todos los niños juntos conlleva que estas tengan que concebir maneras de enseñar que respondan a las diferencias individuales y que, por consiguiente, sean beneficiosas para todos los niños.
- **Razón social.** Las escuelas inclusivas pueden cambiar las mentalidades respecto de aquellos que son «diferentes», al educar a todos los niños juntos, y sentar así las bases de una sociedad justa y no discriminatoria.
- **Razón económica.** Es menos costoso establecer y mantener escuelas en las que se enseña a todos los niños juntos que establecer un complejo sistema de distintos tipos de escuelas que se especialicen en diferentes grupos de niños.

La educación inclusiva procura dotar a las escuelas de los medios para atender a todos los niños de la comunidad en la que están emplazadas (*36*). En la práctica, empero, es difícil lograr la plena inclusión de todos los niños con discapacidad, aunque ese sea el objetivo primordial. El número de niños que reciben educación en entornos tanto convencionales como segregados varía ampliamente de un país a otro y ningún país tiene un sistema totalmente inclusivo. Es importante aplicar un enfoque flexible para ubicar a los niños: en los Estados Unidos, por ejemplo, el sistema procura situar a los niños en el entorno más integrado posible, y se los asigna a un ámbito más especializado cuando se considera necesario (*37*). Las necesidades educativas se deben evaluar desde la perspectiva de la opción que mejor se adecue a cada persona (*38*) y los recursos financieros y humanos que estén disponibles en el contexto del país. Algunas de las personas que abogan por las personas con discapacidad han sostenido que se debe decidir caso por caso qué entorno es más adecuado para atender las necesidades del niño: uno convencional o uno segregado (*39*, *40*).

Los alumnos sordos y las personas con deficiencias intelectuales argumentan que la integración no siempre es una experiencia positiva (*41*, *42*). Los partidarios de las escuelas especiales —como las escuelas para personas ciegas, sordas o sordociegas—, especialmente en los países de ingreso bajo, señalan con frecuencia que estas instituciones proporcionan ambientes de aprendizaje especializados y de alta calidad. La Federación Mundial de Sordos alega que el ambiente óptimo para el desarrollo académico y social del niño sordo es, a menudo, una escuela donde los alumnos y los maestros utilizan la lengua de señas para todas las comunicaciones. Como fundamento, sostiene que la simple asignación a una escuela convencional, sin una interacción significativa con los compañeros y los profesionales, excluiría a la persona sorda de la educación y la sociedad.

Resultados

Los datos sobre el impacto del entorno en los resultados educativos de las personas con discapacidad no son concluyentes. En un examen de los estudios sobre inclusión que se publicaron antes de 1995, se estableció que los estudios eran muy diferentes y de calidad despareja (*43*). Aunque el lugar al que habían sido asignados no era el factor primordial en los resultados de los alumnos, el examen permitió establecer lo siguiente:

- Los alumnos con problemas de aprendizaje asignados a entornos de educación especial tenían resultados académicos levemente mejores.
- Las tasas de deserción de los alumnos con trastornos emocionales asignados a la educación general eran más elevadas.
- Los alumnos con deficiencias intelectuales graves a los que se impartió enseñanza en

clases de educación general tuvieron mejores resultados sociales.

Aunque los niños con trastornos auditivos lograron cierta ventaja académica en la educación convencional, su autoestima se redujo. Al parecer, los alumnos con una deficiencia intelectual leve obtuvieron, por lo general, los mayores beneficios derivados de la asignación a clases de apoyo en la educación general.

En un examen de las investigaciones sobre la educación para necesidades especiales realizadas en los Estados Unidos se llegó a la conclusión de que no era posible establecer de manera concluyente cuál era el impacto del entorno educativo —tanto las escuelas y clases especiales como la educación inclusiva— en los resultados educativos (*44*). Las conclusiones fueron las siguientes:

- La mayoría de los estudios examinados no era de buena calidad desde el punto de vista metodológico y las mediciones resultantes variaban ampliamente de un estudio a otro.
- A menudo, los investigadores tenían dificultades para separar los entornos educativos de los tipos y la intensidad de los servicios.
- Con frecuencia, la investigación se había llevado a cabo antes de que se introdujeran cambios cruciales en las políticas.
- En gran parte de las investigaciones se ponía el acento en la manera de aplicar las prácticas inclusivas y no se hacía hincapié en su efectividad.

Existen algunos indicios de que la adquisición de aptitudes sociales, de comunicación y de conducta es superior en las clases o escuelas inclusivas. Varios investigadores han documentado esos resultados positivos (*45-48*). Un metaanálisis del impacto del entorno en el aprendizaje permitió establecer que «la educación inclusiva tenía un efecto beneficioso pequeño a moderado en los resultados académicos y sociales de los alumnos con necesidades especiales» (*49*). En un pequeño número de estudios se ha confirmado el impacto negativo de la asignación a instituciones educativas generales cuando no se brinda apoyo personalizado (*50*, *51*).

Por lo general, se considera que la inclusión de alumnos con discapacidad no tiene un impacto negativo en el desempeño educativo de los alumnos sin discapacidad (*52-54*). En algunos casos, sin embargo, los docentes plantearon dudas respecto del impacto de la inclusión de niños con problemas emocionales y de conducta (*53*).

No obstante, cuando las clases son numerosas y no se dispone de recursos adecuados para la inclusión, es posible que los resultados sean difíciles para todas las partes involucradas. Los niños con discapacidad que asisten a una clase general tendrán malos resultados si el docente y sus compañeros no pueden proporcionar el apoyo necesario para su aprendizaje, desarrollo y participación. La educación de estos niños suele terminar cuando completan la escuela primaria, como lo confirman las bajas tasas de transición a niveles más elevados de educación (*55*). En Uganda, cuando se comenzó a aplicar la educación primaria universal, hubo una gran afluencia de grupos de niños que anteriormente estaban excluidos, entre ellos, los niños con discapacidad. Con pocos recursos adicionales, la carga fue excesiva para las escuelas, que informaron problemas relacionados con la disciplina, el desempeño y las tasas de deserción de los alumnos (*56*).

Con la salvedad de los pocos estudios de menor envergadura que ya se mencionaron, no se ha llevado a cabo una comparación adecuada y amplia de los resultados de aprendizaje entre las escuelas especiales y la inclusión de los niños con discapacidad en las escuelas convencionales. En los países en desarrollo, prácticamente no se han realizado investigaciones en las que se comparen los resultados. Es necesario, por lo tanto, realizar investigaciones más adecuadas y obtener más datos sobre los resultados sociales y académicos. En el cuadro 7.2 se muestran los datos derivados de un estudio longitudinal que se realizó en los Estados Unidos sobre los resultados educativos y laborales de diversos grupos de alumnos con discapacidad.

Cuadro 7.2. Transición de la escuela al trabajo en los Estados Unidos

En los Estados Unidos, todos los alumnos del ciclo secundario con discapacidades documentadas están amparados por el artículo 504 de la Ley de Rehabilitación Vocacional y la Ley sobre Estadounidenses con Discapacidades. Asimismo, un subgrupo de alumnos con discapacidad reúne los requisitos en el marco de la parte B de la Ley para la Educación de Individuos con Discapacidades (IDEA). La primera categoría abarca a los alumnos cuya discapacidad no tiene efectos negativos en su capacidad de aprender y, por lo tanto, pueden avanzar en el sistema escolar si se realizan ajustes razonables que les permitan tener acceso a los mismos recursos y aprendizaje que sus pares. Los alumnos que reúnen los requisitos de la parte B de la IDEA tienen derecho a una «educación pública gratuita y adecuada», que se define a través de su plan de estudios personalizado. El presente estudio de casos se refiere a los alumnos que tienen ese plan.

El Estudio Nacional Longitudinal de Transición-2 (NLTS2) contiene datos sobre los alumnos con discapacidad comprendidos en la IDEA. El NLTS2 se puso en marcha en 2000, después de una encuesta representativa a nivel nacional que abarcó una muestra de 11 272 alumnos de entre 13 y 16 años que recibían educación especial. El 35% de esta muestra de alumnos con discapacidad vivía en hogares desfavorecidos con ingresos anuales de US$ 25 000 o inferiores. Además, el 25% vivía en hogares monoparentales. En el año 2000, el 93,9% de todos los alumnos incluidos en la muestra asistía a escuelas secundarias convencionales, el 2,6% asistía a escuelas especiales y el resto asistía a escuelas alternativas, de formación vocacional o de otro tipo.

Tasas de graduación

La siguiente figura muestra la proporción de alumnos de 14 a 21 años que terminaron la escuela secundaria y la proporción que abandonó la escuela, en el curso de 10 años.

Proporción de alumnos con discapacidad de 14 a 21 años que se graduaron, obtuvieron un certificado o abandonaron la escuela (1996-2005)

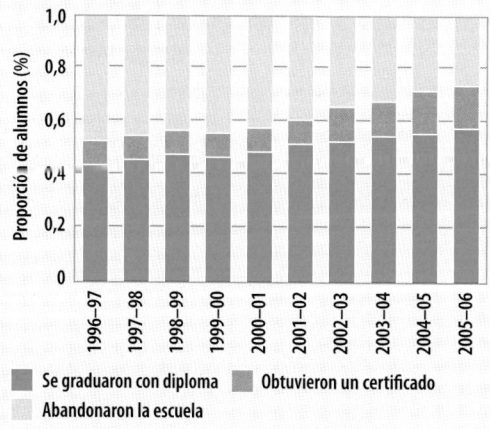

Fuente: (*57*).

Resultados posescolares

Según el NLTS2, el 85% de los jóvenes con discapacidad trabajaban o recibían educación postsecundaria o formación laboral durante los cuatro años siguientes a la terminación de la escuela. El 45% de los alumnos que formaban parte de la muestra se había matriculado en algún tipo de educación postsecundaria, en comparación con el 53% de los alumnos de la población general. El 6% de los que cursaban estudios postsecundarios se había matriculado en escuelas comerciales, técnicas o de formación vocacional; el 13%, en cursos de enseñanza superior de dos años, y el 8%, en cursos de enseñanza superior de cuatro años o en la universidad. El 12% de los jóvenes del mismo grupo etario de la población general se había matriculado en cursos de enseñanza superior de dos años y el 29%, en cursos de enseñanza superior de cuatro años (*58*).

continúa ...

... continuación

> En oportunidad de la encuesta de seguimiento de 2005, alrededor del 57% de los jóvenes con discapacidad de entre 17 y 21 años tenía empleo, en comparación con el 66% del mismo grupo etario de la población general. En el caso de los jóvenes con deficiencias intelectuales o múltiples deficiencias, se registraba la menor probabilidad de que participaran en la enseñanza, el trabajo o la preparación laboral.
>
> La probabilidad de que los jóvenes con trastornos cognitivos, emocionales, de aprendizaje o de conducta hubieran estado involucrados con el sistema de justicia penal era de cuatro a cinco veces mayor que en el caso de los jóvenes de la población general.
>
> La probabilidad de que los jóvenes con deficiencias intelectuales se hubieran graduado con diploma era menor que en todas las otras categorías de discapacidad y las tasas de empleo eran más bajas. Era mucho menos probable que los alumnos desertores participaran en actividades laborales o educativas posescolares y 10 veces más probable que los alumnos con discapacidad que terminaron la escuela secundaria hubieran sido arrestados.
>
> Más del 90% de los alumnos con deficiencias visuales o auditivas obtuvo un diploma regular y, en comparación con otros alumnos con discapacidad, era dos veces más probable que se hubieran matriculado en algún tipo de escuela postsecundaria.
>
> En el caso de algunos alumnos —entre ellos, los que experimentan trastornos emocionales—, los resultados educativos son inquietantemente bajos. Es preciso realizar investigaciones para encontrar planes de estudios, métodos pedagógicos y métodos de evaluación que tengan en cuenta de una manera más adecuada las diversas necesidades de los alumnos tanto en la educación como en la transición al mercado laboral.

Barreras que impiden la educación de los niños con discapacidad

Son muchas las barreras que impiden que los niños con discapacidad asistan a la escuela (*59-61*). En este capítulo se dividen en dos categorías: problemas sistémicos y problemas basados en la escuela.

Problemas sistémicos

Responsabilidad ministerial dividida

En algunos países, la educación de todos o algunos niños con discapacidad es responsabilidad de ministerios separados —entre ellos, los de Salud, Bienestar Social o Protección Social (El Salvador, Pakistán, Bangladesh)— o ministerios concretos de Educación Especial. En otros países (Etiopía y Rwanda), diversos ministerios comparten la responsabilidad de la educación de los niños con discapacidad (*25*).

En la India, los niños con discapacidad que asisten a escuelas especiales son responsabilidad del Ministerio de Justicia Social y Empoderamiento, mientras que los niños que asisten a escuelas convencionales son responsabilidad del Departamento de Educación del Ministerio de Desarrollo de Recursos Humanos (*32*). Esta división refleja la percepción cultural de que los niños con discapacidad necesitan asistencia social en vez de igualdad de oportunidades (*11*). Este modelo en particular tiende a segregar aún más a los niños con discapacidad y pone el acento en el tratamiento y el aislamiento social, en lugar de centrarse en la educación y la inclusión social y económica.

Falta de legislación, políticas, metas y planes

Aunque existen muchos ejemplos de iniciativas para incluir a los niños con discapacidad en la educación, la falta de legislación, políticas, metas y planes suele ser una gran barrera que impide alcanzar los objetivos de la EPT (*62*). Las lagunas que se encuentran habitualmente en las políticas incluyen la falta de incentivos financieros y otros incentivos específicos para que los niños con discapacidad asistan a la escuela, así como la falta de servicios de protección social y apoyo destinados a los niños con discapacidad y sus familias (*63*).

A través de un examen de 28 países que participan en la alianza de la Iniciativa Vía Rápida de Educación para Todos, se estableció que 10 países habían asumido el compromiso normativo de incluir a los niños con discapacidad y también tenían algunas metas o planes en relación con cuestiones tales como la recolección de datos, la formación docente, el acceso a los edificios escolares y la provisión de material didáctico y apoyo adicionales (*64*). Ghana, por ejemplo, ha fijado metas en materia de matriculación, entre ellas, que, para 2015, todos los niños con «necesidades educativas especiales no graves» deberán recibir educación en escuelas convencionales. Djibouti y Mozambique mencionan metas para niños en escuelas comunes. Kenya se ha propuesto incrementar al 10% la tasa bruta de matriculación de niños con discapacidad para el año 2010 y ha establecido metas respecto de la formación de docentes y la provisión de equipos. En otros 13 países, si bien se mencionaba a los niños con discapacidad, se proporcionaba poca información sobre las estrategias propuestas, y en cinco países no existía mención alguna de la discapacidad o la inclusión.

Recursos insuficientes

Se considera que la escasez o insuficiencia de recursos impone una barrera importante que impide garantizar la educación inclusiva de los niños con discapacidad (*65*). En un estudio realizado en los Estados Unidos, se estableció que el costo promedio de educar a un niño con discapacidad era 1,9 veces mayor que el costo correspondiente a un niño sin discapacidad, y que este multiplicador oscilaba entre el 1,6 y el 3,1 según el tipo y la magnitud de la discapacidad (*66*). En la mayoría de los países en desarrollo, es difícil satisfacer las necesidades de todos los niños, incluso cuando los sistemas educativos cuentan con una adecuada planificación y respaldan la inclusión.

Los presupuestos nacionales de educación suelen ser limitados y, con frecuencia, las familias no pueden afrontar los costos (*9*, *17*, *67*). Los recursos son escasos: pocas escuelas, instalaciones inadecuadas, insuficientes docentes calificados y falta de material didáctico (*6*). En una evaluación que se realizó en 2006 con el objeto de establecer el grado de capacidad de El Salvador para crear oportunidades educativas inclusivas para alumnos con discapacidad, se estableció que se disponía de escaso financiamiento para prestar servicios a todos esos alumnos (*68*).

En el Marco de Acción de Dakar se reconoce que la EPT solo será posible si los países aumentan el apoyo financiero y los donantes bilaterales y multilaterales incrementan la asistencia para el desarrollo (*67*). Sin embargo, esto no ha sucedido en todos los casos y, consiguientemente, se han realizado pocos avances (*17*).

Problemas basados en la escuela

Plan de estudios y pedagogía

Para responder a las diversas capacidades y necesidades de todos los educandos, se necesitan enfoques educativos flexibles (*69*). Cuando los planes de estudios y los métodos de enseñanza son rígidos y se carece de material didáctico adecuado —por ejemplo, cuando la información no se proporciona del modo más adecuado, como la lengua de señas, y no se dispone de material en formatos alternativos, como el sistema Braille—, los niños con discapacidad corren un riesgo mayor de exclusión (*69*). Con frecuencia, los sistemas de examen y evaluación se centran en el desempeño académico en vez de hacerlo en los progresos individuales y, por lo tanto, también pueden ser restrictivos en el caso de los niños con necesidades educativas especiales (*69*). Cuando los padres tienen inquietudes respecto de la calidad de las escuelas convencionales, existe una mayor probabilidad de que impulsen soluciones segregadas para sus niños con discapacidad (*17*).

Formación y apoyo insuficientes para los docentes

Es posible que los docentes no dispongan del tiempo o los recursos necesarios para brindar apoyo a los educandos con discapacidad (*70*). En los entornos carentes de recursos, suele haber demasiados alumnos por aula y existe una gran escasez de docentes con formación adecuada para atender en forma habitual las necesidades individuales de los niños con discapacidad (*71*, *72*). En la mayoría de los casos, los docentes no conocen la lengua de señas, lo cual constituye una barrera para los alumnos sordos (*73*). Tampoco se dispone de otros tipos de apoyo, como auxiliares de aula. La educación de los docentes no ha avanzado necesariamente al mismo ritmo que los cambios de políticas que tuvieron lugar después de la Declaración de Salamanca. En la India, por ejemplo, la formación previa al servicio de los docentes comunes no incluye la familiarización con la educación de niños con necesidades especiales (*64*).

Barreras físicas

El acceso físico a los edificios de las escuelas es un requisito fundamental para educar a niños con discapacidad (*65*). Es probable que los niños con discapacidad física tengan dificultad para llegar a la escuela si, por ejemplo, los caminos y los puentes no son aptos para sillas de ruedas y las distancias son muy grandes (*17*). Incluso cuando puedan llegar a la escuela, es posible que existan otros problemas, como escaleras, puertas angostas, asientos inadecuados o instalaciones sanitarias inaccesibles (*74*).

Rótulos

Con frecuencia, se clasifica a los niños con discapacidad de acuerdo con su condición de salud para determinar si reúnen los requisitos para recibir educación especial u otro tipo de servicios de apoyo (*29*). Por ejemplo, un diagnóstico de dislexia, ceguera o sordera puede facilitar el acceso a apoyo tecnológico y comunicacional y enseñanza especializada (*75*). Sin embargo, la asignación de rótulos en los sistemas educativos puede tener efectos negativos en los niños, tales como estigmatización, rechazo por parte de sus pares, baja autoestima, menores expectativas y oportunidades reducidas (*29*). En algunos casos, los alumnos no desean revelar su discapacidad por temor a actitudes negativas y, a raíz de ello, pierden la posibilidad de recibir los servicios de apoyo que necesitan (*76*). En un estudio que se llevó a cabo en dos estados de los Estados Unidos, se analizaron las respuestas de 155 maestros del ciclo preescolar respecto de la inclusión de los niños con discapacidad (*77*). Se crearon dos versiones diferentes del mismo cuestionario, con breves descripciones de los niños con discapacidad. Una de las versiones incluyó rótulos con términos tales como «parálisis cerebral». En la otra no se utilizaron rótulos, sencillamente se describió a los niños. Los docentes que completaron la versión que no contenía rótulos fueron más positivos respecto de la inclusión de niños con discapacidad que aquellos que habían completado la versión con rótulos. A partir de este resultado, se dedujo que los rótulos propiciaban actitudes más negativas y que las actitudes de los adultos eran fundamentales al momento de formular políticas sobre la educación de los niños con discapacidad.

Barreras actitudinales

Las actitudes negativas plantean grandes obstáculos a la educación de los niños con discapacidad (*78*, *79*). En algunas culturas, se considera que las personas con discapacidad son una especie de castigo divino o transmiten mala suerte (*80*, *81*). En consecuencia, a veces no se permite asistir a la escuela a niños con discapacidad que podrían hacerlo. En Rwanda, un estudio comunitario permitió establecer que las creencias respecto de las deficiencias incidían en la asistencia de los niños con discapacidad a la escuela. Las actitudes negativas de la comunidad también se reflejaban en el lenguaje que se utilizaba para referirse a las personas con discapacidad (*82*, *83*).

Las actitudes de los docentes, los administradores escolares, otros niños o incluso los familiares inciden en la inclusión de los niños con discapacidad en las escuelas convencionales (*74*, *84*). Algunos maestros, y también algunos directores, consideran que no están obligados a enseñar a niños con discapacidad (*84*). En Sudáfrica, los administradores escolares consideran que los alumnos con discapacidad no tienen futuro en la educación superior, y se cree que esta opinión tiene incidencia en la asistencia a la escuela y su terminación (*85*). Un estudio en el que se realizó una comparación entre Haití y los Estados Unidos permitió establecer que, en ambos países, los docentes favorecían generalmente a los tipos de discapacidad con los que, a su entender, se podía trabajar con más facilidad en entornos convencionales (*36*).

Incluso en el caso de las personas que respaldan a los alumnos con discapacidad, es posible que sus expectativas sean bajas y que, en consecuencia, se preste poca atención a los logros académicos. Los docentes, padres y otros alumnos pueden ser atentos y afectuosos con estos niños y, al mismo tiempo, dudar de su capacidad para aprender (*86*, *87*). En algunos casos, las familias de los niños con discapacidad consideran que las escuelas especiales son los lugares más adecuados para su educación (*76*).

Actos de violencia, intimidación y abuso

Los actos de violencia contra alumnos con discapacidad —cometidos por docentes, otros miembros del personal y otros alumnos— son comunes en los entornos educativos (*20*). Los alumnos con discapacidad suelen ser objeto de actos de violencia que incluyen amenazas y abusos físicos, abusos verbales y aislamiento social. Para un niño con discapacidad, el temor a la intimidación reviste la misma gravedad que una intimidación real (*88*). Es posible que los niños con discapacidad prefieran asistir a escuelas especiales por temor a la estigmatización o la intimidación en las escuelas convencionales (*88*). Los niños sordos son especialmente vulnerables a los abusos debido a sus dificultades en materia de comunicación verbal.

Eliminar las barreras que impiden la educación

Para lograr la inclusión de los niños con discapacidad en la educación, se requiere un cambio tanto a nivel sistémico como escolar (*89*). Así como en el caso de otros cambios complejos, se requiere visión, aptitudes, incentivos, recursos y un plan de acción (*90*). La existencia de un liderazgo sólido y permanente a nivel nacional y escolar es uno de los elementos más importantes de un sistema de educación inclusivo, y no incide en los costos.

Intervenciones sistémicas

Legislación

El éxito de los sistemas de educación inclusivos depende, en gran medida, del compromiso que asuma el país respecto de la adopción de legislación apropiada, la formulación de políticas y la asignación de financiamiento suficiente para su aplicación. Desde mediados de los años setenta, Italia cuenta con legislación en respaldo de la educación inclusiva para todos los niños con discapacidad, que ha dado por resultado tasas más altas de inclusión y resultados educativos positivos (*33*, *91*, *92*).

Nueva Zelandia es un ejemplo de que los ministerios gubernamentales pueden promover la comprensión del derecho a la educación de los alumnos con discapacidad a través de medidas que tengan por fin:

- publicitar el apoyo disponible para niños con discapacidad;
- recordar a las juntas escolares cuáles son sus responsabilidades legales;
- examinar la información suministrada a los padres;
- examinar los procedimientos de reclamación (*93*).

A través de una encuesta realizada en países de ingreso bajo y mediano, se estableció que, cuando no existe voluntad política, el impacto de la legislación es limitado (*31*). Hay otros factores que pueden dar lugar a un bajo impacto, entre ellos, el financiamiento insuficiente destinado a la educación y la falta de experiencia en materia de educación de personas con discapacidad o necesidades educativas especiales.

Políticas

Para desarrollar sistemas de educación más equitativos, es fundamental que las políticas nacionales en materia de educación de niños con discapacidad sean claras. La Unesco ha formulado directrices para ayudar a las autoridades encargadas de formular y administrar las políticas a crear políticas y prácticas que respalden la inclusión (94). La clara orientación de las políticas a nivel nacional ha permitido emprender importantes reformas educativas en un amplio espectro de países, entre ellos, Italia, Lesotho, la República Democrática Popular Lao y Viet Nam (véase el cuadro 7.3).

En 1987, Lesotho comenzó a preparar un conjunto de políticas sobre educación especial. Para 1991, había creado la Unidad de Educación Especial y había puesto en marcha un programa

---

Cuadro 7.3. Aunque todavía queda mucho por hacer, la inclusión es posible en Viet Nam

A principios de los años noventa, Viet Nam puso en marcha un importante programa de reforma para mejorar la inclusión de los alumnos con discapacidad en la educación. El Centro de Educación Especial y una ONG internacional colaboraron en la elaboración de dos proyectos piloto: uno rural y otro urbano. Los comités directivos locales de cada proyecto trabajaron activamente para sensibilizar a las comunidades y hubo una búsqueda —casa por casa— de niños que no estuvieran incluidos en las listas de las escuelas oficiales. En el marco de los proyectos piloto, se identificaron 1078 niños con un amplio espectro de deficiencias que estaban excluidos.

Se impartió formación a administradores, docentes y padres sobre los siguientes temas:

- beneficios de la educación inclusiva;
- servicios de educación especial;
- programas educativos personalizados;
- realización de ajustes y modificaciones ambientales;
- evaluación;
- servicios familiares.

Además, se proporcionó asistencia técnica en esferas tales como capacitación sobre movilidad para alumnos ciegos y capacitación de los padres en materia de ejercicios para mejorar la movilidad de los niños con parálisis cerebral.

Cuatro años después, se realizó una evaluación que permitió establecer que, de los 1078 niños con discapacidad, 1000 se habían incluido con éxito en clases de educación general en las escuelas locales. Este logro fue acogido con beneplácito tanto por los docentes como por los padres. Con el apoyo de donantes internacionales, se llevó a cabo un programa similar en otras tres provincias. En el curso de tres años, las tasas de asistencia de niños con discapacidad a clases comunes aumentaron del 30% al 86% y, con el tiempo, se matricularon 4000 alumnos nuevos en las escuelas locales.

A través de evaluaciones de seguimiento, se estableció que los docentes estaban más dispuestos que antes a incluir a los alumnos con discapacidad. Además, estaban mejor equipados y poseían más conocimientos sobre prácticas inclusivas. Los docentes y los padres también tenían mayores expectativas respecto de los niños con discapacidad. Lo que es más importante aún, los niños estaban mejor integrados en sus comunidades. El costo promedio del programa para un alumno con discapacidad en un entorno inclusivo ascendía a US$ 58 al año, en comparación con los US$ 20 correspondientes a un alumno sin discapacidad y los US$ 400 correspondientes a la educación en entornos segregados. Esta suma no cubría los equipos especializados —audífonos, sillas de ruedas e impresoras Braille— que eran necesarios para muchos alumnos con discapacidad y cuyo costo era prohibitivo para la mayoría de las familias.

A pesar de los avances, tan solo un 2% de las escuelas preescolares y primarias de Viet Nam son inclusivas, y el 95% de los niños con discapacidad todavía no tiene acceso a la escuela (90). Con todo, el éxito de los proyectos piloto ha contribuido a modificar las actitudes y las políticas sobre discapacidad y ha generado grandes esfuerzos en materia de inclusión. El Ministerio de Educación y Formación se ha comprometido a incrementar el porcentaje de niños con discapacidad que reciben educación en clases convencionales y se están implementando nuevas leyes y políticas que respaldan la educación inclusiva.

nacional de educación inclusiva (*95*). En 1993, se llevó a cabo un estudio en la cuarta parte de las escuelas primarias del país, que incluyó entrevistas a más de 2649 maestros y en cuyo marco se estableció que el 17% de los niños tenía discapacidades y necesidades educativas especiales (*95*). El programa nacional de educación inclusiva se puso en marcha en 10 escuelas piloto: una en cada distrito del país. Se elaboraron planes de capacitación en enseñanza inclusiva para los docentes de estas escuelas y para alumnos de la carrera docente, con ayuda de especialistas y personas con discapacidad. En un estudio reciente sobre la educación inclusiva en Lesotho, se estableció que había variado la manera en que los docentes abordaban las necesidades de sus alumnos (*96*). Se registró un efecto positivo en las actitudes de los maestros y, sin una política formal, es improbable que se hubieran producido mejoras.

Planes nacionales

Para incluir a los niños con discapacidad en la educación, es fundamental formular un plan de acción nacional, o enmendar el existente, y crear la infraestructura y la capacidad necesarias para implementarlo (*79*). Según lo dispuesto por el artículo 24 de la CDPD, la responsabilidad institucional respecto de la educación de los niños con discapacidad le corresponde al Ministerio de Educación (*97*), en coordinación con los otros ministerios que sean pertinentes. Los planes nacionales para alcanzar los objetivos de la iniciativa EPT deben:

- reflejar los compromisos internacionales respecto del derecho de los niños con discapacidad a recibir educación;
- establecer el número de niños con discapacidad y evaluar sus necesidades;
- destacar la importancia del respaldo de los padres y de la participación de la comunidad;
- contemplar los aspectos principales de la prestación de los servicios —entre ellos, la accesibilidad de los edificios escolares— y elaborar planes de estudios, métodos de enseñanza y materiales que permitan satisfacer un amplio espectro de necesidades;

- incrementar la capacidad por medio de la ampliación de la prestación de servicios y los programas de capacitación;
- proporcionar fondos suficientes;
- llevar a cabo actividades de seguimiento y evaluación, y mejorar los datos cualitativos y cuantitativos sobre los alumnos (*64*).

Financiamiento

Básicamente, hay tres maneras de financiar la educación para las necesidades especiales, ya sea en instituciones especializadas o en escuelas convencionales:

- a través del presupuesto nacional, por ejemplo, mediante la creación de un fondo nacional especial (como en Brasil), el financiamiento de una red de escuelas de educación especial (como en Pakistán) o como una proporción fija del presupuesto general de educación (0,92% en Nicaragua y 2,3% en Panamá);
- a través del financiamiento de las necesidades concretas de cada institución, por ejemplo, los materiales, las herramientas pedagógicas, la capacitación y el respaldo operativo (como en Chile y México);
- a través de financiamiento otorgado a personas individuales para satisfacer sus necesidades (como en Dinamarca, Finlandia, Hungría y Nueva Zelandia).

Otros países, como Suiza y los Estados Unidos, utilizan una combinación de métodos de financiamiento, entre ellos, financiamiento nacional que se puede aplicar de manera flexible a la educación para las necesidades especiales a nivel local. Los requisitos para recibir financiamiento suelen ser complejos. Sea cual fuere el modelo de financiamiento utilizado, debe cumplir los siguientes criterios:

- ser fácil de entender;
- ser flexible y previsible;
- proporcionar fondos suficientes;
- tener en cuenta el costo y permitir el control de costos;
- conectar la educación especial con la educación general;

- identificar y ubicar a los alumnos de manera neutral (*98*, *99*).

En el marco de un sistema para comparar los datos sobre los recursos entre diferentes países, se clasifica a los alumnos de acuerdo con el origen de sus necesidades: condiciones de salud, problemas de conducta o emocionales, o desventajas socioeconómicas o culturales (*31*). La asignación de recursos para niños con diagnóstico médico es la más constante en todos los grupos etarios. Los recursos asignados a niños con desventajas socioeconómicas o culturales se concentran, en gran medida, en los grupos de menor edad y disminuyen marcadamente cuando llegan a la escuela secundaria (*100*). Es posible que la disminución de los recursos asignados a estas categorías refleje una tasa más elevada de deserción escolar en esos grupos, especialmente en las últimas etapas de la escuela secundaria, lo que implica que el sistema no satisface sus necesidades educativas.

En la tabla 7.2 se resumen los datos de varios países de América Central y América del Sur y se comparan con datos similares de la provincia de New Brunswick (Canadá) y los Estados Unidos, y con el valor medio de los países de la OCDE. Es indudable que los países centroamericanos y sudamericanos proporcionan recursos a los alumnos con discapacidad que reciben educación preescolar y primaria. Sin embargo, los recursos disminuyen rápidamente cuando los alumnos alcanzan los primeros años de la escuela secundaria y son inexistentes en el último período de ella. En los países de la OCDE, por el contrario, se proporciona educación a los alumnos con discapacidad de todos los grupos etarios, aunque los recursos disminuyen a medida que aumenta su edad.

Con frecuencia, es preciso aumentar el financiamiento para garantizar que los niños

Tabla 7.2. **Porcentaje de alumnos con discapacidad que recibe servicios educativos, por país y nivel de educación**

País	Educación obligatoria (%)	Preescolar (%)	Primaria (%)	Secundaria inferior (%)	Secundaria superior (%)
Belice	0,95	–	0,96	–	–
Brasil	0,71	1,52	0,71	0,06	–
Chile	0,97	1,31	1,17	1,34	–
Colombia	0,73	0,86	0,84	0,52	n.a.
Costa Rica	1,21	4,39	1,01	1,48	n.a.
Guyana	0,15	n.a.	0,22	n.a.	n.a.
México	0,73	0,53	0,98	0,26	–
Nicaragua	0,40	0,64	0,40	–	–
Paraguay	0,45	n.a.	0,45	n.a.	n.a.
Perú	0,20	0,94	0,30	0,02	n.a.
Uruguay	1,98	–	1,98	–	–
Estados Unidos de América	5,25	7,38	7,39	3,11	3,04
Provincia de New Brunswick (Canadá)	2,89	–	2,19	3,80	3,21
Valor medio de los países de la OCDE	2,63	0,98	2,43	3,11	1,37

Nota: México es miembro de la OCDE. Solo se dispone de datos parciales para los países consignados en letra cursiva.
n.a.: No aplicable.
–: No disponible/nunca recopilado.
Fuente: (*31*, *101*).

con discapacidad tengan acceso a la misma calidad de educación que sus pares (*17*). Para lograrlo, los países de ingreso bajo necesitarán financiamiento previsible y a largo plazo. En la República Democrática Popular Lao, la ONG Save the Children y el Organismo Sueco de Cooperación para el Desarrollo Internacional proporcionaron financiamiento a largo plazo y apoyo técnico a un proyecto de educación inclusiva entre 1993 y 2009. El proyecto, que permitió formular un enfoque nacional y centralizado para el desarrollo de políticas y prácticas de educación inclusiva, comenzó a prestar servicios en 1993, con la apertura de una escuela piloto en Vientiane, la capital del país. En la actualidad, hay 539 escuelas en 141 distritos que proporcionan educación inclusiva y apoyo especializado a más de 3000 niños con discapacidad (*102*).

Aunque la determinación de los costos de las escuelas especiales y las escuelas inclusivas plantea dificultades, por lo general se considera que los entornos inclusivos son más eficaces en función de los costos (*33*). La probabilidad de lograr la inclusión es mayor cuando el financiamiento escolar está descentralizado, los presupuestos se delegan a nivel local y los fondos se basan en la matrícula total y en otros indicadores. El acceso a pequeñas cantidades de fondos flexibles permite promover nuevos enfoques (*103*).

Intervenciones en las escuelas

Reconocimiento y tratamiento de las diferencias individuales

Los sistemas educativos deben sustituir los métodos pedagógicos más tradicionales con enfoques más centrados en los educandos, que tengan en cuenta que cada persona tiene una capacidad determinada para aprender y una forma específica de hacerlo. Los planes de estudios, los métodos y los materiales de enseñanza, los sistemas de evaluación y examen, y el manejo de la clase deben ser accesibles y flexibles para respaldar las diferencias en los patrones de aprendizaje (*19*, *69*).

Las prácticas de evaluación pueden facilitar o dificultar la inclusión (*103*). La necesidad de alcanzar la excelencia académica a menudo domina las culturas escolares. Por ese motivo, las políticas de inclusión deben garantizar que todos los niños alcancen su potencial (*104*). La distribución de los alumnos según sus aptitudes constituye, con frecuencia, una barrera para la inclusión, mientras que las aulas con alumnos de distintas edades y diferentes aptitudes pueden promoverla (*17*, *69*). En 2005, la Agencia Europea para el Desarrollo de la Educación Especial analizó diferentes formas de evaluación que respaldan la inclusión en los entornos convencionales (*105*). El estudio se llevó a cabo en 23 países y contó con la participación de 50 expertos en evaluación, que analizaron la forma de pasar de un enfoque de las deficiencias —principalmente basado en cuestiones médicas— a un planteamiento educativo o interactivo. Se propusieron los siguientes principios:

- Los procedimientos de evaluación deben promover el aprendizaje para todos los alumnos.
- Todos los alumnos deben tener derecho a participar en todos los procedimientos de evaluación.
- Todas las políticas generales de evaluación, así como las políticas específicas de evaluación de la discapacidad, deben tener en cuenta las necesidades de los alumnos con discapacidad.
- Los procedimientos de evaluación deben complementarse entre sí.
- A fin de promover la diversidad, los procedimientos de evaluación deben ser útiles para identificar y valorar los avances y los logros de cada alumno.
- Los procedimientos de evaluación inclusivos deben estar orientados explícitamente a evitar la segregación y, en la medida de lo posible, no se debe aplicar ningún tipo de rótulo. Por el contrario, se debe poner el acento en las prácticas de aprendizaje y enseñanza que promuevan una mayor inclusión en los entornos convencionales.

Los planes de educación personalizados son una herramienta útil en el caso de los niños con necesidades educativas especiales, ya que los ayudan a aprender de manera eficaz en los ambientes menos restrictivos. En estos planes, que se elaboran mediante un proceso multidisciplinario, se identifican las necesidades; las metas y los objetivos de aprendizaje; las estrategias adecuadas de enseñanza, y el apoyo y los ajustes necesarios. Muchos países, como Australia, el Canadá, Nueva Zelandia, el Reino Unido y los Estados Unidos, cuentan con políticas y procesos documentados para dichos planes (*106*).

La creación de un ambiente de aprendizaje óptimo ayudará a los niños a aprender y a alcanzar su potencial (*107*). Toda vez que sea posible, se deben utilizar TIC y ayudas técnicas (*69*, *108*). En el caso de algunos alumnos con discapacidad, será preciso incluir ciertos ajustes, como letra grande, lectores de pantalla, material en Braille y lengua de señas, y software especializado. Es posible que también sean necesarios formatos alternativos de evaluación, como exámenes orales para quienes no puedan leer. Los educandos que tengan dificultades para la comprensión como resultado de una deficiencia intelectual podrían necesitar estilos y métodos de enseñanza adaptados. Las opciones relativas a los ajustes razonables dependerán de los recursos disponibles (*71*).

Suministro de apoyo adicional

Para garantizar el éxito de las políticas de educación inclusiva, será preciso prestar servicios de apoyo adicional a algunos niños con discapacidad (*5*). Es probable que los ahorros provenientes de la transferencia de alumnos de instituciones especializadas a escuelas convencionales compensen parcialmente los costos adicionales asociados con dicho apoyo.

En los casos en que resulte necesario, las escuelas deben tener acceso a docentes de educación especial. En Finlandia, la mayoría de las escuelas recibe apoyo en forma permanente de, al menos, un docente de educación especial. Estos maestros llevan a cabo evaluaciones, elaboran planes de educación personalizados, coordinan servicios y proporcionan orientación a los docentes convencionales (*109*). En El Salvador, se establecieron «aulas de apoyo» en las escuelas primarias convencionales para prestar servicios a los alumnos con necesidades educativas especiales, incluidos los alumnos con discapacidad. Estos servicios incluyen la evaluación de los alumnos, enseñanza individual o en grupos pequeños, apoyo para los maestros de educación general, logoterapia y otros servicios similares. Los maestros de las aulas de apoyo trabajan en estrecha colaboración con los padres, y el Ministerio de Educación les asigna un presupuesto para capacitación y sueldos. En 2005, aproximadamente el 10% de las escuelas de todo el país contaba con aulas de apoyo (*68*).

Los auxiliares de enseñanza —también denominados «auxiliares de apoyo del aprendizaje» o «auxiliares para necesidades especiales»— trabajan cada vez más en las aulas convencionales. Su rol varía según los diferentes entornos, pero su función principal es brindar apoyo a los niños con discapacidad para que puedan participar en las aulas convencionales; no se los debe considerar docentes sustitutos. El éxito de su labor depende de la eficacia de la comunicación y la planificación con el docente encargado del aula, una comprensión común de sus funciones y responsabilidades, y el seguimiento permanente de la manera en que se proporciona el apoyo (*110*, *111*). El uso generalizado de auxiliares de enseñanza entraña riesgos, ya que puede desalentar la aplicación de enfoques más flexibles y marginar a los niños discapacitados dentro del aula (*93*). Los auxiliares para necesidades especiales no deben impedir que los niños con discapacidad interactúen con los niños sin discapacidad o participen en actividades adecuadas para su edad (*88*).

La identificación y la intervención tempranas pueden reducir el nivel de apoyo educativo que los niños con discapacidad requerirán a lo largo de sus años escolares y garantizar que alcancen todo su potencial (*107*). Es posible que los niños con discapacidad necesiten tener acceso a especialistas del ámbito de la salud y la educación, como terapeutas ocupacionales, fisioterapeutas, logoterapeutas y psicólogos educacionales, a fin de recibir apoyo en el proceso de aprendizaje (*107*). Un estudio sobre las intervenciones en la primera infancia en Europa permitió establecer la importancia de coordinar adecuadamente los servicios sociales, de salud y de educación (*112*).

Asimismo, es importante usar los recursos existentes de una manera más adecuada para respaldar el aprendizaje, en particular, en los entornos más pobres. Por ejemplo, si bien es posible que las escuelas ubicadas en entornos rurales pobres tengan aulas numerosas y menos recursos materiales, estas barreras se pueden superar si la comunidad participa más activamente y sus miembros tienen una actitud positiva (*65*). Gran parte del material didáctico que permite mejorar marcadamente los procesos de aprendizaje se puede elaborar a nivel local (*103*). Las escuelas especiales, cuando existen, suelen ser valiosas por sus conocimientos especializados sobre la discapacidad (identificación e intervención tempranas) y como centros de capacitación y recursos (*5*). En entornos de ingreso bajo, los maestros itinerantes pueden ser un medio eficaz en función de los costos para solucionar la falta de docentes, ayudar a los niños con discapacidad a adquirir competencias —como alfabetización en el sistema Braille, orientación y movilidad— y elaborar material didáctico (*113*).

Fortalecimiento de la capacidad docente

La capacitación adecuada de los maestros convencionales es fundamental para que se sientan seguros y sean competentes a la hora de enseñar a los niños con diversas necesidades educativas. Es necesario incorporar los principios de inclusión en los programas de formación docente, que deben abarcar cuestiones tales como las actitudes y los valores y no tan solo los conocimientos y las competencias (*103*). La formación de posgrado, como la que ofrece el Instituto de Capacitación Docente de Sebeta, en Etiopía, puede mejorar la prestación de los servicios y, en última instancia, la tasa de matriculación de los alumnos con discapacidad (véase el cuadro 7.4).

Es preciso destacar los méritos de los maestros con discapacidad y señalarlos como modelos de conducta. En Mozambique, un instituto de formación docente y ADEMO, organización nacional para personas discapacitadas, colaboran en la tarea de capacitar maestros en la enseñanza de alumnos con discapacidad y también otorgan becas a alumnos con discapacidad para que cursen la carrera docente (*116*).

Existen varios recursos que ayudan a los docentes a promover enfoques inclusivos para los alumnos con discapacidad, entre ellos:

- *Embracing diversity: Toolkit for creating inclusive, learning friendly environments* (Incorporación de la diversidad: Instrumentos para crear entornos de aprendizaje inclusivos y accesibles). Este material contiene nueve folletos de autoaprendizaje para ayudar a los maestros a mejorar sus competencias en aulas con diversidad de alumnos (*107*).
- *Module 4: Using ICTs to promote education and job training for persons with disabilities* en *Toolkit of best practices and policy advice* (Modulo 4: Uso de las TIC para promover la educación y la capacitación laboral de las personas con discapacidad en Instrumentos de prácticas óptimas y asesoramiento sobre políticas). Este documento contiene información sobre la forma en que las TIC facilitan el acceso a la educación de las personas con discapacidad (*108*).
- *Education in emergencies: Including everyone: INEE pocket guide to inclusive education* (Educación en situaciones de emergencia: Incluir a todos. La guía de bolsillo de la Red Interagencial para la Educación en Situaciones de Emergencia para la educación inclusiva). Este documento sirve de guía a los educadores que trabajan en situaciones de emergencia y conflicto (*117*).

> **Cuadro 7.4. Formación docente en Etiopía**
>
> La capacitación docente en materia de educación para las necesidades especiales se viene llevando a cabo en Etiopía desde los años noventa y ha recibido gran apoyo de la comunidad internacional. Hasta principios de esa década, esta capacitación se impartía principalmente a través de cursillos breves financiados por ONG. Ese enfoque no generó cambios perdurables en los procesos de enseñanza y aprendizaje y tampoco dotó al Gobierno de capacidad para formar personal docente de educación especial por sus propios medios.
>
> A partir de 1992, y con apoyo del Gobierno de Finlandia, se comenzó a dictar un curso de seis meses de duración en un instituto de formación docente (*114*), en el marco de una iniciativa para respaldar las escuelas especiales existentes, incorporar más clases especiales y aumentar el número de educandos en las clases convencionales con el apoyo de docentes itinerantes. Cincuenta docentes recibieron educación universitaria en universidades finlandesas —seis de ellos en Finlandia y los 44 restantes, a través de educación a distancia—, con un costo de alrededor del 10% de la educación directa.
>
> La Universidad de Adís Abeba elaboró cursos de apoyo de corta duración, y se creó un centro especial —el Instituto de Formación Docente de Sebeta— en el ámbito de la Escuela para Ciegos de Sebeta. Entre 1994 y 1998, 115 personas obtuvieron el título de maestro de educación especial, y se impartió formación en el servicio a millares de docentes convencionales. No obstante, los docentes capacitados no son suficientes para satisfacer la demanda total de educación inclusiva (*115*).
>
> En la actualidad, otras instituciones y universidades regulares de Etiopía ofrecen cursos de educación para las necesidades especiales a todos los alumnos, y se sigue dictando un curso de 10 meses para maestros calificados en Sebeta. Como resultado del programa de formación de Sebeta, ha aumentado el número de clases especiales y de niños con discapacidad que asisten a la escuela. Sin embargo, según las estadísticas del Ministerio de Educación, se estima que, del total de la población en edad escolar primaria —unos 15 millones de niños—, tan solo 6000 niños con discapacidad identificados tienen acceso a la educación (*64*).

Además, la formación docente debe tener el respaldo de otras iniciativas, que otorguen a los maestros la oportunidad de compartir sus conocimientos especializados y sus experiencias sobre la educación inclusiva, y de adaptar sus propios métodos de enseñanza y experimentar con ellos en ambientes propicios (*69*, *102*).

Cuando existe un gran número de escuelas segregadas, se debe asignar prioridad a medidas que brinden a los maestros de educación especial las competencias necesarias para pasar a trabajar en un sistema inclusivo. Las escuelas especiales y las escuelas convencionales deben colaborar en actividades para ampliar la educación inclusiva (*62*). En la República de Corea, el Gobierno selecciona al menos una escuela especial de cada distrito para que trabaje en estrecha colaboración con una escuela convencional asociada. El objetivo es alentar la inclusión de los niños discapacitados a través de varias iniciativas, como el apoyo de los pares y el trabajo grupal (*76*).

Eliminar las barreras físicas

Las políticas de acceso a la educación se deben sustentar en los principios del diseño universal. Muchas barreras físicas se pueden solucionar de una manera relativamente sencilla: la modificación de la distribución física de las aulas puede redituar grandes beneficios (*118*). La incorporación del diseño universal en los nuevos planes de edificación resulta menos onerosa que realizar los cambios necesarios en un edificio antiguo y solo agrega alrededor de un 1% al costo total de construcción (*119*).

Superación de las actitudes negativas

La presencia física de los niños con discapacidad en las escuelas no garantiza en forma automática su participación. Para que la participación sea significativa y se obtengan buenos resultados en el aprendizaje, el espíritu de la escuela —la manera en que valora la diversidad y crea un ambiente que brinda seguridad y apoyo— es fundamental.

> **Cuadro 7.5. Deportes para niños con discapacidad en Fiji**
>
> Desde marzo de 2005, el Comité Paralímpico de Fiji y la Comisión Australiana de Deportes han trabajado en estrecha colaboración para ofrecer actividades deportivas inclusivas para niños con discapacidad en los 17 centros especiales de educación de Fiji. Estas actividades forman parte del Programa Australiano de Difusión del Deporte, iniciativa del Gobierno de Australia cuyo objetivo es ayudar a las personas y las organizaciones a crear programas en la esfera del deporte que sean inclusivos y de buena calidad y contribuyan al desarrollo social.
>
> Los programas locales del Comité Paralímpico de Fiji se formulan de manera tal que aumentan la variedad y la calidad de los deportes a disposición de los niños en las escuelas del país e incluyen las siguientes actividades:
>
> - *Pacific Junior Sport*, programa basado en juegos que brinda a los niños la oportunidad de participar y desarrollar sus habilidades;
> - *qito lai lai* («juegos para niños»), que incluyen actividades para niños más pequeños;
> - solicitar a las federaciones deportivas —como las de golf, tenis de mesa, tenis y tiro con arco y flecha— que realicen demostraciones en las escuelas;
> - respaldar a las escuelas a fin de que los alumnos puedan practicar deportes populares, tales como el fútbol, el voleibol y el baloncesto, y deportes paralímpicos tales como la *boccia*, el *goalball* y el voleibol sentado;
> - organizar torneos deportivos a nivel regional y nacional, así como también festivales en los que los alumnos pongan a prueba sus habilidades en el fútbol, el baloncesto y el voleibol frente a los niños de escuelas convencionales;
> - proporcionar modelos de conducta a través del programa de embajadores deportivos, en cuyo marco las escuelas, incluidas las convencionales, reciben en forma regular visitas de atletas con discapacidad.
>
> El deporte puede mejorar la inclusión y el bienestar de las personas con discapacidad pues, por su intermedio, es posible:
>
> - cambiar lo que las comunidades piensan y sienten acerca de las personas con discapacidad y, de esta manera, reducir el estigma y la discriminación;
> - cambiar lo que las personas con discapacidad piensan y sienten acerca de ellas mismas y, de esta manera, darles el poder de reconocer su propio potencial;
> - reducir su aislamiento y ayudarlos a integrarse más plenamente en la comunidad;
> - ofrecer oportunidades que ayuden a los jóvenes a desarrollar sistemas corporales saludables (musculoesquelético, cardiovascular) y mejorar la coordinación.
>
> Como resultado del trabajo del Comité Paralímpico de Fiji, cada viernes por la tarde, más de 1000 niños con discapacidad practican deportes en todo el país. Tal como lo señala el Oficial de Desarrollo Deportivo del Comité Paralímpico de Fiji, «cuando la gente ve a los niños con discapacidad practicar un deporte, se da cuenta de que son capaces de hacer muchas cosas diferentes».
>
> Fuente: (*122–124*).

Las actitudes de los docentes son esenciales al momento de garantizar que los niños con discapacidad permanezcan en la escuela y participen en las actividades del aula. A través de un estudio que se llevó a cabo para comparar las actitudes de los docentes frente a los niños con discapacidad en Haití y los Estados Unidos, se demostró que la probabilidad de que los docentes cambien su actitud hacia la inclusión es mayor cuando otros docentes demuestran actitudes positivas y cuando existe una cultura de apoyo en la escuela (36). Los docentes pueden superar el miedo y la falta de confianza respecto de la educación de alumnos con discapacidad. Por ejemplo:

- En Zambia, los maestros de escuelas primarias y básicas expresaron su interés por incluir a niños con discapacidad, aunque creían que debía ser tarea exclusiva de especialistas. Muchos temían que algunas condiciones, como el albinismo, fueran contagiosas. Se los invitó a hablar acerca

de sus creencias negativas y a expresar sus ideas por escrito (*120*).
- En Uganda, las actitudes de los docentes mejoraron por el solo hecho de tener un contacto frecuente con niños con discapacidad (*56*).
- En Mongolia, se llevó a cabo un programa de capacitación sobre educación inclusiva para docentes y padres con el apoyo de docentes especializados. Los 1600 maestros que recibieron capacitación tuvieron actitudes muy positivas hacia la inclusión de niños con discapacidad y hacia el trabajo con los padres; el porcentaje de niños con discapacidad matriculados en establecimientos preescolares y escuelas primarias aumentó del 22% al 44% (*121*).

La función de la comunidad, la familia, y las personas y los niños con discapacidad

La comunidad

Los enfoques que involucran a la comunidad en su conjunto se basan en la idea de que el niño es un miembro integral de la comunidad y acrecientan las probabilidades de lograr que reciba una educación inclusiva y sostenible (véase el cuadro 7.5).

Con frecuencia, los proyectos de la RBC han incluido actividades educativas para niños con discapacidad que, en todos los casos, tienen un mismo objetivo: la inclusión (*5*, *125*). Las actividades relacionadas con la RBC que respaldan la educación inclusiva incluyen: derivar a los niños con discapacidad a escuelas adecuadas, ejercer presión sobre las escuelas para que acepten niños con discapacidad, asesorar a los docentes para que proporcionen apoyo a los niños con discapacidad, y crear vínculos entre la familia y la comunidad (*59*).

Los trabajadores de RBC también son útiles para los docentes en razón de que pueden proporcionar dispositivos asistenciales, garantizar el tratamiento médico, tornar accesible el ambiente escolar, establecer vínculos con organizaciones de personas con discapacidad, y encontrar un lugar en el mercado laboral o un instituto de formación profesional para los niños cuando terminan la educación escolar.

Existen ejemplos de prácticas innovadoras que vinculan la RBC con la educación inclusiva en varios países de ingreso bajo:

- En la región de Karamoja de Uganda, donde la mayoría de la población es nómada y solo el 11,5% sabe leer y escribir, las tareas domésticas de los niños son fundamentales para la supervivencia de las familias. En esta región se puso en marcha un proyecto denominado «Educación Básica Alternativa para Karamoja». A través de este proyecto basado en la comunidad, que ha impulsado la inclusión en la educación (*126*), se alienta la participación de niños con discapacidad y la instrucción escolar en el idioma local. El programa de estudios tiene en cuenta los medios de subsistencia de la comunidad y se imparte instrucción sobre ganadería y producción agrícola.
- El proyecto Oriang, en la zona occidental de Kenya, incorporó la educación inclusiva en cinco escuelas primarias. La asociación Leonard Cheshire Disability brinda asistencia técnica y financiera (*60*). El respaldo incluye la formación de nuevos maestros y actividades con los alumnos, padres, docentes y la comunidad en su conjunto orientadas a modificar las actitudes y forjar las estructuras adecuadas para prestar servicios de educación inclusiva. A través del proyecto, se benefician 2568 niños, de los cuales 282 tienen una discapacidad moderada a grave (*127*).

Los padres

Los padres deben participar en todos los aspectos del aprendizaje (*128*). La familia es la primera fuente de educación de los niños y la mayor parte del aprendizaje ocurre en el hogar. Con frecuencia, los padres se esfuerzan por crear oportunidades educativas para sus hijos; en consecuencia, su participación es necesaria para facilitar el proceso de inclusión. En varios países, algunos padres, en forma individual y generalmente con el apoyo de asociaciones de padres, han presentado demandas contra sus gobiernos y han sentado precedentes que permitieron el ingreso de niños con discapacidad a escuelas convencionales. Gracias a la presión que ejerció el programa Inclusión Educativa en Panamá, el Gobierno panameño modificó la ley que establecía que los niños con discapacidad debían recibir educación en un sistema separado. En 2003, como resultado de esa campaña, el Gobierno comenzó a aplicar una política orientada a lograr que todas las escuelas fueran inclusivas. La Asociación Noruega para Personas con Discapacidades Intelectuales, una organización de padres de Noruega, ha brindado apoyo a padres en Zanzíbar a fin de ayudarlos a colaborar con el Ministerio de Educación en la introducción de la educación inclusiva. En 2009, una organización de padres del Líbano logró que un instituto de formación docente realizara la capacitación práctica de los maestros en la comunidad en lugar de hacerlo en instituciones.

Las organizaciones de personas con discapacidad

Las organizaciones de personas con discapacidad también cumplen un papel en la promoción de la educación de los niños con discapacidad, por ejemplo, al trabajar con jóvenes con discapacidad, proponer modelos de conducta, recomendar a los padres que envíen a sus hijos a la escuela y participen en su educación, y promover la educación inclusiva. La Federación Sudafricana de Personas con Discapacidad, por ejemplo, creó un abanico de programas destinados a personas con discapacidad, que incluye el programa para niños y jóvenes que ha funcionado durante los últimos 15 años. El programa se centra en todos los aspectos de la discriminación y el abuso de niños con discapacidad y su exclusión de la educación y otras actividades sociales. Empero, estas organizaciones generalmente carecen de los recursos y la capacidad necesaria para desarrollar su función en el plano de la educación.

Los niños con discapacidad

Aunque con frecuencia no se tienen en cuenta sus opiniones, es preciso escuchar a los niños con discapacidad. En los últimos años, los niños han tenido una mayor participación en los estudios sobre sus experiencias educativas. Los resultados de las investigaciones que cuentan con información aportada por los niños son muy beneficiosos para las autoridades que formulan los planes y las políticas en el ámbito de la educación y se pueden convertir en una fuente de datos a medida que los sistemas educativos se vuelvan más inclusivos. La cooperación entre los niños es una actividad que, utilizada de una manera más adecuada, puede promover la inclusión (*94*).

Los métodos audiovisuales han sido especialmente eficaces para lograr que niños de un amplio espectro de entornos socioeconómicos expresaran sus opiniones (*129*, *130*).

- Se consultó a jóvenes de nueve países del Commonwealth acerca de su opinión sobre la CDPD a través de varios grupos de discusión. El derecho a la educación se ubicó entre las tres cuestiones principales en las tres cuartas partes de estos grupos (*131*).
- En un programa para refugiados en Jhapa (Nepal), se estableció que los niños con discapacidad conformaban un grupo abandonado y vulnerable (*132*). En consecuencia, se designó un coordinador de tiempo completo encargado de las cuestiones relativas a la discapacidad en el marco del programa, a fin de llevar a cabo investigaciones sobre actividades para promover la participación. Los niños con discapacidad hablaron sobre su vida familiar y describieron la manera en que eran objeto de burlas cuando salían de sus hogares. Tanto los niños como los padres asignaron suma prioridad a la educación. Al cabo de 18 meses, 700 niños asistían a diversas escuelas y se había comenzado a impartir formación en lengua de señas en todos los campos para refugiados, para niños sordos y no sordos.

- En septiembre de 2007, el Ministerio de Educación de Portugal organizó una consulta en toda Europa con la colaboración de la Agencia Europea para el Desarrollo de la Educación Especial (*133*). Aunque estaban a favor de la educación inclusiva, los jóvenes consultados señalaron con énfasis que se debía brindar a cada persona la posibilidad de elegir dónde recibir educación. Si bien reconocían que en las escuelas inclusivas adquirirían competencias sociales y experiencia del mundo real, también hicieron notar que el apoyo personalizado de un especialista los ayudó a prepararse para los niveles educativos superiores.

Conclusiones y recomendaciones

Los niños con discapacidad tienen menos probabilidades que los niños sin discapacidad de ingresar a la escuela y tienen tasas más bajas de permanencia y promoción en la escuela. Los niños con discapacidad deben tener igualdad de oportunidades en el acceso a una educación de calidad, pues ella es fundamental para la formación de capital humano y para su participación en la vida social y económica.

Aunque, históricamente, los niños con discapacidad han sido educados en escuelas especiales separadas, las escuelas convencionales inclusivas —tanto en zonas urbanas como rurales— permiten realizar avances de una manera eficaz en función de los costos. La educación inclusiva es más adecuada para prestar asistencia a la mayoría de los niños con discapacidad y evita que queden aislados de sus familias y comunidades.

Las políticas, los sistemas y los servicios educativos imponen un amplio espectro de barreras que reducen las oportunidades de los niños con discapacidad para acceder a la educación convencional. A fin de garantizar que los niños con discapacidad tengan igualdad de oportunidades en el acceso a la educación, se requiere un cambio tanto a nivel sistémico como escolar para eliminar las barreras físicas y actitudinales y proporcionar servicios de apoyo y ajustes razonables.

Un amplio espectro de partes interesadas —autoridades normativas, administradores de escuelas, docentes, familiares, y niños con y sin discapacidad— pueden contribuir a mejorar las oportunidades y los resultados educativos de los niños con discapacidad, como se describe sucintamente en las siguientes recomendaciones.

Formular políticas claras y mejorar los datos y la información

- Es preciso formular una política nacional clara en materia de inclusión de los niños con discapacidad en la educación, respaldada por el marco jurídico, las instituciones y los recursos adecuados que sean necesarios. A fin de ayudar a las autoridades normativas a elaborar un sistema de educación equitativo que incluya a los niños con discapacidad, se deberá llegar a un acuerdo respecto de la definición de los términos «educación inclusiva» y «necesidades educativas especiales».
- Se necesita identificar, mediante encuestas, el nivel y la naturaleza de las necesidades a fin de proporcionar el apoyo y realizar los ajustes que resulten adecuados. Algunos alumnos necesitarán solamente algunas modificaciones en el ambiente físico para tener acceso, mientras que otros necesitarán apoyo educativo en forma intensiva.
- Se recomienda establecer sistemas de seguimiento y evaluación. Con frecuencia, los prestadores de servicios existentes pueden aportar datos sobre el número de educandos con discapacidad y sus necesidades educativas, tanto en escuelas especiales como en escuelas convencionales. Es necesario realizar investigaciones sobre la eficacia en función de los costos y la eficiencia de la educación inclusiva.
- Es conveniente divulgar a las autoridades normativas, los educadores y las familias los conocimientos sobre las medidas necesarias para lograr la inclusión educativa. En

el caso de los países en desarrollo, la experiencia de otros países que ya hayan dado los primeros pasos hacia la inclusión puede resultar muy útil. Los proyectos modelo de educación inclusiva se podrían ampliar a través de redes de prácticas recomendadas que establezcan vinculaciones entre el ámbito local, regional y mundial.

Adoptar estrategias para promover la inclusión

- Se recomienda centrar la atención en educar a los niños de la manera más similar posible a la educación convencional. Esto incluye, de ser necesario, la creación de vinculaciones entre los establecimientos de educación especial y las escuelas convencionales.
- Se debe evitar construir escuelas especiales nuevas si no existen escuelas de este tipo. Por el contrario, conviene utilizar los recursos para brindar apoyo adicional a los niños con discapacidad en las escuelas convencionales.
- Es necesario garantizar una infraestructura educativa inclusiva, por ejemplo, mediante la imposición de normas mínimas de accesibilidad ambiental para permitir el acceso de los niños con discapacidad a la escuela. El transporte accesible también es fundamental.
- Es preciso sensibilizar a los docentes respecto de sus responsabilidades hacia todos los niños y ampliar y mejorar sus aptitudes para enseñar a niños con discapacidad. Lo ideal es que los docentes reciban capacitación sobre cuestiones relativas a la inclusión de niños con discapacidad como parte de su formación antes y durante el desempeño de sus funciones. Asimismo, se debería poner especial énfasis en los docentes de zonas rurales, donde se prestan pocos servicios a los niños con discapacidad.
- Es recomendable proporcionar apoyo a los docentes y a las escuelas para que reemplacen el modelo único con enfoques flexibles que permitan atender las diversas necesidades de los educandos; por ejemplo, los planes de educación personalizados garantizan la cobertura de las necesidades individuales de los alumnos con discapacidad.
- Se necesita brindar orientación técnica a docentes que contenga explicaciones con respecto a la manera de agrupar a los alumnos, diferenciar la enseñanza, utilizar homólogos para proporcionar asistencia y adoptar otras intervenciones de bajo costo para brindar apoyo a los alumnos con dificultades de aprendizaje.
- Se debe definir con claridad y revisar las políticas en materia de evaluación, clasificación y ubicación de los alumnos, a fin de que tengan en cuenta la naturaleza interactiva de la discapacidad, no estigmaticen a los niños y beneficien a las personas con discapacidad.
- Es necesario promover el derecho de los niños sordos a la educación mediante el reconocimiento de los derechos lingüísticos. Los niños sordos deben tener contacto con la lengua de señas a muy temprana edad y recibir educación que les permita ser plurilingües, tanto en la lectura como en la escritura. Es preciso capacitar a los docentes en la lengua de señas y proporcionar material didáctico accesible.

En caso de ser necesario, prestar servicios especializados

- Es preciso aumentar la inversión en infraestructura y personal escolar a fin de que los niños con discapacidad que tienen necesidades educativas especiales obtengan el apoyo necesario y lo sigan recibiendo durante su educación.
- Se debe brindar a los educandos con discapacidad moderada o grave la posibilidad de recibir servicios de logoterapia, terapia ocupacional y fisioterapia. En caso de no disponer de especialistas, se recomienda utilizar los servicios de RBC existentes para proporcionar apoyo a los niños en los entornos educativos. Si la comunidad no cuenta con estos recursos, se deberá realizar un intento por establecer gradualmente estos servicios.

- Es conveniente considerar la incorporación de auxiliares de enseñanza para proporcionar apoyo especial a los niños con discapacidad y, al mismo tiempo, garantizar que esta medida no los aísle de los otros alumnos.

Respaldar la participación

- Es importante lograr la participación de los padres y los miembros de la familia. Los padres y los docentes deben tomar en forma conjunta las decisiones relativas a las necesidades educativas de cada niño. Los niños tienen un mejor rendimiento cuando las familias participan, y el costo de esta actividad es muy bajo.
- Se debe lograr que la comunidad en su conjunto participe en actividades relacionadas con la educación de los niños con discapacidad. Es probable que esto genere mejores resultados que las decisiones normativas impuestas por las autoridades.
- Conviene crear vínculos entre los servicios educativos y la RBC y otros servicios de rehabilitación, en caso de que existan. De esta manera, los recursos escasos pueden utilizarse de manera más eficaz y es posible lograr una adecuada integración de la educación, los servicios de atención de la salud y los servicios sociales.
- Es necesario alentar una mayor participación de los adultos con discapacidad y las organizaciones de personas discapacitadas en actividades orientadas a promover el acceso de los niños con discapacidad a la educación.
- Es importante consultar e involucrar a los niños en las decisiones relativas a su educación.

Referencias

1. *Global burden of disease: 2004 update*. Geneva, World Health Organization, 2008.
2. *World population prospects: the 2008 revision population database: highlights*. United Nations, Department of Economic and Social Affairs, 2009 (http://www.un.org/esa/population/publications/wpp2008/wpp2008_highlights.pdf, accessed 12 January 2011).
3. *The State of the World's Children 2006: excluded and invisible*. New York, United Nations Children's Fund, 2005.
4. *The present situation of special education*. Paris, United Nations Educational, Scientific and Cultural Organization, 1988.
5. *Education for All. Salamanca framework for action*. Washington, United Nations Educational, Scientific and Cultural Organization, 1994.
6. *The Dakar framework for action: Education for All: meeting our collective commitments*. Adopted by the World Education Forum, Dakar, United Nations Educational, Scientific and Cultural Organization, 26–28 April 2000. Paris, 2000a.
7. *Convention on the Rights of Persons with Disabilities*. New York, United Nations, 2006.
8. Filmer D. Disability, poverty, and schooling in developing countries: results from 14 household surveys. *The World Bank Economic Review*, 2008,22:141-163. doi:10.1093/wber/lhm021
9. *Education for All Global Monitoring Report*. Paris, United Nations Educational, Scientific and Cultural Organization, 2009.
10. Nott J. *Impaired identities? Disability and personhood in Uganda and implications for an international policy on disability*. Oslo, Department of Social Anthropology, University of Oslo, 1998.
11. *People with disabilities in India: from commitments to outcomes*. Washington, Human Development Unit, South Asia Region, World Bank, 2009.
12. *World Health Survey*. Geneva, World Health Organization, 2002–2004 (http://www.who.int/healthinfo/survey/en/, accessed 20 August 2009).
13. Loeb ME, Eide AH, eds. *Living conditions among people with activity limitations in Malawi: a national representative study*. Oslo, SINTEF, 2004.
14. Eide AH, van Rooy G, Loeb ME. *Living conditions among people with disabilities in Namibia: a national, representative study*. Oslo, SINTEF, 2003.
15. Eide AH, Loeb ME, eds. *Living conditions among people with activity limitations in Zambia*. Oslo, SINTEF, 2006.
16. Eide AH et al. *Living conditions among people with disabilities in Zimbabwe: a representative, regional study*. Oslo, SINTEF, 2003.
17. *Reaching the marginalized EFA Global Monitoring Report 2010*. Paris, United Nations Educational, Scientific and Cultural Organization, 2010.
18. Karangwa E, Kobusingye M. *Consultation report on education of the Deaf in Rwanda*. Kigali, Ministry of Education, 2007.

19. Porter GL. *Disability and inclusive education*. Paper prepared for the InterAmerican Development Bank seminar, Inclusion and Disability, Santiago, 2001 (http://www.disabilityworld.org/05-06_01/children/inclusiveed.shtml, accessed 1 May 2009).
20. *Summary report. Violence against children. UN Secretary-General's report on violence against children. Thematic group on violence against children. Findings and recommendations*. New York, United Nations Children's Fund, 2005.
21. Singal N. Inclusive education in India: international concept, national interpretation. *International Journal of Disability Development and Education*, 2006,53:351-369. doi:10.1080/10349120600847797
22. *Education for All global monitoring report 2009. Regional overview: sub-Saharan Africa*. Paris, United Nations Educational, Scientific and Cultural Organization, 2009 (http://unesdoc.unesco.org/images/0017/001784/178418e.pdf, accessed 20 August 2009).
23. Tirussew T. Overview of the development of inclusive education in the last fifteen years in Ethiopia. In: Savolainen H, Matero M, Kokkala H, eds. *When all means all: experiences in three African countries with EFA and children with disabilities*. Helsinki, Ministry for Foreign Affairs, 2006.
24. Kett M, Geiger M, Boersma M. Community-based rehabilitation and families in crisis. In: Hartley S, Okune J. *CBR: inclusive policy development and implementation*. Norwich, University of East Anglia, 2008.
25. Lewis I. *Education for disabled people in Ethiopia and Rwanda*. Manchester, Enabling Education Network, 2009.
26. Mete C, ed. *Economic implications of chronic illness and disability in Eastern Europe and the former Soviet Union*. Washington, World Bank, 2008.
27. *Project appraisal document on a proposed credit to the People's Republic of Bangladesh for a disability and children-at-risk project project*. Washington, World Bank, 2008 (http://tinyurl.com/yhuqa6u, accessed 19 October 2009).
28. *SNE country data 2010: background information*. Odense, European Agency for Development in Special Needs Education, 2010. Unpublished.
29. Florian L et al. Cross-cultural perspectives on the classification of children with disabilities: Part 1 issues in the classification of children with disabilities *The Journal of Special Education*, 2006,40:36-45. doi:10.1177/00224669060400010401
30. Educational Quality Improvement Program. *Issues brief: educating children with disabilities: Who are the children with disabilities?* Washington, United States Agency for International Development, 2005 (http://www.equip123.net/webarticles/anmviewer.asp?a=359&z=92, 12 January 2011).
31. *Students with disabilities, learning difficulties and disadvantages: policies, statistics and indicators*. Paris, Organisation for Economic Co-operation and Development, 2007.
32. Naidhu A. Collaboration in the era of inclusion. In: Forlin C, Lian M-GJ, eds. *Reform, inclusion and teacher education: toward a new era of special education in the Asia Pacific Region*. London, Routledge, 2008.
33. *Inclusive education at work: students with disabilities in mainstream schools*. Paris, Organisation for Economic Co-operation and Development, 1999.
34. *Special needs education: country data 2010*. Odense, European Agency for Development in Special Needs Education, 2010.
35. *Understanding and responding to children's needs in inclusive classrooms*. Paris, United Nations Educational, Scientific and Cultural Organization, 2001 (http://unesdoc.unesco.org/images/0012/001243/124394e.pdf, accessed 13 August 2009).
36. Dupoux E, Wolman C, Estrada E. Teachers' attitudes toward integration of students with disabilities in Haiti and the United States. *International Journal of Disability Development and Education*, 2005,52:43-58. doi:10.1080/10349120500071894
37. Silverstein J. *Framework for understanding IDEA in general and the discipline provisions in particular*. Washington, Center for Study and Advancement of Disability Policy, 2002.
38. Farrell P et al. SEN inclusion and pupil achievement in English schools. *Journal of Research in Special Educational Needs*, 2007,7:172-178. doi:10.1111/j.1471-3802.2007.00094.x
39. Norwich B. Education, inclusion and individual differences: recognising and resolving dilemmas. *British Journal of Educational Studies*, 2002,50:482-502. doi:10.1111/1467-8527.t01-1-00215
40. Pitt V, Curtin M. Integration versus segregation: the experiences of a group of disabled students moving from mainstream school into special needs further education. *Disability & Society*, 2004,19:387-401. doi:10.1080/09687590410001689485
41. Foster S, Emerton G. Mainstreaming the Deaf student: A blessing or a curse? *Journal of Disability Policy Studies*, 1991,2:61-76. doi:10.1177/104420739100200205
42. Fuchs D, Fuchs LS. Sometimes separate is better (education for learning disabled children). *Educational Leadership*, 1994,54:22-27.
43. Hocutt AM. Effectiveness of special education: is placement the critical factor? *The Future of children / Center for the Future of Children, the David and Lucile Packard Foundation*, 1996,6:77-102. PMID:8689263
44. McLaughlin MJ et al. *The education of children with disabilities and interpretations of equity: a review of policy and research*. New York, Teachers College, Columbia University, 2008.
45. Fisher M, Meyer LH. Development and social competence after two years for students who enrolled in inclusive and self-contained educational programs. *Research and Practice for Persons with Severe Disabilities*, 2002,27:165-174. doi:10.2511/rpsd.27.3.165

46. Kishi GS, Meyer LH. What children report and remember: A six-year follow-up of the effects of social contact between peers with and without severe disabilities. *The Journal of the Association for Persons with Severe Handicaps*, 1994,19:277-289.
47. Helmstetter E et al. Comparison of general and special education classrooms of students with severe disabilities. *Education and Training in Mental Retardation and Developmental Disabilities*, 1998,33:216-227.
48. Peck CA, Donaldson J, Pezzoli M. Some benefits nonhandicapped adolescents perceive for themselves from their social relationships with peers who have severe handicaps. *The Journal of the Association for Persons with Severe Handicaps*, 1990,15:241-249.
49. Baker ET, Wang MC, Walberg HJ. The effects of inclusion on learning. *Educational Leadership*, 1994–1995,52:33-35.
50. Baines L, Baines C, Masterson C. Mainstreaming: one school's reality. *Phi Delta Kappan*, 1994,76:39-40.
51. Zigmond N, Baker JM. An exploration of the meaning and practice of special education in the context of full inclusion of students with learning disabilities. *The Journal of Special Education*, 1995,29:109-115. doi:10.1177/002246699502900201
52. Salend SJ, Duhaney LMG. The impact of inclusion on students with and without disabilities and their educators. *Remedial and Special Education*, 1999,20:114-126. doi:10.1177/074193259902000209
53. Kalambouka A et al. The impact of population inclusivity in schools on student outcomes. In: *Research evidence in education library*. London, EPPI-Centre, Social Science Research Unit, Institute of Education, University of London, 2005.
54. Dyson A et al. *Inclusion and pupil achievement*. London, Department for Education and Skills, 2004.
55. Schneider M et al. *We also count! The extent of moderate and severe reported disability and the nature of the disability experience in South Africa*. Pretoria, Department of Health and CASE, 1999.
56. Afako R et al. *Implementation of inclusive education policies in Uganda*. Collaborative research between the Centre of International Child Health and the Uganda National Institute of Special Education. Paris, United Nations Educational, Scientific and Cultural Organization, 2002.
57. *Table 4–3. Students with disabilities served under IDEA, Part B, in the U.S. and outlying areas who exited school, by exit reason, reporting year, and student's age: 1995–96 through 2004–05*. Rockville, Data Accountability Centre, 2009 (https://www.ideadata.org/tables30th/ar_4-3.xls, accessed 16 October 2009).
58. Newman L et al. *The post-high school outcomes of youth with disabilities up to 4 years after high school: a report of findings from the National Longitudinal Transition Study-2 (NLTS2) (NCSER 2009–3017)*. Menlo Park, SRI International, 2009 (www.nlts2.org/reports/2009_04/nlts2_report_2009_04_complete.pdf, accessed 22 October 2009).
59. Ogot O, McKenzie J, Dube S. Inclusive Education (IE) and community-based rehabilitation. In: Hartley S, Okune J, eds. *CBR: inclusive policy development and implementation*. Norwich, University of East Anglia, 2008.
60. *Report to Comic Relief on Oriang Cheshire inclusive education project*. London, Leonard Cheshire Disability, 2006.
61. Barton L, Armstrong F. *Policy, experience and change: cross-cultural reflections on inclusive education*. Dordrecht, Springer, 2007.
62. Forlin C, Lian MGJ, eds. *Reform, inclusion and teacher education: toward a new era of special education in the Asia Pacific Region*. London, Routledge, 2008.
63. *Education access and retention for educationally marginalised children: innovations in social protection*. KwaZulu-Natal, Mobile Task Team, Health Economics & HIV and AIDS Research Division, University of KwaZulu-Natal, 2005. (http://www.schoolsandhealth.org/sites/ffe/Key%20Information/Education%20Access%20and%20Retention%20for%20Educationally%20Marginalised%20Children.pdf, accessed 12 January 2011).
64. Bines H, Lei P, eds. *Education's missing millions: including disabled children in education through EFA FTI processes and national sector plans*. Milton Keynes, World Vision UK, 2007 (http://www.worldvision.org.uk/upload/pdf/Education%27s_Missing_Millions_-Main_Report.pdf, accessed 22 October 2009).
65. Stubbs S. *Inclusive education: where there are few resources*. Oslo, Atlas Alliance, 2008 (http://www.eenet.org.uk/theory_practice/IE%20few%20resources%202008.pdf, accessed 20 July 2009).
66. Chambers J, Shkolnik J, Pérez M. *Total expenditures for students with disabilities, 1999–2000: spending variation by disability*. Palo Alto, American Institutes for Research, Center for Special Education Finance, 2003 (No. ED481398).
67. *Education for all: global synthesis*. Paris, United Nations Educational, Scientific and Cultural Organization, 2000.
68. Hernandez G. *Assessing El Salvador's capacity for creating inclusive educational opportunities for students with disabilities using a capacity assessment framework*. College Park, University of Maryland, 2006.
69. *Policy Guidelines on Inclusion in Education*, Paris, United Nations Educational, Scientific and Cultural Organization, 2009.
70. Wright SL, Sigafoos J. Teachers and students without disabilities comment on the placement of students with special needs in regular classrooms at an Australian primary school. *Australasian Journal of Special Education*, 1997,21:67-80. doi:10.1080/1030011970210203
71. Chimedza R, Peters S. *Disability and special educational needs in an African context*. Harare, College Press, 2001.
72. *Proposal for a national plan for special needs education and related services in Rwanda*. Kigali, Government of the Republic of Rwanda, 2005 (http://payson.tulane.edu/gsdl-2.73//collect/mohnonve/index/assoc/HASH2410. dir/doc.pdf, accessed 18 August 2009).

73. Haualand H, Allen C. *Deaf people and human rights*. Helsinki, World Federation of the Deaf and Swedish National Association of the Deaf, 2009.
74. *Researching our experience: a collection of writings by Zambian teachers*. Mpika and Manchester, Enabling Education Network, 2003.
75. Macdonald SJ. *Toward a sociology of dyslexia: exploring links between dyslexia, disability and social class*. Saarbrücken, VDM Publishing House, 2009.
76. Kwon H. Inclusion in South Korea: the current situation and future directions. *International Journal of Disability Development and Education*, 2005,52:59-68. doi:10.1080/10349120500071910
77. Huang HH, Diamond KE. Early childhood teachers' ideas about including children with disabilities in programs designed for typically developing children. *International Journal of Disability Development and Education*, 2009,56:169-182. doi:10.1080/10349120902868632
78. Price P. Education for All (EFA): an elusive goal for children with disabilities in developing countries in the Asian Pacific Region. *Asia Pacific Disability Rehabilitation Journal*, 2003,14:3-9.
79. Inclusion International. *Better education for all: when we're included too*. Salamanca, Instituto Universitario de Integración en la Comunidad, 2009.
80. Ingstad B, Whyte SR, eds. *Disability and culture*. Berkley, University of California Press, 2005.
81. O'Sullivan C, MacLachlan M. Childhood disability in Burkina Faso and Sierra Leone: an exploratory analysis. In: M.Machlan, L.Swartz, eds. *Disability and international development: towards inclusive global health*. Dordrecht, Springer, 2009.
82. Karangwa E. *Grassroots community-based inclusive education: exploring educational prospects for young people with disabilities in the post-conflict Rwandan communities*. Louvain, Centre for Disability, Special Needs Education and Child Care, 2006 (https://repository.libis.kuleuven.be/dspace/handle/1979/424, accessed 1 July 2008).
83. Karangwa E, Ghesquière P, Devlieger P. The grassroots community in the vanguard of inclusion: the Rwandan perspective. *International Journal of Inclusive Education*, 2007,11:607-626.
84. Kvam MH, Braathen SH. *Violence and abuse against women with disabilities in Malawi*. Oslo, SINTEF, 2006.
85. Howell C. Changing public and professional discourse. In: Engelbrecht P, Green L, eds. *Responding to the challenges of inclusive education in Southern Africa*. Pretoria, Van Schaik Publishers, 2006:89–100.
86. Boersma FJ, Chapman JW. Teachers' and mothers' academic achievement expectations for learning disabled children. *Journal of School Psychology*, 1982,20:216-221. doi:10.1016/0022-4405(82)90051-6
87. McGrew KS, Evans J. *Expectations for students with cognitive disabilities: Is the cup half empty or half full? Can the cup flow over?* Minneapolis, National Center on Educational Outcomes, University of Minnesota, 2003 (http://education.umn.edu/NCEO/OnlinePubs/Synthesis55.html, accessed 9 August 2010).
88. Watson N et al. *Life as a disabled child: research report*. Edinburgh, University of Edinburgh, 1998.
89. McGregor G, Vogelsberg RT. *Inclusive schooling practices: pedagogical and research foundations. A synthesis of the literature that informs best practices about inclusive schooling*. Baltimore, Paul H Brookes, 1998.
90. Villa RA et al. Inclusion in Viet Nam: more than a decade of implementation. *Research and Practice for Persons with Severe Disabilities*, 2003,28:23-32. doi:10.2511/rpsd.28.1.23
91. Begeny JC, Martens BK. Inclusionary education in Italy: a literature review and call for more empirical research. *Remedial and Special Education*, 2007,28:80-94. doi:10.1177/07419325070280020701
92. Cornoldi C et al. Teacher attitudes in Italy after twenty years of inclusion. *Remedial and Special Education*, 1998,19:350-356. doi:10.1177/074193259801900605
93. *Disabled children's right to education*. Auckland, New Zealand Human Rights Commission, 2009.
94. *Open file on inclusive education: support materials for managers and administrators*. Paris, United Nations Educational, Scientific and Cultural Organization, 2003 (http://unesdoc.unesco.org/images/0013/001321/132164e.pdf, accessed 13 August 2009).
95. Khatleli P et al. Schools for all: national planning in Lesotho. In: O'Toole B, McConkey R, eds. *Innovations in developing countries for people with disabilities*. Chorley, Lisieux Publications, 1995.
96. Johnstone CJ, Chapman D. Contributions and constraints to the implementation of inclusive education in Lesotho. *International Journal of Disability Development and Education*, 2009,56:131-148. doi:10.1080/10349120902868582
97. *Annual report of the United Nations High Commissioner for Human Rights and reports of the office of the High Commissioner and the Secretary-General: thematic study by the office of the United Nations High Commissioner for Human Rights on enhancing awareness and understanding of the convention on the rights of persons with disabilities*. Geneva, Office of the High Commissioner on Human Rights, 2009 (http://www.un.org/disabilities/documents/reports/ohchr/A.HRC.10.48AEV.pdf, accessed 12 January 2011).
98. Hartman WT. State funding models for special education. *Remedial and Special Education*, 1992,13:47-58. doi:10.1177/074193259201300610
99. Parrish TB. *Fiscal policies in special education: removing incentives for restrict placements*. Palo Alto, Center for Special Education Finance, American Institutes for Research, 1994 (Policy Paper No. 4).

100. *Student with disabilities, learning difficulties and disadvantages: statistics and indicators*. Paris, Organisation for Economic Co-operation and Development, 2005.
101. *Students with disabilities, learning difficulties and disadvantages: statistics and indicators for curriculum access and equity (special educational needs) in the countries of the organisation of American States (OAS) – outputs*. Paris, Organisation for Economic Co-operation and Development, 2007b.
102. Grimes PA. *Quality education for all: a history of the Lao PDR inclusive education project 1993–2009*. Vientiane, Save the Children Norway, 2009.
103. *Overcoming Exclusion through Inclusive Approaches in Education: a challenge and a vision*, Paris, United Nations Educational, Scientific and Cultural Organization, 2003.
104. Slee R. Teacher education, government and inclusive schooling. In: Allen J, ed. *Inclusion, participation and democracy*. Dordrecht, Kluwer Publishers, 2003.
105. *Assessment in inclusive settings: key issues for policy and practice*. Odense, Denmark, European Agency for Development in Special Needs Education, 2007.
106. McCausland D. *International experience in the provision of individual education plans for children with disabilities*. Dublin, National Disability Authority, 2005.
107. *Embracing diversity: toolkit for creating inclusive, learning-friendly environments*. Bangkok, Thailand, United Nations Educational, Scientific and Cultural Organization, 2009 (http://www2.unescobkk.org/elib/publications/032revised/index.htm, accessed 12 January 2011).
108. *Toolkit of best practices and policy advice*. Geneva, International Telecommunication Union, 2009 (http://www.connectaschool.org/itu-module-list, accessed 12 January 2011).
109. Takala M, Pirttimaa R, Törmänen M. Inclusive special education: the role of special education teachers in Finland. *British Journal of Special Education*, 2009,36:162-172. doi:10.1111/j.1467-8578.2009.00432.x
110. Jerwood L. Focus on practice: using special needs assistants effectively. *British Journal of Special Education*, 1999,26:127-129. doi:10.1111/1467-8527.t01-1-00123
111. Logan A. The role of the special needs assistant supporting pupils with special educational needs in Irish mainstream primary schools. *Support for Learning*, 2006,21:92-99. doi:10.1111/j.1467-9604.2006.00410.x
112. *Early childhood intervention: analysis of situations in Europe*. Middlefart, Denmark, European Agency for Development in Special Needs Education, 2005.
113. Education for children with disabilities: improving access and quality. London, UK Department for International Development, 2010 (http://www.dfid.gov.uk/Media-Room/News-Stories/2010/Education-for-children-with-disabilities/, accessed 12 January 2011).
114. Lasonen J, Kemppainen R, Raheem K. *Education and training in Ethiopia: an evaluation of approaching EFA goals*. Jyväskylä, Finland, Institute for Educational Research, University of Jyväskylä, 2005 (http://ktl.jyu.fi/arkisto/verkkojulkaisuja/TP_23_Lasonen.pdf, accessed 30 September 2009).
115. *Putting children at the centre of education: how VSO supports practice and policy in primary schools*. Addis Ababa, VSO Ethiopia, 2008.
116. Schurmann E. *Training disabled teachers in Mozambique*. Manchester, Enabling Education, 2006 (Newsletter 10) (http://www.eenet.org.uk/resources/eenet_newsletter/news10/page15.php, accessed 30 September 2009).
117. *Education in emergencies: including everyone. INEE pocket guide to inclusive education*. Geneva, Inter-Agency Network on Education in Emergencies, 2009.
118. Ferguson DL. International trends in inclusive education: the continuing challenge to teach one and everyone. *European Journal of Special Needs Education*, 2008,23:109-120. doi:10.1080/08856250801946236
119. *Accessibility program and school restoration in Lisbon*. Paris, Organisation for Economic Co-operation and Development, 2006.
120. Miles S. Engaging with teachers' knowledge: promoting inclusion in Zambian schools. *Disability & Society*, 2009,24:611-624. doi:10.1080/09687590903010990
121. *Making schools inclusive: how change can happen: Save the Children's experiences*. London, Save the Children, 2008.
122. *Development for all: towards a disability-inclusive Australian aid program 2009–2014*. Canberra, Australian Agency for International Development, 2008a.
123. Australian Agency for International DevelopmentSport and Development. *Focus Magazine*, 2008,b23:2-22.
124. Sport for Development and Peace International Working Group. *Harnessing the power of sport for development and peace: recommendations to governments*. Toronto, Right to Play, 2008.
125. International Labour Organization, United Nations Educational, Scientific and Cultural Organization, World Health Organization. *CBR: A strategy for rehabilitation, equalization of opportunities, poverty reduction and social inclusion of people with disabilities*. Geneva, World Health Organization, 2004.
126. Focas-Licht M. Alternative basic education for Karamoja, Uganda. *Enabling Education*, 2000, 4.

127. Chavuta AHP, Kimuli E, Ogot O. Community-based rehabilitation as part of inclusive education and development. In: Hartley S, ed. *CBR as part of community development: a poverty reduction strategy*. London, University College London, Centre for International Child Health, 2006:54–63 (http://www.afri-can.org/cbr_book.php, accessed 21 September 2009).
128. Brady JP et al. *Evaluation of the Step By Step Program: executive summary*. Arlington, VA, Improving Educational Quality and Children's Resources International, 1999 (http://www.childrensresources.org/stepbystep.pdf, accessed 7 September 2009).
129. Carrington S, Allen K, Osmolowski D. Visual narrative: a technique to enhance secondary students' contribution to the development of inclusive, socially just school environments. Lessons from a box of crayons. *Journal of Research in Special Educational Needs*, 2007,7:8-15. doi:10.1111/j.1471-3802.2007.00076.x
130. Kaplan I, Lewis I, Mumba P. Picturing global educational inclusion? Looking and thinking across students' photographs from the UK, Zambia and Indonesia. *Journal of Research in Special Educational Needs*, 2007,7:23-35. doi:10.1111/j.1471-3802.2007.00078.x
131. Rieser R. *Implementing inclusive education: a Commonwealth guide to implementing Article 24 of the UN Convention on the Rights of Persons with Disabilities*. London, Commonwealth Secretariat, 2008.
132. *Schools for all: including disabled children in education*. London, Save the Children UK, 2002.
133. *Young people's views on inclusive education: Lisbon declaration*. Odense, Denmark, European Agency for Development in Special Needs Education, 2007.

Capítulo 8

Trabajo y empleo

«A causa de mi discapacidad, no pude dedicarme a la actividad agrícola; pero no me di por vencido. Crié patos, vendí productos hidropónicos y me dediqué a la compraventa de materiales de desecho. A pesar de las enormes dificultades que tuve a causa de la discriminación social y mi discapacidad física, nunca me rendí. Sin embargo, como mi trabajo era tan duro, la úlcera de mi pie derecho se complicó y al final tuvieron que amputarlo. Afortunadamente, con la ayuda de mis amigos y vecinos, conseguí que me pusieran una prótesis y pude reanudar mis actividades para llevar una vida independiente y que tuviera sentido. Partí de cero y comencé a criar ganado. Formé un centro de comercio ganadero. Esta actividad no solo me da lo suficiente para vivir, sino que además me permite ayudar a muchas otras personas que también tienen que afrontar las consecuencias de la lepra.»

Tiexi

«Cuando intenté ingresar a la universidad, y cuando postulaba para un trabajo, a muchas personas les costaba ver más allá de mi discapacidad. Simplemente suponían que, por el hecho de tener una discapacidad, no podía realizar las tareas más sencillas, ni siquiera usar un extinguidor de incendios... Desde que me propuse ser enfermera, creo que la razón principal por la cual me trataban de manera diferente era que las personas sentían temor, porque nunca antes habían tenido que tratar con alguien como yo.»

Rachael

«Trabajo en la unidad de comidas preparadas de una ONG, donde preparo comidas para 25 personas que trabajan allí; cuando no estoy cocinando, hago muñecas de género. Los productos se confeccionan para tiendas que los compran porque son de buena calidad, y no porque estén hechos por personas con discapacidad. Tengo muchos amigos en mi trabajo. Todos tenemos una discapacidad intelectual. No tengo otras opciones de empleo, porque en ninguna otra parte contratarían a alguien como yo. Me cuesta pensar qué haría si tuviera otras opciones; tal vez me gustaría cantar y bailar, y componer música.»

Debani

«Antes del terremoto, éramos una familia numerosa, con siete hijos, cada uno con sus sueños y sus anhelos. Pero solo tres logramos sobrevivir entre las ruinas de los edificios. Los médicos que vinieron de los Estados Unidos solo pudieron salvar una de mis piernas. Con una prótesis, volví a la escuela. Yo vivía con mis recuerdos del pasado, que se reducía a unas pocas fotos que me quedaron. Estaba consciente de que debía seguir adelante con mi educación, pero no sentía deseos de hacerlo. El momento decisivo de mi vida fue un ofrecimiento de trabajo en el canal de televisión local como periodista principiante. Mi primera reacción fue que mi discapacidad podría ser un impedimento para llegar a ser periodista profesional. Pero me recibieron con mucho afecto; en el trabajo me alentaron y me capacitaron para ser periodista. Al poco tiempo me sentía muy cómoda en mi nuevo ambiente y con mi nuevo trabajo, me asignaban las mismas responsabilidades que a los demás y no tenía ningún privilegio.»

Ani

8
Trabajo y empleo

En todo el mundo hay personas con discapacidad que son empresarios y trabajadores por cuenta propia, agricultores y obreros, médicos y profesores, vendedores en tiendas y conductores de autobuses, artistas y técnicos en computación (*1*). Una persona con discapacidad puede realizar casi cualquier trabajo y, en un ambiente apropiado, la mayoría de esas personas pueden ser productivas. Pero, como se documenta en varios estudios realizados en países tanto desarrollados como en desarrollo, las personas con discapacidad en edad de trabajar registran tasas de empleo considerablemente menores y tasas de desempleo muchísimo más altas que las personas sin discapacidad (*2-9*). Las bajas tasas de participación en el mercado laboral constituyen una de las razones importantes por las cuales la discapacidad puede conducir a la pobreza (*10-15*).

En el artículo 27 de la CDPD, se reconoce «el derecho de las personas con discapacidad a trabajar, en igualdad de condiciones con las demás; ello incluye el derecho a tener la oportunidad de ganarse la vida mediante un trabajo libremente elegido o aceptado en un mercado y un entorno laborales que sean abiertos, inclusivos y accesibles a las personas con discapacidad» (*16*). Además, entre otras disposiciones, la CDPD prohíbe toda forma de discriminación laboral, promueve el acceso a la formación profesional y las oportunidades de empleo por cuenta propia, y requiere la realización de ajustes razonables en el lugar de trabajo.

Diversos factores influyen en los resultados que obtienen las personas con discapacidad en el mercado laboral: diferencias de productividad; imperfecciones del mercado de trabajo relacionadas con la discriminación y el prejuicio, y la falta de incentivos creada por los sistemas de prestaciones por discapacidad (*2, 17-19*). Para abordar las imperfecciones del mercado laboral y fomentar el empleo de personas con discapacidad, en muchos países existen leyes que prohíben la discriminación por motivo de discapacidad. Cabe esperar que la exigencia del cumplimiento de las leyes antidiscriminatorias mejore el acceso a la economía formal y genere mayores beneficios sociales. En muchos países, también se han adoptado medidas específicas, como la fijación de cuotas, con el propósito de aumentar las oportunidades de empleo de las personas con discapacidad (*20*). La rehabilitación profesional y los servicios relacionados con el empleo —capacitación laboral, orientación, ayuda para la búsqueda de trabajo, y colocación— pueden ayudar a desarrollar o restablecer la habilidad de las personas con discapacidad para

> **Cuadro 8.1. Conceptos básicos**
>
> El término «trabajo» es amplio y comprende el trabajo no remunerado que se realiza en el hogar o en una empresa familiar, el trabajo remunerado efectuado para otra persona u organización en la economía formal e informal, y el empleo por cuenta propia.
>
> Los «medios de subsistencia» son los medios por los cuales una persona obtiene lo que necesita para vivir (21). Esto puede significar trabajo realizado en el hogar o en la comunidad, trabajo individual o grupal, o para una organización, un organismo gubernamental o una empresa. Puede ser un trabajo remunerado en especie, en dinero efectivo, o mediante un jornal o un salario (21). En muchos países, las personas con discapacidad realizan predominantemente trabajos no remunerados (22).
>
> La «economía formal» está regulada por el Estado y comprende el empleo en los sectores público y privado donde los trabajadores son contratados mediante la firma de un contrato y reciben un sueldo y prestaciones, como planes de pensión y seguro de salud. La «economía informal» es la parte no regulada de la economía de un país. Comprende la agricultura en pequeña escala, el microcomercio, las empresas domésticas, los pequeños negocios con pocos empleados y otras actividades similares (22).
>
> La expresión «fuerza de trabajo» se refiere a todos los adultos en edad de trabajar que se encuentran disponibles para trabajar, son capaces de trabajar, y están trabajando o desean hacerlo (23). Los «desempleados» son aquellas personas que no están empleadas pero que están disponibles para trabajar y buscan trabajo. Existen distintos indicadores para determinar la situación laboral de las personas con discapacidad:
>
> - La **tasa de desempleo** es la cantidad de personas desempleadas expresada como porcentaje de la fuerza de trabajo.
> - La **tasa de ocupación** es la proporción de la población en edad de trabajar que tiene un trabajo remunerado.
> - La **tasa de participación en la fuerza de trabajo** es la proporción de la población adulta económicamente activa, ya sea que esté empleada o desempleada (22).
> - El **coeficiente de empleo** es la relación entre la tasa de ocupación de las personas con discapacidad y la tasa de ocupación de la población general.

competir y facilitar su inclusión en el mercado de trabajo. Lo fundamental en todo esto es el cambio de actitud en el lugar de trabajo (véase el cuadro 8.1).

El mercado laboral

Participación en el mercado laboral

Para que las personas con discapacidad y sus familias puedan superar la exclusión, deben tener acceso al trabajo o a medios de vida, a fin de romper algunos de los nexos entre discapacidad y pobreza (14, 24-26). Hay empleadores que todavía piensan que las personas con discapacidad no están calificadas o no son productivas (27, 28). Sin embargo, las personas con discapacidad a menudo tienen las habilidades requeridas, una gran lealtad y una tasa de absentismo muy baja, y cada vez más empresas consideran que contratar a personas con discapacidad es eficiente y rentable (29, 30).

La participación de las personas con discapacidad en la fuerza laboral también es importante porque permite:

- **Maximizar los recursos humanos:** La participación productiva de personas con discapacidad aumenta el bienestar individual y contribuye al producto nacional (31, 32).
- **Promover la dignidad humana y la cohesión social:** Aparte del ingreso, el empleo reporta beneficios personales y sociales, y añade un sentido de dignidad humana y cohesión social (33). Todas las personas deberían poder elegir libremente la dirección que quieren dar a su vida personal y así desarrollar plenamente sus talentos y capacidades (16).
- **Dar cabida al número cada vez mayor de personas con discapacidad en la población en edad de trabajar:** Según las previsiones,

la prevalencia de la discapacidad aumentará en las próximas décadas debido al incremento de las condiciones crónicas y a la mejora de los servicios de salud y rehabilitación médica que salvan y prolongan la vida de las personas. También se espera que aumente la prevalencia de la discapacidad como consecuencia del envejecimiento de la población mundial. Se prevé que, en las próximas décadas, la proporción de personas mayores de 60 años aumentará en todas las regiones del mundo (*17*, *18*).

La teoría del mercado laboral indica que, por razones de oferta y demanda, la tasa de ocupación de las personas con discapacidad será menor que la de las personas sin discapacidad.

Por el lado de la oferta, a las personas con discapacidad el trabajo les significará un mayor costo, porque tal vez tengan que hacer un mayor esfuerzo para trasladarse al lugar de trabajo y desempeñar sus funciones; en los países con mejores prestaciones por discapacidad, el empleo puede significar una pérdida de prestaciones y de cobertura de salud, cuyo valor es mayor que los salarios que podrían ganarse (*34*). Por lo tanto, es probable que el «salario de reserva» de una persona con discapacidad, es decir, el salario más bajo por el cual una persona está dispuesta a trabajar, sea más alto que el de una persona sin discapacidad. La «trampa de las prestaciones» que así se genera causa preocupación en muchos países de ingreso alto (*2*, *35*).

Por el lado de la demanda, una condición de salud puede hacer que una persona sea menos productiva, sobre todo si el ambiente en el lugar de trabajo no es adecuado para personas con discapacidad. En esas circunstancias, cabría esperar que a esa persona se le ofreciera un salario inferior al del mercado. Los efectos de una discapacidad en la productividad de las personas no son fáciles de calcular, porque dependen del tipo de deficiencia, el ambiente de trabajo y las tareas que exige el puesto. Por ejemplo, una persona ciega podría tener dificultad para operar una grúa, pero su productividad no se vería afectada si se desempeñara como operadora telefónica (*36*). En una economía agraria, la mayoría de los puestos de trabajo corresponden al sector primario y requieren trabajos manuales pesados, actividades que las personas con capacidad limitada para caminar o acarrear carga tal vez no estén en condiciones de realizar. Además, a una persona con discapacidad se le podría ofrecer un salario inferior simplemente por discriminación.

En consecuencia, con un salario de reserva más alto y un salario de mercado más bajo, una persona con discapacidad tiene menos probabilidades de obtener empleo que una sin discapacidad.

Tasas de ocupación

En muchos países no se dispone sistemáticamente de datos sobre el empleo de las personas con discapacidad. Las respuestas a una encuesta realizada por la Organización Internacional del Trabajo (OIT) en 2003 revelaron que 16 de los 111 países y territorios que participaron en ella no disponían de ningún dato sobre el empleo en relación con la discapacidad (*22*). En los países de ingreso bajo y mediano, la disponibilidad de datos sigue siendo limitada, a pesar de las mejoras recientes (*37*). En muchos de esos países, una proporción importante de las personas trabajan en la economía informal, por lo que no figuran en todas las estadísticas sobre el mercado laboral, ni están comprendidas en la legislación sobre el empleo.

Los datos de varios países muestran que las tasas de ocupación de las personas con discapacidad son más bajas que las de la población general (véanse la tabla 8.1 y la tabla 8.2) y que el coeficiente de empleo oscila entre cifras tan bajas como el 30% en Sudáfrica y el 38% en el Japón y tan altas como el 81% en Suiza y el 92% en Malawi.

Dado que, a menudo, las personas con discapacidad que no trabajan no buscan empleo y, por lo tanto, no están incluidas en la fuerza de trabajo, la tasa de desempleo puede no mostrar un panorama completo de su situación en

Tabla 8.1.   Tasas de ocupación y coeficientes de empleo en un grupo de países seleccionados

País	Año	Tasa de ocupación de las personas con discapacidad (%)	Tasa de ocupación de la población general (%)	Coeficiente de empleo
Alemania[a]	2003	46,1	64,8	0,71
Australia[a]	2003	41,9	72,1	0,58
Austria[a]	2003	43,4	68,1	0,64
Canadá[a]	2003	56,3	74,9	0,75
España[a]	2003	22,1	50,5	0,44
Estados Unidos[e]	2005	38,1	73,2	0,52
India[b]	2002	37,6	62,5	0,61
Japón[a]	2003	22,7	59,4	0,38
Malawi[f]	2003	42,3	46,2	0,92
México[a]	2003	47,2	60,1	0,79
Noruega[a]	2003	61,7	81,4	0,76
Países Bajos[a]	2003	39,9	61,9	0,64
Perú[c]	2003	23,8	64,1	0,37
Polonia[a]	2003	20,8	63,9	0,33
Reino Unido[a]	2003	38,9	68,6	0,57
Sudáfrica[d]	2006	12,4	41,1	0,30
Suiza[a]	2003	62,2	76,6	0,81
Zambia[g]	2005	45,5	56,5	0,81

Nota: La tasa de ocupación es la proporción de la población (con o sin discapacidad) en edad de trabajar que tiene empleo. La definición de «edad de trabajar» varía de un país a otro.
Fuentes: a (*38*); b (*8*); c (*39*); d (*7*); e (*40*); f (*41*); g (*42*).

Tabla 8.2.   Tasas de ocupación, proporción de encuestados con y sin discapacidad

Individuos	Porcentaje					
	Países de ingreso bajo		Países de ingreso alto		Todos los países	
	Sin discapacidad	Con discapacidad	Sin discapacidad	Con discapacidad	Sin discapacidad	Con discapacidad
Hombres	71,2	58,6*	53,7	36,4*	64,9	52,8*
Mujeres	31,5	20,1*	28,4	19,6*	29,9	19,6*
18-49 años	58,8	42,9*	54,7	35,2*	57,6	41,2*
50-59 años	62,9	43,5*	57,0	32,7*	60,9	40,2*
60 años o más	38,1	15,1*	11,2	3,9*	26,8	10,4*

Nota: Las estimaciones están ponderadas utilizando las ponderaciones posestratificadas de la Encuesta Mundial de Salud, cuando hay datos disponibles (de lo contrario, se utilizan ponderaciones de probabilidad), y están estandarizadas por edad.
* La prueba t indica una diferencia significativa respecto de «Sin discapacidad» del 5%.
Fuente: (*43*).

el mercado laboral. En cambio, es más común usar la tasa de ocupación como indicador de la situación de las personas con discapacidad en el mercado laboral.

El análisis de los resultados de la Encuesta Mundial de Salud correspondientes a 51 países arroja tasas de ocupación del 52,8% para los hombres con discapacidad y el 19,6% para las mujeres con discapacidad, en comparación con el 64,9% en el caso de los hombres sin discapacidad y el 29,9% en el de las mujeres sin discapacidad. Un estudio reciente de la OCDE (*2*) reveló que, en 27 países, las personas con discapacidad en edad de trabajar enfrentaban considerables desventajas y peores resultados en el mercado de trabajo que las personas sin discapacidad en edad de trabajar. En promedio, la tasa de ocupación de las personas con discapacidad (44%) equivalía a más de la mitad de la de las personas sin discapacidad (75%). La tasa de inactividad era aproximadamente 2,5 veces mayor entre las personas sin discapacidad (49% y 20%, respectivamente).

La tasa de ocupación varía considerablemente según la discapacidad que tengan las personas; aquellas con condiciones de salud mental o deficiencias intelectuales (*28*, *44*) registran las tasas de ocupación más bajas. En un estudio realizado en el Reino Unido, se comprobó que las personas con condiciones de salud mental tenían mayores dificultades para ingresar en el mercado laboral y para obtener ingresos en comparación con otros trabajadores (*45*). En otro estudio se comprobó que las personas con deficiencias intelectuales tenían tres a cuatro veces menos probabilidades de ser empleadas que las personas sin discapacidad, y mayores probabilidades de pasar por periodos de desempleo más frecuentes y más prolongados. También tenían menos probabilidades de conseguir un empleo competitivo y más probabilidades de ser empleadas en ambientes segregados (*46*).

Tipos de empleo

En muchos países, los mercados laborales son mayormente informales, y existen muchas personas que trabajan por cuenta propia. En la India, por ejemplo, el 87% de las personas con discapacidad que trabajan lo hacen en el sector informal (*47*).

Las personas con discapacidad pueden necesitar flexibilidad de horario y en otros aspectos de su trabajo: precisan tiempo suficiente para prepararse para ir a trabajar, desplazarse desde y hacia el lugar de trabajo, y ocuparse de su situación de salud. Por eso, puede resultarles interesante el trabajo a tiempo parcial o contingente, que a veces permite esa flexibilidad. Sin embargo, es posible que esos empleos ofrezcan sueldos más bajos y menos prestaciones. Algunas investigaciones realizadas en los Estados Unidos han revelado que el 44% de los trabajadores con discapacidad tienen empleos contingentes o a tiempo parcial, en comparación con el 22% de los trabajadores sin discapacidad (*48*). Las condiciones de salud eran el factor más importante que explicaba la alta prevalencia del empleo a tiempo parcial o contingente.

Salarios

Las personas con discapacidad que trabajan suelen ganar menos que sus contrapartes sin discapacidad; las mujeres con discapacidad suelen ganar menos que los hombres con discapacidad. Las diferencias salariales entre hombres y mujeres con y sin discapacidad son, por lo tanto, tan importantes como las diferencias en las tasas de ocupación (*45*, *49*). En el Reino Unido de Gran Bretaña e Irlanda del Norte, solamente la mitad de la considerable diferencia de salarios y tasas de participación entre los trabajadores varones con y sin discapacidad puede atribuirse a diferencias de productividad (*19*). Investigaciones empíricas realizadas en los Estados Unidos han revelado que la discriminación reduce los salarios y las oportunidades de empleo. Si bien los prejuicios tenían un gran efecto en una minoría relativamente pequeña de hombres con discapacidad, aparentemente este factor era relativamente poco importante en la determinación de las diferencias salariales en un grupo mucho más grande (*36*).

No está claro si la diferencia salarial es tan marcada en los países en desarrollo. Estudios recientes realizados en la India han arrojado resultados variados: existe una diferencia salarial considerable en el caso de los hombres en los mercados laborales rurales en Uttar Pradesh, pero no para ese mismo tipo de trabajadores en Tamil Nadu (*50*, *51*). Se requieren más investigaciones en este ámbito a partir de datos representativos a nivel nacional.

Barreras para ingresar al mercado laboral

Las personas con discapacidad están en desventaja en el mercado laboral. Por ejemplo, la falta de acceso a educación y capacitación o a recursos financieros puede ser la causa de su exclusión del mercado laboral, pero dicha exclusión también podría obedecer a la percepción que exista en el lugar de trabajo o que tengan los empleadores acerca de la discapacidad y las personas con discapacidad. Los sistemas de protección social pueden crear incentivos para que las personas con discapacidad abandonen el mundo del trabajo para acogerse a las prestaciones por discapacidad (*2*). Hacen falta más investigaciones acerca de los factores que influyen en los resultados del mercado laboral para las personas con discapacidad.

Falta de acceso

La educación y la capacitación son fundamentales para poder lograr un buen trabajo productivo que reporte un ingreso razonable (*52-54*). Sin embargo, los jóvenes con discapacidad a veces no tienen acceso a educación formal ni a oportunidades para desarrollar sus aptitudes, sobre todo en el ámbito cada vez más importante de la tecnología de la información (*55-57*). La diferencia en el nivel de instrucción entre las personas con discapacidad y aquellas sin discapacidad es, por lo tanto, un obstáculo cada vez mayor (*9*).

Las personas con discapacidad enfrentan barreras ambientales que dificultan el acceso físico al empleo. Algunas personas pueden no estar en condiciones de solventar los costos del traslado diario hacia y desde el lugar de trabajo (*58, 59*). También pueden existir impedimentos físicos para participar en entrevistas de trabajo, en el propio lugar de trabajo, o para asistir a eventos sociales con los colegas (*54*). La falta de acceso a información puede ser una barrera adicional para las personas con deficiencias visuales (*60*).

La falta de acceso al financiamiento es un gran obstáculo para cualquier persona que desee emprender un negocio. Para las personas con discapacidad, sobre todo si son mujeres, esto suele ser incluso más difícil, dado que, con frecuencia, carecen de garantías. Muchos posibles prestamistas consideran, equivocadamente, que las personas con discapacidad constituyen un alto riesgo para los préstamos. Por lo tanto, los mercados crediticios pueden impedir que las personas con discapacidad obtengan fondos para realizar inversiones (*49*).

Conceptos erróneos acerca de la discapacidad

Las ideas erróneas acerca de la habilidad de las personas con discapacidad para desempeñar un trabajo son razones importantes de su desempleo continuado y, si están empleadas, de su exclusión de las oportunidades de ascenso en sus carreras profesionales (*61*). Esas actitudes pueden deberse a prejuicios o creencias de que las personas con discapacidad son menos productivas que sus contrapartes sin discapacidad (*62*). Concretamente, pueden existir prejuicios o ignorancia acerca de los condiciones de salud mental y de los ajustes en el ambiente laboral que pueden facilitar el empleo (*45*). Estos conceptos erróneos suelen prevalecer no solo entre los empleadores sin discapacidad, sino también entre las mismas personas con discapacidad y sus familiares (*9*).

Algunas personas con discapacidad tienen bajas expectativas respecto de sí mismas acerca de su habilidad para obtener empleo y tal vez ni siquiera intenten encontrar trabajo. El aislamiento social restringe su acceso a las redes sociales, sobre todo de amigos y familiares, que podrían ayudarlas a encontrar empleo (*54*).

Discriminación

Los empleadores pueden discriminar a las personas con discapacidad si tienen una idea equivocada acerca de sus habilidades o no desean incluirlas entre sus trabajadores (*63*). Los distintos tipos de deficiencias provocan diferentes grados de prejuicio, y el mayor prejuicio se exhibe hacia las personas con condiciones de salud mental (*36*, *64*). El 29% de las personas con esquizofrenia fueron discriminadas a la hora de buscar trabajo o conservarlo, y el 42% sentía la necesidad de ocultar su condición cuando postulaba para un trabajo o intentaba ampliar su educación o capacitación (*65*).

Protección excesiva en la legislación laboral

En varios países, sobre todo de Europa oriental, sigue existiendo una actitud protectora hacia los trabajadores con discapacidad. Los códigos laborales de esos países disponen, por ejemplo, jornadas de trabajo más cortas, más periodos de descanso, licencias con goce de sueldo más largas, y mayores indemnizaciones para los trabajadores con discapacidad, independientemente de que ello sea necesario o no (*66*). Si bien estas disposiciones se han concebido con las mejores intenciones, en algunos casos, podrían llevar a los empleadores a considerar a los trabajadores con discapacidad como menos productivos y más onerosos, y, en consecuencia, menos deseables que aquellos sin discapacidad.

Eliminar las barreras que obstan al trabajo y el empleo

En todo el mundo se han utilizado diversos mecanismos para abordar las barreras que impiden ingresar al mercado laboral:
- leyes y reglamentos;
- intervenciones específicas;
- rehabilitación y formación profesional;
- empleo por cuenta propia y microfinanciamiento;
- protección social;
- fomento de un cambio de actitud.

No todos estos mecanismos están a disposición de los trabajadores del sector informal, que es el predominante en muchos países. Los datos que existen sobre los costos, los beneficios para las personas y la sociedad y los resultados de estos mecanismos son, en el mejor de los casos, insuficientes y, a veces, incluso contradictorios (*67-70*). Se necesitan más investigaciones para entender qué medidas mejoran las oportunidades en el mercado laboral para las personas con discapacidad, y cuáles son sostenibles y eficaces en función de los costos.

Leyes y reglamentos

Las leyes y los reglamentos relacionados con el empleo de personas con discapacidad, que existen en muchos lugares (*71*), incluyen leyes contra la discriminación y sobre la acción afirmativa. A menudo, las leyes generales de trabajo también regulan la conservación en el empleo y otras cuestiones laborales de aquellas personas que desarrollan una discapacidad mientras están empleadas. Sin embargo, la aplicación y la eficacia de las disposiciones relativas a la protección de las personas con discapacidad varían considerablemente. A menudo no se aplican en debida forma o no se conocen lo suficiente (*47*, *72*).

Leyes contra la discriminación

Las leyes contra la discriminación establecen la ilegalidad de tomar decisiones acerca del empleo de una persona por motivo de discapacidad, como en el caso de Australia (1992), el Canadá (1986, 1995), Nueva Zelandia (1993) y los Estados Unidos (1990). Más recientemente, en otros países se han incorporado cláusulas sobre discriminación por motivo de discapacidad en su legislación más general, como en Alemania y Sudáfrica (*73*), mientras que, en el Brasil y Ghana, dichas cláusulas están incluidas en las respectivas constituciones (*71*).

En el sector formal, la exigencia de ajustes razonables se refiere a las adaptaciones del trabajo y del lugar donde este se realiza, cuando ello no imponga una carga indebida, a fin de facilitar el empleo de personas con discapacidad (véase el artículo 2 de la CDPD). Con tales exigencias, se procura reducir la discriminación en el empleo, mejorar el acceso a los lugares de trabajo y lograr un cambio en las percepciones acerca de la habilidad de las personas con discapacidad para trabajar en forma productiva. Algunos ejemplos de ajustes razonables son garantizar que los procedimientos de contratación y selección estén al alcance de todos, adaptar el ambiente de trabajo, modificar los horarios y otras condiciones laborales, y proporcionar software para lectura de pantalla y otras ayudas técnicas (*74*).

La exigencia de que los empleadores hagan ajustes razonables puede ser voluntaria, como en Dinamarca, u obligatoria, como en los Estados Unidos. El costo de tales ajustes puede correr por cuenta de los empleadores, los empleados o ambos.

Los datos disponibles sobre el éxito de las leyes contra la discriminación a la hora de lograr incorporar a las personas con discapacidad en el mundo laboral son variados (*75*). En general, esas leyes parecen haber tenido más éxito en cuanto a la prevención de la discriminación entre aquellos que ya se encontraban empleados. Las primeras investigaciones relativas a la Ley sobre Estadounidenses con Discapacidades indicaron que su aplicación provocó una disminución del empleo de personas con discapacidad (*67*). Es posible que los empleadores se abstuvieran de emplear a personas con discapacidad para evitar posibles litigios, o quizás la obligación de realizar ajustes razonables actuó como un factor disuasivo a la hora de contratar personal con discapacidad (*68*).

Hay estudios más recientes que indican que, si bien la cifra de personas con discapacidad en el mundo laboral efectivamente disminuyó, ello no se debió a la Ley sobre Estadounidenses con Discapacidades, sino a la nueva definición de lo que constituye la discapacidad, que se utiliza en el sistema de asistencia social (*69*). En el Reino Unido, la Ley contra la Discriminación por Discapacidad no tuvo repercusiones en el periodo inmediatamente posterior a su promulgación, y puede haber conducido a una disminución de la tasa de ocupación (*70*). Dicha ley puede haber sido más eficaz como factor disuasivo a la hora de despedir a trabajadores que hubieran desarrollado una condición discapacitante que como herramienta para promover las contrataciones. Pero los datos recientes parecen indicar que esta brecha de empleo se ha estrechado en el Reino Unido (*76*), a pesar de que la legislación posiblemente haya ayudado más a los hombres con discapacidad que a las mujeres con esa condición (*45*).

Acción afirmativa

Algunas medidas contra la discriminación exigen la «acción afirmativa» en el empleo. En el año 2000, el Consejo de la Unión Europea instó a sus Estados miembros a introducir, a más tardar en 2006, políticas sobre el empleo de personas con discapacidad (*77*). En respuesta a ese pedido, Portugal, por ejemplo, elaboró un plan de acción nacional que incluyó la acción afirmativa para aumentar el número de personas con discapacidad en el mundo laboral (*78*). En Israel, las exigencias sobre acción afirmativa que deben cumplir los empleadores, establecidas por la Ley sobre Igualdad de Derechos para las Personas con Discapacidad de 1998, han sido confirmadas judicialmente como legales y se aplican tanto en las contrataciones como en los despidos (*79*). En el Brasil también se promueve la acción afirmativa en el empleo a través de la cláusula constitucional n.º 37 (contra la discriminación) (*71*).

Intervenciones específicas

Cuotas

Muchos países han establecido cuotas para el empleo de personas con discapacidad en los sectores público y privado. La suposición implícita es que, sin esas cuotas, los empleadores no aceptarían trabajadores con discapacidad debido a la discriminación, el temor de menor productividad, o el posible aumento del costo de la mano de obra, por ejemplo, por el costo de realizar los ajustes necesarios (*53*, *73*). Sin embargo, el supuesto de que las cuotas corrigen las imperfecciones del mercado laboral en beneficio de las personas con discapacidad aún no se ha documentado empíricamente, ya que todavía no se ha realizado una evaluación cabal de los efectos de las cuotas en el empleo de las personas con discapacidad.

Alemania tiene una cuota del 5% para el empleo de trabajadores con discapacidad grave en empresas con más de 20 empleados. En 2002, esa proporción era del 3,4% para las empresas privadas, y en 2003, del 7,1% para la administración pública (*80*). En Sudáfrica, las dependencias públicas y los organismos estatales están sujetos a disposiciones reglamentarias que estipulan que, al menos, el 2% de su fuerza de trabajo deben ser personas con discapacidad. Sin embargo, la cuota del sector estatal no se ha cumplido (*81*). Turquía tiene una cuota del 3% para las empresas que emplean a más de 50 trabajadores, y el Estado paga la totalidad de las contribuciones de los empleadores a la seguridad social correspondientes a los trabajadores con discapacidad hasta el límite de la cuota y la mitad de las contribuciones correspondientes a los trabajadores con discapacidad por encima de la cuota.

En muchos casos, se aplican multas a los empleadores que no cumplen sus cuotas. El importe de las multas se puede utilizar para financiar iniciativas que impulsen el empleo de personas con discapacidad. En China, las empresas que no cumplen la cuota del 1,5% deben pagar cierta cantidad al Fondo para la Seguridad en el Empleo de las Personas con Discapacidad, que financia servicios de capacitación y colocación laboral para dichas personas (*82*).

Durante la transición a una economía de libre mercado, varios países de Europa oriental y la antigua Unión Soviética establecieron cuotas en reemplazo del antiguo sistema conforme al cual, en ciertos sectores, se reservaban puestos de trabajo para personas con discapacidad. Con el importe de las multas aplicadas por incumplimiento de esas cuotas, se financiaban programas de rehabilitación profesional y capacitación laboral.

En la mayoría de los países de la OCDE, la tasa de cumplimiento de esas cuotas varía entre el 50% y el 70% (*73*, *83*). Las cuotas generan controversia. Pueden no ser del agrado de los empleadores, que a menudo preferirían pagar una multa que intentar cumplir con las cuotas que establece la ley. En las organizaciones de personas con discapacidad, a veces se considera que las cuotas merman el valor potencial de los trabajadores discapacitados (*84*).

Incentivos para los empleadores

Si los empleadores asumen el costo de los ajustes razonables, puede ser menos probable que contraten a personas con discapacidad a fin de evitar los costos laborales adicionales. Si los empleados asumen ese costo, su movilidad en el mercado puede disminuir debido al riesgo de incurrir en más gastos relacionados con los ajustes razonables en un trabajo nuevo. Para superar estos obstáculos, se pueden ofrecer diversos incentivos financieros:

- A menudo se ofrecen incentivos tributarios a los empleadores, sobre todo a los que tienen pocos empleados (*85*).
- Los organismos públicos de empleo pueden ofrecer asesoría y aportar financiamiento para la realización de los ajustes relacionados con el trabajo, como lo hace un organismo de rehabilitación profesional en uno de los estados de los Estados Unidos (*86*).
- Se pueden financiar las modificaciones necesarias en el lugar de trabajo. En Australia, el Departamento de Empleo y Relaciones Laborales financia el Plan de Modificaciones en el Lugar de Trabajo, que aporta hasta AUD 10 000 para realizar los ajustes requeridos para adaptar el ambiente laboral a los nuevos empleados con discapacidad (*87*).

Empleo respaldado

Los programas especiales de empleo pueden contribuir significativamente al empleo de personas con discapacidad grave, sobre todo aquellas con deficiencias intelectuales y condiciones de salud mental (*38*).

El empleo respaldado permite la integración de las personas con discapacidad en el mercado laboral competitivo. Ofrece orientación laboral, formación laboral especializada, supervisión personalizada, transporte y ayudas técnicas, para que las personas con discapacidad puedan aprender y desempeñarse mejor en su trabajo (*88*). Se han documentado los buenos resultados del empleo respaldado en personas con discapacidad grave, incluidas aquellas con deficiencias psiquiátricas o intelectuales, problemas de aprendizaje y lesiones cerebrales traumáticas (*89-92*).

Las empresas sociales y otras firmas con objetivos de esa índole trabajan en el mercado abierto, pero tienen la finalidad social de emplear a las personas que están en mayor desventaja en el mercado laboral. A menudo, estas empresas procuran dar oportunidades de empleo a personas con discapacidad, sobre todo aquellas con deficiencias intelectuales y condiciones de salud mental, para que trabajen junto a personas sin discapacidad (*93*, *94*). Las estimaciones recientes indican que existen unas 3800 empresas sociales en Europa, sobre todo en Alemania e Italia, que emplean a unas 43 000 personas con discapacidad (*95*). Actualmente, los datos sobre las firmas sociales no son sólidos. En los casos en que los resultados han sido satisfactorios, se señala que estas empresas pueden generar ahorros en los presupuestos de salud y asistencia social, y obtener rentabilidad social sobre las inversiones en términos de bienestar e independencia. Por ejemplo, el análisis del proyecto de la casa de huéspedes Six Mary's Place en Edimburgo (*96*) reveló que, por cada £ 1 invertida, se recuperaron £ 5,87 en concepto de ahorro en prestaciones de salud mental y asistencia social, nuevos ingresos tributarios y más ingresos personales. En los análisis de la relación costo-beneficio de las empresas sociales y del empleo respaldado también se deben incluir las prestaciones sociales, personales y de salud más generales (*97*).

Empleo protegido

El empleo protegido consiste en ofrecer empleo en establecimientos separados, ya sea en una empresa protegida o en un sector segregado de una empresa corriente (*73*), y está dirigido a aquellas personas consideradas incapaces de competir en el mercado laboral abierto. Por ejemplo, en Suiza, país que tiene una de las más altas tasas de empleo de personas con discapacidad, gran parte del empleo protegido se ofrece en entornos segregados (*38*). En Francia, las personas sujetas al empleo protegido que han perdido hasta un tercio de su capacidad de trabajo reciben sueldos regulares y tienen plena cobertura de la seguridad social, mientras que las personas que han perdido más de dos tercios de su capacidad de trabajo solo reciben una remuneración simbólica (*38*). Existe controversia con respecto a los talleres protegidos, porque estos establecimientos segregan a las personas con discapacidad y se los asocia con el espíritu caritativo.

La CDPD promueve las oportunidades para las personas con discapacidad que les permitan trabajar en el mercado laboral abierto (*16*). Sin embargo, los talleres protegidos pueden no tener incentivos para que las personas con discapacidad pasen al mercado laboral abierto, porque pueden perder a sus «mejores trabajadores» (*98*). En Nueva Zelandia se ha intentado profesionalizar en mayor medida el empleo protegido y hacerlo más competitivo, y se ha tratado de facilitar la transición al mercado abierto (véase el cuadro 8.2) (*38*). En Europa, la tendencia más reciente es que los talleres protegidos se transformen en empresas sociales.

Agencias de empleo

A las agencias de empleo generales se las ha alentado y, en algunos casos, se les ha exigido por ley que atiendan a las personas con discapacidad que buscan empleo en el mismo sitio que a las demás personas, en vez de derivarlas a servicios de colocación especiales. En los Estados Unidos, la Ley de Inversión en la Fuerza Laboral de 1998 reunió una gran variedad de programas de colocación en oficinas de empleo centralizadas. Países como Austria, Bélgica, Dinamarca y Finlandia incluyen a las personas con discapacidad en los servicios que ofrecen las agencias de empleo convencionales (*101*). En otros países existen servicios específicos, tales como

Capítulo 8   Comprender la discapacidad

> **Cuadro 8.2. Mejora de los servicios profesionales para las personas con discapacidad en Nueva Zelandia**
>
> En 2001, el Gobierno de Nueva Zelandia puso en marcha el programa Pathways to Inclusion, orientado a incrementar la participación de personas con discapacidad en la fuerza de trabajo y en sus comunidades (*99*).
>
> Las personas con discapacidad que trabajaban en talleres protegidos recibían una remuneración menor que el salario mínimo, independientemente de sus destrezas o habilidades.
>
> Con asesoría y financiamiento público, los proveedores de empleo protegido modificaron sus operaciones con el objeto de incluir servicios de empleo respaldado y promover la participación en la comunidad. Si bien el empleo protegido sigue formando parte de una variedad de servicios profesionales financiados a través del Ministerio de Desarrollo Social, esa forma de empleo ha sido reemplazada, en gran medida, por los servicios de empleo respaldado.
>
> Una evaluación de este programa desde su creación arrojó los siguientes resultados (*100*):
>
> - El número de personas que participaban en los servicios profesionales aumentó de 10 577 en 2003 a 16 130 en 2007.
> - Los resultados con respecto al empleo han mejorado, y un mayor número de participantes deja de acogerse a las prestaciones o declara ingresos además de seguir recibiéndolas.
> - El número de proveedores de servicios profesionales que aspiran a ofrecer empleo remunerado aumentó del 44% al 76% en tres años.
> - La proporción de servicios que ofrecen empleo segregado con pago de, al menos, el salario mínimo aumentó, en todos o casi todos los casos, del 10% en 2004 al 60% en 2007.
> - El número de usuarios de servicios que dejaron de acogerse a las prestaciones o que declararon ingresos al cabo de 12 a 24 meses de haber iniciado el servicio ha aumentado, lo cual es una indicación de la eficacia de los servicios en el largo plazo.

BizLink, en Singapur (*102*). En China existen más de 3000 agencias de empleo para personas con discapacidad (*103*), y la Federación China de Personas con Discapacidad cumple una función central en la promoción del empleo.

Los criterios en que se basa la prestación de servicios de empleo para personas con discapacidad están cambiando:

- De un modelo de colocación laboral que intentaba acomodar a las personas en los puestos de trabajo que estaban disponibles se ha pasado a un modelo centrado en la persona, que tiene en cuenta los intereses y las aptitudes del individuo. El objetivo es encontrar el empleo adecuado para la persona adecuada, con miras a un empleo viable a más largo plazo y una carrera profesional para toda la vida (*104*).
- El empleo protegido ha sido reemplazado por el empleo respaldado, es decir, se ha pasado del concepto de «capacitar y luego colocar» a uno de «colocar y luego capacitar». La idea es, primero, emplear a las personas, antes de ofrecerles capacitación, a fin de ayudar a disipar las creencias de que las personas con discapacidad no pueden realizar un determinado trabajo (*105-107*).

En los últimos años se han puesto en marcha, con mucho éxito, varios servicios de empleo para personas con discapacidad dirigidos por los propios usuarios:

- En Río de Janeiro (Brasil) el Centro de Vida Independiente funciona como servicio de empleo y agencia de apoyo continuo para personas con discapacidad (*108*).
- En 1988, se creó en España la Fundación ONCE con el objetivo de promover la formación y la accesibilidad al empleo. Esta fundación es financiada por la lotería nacional, dirigida por la Organización Nacional de Ciegos Españoles (ONCE) (*109*).
- En Manchester (Reino Unido) «Breakthrough» es un novedoso servicio de empleo dirigido por los propios usuarios que trabaja con empleadores y con personas con discapacidad, para ayudar a encontrar y mantener puestos de trabajo, y

- encontrar programas de preparación para el empleo (*110*).
- En 1996, se creó en Sudáfrica una entidad llamada «Disability Employment Concerns» con el propósito de imitar el modelo de la ONCE. De propiedad de organizaciones de personas con discapacidad, esta entidad respalda empresas e invierte en ellas para promover las metas de equidad en el empleo de personas con discapacidad (*111*, *112*).
- En la India, el Centro Nacional de Promoción del Empleo para Personas con Discapacidad (*113*) sensibiliza al mundo empresarial, realiza campañas sobre acceso al empleo, promueve la educación y fomenta la concienciación pública.

La existencia de estos programas parece indicar que las organizaciones de personas con discapacidad podrían ampliar la gama de actividades para mejorar el empleo de dichas personas; por ejemplo, búsqueda de empleo y compaginación de personas con ocupaciones, capacitación en tecnología y otras destrezas laborales, y preparación para entrevistas de trabajo.

Gestión de la discapacidad

La gestión de la discapacidad se refiere a las intervenciones que se aplican a las personas que desarrollan una condición de salud o una discapacidad mientras están empleadas. Los principales elementos de la gestión de la discapacidad son, en general, el tratamiento de casos de manera eficaz, la educación de los supervisores, los ajustes en el lugar de trabajo y una pronta reintegración al trabajo con los medios de apoyo apropiados (*114*). En el Canadá, el Instituto Nacional de Investigación y Gestión de la Discapacidad (*115*) es un centro internacional que promueve la educación, capacitación e investigación sobre la reintegración en el lugar de trabajo, es decir, el proceso que permite a los trabajadores mantener sus aptitudes y, al mismo tiempo, reducir los costos de la discapacidad que deben asumir los empleadores y el Estado.

En el Reino Unido, el programa Pathways to Work es una iniciativa que ofrece apoyo en materia de empleo y salud a personas que solicitan el subsidio al empleo y de subsistencia por motivos de salud o discapacidad. El programa consiste en entrevistas obligatorias relacionadas con el trabajo y en una variedad de servicios para ayudar a las personas con discapacidad y condiciones de salud a encontrar empleo. Hay asesores personales que ofrecen ayuda para encontrar trabajo, capacitación laboral y asistencia para la gestión de la discapacidad o las condiciones de salud. Las primeras investigaciones realizadas con una muestra de beneficiarios reveló que, con el programa, la probabilidad de encontrar empleo aumentaba 7,4% (*116*).

Las personas con discapacidad no son un grupo homogéneo y, para algunos subgrupos, se deben adoptar enfoques específicos. Por ejemplo, los problemas de las personas con dificultades de audición son diferentes de los de las personas ciegas (*117*, *118*). Las personas que experimentan problemas intermitentes o episódicos, como, por ejemplo, aquellas con condiciones de salud mental, enfrentan situaciones particulares.

Las investigaciones han encontrado diferencias considerables entre países en la proporción de personas que regresan al trabajo después de desarrollar una discapacidad: las cifras de un estudio varían del 40% al 70% (*119*). En las organizaciones que cuentan con programas ya establecidos de gestión de la discapacidad, han mejorado las tasas de retorno al trabajo (véase el cuadro 8.3) (*120*).

Rehabilitación y formación profesional

Los servicios de rehabilitación profesional permiten a las personas con discapacidad desarrollar o restablecer su capacidad para participar en el mercado de trabajo competitivo. Estos servicios normalmente se refieren a la preparación para el empleo, orientación y colocación. Por ejemplo, en Tailandia, la Escuela Profesional Redentorista para Discapacitados

> **Cuadro 8.3. El regreso al trabajo en Malasia**
>
> Los programas de seguridad social ayudan a las personas con discapacidad a participar en el mundo laboral y la vida comunitaria. Ya sea que se financien con el seguro social o a través de prestaciones financiadas con los impuestos, los pagos en dinero efectivo y los beneficios en especie pueden ser una manera de contribuir a la sociedad. A su vez, esto genera actitudes más positivas hacia las personas con discapacidad y la sociedad se vuelve más inclusiva con respecto a la discapacidad.
>
> En Malasia, tras llevar a cabo un plan piloto durante un año en 2005, la Organización de la Seguridad Social ha decidido ampliar el programa Return to Work (Vuelta al Trabajo) a todo el país, mediante la combinación de apoyo financiero a través de los pagos de la seguridad social con rehabilitación física y profesional para ayudar a los trabajadores que sufren lesiones y enfermedades relacionadas con el empleo a reintegrarse a su trabajo. El programa piloto demostró que, gracias a la rehabilitación, el 60% de las personas que sufren lesiones en el lugar de trabajo pueden retomar completamente su empleo.
>
> El programa trabaja con proveedores de servicios de rehabilitación y ha establecido vínculos con varios grandes empleadores para ofrecer trabajo a los participantes. Un responsable del tratamiento de casos coordina la rehabilitación con la persona que sufrió la lesión, su familia, su empleador, su médico y profesionales de diferentes disciplinas, en la medida necesaria, tales como fisioterapia, terapia ocupacional, orientación y gestión del dolor.

ofrece servicios de colocación, además de capacitación en computación y administración de negocios (*121*). Los programas de orientación y formación profesional convencionales son menos segregacionistas que los programas de formación creados específicamente para personas con discapacidad.

Capacitación y programas convencionales

En los países de la OCDE no se invierte lo suficiente en medidas de rehabilitación y empleo, y el interés en ese tipo de inversiones es bajo (*122*). En los países en desarrollo, los servicios profesionales suelen consistir en pequeños programas de rehabilitación y capacitación (*9, 123*). Debido a su alto costo, esos programas no llegan a una proporción significativa de las personas a las cuales están dirigidos (*124*). Además, los programas de capacitación convencionales, que se centran en una pequeña gama de habilidades técnicas especializadas y se imparten en centros segregados, no han logrado colocar a muchas personas con discapacidad en el mercado laboral (*38, 125*). Por lo general, los programas se ofrecen en zonas urbanas, a menudo lejos de los lugares donde viven las personas con discapacidad. Los oficios que se enseñan, como carpintería y confección de calzado, con frecuencia no responden a los cambios que se producen en el mercado laboral. Además, en esos programas se suele partir del supuesto de que las personas con discapacidad solo pueden dedicarse a un número reducido de ocupaciones.

No obstante, en Sudáfrica —en el marco de un esquema convencional al amparo de la estrategia nacional para el desarrollo de aptitudes—, las autoridades sectoriales de educación y capacitación exigen que el 4% de la formación esté dirigida a personas con discapacidad (*111*).

Otras modalidades de capacitación

Aparte de enseñar habilidades técnicas, los programas más recientes también se han concentrado en aumentar el grado de seguridad de los participantes y en darles a conocer el ambiente de negocios general. En Bangladesh, un programa que promueve la iniciativa propia de las personas con discapacidad con miras a su desarrollo brinda apoyo a estas personas para que puedan formar organizaciones de autoayuda en sus comunidades (*126*). En Soweto (Sudáfrica) la capacitación para adquirir competencias forma parte de un programa de capacitación para el emprendimiento, y la tasa de supervivencia de las empresas creadas ha sido elevada (*127*).

Algunas iniciativas recientes orientadas a ofrecer otras modalidades de capacitación son prometedoras:

- **Rehabilitación profesional de base comunitaria.** Los instructores son artesanos locales que enseñan a los participantes las habilidades necesarias para que puedan valerse por sí mismos en la comunidad. En Nigeria, los participantes reciben instrucción y asistencia para el microfinanciamiento, para que puedan trabajar por cuenta propia una vez que completan el programa. (*125*).
- **Capacitación entre homólogos.** En Camboya, un exitoso programa de capacitación en el hogar y entre homólogos alienta a empresarios de aldeas rurales a enseñar habilidades técnicas y de negocios a personas con discapacidad (*128*).
- **Intervenciones tempranas.** En Australia, gracias a un programa de capacitación en informática para personas con lesiones medulares recientes —que se imparte mientras los pacientes están hospitalizados—, las tasas de retorno al trabajo o a otros programas de educación y capacitación han aumentado (*129*).
- **Orientación.** En los Estados Unidos, a través de la colaboración entre el Gobierno y la empresa privada se ofrecen pasantías de verano a centenares de jóvenes con discapacidad. Este proyecto, que permite sensibilizar a los jóvenes acerca de su carrera profesional y desarrollar sus habilidades, ha resultado en muchos casos en la colocación permanente de estos jóvenes con los mismos empleadores que les habían ofrecido las pasantías (*130*).
- **Capacitación continua.** Es importante que las personas con discapacidad puedan mantener el contacto con los centros de rehabilitación y seguir avanzando con la capacitación recibida. En la India, la organización The Leprosy Mission patrocina asociaciones de egresados de sus centros de rehabilitación profesional, de manera que las personas que hayan recibido formación puedan mantenerse en contacto con otros exalumnos y con los centros de capacitación (véase el cuadro 8.4).

A menudo, las actividades orientadas al fomento del empleo y el desarrollo de medios de subsistencia se realizan a través de programas de RBC, estrategia que se analiza a lo largo del presente informe. Normalmente, las intervenciones tienen los siguientes objetivos:

- enseñar habilidades que permitan aprovechar las oportunidades para generar ingresos y encontrar empleo;
- impartir conocimientos sobre el mercado laboral;
- enseñar a adoptar una actitud apropiada con respecto al trabajo;
- dar orientación sobre formas de establecer una relación con los empleadores para encontrar trabajo o recibir capacitación en el lugar de trabajo.

La RBC también procura obtener el respaldo de la comunidad para incluir a las personas con discapacidad. Una publicación de la OIT ofrece ejemplos de prácticas recomendadas de RBC y empleo, además de sugerencias prácticas en relación con el desarrollo de habilidades, el empleo por cuenta propia y el acceso al mercado laboral (*52*).

A pesar de estas iniciativas prometedoras, resulta difícil evaluar la rehabilitación profesional y, en general, aún no se conoce la mayoría de sus efectos. La evaluación se hace incluso más difícil debido a que las prestaciones por discapacidad a menudo actúan como factor disuasivo a la hora de trabajar, y a la gran variedad de servicios que se ofrecen a las personas (*75*).

Empleo por cuenta propia y microfinanciamiento

El financiamiento para ayudar a iniciar un pequeño negocio puede ser una alternativa a la escasez de empleo formal (*131*, *132*). Sin embargo, para que los programas de empleo por cuenta propia dirigidos a personas con discapacidad tengan éxito, se requieren ciertas aptitudes de mercadotecnia, acceso al crédito,

> **Cuadro 8.4. Formación profesional en The Leprosy Mission**
>
> En la India, The Leprosy Mission cuenta con varios centros de capacitación profesional para personas jóvenes afectadas por la lepra. A los alumnos se les enseñan diversas habilidades técnicas, como reparación de automóviles, sastrería, soldadura, electrónica, reparación de aparatos de radio y televisores, taquigrafía, producción de seda, impresión *offset*, y computación. La preparación que adquieren los graduados es reconocida oficialmente por el Estado. En los centros también se enseñan otros tipos de habilidades, como administración de negocios y aptitudes básicas para la vida activa.
>
> Las aptitudes básicas para la vida activa se enseñan a través del cronograma y las actividades de los centros, y se estimulan a través del ejemplo que da el personal.
>
> El objetivo es desarrollar lo siguiente:
>
> - **Habilidades personales:** comprenden, entre otras, aptitudes relacionadas con la autoestima, el pensamiento positivo, la motivación, la fijación de metas, la solución de problemas, la toma de decisiones, la organización del tiempo y el control del estrés.
> - **Mecanismos de afrontamiento:** comprenden, entre otros, mecanismos para que las personas puedan enfrentar su sexualidad, la timidez, la soledad, la depresión, el miedo, la rabia, el alcoholismo, el fracaso, las críticas y los conflictos.
> - **Aptitudes para el trabajo:** comprenden, entre otras, habilidades de liderazgo, para el trabajo en equipo y la planificación de la carrera profesional.
>
> En entrevistas y grupos de reflexión con exalumnos, se les pidió a estos que señalaran lo más importante que habían aprendido durante su capacitación. Ninguno mencionó las aptitudes técnicas. En cambio, señalaron la disciplina, la puntualidad, la obediencia, el desarrollo de la personalidad, la confianza en sí mismos, la responsabilidad y las habilidades de comunicación.
>
> La tasa de colocación de las personas preparadas en los centros de capacitación de The Leprosy Mission sobrepasa el 95%.
>
> Entre las razones del éxito, cabe señalar que The Leprosy Mission cuenta con personal de colocación activo que mantiene buenas relaciones con empleadores locales, quienes saben que los graduados de los centros de capacitación de esta organización son de alto nivel, y que los centros cuentan con una buena asociación de exalumnos que mantiene a los graduados en contacto entre ellos y con sus centros de capacitación.

apoyo de largo plazo y seguimiento (*133*). En el Estudio Internacional sobre Estrategias para la Generación de Ingresos se analizaron 81 proyectos de empleo por cuenta propia y se destacaron cuatro factores que determinan el nivel de éxito que se puede obtener:

- identidad propia (confianza en uno mismo, energía, predisposición a asumir riesgos);
- conocimientos pertinentes (alfabetismo y conocimientos básicos de aritmética, habilidades técnicas, aptitudes de negocios);
- disponibilidad de recursos (asesoría, capital, asistencia en comercialización);
- un entorno social y de políticas propicio (apoyo político, desarrollo comunitario, derechos de las personas con discapacidad).

En el estudio se presentan ejemplos satisfactorios de algunos planes de generación de ingresos de Filipinas, Jamaica y Tailandia (*134*).

Muchas personas con discapacidad no disponen de suficientes bienes para ofrecer como garantía a la hora de solicitar préstamos, y es posible que hayan vivido en la pobreza durante años. En principio, los programas de microfinanciamiento están abiertos a todas las personas, incluidas aquellas con discapacidad. Sin embargo, según los datos disponibles, son pocas las personas con discapacidad que se benefician de dichos planes. Algunos programas de microcrédito han sido creados por ONG para personas con discapacidad, y otros están dirigidos a esas personas, pero se necesitan más datos para demostrar su eficacia.

- En Etiopía, un programa especial de microcrédito tuvo un impacto positivo en la vida de mujeres que quedaron discapacitadas durante la guerra (*135*).
- Handicap International evaluó 43 proyectos y comprobó que los planes de microcrédito especiales resultaron beneficiosos y que casi dos tercios eran sostenibles (*132*).
- Por lo general, las organizaciones de personas con discapacidad tienen dificultades para formular y administrar programas de microcrédito, y los programas especiales de microfinanciamiento establecidos por esas organizaciones solo pueden beneficiar a un pequeño número de personas (*136*).

En un análisis de la bibliografía sobre la materia, se detectaron algunos obstáculos en los programas de microcrédito convencionales; por eso, los planes provisionales establecidos por ONG y organizaciones de personas con discapacidad pueden ser de ayuda, al propiciar la inclusión social, la participación y el empoderamiento. Pero ambos sistemas son necesarios para ampliar la cobertura y aumentar la sostenibilidad, dado que el microfinanciamiento tiene un gran impacto social y económico en las personas con discapacidad (*137*).

Protección social

Las prestaciones por discapacidad durante periodos prolongados pueden actuar como factor disuasivo para que las personas busquen empleo y vuelvan a trabajar (*2*, *138*, *139*). Este es especialmente el caso de las personas con menos preparación o el de aquellas que, si buscaran empleo, no conseguirían un trabajo bien remunerado. Una razón es que las prestaciones constituyen un ingreso regular con el que las personas pueden contar, aunque sea pequeño. Para una persona, perder este pago periódico y depender de un trabajo humilde y mal remunerado puede significar no contar con un ingreso regular y sentir muy poca seguridad (*34*).

Pero las prestaciones de asistencia social también pueden tener efectos positivos en el empleo de las personas con discapacidad. Volver a trabajar después de desarrollar una discapacidad puede significar un periodo de desempleo y de inseguridad en los ingresos. En consecuencia, esta situación se debe tener en cuenta en los programas de asistencia social a la hora de planificar los periodos de transición en que la persona deja de percibir las prestaciones y posteriormente vuelve a percibirlas. Esa transición se debe tener en cuenta en los programas de prestaciones, a fin de que las personas tengan un incentivo para trabajar y, al mismo tiempo, se sientan seguras al saber que, si no consiguen buenos resultados, podrán contar con esa ayuda (*73*).

El aumento de los costos de las prestaciones por discapacidad y las bajas tasas de empleo de las personas con discapacidad preocupan a las autoridades normativas de los países en desarrollo (*2*, *7*, *35*, *140*). En los países de la OCDE, las tasas de aumento de los beneficiarios que reciben prestaciones por discapacidad se han incrementado considerablemente en los últimos 10 años; actualmente esas personas representan alrededor del 6% de la población en edad de trabajar (*2*, *141*). Las prestaciones por discapacidad se han convertido en un beneficio de último recurso porque las prestaciones por desempleo son más difíciles de obtener, los planes de jubilación anticipada se han ido eliminando gradualmente y los trabajadores poco calificados están en desventaja en el mercado laboral (*2*). El gasto en prestaciones por discapacidad es una carga cada vez mayor para las finanzas públicas y representa hasta el 4% al 5% del PIB en lugares como los Países Bajos, Noruega y Suiza. En casi la mayoría de los países, la mayor parte de las solicitudes de tales prestaciones corresponden a personas con condiciones de salud mental. La gente casi nunca reemplaza las prestaciones por discapacidad por un puesto de trabajo (*2*).

La reforma del sistema para reemplazar las prestaciones pasivas con programas activos en el mercado de trabajo puede marcar una diferencia. Datos procedentes de Hungría,

Italia, los Países Bajos y Polonia indican que la imposición de obligaciones más estrictas a los empleadores de suministrar servicios de salud ocupacional y respaldar la reintegración de las personas con discapacidad a su trabajo, junto con mejores incentivos laborales para los trabajadores y más mecanismos de apoyo al empleo, puede ayudar a que los beneficiarios de prestaciones por discapacidad se incorporen al mundo laboral (*2*).

El hecho de que los programas de prestaciones pueden hacer que las personas desistan de la idea de trabajar, sumado a la percepción habitual de que la discapacidad es necesariamente un obstáculo para trabajar, puede traer aparejados importantes problemas sociales (*38*). En consecuencia, la condición de discapacidad debería ser independiente de la situación laboral y en materia de ingresos. La discapacidad debería reconocerse como una condición de salud que interactúa con factores contextuales y distinguirse de la admisibilidad para recibir prestaciones, y no debería considerarse automáticamente un obstáculo para trabajar (*38*, *142*). Toda determinación debería centrarse en la capacidad para trabajar, no en la discapacidad. En las orientaciones para los médicos, se debería hacer hincapié en el valor del trabajo y la posibilidad de trabajar, y limitar la ausencia por enfermedad a un periodo lo más corto posible (*2*).

Una medida para garantizar que la protección social de las personas con discapacidad no las lleve a desistir de buscar empleo consiste en separar el componente de apoyo a los ingresos del componente de compensación de los costos adicionales en que incurren las personas con discapacidad. Las alternativas preferidas son los subsidios temporales, un mayor énfasis en los componentes de los costos de la discapacidad independientemente de la situación laboral, pagos más flexibles en el empleo, y opciones para suspender las prestaciones durante el periodo en que la persona intenta trabajar (*122*, *141*).

Las prestaciones por discapacidad de tiempo limitado pueden ser otra forma de aumentar el empleo para las personas con discapacidad, sobre todo las más jóvenes (*2*). Alemania, Noruega y los Países Bajos han adoptado recientemente ese tipo de programas para alentar la reintegración al trabajo (*143*). En estos planes se acepta el hecho de que algunas personas tienen discapacidades graves que perdurarán durante un largo tiempo, pero se reconoce que, con ciertas intervenciones, es posible que vuelvan a trabajar. La duración limitada de la prestación es, en sí misma, un incentivo para que las personas regresen al mundo laboral una vez cumplido el plazo de las prestaciones. No obstante, para que la duración limitada de la prestación sea un incentivo para volver al trabajo, es fundamental la manera en que el programa de prestaciones temporales está vinculado al programa permanente. Si la transición al programa permanente ocurre sin tropiezos y está prevista por el beneficiario, el incentivo para reintegrarse a la fuerza laboral es menor. Sin embargo, no existen datos concretos sobre la eficacia de las prestaciones de tiempo limitado para alentar el regreso al trabajo.

Otra prioridad consiste en garantizar que el hecho de trabajar sea rentable (*2*). Últimamente, en el Reino Unido se ha estado tratando de alentar a las personas con discapacidad a que trabajen y, para ello, se ha recurrido a modalidades fuera del sistema tradicional de prestaciones por discapacidad (*139*). Se trata de un crédito tributario que se paga a empleados y trabajadores por cuenta propia de bajos ingresos y es administrado por las autoridades fiscales. Para poder recibir el componente de discapacidad del crédito tributario para trabajadores, una persona debe trabajar, al menos, 16 horas por semana, tener una discapacidad que la ponga en desventaja a la hora de buscar empleo, o recibir una prestación habilitante, como la pensión por discapacidad a largo plazo. La idea es fomentar la actividad laboral en los hogares de bajos ingresos que tengan algún integrante con discapacidad. La administración de estos créditos, que se comenzaron a otorgar en abril de 2003, ha sido complicada. Sin embargo, las primeras evaluaciones indican que este instrumento está alentando a las personas a ingresar en el mundo laboral y reduciendo los factores que antes llevaban a los jóvenes a desistir de buscar trabajo (*144*).

Fomento de un cambio de actitud

Muchas organizaciones de personas con discapacidad están tratando de modificar las percepciones con respecto a la discapacidad a nivel comunitario. La experiencia parece indicar que el solo hecho de emplear a una persona con discapacidad genera un cambio de actitud en el lugar de trabajo (*54*, *145*). En los Estados Unidos, las empresas que dan empleo a una persona con discapacidad tienen más probabilidades de emplear a otras (*1*).

Muchas campañas de sensibilización se han centrado en ciertas condiciones de salud:

- El BBC World Service Trust ha llevado a cabo una amplia campaña de sensibilización en la India para derribar los mitos con respecto a la lepra.
- En Nueva Zelandia, la organización Like Minds se ha esmerado en cambiar la actitud del público con respecto a las personas con condiciones de salud mental (*146*).
- Diversas iniciativas han intentado abordar los mitos, la ignorancia y los temores que a menudo existen con respecto al VIH/sida (*147*).

Light es una empresa de electricidad de Río de Janeiro (Brasil) que emplea a personas con discapacidad y genera publicidad positiva por ello (*148*). En el reverso de la cuenta mensual que reciben los consumidores, aparece la fotografía de una silla de ruedas, junto con el siguiente mensaje:

> «En Light, el número de trabajadores con discapacidad es mayor que el que exige la ley. La razón es muy simple: para nosotros, lo más importante es contar con personas valiosas.»

En el Reino Unido, el Employers' Forum on Disability ha elaborado estrategias innovadoras para lograr un cambio de percepción con respecto a la discapacidad (véase el cuadro 8.5). En Alemania, Australia, los Estados Unidos, Sri Lanka y Sudáfrica se han llevado a cabo iniciativas similares. Se necesita contar con más datos para determinar qué tipo de intervenciones pueden generar un cambio en ciertas actitudes arraigadas frente a la discapacidad y promover, de la mejor manera posible, una actitud positiva al respecto en el lugar de trabajo.

Las personas con discapacidad también deben poder avanzar en su carrera profesional (*152*). Los datos disponibles indican que estas personas pueden no tener oportunidades de recibir un ascenso porque sus empleadores son reticentes a asignarles funciones en las que deban supervisar a otros (*153*). En los Estados Unidos, un mayor conocimiento de las leyes en materia de empleo de personas con discapacidad se asocia con una actitud más positiva con respecto a los derechos de esas personas en el mundo laboral (*154*).

Las asociaciones gremiales también contribuyen a mejorar las condiciones de empleo de las personas con discapacidad (*155*), sobre todo en el sector público. Históricamente, las asociaciones gremiales se han interesado en la salud y la seguridad ocupacionales, y, más recientemente, han comenzado a incluir en su agenda de negociaciones la prevención de la discapacidad y el tema de los ajustes necesarios (*156*).

Conclusiones y recomendaciones

Las personas con discapacidad pueden realizar productivamente casi cualquier tipo de trabajo y, en un ambiente adecuado, la mayoría de ellas pueden ser productivas. Sin embargo, las personas con discapacidad en edad de trabajar registran tasas de ocupación considerablemente menores y tasas de desempleo mucho mayores que las personas sin discapacidad.

Ello se debe a numerosos factores, como la falta de acceso a la educación y a la rehabilitación y capacitación profesional, la falta acceso a recursos financieros, los factores disuasivos que

Capítulo 8　Comprender la discapacidad

> **Cuadro 8.5. El Employers' Forum on Disability**
>
> El Employers' Forum on Disability (EFD) fue la primera organización de empleadores en todo el mundo en promover la igualdad para las personas con discapacidad. Impulsada por la comunidad empresarial del Reino Unido a fines de los años ochenta, esta organización sin fines de lucro es financiada íntegramente por sus 400 miembros —todos empleadores—, entre los que se cuentan más de 100 corporaciones internacionales.
>
> El EFD no ayuda directamente a personas con discapacidad, sino que facilita que los empleadores contraten y desarrollen actividades de negocios con personas con discapacidad. Alienta a las empresas a considerar la discapacidad en términos de igualdad de oportunidades, capacidad e inversión en el potencial de las personas, y no en términos de cuotas, medicamentos e incapacidad.
>
> En el Reino Unido, los empleadores y el movimiento generado en torno a la discapacidad llevaron a cabo una campaña conjunta para reemplazar el antiguo sistema de cuotas —que exigía a los empleadores contratar a personas por razón de su discapacidad— por leyes antidiscriminatorias que exigieran a los empleadores tratar en forma justa a las personas con discapacidad. El EFD cumplió una función importante en esta campaña, ya que sus miembros fueron los primeros en instrumentar las disposiciones del proyecto de ley contra la discriminación antes de que la legislación fuera presentada.
>
> El EFD también llevó adelante el primer programa de liderazgo para personas con discapacidad y ha trabajado en estrecha colaboración con un grupo de asociados discapacitados que actúan como asesores y promotores en todo el mundo. Dos de esas personas integran el directorio del EFD.
>
> Un logro importante del EFD fue la creación de un marco de referencia que establece una norma de desempeño para las empresas con respecto a la discapacidad y sobre la cual se informa cada dos años. En 2007, la mayoría de las empresas ubicadas en el 25% superior, según la mencionada norma, habían pertenecido al EFD durante al menos cinco años.
>
> Para presentar otras iniciativas similares, el EFD ha trabajado con redes de empleadores en Alemania, Argentina, Australia, el Brasil, el Canadá, España, la Federación de Rusia, Sri Lanka y Viet Nam. El modelo del EFD ha sido reconocido como una alternativa al enfoque tradicional de considerar que el problema está en los empleadores.
>
> Asimismo, el EFD ha impulsado un enfoque sistemático con respecto a las contrataciones con fines específicos que ha permitido a empleadores y proveedores del Reino Unido incorporar a miles de personas al mundo laboral.
>
> La tasa de ocupación de personas con discapacidad en el Reino Unido ha aumentado ocho puntos porcentuales desde 1991. Aunque este incremento no se atribuye a un solo factor, el EFD ha tenido un papel muy importante.
>
> Fuentes: (*149-151*).

generan las prestaciones por discapacidad, la falta de accesibilidad en el lugar de trabajo, y la percepción de los empleadores acerca de la discapacidad y de las personas con discapacidad.

Son muchos los actores que deben contribuir a mejorar las oportunidades laborales de las personas con discapacidad, como los gobiernos, los empleadores, las organizaciones de personas con discapacidad y las asociaciones gremiales. A continuación, se presentan las recomendaciones del presente informe para mejorar el acceso de las personas con discapacidad a los mercados laborales y el papel que corresponde a los principales actores.

Gobiernos

Leyes y reglamentos

- Se recomienda sancionar y exigir el cumplimiento de legislación eficaz contra la discriminación.
- Es necesario garantizar la armonización de las políticas públicas a fin de proporcionar incentivos y respaldo a las personas con discapacidad para que busquen empleo, y a los empleadores para que les den trabajo.

Cambio de actitud

- Es recomendable sensibilizar a los empleadores acerca de su deber de no discriminar y con respecto a los medios que tienen a su disposición para promover el empleo de personas con discapacidad.
- Es preciso inculcar en el público la idea de que las personas con discapacidad pueden trabajar si cuentan con el apoyo necesario.
- Los empleadores deben predicar con el ejemplo y promover el empleo de personas con discapacidad en el sector público.

Programas públicos

- Se debe dar acceso a las personas con discapacidad a programas convencionales de orientación y capacitación profesional.
- Es necesario poner a disposición de las personas con discapacidad servicios de empleo convencionales en las mismas condiciones que las demás personas que buscan trabajo.
- Se recomienda crear servicios adaptados a las necesidades de cada persona y de la comunidad, en lugar de un solo tipo de servicio para todos.
- Se debe garantizar que, en los programas de protección social convencionales, se incluya a las personas con discapacidad y, al mismo tiempo, que se apoye su reintegración al trabajo, sin crear factores de desmotivación para aquellas personas que buscan empleo o retoman sus actividades laborales.
- Conviene diseñar intervenciones de protección social para promover la inclusión de las personas con discapacidad en el mercado laboral mediante la incorporación de servicios de asistencia y apoyo o la cobertura de los costos adicionales en que incurren las personas que se incorporan al trabajo (por ejemplo, el costo del transporte al lugar de trabajo y del equipo necesario).
- Es necesario ajustar los sistemas de evaluación de las personas con discapacidad, de manera que estos permitan determinar los aspectos positivos de la capacidad de funcionamiento (y no la discapacidad) de las personas y su capacidad laboral.
- Se debe hacer un seguimiento y evaluar los programas del mercado laboral orientados a facilitar y aumentar el empleo de personas con discapacidad y ampliar aquellos cuyos resultados satisfactorios se centren en soluciones inclusivas, es decir, que no impliquen segregación.
- Es recomendable suministrar financiamiento sostenible y suficiente para programas de capacitación, a fin de poder contar con una fuerza de trabajo de personas con discapacidad debidamente calificadas.

Recopilación de datos

- Es necesario incluir a personas con discapacidad en las actividades de recopilación de datos sobre el mercado laboral, por ejemplo, las encuestas sobre la fuerza de trabajo.
- Es conveniente utilizar indicadores del mercado laboral internacionalmente aceptados (por ejemplo, de la OIT) para determinar y hacer un seguimiento de la situación del mercado de trabajo y los medios de subsistencia de las personas con discapacidad.

Empleadores

- Es recomendable contratar a personas con discapacidad y realizar ajustes razonables cuando sea necesario.
- Es necesario establecer programas de gestión de la discapacidad para apoyar la reincorporación al trabajo de los empleados que han desarrollado una discapacidad.
- Se recomienda colaborar con las agencias de empleo, las instituciones educativas, los programas de capacitación y las empresas sociales del lugar, con el objeto de preparar una fuerza laboral calificada que incluya a las personas con discapacidad.
- Es preciso garantizar que todos los supervisores y el personal de recursos humanos conozcan los requisitos relativos a la necesidad de realizar ajustes en el lugar

de trabajo y a la no discriminación de las personas con discapacidad.
- Las empresas de mayor tamaño deberían procurar transformarse en empleadores modelo de personas con discapacidad.

Otras organizaciones: ONG, tales como organizaciones de personas con discapacidad, instituciones de microfinanciamiento y asociaciones gremiales

- Las organizaciones que ofrecen oportunidades de capacitación convencional deberían incluir a las personas con discapacidad.
- Es recomendable ofrecer apoyo específico en los casos en que no existan oportunidades en el marco de los sistemas convencionales.
- Es conveniente promover la RBC a fin de mejorar el desarrollo de habilidades y lograr que las personas con discapacidad puedan ganarse la vida con dignidad.
- En los casos en que predomine la economía informal, se recomienda promover la microempresa y el empleo por cuenta propia para las personas con discapacidad.
- En el caso de las instituciones de microfinanciamiento, es preciso mejorar el acceso de las personas con discapacidad al microcrédito ampliando los servicios, suministrando información por medios accesibles y ofreciendo condiciones de crédito adaptadas a las necesidades de esas personas.
- Es necesario promover la creación de redes de personas con discapacidad que puedan organizar campañas en favor de los derechos de ese segmento de la población.
- Las asociaciones gremiales deben incluir en sus agendas de negociación las cuestiones relativas a la discapacidad, incluido el tema de los ajustes necesarios.

Referencias

1. Domzal C, Houtenville A, Sharma R. *Survey of employer perspectives on the employment of people with disabilities*. McLean VA, CESSI, 2008.
2. *Sickness, disability and work: breaking the barriers. A synthesis of findings across OECD countries*. Paris, Organisation for Economic Co-operation and Development, 2010.
3. Houtenville AJ, et al., eds. *Counting working-age people with disabilities. What current data tell us and options for improvement*. Kalamazoo, W.E. Upjohn Institute for Employment Research, 2009.
4. Mitra S, Posarac A, Vick B. *Disability and poverty in developing countries: a snapshot from the World Health Survey*. forthcoming.
5. Contreras DG, et al.. *Socio-economic impact of disability in Latin America: Chile and Uruguay*. Santiago, Universidad de Chile, Departamento de Economía, 2006.
6. Mete C, ed. *Economic implications of chronic illness and disability in Eastern Europe and the Former Soviet Union*. Washington, World Bank, 2008.
7. Mitra S. The recent decline in the employment of persons with disabilities in South Africa, 1998–2006. *South African Journal of Economics*, 2008,76:480-492. doi:10.1111/j.1813-6982.2008.00196.x
8. Mitra S, Sambamoorthi U. Employment of persons with disabilities: evidence from the National Sample Survey. *Economic and Political Weekly*, 2006,a41:199-203.
9. *People with disabilities in India: from commitments to outcomes*. Washington, World Bank, 2009. (http://imagebank.worldbank.org/servlet/WDSContentServer/IW3P/IB/2009/09/02/000334955_20090902041543/Rendered/PDF/502090WP0Peopl1Box0342042B01PUBLIC1.pdf, accessed 2 February 2011).
10. Scott K, Mete C. Measurement of disability and linkages with welfare, employment, and schooling. In: Mete C, ed. *Economic implications of chronic illness and disability in Eastern Europe and the Former Soviet Union*. Washington, World Bank, 2008 (http://siteresources.worldbank.org/DISABILITY/Resources/Regions/ECA/EconomicImplicationsMete.pdf, accessed 2 February 2011).
11. Zaidi A, Burchardt T. Comparing incomes when needs differ: equivalization for the extra costs of disability in the UK. *Review of Income and Wealth*, 2005,51:89-114. doi:10.1111/j.1475-4991.2005.00146.x
12. Braitwaite J, Mont D. Disability and poverty: a survey of the World Bank poverty assessments and implications. *ALTER European Journal of Disability Research*, 2009,3:219-232.

13. Haveman R, Wolfe B. The economic well being of the disabled: 1962–1984. *The Journal of Human Resources*, 1990,25:32-54. doi:10.2307/145726
14. Hoogeveen JG. Measuring welfare for small but vulnerable groups: poverty and disability in Uganda. *Journal of African Economies*, 2005,14:603-631. doi:10.1093/jae/eji020
15. Peiyun . SLivermore G. Long-term poverty and disability among working age adults. *Journal of Disability Policy Studies*, 2008,19:244-256. doi:10.1177/1044207308314954
16. *Convention on the Rights of Persons with Disabilities*. New York, United Nations, 2006.
17. *Averting the Old Age Crisis: Policies to Protect the Old and Promote Growth. New York*. Washington, World Bank and Oxford University Press, 1994 (http://www-wds.worldbank.org/external/default/WDSContentServer/WDSP/IB/1994/09/01/000009265_3970311123336/Rendered/PDF/multi_page.pdf, accessed 2 February 2011).
18. Kinsella K, Velkoff V. *An aging world* [United States Census Bureau, Series P95/01–1]. Washington, United States Government Printing Office, 2001.
19. Kidd MP, Sloane PJ, Ferko I. Disability and the labour market: an analysis of British males. *Journal of Health Economics*, 2000,19:961-981. doi:10.1016/S0167-6296(00)00043-6 PMID:11186853
20. Quinn G, Degener T. *The current use and future potential of the United Nations human rights instruments in the context of disability*. Geneva, United Nations, 2002 (http://www.ohchr.org/EN/PublicationsResources/Pages/SpecialIssues.aspx, accessed 2 July 2009).
21. *CBR guidelines*. Geneva, World Health Organization, 2010.
22. *The employment situation of people with disabilities: towards improved statistical information*. Geneva, International Labour Organization, 2007.
23. Brandolini A, Cipollone P, Viviano E. *Does the ILO definition capture all employment?* [Temi de discussione del Servizio Studi No. 529]. Rome, Banca d'Italia, 2004 (http://www.bancaditalia.it/pubblicazioni/econo/temidi/td04/td529_04/td529/tema_529.pdf, accessed 18 March 2008).
24. Yeo R, Moore K. Including disabled people in poverty reduction work: «nothing about us, without us» *World Development*, 2003,31:571-590. doi:10.1016/S0305-750X(02)00218-8
25. Fujiura GT, Yamaki K, Czechowicz S. Disability among ethnic and racial minorities in the United States. *Journal of Disability Policy Studies*, 1998,9:111-130. doi:10.1177/104420739800900207
26. Harriss-White B. On to a loser: disability in India. In: Harriss-White B, Subramanian S, eds. *Essays on India's social sector in honour of S. Guhan*. New Delhi, Sage Publications, 1999:135–163.
27. Roberts S et al. *Disability in the workplace: employers' and service providers' responses to the Disability Discrimination Act in 2003 and preparation for 2004 changes*. London, Department of Work and Pensions Research Summary, 2004.
28. *Ready, willing, and disabled: survey of UK employers*. London, Scope, 2003 (http://www.scope.org.uk/work/, accessed 17 March 2008).
29. Bagshaw M. *Ignoring disability: a wasted opportunity*. Wellington, National Equal Opportunities Network, 2006 (http://www.neon.org.nz/newsarchive/bagshawplusfour/, accessed 18 June 2009).
30. Unger D. Employers' attitudes toward persons with disabilities in the workforce: myths or realities? *Focus on Autism and Other Developmental Disabilities*, 2002,17:2-10. doi:10.1177/108835760201700101
31. Buckup S. *The price of exclusion: the economic consequences of excluding people with disabilities from the world of work*. Geneva, International Labour Organization, 2009.
32. McDaid D, Knapp M, Raja S. Barriers in the mind: promoting an economic case for mental health in low- and middle-income countries. *World Psychiatry: official journal of the World Psychiatric Association (WPA)*, 2008,7:79-86. PMID:18560485
33. Becker D et al. Long-term employment trajectories among participants with severe mental illness in supported employment. *Psychiatric Services (Washington, D.C.)*, 2007,58:922-928. PMID:17602007
34. Stapleton D et al. *Exploratory study of health care coverage and employment of people with disabilities: literature review*. Washington, United States Department of Health and Human Services, 1997 (http://aspe.hhs.gov/daltcp/Reports/eshc-clit.htm, accessed 3 July 2009).
35. Kemp PA, Sundén A, Bakker Tauritz B, eds. *Sick societies? Trends in disability benefits in post-industrial welfare states*. Geneva, International Social Security Association, 2006.
36. Baldwin ML, Johnson WG. Labor market discrimination against men with disabilities. *The Journal of Human Resources*, 1994,29:1-19. doi:10.2307/146053
37. Montes A, Massiah E. *Disability data: survey and methods issues in Latin America and the Caribbean*. Washington, Inter-American Development Bank, 2002.
38. *Transforming disability into ability: policies to promote work and income security for disabled people*. Paris, Organisation for Economic Co-Operation and Development, 2003.
39. Maldonado Zambrano S. *Trabajo y discapacidad en el Perú: mercado laboral, políticas públicas e inclusión social (Work and disability in Peru: labour market, public policies and social inclusion)*. Lima, Fodo Editorial del Congreso del Perú, 2006.

40. Houtenville AJ, Erickson WA, Lee CG. *Disability statistics from the American Community Survey (ACS)*. Ithaca, Cornell University Rehabilitation Research and Training Center on Disability Demographics and Statistics, 2007.
41. Loeb ME, Eide AH. *Living conditions among people with activity limitations in Malawi: a national representative study*. Oslo, SINTEF, 2004.
42. Eide AH, Loeb ME. *Living conditions among people with activity limitations in Zambia: a national representative study*. Oslo, SINTEF, 2006.
43. *World Health Survey*. Geneva, World Health Organization, 2002–2004 (http://www.who.int/healthinfo/survey/en/, accessed 2 February 2011).
44. Thornicroft G. *Shunned: discrimination against people with mental illness*. London, Oxford University Press, 2006.
45. Jones MK, Latreille PL, Sloane PJ. Disability, gender and the British labour market. *Oxford Economic Papers*, 2006,58:407-449. doi:10.1093/oep/gpl004
46. Verdonschot MM et al. Community participation of people with an intellectual disability: a review of empirical findings. *Journal of Intellectual Disability Research: JIDR*, 2009,53:303-318. doi:10.1111/j.1365-2788.2008.01144.x PMID:19087215
47. Mitra S, Sambamoorthi U. Government programmes to promote employment among persons with disabilities in India. *Indian Journal of Social Development*, 2006,b6:195-213.
48. Schur L. Barriers or opportunities? The causes of contingent and part-time work among people with disabilities. *Industrial Relations*, 2003,42:589-622.
49. *Microfinance and people with disabilities* [Social Finance Highlight 1]. Geneva, International Labour Organization, 2007.
50. Mitra S, Sambamoorthi U. Disability and the rural labour market in India: evidence for males in Tamil Nadu. *World Development*, 2008,36:934-952. doi:10.1016/j.worlddev.2007.04.022
51. Mitra S, Sambamoorthi U. Wage differential by disability status in an agrarian labour market in India. *Applied Economics Letters*, 2009,16:1393-1398. doi:10.1080/13504850802047011
52. *Skills development through community-based rehabilitation*. Geneva, International Labour Organization, 2008.
53. *Vocational rehabilitation and employment of people with disabilities* [Report of a European conference,Warsaw–Konstancin Jeziorna, Poland, 23–25 October 2003]. Geneva, International Labour Organization, 2004 (http://www.ilo.org/skills/what/pubs/lang — en/docName — WCMS_106627/index.htm, accessed 23 June 2009).
54. *Strategies for skills acquisition and work for people with disabilities: a report submitted to the International Labour Organization*. Geneva, International Labour Organization, 2006 (http://www.hsrc.ac.za/research/output/outputDocuments/4388_Schneider_Strategiesforskills.pdf, accessed 23 June 2009).
55. Russell C. *Education, employment and training policies and programmes for youth with disabilities in four European countries*. Geneva, International Labour Organization, 1999.
56. Burchardt T. *The education and employment of disabled young people*. York, Joseph Rowntree Foundation, 2004.
57. Eide AH, et al. *Living conditions among people with activity limitations in Zimbabwe: a national representative study*. Oslo, SINTEF, 2003.
58. *Policy recommendations*. Measuring Health and Disability in Europe, 2008 (http://www.mhadie.it/home3.aspx, accessed 24 June 2009).
59. Roberts P, Babinard J. *Transport strategy to improve accessibility in developing countries*. Washington, World Bank, 2004 (http://siteresources.worldbank.org/INTTSR/Resources/accessibility-strategy.pdf, accessed 17 January 2011).
60. Butler SE et al. Employment barriers: access to assistive technology and research needs. *Journal of Visual Impairment & Blindness*, 2002,96:664-667.
61. Shier M, Graham J, Jones M. Barriers to employment as experienced by disabled people: a qualitative analysis in Calgary and Regina, Canada. *Disability & Society*, 2009,24:63-75. doi:10.1080/09687590802535485
62. Gartrell A. 'A frog in a well': the exclusion of disabled people from work in Cambodia. *Disability & Society*, 2010,25:289-301. doi:10.1080/09687591003701207
63. Waghorn G, Lloyd C. The employment of people with mental illness. *Australian e-Journal for the Advancement of Mental Health*, 2005, 4 (http://www.auseinet.com/journal/vol4iss2suppl/waghornlloyd.pdf, accessed 3 July 2009).
64. Baldwin ML, Marcus SC. Perceived and measured stigma among workers with serious mental illness. *Psychiatric Services (Washington, D.C.)*, 2006,57:388-392. PMID:16524998
65. Thornicroft G et al. INDIGO Study GroupGlobal pattern of experienced and anticipated discrimination against people with schizophrenia: a cross-sectional survey. *Lancet*, 2009,373:408-415. doi:10.1016/S0140-6736(08)61817-6 PMID:19162314
66. Kuddo A. *Labor Laws in Eastern European and Central Asian Countries: minimum norms and practices* [SP Discussion Paper 0920]. Washington, World Bank, 2009
67. Acemoglu D, Angrist J. Consequences of employment protection? The case of the Americans with Disabilities Act. *The Journal of Political Economy*, 2001,109:915-957. doi:10.1086/322836
68. Mitra S, Stapleton D. Disability, work and return to work. In: Lewin D, ed. *Contemporary issues in industrial relations, labor and employment relations*. Ithaca, Cornell University Press, 2006:251–284.

69. Houtenville AJ, Burkhauser RV. *Did the employment of people with disabilities decline in the 1990s, and was the ADA responsible? A replication and robustness check of Acemoglu and Angrist (2001)* [Research brief]. Ithaca, Cornell University, Employment and Disability Institute, 2004 (http://digitalcommons.ilr.cornell.edu/edicollect/91, accessed 15 May 2009).
70. Bell D, Heitmueller A. The Disability Discrimination Act in the UK: helping or hindering employment among the disabled? *Journal of Health Economics*, 2009,28:465-480. doi:10.1016/j.jhealeco.2008.10.006 PMID:19091434
71. Degener T. Disability discrimination law: a global comparative approach. In: Lawson A Gooding C, eds. *Disability rights in Europe: from theory to practice*. Portland, Hart Publishing, 2005.
72. Opini BM. A review of the participation of disabled persons in the labour force: the Kenyan context *Disability & Society*, 2010,25:271-287. doi:10.1080/09687591003701181
73. Mont D. *Disability employment policy* [SP Discussion Paper 0413]. Washington, World Bank, 2004.
74. *Enforcement guidance on reasonable accommodation and undue hardship under the Americans with Disabilities Act*. Washington, Equal Employment Opportunity Commission, 2002 (http://www.eeoc.gov/policy/docs/accommodation.html, accessed 3 June 2009).
75. Stapleton DC, Burkhauser RV, eds. *The decline in employment of people with disabilities: a policy puzzle*. Kalamazoo, UpJohn Institute, 2003.
76. Jones MK. Is there employment discrimination against the disabled? *Economics Letters*, 2006,92:32-37. doi:10.1016/j.econlet.2006.01.008
77. *Council Directive 2000/78/EC of 27 November 2000, establishing a general framework for equal treatment in employment and occupation*. Brussels, European Union, 2000 (http://ec.europa.eu/employment_social/news/2001/jul/directive78ec_en.pdf, accessed 15 June 2009).
78. Pereira de Melo H. *Article 13 network of disability discrimination law experts. Country: Portugal*. Oporto, Department of Bioethics and Ethical Medics, Oporto University, 2004.
79. *Israel: 2003 IDRM [International Disability Rights Compendium] Compendium Report*. Chicago, Center for International Rehabilitation, 2003 (http://www.ideanet.org/content.cfm?id=5B5C76, accessed 22 June 2009).
80. Waldschmidt A, Lingnau K. *Report on the employment of disabled people in European countries: Germany*. Academic Network of European Disability Experts, 2007 (http://www.disability-europe.net/content/pdf/DE%20Employment%20report.pdf, accessed 15 June 2009).
81. Commission for Employment Equity. *Annual report 2007–2008*. Pretoria, Department of Labour, 2008 (http://www.info.gov.za/view/DownloadFileAction?id=90058, accessed 2 February 2009).
82. Thornton P. *Employment quotas, levies, and national rehabilitation funds for persons with disabilities: pointers for policy and practice*. Geneva, International Labour Organization, 1998 (http://digitalcommons.ilr.cornell.edu/cgi/viewcontent.cgi?article=1083&context=gladnetcollect, accessed 17 March 2008).
83. Heyer K. From special needs to equal rights: Japanese disability law. *Asian-Pacific Law and Policy Journal*, 2000, 7.
84. Waddington L, Diller M. Tensions and coherence in disability policy: the uneasy relationship between social welfare and civil rights models of disability in American, European and international employment law. In: Breslin ML, Yee S, eds. *Disability rights law and policy*. Ardsley, Transnational Publishers, 2002.
85. *Tax incentives*. Job Accommodation Network, ADA Library (online), undated (http://www.jan.wvu.edu/media/tax.html, accessed 7 December 2008).
86. *Funding assistive technology and accommodations*. Boston, National Center on Workforce and Disability, 2008 (http://www.onestops.info/article.php?article_id=22, accessed 7 December 2008).
87. Mungovan A et al. *Education to employment package: a website for graduates with disabilities and employers*. Sydney, Workplace Modification Scheme, New South Wales Department of Education and Training, University of Western Sydney, 1998 (http://pubsites.uws.edu.au/rdlo/employment/tafe/services/T_S_work_mod.htm, accessed 7 December 2008).
88. *What is supported employment?* Washington, United States Department of Labor, Office of Disability Employment Policy, 1993 (http://www.dol.gov/odep/archives/fact/supportd.htm, accessed 18 October 2007).
89. *Handbook: supported employment*. Willemstad, World Organization for Supported Employment (http://www.wase.net/handbookSE.pdf, accessed 17 March 2008).
90. Crowther RE et al. Helping people with severe mental illness to obtain work: systematic review. *BMJ (Clinical Research Ed.)*, 2001,322:204-208. doi:10.1136/bmj.322.7280.204 PMID:11159616
91. Wehman P, Revell G, Kregel J.. Supported employment: a decade of rapid growth and impact. *American Rehabilitation*, 1998.
92. Cook JA et al. Integration of psychiatric and vocational services: a multisite randomized, controlled trial of supported employment. *The American Journal of Psychiatry*, 2005,162:1948-1956. doi:10.1176/appi.ajp.162.10.1948 PMID:16199843
93. Secker J, Dass S, Grove B. Developing social firms in the UK: a contribution to identifying good practice. *Disability & Society*, 2003,18:659-674. doi:10.1080/0968759032000097870

94. Warner R, Mandiberg J. An update on affirmative businesses or social firms for people with mental illness. *Psychiatric Services (Washington, D.C.)*, 2006,57:1488-1492. PMID:17035570
95. Social Firms Europe CEFEC [web site]. (http://www.socialfirmseurope.org/, accessed 18 March 2011).
96. Durie S, Wilson L. *Six Mary's place: social return on investment report*. Edinburgh, Forth Sector, 2007 (Series Report No. 1). (http://www.socialfirms.org.uk/FileLibrary/Resources/Quality%20&%20Impact/SROI%20report%20-%20Six%20Marys%20Place.pdf, accessed 19 January 2011).
97. Schneider J. Is supported employment cost effective? A review. *International Journal of Psychosocial Rehabilitation*, 2003,7:145-156.
98. Hyde M. Sheltered and supported employment in the 1990s: the experiences of disabled workers in the UK. *Disability & Society*, 1998,13:199-215. doi:10.1080/09687599826786
99. *Pathways to inclusion: improving vocational services for people with disabilities*. Wellington, New Zealand Department of Labour, 2001 (http://www.odi.govt.nz/documents/publications/pathways.pdf, accessed 17 July 2009).
100. *Pathways to inclusion: strategy evaluation* [Final evaluation report]. Wellington, New Zealand Ministry of Social Development, 2008 (http://www.msd.govt.nz/about-msd-and-our-work/publications-resources/evaluation/pathways-inclusion/pathways-to-inclusion-strategy-evaluation.html, accessed 20 July 2009).
101. Thornton P, Lunt N. *Employment policies for disabled people in eighteen countries: a review*. York, Social Policy Research Unit, University of York, 1997.
102. Bizlink: Employment for People with Disabilities [web site].(http://www.bizlink.org.sg/, accessed 18 March 2011).
103. Guozhong EZ. Inclusion of persons with disabilities in China. *Asia Pacific Rehabilitation Journal*, 2006, 17. (http://www.dinf.ne.jp/doc/english/asia/resource/apdrj/v172006/index.html, accessed 2 February 2011).
104. O'Brien C, O'Brien J. *A little book about person-centered planning*. Toronto, Canada, Inclusion Press, 1998.
105. Moxley DP, Finch JR, eds. *Sourcebook of rehabilitation and mental health practice*. Amsterdam, Kluwer, 2003.
106. Burns T et al. The Effectiveness of Supported Employment for People with Severe Mental Illness: A Randomised Control Trial. *Lancet*, 2007,370:1146-1152. doi:10.1016/S0140-6736(07)61516-5 PMID:17905167
107. Corrigan PW, McCracken SG. Place first, then train: an alternative to the medical model of psychiatric rehabilitation. *Social Work*, 2005,50:31-39. PMID:15688678
108. Bieler RB. Independent living in Latin America: progress in adapting a «First World» philosophy to the realities of the «Third World». *Disability World*, 2003, 21 (http://www.disabilityworld.org/11-12_03/il/latinamerica.shtml, accessed 8 June 2009).
109. Funación ONCE [web site]. (http://www.fundaciononce.es/EN/Pages/Portada.aspx, accessed 18 March 2011).
110. Gradwell L. Missing pieces: the voluntary sector and community sector's potential for inclusive employment. In: Roulstone A, Barnes C, eds. *Working futures? Disabled people, policy and social inclusion*. Bristol, Policy Press, 2005.
111. Rowland W. *Nothing about us without us: inside the disability rights movement of South Africa*. Pretoria, UNISA Press, 2004.
112. Disability Empowerment Concerns [web site]. (http://www.dectrust.co.za/, accessed 18 March 2011).
113. National Centre for Promotion of Employment of Disabled People [web site]. (http://www.ncpedp.org/, accessed 18 March 2011).
114. *Managing disability in the workplace: ILO code of practice*. Geneva, International Labour Organization, 2002.
115. National Institute of Disability Management and Research [web site]. (http://www.nidmar.ca/index.asp, accessed 18 March 2011).
116. Bewley H, Dorsett R, Haile G. *The impact of Pathways to Work* [DWP research report 435]. Leeds, Corporate Document Services, 2007.
117. Harris J, Thornton P. Barriers to labour market participation: the experience of Deaf and hard of hearing people. In: Barnes C, Roulstone A, eds. *Working futures: disabled people, policy and social inclusion*. Bristol, Policy Press, 2005.
118. Simkiss P. Work matters: visual impairment, disabling barriers and employment options. In: Barnes C, Roulstone A, eds. *Working futures: disabled people, policy and social inclusion*. Bristol, Policy Press, 2005.
119. Bloch FS, Prins R, eds. *Who returns to work and why? A six-country study on work incapacity and reintegration*. Geneva, International Social Security Association, 2001.
120. Buys N. Editorial to the first issue. *International Journal of Disability Management Research*, 2006,1:1-2.
121. The Redemptorist Vocational School for People with Disabilities [web site]. (www.rvsd.ac.th, accessed 18 March 2011).
122. *OECD Thematic review on sickness, disability and work: Issues paper and progress report*. Paris, Organisation for Economic Co-operation and Development. 2008.
123. Metts RL. *Disability issues, trends, and recommendations for the World Bank (full text and annexes)*. Washington, World Bank, 2000 (http://siteresources.worldbank.org/DISABILITY/Resources/280658-1172606907476/DisabilityIssuesMetts.pdf, accessed 2 February 2011).
124. Guzman CZ et al. *The Philippines disability survey: a collaborative survey*. Manila, Department of Health and the University of the Philippines, 2002.

125. Alade EB. Community-based vocational rehabilitation (CBVR) for people with disabilities: experiences from a pilot project in Nigeria. *British Journal of Special Education*, 2004,31:143-149. doi:10.1111/j.0952-3383.2004.00345.x
126. Kalimullah NA, de Klerk T. *Encompassing all: impact study of the PSID program of BPKS*. Dhaka, Protibandhi Kallyan Somity, 2008.
127. Coleridge P. Economic empowerment. In: Barron T, Amerena P, eds. *Disability and inclusive development*. London, Leonard Cheshire International, 2007.
128. *Replicating success: a handbook and manual on alleviating poverty through peer training*. Geneva, International Labour Organization, 2007.
129. *Evaluation of the Spinal Cord Injury Project*. East Balmain, WestWoodSpice Human Services Consultants, 2002, (http://www.bvet.nsw.gov.au/pdf/SpinalCordProjectFinalReport2302.pdf, accessed 14 June 2010)
130. Timmons J et al. *Paving the way to work: a guide to career-focused mentoring for youth with disabilities*. Washington, National Collaborative on Workforce and Disability for Youth, Institute for Educational Leadership, 2006.
131. Harris C. Self-employment of disabled people in developing countries. *Disability World* 2003, 21 (http://www.disability-world.org/11-12_03/employment/ selfemployment.shtml, accessed 7 January 2011)
132. *Good practices for the economic inclusion of people with disabilities in developing countries: funding mechanisms for self-employment*. Woking, Handicap International, 2006.
133. Perry DA, ed. *Moving forward: toward decent work for people with disabilities. Examples of good practice in vocational training and employment from Asia and the Pacific*. Geneva, International Labour Organization, 2003.
134. Neufeldt AH. Self-directed employment and economic independence in low-income countries. In: O'Toole B, McConkey R, eds. *Innovations in Developing Countries for People with Disabilities*. London, Lisieux Hall, 1995 (http://www.aifo.it/english/resources/online/books/cbr/innovations/11neufeldt.pdf, accessed 7 January 2011).
135. *Doing business in Tigray: case studies of women entrepreneurs with disabilities in Ethiopia*. Geneva, International Labour Organization, 2006 (http://www.ilo.org/public/english/region/afpro/addisababa/publ/tigraycasestudy.pdf, accessed 18 February 2008).
136. Dyer S. Credit is a need and a right: inclusive policy and practice in micro finance. In: Heinicke-Motsch K, Sygall S, eds. *Building an inclusive development community: a manual on including people with disabilities in international development programs*. Bloomfield, Kumarian Press, 2004.
137. Cramm JM, Finkelflügel H. Exclusion of disabled people from microcredit in Africa and Asia: a literature study. *Asia Pacific Disability Rehabilitation Journal*, 2008,19:15-33.
138. Marin B, Prinz C, Queisser M, eds. *Transforming disability welfare policies: towards work and equal opportunities*. Aldershot, Ashgate, 2004.
139. Corden A. Benefits and tax credits: enabling systems or constraints? In: Barnes C, Roulstone A, eds. *Working futures: disabled people, policy and social inclusion*. Bristol, Policy Press, 2005.
140. Pearson M, Prinz C. Challenging the disability benefit trap across the OECD. In: Barnes C, Roulstone A, eds. *Working futures: disabled people, policy and social inclusion*. Bristol, Policy Press, 2005.
141. *Is informal normal? Toward more and better jobs in developing countries*. Paris, Organisation for Economic Co-Operation and Development, 2009.
142. The International Classification of Functioning. *Disability and Health*. Geneva, World Health Organization, 2001.
143. Mitra S. Temporary and partial disability programs in nine countries: what can the United States learn from other countries? *Journal of Disability Policy Studies*, 2009,20:14-27. doi:10.1177/1044207308315283
144. Mulheirn I, Pisani M. *The labour supply effect of the working tax credit: a quasi-experimental evaluation*. London, Her Majesty's Treasury, 2006 (http://wpeg.group.shef.ac.uk/refereeing2006/papers20006/Pisani.pdf, accessed 18 March 2008).
145. *We count*. Leamington Spa, BasicNeeds UK Trust, 2009 (http://www.basicneeds.org/download/We%20Count%20-%20Issue%207.pdf, accessed 3 June 2009).
146. Henderson C, Thornicroft G. Stigma and discrimination in mental illness: Time to Change. *Lancet*, 2009,373:1928-1930. doi:10.1016/S0140-6736(09)61046-1 PMID:19501729
147. *Reducing HIV stigma and discrimination: a critical part of national AIDS programmes*. Geneva, Joint United Nations Programme on HIV/AIDS, 2007.
148. *Light abre 90 vagas para deficientes (Ninety openings for people with disabilities at Light)*. São José do Rio Preto, Excelência Educação, Carreira & Concursos, 2008 (http://www.excelenciaglobal.com.br/noticias/?nt=9848, accessed 3 July 2009).
149. Employers' Forum on Disability [website]. (http://www.efd.org.uk/, accessed 2 February 2011).
150. Disability Standard [website]. (http://www.disabilitystandard.com/, accessed 2 February 2011).
151. Realising Potential [website]. (http://www.realising-potential.org/, accessed 2 February 2011).
152. Shah S. *Career success of disabled high-flyers*. London, Jessica Kingsley, 2005.
153. Shakespeare T, Thompson S, Wright M. No laughing matter: medical and social experiences of restricted growth. *Scandinavian Journal of Disability Research*, 2010,12:19-31. doi:10.1080/15017410902909118

154. Hernandez B, Keys C, Balcazar F. Employer attitudes toward workers with disabilities and their ADA employment rights: a literature review. *Journal of Rehabilitation*, 2000,66:4-16.
155. Shrey D et al. Disability management best practices and joint labour-management collaboration. *International Journal of Disability Management Research*, 2006,1:52-63. doi:10.1375/jdmr.1.1.52
156. Jodoin S, Harder H. Strategies to enhance labour-management cooperation in the development of disability management programs. *International Journal of Disability, Community, and Rehabilitation*, 2004, 3 (http://www.ijdcr.ca/VOL03_04_CAN/articles/jodoin.shtml, accessed 23 June 2009).

Capítulo 9

De cara al futuro: Recomendaciones

9

De cara al futuro: Recomendaciones

La discapacidad es parte de la condición humana. Casi todas las personas tendrán alguna deficiencia temporal o permanente en algún momento de su vida, y quienes lleguen a la vejez experimentarán cada vez más dificultades de funcionamiento. La discapacidad es compleja y las intervenciones necesarias para superar las desventajas que ella entraña son múltiples, sistémicas y dependientes del contexto.

La CDPD, adoptada en 2006, tiene como propósito «promover, proteger y asegurar el goce pleno y en condiciones de igualdad de todos los derechos humanos y libertades fundamentales por todas las personas con discapacidad, y promover el respeto de su dignidad inherente» (*1*). Refleja el importante cambio ocurrido en la forma en que se entiende en el mundo la discapacidad y se actúa frente a ella. En el *Informe mundial sobre la discapacidad* se ha reunido la mejor información científica disponible sobre el tema, para contribuir a comprender y a mejorar la vida de las personas con discapacidad, y facilitar la aplicación de la CDPD.

En este capítulo se resume, a modo de conclusión, lo que se sabe acerca de la discapacidad y se formulan recomendaciones finales para ayudar a las partes interesadas a superar las barreras que enfrentan las personas con discapacidad.

Discapacidad: Una preocupación mundial

¿Qué sabemos sobre las personas con discapacidad?

Estimaciones de prevalencia más elevadas

Se calcula que más de 1000 millones de personas viven con algún tipo de discapacidad, es decir, alrededor del 15% de la población mundial (según estimaciones de la población mundial de 2010). Esta cifra es superior a la estimación anterior de la OMS, que data de los años setenta y rondaba el 10%.

De acuerdo con la Encuesta Mundial de Salud, unos 785 millones (15,6%) de personas mayores de 15 años viven con alguna discapacidad, mientras que, conforme al estudio Carga Mundial de Morbilidad, esa cifra ascendería a aproximadamente 975 millones (19,4%). En la Encuesta Mundial de Salud se estima que, de esas personas, 110 millones (2,2%) enfrentan considerables dificultades de funcionamiento, en tanto en el estudio Carga Mundial de Morbilidad se calcula que son 190 millones (3,8%) las personas que tienen alguna «discapacidad grave», equivalente a la provocada por condiciones tales como tetraplejía, depresión grave o ceguera. Solo en el estudio Carga Mundial de Morbilidad se mide la discapacidad infantil (0-14 años); el número de niños discapacitados se estima en 95 millones (5,1%), de los cuales 13 millones (0,7%) tienen alguna «discapacidad grave», como se define más arriba.

Número creciente de afectados

El número de personas con discapacidad va en aumento. Los grupos de edad más avanzada corren mayor riesgo de discapacidad, y las poblaciones nacionales están envejeciendo a un ritmo sin precedentes. También se observa un incremento mundial de condiciones de salud crónicas tales como diabetes, enfermedades cardiovasculares y trastornos mentales, que incidirán en la naturaleza y la prevalencia de la discapacidad. En los patrones de discapacidad de cada país influyen las tendencias de las condiciones de salud y las tendencias de los factores ambientales y de otra índole, como los accidentes de tránsito, los desastres naturales, los conflictos, la alimentación y el abuso de sustancias.

Diversidad de experiencias

La experiencia de la discapacidad derivada de la interacción entre las condiciones de salud, los factores personales y los factores ambientales varía enormemente. Si bien la discapacidad se correlaciona con la desventaja, no todas las personas con discapacidad tienen las mismas desventajas. Las mujeres con discapacidad sufren discriminación de género y, al mismo tiempo, deben enfrentar barreras discapacitantes. Las tasas de matriculación escolar también difieren según el tipo de deficiencia: los niños con deficiencias físicas suelen estar en mejor situación que aquellos con deficiencias intelectuales o sensoriales. Quienes experimentan mayor exclusión del mercado laboral son, por lo general, las personas con problemas de salud mental o deficiencias intelectuales. Las personas con deficiencias más graves experimentan mayores desventajas.

Poblaciones vulnerables

La discapacidad afecta de manera desproporcionada a las poblaciones vulnerables. Su prevalencia es más elevada en los países de ingreso bajo que en los de ingreso alto. Las personas del quintil más pobre, las mujeres y los adultos mayores presentan mayor prevalencia de la discapacidad. Quienes tienen bajos ingresos, están desempleados o no poseen estudios suficientes corren mayor riesgo de verse afectados por alguna discapacidad. Los datos de algunos países muestran que los niños de las familias más pobres y de grupos étnicos minoritarios están considerablemente más expuestos al riesgo de discapacidad que otros niños.

¿Qué son las barreras discapacitantes?

Tanto en la CDPD como en la CIF se destacan los factores ambientales que limitan la participación de las personas con discapacidad. En este informe se ha documentado, con abundantes pruebas, la existencia de barreras como las siguientes:

- **Políticas y normas inadecuadas.** El diseño de las políticas no siempre toma en cuenta las necesidades de las personas con discapacidad o, en ocasiones, las políticas y las normas existentes no se aplican. Son ejemplo de ello la falta de una política clara de educación inclusiva, la ausencia de normas exigibles de acceso al entorno físico y el bajo grado de prioridad atribuido a la rehabilitación.
- **Actitudes negativas.** Las opiniones y los prejuicios constituyen obstáculos cuando los trabajadores de la salud no logran ver más allá de la discapacidad, los maestros no reconocen el valor de enseñar a los niños discapacitados, los empleadores discriminan a las personas con discapacidad y los familiares esperan muy poco de sus parientes discapacitados.
- **Falta de prestación de servicios.** Las personas con discapacidad son especialmente vulnerables a las deficiencias en servicios tales como la atención de la salud, la rehabilitación, o el apoyo y la asistencia.

- **Problemas con la prestación de servicios.** La calidad e idoneidad de los servicios para personas con discapacidad se ven afectadas por problemas como la mala coordinación entre los servicios, la insuficiente dotación de personal, y las competencias y la capacitación inadecuadas del personal.
- **Financiamiento insuficiente.** Los recursos asignados a la ejecución de políticas y planes suelen ser insuficientes. En los documentos de estrategias de reducción de la pobreza, por ejemplo, en ocasiones se menciona la discapacidad, pero no se prevé financiamiento.
- **Falta de accesibilidad.** Las construcciones (incluidos los espacios públicos), los sistemas de transporte y la información suelen ser inaccesibles. La falta de acceso al transporte es uno de los factores que, con más frecuencia, desalienta a las personas con discapacidad a la hora de buscar trabajo o les impide recibir atención de salud. Incluso en países donde hay leyes sobre accesibilidad, el cumplimiento en los edificios públicos suele dejar mucho que desear. En muchos casos, no se atienden las necesidades de comunicación de las personas con discapacidad. A menudo, la información no está disponible en formatos accesibles y algunas personas con discapacidad no logran acceder a TIC básicas, como teléfonos y televisores.
- **Falta de consultas y participación.** En muchos casos, se excluye a las personas con discapacidad del proceso de adopción de decisiones sobre cuestiones que afectan directamente sus vidas.
- **Falta de datos y pruebas.** A menudo, la falta de datos rigurosos y comparables sobre discapacidad y pruebas acerca de programas con resultados satisfactorios impide comprender la situación y actuar en consecuencia.

¿Cómo se ve afectada la vida de las personas con discapacidad?

Las barreras mencionadas contribuyen a las desventajas que experimentan las personas con discapacidad, algunas de las cuales son las siguientes:

- **Malos resultados de salud.** Según el grupo y el ambiente, las personas con discapacidad pueden ser más propensas a tener condiciones secundarias prevenibles y concurrentes, problemas de salud mental no tratados, mala salud bucal, tasas más elevadas de infección por el VIH, tasas más altas de obesidad y mortalidad prematura.
- **Menos logros académicos.** En relación con sus pares sin discapacidad, los niños con discapacidad tienen menos probabilidades de iniciar su escolaridad, permanecer en la escuela y pasar de grado, así como tasas más bajas de transición a la educación posescolar.
- **Menor actividad económica.** Las personas con discapacidad presentan tasas de ocupación más bajas y, cuando tienen empleo, suelen ganar menos que aquellas sin discapacidad.
- **Tasas de pobreza más altas.** En los hogares en los que uno de sus miembros tiene alguna discapacidad, las tasas de pobreza son más altas que en aquellos donde no hay personas discapacitadas. Como grupo y en todos los ambientes, las personas con discapacidad tienen peores condiciones de vida y menos bienes. La pobreza puede provocar discapacidad, como consecuencia de la malnutrición, la mala atención de la salud y la peligrosidad de las condiciones de vida o trabajo. A su vez, la discapacidad puede dar origen a la pobreza mediante la pérdida de ingresos, el desempleo o el subempleo, y los costos adicionales que acarrea la discapacidad, como los gastos extras en atención médica, vivienda y transporte.
- **En muchos casos, imposibilidad de llevar una vida independiente o de participar plenamente en las actividades de la comunidad.** Debido a la necesidad de recurrir a soluciones institucionales, la falta de integración en la comunidad, la inaccesibilidad del transporte y otros servicios y espacios públicos, y las actitudes negativas, las personas con discapacidad se

ven obligadas a depender de otras y quedan aisladas de las oportunidades sociales, culturales y políticas generales.

Recomendaciones

Los datos incluidos en este informe parecen indicar que muchos de los obstáculos que enfrentan las personas con discapacidad son evitables y que es posible superar las desventajas relacionadas con la discapacidad. Las siguientes recomendaciones abarcan varios ámbitos y se basan en las recomendaciones más específicas que figuran al final de cada capítulo.

La implementación de las recomendaciones requiere la intervención de diferentes *sectores* —salud, educación, protección social, trabajo, transporte, vivienda— y de distintos *agentes*, como los gobiernos, las organizaciones de la sociedad civil (incluidas las organizaciones de personas con discapacidad), los profesionales, el sector privado y las personas con discapacidad y sus familias.

Es fundamental que los países adecuen las medidas que vayan a adoptar al contexto específico de cada uno de ellos. Cuando sus recursos sean limitados, algunas de las medidas prioritarias, en especial las que requieran asistencia técnica y fortalecimiento de capacidades, se podrían incluir en el marco de la cooperación internacional (véase el cuadro 9.1).

Recomendación 1: Permitir el acceso a todos los sistemas, las políticas y los servicios generales

Las personas con discapacidad tienen necesidades comunes: de salud y bienestar, de seguridad económica y social, de aprender y desarrollar habilidades, y de vivir en su comunidad. Estas necesidades pueden y deben atenderse mediante programas y servicios generales. Integrar en ellos a las personas con discapacidad no solo es una cuestión de derechos humanos, sino también una solución más eficaz.

La integración es el proceso por el cual los gobiernos y otras partes interesadas se ocupan de que las personas con discapacidad participen, en condiciones de igualdad con las demás, en cualquiera de las actividades y los servicios dirigidos al público en general, como la educación, la atención de la salud, el empleo y los servicios sociales. Es necesario detectar y eliminar las barreras que impiden esa participación, tarea que posiblemente requiera cambios en las leyes, las políticas, las instituciones y el entorno.

La integración exige compromiso en todos los niveles; es preciso tenerla en cuenta en todos los sectores e incorporarla en la legislación, las normas, las políticas, las estrategias y los planes nuevos y existentes. Dos estrategias importantes son la adopción de diseños universales y la ejecución de ajustes razonables. La integración también requiere una planificación eficaz, recursos humanos adecuados y suficiente inversión financiera, además de medidas tales como programas y servicios específicos (véase la recomendación 2) para garantizar la atención adecuada de las diversas necesidades de las personas con discapacidad.

Recomendación 2: Invertir en programas y servicios específicos para personas con discapacidad

Además de los servicios generales, algunas personas con discapacidad pueden requerir medidas específicas, como rehabilitación, servicios de apoyo o capacitación. La rehabilitación —incluidos los dispositivos asistenciales tales como sillas de ruedas, audífonos y bastones blancos— mejora el funcionamiento y favorece la independencia. Una variedad bien regulada de servicios de asistencia y apoyo en la comunidad puede satisfacer las necesidades de atención y, al mismo tiempo, permitir a las personas vivir de manera independiente y participar en la vida económica, social y cultural de sus comunidades. La rehabilitación y la formación profesional pueden abrir oportunidades en el mercado laboral.

Capítulo 9 De cara al futuro: Recomendaciones

> **Cuadro 9.1. Un ejemplo de cooperación internacional inclusiva**
>
> En noviembre de 2008, el Gobierno australiano lanzó una estrategia denominada «*Development for all: towards a disability-inclusive Australian aid program*» (Desarrollo para todos: Hacia un programa australiano de ayuda que incluya la discapacidad), que marca un cambio importante en la forma en que Australia concibe y presta asistencia. La estrategia tiene por objeto mejorar el alcance y la eficacia de la asistencia para el desarrollo, al garantizar que las personas con discapacidad estén incluidas, contribuyan a las actividades de desarrollo y se beneficien de ellas en condiciones de igualdad.
>
> Para preparar la estrategia, la Agencia Australiana para el Desarrollo Internacional (AusAID), organismo de desarrollo del Gobierno australiano, llevó a cabo, en la mayoría de los países en desarrollo donde actúa, consultas en las que participaron personas con discapacidad, sus familias y cuidadores, representantes de los gobiernos, ONG y prestadores de servicios. Se recibieron en el proceso casi 500 comunicaciones escritas.
>
> Durante las consultas, el personal de la AusAID en el exterior —en muchos casos, poco experimentado en el trato con personas con discapacidad— recibió ayuda para interactuar con las organizaciones locales de personas con discapacidad. La participación directa del personal de la AusAID fue un paso importante en el comienzo del proceso hacia la comprensión institucional de la relevancia de un desarrollo que incluya la discapacidad. Muchos de sus miembros lograron estar mejor informados acerca de temas relativos a la discapacidad y adquirieron mayor confianza en sí mismos para tratar con personas discapacitadas.
>
> Tras dos años de ejecución, hay fuertes indicios de que la estrategia está dando buenos resultados:
>
> - Se presta más atención a la situación de las personas con discapacidad, que están asumiendo un papel central en la adopción de decisiones, y, gracias a ello, sus necesidades se toman en cuenta en las políticas y los programas de desarrollo de Australia.
> - El respaldo de Australia está incentivando a los Gobiernos de países asociados, como Papua Nueva Guinea, Camboya y Timor-Leste, a trabajar en pos de un desarrollo nacional más equitativo que beneficie a todos los ciudadanos, incluidas las personas con discapacidad.
> - Las inversiones encaminadas a fomentar el liderazgo de las personas con discapacidad, junto con la promoción internacional realizada por dirigentes australianos, contribuyen a que se asigne un grado más alto de prioridad y se aumenten los recursos destinados al desarrollo inclusivo en el mundo entero.
> - Los procesos, los sistemas y la información de la AusAID relacionados con el programa de ayuda son más accesibles para las personas con discapacidad. Se han revisado las directrices de elementos clave de los programas, como las becas, lo que se ha traducido en un mayor número de personas con discapacidad entre los becarios.
>
> La estrategia plantea un enfoque basado en los derechos, tiene en cuenta la diversidad de las personas con discapacidad y las cuestiones de género, y presta atención especial a los niños discapacitados.

Si bien se necesitan más servicios, también es preciso que estos sean de mejor calidad, más accesibles, flexibles, integrados y multidisciplinarios, y que estén mejor coordinados, especialmente en etapas de transición, por ejemplo, entre los servicios para niños y para adultos. Se deben examinar los programas y servicios a fin de evaluar sus resultados e introducir los cambios necesarios para mejorar su cobertura, eficacia y eficiencia. Estos cambios deben basarse en pruebas sólidas, ser acordes a la cultura y otros contextos locales, y ponerse a prueba localmente.

Recomendación 3: Adoptar una estrategia y un plan de acción nacionales en materia de discapacidad

Aun cuando la cuestión de la discapacidad debería estar presente en todas las estrategias de desarrollo y los planes de acción, también se recomienda adoptar una estrategia y un plan de acción nacionales en materia de discapacidad. Una estrategia de esta índole —en la que se enuncie una visión de largo plazo, consolidada e integral, para aumentar el bienestar de las personas con discapacidad— debe abarcar tanto áreas normativas y programáticas generales como servicios específicos para personas con discapacidad.

Para el desarrollo, la ejecución y el seguimiento de una estrategia nacional, se debería reunir a una amplia variedad de partes interesadas, entre ellos, ministerios competentes, ONG, grupos profesionales, personas con discapacidad y las organizaciones que las representan, el público en general y el sector privado.

La estrategia y el plan de acción deben basarse en un análisis de situación y tomar en cuenta factores como la prevalencia de la discapacidad, las necesidades de servicios, la condición social y económica, la eficacia y las fallas de los servicios actuales, y las barreras ambientales y sociales. En la estrategia se deben establecer prioridades y resultados mensurables. En el plan de acción se trasladará la estrategia a la práctica a corto y mediano plazo a través de la formulación de medidas concretas y la determinación de plazos para su instrumentación, la definición de metas, la designación de organismos responsables, y la planificación y asignación de los recursos necesarios.

Se necesitan mecanismos para determinar claramente a quiénes cabe la responsabilidad de la coordinación, la adopción de decisiones, el seguimiento regular, la presentación de informes periódicos y el control de los recursos.

Recomendación 4: Involucrar a las personas con discapacidad

Las personas con discapacidad suelen tener una percepción clara y singular acerca de su discapacidad y su situación. Es preciso consultarlas y procurar su participación a la hora de formular e implementar políticas, leyes y servicios.

Las organizaciones de personas con discapacidad pueden necesitar fortalecimiento de capacidades y apoyo para poder dar mayores posibilidades a las personas discapacitadas y abogar por la atención de sus necesidades. Cuando tienen un desarrollo y fondos suficientes, también pueden intervenir en la prestación de servicios, por ejemplo, suministrar información, ofrecer apoyo a los pares y ayudar a sus miembros a llevar una vida independiente.

A nivel individual, las personas con discapacidad tienen derecho a ejercer el control de sus vidas y, por consiguiente, se las debe consultar acerca de cuestiones que les atañen directamente, sea en relación con la salud, la educación, la rehabilitación o la vida en la comunidad. En algunos casos, puede que sea preciso ayudar en la adopción de decisiones para permitir a algunas personas comunicar sus necesidades y elecciones.

Recomendación 5: Mejorar la capacidad de los recursos humanos

Las actitudes y los conocimientos de las personas que se desempeñan, por ejemplo, en educación, atención de la salud, rehabilitación, protección social, trabajo, las fuerzas de seguridad y los medios de comunicación son particularmente importantes para garantizar la no discriminación y la participación.

La capacidad de los recursos humanos se puede mejorar mediante una educación, una capacitación y una contratación eficaces. Un examen de los conocimientos y las competencias del personal de los ámbitos pertinentes puede constituir un punto de partida para la elaboración de las medidas apropiadas para mejorarlos. En los planes de estudios y los programas de acreditación vigentes se debe integrar la formación correspondiente sobre discapacidad, que incorpore principios de derechos humanos. También debe brindarse capacitación en el empleo a quienes ya prestan y administran servicios. Por ejemplo, el fortalecimiento de capacidades de los agentes de atención primaria de salud y la disponibilidad de personal especializado, cuando sea necesario, contribuyen a ofrecer a las personas con discapacidad una atención eficaz y asequible desde el punto de vista económico.

Muchos países cuentan con muy poco personal en campos como la rehabilitación y la educación especial. La elaboración de normas de capacitación de distintos tipos y niveles de personal de rehabilitación también puede ayudar a subsanar la falta de recursos. También hay escasez de agentes de atención e intérpretes de lengua de señas. En algunos ambientes y sectores, quizás sea necesario mejorar la retención de personal.

Recomendación 6: Suministrar financiamiento suficiente y mejorar la asequibilidad económica

En muchos casos, los servicios públicos existentes para personas con discapacidad carecen de fondos suficientes, lo que afecta su disponibilidad y calidad. Para garantizar que estos servicios lleguen a todos los beneficiarios previstos y sean de buena calidad, deben contar con financiamiento suficiente y sostenible. La contratación externa de la prestación, el fomento de la colaboración público-privada, en especial con organizaciones sin fines de lucro, y la transferencia de presupuestos a las personas con discapacidad para que la atención sea orientada por los consumidores pueden contribuir a mejorar la prestación de los servicios.

Durante la formulación de la estrategia nacional sobre discapacidad y los planes de acción conexos, será preciso tener en cuenta la asequibilidad y sostenibilidad de las medidas propuestas, que se financiarán con fondos suficientes a través de los presupuestos. Se debe controlar y evaluar los costos y los resultados de los programas, a fin de elaborar y aplicar soluciones más eficaces en función de los costos.

Muchas veces, las personas con discapacidad y sus familias tienen que pagar gastos excesivos con su propio dinero. Para poner al alcance de las personas con discapacidad los bienes y servicios dirigidos a ellas y compensar los gastos adicionales que acarrea la discapacidad, particularmente para los pobres y vulnerables, se debe estudiar la posibilidad de ampliar la cobertura del seguro médico y social, de manera que las personas con discapacidad gocen de igualdad de acceso a los servicios sociales públicos, las personas con discapacidad pobres y vulnerables se beneficien de los programas de protección social orientados a reducir la pobreza, se otorguen exenciones del pago de aranceles, se reduzcan las tarifas de transporte, y se recorten los impuestos y derechos de importación de dispositivos asistenciales.

Recomendación 7: Sensibilizar más al público y mejorar su comprensión de la discapacidad

La comprensión y el respeto mutuos contribuyen a una sociedad inclusiva. Por ello es fundamental mejorar la forma en que la población entiende la discapacidad, enfrentar las percepciones negativas y representar la discapacidad de manera justa. Por ejemplo, las autoridades educativas deben cerciorarse de que las escuelas sean inclusivas y la valoración de la diversidad forme parte de su espíritu. Se debe alentar a los empleadores a aceptar las responsabilidades que les caben frente al personal con discapacidad.

Reunir información sobre las creencias, las actitudes y los conocimientos relacionados con la discapacidad puede ayudar a detectar deficiencias en la percepción del público que se pueden subsanar mediante la educación y la información pública. Los gobiernos, las organizaciones de voluntarios y las asociaciones profesionales deben analizar la posibilidad de realizar campañas de comunicación social orientadas a modificar actitudes sobre cuestiones que son objeto de estigma, como el VIH, las condiciones mentales y la lepra. La participación de los medios de difusión es esencial para asegurar el éxito de esas campañas y divulgar historias positivas sobre personas con discapacidad y sus familias.

Recomendación 8: Mejorar la recopilación de datos sobre discapacidad

A nivel internacional, es preciso elaborar metodologías para la recopilación de datos sobre personas con discapacidad, ponerlas a prueba en distintas culturas y aplicarlas sistemáticamente. Los datos deben estar estandarizados y ser pasibles de comparación internacional para poder utilizarlos como referencia, vigilar los progresos de las políticas de discapacidad, y lograr la aplicación nacional e internacional de la CDPD.

A nivel nacional, la discapacidad debe incluirse en la recopilación de datos. Las definiciones uniformes de «discapacidad», basadas en la CIF, permiten la comparación internacional de datos. Comprender las cifras relativas a las personas con discapacidad y sus circunstancias puede mejorar las medidas de los países para eliminar las barreras discapacitantes y prestar servicios adecuados a las personas discapacitadas. Para empezar, se pueden reunir datos de los censos de población nacionales en consonancia con las recomendaciones del Grupo de Washington sobre Medición de la Discapacidad y la Comisión de Estadística, ambos de las Naciones Unidas. Una solución eficiente y eficaz en función de los costos consiste en incluir preguntas sobre discapacidad —o un módulo sobre discapacidad— en las encuestas existentes, por ejemplo, las encuestas nacionales de hogares o de salud, encuestas sociales generales o encuestas sobre la fuerza de trabajo. Es preciso desglosar los datos por características de la población, como edad, sexo, raza y condición socioeconómica, para descubrir patrones, tendencias e información acerca de los subgrupos de personas con discapacidad.

Las encuestas específicas sobre discapacidad permiten obtener información más completa sobre las características de la discapacidad, como la prevalencia, las condiciones de salud relacionadas con la discapacidad, y el uso y la necesidad de servicios, en especial de rehabilitación. La recopilación de datos administrativos puede ser una valiosa fuente de información acerca de los usuarios y los tipos, las cantidades y los costos de los servicios, si se incluyen datos estándar identificadores de discapacidad.

Recomendación 9: Reforzar y respaldar la investigación sobre discapacidad

La investigación es crucial para mejorar la comprensión general de las cuestiones vinculadas a la discapacidad, suministrar información para políticas y programas, y asignar eficientemente los recursos.

En el presente informe se recomienda investigar distintos temas referentes a la discapacidad, entre ellos, los siguientes:
- el impacto de los factores ambientales (políticas, entorno físico, actitudes) en la discapacidad y cómo medirlo;
- la calidad de vida y el bienestar de las personas con discapacidad;
- los obstáculos a los servicios generales y específicos, y qué formas de superarlos han dado buenos resultados en diferentes contextos;
- los programas sobre accesibilidad y diseño universal adecuados para entornos de bajos ingresos;
- las interacciones entre factores ambientales, condiciones de salud y discapacidad, y entre discapacidad y pobreza;
- el costo de la discapacidad y la eficacia del gasto público en programas sobre discapacidad.

La investigación requiere inversiones específicas en capacidad humana y técnica, particularmente en los países de ingreso bajo y mediano. Es necesario constituir una masa crítica de investigadores especializados en discapacidad y reforzar su preparación en una gran variedad de disciplinas, como epidemiología, estudios sobre discapacidad, salud y rehabilitación, educación especial, economía, sociología y políticas públicas. También puede resultar útil ofrecer oportunidades internacionales de aprendizaje e investigación, vinculando universidades de países en desarrollo con otras de países de ingreso alto y mediano.

Conclusiones

La CDPD estableció un programa de cambio. En el *Informe mundial sobre la discapacidad* se ha documentado la situación actual de las personas discapacitadas. Se han puesto de relieve las lagunas de conocimientos y se ha subrayado la necesidad de ahondar en la investigación y formular nuevas políticas. También se han proporcionado recomendaciones para forjar una sociedad inclusiva con entornos favorables, que incentive a cada persona con discapacidad a desarrollar plenamente su potencial y le brinde igualdad de oportunidades para hacerlo.

Llevar las recomendaciones a la práctica

Para implementar las recomendaciones, se requieren un firme compromiso y la acción decidida de una amplia gama de interesados. Si bien el papel más destacado cabe a los gobiernos nacionales, hay otros agentes que también cumplen funciones de importancia. A continuación se resaltan algunas de las medidas que pueden adoptar las distintas partes interesadas.

Los Gobiernos pueden:
- revisar y modificar la legislación y las políticas existentes para compatibilizarlas con la CDPD; revisar y modificar los mecanismos de cumplimiento y exigibilidad;
- revisar las políticas, los sistemas y los servicios generales y específicos en materia de discapacidad para detectar deficiencias y obstáculos, y planificar medidas para superarlos;
- elaborar una estrategia y un plan de acción nacionales sobre discapacidad, y delimitar claramente las funciones y los mecanismos de coordinación, seguimiento y presentación de informes entre distintos sectores;
- regular la prestación de servicios introduciendo normas al respecto, y exigiendo su cumplimiento y realizando el seguimiento correspondiente;
- asignar recursos suficientes a los servicios públicos existentes y financiar de manera adecuada la instrumentación de la estrategia y el plan de acción nacionales sobre discapacidad;
- adoptar normas nacionales sobre accesibilidad y garantizar su cumplimiento en los edificios nuevos, el transporte, la información y las comunicaciones;
- introducir medidas para garantizar que las personas con discapacidad estén protegidas de la pobreza y se beneficien adecuadamente de los programas generales de alivio de la pobreza;
- incluir la discapacidad en los sistemas nacionales de recopilación de datos y suministrar datos desglosados sobre discapacidad, siempre que sea posible;
- realizar campañas de comunicación para mejorar el conocimiento y la comprensión de la discapacidad;
- establecer canales para que las personas con discapacidad y terceros puedan presentar denuncias sobre cuestiones de derechos humanos y leyes que no se aplican o cuyo cumplimiento no se exige.

Los organismos de las Naciones Unidas y las organizaciones de desarrollo pueden:
- incluir la discapacidad en programas de ayuda para el desarrollo utilizando el doble enfoque (general y específico);
- intercambiar información y coordinar medidas para acordar prioridades para iniciativas destinadas a extraer enseñanzas y reducir la duplicación de esfuerzos;
- proporcionar asistencia técnica a los países para que puedan fortalecer sus capacidades y mejorar sus políticas, sistemas y servicios, por ejemplo, mediante el

- intercambio de información sobre prácticas acertadas y prometedoras;
- contribuir a la elaboración de metodologías de investigación susceptibles de comparación internacional orientadas a la recopilación y el análisis de datos sobre las personas con discapacidad;
- incluir con regularidad los datos pertinentes sobre discapacidad en las publicaciones estadísticas.

Las organizaciones de personas con discapacidad pueden:
- ayudar a las personas con discapacidad a tomar conciencia de sus derechos, llevar una vida independiente y desarrollar sus habilidades;
- respaldar a los niños con discapacidad y sus familias para garantizar la inclusión educativa;
- defender los derechos de sus representados y transmitir sus opiniones a las autoridades decisorias internacionales, nacionales y locales, y a los proveedores de servicios;
- contribuir a la evaluación y el seguimiento de los servicios y colaborar con los investigadores para respaldar la investigación aplicada que pueda favorecer el desarrollo de servicios;
- promover la sensibilización del público y la comprensión de los derechos de las personas con discapacidad entre los profesionales, por ejemplo, mediante la organización de campañas, actividades de promoción, y capacitación sobre discapacidad e igualdad;
- llevar a cabo auditorías de los entornos, el transporte, y otros sistemas y servicios para fomentar la eliminación de barreras.

Los proveedores de servicios pueden:
- realizar auditorías —conjuntamente con grupos locales que se ocupen de la discapacidad— para detectar barreras físicas e informativas que puedan excluir a las personas con discapacidad;
- asegurarse de que el personal tenga una formación adecuada sobre discapacidad impartiendo la capacitación necesaria e incluyendo a los usuarios de los servicios en el diseño y la ejecución de las actividades de capacitación;
- elaborar planes de servicios individuales en consulta con las personas discapacitadas y sus familias, cuando sea necesario;
- introducir la gestión de casos, sistemas de derivación y registros electrónicos para coordinar e integrar la prestación de servicios;
- informar a las personas con discapacidad acerca de sus derechos y los mecanismos de presentación de denuncias.

Las instituciones académicas pueden:
- eliminar las barreras que obstan a la incorporación y la participación de estudiantes y docentes con discapacidad;
- incluir en los cursos de formación profesional información adecuada sobre discapacidad, basada en los principios de los derechos humanos;
- efectuar investigaciones sobre la vida de las personas con discapacidad y las barreras discapacitantes, en consulta con organizaciones de personas con discapacidad.

El sector privado puede:
- promover la diversidad y la inclusión en los lugares de trabajo;
- facilitar el empleo de personas con discapacidad garantizando que la contratación sea en condiciones de igualdad, que se realicen los ajustes razonables y que los empleados que hayan adquirido una discapacidad cuenten con respaldo a la hora de volver al trabajo;
- eliminar las barreras al acceso a las microfinanzas, para que las personas con discapacidad puedan desarrollar sus propios negocios;
- elaborar una variedad de servicios de apoyo de buena calidad para las personas con discapacidad y sus familias en las distintas etapas del ciclo de la vida;
- ocuparse de que los proyectos de construcción, por ejemplo, de espacios públicos, oficinas y viviendas, incluyan accesos adecuados para las personas con discapacidad;

- asegurarse de que los productos, sistemas y servicios de TIC resulten accesibles para las personas con discapacidad.

Las comunidades pueden:
- poner a prueba y mejorar sus propias creencias y actitudes;
- proteger los derechos de las personas con discapacidad;
- fomentar la inclusión y la participación de las personas con discapacidad en sus comunidades;
- asegurarse de que los espacios de la comunidad, como escuelas, zonas de recreación y centros culturales, sean accesibles para las personas con discapacidad;
- oponerse a los actos de violencia e intimidación contra las personas con discapacidad.

Las personas con discapacidad y sus familias pueden:
- respaldar a otras personas con discapacidad proporcionándoles apoyo, capacitación, información y asesoramiento;
- promover los derechos de las personas con discapacidad en sus comunidades, por ejemplo, realizando auditorías de accesibilidad, impartiendo capacitación sobre discapacidad e igualdad, y tomando parte en campañas en favor de los derechos humanos;
- participar en campañas de sensibilización y de comunicación social;
- participar en foros (internacionales, nacionales, locales) para determinar las prioridades para el cambio, influir en las políticas y configurar la prestación de servicios;
- participar en proyectos de investigación.

Referencias

1. *Convention on the Rights of Persons with Disabilities*. Geneva, United Nations, 2006 (http://www2.ohchr.org/english/law/disabilities-convention.htm, accessed 10 March 2011).

Apéndice técnico A

Estimaciones de la prevalencia de la discapacidad (%) y de años de salud perdidos por la discapacidad (APD), por país

	Estado miembro	Prevalencia de la discapacidad según la Encuesta Mundial de Salud 2002-2004[a]	Censo			Encuesta o componente de discapacidad en otras encuestas			APD por cada 100 personas en 2004
			Año	Componente de la CIF	Prevalencia	Año	Componente de la CIF	Prevalencia	
1	Afganistán					2005	Def, LA, RP	2,7 (*1*)	15,3
2	Albania					2008	Def	3,4 (*2*)	7,8
3	Alemania		2007	Def	8,4 (*41*)	2002	Def, LA, RP	11,2 (*7*)	6,7
4	Andorra								6,8
5	Angola								14,4
6	Antigua y Barbuda								8,8
7	Arabia Saudita					1996	Def	4,5 (*91*)	8,1
8	Argelia					1992		1,2 (*3*)	8,0
9	Argentina		2001	Def, LA	7,1 (*4*)				8,7
10	Armenia								7,9
11	Australia		2006		4,4 (*5*)	2003		20,0 (*6*)	6,8
12	Austria					2002	Def, LA, RP	12,8 (*7*)	6,7
13	Azerbaiyán								8,2
14	Bahamas		2000	Def	4,3 (*8*)	2001	Def	5,7 (*9*)	9,0
15	Bahrein		1991	Def	0,8 (*10*)				7,6
16	Bangladesh	31,9				2005	Def	2,5 (*11*)	10,1
17	Barbados		2000	Def	4,6 (*12*)				8,5
18	Belarús								8,4
19	Bélgica					2002	Def, LA, RP	18,4 (*7*)	6,9
20	Belice		2000	Def, LA, RP	5,9 (*13*)				10,0
21	Benin		2002	Def	2,5 (*14*)	1991		1,3 (*10*)	11,0
22	Bhután		2005	Def	3,4 (*15*)	2000	Def	3,5 (*16*)	9,5
23	Bolivia (Estado Plurinacional de)		2001	Def	3,1 (*17*)	2001	Def	3,8 (*18*)	10,8
24	Bosnia y Herzegovina	14,6							7,6
25	Botswana		2001	Def	3,5 (*19*)				13,8
26	Brasil	18,9	2000	Def	14,9 (*20*)	1981	Def	1,8 (*10*)	10,1
27	Brunei Darussalam								7,4
28	Bulgaria								7,9
29	Burkina Faso	13,9							12,1
30	Burundi								13,5

Informe mundial sobre la discapacidad

	Estado miembro	Prevalencia de la discapacidad según la Encuesta Mundial de Salud 2002-2004[a]	Censo			Encuesta o componente de discapacidad en otras encuestas			APD por cada 100 personas en 2004
			Año	Componente de la CIF	Prevalencia	Año	Componente de la CIF	Prevalencia	
31	Cabo Verde		1990	Def	2,6 (10)				8,1
32	Camboya		2008		1,4 (21)	1999	Def	2,4 (11)	10,8
33	Camerún								11,7
34	Canadá		2001	Def, LA, RP	18,5 (22)	2006	Def, LA, RP	14,3 (23)	6,9
35	Chad	20,9							13,6
36	Chile		2002	Def	2,2 (24)	2004	Def, LA, RP	12,9 (25)	8,1
37	China					2006	Def	6,4 (26)	7,7
38	Chipre		1992	LA	6,4 (32)	2002	Def, LA, RP	12,2 (7)	7,4
39	Colombia		2005	Def, LA, RP	6,4 (27)	1991	Def	5,6 (10)	10,2
40	Comoras		1980		1,7 (10)				10,0
41	Congo		1974		1,1 (10)				11,0
42	Costa Rica		2000	Def	5,4 (28)	1998	Def	7,8 (28)	7,9
43	Côte d'Ivoire								13,8
44	Croacia	13,9	2001	Def	9,7 (29)	2009	Def, LA, RP	11,3 (30)	7,4
45	Cuba		2003	Def	4,2 (31)	2000	Def	7,0 (31)	8,2
46	Dinamarca					2002	Def, LA, RP	19,9 (7)	7,1
47	Djibouti								10,5
48	Dominica		2002	Def	6,1 (34)				8,8
49	Ecuador	13,6	2001	Def	4,6 (37)	2005	Def, LA, RP	12,1 (37)	9,2
50	Egipto		2006		1,2 (38)	1996	Def	4,4 (38)	8,6
51	El Salvador		1992	Def	1,8 (39)	2003	Def, LA	1,5 (39)	9,8
52	Emiratos Árabes Unidos	10,8							7,3
53	Eritrea								9,5
54	Eslovaquia	12,1				2002	Def, LA, RP	8,2 (7)	7,7
55	Eslovenia					2002	Def, LA, RP	19,5 (7)	7,1
56	España	9,5				2008	Def, LA	8,5 (97)	6,2
57	Estados Unidos de América		2000	Def, LA, RP	19,3 (110)	2007	Def, LA, RP	14,9 (111)	7,9
58	Estonia	11,0	2000	Def	7,5 (40)	2008	Def, LA, RP	9,9 (40)	7,9
59	Etiopía	17,6	1984		3,8 (10)				11,3
60	Ex República Yugoslava de Macedonia								7,3
61	Federación de Rusia	16,4							10,0
62	Fiji		1996	Def, LA	13,9 (11)				8,6
63	Filipinas	28,8	2000	Def	1,2 (85)				9,2
64	Finlandia	5,5				2002	Def, LA, RP	32,2 (7)	7,2
65	Francia	6,5				2002	Def, LA, RP	24,6 (7)	6,8
66	Gabón								11,0
67	Gambia								11,0
68	Georgia	15,6							7,6
69	Ghana	12,8							11,1
70	Granada								8,9
71	Grecia					2002	Def, LA, RP	10,3 (7)	6,3
72	Guatemala		2002	Def	6,2 (42)	2005	Def, LA, RP	3,7 (42)	10,0
73	Guinea								11,7
74	Guinea Ecuatorial								12,3

Apéndice técnico A

	Estado miembro	Prevalencia de la discapacidad según la Encuesta Mundial de Salud 2002-2004[a]	Censo			Encuesta o componente de discapacidad en otras encuestas			APD por cada 100 personas en 2004
			Año	Componente de la CIF	Prevalencia	Año	Componente de la CIF	Prevalencia	
75	Guinea-Bissau								12,7
76	Guyana		2002	Def, LA, RP	2,2 (43)				11,5
77	Haití		2003	Def	1,5 (44)				11,7
78	Honduras		2000	Def	1,8 (45)	2002	Def, LA, RP	2,6 (46)	9,5
79	Hungría	10,5	2001	Def	3,1 (47)	2002	Def, LA, RP	11,4 (7)	7,9
80	India	24,9	2001	Def	2,1 (49)	2002	Def	1,7 (11)	10,5
81	Indonesia					2007	Def, LA, RP	21,3 (50)	10,4
82	Irán (República Islámica del)		2006	Def	1,5 (51)				9,3
83	Iraq		1977	Def	0,9 (10)				19,4
84	Irlanda	4,3	2006	Def, LA, RP	9,3 (52)	2006	Def, LA, RP	18,5 (53)	6,7
85	Islandia					2008		7,4 (48)	6,0
86	Islas Cook								7,7
87	Islas Marshall		1999	Def	1,6 (65)				8,2
88	Islas Salomón					2004	Def	3,5 (11)	7,9
89	Israel	15,8							6,2
90	Italia					2002	Def, LA, RP	6,6 (7)	6,1
91	Jamahiriya Árabe Libia		1984	Def	1,5 (10)	1995		1,7 (10)	7,8
92	Jamaica		2001	Def	6,2 (54)				8,7
93	Japón					2005		5,0 (55)	5,5
94	Jordania		1994	Def	1,2 (10)	2001		12,6 (56)	7,9
95	Kazajstán	14,2	2006		3,0 (11)				10,1
96	Kenya	15,2	1989	Def	0,7 (10)				10,8
97	Kirguistán					2008	Def, LA, RP	20,2 (57)	9,6
98	Kiribati					2004	Def	3,8 (11)	9,6
99	Kuwait								6,9
100	Lesotho								11,4
101	Letonia	18,0				2009		5,2 (16)	8,0
102	Líbano					2002		1,5 (58)	9,1
103	Liberia		1971		0,8 (10)	1997	Def	16,4 (59)	13,9
104	Lituania		2001	Def	7,5 (60)	2002	Def, LA, RP	8,4 (7)	8,0
105	Luxemburgo	10,2				2002	Def, LA, RP	11,7 (7)	6,8
106	Madagascar					2003	Def, LA	7,5 (61)	10,7
107	Malasia	4,5				2000		0,4 (63)	8,0
108	Malawi	14,0	1983		2,9 (10)	2004	Def, LA, RP	10,6 (62)	13,1
109	Maldivas		2003	Def	3,4 (11)				10,2
110	Malí	9,8	1987		2,7 (10)				13,0
111	Malta		2005	Def, LA, RP	5,9 (64)	2002	Def, LA, RP	8,5 (7)	6,3
112	Marruecos	32,0	1982		1,1 (10)	2004		5,12 (70)	8,7
113	Mauricio	13,1	2000	Def	3,5 (66)				9,1
114	Mauritania	24,9	1988		1,5 (10)				11,0
115	México	7,5	2000	Def	1,8 (67)	2002	LA, RP	8,8 (68)	8,2
116	Micronesia (Estados Federados de)								7,0
117	Mónaco								6,5
118	Mongolia					2005		3,5 (11)	9,0

Informe mundial sobre la discapacidad

	Estado miembro	Prevalencia de la discapacidad según la Encuesta Mundial de Salud 2002-2004[a]	Censo			Encuesta o componente de discapacidad en otras encuestas			APD por cada 100 personas en 2004
			Año	Componente de la CIF	Prevalencia	Año	Componente de la CIF	Prevalencia	
119	Montenegro								7,4 (69)
120	Mozambique		1997	Def	1,9 (71)	2009	Def, LA, RP	6,0 (72)	12,5
121	Myanmar	6,4	1985	Def	2,0 (73)	2007	Def	2,0 (16)	9,8
122	Namibia	21,4	2001	Def	5,0 (74)	2002	Def, LA, RP	1,6 (75)	10,2
123	Nauru								9,5
124	Nepal	21,7	2001	Def	0,5 (76)	2001	Def	1,6 (11)	11,1
125	Nicaragua					2003	Def, LA, RP	10,3 (78)	8,5
126	Níger		1988		1,3 (10)				13,7
127	Nigeria		1991		0,5 (10)				13,2
128	Niue								8,4
129	Noruega	4,3				2002	Def, LA, RP	16,4 (7)	6,8
130	Nueva Zelandia					2001	Def, LA, RP	20,0 (77)	6,9
131	Omán		2005		0,5 (79)				7,2
132	Países Bajos					2002	Def, LA, RP	25,6 (7)	6,4
133	Pakistán	13,4	1998	Def	2,5 (80)				9,6
134	Palau								7,8
135	Panamá		2000	Def	1,8 (81)	2005	Def, LA, RP	11,3 (81)	8,4
136	Papua Nueva Guinea								9,4
137	Paraguay	10,4	2002	Def	1,1 (82)	2002	Def, LA	3,0 (82)	9,4
138	Perú		2007	Def, LA, RP	10,9 (83)	2006	Def, LA, RP	8,7 (84)	9,4
139	Polonia		2002	LA	14,3 (86)				7,3
140	Portugal	11,2	2001	Def	6,2 (87)	2002	Def, LA, RP	19,9 (7)	7,0
141	Qatar		1986		0,2 (10)				7,1
142	Reino Unido de Gran Bretaña e Irlanda del Norte		2001	Def, LA, RP	17,6 (108)	2002	Def, LA, RP	27,2 (7)	7,1
143	República Árabe Siria		1981		1,0 (10)	1993		0,8 (10)	7,7
144	República Centroafricana		1988		1,5 (10)				13,1
145	República Checa	11,7				2007	Def, LA, RP	9,9 (33)	7,0
146	República de Corea		2005	Def	4,6 (11)				7,6
147	República de Moldova								8,6
148	República Democrática del Congo								13,6
149	República Democrática Popular Lao	8,0	2004		8,0 (11)				10,5
150	República Dominicana	11,1	2002	Def	4,2 (35)	2007	Def	2,0 (36)	9,8
151	República Popular Democrática de Corea								9,5
152	República Unida de Tanzanía					2008	Def, LA, RP	7,8 (109)	12,7

Apéndice técnico A

	Estado miembro	Prevalencia de la discapacidad según la Encuesta Mundial de Salud 2002-2004[a]	Censo			Encuesta o componente de discapacidad en otras encuestas			APD por cada 100 personas en 2004
			Año	Componente de la CIF	Prevalencia	Año	Componente de la CIF	Prevalencia	
153	Rumania					2009	Def, LA, RP	19,0 (88)	7,9
154	Rwanda								13,3
155	Saint Kitts y Nevis								9,0
156	Samoa					2002		3,0 (90)	7,0
157	San Marino								6,2
158	San Vicente y las Granadinas		2001	Def	4,6 (89)				9,0
159	Santa Lucía		2001	Def	5,1 (89)				8,7
160	Santo Tomé y Príncipe		1991		4,0 (10)				10,0
161	Senegal	15,5	1988		1,1 (10)				11,3
162	Serbia					2008	Def, LA, RP	7,4 (92)	7,4 (93)
163	Seychelles					2007	Def	1,3 (16)	8,8
164	Sierra Leona		2004		2,4 (94)				14,7
165	Singapur					2003	Def	3,0 (11)	6,6
166	Somalia								14,3
167	Sri Lanka	12,9	2001	Def	1,6 (98)	1986	Def	2,0 (10)	11,5
168	Sudáfrica	24,2	2001	Def, RP	5,0 (95)	1998	Def, LA, RP	5,9 (96)	12,2
169	Sudán		1993		1,6 (10)	1992		1,1 (10)	12,2
170	Suecia	19,3				2002	Def, LA, RP	19,9 (7)	6,5
171	Suiza					2007	Def, LA, RP	14,0 (100)	6,2
172	Suriname		1980	Def	2,8 (99)				10,1
173	Swazilandia	35,9	1986		2,2 (10)				13,0
174	Tailandia					2007	Def, LA, RP	2,9 (102)	9,4
175	Tayikistán					2007		1,9 (101)	8,7
176	Timor-Leste					2002		1,5 (11)	11,0
177	Togo		1970		0,6 (10)				11,4
178	Tonga					2006		2,8 (103)	6,9
179	Trinidad y Tabago		2000	Def, LA	4,2 (104)				9,2
180	Túnez	16,3	1994		1,2 (10)	1989		0,9 (10)	7,5
181	Turkmenistán								9,1
182	Turquía	20,6				2002	Def, LA	12,3 (105)	7,5
183	Tuvalu								8,0
184	Ucrania	14,8							8,8
185	Uganda		2002	Def	3,5 (106)	2006	Def	7,2 (107)	12,7
186	Uruguay	4,6				2004	Def, LA, RP	7,6 (112)	9,0
187	Uzbekistán								8,0
188	Vanuatu					1999		1,4 (113)	7,6
189	Venezuela (República Bolivariana de)		2001	Def	4,2 (114)				9,1
190	Viet Nam	5,8				2005		6,4 (11)	7,8
191	Yemen		2004	Def	1,9 (115)	1998		1,7 (56)	12,9
192	Zambia	14,8	2000	Def	2,7 (10)	2006	Def, LA, RP	11,0 (116)	14,2
193	Zimbabwe	16,9				2003	Def, LA, RP	18,0 (117)	12,3

a) Los resultados de la Encuesta Mundial de Salud han sido ponderados y estandarizados por edad.

Abreviaturas para los componentes de la CIF: Def = deficiencias; LA= limitaciones de la actividad; RP= restricciones de participación.

Referencias

1. Islamic State of Afghanistan, and Handicap International. *National Disability Survey in Afghanistan. Towards well-being for Afghans with disabilities: the health challenge*. Lyon, Handicap International, 2005 (http://www.handicap-international.fr/uploads/media/HI_HEALTH_REPORTFINAL2_01.pdf, accessed 27 January 2010).
2. *Disability in Albania: annual report 2007–2008*. Tirana, Ministry of Labour, Social Affairs and Equal Opportunities Department and National Observatory of Persons with Disabilities, 2008.
3. *Human functioning and disability: Algeria,1992survey*. New York, Statistics Division, United Nations (http://unstats.un.org/unsd/demographic/sconcerns/disability/disab2.asp, accessed 27 January 2010).
4. *National survey of persons with disabilities (2002–2003)*. Buenos Aires, National Institute of Statistics and Censuses, 2003 (http://www.indec.mecon.ar/, accessed 27 January 2010).
5. *People with a need for assistance: a snapshot, 2006*. Canberra, Australian Bureau of Statistics, 2008 (http:www.abs.gov.au/AUSSTATS/abs@.nsf/Lookup/4445.0Main+Features12006?OpenDocument, accessed 27 January 2010).
6. *Disability, ageing and carers: summary of findings,2003*. Canberra, Australian Bureau of Statistics, 2004 (http://tinyurl.com/ykbapow, accessed 25 March 2010).
7. *Living conditions in Europe: data 2002–2005*. Luxembourg, EUROSTAT, 2007 (http://tinyurl.com/yab3l94, accessed 25 March 2010). [Note: Prevalence data are valid for people aged 16–64 years.]
8. *The 2000 census of population and housing report*. Nassau, Department of Statistics (http://statistics.bahamas.gov.bs/download/022740800.pdf, accessed 6 March 2010).
9. *Bahamas living conditions survey 2001*. Nassau, Department of Statistics, 2004. (http://statistics.bahamas.gov.bs/archives.php?cmd=view&id=3, accessed 2 February 2010).
10. *Bahrain:1991census*. New York, United Nations Disability Statistics Database (http://unstats.un.org/unsd/demographic/sconcerns/disability/disab2.asp, accessed 2 February 2010).
11. *Disability at a glance: a profile of 28 countries and areas in Asia and the Pacific*. Bangkok, United Nations Economic and Social Commission for Asia and the Pacific, 2006 (http://unescap.org/esid/psis/disability/publications/glance/disability%20at%20a%20glance.pdf, accessed 2 February 2010).
12. Trevor D. *Disability statistics in Barbados* [Datos de discapacidad en el Caribe]. Kingston, Inter-American Development Bank, 2005 (http://tinyurl.com/ylgft9x, accessed 2 February 2010).
13. Statistical Institute of Belize [web site]. (http://www.statisticsbelize.org.bz/, accessed 2 February 2010).
14. Institut National de la Statistique et de l'Analyse Economique [web site]. (http://www.insae-bj.org, accessed 2 February 2010).
15. *Disability at a glance: a profile of 28 countries and areas in Asia and the Pacific*. Bangkok, United Nations Economic and Social Commission for Asia and the Pacific, 2006 (http://unescap.org/esid/psis/disability/publications/glance/disability%20at%20a%20glance.pdf, accessed 2 February 2010).
16. From official statistics provided to the WHO regional office.
17. Chumacero Viscarra M. *Statistics on persons with disability in Bolivia* [Datos de discapacidad en la región Andina]. Lima, Inter-American Development Bank, 2005 (http://tinyurl.com/ylgft9x, accessed 2 February 2010).
18. National Statistics Office [web site]. (http://www.ine.gov.bo/default.aspx, accessed 2 February 2010).
19. *2001 Population census atlas: Botswana*. Gaborone, Botswana Central Statistics Office, 2005 (http://www.cso.gov.bw/images/stories/Census_Publication/pop%20atlas.pdf, accessed 6 March 2010).
20. Instituto Brasileiro de Geografia e Estatística [web site]. (http://www.ibge.gov.br/english/estatistica/populacao/censo2000/default_populacao.shtm, accessed 2 February 2010).
21. *General population census of Cambodia 2008*. Phnom Penh, National Institute of Statistics, 2008.
22. *Census of Canada*. Ottawa, Statistics Canada, 2001 (http://www12.statcan.ca/english/census01/home/index.cfm, accessed 6 March 2010).
23. *Prevalence of disability in Canada2006*. Ottawa, Statistics Canada (http://www.statcan.gc.ca/pub/89-628-x/2007002/4125019-eng.htm, accessed 2 February 2010).
24. Zepeda M. *First national study on disability: summary of results* [Estadísticas de discapacidad en el Cono Sur]. Buenos Aires, Inter-American Development Bank, 2005 (http://tinyurl.com/ylgft9x, accessed 2 February 2010).
25. *First national study on disability*. Santiago, Government of Chile, 2004 (http://www.ine.cl/canales/chile_estadistico/encuestas_discapacidad/pdf/estudionacionaldeladiscapacidad(ingles).pdf, accessed 2 February 2010).
26. National Bureau of Statistics of China [web site]. (http://www.stats.gov.cn, accessed 2 February 2010).
27. González CI. *First meeting on disability statistics in the Andean region* [Datos de discapacidad en la región Andina]. Lima, Inter-American Development Bank, 2005 (http://tinyurl.com/ylgft9x, accessed 2 February 2010).

Apéndice técnico A

28. González ME. *Disability statistics: experiences since the implementation of the household survey and population census* [Estadística sobre personas con discapacidad en Centroamérica]. Managua, Inter-American Development Bank, 2004 (http://tinyurl.com/ylgft9x, accessed 2 February 2010).
29. Republic of Croatia, Central Bureau of Statistics [web site]. (http://www.dzs.hr, accessed 3 February 2010).
30. Benjak T, Petreski N. *Izvješće o osobama s invaliditetom u Republici Hrvatskoj*. Zagreb, Croatian National Institute of Public Health, 2009 (http://www.hzjz.hr/epidemiologija/kron_mas/invalidi08.pdf, accessed 3 February 2010).
31. Oficina Nacional de Estadísticas [web site]. (http://www.one.cu, accessed 3 February 2010).
32. *Census1992*. Nicosia, Statistical Service of the Republic of Cyprus (http://www.mof.gov.cy/mof/cystat/statistics.nsf/index_gr/index_gr?OpenDocument, accessed 3 February 2010).
33. Czech Statistical Office [web site]. (http://www.czso.cz/csu/2008edicniplan.nsf/p/3309-08, accessed 3 February 2010).
34. Government of the Commonwealth of Dominica [web site]. (http://www.dominica.gov.dm/cms/index.php?q=node/28, accessed 3 February 2010).
35. *La discapacidad en República Dominicana: un perfil a partir de datos censales*. Santo Domingo, National Disability Council and Pan American Health Organization, 2006.
36. *Encuesta de demografía y salud: República Dominicana*. Calverton, Centro de Estudios Sociales y Demográficos and ORC Macro, 2007.
37. Parrales EMM. *Disability statistics in the 2001 census* [Datos de discapacidad en la región Andina]. Lima, Inter-American Development Bank, 2005 (http://tinyurl.com/ylgft9x, accessed 3 February 2010).
38. *Population and housing census 2006: population distribution by physical status*. Cairo, Central Agency for Mobilization and Statistics, 2006 (http://www.msrintranet.capmas.gov.eg/ows-img2/pdf/tab10_e.pdf, accessed 3 February 2010).
39. Corleto MA. *Characterization of disability in El Salvador following the EHPM 2003* [Estadística sobre personas con discapacidad en Centroamérica]. Managua, Inter-American Development Bank, 2005 (http://tinyurl.com/ylgft9x, accessed 3 February 2010).
40. *Limitations of everyday activities of persons aged 16 and older due to health problems by sex and age group*. Tallinn, Population and Social Statistics Department, 2008 (http://pub.stat.ee/px-web.2001/Dialog/varval.asp?ma=PH81&ti=LIMITATIONS+OF+EVERYDAY+ACTIVITIES+OF+PERSONS+AGED+16+AND+OLDER+DUE+TO+HEALTH+PROBLEMS+BY+SEX+AND+AGE+GROUP&path=./I_Databas/Social_life/05Health/05Health_status/&lang=1, accessed 3 February 2010).
41. Statistisches Bundesamt Deutschland [web site]. (http://www.destatis.de/jetspeed/portal/cms/Sites/destatis/Internet/DE/Presse/pm/2008/07/PD08__258__227.psml, accessed 3 February 2010). [Note: Prevalence rate refers only to persons with severe disability (more than 50% of «degree of disability»).]
42. Lee Leiva JRS. *Planning the first national survey on disability* [Armonización regional de la definición de discapacidad]. Buenos Aires, Inter-American Development Bank, 2005 (http://tinyurl.com/ylgft9x, accessed 3 February 2010).
43. Luke DA. *Disability data: census and other sources* [Datos de discapacidad en el Caribe]. Kingston, Inter-American Development Bank, 2005 (http://tinyurl.com/ylgft9x, accessed 3 February 2010).
44. L'Institut Haïtien de Statistique et d'Informatique [web site]. (http://www.mefhaiti.gouv.ht/ihsi.htm, accessed 3 February 2010).
45. García M, Rodriguez RD. *Harmonization of the definition of disability* [Armonización regional de la definición de discapacidad]. Buenos Aires, Argentina Inter-American Development Bank, 2005 (http://tinyurl.com/ylgft9x, accessed 3 February 2010).
46. García M. Data on disability in Honduras [Datos sobre discapacidad en Honduras]. Tegucigalpa, Instituto Nacional de Estadística and Inter-American Development Bank, 2002 (http://www.iadb.org/sds/SOC/publication/gen_6191_4149_s.htm, accessed 4 April 2010).
47. Hungarian Central Statistical Office [web site]. (http://portal.ksh.hu, accessed 3 February 2010).
48. *Social insurance administration, invalidity and rehabilitation pensioners and recipients of invalidity allowances 1986–2008*. Reykjavik, Tryggingastofnun, 2009 (http://www.tr.is/media/frettir/stadtolur//2008_Tafla1_22_net.xls, accessed 3 February 2010). [Note: Prevalence rate refers only to persons with severe disability (more than 50% of «degree of disability»).].
49. *Census of India*. New Delhi, Office of the Registrar General (http://www.censusindia.net, accessed 3 February 2010).
50. *Report of baseline health research*. Jakarta, National Institute of Health Research and Development, Ministry of Health, 2008.
51. *General results of Iran census 2006: population and housing*. Tehran, National Statistics Office, Statistical Centre of Iran, 2006.
52. *Census 2006: principal socio-economic results*. Dublin, Central Statistics Office, 2006 (http://www.cso.ie/census/census-2006results/PSER/PSER_Tables%2031-38.pdf, accessed 3 February 2010).
53. *National disability survey*. Dublin, Central Statistics Office, 2008 (http://www.cso.ie/releasespublications/documents/other_releases/nationaldisability/National%20Disability%20Survey%202006%20First%20Results%20full%20report.pdf, accessed 3 February 2010).
54. Bartley M. *Measurement of disability data: Jamaica's experience with censuses and surveys* [Estadísticas de discapacidad en el Cono Sur]. Buenos Aires, Inter-American Development Bank, 2005 (http://tinyurl.com/ylgft9x, accessed 3 February 2010).

55. *Annual report on government measures for persosn with disabilities*. Tokyo, Cabinet Office, 2005 (http://www8.cao.go.jp/shougai/english/annualreport/2005/h17_report.pdf, accessed 3 February 2010).
56. *A note on disability issues in the Middle East and North Africa*. Washington, World Bank, 2005 (http://siteresources.worldbank.org/DISABILITY/Resources/Regions/MENA/MENADisabilities.doc, accessed 3 February 2010).
57. Disability data from the annual report of the Ministry of Health and the Republican Medical Information Centre: *Health of the population and functioning of health facilities in 2008*. Bishkek, Ministry of Health, 2009. Population data from: *Main social and demographic characteristics of population and number of housing units*. Bishkek, National Statistical Committee of the Kyrgyz Republic, 2009.
58. *National human development report: Lebanon 2001–2002*. Beirut, United Nations Development Programme, 2002.
59. *National needs assessment survey of the injured and disabled*. Monrovia, Centers for the Rehabilitation of the Injured and Disabled, 1997.
60. Statistikos Departmentas [web site]. (http://db1.stat.gov.lt/statbank/default.asp?w=1680, accessed 3 February 2010).
61. Rapport d'enquête: coordination des soins aux personnes handicapées. Antananarivo, Ministère de la Santé, 2003.
62. Loeb ME, Eide AE. *Living conditions among people with activity limitations in Malawi: a national representative study*. Trondheim, SINTEF, 2004 (http://www.safod.org/Images/LCMalawi.pdf, accessed 3 February 2010).
63. *Country profile: Malaysia*. Bangkok, Asia-Pacific Development Center on Disability, 2006 (http://www.apcdfoundation.org/countryprofile/malaysia/index.html, accessed 25 March 2010). [Note: «Prevalence data» refers to registered persons with disabilities.]
64. National Statistics Office of Malta [web site]. (http://www.nso.gov.mt, accessed 3 February 2010).
65. *Census 1999*. Majuro, Republic of the Marshall Islands Census, 1999 (http://www.pacificweb.org/DOCS/rmi/pdf/99census.pdf, accessed 6 March 2010).
66. Central Statistics Office. Republic of Mauritius [web site]. (http://www.gov.mu/portal/goc/cso/census_1.htm, accessed 3 February 2010).
67. Lerma RV. *Generating disability data in Mexico* [Estadística sobre personas con discapacidad en Centroamérica]. Managua, Inter-American Development Bank, 2004 (http://tinyurl.com/ylgft9x, accessed 3 February 2010).
68. *Bases de datos en formato de cubo dinámico*. Mexico City, Sistema Nacional de Información en Salud, 2008 (http://dgis.salud.gob.mx/cubos.html, accessed 3 February 2010).
69. The YLD estimate for 2004 is reported for Serbia and Montenegro.
70. *Enquête nationale sur le handicap*. Rabat, Secrétariat d'Etat chargé de la Famille, de l'Enfance et des Personnes Handicapées, 2006 (http://www.alciweb.org/websefsas/index.htm, accessed 10 March 2010).
71. *Disability*. Maputo, Instituto Nacional de Estatística (http://www.ine.gov.mz/Ingles/censos_dir/recenseamento_geral/deficiencia, accessed 3 February 2010).
72. Eide AE, Kamaleri Y. *Health research, living conditions among people with disabilities in Mozambique: a national representative study*. Oslo, SINTEF, 2009 (http://www.sintef.no/upload/Helse/Levekår%20og%20tjenester/LC%20Report%20Mozambique%20-%202nd%20revision.pdf, accessed 4 April 2010).
73. Department of Statistics. Malaysia [web site]. (http://www.statistics.gov.my, accessed 3 February 2010).
74. *Namibia2001: population and housing census*. Windhoek, National Planning Commission (http://www.npc.gov.na/census/index.htm, accessed 3 February 2010).
75. Eide AH, van Rooy G, Loeb ME. *Living conditions among people with activity limitations in Namibia: a representative, national study*. Oslo, SINTEF, 2003 (http://www.safod.org/Images/LCNamibia.pdf, accessed 3 February 2010).
76. *Table 22: Population by type of disability, age groups and sex for regions*. Kathmandu, National Planning Commission Secretariat, Central Bureau of Statistics (http://www.cbs.gov.np/Population/National%20Report%202001/tab22.htm, accessed 3 February 2010).
77. *Disability counts 2001*. Wellington, Statistics New Zealand, 2002 (http://www2.stats.govt.nz/domino/external/pasfull/pasfull.nsf/0/4c2567ef00247c6acc256e6e006bcf1f/$FILE/DCounts01.pdf, accessed 3 February 2010).
78. Paguaga ND. *Statistics on persons with disabilities* [Estadística sobre personas con discapacidad en Centroamérica]. Managua, Inter-American Development Bank, 2004 (http://tinyurl.com/ylgft9x, accessed 3 February 2010).
79. *Number of recipients of social welfare by case (various years)*. Muscat, National Statistics, 2006 (http://www.moneoman.gov.om/stat_book/2006/fscommand/SYB_2006_CD/social/social_4-20.htm, accessed 3 February 2010).
80. *Population census organization*. Islamabad, Statistics Division, 2004 (http://www.statpak.gov.pk/depts/fbs/publications/compendium_gender2004/gender_final.pdf, accessed 10 March 2010).
81. Quesada LE. *Statistics on persons with disabilities* [Estadística sobre personas con discapacidad en Centroamérica]. Managua, Inter-American Development Bank, 2004 (http://tinyurl.com/ylgft9x, accessed 3 February 2010).
82. Barrios O. *Regional harmonization of the definition of disability* [Armonización regional de la definición de discapacidad]. Buenos Aires, Inter-American Development Bank, 2005 (http://tinyurl.com/ylgft9x, accessed 3 February 2010).

Apéndice técnico A

83. *Census 2007.* Lima, National Statistics Office, 2008 (http://www.inei.gob.pe/, accessed 25 March 2010). [Note: data correspond to percentage of surveyed homes with a person with disability.]
84. Araujo GR. *Various statistics on disability in Peru* [Datos de discapacidad en la región Andina]. Lima, Inter-American Development Bank, 2005 (http://tinyurl.com/ylgft9x, accessed 3 February 2010).
85. *A special release based on the results of Census 2000*. Manila, National Statistics Office, 2005 (http://www.census.gov.ph/data/sectordata/sr05150tx.html, accessed 10 March 2010).
86. Central Statistical Office [web site]. (http://www.stat.gov.pl, accessed 4 February 2010).
87. Instituto Nacional de Estatística [web site] (http://www.ine.pt, accessed 4 February 2010).
88. *Statistics annual book*. Bucharest, Ministry of Health, 2008.
89. *The Caribbean* (Studies and Perspectives Series, No. 7). Port of Spain, United Nations Economic Commission for Latin America and the Caribbean, Statistics and Social Development Unit, 2008.
90. *Country profile: Samoa*. Bangkok, Asia-Pacific Development Center on Disability, 2006 (http://www.apcdfoundation.org/countryprofile/samoa/index.html, accessed 25 March 2010). [Note: «Prevalence data» refers to people aged 15 years and older.]
91. *Country profile on disability: Kingdom of Saudi Arabia*. Washington, World Bank and JICA Planning and Evaluation Department, 2002 (http://siteresources.worldbank.org/DISABILITY/Resources/Regions/MENA/JICA_Saudi_Arabia.pdf, accessed 4 February 2010).
92. From official statistics provided by the Ministry of Health to the WHO regional office. Note: data only valid for age group 16–64 years and only in relation to disabilities recorded in the occupational statistics.
93. The YLD estimate for 2004 is reported for Serbia and Montenegro.
94. *2004 population and housing census: mortality and disability*. Freetown, Statistics Sierra Leone and UNFPA, 2006 (http://www.sierra-leone.org/Census/Mortality and Disability.pdf, accessed 4 February 2010).
95. *Prevalence of disability in South Africa*, Census 2001. Pretoria, Statistics South Africa, 2005 (http://www.statssa.gov.za/PublicationsHTML/Report-03-02-44/html/Report-03-02-44.html, accessed 4 February 2010).
96. Department of Health Facts and Statistics [web site]. (http://www.doh.gov.za/facts/index.html, accessed 4 February 2010).
97. Instituto Nacional de Estadística, [web site] (http://www.ine.es/en/inebmenu/mnu_salud_en.htm, accessed 4 February 2010).
98. *Census of population and housing 2001: disabled persons by type and disability, age and sex*. Colombo, National Statistics Office, 2001 (http://www.statistics.gov.lk/PopHouSat/PDF/Disability/p11d2%20Disabled%20persons%20by%20Age%20and%20Sex.pdf, accessed 4 February 2010).
99. Hunte A. *Disability studies in Suriname* [Datos de discapacidad en el Caribe]. Kingston, Inter-American Development Bank, 2005 (http://tinyurl.com/ylgft9x, accessed 4 February 2010).
100. National Statistics Office of Switzerland [web site]. (http://www.bfs.admin.ch/bfs/portal/fr/index/themen/20/06.html, accessed 4 February 2010).
101. From official statistics provided to the WHO regional office. Note: data refer to working-age population.
102. National Statistics Office of Thailand [web site]. (http://portal.nso.go.th/otherWS-world-context-root/index.jsp, accessed 4 February 2010).
103. *National disability identification survey*. Nuku'alofa, Tonga Department of Statistics, 2006 (http://www.spc.int/prism/Country/to/Stats/pdfs/Disability/NDIS06.pdf, accessed 4 February 2010).
104. Schmid K, Vézina S, Ebbeson L. *Disability in the Caribbean. A study of four countries: a socio-demographic analysis of the disabled*. UNECLAC Statistics and Social Development Unit, 2008 (http://www.eclac.org/publicaciones/xml/2/33522/L.134.pdf, accessed 4 February 2010).
105. *Turkey disability survey*. Ankara, Turkish Statistical Institute, 2002 (http://www.turkstat.gov.tr/VeriBilgi.do?tb_id=5&ust_id=1, accessed 4 February 2010).
106. *Census 2002*. Kampala, Uganda Bureau of Statistics (http://www.ubos.org/index.php?st=pagerelations2&id=16&p=related%20pages%202:2002Census%20Results, accessed 10 March 2010).
107. *Uganda national household survey 2005–2006: report on the socio-economic module*. Kampala, Uganda Bureau of Statistics, 2006 (http://www.ubos.org/onlinefiles/uploads/ubos/pdf%20documents/UNHSReport20052006.pdf, accessed 4 April 2010).
108. United Kingdom National Statistics [web site]. (http://www.statistics.gov.uk, accessed 4 February 2010).
109. *Tanzania disability survey 2008*. Dar es Salaam, National Bureau of Statistics, 2008. (http://www.nbs.go.tz/index.php?option=com_phocadownload&view=category&id=71:dissability&Itemid=106#, accessed 10 March 2010).
110. *Census 2000*. Washington, United States Census Bureau (http://www.census.gov/main/www/cen2000.html, accessed 6 March 2010).
111. *American community survey 2007*. Washington, United States Census Bureau (http://www.census.gov/acs/, accessed 4 February 2010). [Note: Prevalence data are valid for people aged 5 years and older.]

112. Damonte AM. *Regional harmonization of the definition of disability* [Armonización regional de la definición de discapacidad]. Buenos Aires, Inter-American Development Bank, 2005 (http://tinyurl.com/ylgft9x, accessed 4 February 2010).
113. *Vanuatu: disability country profile.* Suva, Pacific Islands Forum Secretariat, 2009 (http://www.forumsec.org/pages.cfm/strategic-partnerships-coordination/disability/, accessed 2 June 2009).
114. León A. *Venezuela: characterization of people with disability, Census 2001* [Datos de discapacidad en la región Andina]. Lima, Inter-American Development Bank, 2005 (http://tinyurl.com/ylgft9x, accessed 4 February 2010).
115. Central Statistical Organization [web site]. (http://www.cso-yemen.org/publication/census/second_report_demography_attached.pdf, accessed 4 February 2010).
116. Eide AH, Loeb ME, eds. *Living conditions among people with activity limitations in Zambia: a national representative study.* Oslo, SINTEF, 2006 (http://www.sintef.no/upload/Helse/Levekår%20og%20tjenester/ZambiaLCweb.pdf, accessed 7 December 2009).
117. Eide AH et al. *Living conditions among people with activity limitations in Zimbabwe: a representative regional survey.* Oslo, SINTEF, 2003 (http://www.safod.org/Images/LCZimbabwe.pdf, accessed 4 February 2010).

Apéndice técnico B

Reseña de las iniciativas mundiales y regionales sobre estadísticas de discapacidad

Hay numerosas bases de datos (además de sitios web) y estudios de diversos organismos nacionales e internacionales que han recopilado estadísticas sobre discapacidad (*1-9*).

A efectos de ilustrar algunas de las iniciativas actuales destinadas a mejorar las estadísticas sobre discapacidad, a continuación se describe la labor de cinco organizaciones, a saber:
- Grupo de Washington sobre Medición de la Discapacidad, perteneciente a las Naciones Unidas;
- Comisión Económica y Social para Asia y el Pacífico (CESPAP), perteneciente a las Naciones Unidas;
- Oficina Regional para las Américas de la Organización Mundial de la Salud (OMS)/Organización Panamericana de la Salud (OPS);
- Sistema Estadístico Europeo (SEE);
- Comisión Económica para Europa (CEPE) de las Naciones Unidas.

Grupo de Washington sobre Medición de la Discapacidad (Naciones Unidas)

El Grupo de Washington fue creado por la Comisión de Estadística de las Naciones Unidas en el año 2001 como un grupo consultivo de expertos a escala internacional para facilitar la medición de la discapacidad y la comparación de datos sobre discapacidad de los distintos países (*10*). En la actualidad, hay 77 oficinas nacionales de estadística representadas en el Grupo de Washington, además de siete organismos internacionales, seis organizaciones que representan a las personas con discapacidad, la División de Estadística de las Naciones Unidas, y otros tres órganos afiliados a las Naciones Unidas.

Tal como se describe en el capítulo 2, el Grupo de Washington creó un breve cuestionario de seis preguntas para utilizar en censos y encuestas, sobre la base de los Principios Fundamentales de las Estadísticas Oficiales y en consonancia con la CIF (*11*). Estas preguntas, cuando se utilizan en combinación con otros datos de censos, evalúan el grado de participación que poseen las personas con discapacidad en la educación, el empleo y la vida social, y pueden utilizarse para obtener información sobre la formulación de políticas de equiparación de oportunidades. Los Principios y Recomendaciones para los Censos de Población y Habitación de las Naciones Unidas incorporan el enfoque adoptado por el Grupo de Washington (*12*).

Así, el cuestionario breve recomendado por el Grupo de Washington procura identificar a la mayoría de la población que posee dificultades de funcionamiento en seis dominios básicos (vista, oído, movilidad, funciones cognitivas, autocuidado, comunicación), todas ellas dificultades que pueden limitar la vida independiente o la integración social, en caso de que no se efectúen los debidos ajustes del caso. El cuestionario breve del censo del Grupo de Washington fue sometido a una serie de pruebas cognitivas y de campo en 15 países antes de darse por concluido (*13*).

La segunda prioridad era recomendar uno o más conjuntos ampliados de puntos para incluir en las encuestas con el fin de medir los diferentes aspectos de la discapacidad, o principios para su diseño, que pudieran utilizarse como componentes de encuestas de población o como complementos de encuestas especiales. El conjunto ampliado de preguntas fue sometido a pruebas cognitivas en 10 países, y luego se realizaron otras pruebas de campo en cinco países de Asia y el Pacífico, en colaboración con la División de Estadística de la CESPAP, y una en Europa.

El Grupo de Washington también participa en el fortalecimiento de capacidades en los países en desarrollo para recopilar datos sobre discapacidad, por ejemplo, al capacitar a los especialistas gubernamentales en estadística sobre la metodología para medir la discapacidad. Asimismo, el Grupo ha elaborado una serie de documentos que tienen los siguientes objetivos:
- describir su labor para las organizaciones de personas con discapacidad (*14*);
- brindar asistencia a las oficinas nacionales de estadística (*15*);
- demostrar la forma en que se interpreta la discapacidad por medio del cuestionario breve de seis preguntas (*16*);
- dar ejemplos de la manera en que se pueden utilizar los cuestionarios breves para supervisar el cumplimiento de la CDPD de las Naciones Unidas (*17*).

Comisión Económica y Social para Asia y el Pacífico (Naciones Unidas)

La CESPAP ha estado trabajando para mejorar la medición y las estadísticas de la discapacidad, en consonancia con el Marco de Acción del Milenio de Biwako para la Integración de las Personas con Discapacidad en Asia y el Pacífico. En ese sentido, la CESPAP y la OMS han puesto en práctica un proyecto conjunto sobre discapacidad (2004-2006) basado en la CIF, con el fin de mejorar la disponibilidad, calidad, comparabilidad y pertinencia normativa de las estadísticas sobre discapacidad en la región.

El proyecto permanente denominado «Improvement of Disability Measurement and Statistics in Support of the Biwako Millennium Framework and Regional Census Programme» (Mejora de la medición y las estadísticas de la discapacidad en apoyo del Marco de Acción del Milenio de Biwako y el Programa de Censo Regional), financiado por la Cuenta de las Naciones Unidas para el Desarrollo, basa su labor en el impulso que generó el proyecto anterior. El proyecto, que fue puesto en práctica por la División de Estadística de la CESPAP, en estrecha colaboración con sus asociados internos y externos, que comprenden la División de Estadística de las Naciones Unidas, el Grupo de Washington, la OMS y determinadas oficinas nacionales de estadística de la región (*18*), fue concebido para vincularse con otras iniciativas mundiales que incorporen la recopilación de datos sobre discapacidad a través de encuestas y censos de población, como el Grupo de Washington. El proyecto combina varios componentes, como los siguientes:
- pruebas piloto de los cuestionarios estándar a escala nacional;
- capacitación específica de expertos en estadística y profesionales de la salud;
- servicios de asesoría a escala nacional;
- creación de instrumentos de gestión de conocimientos y formación de una red regional de expertos nacionales en estadísticas de discapacidad que trabajen en el ámbito gubernamental, a efectos de facilitar la cooperación entre naciones.

Organización Panamericana de la Salud

En América Latina y el Caribe, la OPS ha fundado una iniciativa estratégica para mejorar y estandarizar los datos sobre discapacidad mediante la aplicación de la CIF. La iniciativa adopta la forma de una red de organizaciones gubernamentales y no gubernamentales que participan en la recopilación y el uso de los datos sobre discapacidad. En tal sentido, cumple con dos grandes objetivos: a escala nacional, se concentra en el fortalecimiento de capacidades y en brindar asistencia técnica para los sistemas de información sobre discapacidad; a escala regional, promueve el intercambio de conocimientos y prácticas óptimas, además de la elaboración de directrices operativas y de medición estándar (*19*).

Sistema Estadístico Europeo

En la última década, el SEE ha emprendido un proyecto en la UE con el objetivo de contar con estadísticas comparables en materia de salud y discapacidad a través de las encuestas (*20*). Como consecuencia, en la UE se está poniendo en práctica en la actualidad un marco uniforme de encuestas de hogares y de personas que mide la salud y la discapacidad. Se han incorporado preguntas comunes sobre discapacidad en las diversas encuestas que se realizan en toda Europa. A modo de ejemplo, se han incluido varias preguntas generales sobre restricciones de la actividad en las encuestas de las Estadísticas de la UE sobre ingresos y condiciones de vida (EU-SILC) que reemplazaron al Panel de Hogares de la Unión Europea. La encuesta EU-SILC incluye una pregunta sobre «discapacidad» que se refiere a las «limitaciones de larga data de las actividades a causa de un problema de salud», conocida como la pregunta referida al indicador mundial GALI (*Global Activity Limitation Indicator*), que mide la limitación de la actividad y se utiliza para el cálculo del indicador estructural de años de vida sana. También se han elaborado encuestas especiales, como la Encuesta Comunitaria de Salud por Entrevista (EHIS) y la Encuesta Europea de Salud e Integración Social (ESHSI). En su primera ronda (2008-2010), la EHIS incluía preguntas sobre los dominios funcionales que abarcaban la vista, el oído, la habilidad de caminar, el autocuidado y la vida doméstica. Por su parte, la ESHSI contempla otros dominios del funcionamiento, además de factores ambientales que incluyen la movilidad, el transporte, la accesibilidad a los edificios, la educación y la capacitación, el empleo, el uso de internet, el contacto y el apoyo social, las actividades recreativas, la vida económica, las actitudes y el comportamiento.

Todas las variables y preguntas de estas diferentes encuestas se vinculan a la estructura de la CIF.

Asimismo, cada una de estas encuestas contiene el conjunto básico de variables sociales de la UE, que permite realizar un desglose por factores socioeconómicos. Se ha considerado importante efectuar la traducción de las preguntas comunes a los diversos idiomas de la UE, a fin de poner a prueba las preguntas y utilizar un cronograma y metodología comunes para su puesta en práctica. Los resultados de una encuesta especial, la EHIS, estarán gradualmente a disposición del público en los próximos años. En el caso de la ESHSI, su puesta en práctica está prevista para el año 2012.

Comisión Económica para Europa de las Naciones Unidas: Iniciativa de Budapest sobre la Medición del Estado de la Salud

En 2004, bajo los auspicios de la CEPE, perteneciente a las Naciones Unidas, se formó un grupo directivo conjunto y un equipo de tareas sobre la medición del estado de la salud con la CEPE, la Oficina Estadística de la Unión Europea (EUROSTAT) y la OMS. El equipo de tareas se conoce como «Iniciativa de Budapest», dado que su primera reunión se celebró en dicha ciudad en 2005 (*21*).

El principal objetivo de la Iniciativa de Budapest fue desarrollar un nuevo instrumento común, basado en la CIF, que permita medir el estado de salud adecuado para su inclusión en las encuestas realizadas mediante entrevista. Los objetivos eran obtener información básica sobre la salud de la población, la cual también se podrá utilizar para describir las tendencias en la salud a lo largo del tiempo dentro de un país, en los subgrupos de población y en los diferentes países dentro del marco de los sistemas estadísticos nacionales oficiales. El estado de salud mide la habilidad funcional en términos de capacidad, pero no mide otros aspectos de la salud como los factores de riesgo y determinantes, los estados de condiciones de salud, el uso de la atención médica, y las barreras y los facilitadores ambientales (*21*, *22*). Esta información es útil para efectuar los perfiles de salud de las diferentes poblaciones, y también para la posterior creación de índices sinópticos de salud poblacional, como los que usa el estudio Carga Mundial de Morbilidad. Las preguntas de la Iniciativa de Budapest cubren aspectos relativos a la vista, el oído, la habilidad de caminar y la movilidad, las funciones cognitivas, la afectación (ansiedad y depresión) y el dolor, y utiliza diferentes categorías de respuesta correspondientes a cada dominio en cuestión (*23*).

La Iniciativa de Budapest también trabaja para efectuar una coordinación con los grupos existentes y aprovechar la labor previa que llevó a cabo el SEE, la Encuesta Mundial de Salud, la encuesta realizada conjuntamente por los Estados Unidos y el Canadá, y el Grupo de Washington. A modo de ejemplo, el Grupo de Washington y la Iniciativa de Budapest, con el apoyo de la CESPAP, están llevando a cabo pruebas cognitivas y de campo de un conjunto ampliado de preguntas elaboradas por el Grupo de Washington, en colaboración con la Iniciativa de Budapest.

Referencias

1. *United Nations disability statistics database (DISTAT)*. New York, United Nations, 2006 (http://unstats.un.org/unsd/demographic/sconcerns/disability/disab2.asp, accessed 9 December 2009).
2. *United Nations demographic yearbook, special issue: population ageing and the situation of elderly persons*. New York, United Nations, 1993.
3. *Human development report 1997*. New York, United Nations Development Programme and Oxford University Press, 1997.
4. Filmer D. *Disability, poverty and schooling in developing countries: results from 11 household surveys*. Washington, World Bank, 2005, (http://siteresources.worldbank.org/SOCIALPROTECTION/Resources/SP-Discussion-papers/Disability-DP/0539.pdf, accessed 9 December 2009).
5. *Statistics on the employment situation of people with disabilities: a compendium of national methodologies*. Geneva, International Labour Organization, 2003.
6. *Disability at a glance: a profile of 28 countries and areas in Asia and the Pacific*. Bangkok, United Nations Economic and Social Commission for Asia and the Pacific, 2004.
7. *Data on disability*. Washington, Inter-American Development Bank, 2005 (http://www.iadb.org/sds/soc/site_6215_e.htm#Prevalence, accessed 9 December 2009).
8. *Disability and social participation in Europe*. Brussels, EUROSTAT, 2001.
9. Lafortune G, Balestat G. *Trends in severe disability among the elderly people: assessing the evidence in 12 OECD countries and the future implications*. Paris, Organisation for Economic Co-operation and Development, 2007 (OECD Health Working Papers No. 26) (http://www.oecd.org/dataoecd/13/8/38343783.pdf, accessed 9 December 2009).
10. *Washington Group on Disability Statistics*. Atlanta, Centers for Disease Control and Prevention, 2009 (http://www.cdc.gov/nchs/washington_group.htm, accessed 9 December 2009).
11. *Statistical Commission Report on the Special Session, New York, 11–15 April 1994*. New York, United Nations Economic and Social Council, 1994 (Supplement No. 9, Series No. E/CN.3/1994/18).
12. *Principles and recommendations for population and housing censuses: revision 2*. New York, United Nations, 2008 (Statistical Papers Series M, No. 67/Rev.2) (http://unstats.un.org/unsd/demographic/sources/census/docs/P&R_Rev2.pdf).
13. Washington Group on Disability Statistics. In: *Statistical Commission forty-first session, 23–26 February 2010*. New York, United Nations Economic and Social Council, 2010 (E/CN.3/2010/20) (http://unstats.un.org/unsd/statcom/doc10/2010-20-WashingtonGroup-E.pdf, accessed 29 December 2010).
14. *Disability information from censuses*. Hyattsville, Washington Group on Disability Statistics, 2008 (http://www.cdc.gov/nchs/data/washington_group/meeting8/DPO_report.pdf, accessed 9 December 2009).
15. *Development of an internationally comparable disability measure for censuses*. Hyattsville, Washington Group on Disability Statistics, 2008 (http://www.cdc.gov/nchs/data/washington_group/meeting8/NSO_report.pdf, accessed 9 December 2009).

Apéndice técnico B

16. *Understanding and interpreting disability as measured using the WG short set of questions*. Hyattsville, Washington Group on Disability Statistics, 2009 (http://www.cdc.gov/nchs/data/washington_group/meeting8/interpreting_disability.pdf, accessed 9 December 2009).
17. *Monitoring the United Nations (UN) Convention on the Rights of Persons with Disabilities*. Hyattsville, Washington Group on Disability Statistics, 2008 (http://www.cdc.gov/nchs/data/washington_group/meeting8/UN_convention.htm, accessed 9 December 2009).
18. *Improvement of disability measurement and statistics in support of Biwako Millennium Framework and Regional Census Programme*. Bangkok, United Nations Economic and Social Commission for Asia and the Pacific, 2010 (http://www.unescap.org/stat/disability/index.asp#recent_activities, accessed 29 December 2010).
19. Vásquez A, Zepeda M. *An overview on the state of art of prevalence studies on disability in the Americas using the International Classification of Functioning, Disability and Health (ICF): conceptual orientations and operational guidelines with regard to the application of the ICF in population studies and projects of intervention*. Santiago, Programa Regional de Rehabilitación, Pan American Health Organization, 2008.
20. EUROSTAT. *Your key to European statistics*. Luxembourg, European Commission, n.d. (http://epp.eurostat.ec.europa.eu, accessed 9 December 2009).
21. Health state survey module: Budapest Initiative: mark 1. In: *Fifty-fifth plenary session, Conference of European Statisticians, Geneva, 11–13 June 2007*. Geneva, United Nations Economic Commission for Europe, 2007 (ECE/CES/2007/6) (http://www.unece.org/stats/documents/ece/ces/2007/6.e.pdf, accessed 29 December 2010).
22. Health as a multi-dimensional construct and cross-population comparability. In: *Conference of European Statisticians, Joint UNCE/WHO/Eurostat meeting on the measurement of health status, Budapest, Hungary, 14–16 November 2005*. United Nations Economic Commission for Europe, 2005 (Working Paper No. 1) (http://www.unece.org/stats/documents/ece/ces/ge.13/2005/wp.1.e.pdf, accessed 29 December 2010).
23. Revised terms of reference of UNECE/WHO/EUROSTAT steering group and task force on measuring health status. In: *Conference of European Statisticians, First Meeting of the 2009/2010 Bureau, Washington, D.C., 15–16 October 2009*. Geneva, United Nations Economic Commission for Europe, 2009 (ECE/CES/BUR/2009/Oct/11) (http://www.unece.org/stats/documents/ece/ces/bur/2009/mtg1/11.e.pdf, accessed 29 December 2010).

Apéndice técnico C

Diseño y aplicación de la Encuesta Mundial de Salud

La Encuesta Mundial de Salud se llevó a cabo en 70 países. El tamaño de las muestras varió de 700, en Luxemburgo, a 38 746, en México. Los encuestados fueron hombres y mujeres mayores de 18 años que vivían en hogares particulares. Todas las muestras se obtuvieron de un marco nacional existente utilizando un diseño muestral multifásico por conglomerados para que a cada hogar e individuo encuestado se le asignara una probabilidad conocida de ser seleccionado no igual a cero, con las siguientes excepciones: en China y la India, las encuestas se realizaron en ciertas provincias y estados; en Comoras, la República Democrática del Congo y Côte d'Ivoire, las encuestas se limitaron a las regiones donde residía más del 80% de la población, y en México, la intención era que la muestra proporcionara estimaciones subnacionales a nivel de los estados. Las entrevistas presenciales estuvieron a cargo de encuestadores debidamente preparados. Las tasas de respuesta de los individuos (calculadas como la proporción de entrevistas realizadas a encuestados seleccionados de la muestra, sin incluir en el denominador a aquellos encuestados inadmisibles) variaron del 63% en Israel al 99% en Filipinas.

El módulo de salud de la Encuesta Mundial de Salud se sincronizó cuidadosamente con la revisión de la CIF. El objetivo no era recabar datos sobre deficiencias individuales, sino obtener una instantánea transversal de la capacidad de funcionamiento de los participantes en las diferentes encuestas nacionales que pudiera agregarse a nivel de toda la población. A los encuestados no se les preguntó acerca de condiciones de salud ni sobre la duración de las limitaciones de funcionamiento que pudieran tener.

Con el fin de elaborar un módulo de la Encuesta Mundial de Salud para las descripciones de estados de salud, se construyó un conjunto de ítems y se documentaron las propiedades psicométricas de cada pregunta (1). Mediante investigaciones cualitativas se identificaron los constructos básicos en los distintos países. El cuestionario se puso a prueba ampliamente antes de comenzar el estudio principal. La prueba piloto se realizó inicialmente en tres países (República Unida de Tanzanía, Filipinas y Colombia) y posteriormente el cuestionario se aplicó en 71 encuestas en 61 países para el Estudio Multinacional de la OMS. Catorce de dichas encuestas se realizaron en la forma de una extensa entrevista presencial a los encuestados que abarcó 21 dominios de salud; la muestra incluyó a más de 88 000 encuestados (1). Posteriormente, el instrumento de la Encuesta Mundial de Salud se preparó en varios idiomas y se perfeccionó aún más utilizando entrevistas cognitivas y pruebas de su aplicabilidad desde el punto de vista cultural. Para garantizar que las preguntas fueran culturalmente pertinentes, grupos de expertos bilingües crearon rigurosos protocolos de traducción, y se realizaron traducciones inversas específicas, además de análisis lingüísticos en profundidad. Entre febrero y abril de 2002, los módulos revisados para las descripciones de estados de salud se volvieron a poner a prueba en China, los Emiratos Árabes Unidos, Myanmar, el Pakistán, Sri Lanka y Turquía.

Seguidamente, se prepararon versiones largas y abreviadas del instrumento de la encuesta. En el cuestionario se preguntaba acerca de las dificultades de funcionamiento que el encuestado había tenido en los últimos 30 días en ocho dominios de su vida: movilidad, autocuidado, dolor y molestias, funciones cognitivas, actividades interpersonales, vista, sueño y energía, y afectividad. En la versión larga de la encuesta se hacían dos preguntas sobre cada uno de esos dominios, para cuya respuesta se presentaban diversos grados de dificultad de funcionamiento, mientras que en la versión abreviada se hacía una sola pregunta sobre cada dominio. Las preguntas de la Encuesta Mundial de Salud sobre los diferentes dominios eran muy similares o idénticas a las de las encuestas nacionales e internacionales sobre salud y discapacidad. Abarcaban todos los niveles de funcionamiento dentro de un dominio determinado, y se centraban en la mayor medida posible en las capacidades intrínsecas de los individuos en ese dominio. Por ejemplo, en el caso de la movilidad, se preguntaba a los encuestados acerca de sus dificultades para desplazarse y las dificultades que tenían para realizar actividades vigorosas. En el caso de la vista, se les preguntaba acerca de las dificultades que tenían para ver de cerca y de lejos. La escala de respuestas para cada ítem era idéntica, de cinco puntos: desde ninguna dificultad (1) hasta extrema dificultad o imposibilidad de realizar la actividad (5). Se calculó la prevalencia de dificultades de funcionamiento por sexo, edad, lugar de residencia y quintiles de riqueza.

Análisis de la Encuesta Mundial de Salud, incluida la derivación del umbral de discapacidad

En los análisis realizados para este informe se utilizaron datos de 69 países. No se consideraron los datos de Australia debido a que el método de encuesta consistió, en parte, en entregarla a los encuestados y luego recogerla, y en parte, en una entrevista telefónica, y no fue posible combinar las estimaciones debido a la existencia de sesgos desconocidos. Se ponderaron los datos de 59 de las 69 encuestas, por tener estas la información muestral completa. En el apéndice A se presentan las estimaciones correspondientes a cada país, sin incluir a los países cuyos datos no fueron ponderados —Alemania, Austria, Bélgica, Dinamarca, Grecia, Italia, los Países Bajos y el Reino Unido de Gran Bretaña e Irlanda del Norte (en todos estos casos se aplicó la versión abreviada de la encuesta), y Guatemala y Eslovenia (versión larga de la encuesta)—, ni a aquellos en los que las encuestas no eran representativas de todo el país (China, Comoras, Côte d'Ivoire y la República Democrática del Congo). En la India, la encuesta se realizó en seis estados, y las estimaciones se ponderaron para generar estimaciones a nivel nacional, cuyos resultados se han incluido en el apéndice A. Se calcularon estimaciones de prevalencia a partir de los datos ponderados y estandarizados por edad de 59 de los 69 países.

Si bien el tamaño de la muestra de cada país participante en la encuesta era diferente, a los efectos de las estimaciones con los datos combinados, las ponderaciones posestratificadas se utilizaron sin hacer ajustes específicos de acuerdo al tamaño de cada muestra. Para la corrección de la posestratificación de las ponderaciones de las muestras y para la estandarización por sexo, se utilizó la base de datos sobre población que mantiene la Organización de las Naciones Unidas. Para la estandarización por edad, se usó la población mundial estándar de la OMS (*2*).

En el sitio web de la Encuesta Mundial de Salud (http://www.who.int/healthinfo/survey/whsresults/en/index.html) se puede encontrar información detallada sobre los indicadores de calidad de cada encuesta en términos de su representatividad, tasas de respuesta, ítems sin respuesta, y personas que no respondieron a la encuesta.

Los encuestados declararon diversos grados de dificultad

Se dispone de datos sobre 16 ítems correspondientes a 53 países; los otros 16 países suministraron datos sobre ocho ítems. En la tabla C.1 se muestra la proporción de encuestados que respondieron en cada categoría.

Una proporción mucho mayor de encuestados declaró tener dificultades graves (10,3%) o extremas (9,7%) para realizar actividades vigorosas en comparación con el autocuidado y las relaciones interpersonales. Si se excluyen las actividades vigorosas, el 8,4% de los encuestados declaró tener una dificultad extrema o no poder desempeñarse en al menos un área de funcionamiento. Además, el 3,3% de los encuestados declaró tener una dificultad de funcionamiento extrema en dos o más áreas, y el 1,7% declaró dificultades de funcionamiento extremas en tres o más áreas. Las dificultades con respecto al autocuidado y las relaciones interpersonales, que incluyen la participación en la comunidad y la manera de afrontar conflictos, fueron las menos corrientes, mientras que las dificultades con la movilidad y el dolor se contaron entre las más comunes. En todos los dominios, las dificultades de funcionamiento fueron más comunes entre los grupos de personas de más edad y entre las mujeres.

Estas proporciones no deben interpretarse como la prevalencia de la discapacidad en la población. Tener dificultades de funcionamiento no equivale a tener deficiencias específicas. Sería probable que una persona que tuviera una condición de salud en particular experimentara muchísimas limitaciones. A los efectos de este informe, y de conformidad con la CIF, la discapacidad se conceptualiza como una disminución del funcionamiento más allá de un umbral establecido. Se mide mediante un vector de una constelación de ítems que abarcan un conjunto de dominios que miden este constructo de la manera más parsimoniosa.

Cálculo del puntaje compuesto

Para cada individuo, se calculó un puntaje compuesto que abarcó los 16 ítems con el propósito de determinar dónde se situaría a cada participante en la encuesta en una dimensión latente del funcionamiento. Para construir este puntaje se aplicó la teoría de respuesta al ítem (TRI), utilizando un modelo Rasch (véase en la figura C.1 la distribución acumulativa de los puntajes TRI). Los modelos Rasch ayudan a transformar los datos primarios sobre el grado de dificultad autodeclarado de la escala ordinal por categorías a una escala de intervalos iguales. La igualdad de los intervalos se logra mediante transformaciones logarítmicas de las probabilidades obtenidas de los datos primarios, y la abstracción se logra mediante ecuaciones probabilísticas. Esta transformación para el modelo de crédito parcial permite no solo un orden jerárquico de dificultad de los ítems, sino también diferentes umbrales de categorías de ítems.

El módulo original de 16 ítems se analizó mediante la aplicación del modelo de Rasch de presentación de puntajes, utilizando el software WINSTEPS. En este modelo, las encuestas en que solo se usaron ocho ítems y aquellas en que se utilizaron los 16 ítems fueron analizadas en conjunto a fin de tener una escala común para todas las encuestas. Cada ítem fue calibrado. Para determinar qué tan adecuada era la manera en que cada ítem contribuía a la medición común general del funcionamiento, también se realizó la prueba de chi cuadrado (χ^2) para la bondad de ajuste, conocida como cuadrados medios de ajuste interno (Infit MNSQ). Los valores de Infit MNSQ variaron entre 0,77 y 1,38 (DE = 0,27). Únicamente en el dominio de la vista se sobrepasó levemente el umbral de desajuste recomendado de 1,3, pero en el análisis se mantuvo ese dominio. El mapa de la dimensionalidad —ploteo de componentes principales de los

Tabla C.1. Proporción de los encuestados que declararon diversos grados de dificultad en 16 dominios de funcionamiento incluidos en la Encuesta Mundial de Salud

	Ninguna	Leve	Moderada	Grave	Extrema
Movilidad					
Desplazamiento	64,8	16,5	11,4	5,9	1,3
Actividad vigorosa	50,7	16,0	13,3	10,3	9,7
Autocuidado					
Autocuidado	79,8	10,7	5,9	2,6	1,0
Apariencia, cuidado personal	80,4	10,7	6,0	2,2	0,9
Dolor					
Dolores corporales	45,2	26,3	16,8	9,5	2,2
Molestias corporales	49,2	24,9	16,1	8,0	1,8
Funciones cognitivas					
Concentración, capacidad de recordar	61,5	20,0	11,8	5,5	1,3
Capacidad de aprender	65,6	17,3	9,8	4,7	2,5
Relaciones interpersonales					
Participación en la comunidad	76,8	13,1	6,6	2,4	1,2
Capacidad para afrontar conflictos	74,4	14,4	6,7	3,0	1,5
Vista					
Visión de lejos	75,4	11,6	7,1	4,3	1,6
Visión de cerca	76,3	11,9	7,0	3,8	1,0
Sueño y energía					
Conciliación del sueño	60,9	18,9	10,0	6,6	1,6
Sensación de descanso	57,2	22,1	13,1	6,2	1,4
Afectividad					
Sentimiento de depresión	56,1	22,5	12,9	6,6	2,0
Preocupación, ansiedad	51,2	22,9	14,0	8,3	3,6

residuos— no reveló la existencia de un factor secundario. Para analizar el funcionamiento diferencial de los ítems (FDI) por país, se usó la regresión logística descrita por Zumbo (3). La variación de 0,02 de la pseudo-R2 mostró un efecto de FDI tolerable. Por último, para tomar en cuenta la calibración de cada uno de los 16 ítems de salud, los puntajes primarios se transformaron, mediante la aplicación del modelo de Rasch, en una nueva escala de puntajes (0 = ninguna dificultad y 100 = dificultad absoluta).

Determinación del umbral de prevalencia de la discapacidad

Dado que la amplitud de puntaje obtenida con el modelo de TRI era continua, para dividir a la población en grupos de personas «con discapacidad» y «sin discapacidad», fue necesario establecer un umbral.

Se calculó para todos los países el promedio de los puntajes de los encuestados que declararon dificultad extrema o imposibilidad absoluta en cualquiera de los ocho dominios de funcionamiento. En la mayoría de las estrategias de

Figura C.1. Distribución acumulativa de los puntajes TRI de discapacidad

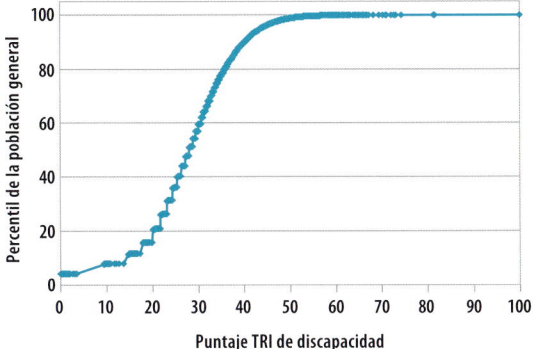

recopilación de datos para determinar la prevalencia de la discapacidad, las personas que declararon tener extrema dificultad de funcionamiento en esos dominios se consideran discapacitadas. También se calcularon los puntajes medios de los encuestados que declararon haber recibido un diagnóstico de condición crónica, como artritis, angina de pecho, asma, diabetes y depresión. Entre los encuestados a los que se diagnosticaron estas condiciones se incluían personas que estaban recibiendo tratamiento y personas que no lo recibían. Los participantes en la Encuesta Mundial de Salud que declararon que se encontraban bajo tratamiento obtuvieron un puntaje más alto que aquellos que no estaban bajo tratamiento. Dado que estas condiciones crónicas se asocian con la discapacidad, se justifica utilizarlas como condiciones indicadoras al establecer un umbral significativo para la discapacidad considerable. El puntaje medio de todos estos grupos, es decir, las personas que declararon tener dificultad extrema y aquellas con condiciones crónicas, fue de alrededor de 40, con una amplitud que iba desde 0 (ninguna dificultad de funcionamiento) hasta 100 (dificultad absoluta). Por lo tanto, se determinó que 40 sería el umbral entre las personas «con discapacidad» y «sin discapacidad» para la totalidad de los encuestados. Cabe señalar que la clase de discapacidad moderada (según la clasificación que figura en el estudio Carga Mundial de Morbilidad), empleada para generar las estimaciones de la discapacidad a partir de los datos del mencionado estudio según se indicó en el capítulo 2, incluye condiciones tales como la artritis y la angina de pecho, que también fueron utilizadas en el análisis de los datos de la Encuesta Mundial de Salud para establecer este umbral.

Para determinar la sensibilidad de estos resultados, en la estimación del puntaje se excluyó el ítem sobre actividades vigorosas y se siguieron los mismos pasos para establecer un umbral y derivar la proporción de personas «con discapacidad». Estos análisis muestran que las tasas de prevalencia de la discapacidad disminuyeron del 17,5% al 15,6%. Por lo tanto, sobre la base de la prueba de sensibilidad, se decidió eliminar de las estimaciones el ítem correspondiente a las actividades vigorosas.

En la tabla C.2 se presentan las estimaciones de la prevalencia de la discapacidad utilizando las dificultades de funcionamiento y el método descrito anteriormente. Con un umbral de 40 se obtiene una estimación del 15,6% de la población que experimenta discapacidad. Al aumentar este umbral a 50 (el puntaje medio de quienes declaran tener dificultad extrema en tres o más ítems de funcionamiento; véase la tabla C.3), se obtiene una estimación del 2,2% de personas con discapacidad muy considerable (véase la tabla C.2).

Medición del nivel de riqueza en la Encuesta Mundial de Salud

La riqueza —indicador de la situación económica de los hogares en el largo plazo— se derivó utilizando un modelo probit dicotómico jerarquizado.

La premisa es que, mientras más alto sea el nivel de riqueza de los hogares, más probable es que estos posean un determinado conjunto de bienes, lo que constituye un indicador de su situación económica. Los métodos basados en la posesión de bienes evitan algunos sesgos en los datos declarados que se producen cuando son las propias personas quienes declaran sus ingresos. Este método se ha empleado previamente

Informe mundial sobre la discapacidad

Tabla C.2. Diferentes umbrales (40 y 50) y respectivas tasas de prevalencia de la discapacidad en el nivel de funcionamiento, en múltiples dominios y en 59 países, por nivel de ingreso de los países, sexo, edad, lugar de residencia y nivel de riqueza de las personas

Subgrupo de población	Umbral: 40			Umbral: 50		
	Países de ingreso alto (error estándar)	Países de ingreso bajo (error estándar)	Todos los países (error estándar)	Países de ingreso alto (error estándar)	Países de ingreso bajo (error estándar)	Todos los países (error estándar)
Sexo						
Hombres	9,1 (0,32)	13,8 (0,22)	12,0 (0,18)	1,0 (0,09)	1,7 (0,07)	1,4 (0,06)
Mujeres	14,4 (0,32)	22,1 (0,24)	19,2 (0,19)	1,8 (0,10)	3,3 (0,10)	2,7 (0,07)
Grupo etario						
18-49	6,4 (0,27)	10,4 (0,20)	8,9 (0,16)	0,5 (0,06)	0,8 (0,04)	0,7 (0,03)
50-59	15,9 (0,63)	23,4 (0,48)	20,6 (0,38)	1,7 (0,23)	2,7 (0,19)	2,4 (0,14)
60 años o más	29,5 (0,66)	43,4 (0,47)	38,1 (0,38)	4,4 (0,25)	9,1 (0,27)	7,4 (0,19)
Lugar de residencia						
Zona urbana	11,3 (0,29)	16,5 (0,25)	14,6 (0,19)	1,2 (0,08)	2,2 (0,09)	2,0 (0,07)
Zona rural	12,3 (0,34)	18,6 (0,24)	16,4 (0,19)	1,7 (0,13)	2,6 (0,08)	2,3 (0,07)
Quintil de riqueza						
Q1(más pobre)	17,6 (0,58)	22,4 (0,36)	20,7 (0,31)	2,4 (0,22)	3,6 (0,13)	3,2 (0,11)
Q2	13,2 (0,46)	19,7 (0,31)	17,4 (0,25)	1,8 (0,19)	2,5 (0,11)	2,3 (0,10)
Q3	11,6 (0,44)	18,3 (0,30)	15,9 (0,25)	1,1 (0,14)	2,1 (0,11)	1,8 (0,09)
Q4	8,8 (0,36)	16,2 (0,27)	13,6 (0,22)	0,8 (0,08)	2,3 (0,11)	1,7 (0,08)
Q5(más rico)	6,5 (0,35)	13,3 (0,25)	11,0 (0,20)	0,5 (0,07)	1,6 (0,09)	1,2 (0,07)
Total	11,8 (0,24)	18,0 (0,19)	15,6 (0,15)	2,0 (0,13)	2,3 (0,09)	2,2 (0,07)

Fuente: (4).

Tabla C.3. Puntaje TRI según los diferentes umbrales de las categorías de ítems

	Número	Porcentaje	Puntaje TRI medio	Error estándar
Ninguna dificultad	46 069	18,59%	2,49	0,03
Grave	48 678	19,53%	37,45	0,04
Extrema 1+	25 344	8,98%	40,75	0,07
Extrema 2+	11 970	3,6%	45,53	0,08
Extrema 3+	6361	1,88%	49,54	0,08

a. Dificultad grave en al menos un ítem.
b. Dificultad extrema en al menos un ítem.
c. Dificultad extrema en al menos dos ítems.
d. Dificultad extrema en tres o más ítems.

en estudios comparados de la situación económica y la salud en países en desarrollo (5, 6).

Los efectos de la posesión de bienes y de las características del hogar en la riqueza de los hogares se estimaron simultáneamente utilizando un modelo probit con efectos aleatorios, con el término de error jerárquico a nivel de los hogares. El resultado del modelo es un conjunto de coeficientes de las covariables y de límites para los bienes. Los coeficientes de las covariables representan la relación subyacente que existe entre cada predictor sociodemográfico y la «variable latente» que es la riqueza. Los límites para los bienes representan el umbral en la escala de riqueza por encima del cual es más probable que un hogar posea un bien en particular. Luego, esta «escalera de bienes» se aplicó a cada hogar que participó en cada encuesta para producir estimaciones ajustadas de la riqueza de los hogares.

Comparación con el estudio Carga Mundial de Morbilidad

Para comparar las tasas de prevalencia de la discapacidad obtenidas en la Encuesta Mundial de Salud con las estimaciones de los APD obtenidas en el estudio Carga Mundial de Morbilidad, se calculó un coeficiente de correlación. Se obtuvo así un coeficiente de correlación por rangos de Spearman de 0,46 y un coeficiente de correlación momento-producto de Pearson de 0,35, lo que indica que existe una correlación moderada entre ambos enfoques. Si bien ambos estiman la discapacidad con métodos diferentes, el grado moderado de la correlación entre ellos indica que estos dos enfoques, en una triangulación con mejores datos primarios, podrían arrojar estimaciones bastante fiables de la prevalencia de la discapacidad. Se debe señalar igualmente que otros métodos alternativos para definir y cuantificar la discapacidad producirían diferentes estimaciones de la prevalencia.

Limitaciones de la Encuesta Mundial de Salud

Al igual que todos los métodos para estimar prevalencias, la metodología de la Encuesta Mundial de Salud tiene sus limitaciones e incertidumbres. Por ejemplo, en la discapacidad declarada sigue habiendo variaciones entre los países que son considerablemente mayores de lo que puede ser plausible. Podría haber sesgos sistemáticos en las declaraciones de los niveles de funcionamiento y en otros aspectos de la salud declarados por los propios encuestados. Tal como otras encuestas y censos de hogares que se llevan a cabo por medio de entrevistas, la Encuesta Mundial de Salud se basa completamente en la información que proporcionan los propios encuestados. Es muy probable que, debido a esto, se produzcan variaciones, porque cada persona entiende las preguntas de manera diferente y elige las categorías de la escala según su propia experiencia, expectativas y cultura. Pese a los esfuerzos que se hicieron para asegurar que se dispusiera de traducciones adecuadas de los conceptos y para que todos entendieran las preguntas y respuestas de la misma manera, es posible que no se haya logrado eliminar del todo estos problemas. Si bien la TRI es supuestamente invariable con respecto a la población, es posible que no pueda hacer ajustes para tener en cuenta estas variaciones sistemáticas de la información declarada. Ello genera algunos problemas a la hora de comparar resultados entre las poblaciones. Para superar el problema de la comparabilidad —es decir, la manera en que los diferentes encuestados utilizaron las categorías de respuestas—, en las encuestas se utilizaron viñetas de referencia para calibrar la descripción de los encuestados de su propio funcionamiento. Con esos datos de calibración se han creado métodos estadísticos para corregir los sesgos (o variaciones) en el funcionamiento autodeclarado (7). Sin embargo, si bien estos métodos han demostrado la existencia de «sesgos» en el nivel de funcionamiento declarado por los propios encuestados, hasta ahora no se ha comprobado que corrijan esos sesgos de una manera adecuada.

Idealmente, los datos sobre discapacidad autodeclarados en las encuestas (en que las respuestas a menudo pueden reflejar una inquietud con respecto a las limitaciones de la actividad y restricciones de participación) se deberían comparar y combinar con una evaluación independiente del funcionamiento, realizada por expertos, que determine la disminución del funcionamiento en múltiples dominios con el objeto de validar la información autodeclarada y corregir los sesgos de dichas declaraciones.

En este análisis se decidió establecer un umbral de discapacidad en un puntaje de estado de funcionamiento continuo que resulta cuestionable. Los puntajes podrían haberse visto afectados por los sesgos en las declaraciones, la elección del umbral y el diagnóstico de condiciones crónicas basado en algoritmos, en que se utilizaron preguntas basadas en los síntomas y que no fueron corroborados con otras pruebas para tales condiciones. Es posible que en esta muestra haya falsos positivos y falsos negativos.

Los datos de la Encuesta Mundial de Salud tienen varias limitaciones más, como las siguientes: el hecho de que no todas las encuestas eran representativas de todo el país; la falta de ponderación de la totalidad de los datos de la encuesta; la inclusión de solo dos países de ingreso alto utilizando la versión larga de la encuesta; la elección de dominios de la salud parsimoniosos, que puede haber excluido a encuestados con problemas de funcionamiento en otras áreas, como la audición, la respiración, etc.; el hecho de que no se realizaron validaciones independientes de los datos autodeclarados mediante exámenes o registros médicos, y la exclusión de la encuesta de las poblaciones institucionalizadas y los niños. En futuras recopilaciones de datos sobre la prevalencia de la discapacidad y los factores determinantes, se debería intentar resolver estas deficiencias.

Análisis del método utilizado

En este método hay varios aspectos conceptuales que seguirán siendo controvertidos. En primer lugar, la decisión de dónde ubicar el umbral se toma durante el análisis de los datos y no *a priori* —antes o durante la recopilación de los datos—, como sería el caso, por ejemplo, si se fuera a usar un conjunto de categorías de deficiencias en que, durante la recopilación de datos, solo se incluyera a aquellos individuos con deficiencias por encima de un nivel determinado.

Siempre es necesario establecer un umbral, pero hay una «regla de oro» para decidir dónde se debe ubicar. Lo que importa no es tanto dónde se fija el umbral, sino las razones que justifican esa decisión. Ello se debe a que las decisiones sobre los umbrales deberían basarse en diversas consideraciones. Por ejemplo, una autoridad normativa responsable debe conocer las implicaciones de cada nivel de gravedad que podría elegirse como umbral en términos de pensiones, seguro médico y otros programas relacionados con la discapacidad. Las decisiones sobre la asignación de recursos no pueden eludirse. La ventaja de un proceso transparente para la determinación de los umbrales es que esas decisiones puedan debatirse públicamente, en lugar de ocultarlas en un listado de categorías de «discapacidades graves».

En segundo lugar, estas estimaciones de la prevalencia obtenidas en la Encuesta Mundial de Salud se basan en promedios y arrojarán una distribución en torno al umbral. Si bien entre los individuos incluidos en esta estimación de la discapacidad de la Encuesta Mundial de Salud hay personas con dificultades de funcionamiento graves o extremas en cualquiera de los dominios (por ejemplo, individuos que tienen probabilidades de ser incluidos en encuestas de discapacidad centradas predominantemente en deficiencias), la estimación también comprende a algunas personas que pueden tener una leve dificultad para funcionar en múltiples dominios y que tal vez no se consideren discapacitadas según las definiciones tradicionales. Del mismo modo, se excluye a algunos encuestados que declararon tener dificultades de funcionamiento graves o extremas en un dominio, pero cuyo puntaje general estaba por debajo del umbral de 40%. Por ejemplo, del 1,4% de los encuestados que declararon tener dificultades graves o extremas para desplazarse, el 18% se sitúa por debajo del umbral. Un análisis detallado de estas tendencias en las declaraciones indica que estos errores de exclusión no tienen un impacto significativo en el conjunto de estimaciones presentadas en este informe.

En tercer lugar, en la Encuesta Mundial de Salud se preguntaba a los participantes acerca de cualquier disminución en su capacidad de funcionamiento durante el último mes, incluidos, por lo tanto, aquellos con problemas relativamente agudos, que pueden ser de corta duración. Otros métodos para medir la discapacidad solo consideran los problemas crónicos que han durado seis meses o más.

Por último, sería aconsejable incorporar en estas encuestas mediciones de las actitudes y del entorno, para poder estudiar la interacción entre las características del individuo y aquellas del ambiente que contribuyen a provocar la discapacidad, y para desentrañar la complejidad de la experiencia de la discapacidad. Habrá que examinar la factibilidad de estas actividades tanto más complejas en contextos más restringidos en cuanto a la disponibilidad de recursos.

Referencias

1. Üstün TB et al. The World Health Survey. In: Murray CJL, Evans DB, eds. *Health systems performance assessment: debates, methods and empiricism*. Geneva, World Health Organization, 2003:797–808.
2. Ahmad OB et al. *Age Standardization of Rates: a new WHO standard*. Geneva, World Health Organization, 2001.
3. Zumbo BD. *A handbook on the theory and methods of Differential Item Functioning (DIF): logistic regression modeling as a unitary framework for binary and Likert-type (ordinal) item scores*. Ottawa, Directorate of Human Resources Research and Evaluation, Department of National Defence, 1999.
4. *World Health Survey*. Geneva, World Health Organization, 2002–2004.
5. Ferguson B et al. Estimating permanent income using asset and indicator variables. In: Murray CJL, Evans DB, eds. *Health systems performance assessment: debate, new methods, and new empiricism*. Geneva, World Health Organization, 2003.
6. Gakidou E et al. Improving child survival through environmental and nutritional interventions: the importance of targeting interventions toward the poor. *JAMA: Journal of the American Medical Association*, 2007,298:1876-1887. doi:10.1001/jama.298.16.1876 PMID:17954539
7. Tandon A et al. Statistical models for enhancing cross-population comparability. In: Murray CJL, Evans DB, eds. *Health systems performance assessment: debates, methods and empiricism*. Geneva, World Health Organization, 2003:727–746.

Apéndice técnico D

Metodología utilizada en el estudio Carga Mundial de Morbilidad

En el estudio denominado «Carga Mundial de Morbilidad» se introdujo una nueva unidad de medida (el «año de vida ajustado en función de la discapacidad» [AVAD]) para cuantificar, al mismo tiempo, la carga de morbilidad por muerte prematura y por discapacidad (1).

El AVAD es una unidad de medida de los años de vida sana perdidos a causa de la muerte y la discapacidad. Para una condición o lesión específica, los AVAD se calculan como la suma de los años de vida perdidos por muerte prematura (APP) en una población y los años de salud perdidos por la discapacidad (APD) derivada de casos incidentes de esa condición o lesión. Los años vividos sin salud plena se convierten al número equivalente de años de vida sana perdidos utilizando valoraciones del estado de salud o «ponderaciones de la discapacidad». Las ponderaciones de la discapacidad proporcionan un único valor numérico promedio que va del 0 (para salud plena) al 1 (para estados de salud equivalentes a la muerte).

Se calcularon los APD para las secuelas discapacitantes de un conjunto amplio de condiciones y lesiones. Las tasas nacionales de APD incluidas en el apéndice A se calculan a partir de las estimaciones regionales, utilizando las estimaciones nacionales disponibles para cerca de 20 causas y diversos análisis sobre causas de muerte específicas en países específicos. Se computan sumando los APD correspondientes a todas las condiciones y lesiones, para todas las edades y los dos sexos (sin efectuar ajustes ulteriores para contemplar la comorbilidad), y dividiendo el resultado por el número total de habitantes.

En la versión original del estudio Carga Mundial de Morbilidad se establecieron ponderaciones de gravedad de la discapacidad para 22 «condiciones indicadoras» utilizadas como muestra, aplicando un protocolo explícito de «compensación entre personas» en un ejercicio formal en el que participaron trabajadores del ámbito de la salud de todo el mundo. Diversos trabajos de valoración realizados posteriormente en distintos entornos han arrojado resultados semejantes a los del ejercicio realizado para la versión original del documento sobre Carga Mundial de Morbilidad (2). Las ponderaciones obtenidas se agruparon luego en siete clases: la clase I tenía una ponderación de entre 0,00 y 0,02, y la clase VII, de entre 0,7 y 1,0 (1). A fin de calcular las ponderaciones de discapacidad para el resto de las aproximadamente 500 secuelas discapacitantes incluidas en el estudio, se solicitó a los participantes que estimaran las distribuciones en las siete clases para cada una de las secuelas.

En la actualización de 2004 de Carga Mundial de Morbilidad, se estimaba la prevalencia específica para cada sexo y edad de las secuelas de 632 condiciones y lesiones en 17 subregiones del mundo en ese año (3). Estos valores, junto con la distribución estimada de los casos en las siete clases de discapacidad, se utilizaron para estimar la prevalencia de la discapacidad, por nivel de gravedad. Aquí se presentan los resultados referidos a la prevalencia de la discapacidad «grave», entendida como la de las clases VI y VII, esto es, el equivalente a experimentar ceguera, síndrome de Down, tetraplejía, depresión grave o psicosis activa. También se presentan los correspondientes a discapacidad «moderada y grave», esto es, la de clase III en adelante, equivalente a tener angina de pecho, artritis, baja visión o dependencia del alcohol.

Las estimaciones de prevalencia contenidas en el estudio Carga Mundial de Morbilidad no pueden sumarse simplemente, puesto que se calcularon sin tener en cuenta patologías múltiples ni comorbilidades. En otras palabras, es posible que una persona determinada sea incluida en más de un nivel de discapacidad si presenta más de una condición de salud. Al sumar la prevalencia de la discapacidad para las distintas secuelas, se ha realizado un ajuste para incluir la comorbilidad, de modo de tener en cuenta la probabilidad mayor de presentar ciertos pares de condiciones de salud (4). Las estimaciones de discapacidad del estudio Carga Mundial de Morbilidad se limitaron a condiciones de salud que duran al menos seis meses. En consecuencia, se excluyeron condiciones tales como fracturas, de las cuales la mayoría de las personas suele recuperarse sin que queden problemas residuales que afecten su funcionamiento.

Las estimaciones de prevalencia incluidas en el mencionado estudio se basan en evaluaciones sistemáticas de los datos disponibles sobre incidencia, prevalencia, duración y gravedad de una amplia gama de condiciones, y a menudo se apoyan en datos incongruentes, fragmentados o parciales extraídos de distintos estudios. Como resultado, aún persisten importantes lagunas e imprecisiones en los datos. Mejorar la información a nivel de la población sobre incidencia, prevalencia y estados de salud asociados con las principales condiciones sigue siendo una prioridad fundamental para los organismos nacionales e internacionales de salud y estadística.

Diversos análisis de los datos contenidos en la versión de Carga Mundial de Morbilidad de 2004 mostraron que, de los casi 6500 millones de personas que componían la población mundial en 2004, aproximadamente un 2,9% presentaba una discapacidad grave y un 15,3%, una discapacidad moderada o grave. Esto se verificaba en general en todo el mundo, aunque los niveles moderados de discapacidad eran más frecuentes en países de ingreso bajo y mediano, en particular entre las personas de 60 años o más. De este modo, si bien la proporción de adultos mayores era más elevada en los países de ingreso alto, aquí presentaban menos discapacidades que sus contrapartes de los países de ingreso bajo y mediano. La discapacidad era también más común entre los niños de los países de ingreso bajo y mediano (véase el cuadro 2.2 del capítulo 2).

Al analizar las principales causas de la discapacidad en todo el mundo, se observa que las más comunes son la pérdida de la audición en la adultez y los errores de refracción. Los trastornos mentales tales como los vinculados con el consumo de alcohol, la depresión y las psicosis, como el trastorno bipolar y la esquizofrenia, también aparecen entre las 20 causas principales (véase la tabla D.1). La diferencia entre los patrones de los países de ingreso alto, por un lado, y de los de ingreso bajo y mediano, por el otro, reside en que, en estos últimos, es mucho mayor la cantidad de personas que presenta discapacidades asociadas con causas evitables, como lesiones no intencionales e infertilidad provocada por abortos practicados en condiciones inadecuadas o por sepsis puerperal. Los datos también ponen de relieve la falta de intervenciones en los países en desarrollo

Apéndice técnico D

respecto de afecciones de fácil tratamiento, como la pérdida de la audición, los errores de refracción y las cataratas. Las discapacidades asociadas con lesiones no intencionales entre personas jóvenes son mucho más frecuentes en países de ingreso bajo.

Tabla D.1. Prevalencia de discapacidad moderada y grave (en millones de personas), por condición de salud principal asociada con la discapacidad, edad y nivel de ingreso de los países

	Condición de salud [b, c]	Países de ingreso alto [a] (población total: 977 millones de personas)		Países de ingreso bajo y mediano (población total: 5460 millones de personas)		Mundo (población: 6437 millones de personas)
		Entre 0 y 59 años	60 años o más	Entre 0 y 59 años	60 años o más	Todas las edades
1	Pérdida de la audición [d]	7,4	18,5	54,3	43,9	124,2
2	Errores de refracción [e]	7,7	6,4	68,1	39,8	121,9
3	Depresión	15,8	0,5	77,6	4,8	98,7
4	Cataratas	0,5	1,1	20,8	31,4	53,8
5	Lesiones no intencionales	2,8	1,1	35,4	5,7	45,0
6	Osteoartritis	1,9	8,1	14,1	19,4	43,4
7	Dependencia y consumo problemático de alcohol	7,3	0,4	31,0	1,8	40,5
8	Infertilidad causada por aborto practicado en condiciones inadecuadas y sepsis puerperal	0,8	0,0	32,5	0,0	33,4
9	Degeneración macular [f]	1,8	6,0	9,0	15,1	31,9
10	Enfermedad pulmonar obstructiva crónica	3,2	4,5	10,9	8,0	26,6
11	Cardiopatía isquémica	1,0	2,2	8,1	11,9	23,2
12	Trastorno bipolar	3,3	0,4	17,6	0,8	22,2
13	Asma	2,9	0,5	15,1	0,9	19,4
14	Esquizofrenia	2,2	0,4	13,1	1,0	16,7
15	Glaucoma	0,4	1,5	5,7	7,9	15,5
16	Enfermedad de Alzheimer y otras clases de demencia	0,4	6,2	1,3	7,0	14,9
17	Trastorno de pánico	1,9	0,1	11,4	0,3	13,8
18	Enfermedad cerebrovascular	1,4	2,2	4,0	4,9	12,6
19	Artritis reumatoide	1,3	1,7	5,9	3,0	11,9
20	Drogodependencia y consumo problemático de drogas	3,7	0,1	8,0	0,1	11,8

Notas: a. Los países de ingreso alto son los que, en 2004, tenían un ingreso nacional bruto per cápita de US$ 10 066 o más, según las estimaciones del Banco Mundial (5).
b. Clase III de discapacidad en adelante.
c. Condición y lesión asociada con discapacidad. Las condiciones se enumeran en orden descendente según la prevalencia mundial para todas las edades.
d. Incluye la pérdida de la audición en la adultez, pero no la debida a causas infecciosas; cifras ajustadas en función de la disponibilidad de audífonos.
e. Incluye errores de refracción; cifras ajustadas en función de la disponibilidad de anteojos y otros dispositivos correctivos.
f. Incluye otras causas de pérdida de la visión relacionadas con la edad distintas del glaucoma, las cataratas y los errores de refracción.
Fuente: (3).

Referencias

1. Murray CJL, Lopez AD, eds. *The Global Burden of Disease: a comprehensive assessment of mortality and disability from diseases, injuries and risk factors in 1990 and projected to 2020*, 1st ed. Cambridge, Harvard University Press, 1996.
2. Salomon JA, Murray CJL. Estimating health state valuations using a multiple-method protocol. In: Murray CJL et al., eds. *Summary measures of population health: concepts, ethics, measurement and applications*. Geneva, World Health Organization, 2002.
3. *The Global Burden of Disease, 2004 update*. Geneva, World Health Organization, 2008.
4. Mathers CD, Iburg KM, Begg S. Adjusting for dependent comorbidity in the calculation of healthy life expectancy. *Population Health Metrics*, 2006,4:4- doi:10.1186/1478-7954-4-4 PMID:16620383
5. *Data and statistics: country groups*. Washington, World Bank, 2004 (http://go.worldbank.org/D7SN0B8YU0, accessed 4 January 2010).

Apéndice técnico E

Análisis de la Encuesta Mundial de Salud para el capítulo 3: Atención de la salud en general

El análisis comprendió un total de 51 países.
- Países de ingreso alto y países de ingreso mediano alto (20): Bosnia y Herzegovina, el Brasil, Croacia, los Emiratos Árabes Unidos, Eslovaquia, España, Estonia, la Federación de Rusia, Hungría, Kazajstán, Letonia, Malasia, Mauricio, México, Namibia, la República Checa, la República Dominicana, Sudáfrica, Turquía, Uruguay.
- Países de ingreso bajo y países de ingreso mediano bajo (31): Bangladesh, Burkina Faso, el Chad, China, las Comoras, Congo, Côte d'Ivoire, el Ecuador, Etiopía, Filipinas, Georgia, Ghana, la India, Kenya, Malawi, Malí, Marruecos, Mauritania, Myanmar, Nepal, el Pakistán, el Paraguay, la República Democrática Popular Lao, el Senegal, Sri Lanka, Swazilandia, Túnez, Ucrania, Viet Nam, Zambia, Zimbabwe.

El procedimiento para la selección de los países fue el siguiente: A partir de un grupo inicial de 70 países, se descartaron 11 por no contar con ponderaciones de probabilidad o ponderaciones posestratificadas (Alemania, Australia, Austria, Bélgica, Dinamarca, Eslovenia, Grecia, Guatemala, Italia, Países Bajos, y el Reino Unido de Gran Bretaña e Irlanda del Norte). Ocho países fueron excluidos por utilizar el cuestionario abreviado (Finlandia, Francia, Irlanda, Israel, Luxemburgo, Noruega, Portugal y Suecia).

Las estimaciones están ponderadas utilizando las ponderaciones posestratificadas de la Encuesta Mundial de Salud, cuando hay datos disponibles (de lo contrario, se utilizan ponderaciones de probabilidad), y están estandarizadas por edad. Se aplican pruebas *t* a los resultados de la condición de discapacidad. Se encontraron diferencias significativas del 5% entre las personas «con discapacidad» y las «sin discapacidad».

Glosario

Accesibilidad

Este término describe el grado en que un entorno, un servicio o un producto permiten el acceso de tantas personas como sea posible, en particular de personas con discapacidad.

Acción afirmativa

La contratación proactiva de personas con discapacidad.

Actividad

En la Clasificación Internacional del Funcionamiento, de la Discapacidad y de la Salud (CIF), la ejecución de una tarea o acción por una persona. Representa la perspectiva personal del funcionamiento.

Ajustes razonables

Modificaciones y adaptaciones necesarias y adecuadas que no impongan una carga desproporcionada o indebida, cuando se requieran en un caso particular, para garantizar a las personas con discapacidad el goce o ejercicio, en igualdad de condiciones con las demás, de todos los derechos humanos y libertades fundamentales.

Ambientes propicios

Ambientes que promueven la participación al eliminar barreras y proporcionar elementos que la favorecen.

Ancianos frágiles

Personas de edad avanzada (por lo general, mayores de 75 años) cuyo estado de salud puede interferir con la capacidad de ejecutar actividades cotidianas en forma independiente.

Asistencia social

Transferencias no contributivas dirigidas a los pobres o vulnerables. Pueden consistir en alimentos o empleo en lugar de dinero o además de él, y pueden depender del cumplimiento de determinadas condiciones (transferencias de efectivo condicionadas).

Asistente personal

Persona que apoya o asiste a otra con discapacidad y ante quien debe responder directamente.

Atención informal

Asistencia o apoyo prestado por un familiar, amigo, vecino o voluntario, sin recibir remuneración.

Barreras

Factores en el entorno de una persona que, con su ausencia o presencia, limitan el funcionamiento y crean discapacidad; por ejemplo, ambientes físicos inaccesibles, falta de ayudas técnicas apropiadas y actitudes negativas frente a la discapacidad.

Braille

Sistema de escritura para personas con deficiencia visual que emplea letras, números y signos de puntuación representados mediante puntos en relieve.

Brecha digital

Se refiere a la brecha entre personas, hogares, empresas y zonas geográficas de diferentes niveles socioeconómicos, tanto con respecto a las oportunidades de acceso a las tecnologías de la información y las comunicaciones, como al uso de internet para una amplia variedad de actividades.

Calidad de vida

Percepción que tiene una persona de su situación en la vida en el contexto de la cultura y el sistema de valores en que vive y en relación con sus objetivos, expectativas, normas e inquietudes. Es un concepto amplio, que incorpora de manera compleja la salud física, el estado psicológico, el nivel de independencia, las relaciones sociales, las convicciones personales y la relación con los factores ambientales que afectan a la persona.

Capacidad

Es un constructo de la CIF que indica el máximo nivel posible de funcionamiento que puede alcanzar una persona, medido en un entorno uniforme o normalizado: refleja la habilidad del individuo ajustada en función del ambiente.

Carga mundial de morbilidad

Medición del impacto de la enfermedad que combina años de vida perdidos por la mortalidad prematura y años de vida perdidos por no haber gozado de plena salud; se expresa en años de vida ajustados en función de la discapacidad.

Clasificación Internacional del Funcionamiento, de la Discapacidad y de la Salud (CIF)

Clasificación que proporciona un lenguaje uniforme y estándar y un marco para describir la salud y los estados conexos. Forma parte de la "familia" de clasificaciones internacionales elaboradas por la Organización Mundial de la Salud.

Condición concurrente

Condición adicional que es independiente de la condición de salud primaria y no guarda relación con ella.

Condición de salud

En la CIF, expresión genérica que abarca enfermedades (agudas o crónicas), trastornos, lesiones o traumatismos. Puede incluir también otras circunstancias, como embarazo, envejecimiento, estrés, anomalías congénitas o predisposiciones genéticas.

Condición primaria

La principal condición de salud de una persona que puede relacionarse con su deficiencia y discapacidad.

Condición secundaria

Es la que surge de la mayor propensión a sufrir una dolencia derivada de la condición primaria, aunque es posible que no se presente en todas las personas que padecen esta última condición.

Cupo

En relación con el empleo, obligación de contratar a un número fijo o una proporción fija de personas de un grupo determinado.

Deficiencia

En la CIF, es la anormalidad o pérdida de una estructura corporal o de una función fisiológica (incluidas las funciones mentales); por "anormalidad" se hace referencia a una desviación significativa respecto de la norma estadística establecida.

Deficiencia intelectual

Estado de desarrollo mental detenido o incompleto, lo cual implica que la persona puede tener dificultades para comprender, aprender y recordar cosas nuevas, y para aplicar ese aprendizaje a situaciones nuevas. También conocido como discapacidad intelectual, problemas o dificultades de aprendizaje y, antiguamente, como retraso o minusvalía mental.

Desempeño/realización

En la CIF, es un constructo que describe lo que las personas hacen en su contexto/entorno actual, incluido el acto de involucrarse en una situación vital. Tal entorno se describe utilizando factores ambientales.

Desinstitucionalización

Se refiere a la transferencia, a la vida en la comunidad, de personas con discapacidad u otros grupos que están al cuidado de instituciones.

Discapacidad

En la CIF, término genérico que abarca deficiencias, limitaciones de la actividad y restricciones de participación. Indica los aspectos negativos de la interacción entre una persona (con una condición de salud) y sus factores contextuales (ambientales y personales).

Discriminación por motivo de discapacidad

Cualquier distinción, exclusión o restricción por motivos de discapacidad que tenga el objeto o el efecto de obstaculizar o dejar sin efecto el reconocimiento, goce o ejercicio, en igualdad de condiciones, de todos los derechos humanos y libertades fundamentales; incluye la denegación de ajustes razonables.

Diseño universal

El diseño de productos, entornos, programas y servicios que puedan utilizar todas las personas, en la mayor medida posible, sin necesidad de adaptación ni diseño especializado.

Dispositivos asistenciales; también, ayudas técnicas

Cualquier dispositivo diseñado, creado o adaptado para ayudar a una persona a realizar una tarea determinada. Puede tratarse de productos elaborados especialmente o disponibles en general para las personas que tienen una discapacidad.

Economía informal

Actividad económica que no está gravada ni regulada por el Estado y no está incluida en el producto nacional bruto.

Economía mixta de la atención de salud

Variedad de prestadores de diferentes sectores (público, privado, voluntario, mixto) que proveen servicios de atención de salud a una población.

Educación especial

Incluye a los niños con otras necesidades —surgidas, por ejemplo, de desventajas resultantes del género, el origen étnico, la pobreza, las dificultades de aprendizaje o la discapacidad— relacionadas con su dificultad para aprender o acceder a la educación en comparación con otros niños de la misma edad. En países de ingreso alto, esta categoría también puede comprender a los niños "excepcionalmente dotados y talentosos". Se la conoce asimismo como educación para las necesidades especiales.

Educación inclusiva

Se basa en el derecho de todos los educandos a recibir educación de buena calidad que atienda las necesidades básicas de aprendizaje y enriquezca la vida. Dirigida principalmente a los grupos vulnerables y marginados, procura desarrollar plenamente el potencial de cada persona.

Empleo protegido

Empleo en una empresa que, si bien se creó específicamente para dar trabajo a personas con discapacidad, también puede emplear personas no discapacitadas.

Empleo respaldado

Empleo con apoyo que brinda a los beneficiarios la oportunidad de integrarse en la fuerza de trabajo general.

Empresa social

Empresa establecida con el propósito de crear empleo para personas con discapacidad o para quienes, por otros motivos, se encuentran en situación de desventaja en el mercado laboral.

Equiparación de oportunidades

Proceso mediante el cual se ponen a disposición de todas las personas, particularmente de las personas con discapacidad, diversos sistemas de la sociedad y el ambiente, como servicios, actividades, información y documentación.

Escuelas especiales

Son escuelas que proporcionan servicios altamente especializados para niños con discapacidad y se mantienen separadas de las instituciones educativas generales; también se las denomina escuelas segregadas.

Escuelas inclusivas

En ellas, los niños con discapacidad asisten a las clases regulares con pares de la edad apropiada, siguen el plan de estudios en la medida de sus posibilidades y reciben recursos adicionales y apoyo acordes con sus necesidades.

Escuelas integradas

Son escuelas que dictan clases separadas y ofrecen recursos adicionales a los niños con discapacidad; están incorporadas a las escuelas comunes.

Estructuras corporales

En la CIF, las partes estructurales o anatómicas del cuerpo, tales como los órganos, los miembros y sus componentes, clasificados en relación con los sistemas corporales.

Glosario

Evaluación

Proceso que incluye el examen y la observación de personas o grupos con condiciones de salud, deficiencias, limitaciones de actividad o restricciones de participación, reales o potenciales, y la interacción con ellos. Se puede solicitar una evaluación para decidir modalidades de rehabilitación o para determinar si una persona reúne los requisitos necesarios para recibir ayuda educativa, protección social u otros servicios.

Facilitadores

Son aquellos factores en el entorno de una persona que, con su presencia o ausencia, mejoran el funcionamiento y reducen la discapacidad, por ejemplo, un ambiente físico accesible, la disponibilidad de tecnología asistencial, las actitudes inclusivas y la legislación. Pueden impedir que las deficiencias o las limitaciones de la actividad restrinjan la participación, dado que mejoran la ejecución real de una acción, con independencia del problema de capacidad de la persona.

Factor de riesgo

Se trata de un atributo o la exposición a una situación que tienen una relación causal con un aumento de la probabilidad de tener una enfermedad o una lesión.

Factores ambientales

Según la CIF, se trata de un componente de los factores contextuales que se refiere al entorno físico, social y psicológico en el que las personas viven, por ejemplo, los productos y la tecnología, el medio ambiente natural, el respaldo y las relaciones, las actitudes, y los servicios, sistemas y políticas.

Factores contextuales

Factores que, reunidos, constituyen el contexto completo de la vida de una persona y, en particular, trasfondo sobre el que se clasifican los estados de salud en la CIF. Tienen dos componentes: los factores ambientales y los personales.

Factores personales

En la CIF, constituyen un componente de los factores contextuales que se relaciona con el individuo, por ejemplo, la edad, el género, la condición social y las experiencias vitales.

Fisioterapia

Ayuda a las personas a desarrollar, mantener y maximizar el potencial de movimiento y la capacidad funcional durante toda la vida. También se la denomina terapia física.

Funcionamiento

Término genérico, empleado en la CIF, que comprende funciones corporales, estructuras corporales, actividades y participación. Indica los aspectos positivos de la interacción entre una persona (con una condición de salud) y sus factores contextuales (factores ambientales y personales).

Funciones corporales

En la CIF, las funciones fisiológicas de los sistemas corporales (se entiende por cuerpo el organismo humano en su totalidad, lo que incluye el cerebro). Se clasifican en funciones mentales; funciones sensoriales y dolor; funciones de la voz y el habla, y funciones neuromusculoesqueléticas y relacionadas con el movimiento.

Gestión de la discapacidad

Intervenciones y estrategias de gestión de casos utilizadas para abordar las necesidades de las personas con discapacidad que tenían experiencia laboral antes de adquirir la discapacidad. Los elementos clave en esta esfera suelen ser la gestión eficaz de casos, la educación de supervisores, los ajustes en el lugar de trabajo y la pronta reincorporación al trabajo con la ayuda adecuada.

Incidencia

Número de casos nuevos durante un periodo de tiempo especificado.

Institución

Cualquier lugar en el que personas con discapacidad, personas de edad o niños viven juntos, separados de sus familias. Implícitamente, un sitio donde las personas no ejercen pleno control de sus vidas y sus actividades cotidianas. Una institución no se define solo por su tamaño.

Intérprete de lengua de señas

Es una persona capacitada para expresar en habla la información vertida en una lengua de señas y viceversa. Las lenguas de señas varían en todo el mundo.

Intervención temprana

Se refiere a las estrategias encaminadas a intervenir en las primeras etapas de un problema y proporcionar soluciones acordes a cada caso. Se suele centrar en poblaciones con alto riesgo de sufrir problemas o en familias que están atravesando dificultades aún no instaladas o arraigadas.

Limitaciones de la actividad

En la CIF, dificultades que una persona puede experimentar para ejecutar actividades. Una limitación abarca desde una desviación leve hasta una grave, en términos de calidad o cantidad, respecto de la manera o el grado de ejecución de la actividad esperados de las personas sin la condición de salud de que se trate.

Logoterapia

Tiene por objeto restablecer la capacidad de las personas para comunicarse eficazmente y deglutir en forma segura.

Margen de salud

Nivel de vulnerabilidad a los problemas de salud. Por ejemplo, el riesgo de contraer enfermedades secundarias o de experimentar condiciones de salud en etapas más tempranas de la vida.

Médicos en medicina física y rehabilitación

Se encargan de diagnosticar condiciones de salud, evaluar el funcionamiento e indicar intervenciones médicas y técnicas para tratar esas condiciones y optimizar la capacidad funcional. También se los conoce como fisiatras.

Medida

En la CIF, una actividad o un conjunto de actividades dirigidas a mejorar las funciones corporales, las estructuras corporales, el desenvolvimiento y la participación mediante intervenciones orientadas a la persona o la sociedad.

Métodos de comunicación aumentativos y alternativos

Métodos de comunicación que complementan o reemplazan el habla y la escritura, por ejemplo, expresiones faciales, símbolos, imágenes, gestos y señas.

Morbilidad

Estado de mala salud. La tasa de morbilidad es el número de enfermedades o casos de enfermedad en una población.

Normas de accesibilidad

Una norma es un nivel de calidad aceptado como patrón. El principio de accesibilidad puede estar impuesto por una ley o un tratado y detallarse luego conforme a reglamentos, normas o códigos internacionales o nacionales, que pueden ser de aplicación obligatoria o voluntaria.

Objetivos de desarrollo del milenio (ODM)

Se trata de ocho metas cuantificadas, cuya consecución está prevista para 2015; se enunciaron en la Declaración del Milenio y abarcan la erradicación de la pobreza extrema y el hambre, la educación universal, la igualdad de género, la salud infantil, la salud materna, la lucha contra el VIH/sida, la sostenibilidad ambiental y la alianza mundial.

Organizaciones de personas con discapacidad

Organizaciones o entidades creadas para promover los derechos humanos de los discapacitados, la mayoría de cuyos miembros e integrantes del órgano directivo correspondiente son personas con discapacidad.

Organización no gubernamental (ONG)

Organización, sin participación o representación del Estado, que trabaja en beneficio de sus miembros o de otros miembros de la población. También se la conoce como organización de la sociedad civil.

Ortoprotesistas

Proporcionan prótesis, ortesis y otros dispositivos para facilitar la movilidad destinados a mejorar el funcionamiento de las personas con deficiencias físicas. En ortopedia se utilizan aparatos externos diseñados para facilitar, corregir o mejorar el funcionamiento de una parte del cuerpo; las intervenciones protésicas implican el reemplazo artificial externo de una parte del cuerpo.

Participación

En la CIF, es la intervención de una persona en una situación vital. Representa la perspectiva de la sociedad respecto del funcionamiento.

Prevalencia

Todos los casos nuevos y antiguos de un suceso, enfermedad o discapacidad en una población y un momento dados.

Problema de salud mental

Condición de salud caracterizada por alteraciones de la actividad intelectual, el estado de ánimo o el comportamiento, acompañadas de angustia o interferencia con las funciones personales. También es conocida como enfermedad mental, trastorno mental o discapacidad psicosocial.

Problemas de aprendizaje específicos

Se trata de deficiencias en el procesamiento de la información que provocan dificultades para escuchar, razonar, hablar, leer, escribir, deletrear o realizar cálculos matemáticos; ejemplo de ellas es la dislexia.

Programas de microfinanciamiento

Financiamiento en pequeña escala para iniciar pequeñas empresas que pueden ofrecer una alternativa al empleo formal.

Promoción de la salud

Proceso que posibilita a las personas aumentar el control sobre su salud y mejorarla.

Protección social

Programas orientados a reducir las privaciones surgidas de condiciones tales como la pobreza, el desempleo, la vejez y la discapacidad.

Psicólogo

Profesional especializado en el diagnóstico y el tratamiento de enfermedades del cerebro, trastornos emocionales y problemas de conducta, en la mayoría de los casos por medio de terapia antes que de medicación.

Rehabilitación

Conjunto de medidas que ayudan a las personas que padecen alguna discapacidad o tienen probabilidad de padecerla a lograr y mantener un funcionamiento óptimo en interacción con su entorno.

Rehabilitación basada en la comunidad

Estrategia, dentro del desarrollo general de la comunidad, orientada a la rehabilitación, la igualdad de oportunidades, la reducción de la pobreza y la inclusión social de personas con discapacidad. Se instrumenta mediante los esfuerzos conjuntos de las propias personas con discapacidad, sus familias, organizaciones y comunidades, y los servicios pertinentes, públicos y no públicos, sanitarios, educativos, profesionales, sociales y de otra índole.

Rehabilitación y formación profesional

Programas concebidos para restablecer o desarrollar las posibilidades de las personas con discapacidad para obtener y conservar un empleo adecuado y progresar en él; por ejemplo, servicios de capacitación, orientación y colocación laboral.

Salario de reserva

El salario más bajo por el cual una persona está dispuesta a trabajar.

Salud

Estado de bienestar que una persona alcanza mediante la interacción de sus estados físico, mental, emocional y social.

Servicios generales

Servicios disponibles para todos los integrantes de la población, independientemente de que tengan alguna discapacidad; por ejemplo, transporte público, educación y capacitación, servicios laborales y de empleo, vivienda, salud y sistemas de complemento de los ingresos.

Sociedad inclusiva

La que acoge libremente a todas las personas con discapacidad, sin restricciones ni limitaciones.

Software para lectura de pantalla

Los lectores de pantalla son una forma de ayuda técnica potencialmente útil para personas ciegas, con deficiencia visual, analfabetas o con determinadas dificultades de aprendizaje. Procuran identificar e interpretar lo que aparece en la pantalla y transmitirlo al usuario mediante sintetizadores de texto a voz, íconos sonoros o un dispositivo de salida de Braille.

Tecnología apropiada

Ayudas técnicas que permiten atender las necesidades de las personas; se valen de conocimientos, instrumentos y materiales locales, y son sencillas, eficaces, económicas y aceptables para los usuarios.

Terapia

Actividades e intervenciones dirigidas a restablecer una función, compensar su pérdida y evitar o retrasar el deterioro del funcionamiento en todas las esferas de la vida de una persona.

Terapia ocupacional

Consiste en la promoción de la salud y el bienestar a través de la ocupación, y tiene como objetivo primordial ayudar a las personas a tomar parte en las actividades de la vida cotidiana. Los terapeutas ocupacionales logran este resultado posibilitando a las personas hacer cosas que aumenten su capacidad de participar o modificando el entorno para contribuir mejor a tal participación.

Trabajador de rehabilitación basada en la comunidad

Puede tratarse de empleados remunerados o de voluntarios. Desarrollan una gran variedad de actividades en los programas de rehabilitación basada en la comunidad, como la identificación de personas con discapacidad, el apoyo a las familias y la derivación a los servicios pertinentes.

Trabajador social

Los trabajadores sociales profesionales restablecen o mejoran la capacidad de las personas o los grupos para funcionar correctamente en la sociedad, y ayudan a la sociedad a adaptarse a las necesidades de tales personas o grupos.

Transferencias de efectivo condicionadas

Pagos en efectivo, a hogares que reúnen ciertos requisitos, condicionados a determinadas conductas que pueden ser objeto de medición.

Vida independiente

Se trata de una filosofía y un movimiento de personas con discapacidad basados en el derecho a vivir en la comunidad gozando de autodeterminación, igualdad de oportunidades y autoestima.

Indice alfabético

[A]
Aborígenes australianos 212
Abuso 276, 277–278, 392
    Instituciones académicas, recomendaciones 482–483
Abuso sexual 126
Accesibilidad 139, 309–310, 471
    adopción del diseño universal 323–324, 331–332
    aplicación progresiva 316, 326
    auditorías 319–320, 322
    definición 310
    edificios y calles 314–324
    educación y campañas 322, 323, 334, 353
    eliminar barreras 315–333, 339–351
    organismo principal 320
    políticas 315, 327
    recomendaciones 352–355
    seguimiento 321–322, 352
    tecnologías de la información y la comunicación 310–314, 339–351
    trabajo y empleo 433
    transporte 311, 324–334
Accesibilidad en las zonas peatonales 326, 333
Acción afirmativa 436
Actitudes negativas 27-28, 277–278, 310, 471
    educación de los niños con discapacidad 392, 405–406
    trabajo y empleo 433-434, 451-452, 455
Auditorías de accesibilidad 319–320, 322
Actividades deportivas inclusivas 408
Adaptaciones en la vivienda 206
Adultos mayores 81-82
    asistencia y apoyo 268
    barreras de la atención de la salud 133
    prevalencia de la discapacidad 68, 69-70, 73-76, 528
    se identificar como personas con discapacidad 57
    servicios de rehabilitación 230
Afectividad, problemas 513
Afganistán 78, 221
Agencia Europea para el Desarrollo de la Educación Especial 382, 400, 410
Agencias de empleo 441–442
Ajustes razonables 158
Ajustes razonables 33, 474
    ambiente edilicio 317
    atención de la salud en general 157-158
    escuelas 401
    lugar de trabajo 436

Albania 36
Alemania 89, 94, 216, 279
    accesibilidad 152, 314
    educación 380, 381
    trabajo y empleo 430, 436, 438, 440, 450–451
Alianza Mundial para las TIC y el Desarrollo 339–340
Ambientes favorables 309–355 (*véase también* Accesibilidad)
Amputación 163, 336
Análisis de situación 475
Animales de asistencia 267
Animales de asistencia 267
Años de salud perdidos por la discapacidad (AVD) 68, 485–492, 525
Años de vida ajustados en función de la discapacidad (AVAD) 68, 525
Apoyo a la toma de decisiones 265–266, 293
Apoyo a la toma de decisiones 266, 283
Apoyo comunitario (servicios) 267, 292
    comparación de costos 280–281
    insuficiencia 277
    necesidades no satisfechas 269
    transición 278–279, 292
Apoyo, *véase* Asistencia y apoyo
Argentina 88, 275
Armenia 313
Arquitectura, facultades de 320
Artritis 79, 530–531
Asequibilidad
    atención de la salud en general 139, 141–151, 174
    mejora 477
    rehabilitación 215–217, 233–235
Asesores 265, 288, 289
Asistencia et servicios de apoyo privados 273, 285
Asistencia social 36, 99, 449
Asistencia y apoyo 265–295
    barreras 274–278
    determinantes de la necesidad 267
    eliminar las barreras 278–291
    en las escuelas 401, 413
    evaluación de las necesidades individuales 282–283
    Factores sociales y demográficos que repercuten 270–271
    financiamiento 272, 274, 281–282, 289
    fortalecimiento de la capacidad de los cuidadores y usuarios de los servicios 289, 294

necesidades y necesidades no satisfechas 94–95, 96, 268–269
políticas 275, 291
prestación 272–274
recomendaciones 291–295, 475
variedad de intervenciones 267

Asistentes a domicilio, *véase* Cuidadores personales
Asistentes personales 265, 289
Asma 530
Asociación entre los sectores público y privado 217, 285
Asociación Mundial de Psiquiatría 28
Asociación Nacional de Sordos de Uganda (UNAD) 269
Asociaciones gremiales 454, 456
Aspectos demográficos 81–86, 270
Atención comunitaria en el hogar 290
Atención de la salud en general 121–176
abordar las barreras 133–173
necesidades y necesidades no satisfechas 123, 129–133
recomendaciones 173–176

Atención especializada de la salud 123, 160-161
Atención informal 268, 272, 291
definición 271
factores que afectan la disponibilidad 271-272

Atención institucional 275, 276 (*véase también* Desinstitucionalización)
aparición de opciones 213-214, 278-279, 292-293
comparación de costos 280-281

Atención odontológica 132–133
Atención primaria de la salud
apoyo apuntado 149-150
formación de rehabilitación 222
prestación de servicios 154, 158, 163-164, 173, 174, 175
servicios de rehabilitación 227

Audífonos 207, 209, 234, 343
Auditorías de accesibilidad 319–320, 322
Australia 26, 82, 91, 100
ambientes favorables 313, 340, 342, 346, 348
asistencia y apoyo 95, 268, 272, 273–274, 286, 289, 291
atención de la salud en general 132–133, 154, 161, 164, 168
ayuda extranjera 216, 473
comportamientos de riesgo de salud 125
educación 244
enfermedades crónicas no transmisibles 79
rehabilitación 212, 217
trabajo y empleo 430, 435, 439, 446, 452

Austria 381, 430, 442
Autistic spectrum disorders 237
Autocuidado, dificultades con 513
Autonomía, falta de 32
Auxiliares de apoyo del aprendizaje 402
Auxiliares de enseñanza 402, 413
Auxiliares para necesidades especiales 402

Ayuda para el desarrollo 216, 473
Ayudas técnicas 207
aumento de la asequibilidad 233, 241
dificultades financieras 389
velocidad de los cambios 339

[B]
Bajo peso al nacer 86
Bangladesh
asistencia financiera 36, 150
atención de la salud en general 127
educación 378, 387–388
participación política 313
rehabilitación 206, 231, 445
tendencias relativas a riesgos 86

Barcas de pasaje 325
Barreras 26, 471–472
ambiente físico 311, 314–315, 324–325
asistencia y apoyo 274–278
atención de la salud en general 133–139
educación de los niños con discapacidad 387–392
información y comunicación 311–312, 325, 334–339
rehabilitación 211
trabajo y empleo 433–434

Barreras físicas 310
atención de la salud en general 150-151
escuelas 390, 405
trabajo y empleo 433
transportación 329-332

Bélgica 80, 279, 380, 381, 442
Belice 399
Bolivia 275, 376
Bosnia y Herzegovina 93, 100, 271
Botswana 234, 237
Braille 312
Brasil 36, 53, 78
acceso a la atención de salud 151, 161
ambientes favorables 315, 328, 330, 332
asistencia y apoyo 289
educación 390, 399
programas de rehabilitación 228
trabajo y empleo 435, 436, 442, 452

Brecha digital 312
Bulgaria 377, 378, 381
Burkina Faso 375
Burundi 376

[C]
Cadena de traslado, continuidad en 325-326, 333-334, 353
Cadena mundial de cuidados 275
Calesas a tracción humana 330
Calidad de los servicios, mejorar 294-295
Calidad de servicios de salud 139
Calles, 311, 314-315, 354

Indice alfabético

Camboya
    educación y capacitación 375, 376, 446
    rehabilitación 214–215, 217, 222, 225
Camionetas compartidas 328
Camionetas compartidas 328
Campañas de difusión social 28
Campañas de información, *véase* Campañas para educación/conciencia
Campañas de sensibilización, *véase* Campañas para educación/conciencia
Campañas para educación/conciencia 28, 31, 478
    ambientes favorables 322, 334, 352, 354
    prevención del VIH/sida 160
    trabajo y empleo 452
Campos de refugiados 316, 318
Canadá 79, 102, 217
    ambientes favorables 321, 342, 401
    asistencia y apoyo 268, 273, 286, 289
    educación 397, 401
    trabajo y empleo 430, 436, 443
Capacidad 24
    jurídica 167
    medición del efecto del ambiente 89
Capacitación (*véase también* Educación)
    discapacidad 476
    docentes 390, 393, 403-404, 405, 411-412
    fortalecimiento de capacidades para 224-225
    gerentes de transporte 334
    personal de apoyo 289, 293–294
    personal de rehabilitación 217, 222, 224
    profesional *véase* Rehabilitación profesional y capacitación
    trabajadores de la salud 166-170
    usuarios de los servicios de asistencia y apoyo 289-290, 293-294
Capacitación continua 446
Capacitación entre homólogos 446
Cardiopatía 79, 132, 530
Carga Mundial de Morbilidad 68–76, 470
    comparación con la *Encuesta Mundial de Salud* 73–76, 520
    metodología 525–531
Cargos al usuario 281
CBR Guidelines (Directrices sobre la RBC) 41
Ceguera, *véase* Deficiencia visual
Censos 54, 56, 105, 479
Centro por la Justicia y el Derecho Internacional (CEJIL) 276
Centros de salud
    barreras 151–152
    modificaciones estructurales 158
Chad 376
Chile 93, 396, 399
China 36, 88, 96, 210
    ambientes favorables 330, 336, 350
    asistencia y apoyo 268, 274, 278, 280
    rehabilitación 222, 224, 233
    trabajo y empleo 438, 442
Chipre 380, 381
CIF, *véase Clasificación Internacional del Funcionamiento, de la Discapacidad y de la Salud*
Círculos de apoyo 288
Circunstancias socioeconómicas 91
Clasificación Internacional del Funcionamiento, de la Discapacidad y de la Salud (ICF) 17
    concibe a la discapacidad 22-23, 24-25
    el marco para recabar datos 25, 31–32, 45
    estudios de las necesidades satisfechas e insatisfechas 95
Coeficientes de empleo 429, 430
Cohesión social, promover 427
Colaboración intersectorial 214–215
Colombia
    ambientes favorables 330, 346
    atención de la salud en general 149, 162
    educación 376, 399
    evaluación de la discapacidad 283
Comisión de Calidad de la Atención, Reino Unido 283
Comisión Económica para Europa de las Naciones Unidas (CEPE) 505–506
Comisión Económica y Social para Asia y el Pacífico (CESPAP) 59, 503, 506
Comisión sobre Determinantes Sociales de la Salud, OMS 25–26
Comité Paralímpico de Fiji 408
Comportamientos de riesgo 125
Computadoras 312, 336
Comunicación
    accesible 311–314
    apoyo 267, 269
    ayudas técnicas 206
    definición 312
    dificultades 153, 311–314
    en el sector de la salud 212
    entre los proveedores de los servicios 153, 164
    formatos alternativos 158
    tecnología *véase* tecnologías de la información y la comunicación
Comunicación aumentativa y alternativa 312
Comunidades
    falta de la participación 471
    función en educación 406–407
    recomendaciones 483
Concepto "sin dificultades excesivas" 316
Condiciones concurrentes 77, 123, 124
Condiciones de salud 24, 77–81
    concurrentes 77, 123, 124
    diversidad 28–29
    efecto del ambiente 86, 88
    necesidad para datos más adecuados 107
    necesidades para investigación 172

Informe mundial sobre la discapacidad

prevalencia de discapacidad por 528
prevención 29
primarias 124
relacionadas con la pobreza 34
secundarias 124–125
tendencias 77–80
tendencias relativas a riesgos 86

Condiciones de salud primarias 124
Condiciones de salud secundarias 123
Condiciones relacionadas con la edad, vulnerabilidad a 125
Conflictos armados 81, 216
Consejo de acción sobre la discapacidad, Camboya 214–215
Consejo Nacional para la Discapacidad de los Estados Unidos 321
Consultas, falta de 472
Consumo de yodo 86
Contenidos de los planes de estudios 168, 225, 389
Contratación del personal de rehabilitación 225-226
Convención de las Naciones Unidas sobre los Derechos de las Personas con Discapacidad (CDPD) 21, 32–33, 469

asistencia y apoyo 37, 265
atención de la salud en general 29, 139
capacidad jurídica 167
concepto de la discapacidad 22
derechos políticos 313
educación de las personas con discapacidad 371–372
normas de accesibilidad 319
principios generales 33
rehabilitación 199
trabajo y empleo 426, 441

Convención sobre los Derechos del Niño (1989) 32
Cooperación internacional inclusiva 473
Cooperación internacional inclusiva 473-474
Coordinación
atención de la salud en general 163–165
servicios de asistencia y apoyo 277, 285
servicios de rehabilitación multidisciplinaria 230

Coordinación de la atención 163–164
Copagos 281
Coproducción de servicios 288
Corea, República de 91, 152, 341, 404
Corretaje de servicios 288
Costa Rica 486
Costos
educación de los niños con discapacidad 388–389
prestaciones de asistencia social
servicios de base instituciones y comunitaria 280
tecnologías de la información y la comunicación 338–339

Costos de la discapacidad 99–102
así de causa de la pobreza 90–94
costos adicionales de la vida 34, 100
directos 100
indirectos 101
necesidad para datos más adecuados 107

Crisis humanitarias 80, 216
Croacia 210
Cuba 283
Cuidadores
formal *véase* cuidadores personales
informal véase cuidadores informales

Cuidadores directos, *véase* Cuidadores personales
Cuidadores informales
consecuencias para 271-272
envejecimiento 270
factores que afectan la disponibilidad 271-272
integrar en la prestación de servicios 163
prestar apoyo 287, 293

Cuidadores personales 275 (*véase también* Asistentes personales)
formación 289, 294

Cuotas, empleo 438

[D]

Datos
atención de la salud en general 171, 175–176
falta de 472
mejorar la comparabilidad 106
rehabilitación 237

Declaración de Salamanca (1994) 373, 290
Deficiencia auditiva 64, 153
asistencia y apoyo 265, 269–270
educación de niños 375, 383, 384, 388, 390, 412
prevalencia de la discapacidad 530
rehabilitación 202, 207, 209
tecnologías de la información y la comunicación 311–312, 336, 340, 346, 348, 352

Deficiencia cognitiva (*véase también* Demencia; Deficiencia intelectual)
ambientes favorables 318, 336
Encuesta Mundial de Salud 512
rehabilitación 206

Deficiencia visual
congénita 123
educación de niños 387
Encuesta Mundial de Salud 512-513
prevalencia de discapacidad por causa específica 528-530
rehabilitación 201, 206, 227, 230-231
tecnologías de la información y la comunicación 312, 335-338, 345, 351
tracoma, relacionado con 78-79, 331
transporte 325

Deficiencias 22
definición 24
midiendo 25

Deficiencias del habla
rehabilitación 207, 217
tecnología de la información y la comunicación 312, 335, 347

Índice alfabético

Deficiencias intelectuales 29, 79
    asistencia y apoyo 272-291
    atención de la salud en general 154-158
    educación 381-389
    muerte prematura 126-127
    riesgo de condiciones secundarias 124, 125
    tecnología de la información y la comunicación 312, 348-349
    trabajo y ocupación 429-432, 439-440
Deficiencias motoras
    ayudas técnicas 207
    Encuesta Mundial de Salud 512-513
    normas de accesibilidad 317
Deficiencias motoras 336, 337
Deficiencias musculoesqueléticas 209
Demencia 125, 278, 530 (*véase también* Deficiencia cognitiva)
Depresión 124, 126, 530
Derechos humanos 32–34, 276
Derechos reproductivos 167
Derechos sexuales 167
Derivaciones
    atención de la salud en general 154, 164
    servicios de rehabilitación 212, 214, 223
Desarrollo, discapacidad y 34–38
Desastres 216, 316, 318, 324
Desastres naturales 216, 316, 370
Descentralización de los servicios de rehabilitación 227–233
Desempeño 25
    medición del efecto del ambiente 89-90
Desempleo 91, 429 (*véase también* Empleo)
Desigualdad 32
Desinstitucionalización 278–279, 292
    comparación de costos 280–281
    pacientes psiquiátricos 213, 276
    resultados 279–280
Detección de cáncer 132, 152
Diabetes 125, 132, 163, 201
Diferencias de género
    barreras que obstan a la atención de la salud 133–138
    participación en educación 373, 374
    prevalencia de la discapacidad 65, 69, 74
Diferencias individuales, reconocimiento y tratamiento 400-401
Dificultades de funcionamiento
    Encuestados en la Encuesta Mundial de Salud 513–514
    prevalencia 59–76
Dignidad 33, 427
Dinamarca
    ambientes favorables 315, 331, 341
    asistencia y apoyo 279
    educación 381, 396
    trabajo y empleo 436, 442

Directrices Web Content Accessibility Guidelines (WCAG) 344
Disability Rights International (DRI) 276
Discapacidad 21–42, 469–470
    así una cuestión de desarrollo 34–38
    concepto 21–22
    definición 22, 24
    derechos humanos 32–34
    diversidad 28–29
    factores ambientales 25–28
    medición 52–59
    prevalencia *véase* Prevalencia de la discapacidad
    prevención 29
    principales causas 77–81, 527, 528
    valor umbral para 64, 74, 515–520, 521–522
Discapacidad grave
    definición 526
    diferencias de género 74
    niños 36
    prevalencia 29, 30, 44, 261
Discapacidad que habían declarado las propias personas 57
Discapacidades de desarrollo, *véase* Deficiencia intelectual
Discriminación por Discapacidad 26, 278
    de los empleadores 434
    leyes 32, 426, 435–436
Discriminación, *véase* Discriminación por discapacidad
Disponibilidad 140
Diversidad de la discapacidad 28–29
Djibouti 388
Docentes
    actitudes 391-392, 403
    apoyo 390, 401-402, 413
    educación especial 400, 401
    formación 390, 394, 403-404, 412
Dolencias de columna 79
Dolor 124, 513
Drogodependencia y consumo problemático de drogas 531

[E]
Economía
    formal 429
    informal 429
Economía formal 429
Economía informal 429
Economía mixta de servicios 285
Ecuador 314, 330
Edificios 314–324
    evacuaciones de emergencia 324
    falta de la accesibilidad 310, 313–314
    mejorar la accesibilidad 314–324
    recomendaciones 353
Educación 381, 400, 410

Informe mundial sobre la discapacidad

Educación inclusivo 373, 392-393,
Educación para las necesidades especiales 378, 379
Educación para Todos (EPT) 372, 373, 389
    Alianza de la Iniciativa Vía Rápida 388
    planes nacionales 396
Educación permanente y desarrollo profesional 168, 227
Educatión (*véase también* Escuelas; Capacitación)
    (necesidades) especiales 378, 380
    docentes 390
    inclusiva 380, 412
    niños con discapacidad 92, 372–413
        asistencia y apoyo 268
        barreras 387–392
        derechos y marcos 373
        eliminar las barreras 392–410
        enfoque para prestación 383–384
        función de la comunidad, la familia, y las personas con discapacidad 406–409
        legislación, políticas, metas y planes 388, 392–393
        recomendaciones 410
        recursos/financiamiento 389, 396–400
        responsabilidad ministerial 387–388, 393
        resultados 383–384, 386–387, 472
        tasas de participación 34, 373–378
        terminología 379–380
    personal de rehabilitación 217, 222–223
    trabajadores de la salud 167–168
    trabajo y empleo 433
Egipto 88
El Salvador 223, 387–388, 389, 401
Elevadores 329-330
Emigración, trabajadores de la salud 226
Empleados
    actitudes 434
    discriminación por discapacidad 434
    incentivos para 439
    recomendaciones para 456
Empleo 91, 426–456 (*véase también* Mercado laboral)
    accesibilidad 433
    barreras 433–435
    conceptos erróneos 434
    cuotas 438
    disponibilidad de seguro médico 147
    eliminar las barreras 435–454
    importancia 427
    intervenciones específicas 438–444
    oportunidades para cuidadores 271
    protegido 440
    recomendaciones 454–456
    repercusión de la discapacidad 34
    respaldado 267, 439–440
    tipos 432
Empleo protegido 440-441
Empleo respaldado 439-440, 441

Employers' Forum on Disability, Reino Unido 452, 453
Empresas sociales 440
Encuesta Mundial de Salud
    comparación con *Carga Mundial de Morbilidad* 69-74, 292–293
    cuidado de salud en general 132, 133-138, 141, 147, 152
    diseño y aplicación 509-511
    limitaciones 520-522
    medición del nivel de riqueza 519-520
    métodos de análisis 511-519, 533
    participación en la educación 373-374
    prevalencia de discapacidad 59-63, 73-76, 469-470
    tasas de ocupación 429-430
    umbral para discapacidad 59-63, 73-76, 513-518, 522-523
Encuesta Nacional sobre Discapacidad, Irlanda 56-57
Encuestas 54–56
    estandarización 479
    recomendaciones 102, 267
Encuestas a base de indicadores múltiples de UNICEF 85-86
Encuestas a base de indicadores múltiples, UNICEF 85-86
Enfermedad cerebrovascular 530
Enfermedad pulmonar obstructiva crónica 128, 230, 530
Enfermedades crónicas no transmisibles 79
Enfermedades crónicas no transmisibles 79
Enfermedades infecciosas 78-79
Enfoque de capacidades, Amartya Sen 37–38
Envejecimiento
    cuidadores en la familia 272
    población mundial 81, 83, 270
Epilepsia 154
Equipos médicos 152, 157
Errores de refracción 527, 528, 530
Escuelas
    años de educación terminada 374-375
    barreras 390
    barreras físicas 390, 405
    convencionales 379-380, 401, 405
    educación inclusiva 380
    especiales 380, 381-382, 383
    intervenciones en 400-404
    servicios de apoyo 401, 411
    tasas de asistencia 375, 379
Escuelas convencionales 379-381, 401-404
Escuelas especiales 380, 381-382, 383, 411
Escuelas inclusivas 380-384, 399, 410
Eslovaquia 90, 210
Eslovenia 89, 210, 219, 221, 381-382
Espacios públicos
    definición 194
    falta de acceso 311, 312, 313
    mejorar accesibilidad 316
    recomendaciones 353-354

Indice alfabético

España 89, 219-220, 279, 315, 373, 381-382, 430, 442, 453
Esquizofrenia 28, 124, 125, 126, 128, 297
    discriminación de empleadores 434
    necesidades de investigación 172
    rehabilitación 202, 231
Estadísticas
    iniciativas mundiales y regionales 502–506
    nacional *véase* Estadísticas nacionales sobre discapacidad
Estadísticas nacionales sobre discapacidad 61, 75, 485-492
    mejorar la comparabilidad 105
    planteamiento estandarizado 59-60
    recomendaciones 103-105
    variabilidad 58, 57
Estados Unidos de América
    ambientes favorables 313-314, 316, 319
    asistencia y apoyo 268, 272, 280, 285-286
    ayuda extranjera 216
    causas de discapacidad 79, 125
    cuidado de salud en general 128
        asequibilidad económica 273, 281-282
        barreras de los recursos humanos 170
        eliminar las barreras 139
        mejorar distribución de recursos 154, 157, 163
    cuidadores personales 275
    educación 382, 384, 386-392, 396-399, 406
    expectativa de vida 126-127
    ocupación y empleo 432-433, 437, 439, 442, 446, 451-454
    participación en la fuerza de trabajo 54, 430
    problemas de transporte 311
    rehabilitación 208, 210, 215, 216, 224
    tecnologías de información y comunicación 338, 341, 343-344, 347-348
Esterilización involuntaria 167
Estigmas 27-28, 278
Estonia 381
Estrategia de aplicación progresiva 316, 326
Estrategias y planes de acción nacionales en materia de discapacidad 475-476
    asistencia y apoyo 291-294
    educación 388, 396
    rehabilitación 214-215, 239
Estrés 271
Estudiantes de enfermería 169
Estudio Nacional Longitudinal de Transición-2, Estados Unidos 386-387
Estudios de vinculación 105
Estudios longitudinales 105, 237-238
Etiopía 223, 351, 377, 388, 403, 448
European Concept for Accessibility Network 319
Evaluación
    discapacidad 36
    en las escuelas 400

    necesidades individuales 282–283
Evaluación de las necesidades 282-283
Exámenes para detectar cáncer 132, 152

[F]

Facilitadores 164
Factores ambientales 25–28
    efectos en las condiciones de salud 86–87
    hincapié de la CIF 24
    medición del efecto en la discapacidad 89
    necesidad para datos más adecuados 106
Factores personales 24
Familias
    cuidadores *véase* cuidadores informal
    función en educación 408–409
    participación en la prestación de servicios médicos 163
    prestar apoyo a 287, 293
    recomendaciones para 483
Federación de Rusia 36, 169, 220, 327, 453
Federación Mundial de Sordos 383
Federación Sudafricana de Personas con Discapacidad 409
Fideicomisos activos independientes controlados por el usuario 288
Filipinas 275, 289, 346, 448
Financiamiento
    apuntarada a las personas con discapacidad 149–150
    asistencia y apoyo 272, 274, 281–282, 289
    atención de la salud en general 141–150, 174
    cuidadores informales 286
    dificultades de acceso a 144, 148
    educación 389, 396–400
    empresas pequeñas 433, 445–448
    insuficiente 471
    opciones 148–149
    recomendaciones 477
    rehabilitación 215–217, 238
Financiamiento mancomunado 281
Finlandia
    ambientes favorables 329, 346
    educación 381, 396, 401
    trabajo y empleo 442
    uso de los audífonos 234
Fisioterapeutas 217, 218, 221
Fisioterapia 217
Formación médico 166-168
Formación profesional convencional 445
Francia 168, 381, 440
Fuerza de trabajo 429
Fumar 125
Funcionamiento (*véase* Dificultades de funcionamiento)
Funcionamiento diferencial de los ítems (FDI) 515
Fundación Internacional para Sistemas Electorales 313

[G]

G3ict 339
Gambia 154
Gasto catastróficos en salud 147, 148
Gaza 81
Georgia 378
Gestión de la discapacidad 443–444
Ghana 86, 154, 212, 217, 388, 436
Gobiernos, recomendaciones 454, 481
Grecia 279, 381
Grupo de Acción para los Niños Discapacitados, Sudáfrica 273
Grupo de Washington sobre Medición de la Discapacidad de las Naciones Unidas 105, 502-503, 506
    preguntas 59-60, 61-62, 502-503
Grupo de Washington, *véase* Grupo de Washington sobre Medición de la Discapacidad de las Naciones Unidas
Grupos de autoayuda 278
Grupos vulnerables
    asistencia y apoyo 278
    prevalencia de discapacidad 64, 81–86, 470
Guatemala 29
Guyana 212, 398

[H]

Habilitación 199
Haití 212, 215, 391–392, 406
Healthy People 2010 140
Heridas traumáticas 81, 528-529
    mayor riesgo 126
    programas de rehabilitación 228-229
Herramientas de accesibilidad virtual 340
Hombres
    motivos de la falta de atención 133-135
    prevalencia de la discapacidad 65-68
Hungría 210, 381, 396, 450

[I]

Inactividad física 124
Incentivos financieros
    empleadores 439
    personal calificado 226
India 78
    ambientes favorables 313, 315, 318, 322, 328, 329, 330
    asistencia y apoyo 274, 277, 284, 290
    atención de la salud en general 139, 150, 161, 169
    campañas contra la lepra 31-32
    educación 169, 322, 375, 376, 377, 388, 390
    personal de rehabilitación 219-220, 221, 222, 223, 225, 226
    rehabilitación basada en la comunidad 28, 41, 290-291
    servicios de rehabilitación 215, 217
    tecnología de la información y la comunicación 346, 351
    trabajo y empleo 430, 432, 433, 443, 446, 447, 452
Índice digital de accesibilidad e inclusión 340
Indonesia 218, 375, 376
Infit cuadrados medios de ajuste interno (MNSQ) 515
Información, carecen de 278
Informática sanitaria para el consumidor 165
Informe sobre la salud en el mundo 147-149, 156
Iniciativa de Accesibilidad Web W3C 345
Iniciativa de Budapest sobre la Medición del Estado de la Salud 505–506
Iniciativa europea sobre la calidad de los servicios 287
Inmunizaciones 86, 123, 132
Inspecciones de diseño 319
Inspecciones, edificios 319
Instituto Nacional de Investigación y Gestión de la Discapacidad, Canadá 443
Integración 474
Internet
    accesibilidad del contenido 334-348
    acceso a 312, 334-337
    bases de datos de la rehabilitación 236
    programas de autonomía en el cuidado personal 165
    tecnologías para la rehabilitación 234-235
Intérpretes de lengua de señas 267, 269
Intervenciones de protección social 36, 274
Intervenciones específicas 159, 160
Intervenciones tempranas 446
Intimidación 392
Investigación
    atención de la salud en general 170-171, 175-176
    discapacidad 106-107, 480
    participación 172-173
    rehabilitación 235-236, 241
Investigaciones cualitativas 107-108
Irán 87
Iraq 269,313
Irlanda 56-57, 90, 100, 285, 346, 381
Islandia 91, 220-211
Israel 437
Italia 89, 216, 346
    educación 393
    prestación de servicios de rehabilitación en las comunidades 230-231
    reforma de la ley de salud mental 213
    trabajo y empleo 439-440, 449

[J]

Jamaica 376, 448
Japón
    ambientes favorables 340, 346-347, 349, 430
    asistencia y apoyo 287
    ayuda extranjera 216
    trabajo y empleo 430

Indice alfabético

[K]
Kenya 270, 388, 407
KeyRing 288
Kosovo 313
Legislación, *véase* Leyes y reglamentos
Lengua de señas 269-270, 294, 308, 312, 313, 336-337, 339, 477

[L]
Lepra 31, 78, 425
Leprosy Mission, India 447
Lesión de la médula espinal 124, 162, 198, 206, 217, 228-229, 232
Lesiones causadas por accidentes de tránsito 80
Lesotho 55, 218, 393-394
Ley contra la Discriminación por Discapacidad, 2005, Reino Unido 26–27, 316, 437
Ley contra la Discriminación por Discapacidad, 2007, República de Corea 341
Ley de Asistencia Social, 2004, Sudáfrica 282
Ley de Informatización Nacional (2009), República de Corea 341
Ley de Inversión en la Fuerza Laboral (1998), Estados Unidos 441-443
Ley de los Estados Unidos sobre Accesibilidad a las Comunicaciones y el Vídeo del Siglo XXI 341
Ley de radiodifusión, 2000, Dinamarca 341
Ley de Reforma de la Asistencia Personal, 1994, Suecia 292
Ley de Rehabilitación (y enmiendas), Estados Unidos 343, 344, 345
Ley de Rehabilitación Vocacional, Estados Unidos 386
Ley de Telecomunicaciones (1996) Estados Unidos 343
Ley para la Educación de Individuos con Discapacidades (IDEA), Estados Unidos 386
Ley para las Personas con Discapacidad, 1995, India 322
Ley para las Personas con Discapacidad, 2008, Malasia 320
Ley para Mejorar la Accesibilidad al Transporte (2000), Japón 330
Ley sobre atención asequible, 2010, Estados Unidos 143
Ley sobre el Fondo Fiduciario Nacional, India 284
Ley sobre Estadounidenses con Discapacidades de 1990, Estados Unidos 316, 342, 343, 386, 436
Ley sobre las Personas con Discapacidad, 1995, India 313
Ley sobre los Circuitos Decodificadores para Televisores (1990), Estados Unidos 341, 344

Leyes y reglamentos
    accesibilidad 315-327
    atención de la salud en general 140,174
    discriminación por discapacidad 32, 424, 432-433
    educación de niños con discapacidad 388, 393
    proveedores de servicios de atención social 283
    rehabilitación 214-218, 239
    tecnología de la información y la comunicación 337-340
    trabajo y empleo 435-437, 454-455
Líbano 222, 409
Libros parlantes, digitales 345
Licencia de enfermedad, cuidadores informales 287
Limitaciones de la actividad 24
    medición 52–53, 201
Lituania 380, 382
Luxemburgo 381

[M]
Madagascar 78, 269
Maestros de educación especial 404, 405
Malasia 320, 444
Malawi 55, 92, 209
    directorio de recursos 170
    necesidad de servicios 95
    participación en la educación 375
    trabajo y empleo 237, 430
    tratamiento del pie zambo 204-205
Malta 380-382
Manual Esfera 318
Margen de salud 122
Marruecos 96
Mediante técnicas de autonomía en el cuidado personal 162, 165
Medicare, Estados Unidos 150-151
Medicina de rehabilitación 204-205
Medición de la discapacidad 52-55
Médicos de rehabilitación 218
    formación 224-225
Medios de subsistencia 429
Medir 122
Mercado laboral 427–456 (*véase también* Empleo; Trabajo)
    barreras 435
    eliminar las barreras 435–454
    leyes y reglamentos 435-436, 454-455
    participación 427-428
    recomendaciones 454-456
Mercados crediticios 434
Método Ponseti para el tratamiento del pie zambo 204
México 88, 91, 346
    asistencia y apoyo 269, 238
    educación 396-399,
    trabajo y empleo 430

Migrantes, cuidadores personales 275
Minusvalía de conversión 34
Mobility India 41, 225
Discapacidad moderada y grave
 definición 526
 diferencias de género 69-72
 niños 69-72, 84-86
 prevalencia 69-72, 526-529
Modelo bio-psicosocial 22
Modelo médico 22
Modelo social 22
Modelos Rasch 514
Moldova, República de 287, 377, 378
Mongolia 376, 406
Mozambique
 educación 376, 388, 403
 estudios sobre las discapacidades 55, 209
 lepra 78
 prevención del VIH/sida 160
Muerte prematura 126, 127
Mujeres
 barreras contra atención de la salud 135
 con discapacidad 29, 39
 prevalencia de la discapacidad 65, 69, 74
 profesiones relacionadas con la rehabilitación 218
Myanmar 222

[N]

Naciones Unidas
 agencias, recomendaciones para 481-482
 Asamblea General 39
Namibia 92, 95, 96, 98, 209, 218-220, 375
Necesidades insatisfechas, *véase* Necesidades y necesidades insatisfechas
Necesidades y necesidades insatisfechas
 rehabilitación 208-211
 servicios de salud 129-133
 servicios y asistencia 94-98, 268-269
Nepal 78, 212, 225, 226, 233, 291, 410
Nicaragua 163, 283, 396, 399
Nigeria 78, 133, 208, 218, 226, 446
Niños 84–86
 asistencia y apoyo 268, 271, 290
 condiciones de salud 79
 de padres con discapacidad 271
 educación *véase* Educación
 factores del riesgo de discapacidad 85–86
 medición de la discapacidad 57, 84
 opiniones sobre la educación 410
 prevalencia de la discapacidad 82, 84, 85, 470–471
 rehabilitación 204, 202, 206, 209, 231
 riesgo de sufrir lesiones no intencionales 126
Normas
 accesibilidad *véase* Normas de accesibilidad
 definición 310
 inadecuadas 471
 tecnología de la información y la comunicación 337-338, 344-345
Normas de accesibilidad
 cumplimiento 319
 incumplimiento 315
 mejorar 316–319
 recomendaciones 352, 353–354
Normas Uniformes sobre la Igualdad de Oportunidades para las Personas con Discapacidad (1993) 21, 32, 211, 278, 314
Noruega 28, 90, 101, 216
 ambientes favorables 321
 asistencia y apoyo 279
 educación 380-382, 409,
 trabajo y empleo 430, 449, 451
Nueva Zelandia 149, 216, 218-221
 asistencia y el apoyo 237, 268, 283, 291
 educación 393, 396, 401
 trabajo y empleo 436, 441, 452

[O]

Obesidad 125
Objetivos de desarrollo del milenio (ODM) 39
 educación 371, 373
Oficina Estadística de la Unión Europea (EUROSTAT) 505
Ombudsmen personales 266-267
Operadores de los medios de transporte 326
 educación y capacitación 334
Organismo principal, accesibilidad 320-321
Organización de las Naciones Unidas para la Educación, la Ciencia y la Cultura (UNESCO) 351, 382, 393
Organización Internacional de Normalización 319
Organización Internacional del Trabajo (OIT) 429, 446
Organización Panamericana de la Salud (OPS) 276, 504
Organizaciones de desarrollo, recomendaciones 481–482
Organizaciones de personas con discapacidad 278
 apoyo estatal para 149–150, 284, 285
 función en educación 409
 programas de microcrédito 448
 recomendaciones 456, 482
 Respaldo a los usuarios de los servicios 289
 tecnologías de la información y la comunicación y 351
Organizaciones no gubernamentales (ONG)
 apoyo de Gobiernos 150, 284
 asistencia y apoyo 273, 274-275, 277, 284-285, 290-292, 295
 programas de microfinanciamiento 488
 recomendaciones 456
 tecnología de la información y la comunicación 351
Orientación 446
Orientaciones sobre prácticas basadas en el consenso 237

Indice alfabético

Orientaciones sobre prácticas recomendadas 169, 236–237
Ortesis 209
Ortoprotesistas 217
    Educación y formación 222-223
Osteoporosis 124

[P]

Padres 409-410, 413
Pagos con recursos propios 151
Pagos de las prestaciones, discapacidad 36, 100, 450-451
Países Bajos 91, 101, 160
    asistencia y apoyo 278-279, 282, 283
    dispositivos asistenciales 216
    educación 381-382
    trabajo y empleo 430, 449-451
Países de ingreso alto
    ambientes favorables 331
    asistencia y apoyo 268, 272, 274, 283, 285–286
    atención de la salud en general 129, 130, 133–138, 141, 143, 152
    costos de la discapacidad 100
    educación de los niños con discapacidad 375, 380, 397
    envejecimiento de la población 83, 84
    necesidades de servicios y apoyo 94
    pobreza y discapacidad 90
    prevalencia de la discapacidad 64, 65, 69, 74
    rehabilitación 216, 218, 219
    trabajo y empleo 431, 438
Países de ingreso mediano y bajo
    ambientes favorables 316-317, 331-332
    asistencia y apoyo 274, 281, 289
    atención de la salud en general 129-139
    discapacidad y pobreza 90-91
    educación 373, 399
    emigración de los profesionales calificados 226
    medir la discapacidad 54-55, 59
    necesidades de servicios y apoyo 95
    niños con riesgo de discapacidad 85-86
    poblaciones están envejeciendo 81-82
    prestar los servicios 158-157
    prevalencia de la discapacidad 64-70
    rehabilitación 204, 216-218, 222-223
    trabajo y empleo 430-431, 444-445
Países desarrollados *véase* Países de ingreso alto
Países en desarrollo *véase* Países de ingreso bajo y mediano
Pakistán 78, 218-220, 223, 278, 387, 396
Paludismo 78
Panamá 396, 409
Paraguay 276-277, 398-399
Parálisis cerebral 127, 202, 206, 290
Participación de las personas con discapacidad 472, 476, 483-484
    apoyo y servicios de apoyo 287-288
    manejar salud 162-163
Participación de los usuarios (*véase también* Participación de las personas con discapacidad)
    servicios de apoyo 153–154
Participación electoral 313
Participación política 313-314
Personas con discapacidad
    compromiso con 212
    participación *véase* Participación de las personas con discapacidad
    recomendaciones 483-484
Personas pobres
    apoyo financiero 151
    ayuda selectiva de rehabilitación 217
    prevalencia de la discapacidad 68, 69-70
Personas sobrevivientes de accidentes cerebrovasculares 278
Perú 314, 398, 399, 430
Pie zambo 204, 227
Plan de acción, nacional, *véase* Estrategias y planes de acción nacionales en materia de discapacidad [475]
Plan de atención individual 164
Pobreza, 34-35, 36, 37-38, 472
Poliomielitis 78
Políticas
    accesibilidad 315, 327
    asistencia y apoyo 275, 291
    atención de la salud en general 139, 174
    convencionales 474
    educación de los niños con discapacidad 388, 393, 411
    educación inclusiva 380
    inadecuada 471
    rehabilitación 211, 239
    tecnología de la información y la comunicación 345-347
Polonia 381-382, 430
Ponderaciones de la discapacidad 68, 69, 525
Portugal 346, 380-382, 410, 437
Prácticas de base empírica, rehabilitación 237, 241
Prácticas recomendadas 169, 236-237
Prestación de servicios
    atención de la salud en general 151–155, 175
    modelos alternativos 158
    problemas 471
    rehabilitación 230-231, 175
Prestadores de servicios de salud
    ajustes razonables 157, 158
    dificultades de comunicación 153, 164
    incentivos para 151
Prestar servicios de salud centrados en las personas 162-163
Prevalencia de la discapacidad 54-60, 469-470
    comparabilidad de estudios varios 69-72, 520-521
    declarada por cada país 59, 74-75, 485-492
    estimaciones mundiales 63-64, 99, 516-523
    estudios mundiales *véase* Carga Mundial de Morbilidad; Encuesta Mundial de Salud

factores de estimaciones 53-55
mercado laboral y 236
necesidad de datos más sólidos 103, 76
por condición de salud 528-529
utilización de datos 58
Prevalencia de la discapacidad en el ámbito mundial 52–76, 103, 516, 517, 526, 528
Prevención
discapacidad 29-30
enfermedades 131-132
Prevención primaria 29
Prevención secundaria 30
Prevención terciaria 30
Principio del ambiente menos restrictivo 379
Principios de diseño universales 474
ambiente edilicio 323-324
definición 310-311
dispositivos asistenciales 233
edificios de escuelas 406
equipos para la salud 158
sistemas de transporte 330-331
tecnologías de información y comunicación 348-349
Problemas de aprendizaje, *véase* Deficiencias intelectuales
Problemas de salud mental 8
actitudes negativas 27-28
asistencia y apoyo 286-287
barreras a los servicios de salud 157
muerte prematura 126-127
necesidades de comunicación 311
prevalencia de la discapacidad 526-527
trabajo y empleo 429, 438-440
Productividad 101, 428
Profesionales de la rehabilitación 217-227, 239
contratación y retención 225-226
educación y formación 217, 222-223
profesional 222
profesionales comunitarios 223
profesionales mediante 222-223
Programa de Acción Mundial para las Personas con Discapacidad (1982) 32
Programa de Illinois de Servicios de Apoyo en el Hogar 285, 287
Programas de microfinanciamiento, 446-448, 533
Promoción de la autonomía 278
Promoción de la salud 131–132, 159
Protección excesiva en la legislación laboral 435
Protección social 36-37, 99, 151, 265, 266, 274, 388, 449-452
Prótesis 209
Proveedores de la asistencia social, reglamentación 283-284
Proveedores de servicios, recomendaciones 482

Pruebas, falta de 472
Psicólogos 218

[R]
Raising the Floor, movimiento 349
Rampas 317, 323, 325, 329, 331, 332-333
RBC, *véase* Rehabilitación basada en la comunidad
Rebajes en las aceras (rampas) 317, 333
Recopilación de datos
marco de la CIF 59, 76, 104
recomendaciones 104, 479
trabajo y empleo 455
Recursos humanos
asistencia y apoyo 275
atención de la salud en general 165–169
maximizar 427
mejorar la capacidad 477
rehabilitación 217–226
Registros médicos electrónicos 165
Reglamentos, *véase* Leyes y reglamentos
Rehabilitación 197–241
abordar las barreras a 211
barreras a 211
contextos 208
definición 199-200
investigación 235-238
medidas y resultados 201-202
necesidades satisfechas y insatisfechas 208-211
prácticas de base empírica 235-236
proceso 200-201
profesional *véase* Rehabilitación profesional y capacitación
recomendaciones 238-241, 475
tecnología 233-235, 240
Rehabilitación basada en la comunidad (RBC) 28, 41, 157, 230–233
educación inclusiva y 406–407, 412
fomentar 290
formación profesional 446
Personas sordas 269
recursos limitados y infraestructura 211
trabajadores 223
Rehabilitación International 160
Rehabilitación profesional y capacitación 426-427, 444-445, 447, 455
Reino Unido 91, 100, 216
ambientes favorables 313, 328, 335, 339, 350
asistencia personal 275, 289-290
asistencia y apoyo 269, 271, 278, 281, 283, 286, 289
cuidado de salud en general 128, 150, 161, 164, 169, 172
desinstitucionalización 279
educación 381, 401
ocupación y empleo 430, 432-433, 437, 442, 451-453
rehabilitación 206-208, 227-228
riesgo de murete prematura 126, 128

Indice alfabético

Relación entre hombres y mujeres, prevalencia de discapacidad 73, 74, 75
Relaciones interpersonales, dificultad con 512-513
República Checa 89, 210, 381
República de Corea 91, 152, 219-220, 341, 404
República Democrática Popular Lao 393, 399
República Unida de Tanzania 160, 223, 269, 330
Restricciones de participación 24
    medición 54, 201
Retretes 41, 311, 317
Reumatismo 79
Riqueza, medición, *Encuesta Mundial de Salud* 519
Rótulos 390-391
RUCODE 290
Rumania 36, 279, 376, 377, 378
Rwanda 163, 209, 218, 375, 388, 391

[S]

Salario de reserva 428
Salarios 432-433
    bajo 429, 472
    salario de reserva 237
Salud
    definición 121
    desigualdades 128, 140
    margen de 122
    personas con discapacidad 121–139
Saneamiento 41, 86
Sector privado, recomendaciones 483
Seguimiento, accesibilidad 321-322, 352
Seguro médico
    cobertura de los servicios de rehabilitación 215, 216
    dificultades de acceso a 144, 148
    ofrecer asequibles 149
    privado 143
    social 140
Seguro médico privado 143
Sen, Amartya 34-35
Serbia 284, 287, 315
Servicios (*véase también* Servicios de asistencia y apoyo; servicios de la salud; servicios de rehabilitación)
    convencionales 473
    falta de prestación 471
    necesidades satisfechas y insatisfechas 94
Servicios basados en la comunidad
    atención de la salud en general 152, 158
    rehabilitación profesional 445–446
    salud mental 213, 276
Servicios convencionales 474
Servicios de apoyo psicosocial, cuidadores informales 287
Servicios de apoyo residencial 267, 275
Servicios de asistencia y apoyo 265
    coordinación 277, 285–289
    desarrollo de la infraestructura 292–293
    dirigidos por los consumidores 286, 293
    formales 272, 292
    informal *véase* atención informal
    institucional *véase* atención institucional
    insuficientes y poco flexibles 277
    mejorar la calidad 294
    participación de los usuarios 287–288
    respaldo a los usuarios 289–290, 293
    subcontratación 281
    tipos 267
Servicios de empleo 426
Servicios de información y asesoramiento 267
Servicios de la salud
    ajustes razonables 157, 158
    barreras que impiden el acceso 26, 128, 133–138
    barreras que obstan a la prestación 151–165
    centrados en las personas 162–163
    coordinación 163–165
    especializados 160–161
    investigación 171–172
    prestación 26–27
Servicios de la salud bucal 132
Servicios de rehabilitación
    barreras a acceso 211
    basada en la comunidad *véase* Rehabilitación basada en la comunidad (RBC)
    financiamiento 215-217, 239
    multidisciplinaria coordinada 230
    planes nacionales 214-215
    prestación 230-231, 240
Servicios de rehabilitación multidisciplinarios 230
Servicios de rehabilitación secundaria 227, 231
Servicios de rehabilitación terciaria 227, 228
Servicios de relevo 267, 268, 287, 293
Servicios de salud mental 133
    acceso a 147, 156-157
    reforma 213-214, 276
Servicios de salud reproductiva 132
Servicios de salud sexual 132
Servicios de taxis a pedal 330
Servicios de transporte especial 325-326, 327-329
Servicios dirigidos por los consumidores 286, 293
Servicios voluntarios, apoyo para 284-285
Sierra Leona 92
Sillas de ruedas 25, 233, 317
Síndrome de Down 125, 159
Singapur 219-220, 275, 442
Sistema de Información Digital Accesible (DAISY) 345
Sistema Estadístico Europeo (SEE) 502
Sistemas de concertación de citas 158

Sistemas de informática de atención de la salud 171–172
Sistemas de la asistencia personal 282, 284, 286, 288-290
Sistemas de prepago 281
Sistemas de seguro social de enfermedad 147
Sistemas de transporte en autobús 329–330
Sistemas de transporte flexible 328
Sistemas de transporte rápido en autobús 330, 332
Sistemas de tranvías 289
Sistemas de trenes 325, 330
Sitios web, *véase* Internet
Situaciones de emergencia 324, 343, 346
Software para lectura de pantalla 339, 349
Sordera, *véase* Deficiencia auditiva
Sostenimiento de los ingresos 150-151
Sri Lanka 82-83, 218-220, 223, 225, 345, 347, 452, 453
Subtitulados 341
Subtitulados ocultos 336, 340, 343, 346
Sudáfrica
    ambientes favorables 318, 347
    asistencia y apoyo 92, 150, 273, 282, 287
    educación 376, 391
    leyes contra la discriminación 435-436
    rehabilitación 217
    trabajo y empleo 430, 436, 438, 442, 445, 452
Sudán 223, 269
Suecia 80, 90, 94, 101, 216, 220-221
    ambientes favorables 328, 346
    apoyo a la toma de decisiones 266
    asistencia y apoyo 279, 282, 291
    educación 381-382
Sueño y energía, dificultades 513
Suiza 381-382, 396, 430, 440, 449

[T]
Tailandia
    apoyo para la comunicación 269, 346
    capacitación 222-223, 226, 231
    ocupación y empleo 444, 448
    tendencias relativas 88
Taiwán, China 149
Tanzania, República Unida de 160, 223, 269, 330
Tasa de participación en la fuerza de trabajo 429
Tasas de mortalidad 126-127
Tasas de ocupación 429, 430, 431, 472
Taxis, accesibles 324, 328
Tecnología adecuada 224
Tecnología de la información y la comunicación 165-166, 309-310, 334-352
    adquisiciones 343, 347
    barreras 310–312, 325, 334-338
    costos 338–339
    diseño universal 348-349
    escuelas 400–401, 405
    falta de acceso 312
    inaccesibilidad 335–337
    leyes y reglamentos 337-338, 339-344
    medidas, según la industria 349-351
    normas 337-338, 344-345
    organizaciones no gubernamentales y 351
    políticas y programas 345-347
    recomendaciones 355
    superar barreras 339–351
    velocidad de los cambios 339
Telecomunicaciones
    accesibilidad 336, 340, 343, 345-346
    funciones del diseño universal 348
    reglamentación 337-338, 340-341
Teléfonos 335, 341, 343, 347, 348-349
Teléfonos móviles 337, 348, 350
Telemedicina 165
Telerrehabilitación 234-235, 241
Televisores 335-336, 341, 344, 346
Teoría de respuesta al ítem (TRI) 514-515, 519
Terapeutas ocupacionales 217, 218
Terapia 205-206
Terapia de ejercicios 206
Terapia ocupacional 169
Terremotos 231–232
Tiempos de espera 210, 227
Togo 223
Tonga 96
Trabajadores de la salud 165–170
    actitudes y conceptos erróneos 166–167
    capacitación en rehabilitación 224
    contratación y retención 225–226
    educación y capacitación 167–168
    recomendaciones 175
    recursos para 169
Trabajadores sociales 218
Trabajar por cuenta propia 447-448
Trabajo 426-456 (*véase también* Empleo; Mercado laboral)
    accesibilidad 433-434
    barreras 433-435
    conceptos 429
    conceptos erróneos acerca de la discapacidad 434
    eliminar las barreras 435-454
    importancia 427
    intervenciones específicas 438-444
    recomendaciones 454
Tracoma 78
Trampa de las prestaciones 428
Transferencias de efectivo
    condicionadas 150
    no condicionadas 150
Transferencias de efectivo condicionadas 150

Índice alfabético

Transporte
    a centros de rehabilitación 227
    a la atención de salud 152-153
    accesible 311, 324-333, 354
    barreras 324-326
    barreras físicas 329-331
    definición 311
    diseño universal 331
    estructuras tarifarias 327
    políticas 327
Transporte a la demanda 325, 328–329
Trasporte público 311, 323-326
Trastornos vinculados con el consumo del alcohol 527
Turquía 438
Uganda 161
    ambientes favorables 314, 322
    asistencia y apoyo 271
    ayudas técnicas 59-60
    educación 385, 406
    rehabilitación basada en la comunidad 269-270
    tratamiento de pie zambo 204-205, 227

[U]
Umbral para discapacidad 64, 74, 513–517, 521–523
UNESCO, *véase* Organización de las Naciones Unidas para la Educación, la Ciencia y la Cultura
Unión Europea 347, 437
Unión Internacional de Telecomunicaciones 340
Universidades
    capacitar al personal de rehabilitación 222
    educación para los trabajadores de la salud 166-168
    facultades de arquitectura 320
Uruguay 93, 399

[V]
Vida independiente 267, 472
    mecanismos para 288-289
    necesidades no satisfechas 268

Videoteléfonos 336
Viet Nam
    costos de discapacidad 93, 99
    dispositivos asistenciales 233
    educación y capacitación 222, 393, 395
    programas de noticias 346
VIH/sida 78, 150, 291, 452
Violencia 126, 392
Votación 313

[Y]
Yemen 281

[Z]
Zambia 92, 210
    asistencia y apoyo 286
    educación 375, 376, 406
    medición de la discapacidad 55, 59, 61–62
    necesidad de servicios 95, 98
    ocupación y empleo 430
Zanzíbar 409
Zimbabwe 55, 92, 153
    capacitación 209, 222
    necesidad de servicios 95, 98
    participación en la educación 375
Zona rural
    ambientes favorables 318
    educación 402-403
    personal de rehabilitación 225-226
    prevalencia de la discapacidad 67
    servicios de rehabilitación 210, 227
    servicios de salud 151-152
Zonas urbanas
    basas de prevalencia de la discapacidad 65-67
    servicios de rehabilitación 227-228
    servicios de salud mental 156